●収録内容一覧

■2025年度中学受験用

雙葉中学校

10年間(＋3年間HP掲載)スーパー過去問

入試問題と解説・解答の収録内容

2024年度（令和６年度）	算数・社会・理科・国語 実物解答用紙DL
2023年度（令和５年度）	算数・社会・理科・国語 実物解答用紙DL
2022年度（令和４年度）	算数・社会・理科・国語 実物解答用紙DL
2021年度（令和３年度）	算数・社会・理科・国語
2020年度（令和２年度）	算数・社会・理科・国語
2019年度（平成31年度）	算数・社会・理科・国語
2018年度（平成30年度）	算数・社会・理科・国語
平成29年度	算数・社会・理科・国語
平成28年度	算数・社会・理科・国語
平成27年度	算数・社会・理科・国語
平成26～24年度（HP掲載） 「カコ過去問」 （ユーザー名）koe （パスワード）w8ga5a1o	問題・解答用紙・解説解答DL ◇著作権の都合により国語と一部の問題を削除しております。 ◇一部解答のみ（解説なし）となります。 ◇９月下旬までに全校アップロード予定です。 ◇掲載期限以降は予告なく削除される場合があります。

～本書ご利用上の注意～　以下の点について，あらかじめご了承ください。

★別冊解答用紙は巻末にございます。実物解答用紙は，弊社サイトの各校商品情報ページより，一部または全部をダウンロードできます。
★編集の都合上，学校実施のすべての試験を掲載していない場合がございます。
★当問題集のバックナンバーは，弊社には在庫がございません（ネット書店などに一部在庫あり）。

JN050098

合格を勝ち取るための『スーパー過去問』の使い方

本書に掲載されている過去問をご覧になって，「難しそう」と感じたかもしれません。でも，多くの受験生が同じように感じているはずです。なぜなら，中学入試で出題される問題は，小学校で習う内容よりも高度なものが多く，たくさんの知識や解き方のコツを身につけることも必要だからです。ですから，初めて本書に取り組むさいには，点数を気にしすぎないようにしましょう。本番でしっかり点数を取れることが大事なのです。

過去問で重要なのは「まちがえること」です。自分の弱点を知るために，過去問に取り組むのです。当然，まちがえた問題をそのままにしておいては意味がありません。

本書には，長年にわたって中学入試にたずさわっているスタッフによるていねいな解説がついています。まちがえた問題はしっかりと解説を読み，できるようになるまで何度も解き直しをしてください。理解できていないと感じた分野については，参考書や資料集などを活用し，改めて整理しておきましょう。

このページも参考にしてみましょう！

◆どの年度から解こうかな　「入試問題と解説・解答の収録内容一覧」

本書のはじめには収録内容が掲載されていますので，収録年度や収録されている入試回などを確認できます。

※著作権上の都合によって掲載できない問題が収録されている場合は，最新年度の問題の前に，ピンク色の紙を差しこんでご案内しています。

◆学校の情報を知ろう!!「学校紹介ページ」

このページのあとに，各学校の基本情報などを掲載しています。問題を解くのに疲れたら息ぬきに読んで，志望校合格への気持ちを新たにし，再び過去問に挑戦してみるのもよいでしょう。なお，最新の情報につきましては，学校のホームページなどでご確認ください。

◆入試に向けてどんな対策をしよう？「出題傾向＆対策」

「学校紹介ページ」に続いて，「出題傾向＆対策」ページがあります。過去にどのような分野の問題が出題され，どのように対策すればよいかをアドバイスしていますので，参考にしてください。

◇別冊「入試問題解答用紙編」

本書の巻末には，ぬき取って使える別冊の解答用紙が収録してあります。解答用紙が非公表の場合などを除き，（注）が記載されたページの指定倍率にしたがって拡大コピーをとれば，実際の入試問題とほぼ同じ解答欄の大きさで，何度でも過去問に取り組むことができます。このように，入試本番に近い条件で練習できるのも，本書の強みです。また，データが公表されている学校は別冊の１ページ目に過去の「入試結果表」を掲載しています。合格に必要な得点の目安として活用してください。

本書がみなさんの志望校合格の助けとなることを，心より願っています。

株式会社　声の教育社　編集部

雙葉中学校

所在地	〒102-8470 東京都千代田区六番町14-1
電　話	03-3261-0821
ホームページ	https://www.futabagakuen-jh.ed.jp/jsh/
交通案内	JR中央線・東京メトロ丸ノ内線・南北線「四ツ谷駅」より徒歩2分

くわしい情報は
ホームページへ

トピックス

★受験希望者が校内見学できるのは，学校見学会と雙葉祭（昨年度，いずれも予約制）。
★例年，面接は個人面接で，面接官は2人，時間は約3分。

創立年
明治42年

女子校

高校募集
なし

応募状況

年度	募集数	応募数	受験数	合格数	倍率
2024	100名	399名	359名	124名	2.9倍
2023	100名	401名	355名	122名	2.9倍
2022	100名	381名	357名	121名	3.0倍
2021	100名	385名	357名	115名	3.1倍
2020	100名	419名	391名	118名	3.3倍
2019	100名	375名	339名	127名	2.7倍
2018	100名	307名	299名	120名	2.5倍
2017	100名	366名	352名	119名	3.0倍
2016	100名	356名	345名	118名	2.9倍
2015	100名	519名	501名	147名	3.4倍

入試情報（参考：昨年度）

・出願期間：①インターネット出願
　2024年１月10～17日
　②書類の郵送
　2024年１月11～19日必着
・試験日：2024年２月１日
・試験内容：筆記試験(国語・算数・社会・理科)，面接
・合格発表：2024年２月２日午前８時～11時
　〔インターネット〕

本校の特色

・カリキュラム：中高一貫の利点を生かして，各教科充実したカリキュラムを組んでいます。丁寧な教育を行い，一人ひとりの力を伸ばします。
・キリスト教教育：カトリックの精神に基づき，一人ひとりを大切にする全人教育を行っています。また，中高６年間を通して，心を育てることを目指す「宗教」の授業を行っています。年数回，宗教行事も行われ，キリスト教への理解を深めます。
・外国語教育：設立以来ネイティブの教員による生きた外国語を学ぶ授業が行われています。中３で全員がフランス語を学び，高校では，第一外国語を英語とフランス語から選ぶカリキュラムを組んでいます。
・課外活動：行事・クラブ活動などには，生徒の自主的，積極的な活動が生かされています。

2023年度の主な大学合格実績

＜国立大学・大学校＞
東京大，京都大，東京工業大，一橋大，筑波大，東京外国語大，千葉大，横浜国立大，東京医科歯科大，東京農工大，お茶の水女子大，防衛医科大

＜私立大学＞
慶應義塾大，早稲田大，上智大，国際基督教大，東京理科大，明治大，青山学院大，立教大，中央大，法政大，学習院大，津田塾大，東京女子大，日本女子大，東京慈恵会医科大，順天堂大，昭和大，東京医科大，日本医科大

編集部注一本書の内容は2024年2月現在のものであり，変更されている場合があります。正確な情報は，学校のホームページ等で必ずご確認ください。

算数　出題傾向＆対策

◆基本データ（2024年度）

試験時間／満点	50分／100点
問題構成	・大問数…５題 計算・応用小問１題（４問） ／応用問題４題 ・小問数…11問
解答形式	解答らんには必要な単位などが印刷されている。また，式と計算を書くスペースが設けられている。
実際の問題用紙	Ｂ４サイズ
実際の解答用紙	Ｂ４サイズ

◆過去10年間の出題率トップ５

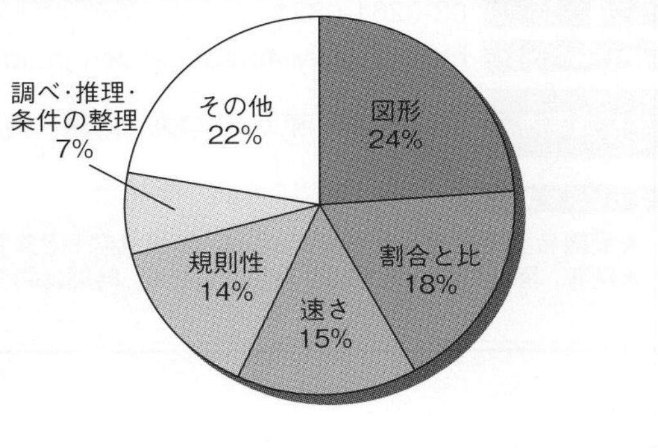

※　配点（推定ふくむ）をもとに算出

◆近年の出題内容

【 2024年度 】			【 2023年度 】		
大問	1	計算のくふう，面積，売買損益	大問	1	逆算，平均とのべ，単位の計算
	2	約数と倍数		2	速さ，植木算
	3	流水算		3	平面図形―図形の移動，作図，長さ
	4	濃度		4	立体図形―水の深さと体積
	5	周期算		5	売買損益，つるかめ算

◆出題傾向と内容

本校の問題は，小学校算数の基礎を十分に活用しながら，**単なる知識にとどまらない応用力（＝考える力）をためそうとするもの**で，この点，独創に富んだものといえるでしょう。

計算問題は，以前はあまり出題されませんでしたが，分数や小数の四則計算もしくは還元法を用いて□を求めるものが近年顔を見せています。

図形の問題では，立体の展開図や切断，相似の利用，図形の移動などが取り上げられています。図形問題に対するセンスをかなり要求する問題になっています。

比と割合，数の性質からは，食塩水の濃度，数列，場合の数，約数・倍数の利用などが出題されますが，ほかの分野に比べると比較的取り組みやすいといえるでしょう。

特殊算は，旅人算や仕事算などが単独で出されることはめったになく，たいていの場合，いくつかの特殊算を使って解くものや，グラフの読み取りができないと解けないもの，数の性質との組み合わせ，推理力の必要なものとなっています。

◆対策～合格点を取るには？～

図形は，面積や体積ばかりでなく，長さ，角度，展開図，縮尺，相似比と面積比，体積比などの考え方や解き方をはば広く身につけ，割合や比を使ってすばやく解けるようになること。また，立体をいろいろな方向から見たり分割してみたりして，立体の性質もおさえておきましょう。

数量分野では，特に数の性質，規則性，場合の数などをマスターしましょう。参考書にある重要事項を整理し，さらに類題を数多くこなして，基本的なパターンを身につけてください。

また，特殊算は，参考書などにある「○○算」というものの基本を学習し，問題演習を通じて公式をスムーズに活用できるようになりましょう。

なお，全体を通していえることですが，算数では答えを導くまでの考え方や式がもっとも大切ですから，ふだんから**ノート**に**自分の考え方，線分図，式を後から見返しやすいようにしっかりとかく習慣**をつけておきましょう。

算数 出題分野分析表

分野		2024	2023	2022	2021	2020	2019	2018	2017	2016	2015
計算	四則計算・逆算		○	○	○	○	○		○	○	○
	計算のくふう	○									
	単位の計算		○	○							
和と差	和差算・分配算							○			
	消去算										
	つるかめ算		○								
	平均とのべ		○								
	過不足算・差集め算										
	集まり			○							
	年齢算							◎			
割合と比	割合と比				○	○	○			○	
	正比例と反比例										
	還元算・相当算				○						○
	比の性質										
	倍数算										
	売買損益	○	○					○			○
	濃度	○			○		○			○	
	仕事算				○				○		
	ニュートン算										
速さ	速さ		○	○							◎
	旅人算					○				○	
	通過算				○						
	流水算	○							○		○
	時計算							●			
	速さと比			○							
図形	角度・面積・長さ	○	○	○	○	◎	◎	○	○	○	○
	辺の比と面積の比・相似						○		○		
	体積・表面積										
	水の深さと体積		○		○					○	◎
	展開図				○			○			
	構成・分割				○				○		
	図形・点の移動		○	○					○		○
表とグラフ									○		
数の性質	約数と倍数	○					○	○		○	
	N進数										
	約束記号・文字式										
	整数・小数・分数の性質					○					
規則性	植木算		○								
	周期算	○				◎					○
	数列			○		○	○				
	方陣算										
	図形と規則									●	
場合の数					○			●			
調べ・推理・条件の整理				○		○			○	◎	◎
その他											

※　○印はその分野の問題が１題，◎印は２題，●印は３題以上出題されたことをしめします。

社会　出題傾向＆対策

◆基本データ（2024年度）

試験時間／満点	30分／50点
問　題　構　成	・大問数…３題 ・小問数…26問
解　答　形　式	用語の記入と記号選択がほとんどだが，各大問に１問ずつ記述問題も見られる。記号選択には，複数選択のものもある。記述問題は，２～３行程度で書くものとなっている。
実際の問題用紙	Ｂ４サイズ
実際の解答用紙	Ｂ４サイズ

◆過去10年間の分野別出題率

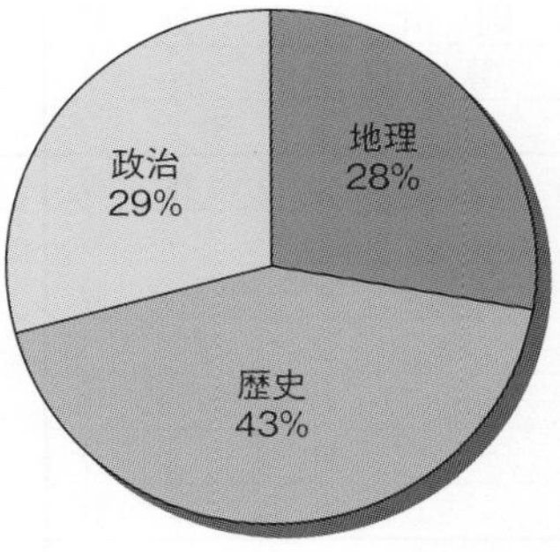

※　配点(推定ふくむ)をもとに算出

◆近年の出題内容

【 2024年度 】			【 2023年度 】		
大問	①	〔政治〕地球環境を題材にした問題	大問	①	〔歴史〕各時代の歴史的なことがら
	②	〔歴史〕各時代の歴史的なことがら		②	〔地理〕日本の地形や各地の特色，産業
	③	〔地理〕日本の発電を題材にした問題		③	〔政治〕人権，政治のしくみと憲法

◆出題傾向と内容

内容はかなりはば広いことがらが問われていますが，全体として見ると，**歴史に重点がおかれている**といってよいでしょう。

地理では，工業や農業などについて，一つの項目を地勢や歴史・産業と結びつけて広い範囲にわたって質問するもの，あるいは，時事的なことがらと結びつけて，各産業の問題点をひろいあげるものなどが取り上げられています。特に貿易に関して，世界との結びつきを問うものや，県・地方の特色をとらえて産業，都市，気候などを問うものがよく見られます。

歴史では，年代，世紀，事件の内容，人物，後世とのつながり，一つのテーマにそった歴史など，はば広い知識と理解力をためす問題がよく出されています。また，地理や政治などと結びついた問題も取り上げられており，単なる歴史事項だけを問うものはほとんどなく，各時代の特色，流れに注目した総合的な設問になっているのが特ちょうです。

政治では，憲法と三権の機能のほか，基本的人権にからんで，民主的な政治や個人の意見などをまとめた論理的な文章をもとに，空らんをうめていく問題などが見られます。また，現代社会で問題となっていることがらについて問うものもあります。

◆対策～合格点を取るには？～

社会の学習で大切なことは，地理，歴史，政治経済の学習をそれぞれ別個のものと考えないで，**関連することがらはその結びつきを調べ，整理を試みる**ということです。

地理では，おもな産業都市や貿易港などを白地図にかき入れる練習が，理解を深めてくれます。また，日本と世界の産業・貿易を通しての結びつきなど，時事的なことがらにからんだ出題については，新聞などに日ごろからよく目を通しておく必要があります。

歴史では，各テーマ別の歴史・つながりを整理しておくことも忘れずに。教科書の項目を丸暗記するのではなく，歴史に関係する本などを読んで肉づけしておくことも重要です。時代ごとの特色を中心にまとめている教科書とはまたちがった，「歴史感覚」を養ううえでも大切なことです。

政治経済の分野では，日本国憲法がもっとも重要なポイントです。憲法の基本的な条文はよく目を通し，政治・国民生活にどんな役割をはたしているのかを整理しておくとよいでしょう。

社会 出題分野分析表

分野 ＼ 年度			2024	2023	2022	2021	2020	2019	2018	2017	2016	2015
日本の地理		地図の見方										
		国土・自然・気候	○	○	○	○	○	○	○		○	○
		資源	○									
		農林水産業		○	○	○	○	○	○	○	○	
		工業		○	○		○	○	○	○	○	
		交通・通信・貿易		○		○			○			○
		人口・生活・文化	○	○			○					○
		各地方の特色	○	○			○	○		○	○	
		地理総合	★	★	★	★	★	★	★	★	★	★
世界の地理					○							○
日本の歴史	時代	原始～古代	○	○	○	○	○	○	○	○	○	○
		中世～近世	○	○	○	○	○	○	○	○	○	○
		近代～現代	○	○	○	○	○	○	○	○	○	○
	テーマ	政治・法律史										
		産業・経済史										
		文化・宗教史										
		外交・戦争史										
		歴史総合	★	★	★	★	★	★	★	★	★	★
世界の歴史												
政治		憲法	○	○	○	○	○	○	○	○	○	○
		国会・内閣・裁判所	○	○	○	○	○	○	○	○	○	
		地方自治						○			○	
		経済		○				○				
		生活と福祉						○	○			
		国際関係・国際政治	○	○	○	○						○
		政治総合	★	★	★	★	★	★	★	★	★	★
環境問題			○									
時事問題												
世界遺産												
複数分野総合												

※　原始～古代…平安時代以前，中世～近世…鎌倉時代～江戸時代，近代～現代…明治時代以降

※　★印は大問の中心となる分野をしめします。

理科 出題傾向＆対策

◆基本データ(2024年度)

試験時間／満点	30分／50点
問題構成	・大問数…４題 ・小問数…22問
解答形式	記号選択と用語の記入のほかに，１行程度の短文記述も見られる。記号は複数選択するものもある。数値を求めるものは解答らんに数値のみを記入する。
実際の問題用紙	Ｂ４サイズ
実際の解答用紙	Ｂ４サイズ

◆過去10年間の分野別出題率

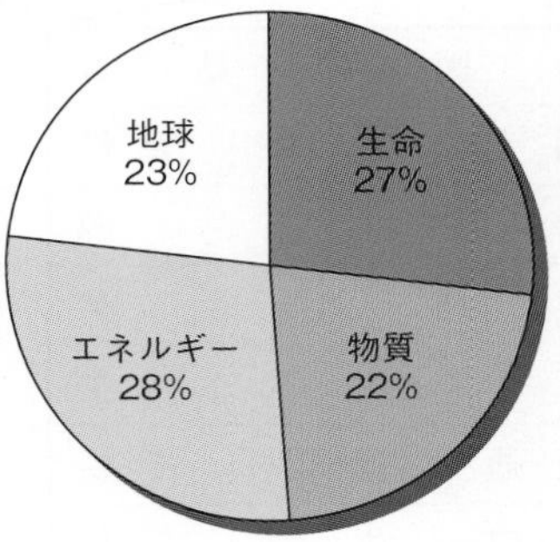

※　配点(推定ふくむ)をもとに算出

◆近年の出題内容

	【 2024年度 】	【 2023年度 】
大問 1	〔**生命**〕デンプンの消化	〔**生命**〕アメリカザリガニ
大問 2	〔**地球**〕海岸段丘	〔**物質**〕物質の反応
大問 3	〔**物質**〕ものの溶け方，ろ過	〔**地球**〕海水温と気象
大問 4	〔**エネルギー**〕温度計	〔**エネルギー**〕ふりこ

◆出題傾向と内容

内容は基本的なものがほとんどで，**理科的な思考力を要求される**ものが目立ちますが，難しい問題はなく，基礎的な知識があれば解けるようになっています。

実験・観察に関する問題がよく出題されますが，本校の場合，他校と比べて実験・観察の状況がかなりくわしくしめされています。実験経過をよくはあくして，図や表，グラフを正確に読み取らなければ，正確な解答は得られません。

出題分野は，「生命」「物質」「エネルギー」「地球」からバランスよく取り上げられています。具体的には，「生命」では植物・動物のからだのつくりや環境などについての観察，「物質」では水溶液・気体の性質，ものの燃え方，「エネルギー」ではてこなどの力のつり合いや電気と磁石，音や光の性質，「地球」では流水のはたらき，天体，気象などが見られます。

また，学校の授業や教科書では習わないような内容を説明し，それに関する理解度と発展性をためす問題(理科読解問題ともいえるもの)や時事に関する問題，環境問題を取りあげたものなどがしばしば出題されます。

◆対策～合格点を取るには？～

基本的で本格的な設問が多いために，ひたすら知識をつめこんだり，丸暗記をしたりといった学習はそれほど効果的ではありません(とはいっても，暗記がまったく必要ないというわけではありません)。まず，**教科書をよく読み直して，基礎的なことがらを確実にマスターしておく**ことが大切です。さらに，**実験・観察は他人にまかせず，積極的に自分でやってみましょう**。また，**ふだん自分のまわりで起こる現象に疑問を持ち，自分なりに考えてみる習慣**を身につけてください。

本校では新しい傾向の問題が出されることも多いので，あわてることなく問題文をよく読み，そのテーマを理解し，自分自身の意見・考えを持つように心がけてください。見慣れないことばなどが出てきてもあせることはありません。ほかの人もおそらくは初めて目にするものでしょうし，そういったことばは，問題文中にくわしい説明があるか，読んでいるうちにおのずとわかるようになっているからです。

理科　出題分野分析表

分野		2024	2023	2022	2021	2020	2019	2018	2017	2016	2015
生命	植物			★					★		○
	動物		○				★	○			
	人体	★			★	★		○			
	生物と環境		★							★	★
	季節と生物										
	生命総合							★			
物質	物質のすがた										○
	気体の性質		○		○		★				
	水溶液の性質		○					★	★		
	ものの溶け方	★									
	金属の性質										
	ものの燃え方			★							
	物質総合		★			★				★	
エネルギー	てこ・滑車・輪軸								★		
	ばねののび方										
	ふりこ・物体の運動		★								
	浮力と密度・圧力				★	○					
	光の進み方						★				
	ものの温まり方	★			★						○
	音の伝わり方							★			
	電気回路					★				★	
	磁石・電磁石			★							
	エネルギー総合										
地球	地球・月・太陽系					★	○				
	星と星座										★
	風・雲と天候		○						★		
	気温・地温・湿度		★								
	流水のはたらき・地層と岩石	★					★	★		★	
	火山・地震			★	★						
	地球総合										
実験器具		○		○							
観察											
環境問題							○				
時事問題								○			
複数分野総合											★

※　★印は大問の中心となる分野をしめします。

国語 出題傾向＆対策

◆基本データ（2024年度）

試験時間／満点	50分／100点
問題構成	・大問数…３題 文章読解題２題／知識問題１題 ・小問数…32問
解答形式	記述問題のほか，記号選択や書きぬき，適語の記入などが見られる。記述問題には，すべて字数制限がない。
実際の問題用紙	Ｂ４サイズ
実際の解答用紙	Ｂ４サイズ，両面印刷

◆過去10年間の分野別出題率

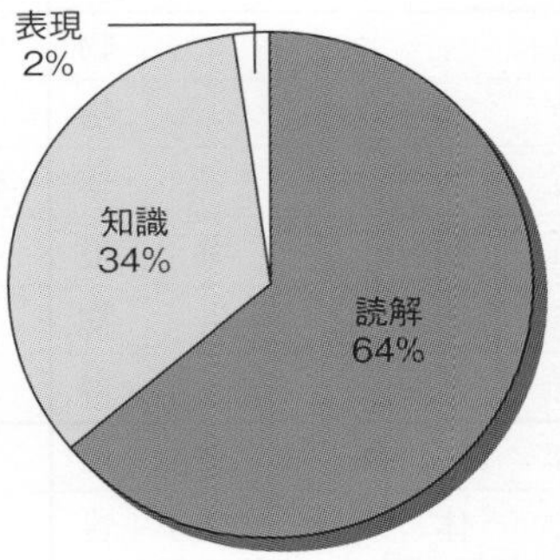

※　配点（推定ふくむ）をもとに算出

◆近年の出題内容

【 2024年度 】		【 2023年度 】	
大問 一	〔小説〕東直子『ゆずゆずり—仮の家の四人』（約1900字）	大問 一	〔説明文〕『ふしぎの博物誌』所収の「熱帯雨林の妖怪ラフレシア（高橋晃著）」（約2300字）
大問 二	〔随筆〕長田弘『子どもたちの日本』（約3500字）	大問 二	〔随筆〕『わたしの先生』所収の「世界への扉—語学と仲良くなりたい人へ（三宮麻由子著）」（約2400字）
大問 三	〔知識〕漢字の読み	大問 三	〔知識〕漢字の書き取り，熟語の知識

◆出題傾向と内容

読解題に取り上げられる文章は説明文・論説文や小説・物語文が多いようですが，近年は随筆文の出題も目立ちます。**問題量のかなりのウェートは読解題におかれ**，あとは漢字の書き取り，ことばのきまりに関するものなどの大問が加えられています。

小説・物語文では，設問の内容は心情・内容の読み取りが中心で，説明文・論説文や随筆文では，文脈の把握，指示語，語句・文中における表現の意味，慣用句，熟語の完成など，さまざまな種類のものが出されています。また，記述問題においては字数制限のないものが半分以上をしめています。

ことばのきまりについては，ことばの使い方などが出題されているだけで，つっこんだものはあまり見られません。漢字の書き取りや読みは，ことばの知識も同時に問うようなものもあります。

◆対策～合格点を取るには？～

本校の国語は，読解力と表現力をみる問題がバランスよく出題されていますから，**まず読解力をつけ，そのうえで表現力を養う**ことをおすすめします。読解力をつけるためには読書が必要ですが，長い作品よりも短編のほうが主題を読み取りやすいので，特に国語の苦手な人は短編から入るとよいでしょう。次に表現力ですが，これには内容をまとめるものと自分の考えをのべるものとがあります。内容をまとめるものは，数多く練習することによって，まとめ方やポイントのおさえ方のコツがわかってきます。自分の考えをのべるものは，問題文のどの部分がどのように問われるのかを予想しながら文章を読むといいでしょう。そうすれば，ある場面での登場人物の気持ちなどをおしはかることが自然とできるようになります。

なお，ことばのきまり・知識に関しては，参考書を１冊仕上げましょう。また，漢字や熟語については，読み書きのほか，その意味などについても調べ，ノートにまとめておきましょう。

国語 出題分野分析表

分野		年度	2024	2023	2022	2021	2020	2019	2018	2017	2016	2015
読解	文章の種類	説明文・論説文		★		★	★	★		★		
		小説・物語・伝記	★		★	★			★	★		
		随筆・紀行・日記	★	★	★				★		★	★
		会話・戯曲										
		詩						★				
		短歌・俳句										
	内容の分類	主題・要旨	○	○	○		○		○	○	○	
		内容理解	○	○	○	○	○	○	○	○	○	○
		文脈・段落構成										
		指示語・接続語	○	○	○	○		○	○	○		
		その他	○	○	○	○	○	○	○	○	○	○
知識	漢字	漢字の読み	★		○	○	○				○	
		漢字の書き取り	○	★	★	★	★	★	★	★	★	★
		部首・画数・筆順										
	語句	語句の意味	○	○	○	○	○	○	○	○	○	○
		かなづかい										
		熟語		○	○	○			○	○		
		慣用句・ことわざ			○	○			○	○	○	
	文法	文の組み立て					○					
		品詞・用法	○	○		○			○	○		
		敬語		○		○						
	形式・技法											
	文学作品の知識											
	その他		○									
	知識総合					★						
表現	作文		○	○			○	○				
	短文記述											
	その他											
放送問題												

※　★印は大問の中心となる分野をしめします。

カコを追いかけ
ミライをつかめ
「今の説明、もう一回」を何度でも
web過去問
ストリーミング配信による入試問題の解説動画
もっと古いカコモンないの？
カコ過去問
「さらにカコの」過去問をHPに掲載（DL）
声の教育社
詳しくはこちらから

2024年度 雙葉中学校

【算　数】(50分)〈満点：100点〉

※　円周率は3.14です。

1　$\boxed{\text{ア}}$～$\boxed{\text{エ}}$にあてはまる数を書きましょう。(式と計算と答え)

(1)　$21.6\times\frac{9}{25}-2.16\times\boxed{\text{ア}}+0.216\times0.25=4.86$

(2)　$\frac{1}{◎\times(◎+1)}=\frac{1}{◎}-\frac{1}{◎+1}$が成り立ちます。例えば，$\frac{1}{3\times4}=\frac{1}{3}-\frac{1}{4}$です。これを利用すると，$\frac{1}{30}+\frac{1}{42}+\frac{1}{56}+\frac{1}{72}+\frac{1}{90}+\frac{1}{110}=\boxed{\text{イ}}$

(3)　次の図は，正方形と円，おうぎ形を組み合わせたものです。正方形の対角線の長さは4cmです。かげをつけた部分の面積は$\boxed{\text{ウ}}$ cm^2です。

(4)　仕入れ値が110円の商品を217個仕入れ，5割の利益を見込んで定価をつけました。定価で$\boxed{\text{エ}}$個売ったところ，売れなくなったので定価の2割引きで売りました。全部売り切り，利益は7810円でした。

2　たて630mm，横1470mm，高さ1260mmの直方体の箱があります。この箱に同じ大きさの直方体のブロックを，図の向きに，箱がいっぱいになるまですき間なく入れていきます。ブロックのたて，横，高さの比は1：14：5です。箱の中のブロックの数が最も少なくなるときのブロックのたて，横，高さはそれぞれ何mmですか。また，そのときのブロックの数は何個ですか。箱の厚さは考えません。(式と計算と答え)

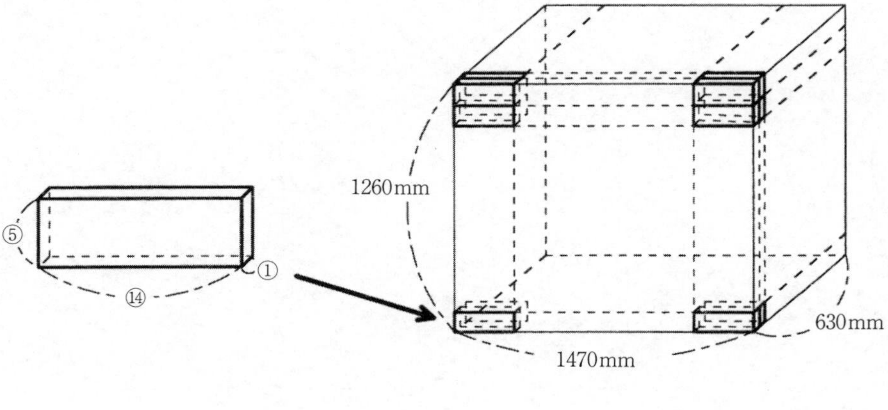

3　下流にあるＡ地点と上流にあるＢ地点は，5733m離れています。兄はボートをこいでＡ地点を出発し，Ｂ地点に着いたら折り返し，２時間後にＡ地点に戻ってきました。静水時の兄がこぐボートの速さと川の流れの速さは一定で，その比は10：３です。（式と計算と答え）

(1)　兄はＡ地点を出発してから，何時間何分後にＢ地点に着きましたか。

(2)　川の流れの速さは分速何mですか。

(3)　兄がＡ地点を出発したのと同時に，弟もボートでＢ地点を出発しました。弟は，ボートをこがずに川の流れにまかせて進み，兄と２回出会ってＡ地点に着きました。弟が２回目に兄と出会うのは，２人が出発してから何時間何分何秒後でしたか。

4　容器に濃《のう》度《ど》10％の食塩水が400ｇ入っています。この食塩水に次のＡ，Ｂ，Ｃの操作を組み合わせて行いました。

Ａ：５％の食塩水を100ｇ加える Ｂ：水を50ｇ加える Ｃ：容器の食塩水を半分にする

Ａを１回，Ｂを２回，Ｃを１回組み合わせて操作し，さらにＢの操作をしたところ，400ｇの食塩水ができました。考えられる操作の手順のうち，最も濃度が高くなる手順を書きましょう。また，そのときの濃度は何％ですか。（式と計算と答え）

5　あるパン工場では，焼きあがったパンを１個ずつ棚《たな》に並べます。この棚にはパンを72個まで並べることができ，棚がいっぱいになったら並べるのをやめ，１個ずつ袋に入れて棚から下ろします。24個袋に入れたら袋に入れるのをやめ，再び焼きあがったパンを棚がいっぱいになるまで並べます。この作業をくり返します。パン１個を棚に並べるのは20秒，袋に入れるのは12秒かかります。７時30分から，空の棚にパンを並べ始めました。（式と計算と答え）

(1)　10時16分には，パンは棚に何個並んでいますか。また，それまでに合計で何個袋に入れましたか。

(2)　10時16分以降もこの作業をくり返しました。何度目かに棚がちょうどいっぱいになってから，袋に入れる時間を１個あたり８秒に早め，作業をくり返しました。12時２分には，棚がちょうどいっぱいになりました。何時何分に袋に入れる時間を早めましたか。

【社　会】（30分）〈満点：50点〉

1　次の文を読んで，後の問に答えなさい。

近年，国内外で，気温が上昇したり，記録的な豪雨《ごうう》や台風がたびたび起こったりするなど，気候変動の影響《えいきょう》による異常気象が発生しています。現在の気候変動を引き起こす原因の一つとなっているのが，人間の経済の営みです。経済成長により私たちの生活が便利になる一方で，公害による健康被害《ひがい》や，自然環境《かんきょう》の破壊《はかい》が起こっています。

日本では，高度経済成長期に重化学工業が大きく発展する中，水や大気の汚染《おせん》が広がり，①四大公害病に代表される，深刻な公害問題が起こりました。公害を引き起こした企業《きぎょう》を訴《うった》える②裁判が開かれ，しだいに③公害対策を求める国民世論も高まっていきました。公害に対する社会的関心が大きくなる中で，④国会では新しく法律が制定されました。

世界全体で見ると，地球温暖化が進んでいます。経済が成長し，さらにその規模が大きくなると，その分だけ多くの資源が消費されるようになって，⑤大気中に出される二酸化炭素などの温室効果ガスが増加することにつながります。この他にも，熱帯雨林の減少や砂漠《さばく》化，水や大気の汚染，酸性雨など，さまざまな環境問題が引き起こされています。このような自然環境の変化や破壊によって，居住地を失ってしまった「環境難民」も発生しています。環境の悪化が，⑥紛争《ふんそう》の原因になることもあります。例えば，異常気象によって干ばつが発生し，深刻な被害をもたらすようになると，水資源をめぐる争いなどが起こります。

これまでは，大量生産と大量消費によって実現する，経済成長が求められてきました。しかし現在起こっている問題を考えたとき，地球環境と未来の世代を守るためには，私たちの生活のしくみそのものを見直す必要があるのかもしれません。

問１　下線部①について。四大公害病が発生した市の一つでは，地球規模での水銀汚染を防止するための条約について外交会議が開かれ，条約が採択《さいたく》されました。2017年に発効したこの条約の名前にもなっている市はどこですか。県名とともに答えなさい。

問２　下線部②について。日本の裁判や裁判所に関する説明として，正しいものを次のイ～ニから一つ選び，記号で答えなさい。

イ　裁判で有罪が確定し，その後無実の罪であると明らかになったことは，これまでに一度もない。

ロ　最高裁判所だけでなく，高等裁判所や地方裁判所も，法律が憲法に違反《いはん》していないかを審査《しんさ》することができる。

ハ　裁判員裁判では，国民の感覚を裁判に反映させるために，裁判員だけで有罪か無罪かを決める。

ニ　裁判所だけでなく内閣や国会も，必要な場合には犯罪行為《こうい》についての裁判を開き，刑罰《けいばつ》を決めることができる。

問３　下線部③について。公害が大きな社会問題となる中で，環境権が人権として主張されるようになりました。環境権は，「良好な環境で生活するための権利」ですが，「人間らしい生活を送ることができるように，国家による国民生活への積極的な関わりを，国民が求める権利」という性質を持っています。これと同じ性質の権利を，次のイ～ヘから二つ選び，記号で答えなさい。

イ　教育を受ける権利　　　　ロ　法のもとの平等

ハ　居住や移転，職業を選ぶ自由　　　ニ　仕事に就《つ》いて働く権利

ホ　政治に参加する権利　　　　　　　ヘ　思想や学問の自由

問4　下線部④について。法律の制定に関する説明として，正しくないものを次のイ～ニから一つ選び，記号で答えなさい。

イ　日本国憲法では，国会を「唯一《ゆいいつ》の立法機関」としており，国会だけが法律をつくることができる。

ロ　法律案は，必ず参議院よりも先に衆議院に提出することが，日本国憲法で定められている。

ハ　法律案は，まず委員会で話し合い，採決された後に本会議へ送られることになっている。

ニ　法律案は，本会議で行う多数決で，出席した国会議員の過半数の賛成により可決される。

問5　下線部⑤について。

(1)　国際連合は，気候変動枠組《わくぐみ》条約を採択し，温室効果ガスの削減《さくげん》目標を定めるなど，取り組みをしてきました。日本もこの条約を結んでいます。条約を結ぶ手続きについて説明した，次の文中の(**イ**)(**ロ**)にそれぞれふさわしい語句を入れなさい。

日本国憲法では(　イ　)を，条約を結ぶ国の機関として定めています。ただし，事前に，あるいは事後に国会の(　ロ　)を経ることを必要とする，としています。

(2)　右の図は，2019年の世界の温室効果ガス排《はい》出《しゅつ》量の割合です。図中の(**A**)と(**B**)にあてはまる国名を，それぞれ答えなさい。

(3)　現在は先進国グループよりも，発展途上《とじょう》国(急速な経済成長が進む国をふくむ)グループの方が，温室効果ガスの排出量が多くなっています。温室効果ガスの削減に向けた国際社会の取り組みの中で，「各国は，現在のそれぞれの排出量に合わせた削減目標を設定するべきだ」，という先進国側の意見がありました。発展途上国の立場に立って，この先進国側の意見に対する反対意見を考え，解答欄《らん》の言葉に続けて書きなさい。

図　世界の温室効果ガス排出量の割合(2019)

※二酸化炭素換算《かんさん》

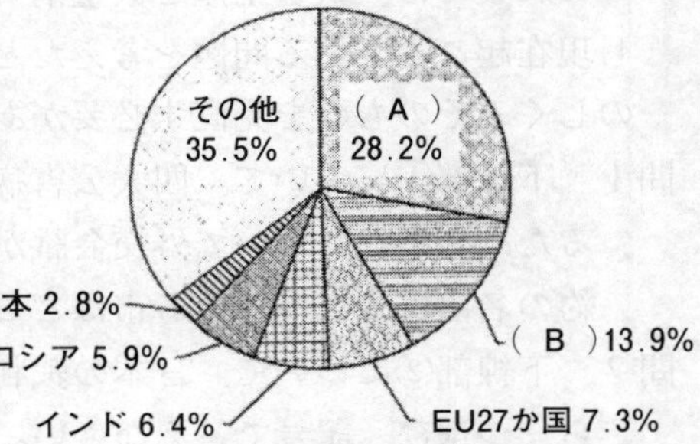

(『日本国勢図会 2022/23』により作成)

問6　下線部⑥について。世界各地で起こる紛争の原因として，環境の悪化の他に，政治上の理由や，民族，宗教上の対立などがあります。

(1)　第二次世界大戦後，ユダヤ教，キリスト教，イスラム教の聖地エルサレムがある地域にイスラエルが建国されると，これをきっかけとしてイスラエルとアラブの国ぐにとの間で戦争が起こりました。その後もこの地域をめぐって，数回にわたり戦争が繰《く》り返され，多くの難民が発生しました。現在もイスラエルとこの地域に住む人びととの間で対立が続いています。この問題を何といいますか。

(2)　国際連合は，紛争や戦争の拡大を防止したり，民主的な選挙が行われるように監視《かんし》したり，復興のための道路整備などを行っています。この国際連合の活動を何といいますか。

2　日本は古い時代から，朝鮮半島や中国と密接な関係をもってきました。次の年表を見て，問に答えなさい。

西暦	出　来　事
	A　**約１万年前，気候の温暖化により大陸から切り離《はな》され，日本列島が形成される**
	B　**朝鮮半島などから移り住んだ人びとが技術を伝え，日本で米づくりがはじまる**
400年	
	C　**朝鮮半島や大陸から日本に移り住む渡来人が多くなる**
600年	
	D　**小野妹子が使節として（　あ　）の皇帝に手紙を渡す**
	E　**日本が（　い　）と新羅の連合軍と白村江で戦う**
700年	
	F　**鑑真が（　い　）から来日する**
800年	
	G　**（　い　）に使節を派遣《はけん》することを中止する**
1200年	
	H　**（　う　）が二度にわたって日本を攻撃《こうげき》する**
1400年	
	I　**足利義満が（　え　）との貿易をはじめる**
1600年	
	J　**将軍の代がわりの時などに，朝鮮から使節が来日するようになる**
	K　**朝鮮半島をめぐる対立からおこった（　お　）との戦争に，日本が勝利する**
1900年	
	L　**日本が大韓帝国を併合し，朝鮮半島を植民地とする**
	M　**日本と大韓民国が国交を開く**
	N　**日本と（　か　）との国交が正常化する**

問１　年表中の（**あ**）～（**か**）について。

(1)　（**あ**）～（**お**）には，中国の王朝名がそれぞれ入ります。組み合わせとして，正しいものを次のイ～ヘから選び，記号で答えなさい。なお，同じ記号の（　）には同じ王朝名が入ります。

イ　**あ**—漢　**い**—隋　**う**—元　**え**—明　**お**—清
ロ　**あ**—隋　**い**—唐　**う**—元　**え**—宋　**お**—明
ハ　**あ**—唐　**い**—隋　**う**—明　**え**—元　**お**—清
ニ　**あ**—隋　**い**—唐　**う**—元　**え**—明　**お**—宋
ホ　**あ**—漢　**い**—隋　**う**—唐　**え**—宋　**お**—明
ヘ　**あ**—隋　**い**—唐　**う**—元　**え**—明　**お**—清

(2)　**(か)**に入る中国の正式国名を答えなさい。

問２　次にあげたイ～チの中で，ＡとＢの間の時期における日本の様子について述べた文として，正しいものはいくつありますか。０～８の数字で答えなさい。

イ　初めて日本に人が住むようになった。

ロ　人や動物などの形をした埴輪《はにわ》がつくられた。

ハ　煮《に》たきをするために土器が使われた。

ニ　人びとの衣料として木綿が広まった。

ホ　邪馬台国の女王卑弥呼が魏に使節を派遣した。

ヘ　狩猟《しゅりょう》の道具として弓矢が使われた。

ト　寒冷な東北地方には人が住めなかった。

チ　人びとはたて穴住居にくらしていた。

問３　Ｃについて。

(1)　渡来人が伝えた技術の中に，大陸の進んだ鍛冶《かじ》の技術がありました。鍛冶の原料と製品の組み合わせとして，ふさわしいものを次のイ～チから一つ選び，記号で答えなさい。

イ　銅・錫《すず》―銅鐸　　ロ　鉄―剣・刀　　ハ　木―丸木舟

ニ　貝―腕輪《うでわ》　　ホ　骨・角―釣《つ》り針　　ヘ　黒曜石―矢じり

ト　ひすい―勾玉《まがたま》　　チ　粘土《ねんど》―瓦《かわら》

(2)　５～６世紀の日本における出来事に関する説明として，正しいものを次のイ～ヘから二つ選び，記号で答えなさい。

イ　ワカタケル大王が埼玉県の稲荷山古墳に葬《ほうむ》られた。

ロ　渡来人が伝えた大陸の技術で東大寺が建てられた。

ハ　大和政権は渡来人の力を借りて中国への手紙を作成した。

ニ　中大兄皇子らが大化の改新とよばれる政治改革をはじめた。

ホ　律令とよばれる法律にもとづいた政治がはじまった。

ヘ　蘇我氏などの豪族が大王を中心として連合政権を形成した。

(3)　この頃《ころ》までに，大陸から日本にある動物が持ちこまれたと考えられています。その動物は，戦いや陸上における移動・運搬《うんぱん》手段，田畑の耕作などで使われるようになりました。他の移動・運搬手段が現れた後も，戦場に多数送られたり，生活の場において重要な役割を果たしたりしてきました。その動物とは何ですか。

問４　Ｄについて。この手紙を見た皇帝は怒《おこ》ったと記録されています。なぜ怒ったと考えられますか。その説明として，ふさわしいものを次のイ～ニから一つ選び，記号で答えなさい。

イ　日本から使節を毎年派遣することをやめ，10年ごとにすることを告げる内容だったため。

ロ　日本が贈《おく》った品物が粗末《そまつ》だったにもかかわらず，大量の高級品を要求する内容だったため。

ハ　中国が日本に使節を派遣しなければ，軍隊を送って攻撃すると書かれていたため。

ニ　中国が主君の立場であるはずなのに，日本が対等の立場で書いた手紙だったため。

問５　Ｅの戦いは，朝鮮半島のある国を救うためのものでした。その国名を答えなさい。

問６　Ｆは奈良時代の出来事です。この時代の民衆に関する説明として，正しいものを次のイ～ホから二つ選び，記号で答えなさい。

イ　『万葉集』の中には，農民の生活の苦しさをよんだ和歌も残されている。

ロ　専門的な技術をもつ人が現れ，西陣織や陶磁器《とうじき》などの特産物が税として納められた。

ハ　農民は耕作に専念することが求められ，農業以外の仕事をすることは禁止されていた。

ニ　人びとは団結するために五人組を結成し，一揆や打ちこわしをおこして朝廷に抵抗《ていこう》した。

ホ　農民は一定の年齢《ねんれい》になると田を分け与えられ，稲《いね》を税として納める義務を負った。

問７　Ｇの背景の説明として，正しいものを次のイ～ニから一つ選び，記号で答えなさい。

イ　源氏と平氏による内乱が広がり，使節を派遣することができなくなった。

ロ　使節の大使となった菅原道真が，藤原氏と対立して大宰府に送られた。

ハ　かな文字が使われるようになり，使節が漢文を使った外交を行うことができなくなった。

ニ　直接中国に向かう危険な航路が使われたため，使節の船がたびたび遭難《そうなん》した。

問８　Ｈについて。日本を攻撃した（**う**）を建国した民族を答えなさい。

問９　Ｉについて。足利義満に関する説明として，正しいものを次のイ～ヘから一つ選び，記号で答えなさい。

イ　足利義満が京都の室町に「花の御所」を建てた。

ロ　足利義満が大名の力をおさえるために参勤交代の制度を整えた。

ハ　足利義満が保護した観阿弥と世阿弥が歌舞伎を大成した。

ニ　足利義満のあとつぎをめぐる対立から応仁の乱がおきた。

ホ　足利義満は金閣の近くに書院造の部屋がある東求《とうぐ》堂を建てた。

ヘ　足利義満が朝廷にせまって執権を置く権利を獲得《かくとく》した。

問10　Ｊについて。

(1)　この時代にはこのような関係がありましたが，これ以前の16世紀末におきたある出来事をきっかけにして，日本と朝鮮との関係は悪化していました。関係が悪化したきっかけの説明として，正しいものを次のイ～ニから一つ選び，記号で答えなさい。

イ　織田信長が，日本への使節派遣を拒《こば》んだ朝鮮を攻撃した。

ロ　対馬の大名が，朝鮮からの攻撃に対する報復をした。

ハ　豊臣秀吉が，大陸の支配をくわだてて朝鮮を攻撃した。

ニ　徳川家康が，日本との貿易を拒否《きょひ》した朝鮮に大軍を送った。

(2)　その後明治時代になると，改めて条約を結んで日本と朝鮮との国交が開かれました。その条約に関する説明として，正しいものを次のイ～ヘから二つ選び，記号で答えなさい。

イ　この条約を結ぶため，山口県の下関に両国の代表が集まった。

ロ　この条約の中に，朝鮮にとって不平等な内容がふくまれていた。

ハ　この条約で，朝鮮の学校で日本語の授業を行うことが決められた。

ニ　この条約によって，日本は台湾と樺太南部をゆずられた。

ホ　この条約で朝鮮を独立国と定めたため，日中の対立が深まった。

ヘ　この条約で，朝鮮との貿易を浦賀で行うことが決まった。

問11　Ｋの後，日本はロシアとも朝鮮半島をめぐる対立から戦争をしました。日本とロシアが講和条約を結んで戦争は終わりましたが，条約の内容に国民の不満は高まりました。それはなぜか，説明しなさい。

問12　ＬとＭの間の時期について。

(1)　この時期におきた出来事を次のイ～リから６つ選び，時期の早い順番に並べた時に，３番目と５番目になるものを記号で答えなさい。

イ　日本の国際連盟脱退《だったい》

ロ　日本の国際連合加盟

ハ　第一回帝国議会の開催《かいさい》

ニ　日米安全保障条約の調印

ホ　第一次石油危機

ヘ　日本国憲法の公布

ト　日中戦争の開始

チ　小笠原諸島の日本復帰

リ　米騒動

(2)　この時期におこった朝鮮戦争の背景には，冷戦とよばれる二つの国を中心とした対立がありました。この対立に関する説明として，正しくないものを次のイ～ニから一つ選び，記号で答えなさい。

イ　この対立の影響をうけ，朝鮮半島やドイツは二つの国に分裂《ぶんれつ》することとなった。

ロ　この対立で核兵器の開発が競われ，太平洋で行われた水爆《すいばく》実験で日本の漁船が被ばくした。

ハ　この対立の終結宣言は，日本で高度経済成長が続いていた時期に出された。

ニ　この対立の一方の中心だったソ連は，サンフランシスコ平和条約に調印しなかった。

問13　Nについて。国交を回復した日本と（か）についての説明として，正しいものを次のイ～ホから一つ選び，記号で答えなさい。

イ　国交回復と同時に平和友好条約も結ばれ，両国の交流はいっそうさかんになっていった。

ロ　国交を回復して以来，毎年必ず首脳どうしが会談を行うために両国の間を往来している。

ハ　国交回復の背景には，ベルリンの壁《かべ》の崩壊《ほうかい》に象徴《しょうちょう》される国際情勢の変化があった。

ニ　この国は日本の重要な貿易相手国であるが，21世紀以降は輸出入額で大韓民国に及《およ》ばない。

ホ　国交回復の記念として，この国から東京の上野動物園にパンダが贈られてきた。

3　次の表と図を見て，後の問に答えなさい。

表　2022年度の各発電における発電量の多い都道府県　（上位５位まで）

	①	②	原子力	③	④	⑤
1位	富山県	あ	福井県	う	福島県	大分県
2位	岐阜県	神奈川県	鹿児島県	北海道	茨城県	秋田県
3位	新潟県	愛知県	い	秋田県	岡山県	鹿児島県
4位	長野県	兵庫県	佐賀県	岩手県	北海道	岩手県
5位	福島県	福島県	―	三重県	宮城県	北海道

（資源エネルギー庁「電力調査統計」2022年度都道府県別発電実績により作成）

図　1960年と2020年の日本の発電量とその内訳

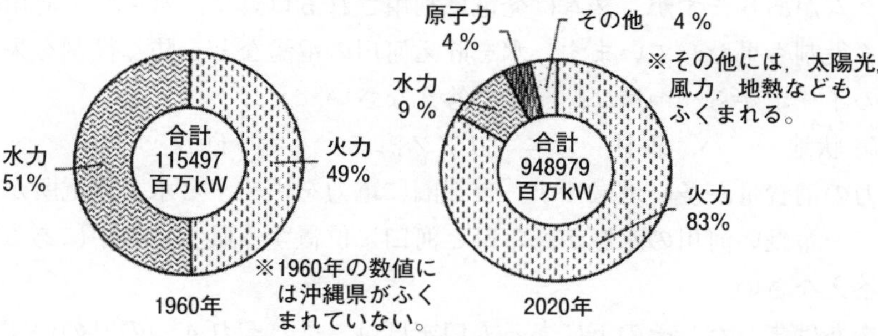

（『数字でみる日本の100年』および『電気事業便覧』により作成）

問1　表中の①～⑤には，火力，水力，太陽光，風力，地熱のいずれかがあてはまります。番号と発電のエネルギーの組み合わせとして，正しいものを次のイ～ヘから一つ選び，記号で答えなさい。

イ　①―火力　②―水力　③―風力　④―太陽光　⑤―地熱
ロ　①―地熱　②―風力　③―水力　④―太陽光　⑤―火力
ハ　①―風力　②―太陽光　③―水力　④―地熱　⑤―火力
ニ　①―水力　②―火力　③―風力　④―太陽光　⑤―地熱
ホ　①―水力　②―火力　③―太陽光　④―地熱　⑤―風力
ヘ　①―火力　②―太陽光　③―地熱　④―水力　⑤―風力

問2　次にあげるイ～ハの文は，表中の**あ**～**う**のいずれかの県について述べたものです。**あ**～**う**の県にあてはまる文をイ～ハからそれぞれ選び，記号で答えなさい。

イ　この県には，瀬戸内工業地域にふくまれる，造船やタオルなどの製造業が発達した地域がある。農業もさかんで，みかんなどの柑橘類《かんきつるい》の生産量は日本有数である。漁業では，マダイの養殖《ようしょく》も有名で，鯛《たい》めしや鯛そうめんなどの郷土料理がある。

ロ　この県は，イカやサバの漁獲量が多く，マグロの一本釣りも有名である。農産物では，りんご，ながいも，にんにくの生産量が多い。隣接《りんせつ》する県にまたがる世界自然遺産に登録されている山地や夏季に開催されるねぶた祭りが有名で，全国から多くの観光客が訪れる。

ハ　この県には，貿易額日本一の空港があり，沿岸部には鉄鋼業や石油化学工業などが集まる工業地域が発達している。農産物では，だいこんやねぎ，なし，落花生などの生産量が多く，近郊《きんこう》農業がさかんである。また，この県には江戸時代から続くしょうゆの産地がある。

問3　火力発電ではエネルギー源として，主に石炭，石油，天然ガスが用いられています。燃やした時に出る二酸化炭素が石炭や石油に比べると少ないことから，天然ガスの消費量が増えてきています。現在，日本が天然ガスを最も多く輸入している国はどこか，国名を答えなさい。

問４　水力発電について。

(1)　水力発電所にはダムがありますが，ダムは発電に利用される以外に，水を貯《たくわ》え河川の氾《はん》濫《らん》などの水害を防ぐ役割も果たしています。水を貯え河川の氾濫などを防ぐ役割を果たしているものを，次のイ～ホから一つ選び，記号で答えなさい。

イ　干潟　　ロ　扇状《せんじょう》地　　ハ　森林　　ニ　リアス海岸　　ホ　砂丘

(2)　首都圏《けん》は特に電力の消費量が多い地域です。首都圏に電力を供給する水力発電所がある河川のうち，日本で一番長い河川の水源がある県と河口に位置する県を，表中にある県から選び，それぞれ答えなさい。

問５　次に４つの県の形をあげました。その下にある人口密度は，それぞれ４つの県のいずれかのものです。表中の原子力発電の発電量が第１位の県の形と人口密度の組み合わせとして，正しいものを選択肢《せんたくし》イ～ヲから一つ選び，記号で答えなさい。なお，人口密度は2022年度の統計によるもので，それぞれの県の形の縮尺は同じではありません。

形

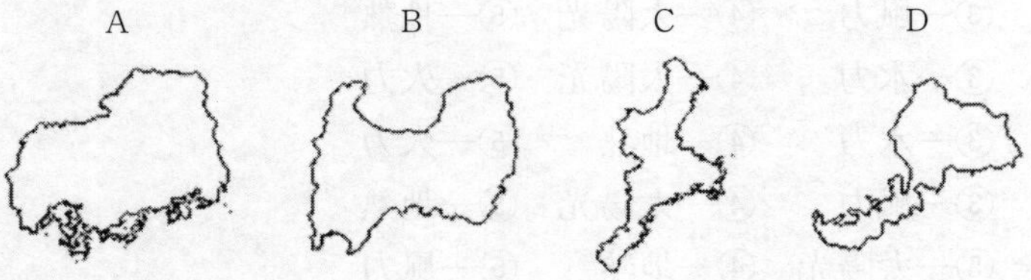

人口密度

180人 /km^2　　240人 /km^2　　300人 /km^2　　323人 /km^2

選択肢

イ	A―180人 /km^2	ロ	B―240人 /km^2	ハ	C―300人 /km^2
ニ	D―323人 /km^2	ホ	A―240人 /km^2	ヘ	B―300人 /km^2
ト	C―323人 /km^2	チ	D―180人 /km^2	リ	A―300人 /km^2
ヌ	B―323人 /km^2	ル	C―180人 /km^2	ヲ	D―240人 /km^2

問６　発電の際に二酸化炭素を出さず，エネルギー源を輸入する必要もない，太陽光，風力，地熱は，繰り返し発電することが可能なエネルギーです。このようなエネルギーを何というか，答えなさい。

問７　前のページの図中の1960年と2020年のグラフを比較《ひかく》して，日本の発電量とその内訳がどのように変わったかを説明しなさい。なお，図からわかることを４つ以上入れること。

【理　科】（30分）〈満点：50点〉

1　食べ物に含《ふく》まれているデンプンは，だ液によって消化されます。デンプンはブドウ糖という糖が多数つながったものです。だ液にはアミラーゼという消化酵《こう》素が含まれていて，図1のようにデンプンをブドウ糖が2個つながった麦芽糖に分解します。消化酵素のはたらきはとても活発で，アミラーゼは1秒間に数百個の麦芽糖をつくります。そして，まわりに分解するものが存在する限りはたらき続けます。

図2はからだの中の一部のつくりを示しています。デンプンのうち，だ液で消化されなかったものは，図2の（ ア ）から出されるアミラーゼによって麦芽糖に分解されます。麦芽糖は（ イ ）にあるマルターゼという消化酵素によりブドウ糖に分解されます。（ イ ）の内側には，じゅう毛とよばれる表面を広くするつくりがあります。そこで吸収されたブドウ糖は図2の（ ウ ）でデンプンと似たグリコーゲンという物質に合成されます。

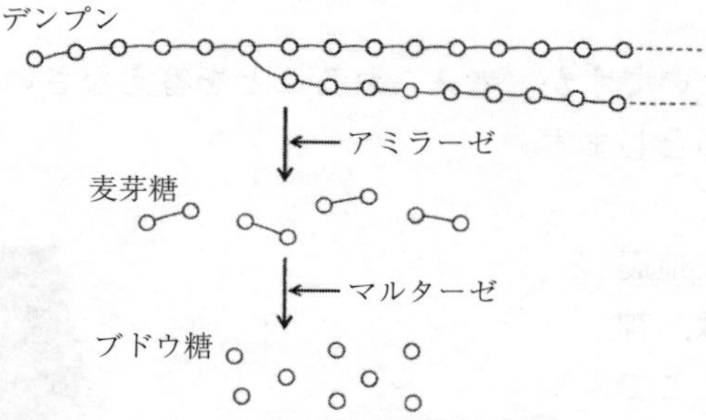

図1

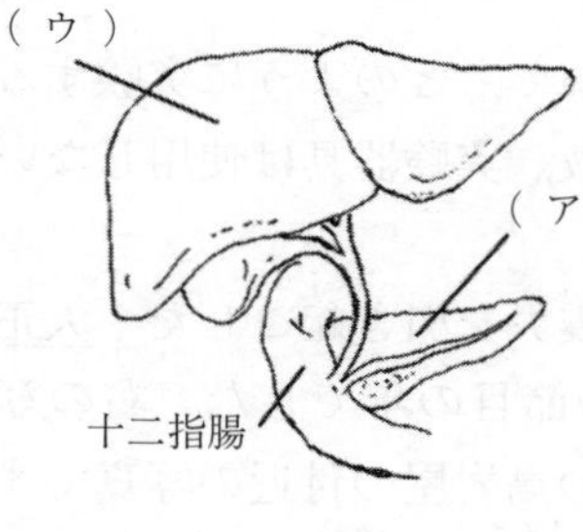

図2

問1　文中の(ア)～(ウ)にあてはまる言葉を答えなさい。

消化酵素は40℃付近でよくはたらき，低温ではたらきが弱くなります。図3は一定量のデンプンに，一定量のだ液を加えたときにできた麦芽糖の量を時間とともに示したグラフです。

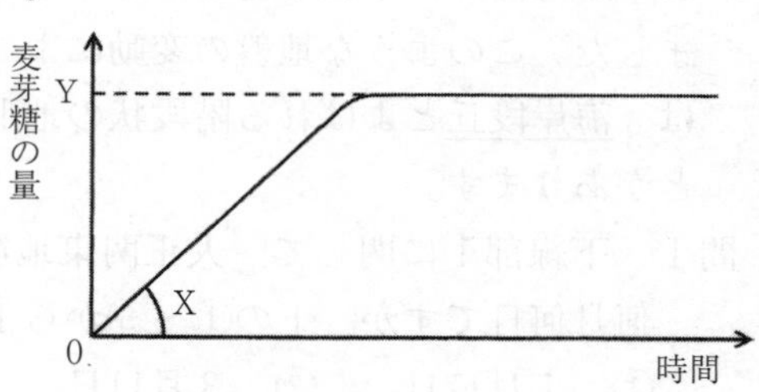

図3

問2　図3が40℃で行った実験結果とすると，20℃で実験を行うと，グラフの角度X，縦軸《じく》の値Yの大きさはそれぞれどのようになると考えられますか。下の①～③から1つ選び，番号で答えなさい。

①　大きくなる　　②　変わらない　　③　小さくなる

花子さんと桜さんはアミラーゼについての実験を行いました。図4のようなチューブを用意し，チューブにデンプン溶《よう》液を1mL入れました。花子さんは綿棒を口にくわえ，だ液を十分しみこませたのち，それをチューブに入れました。チューブを40℃に温めて3分後に綿棒をチューブから取り出し，チューブ内にヨウ素液を1滴加えたところ，青紫《むらさき》色にはなりませんでした(実験A)。比較《ひかく》のため，別のチューブに（ エ ）を1mL入れ，（ オ ）を含ませた綿棒を入れて同じ方法で3分後にヨウ素液を1滴加えたところ，青紫色になりました(実験B)。よって花子さんのだ液に含まれるアミラーゼがはたらいたことがわかります。しかし，$_1$桜さんが花子さんと同じ方法で実験Aを行ったところ，少し青紫色になりました。

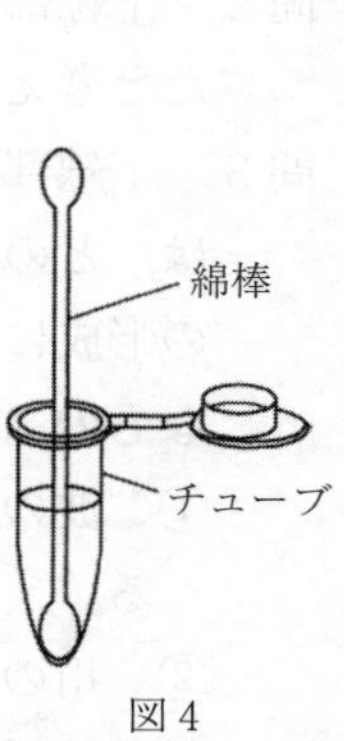

図4

問3　文中の(エ)，(オ)にあてはまる言葉を下の①～④からそれぞれ選び，番号で答えなさい。

①　デンプン溶液　　②　だ液　③　水　④　ヨウ素液

問4　下線部1について，桜さんの結果からは，チューブにデンプンが残っていることがわかります。その理由として考えられることを，「桜さんのだ液」という言葉を用いて答えなさい。ただし，綿棒にはだ液は十分しみこんでいるものとします。

花子さんは，アミラーゼが低温ではたらきが弱くなることを確かめるために次の実験を行いました。

新たなチューブにデンプン溶液を1mL入れ，だ液が十分しみこんだ綿棒を入れたのち，チューブを氷水につけました。3分後にヨウ素液を1滴加えたところ，青紫色にはならず，この結果からは，アミラーゼが低温ではたらきが弱くなることは確かめられませんでした。$_{2}$アミラーゼが低温ではたらきが弱くなることを確かめるためには，実験方法を変える必要があります。

問5　下線部2について，どのように実験するとよいですか。考えられることを答えなさい。ただし，新たな溶液，実験器具は使用しないものとします。

2　2023年は関東大震《しん》災を引き起こした$_{1}$大正関東地震の発生から100年の節目の年でした。右の写真は，神奈川県藤沢《ふじさわ》市の江《え》の島岩屋の付近の写真です。ここでは$_{2}$大正関東地震に伴《ともな》う地盤《ばん》の変動によって，現在のように海沿いに平坦《たん》な岩場が広がっている状況《きょう》となりました。このような地盤の変動によって，海岸付近には$_{3}$海岸段丘《きゅう》とよばれる階段状の地形が形成されることがあります。

問1　下線部1に関して，大正関東地震の発生した日は，「防災の日」とされています。それは何月何日ですか。下の①～⑤から1つ選び，番号で答えなさい。

①　1月17日　　②　3月11日　　③　9月1日

④　11月5日　　⑤　12月7日

問2　下線部2に関して，写真の地域では，大正関東地震によってどのような地盤の変動があったと考えられますか。

問3　下線部3に関して，海岸段丘とよばれる階段状の地形は，どのように形成されますか。図1のような海岸段丘の形成について，下の①を最初として，②～⑤から**必要なもの**を選び，正しい順番に並べなさい。

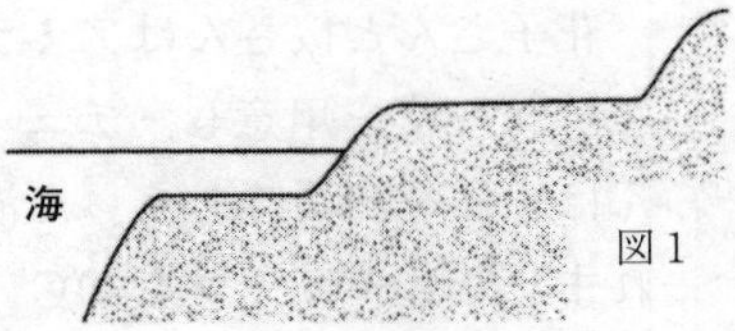

図1

①　波の作用によって，海面下に平らな地形がつくられる。

②　川の運搬《ぱん》作用によって，陸域から堆《たい》積物が運び込《こ》まれる。

③　地殻《かく》変動で，地盤が沈み込む。

④　地殻変動で，地盤が持ち上げられる。

⑤　地震が発生する。

問4　図2のような海岸段丘の見られる地域でボーリング調査を行ったところ，図3の柱状図(地層の積み重なり方を示した図)のように，時代の異なる3枚のローム層(風によって運ばれた火山灰などが陸上に堆積してできた層)があることがわかりました。この地域では地盤の変動とローム層の堆積が交互《ご》に起こったことがわかっています。図2の海岸段丘の平坦な面(Ⅰ～Ⅲ)で見られるローム層とその積み重なり方として，正しいものを下の①～⑩からそれぞれ選び，番号で答えなさい。

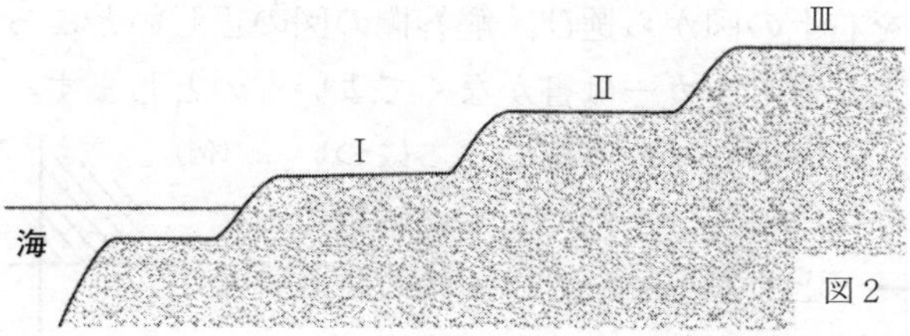

図2

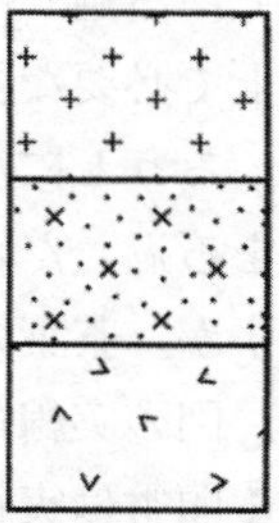
図3

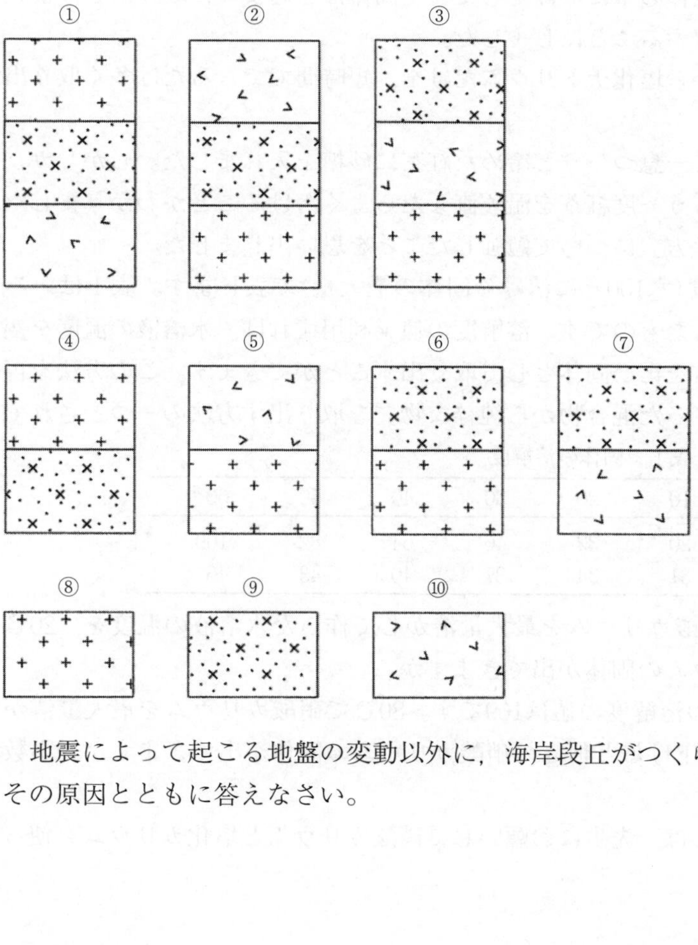

問5　地震によって起こる地盤の変動以外に，海岸段丘がつくられるのはどのようなときですか。その原因とともに答えなさい。

3 　ふたばさんは，冬の寒い日に紅茶をいれました。カップにお湯を注ぎティーバッグを入れたところ，ティーバッグが破けてしまい，茶葉がお湯の中に出てしまいました。そこで，この茶葉だけを取り除く方法がないかを考え，理科の授業で「ろ過」について勉強したことを思い出しました。

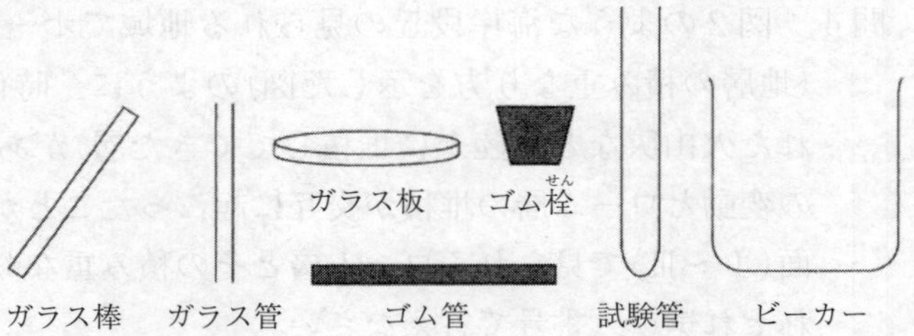

問１　ろ過の実験を行う上で必要な器具を右上の図から選び，解答欄《らん》の図の正しいところに書き入れなさい。ただし，ろうとに注ぎ入れるビーカーは書かなくてよいものとします。

問２　茶葉が入った紅茶をろ過したとき，茶葉は広げたろ紙のどこについていると考えられますか。茶葉のついている部分を例のように斜《しゃ》線で示しなさい。ただし，図の実線(━━)と点線(----)はろ紙の折り目を表しており，折る順番は実線が先，点線が後であるとします。

（例）

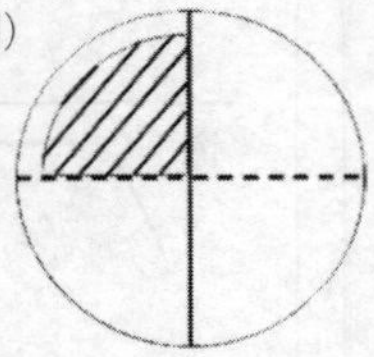

ふたばさんはろ過について学んだことで，固体と液体を分離《り》できることがわかりました。しかし液体の中に溶《と》けてしまった固体はどのように取り出せばよいかわからず，再び理科の授業を復習することにしました。

問３　塩化ナトリウム水溶液から塩化ナトリウムだけを，短時間でできるだけ多く取り出す方法を説明しなさい。

ふたばさんは復習を終えて一息つこうと冷めた紅茶に砂糖を入れました。しかしカップの底に砂糖の溶け残りがあり，もう一度紅茶を温め直したらよく溶けることがわかりました。そこで理科の授業で「ものの溶け方」について勉強したことを思い出しました。

固体の溶ける量は，溶解度(水100ｇに溶ける固体の最大量)で表します。表１はいろいろな温度での固体の溶解度を示したものです。溶解度の値を利用すれば，水溶液の温度を変えることによって，一度溶けた物質を再び固体として取り出すことができます。この方法を再結晶《しょう》といい，いろいろな物質が混ざった混合物から純粋《すい》な物質を取り出す方法の一つとされています。

表１：固体の溶解度

温度[℃]	0	10	20	30	40	50	60
硝《しょう》酸カリウム[ｇ]	13	20	32	46	64	82	109
塩化カリウム[ｇ]	28	31	34	37	40	43	46

問４　50℃で，200ｇの水に硝酸カリウムを最大量溶かして作った水溶液の温度を，20℃まで下げると，何ｇの硝酸カリウムの固体が出てきますか。

問５　80℃での硝酸カリウムの溶解度の値は169です。80℃で硝酸カリウムを最大量溶かして作った水溶液100ｇを10℃に下げると何ｇの硝酸カリウムの固体が出てきますか。小数第一位を四捨五入して答えなさい。

学校に登校したふたばさんは，先生にお願いして硝酸カリウムと塩化カリウムを使って，再結晶の実験をしました。

問６　水200ｇに硝酸カリウム106ｇと，塩化カリウム62ｇを溶かしました。この水溶液を冷やしていくと，硝酸カリウムの結晶が先に出てきました。このあとさらに冷やしていくと，ある温度で塩化カリウムの結晶が出てきました。ある温度とは何℃か答えなさい。また下線部までに，硝酸カリウムの結晶は何ｇ出てきますか。ただし，混合物の水溶液中においても，それぞれの物質の溶解度と温度の関係は変化しないものとします。

4　温度計にはさまざまな種類があります。液体の液面の高さで温度を読む棒状温度計，左右に針が振《ふ》れて針の位置の目盛りを読むバイメタル温度計，非接触《しょく》で測ることができる放射温度計，数値で温度が表示されるデジタル温度計，どの浮《う》きが浮いているかによっておおまかな温度を知ることができるガリレオ温度計などがあります。そのうちいくつかの温度計についてしくみを考えてみましょう。

【１】　棒状温度計(図１)

　非常に細いガラス管に色のついた液体が入っている。温度が高いほど体積が（　ア　）という性質を使って，０℃のときと100℃のときの液面の位置を100等分した目盛りをつけている。

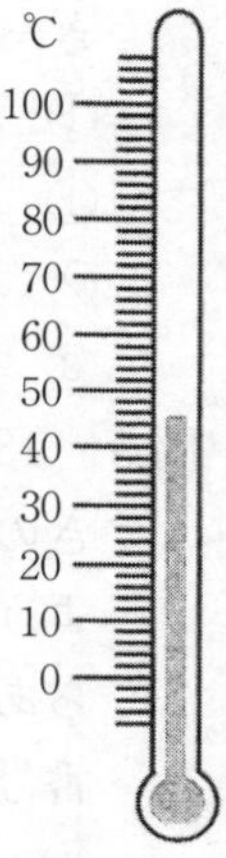

図１

問１　文中の(ア)にあてはまる言葉を答えなさい。

問２　図１の温度計で使用する液体の性質としてふさわしいものを下の①～⑥から２つ選び，番号で答えなさい。

①　０℃でこおり，100℃で沸騰《ふっとう》する。

②　０℃より高い温度でこおり，100℃より低い温度で沸騰する。

③　０℃より低い温度でこおり，100℃より高い温度で沸騰する。

④　１℃高くなったときに体積が変化する量は，高温の方が低温より大きい。

⑤　１℃高くなったときに体積が変化する量は，高温でも低温でも同じ。

⑥　１℃高くなったときに体積が変化する量は，高温より低温の方が大きい。

【２】　バイメタル温度計(図２)

　性質の異なる２種類の金属を接着し，それを渦《うず》巻き状にして中心に針をつける。温度が高くなるとそれぞれの金属の長さが変化し，針が右に振れる。

問３　図２の金属Ａ，Ｂの性質のちがいを，「温度が高くなると」に続けて説明しなさい。

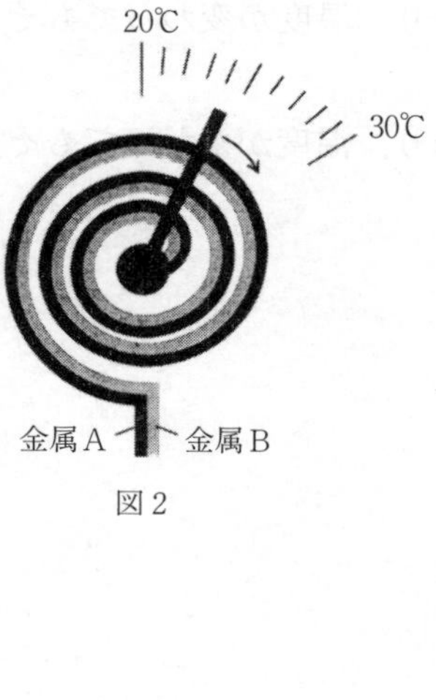

図２

【3】 ガリレオ温度計(図３)

水槽《そう》内の液体の中に，密度(同じ体積で比べたときの重さ)の異なる浮きがいくつか入っている。液体中では液体の密度より液体中にあるものの密度が小さいと浮き，大きいと沈《しず》む。浮きはガラスでできており，中に液体が入っていて，密閉されている。温度が変化すると水槽内の液体の体積が変化することで，液体と浮きの密度に差ができて，浮きが浮いたり沈んだりする。それぞれの浮きには温度が書いてあり，どの浮きが浮いているかを見ることで，おおまかな温度がわかる。

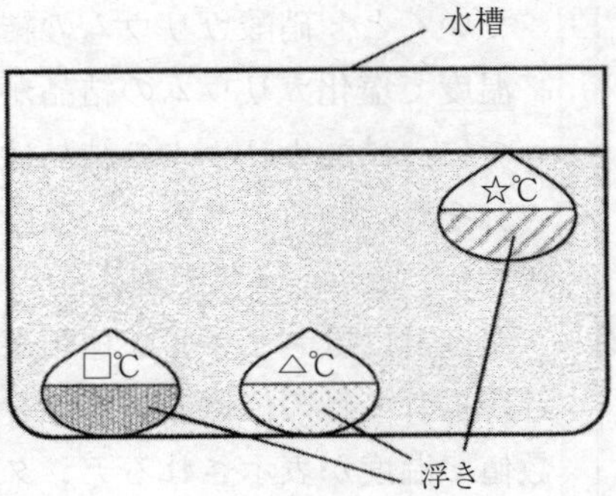

図３

問４　浮きに書いてある温度のときにはその浮きは浮きます。たとえば，図３のように☆℃のとき，☆℃と書かれた浮きは浮きます。書いてある温度以外のときにはどうなりますか。下の①～③から正しいものを１つ選び，番号で答えなさい。

①　浮きに書かれた温度よりも高いときには沈み，低いときには浮いている。

②　浮きに書かれた温度よりも低いときには沈み，高いときには浮いている。

③　浮きに書かれた温度のときだけ浮き，それより高いときも低いときも沈む。

問５　18℃，22℃，26℃と書かれた３種類の浮きのあるガリレオ温度計で，図４，図５のようになっているとき，下の①～⑤の中からあてはまる温度を，それぞれすべて選び，番号で答えなさい。

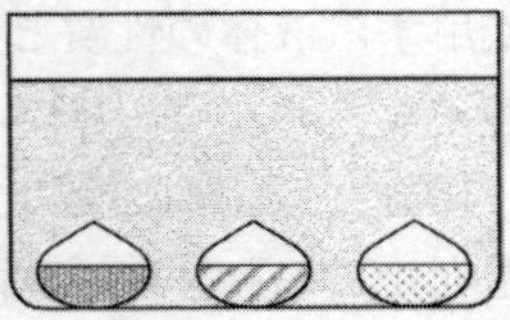
図４

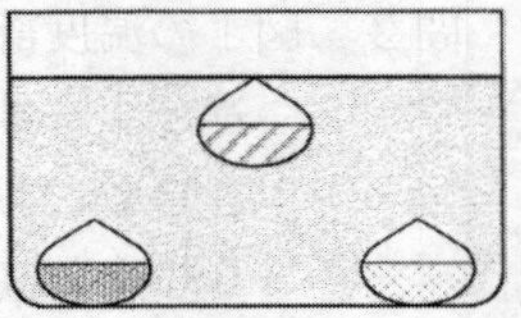
図５

①　８℃　②　14℃　③　25℃

④　36℃　⑤　40℃

問６　問５の３種類の浮きとして使用できるものを，下の①～④からすべて選び，番号で答えなさい。

①　同じ温度のとき全て同じ重さ，同じ体積だが，温度が変わると体積が変化する。

②　同じ温度のとき全て同じ重さ，同じ体積だが，温度が変わると浮きの中の液体の体積が変化する。

③　同じ温度のとき全て同じ重さだが，体積はそれぞれ異なり，温度が変わってもそれぞれの重さ，体積は変化しない。

④　同じ温度のとき全て同じ体積だが，重さはそれぞれ異なり，温度が変わってもそれぞれの重さ，体積は変化しない。

ア　自分が知っている故郷とはまったくちがう、新しくて美しい街にあこがれをいだいている。

イ　新しい街には、古い時代しか知らない自分はなじめない、と取り残されたように感じている。

ウ　暗くてさびしい田舎《いなか》だった故郷がここまで経済的に発展したのだ、とほこらしく思っている。

エ　見たこともないほどの都会になっていた故郷にふさわしくない自分を恥ずかしく感じている。

問八　――線部⑥「誰も何者でもなく、それゆえ何者でもありえた」とはどういうことを言っているのか、説明しなさい。

問九　――線部⑦「生まれてそだった街の一本のおおきな欅の木は、見えない『わたしの街』への秘密の入口でした」とありますが、どういうことを言っているのか、そのように言う理由を明らかにしながら説明しなさい。

問十　――線部⑧「どんな記憶の目印もたやすく無くしてしまうような現在」とありますが、筆者は「現在」をどのような時代と考えているのか、答えなさい。

問十一　魔法の時間とありますが、あなたが経験した「魔法の時間」について述べなさい。

三

――線部(1)～(10)の語のうち、読みが正しいものは○を書きなさい。読みが誤っているものは、正しい読みを答えなさい。

(1)波止場《はとば》近くの(2)殺風景《さっぷうけい》な商店街に、親類が(3)営《いとな》む(4)八百屋《やおや》がある。そこでみかんを一箱買って家に帰り、箱をかかえたまま居間の(5)障子《ふすま》を足で開けると、(6)案の定《あんじょう》「(7)横着《よこちゃく》するな！」と(8)険《いかめ》しい顔をした祖父にしかられた。今日は、ことの(9)外《そと》きげんが悪い。ここは(10)下手《へた》に出たほうが良さそうだ。箱からみかんを取り出して一つわたすと、ようやくにこりと笑ってくれた。

丘陵《きゅうりょう》と、そして街を横切って流れる川がなかったら、そこが自分の街だと思えなかったくらいです。

二十五年の空白は確かに永すぎましたが、その真新しい現在のなかで、ただ一つのこされていた「わたしの街」の景色は、一本のおおきな木です。卒業した高校の校庭のわきに、おおきな枝を空いっぱいにひろげていた一本の欅の木。母校は校門も校舎もすっかり変わっていましたが、すでに冬を予感させる灰色《はいいろ》の空いっぱいに見事に枝を張った欅の木はそのままでした。その一本の木の下に、二十五年ぶりの街のどこにも見つけられなかった、懐かしい記憶があった。火山の麓の街が少年のわたしにくれた、あてどない無垢《むく》の時間の記憶です。

⑥誰もが何者でもなく、それゆえ何者でもありえた冬の少年の日々の思いが、ふいに間近に思いだされた。そうして、ふっとすべてが静まりかえってくるような甘美な時間の感触《かんしょく》を感じ、その木の下に立って空の枝々を見あげているうちに、それまでずっとちがうという思いに囚《とら》われていた自分を忘れて、いつかいまはない「わたしの街」のなかに入りこんだような深い感覚を、わたしは覚えていました。

現在のなかにあって、記憶は見えないものでしかありません。しかし、一人のわたしをいま、ここにつくっている生きられた経験が記憶であり、わたしたちはほんとうは、いま、ここに記憶と現在の二つの時間を、同時に生きています。

⑦生まれてそだった街の一本のおおきな欅の木は、見えない「わたしの街」への秘密の入口でした。冬近い火山の麓の「わたしの街」の一本の欅の木の下にのこされていた、とうに失われてしまったと思っていた魔法の時間。――⑧どんな記憶の目印もたやすく無くしてしまうような現在にあって、一本のおおきな木は、一人のわたしを、いま、ここに活《い》かしている見えない記憶を、ゆたかな沈黙《ちんもく》のように抱《いだ》いている。『深呼吸の必要』という詩集に「おおきな木」という詩を書いたとき、その詩に刻んだのは、一本のおおきな木のもつその秘密です。

（長田《おさだ》　弘《ひろし》『子どもたちの日本』講談社）

問一　[a]～[c]に、「ようだ」をふさわしい形に変えて入れなさい。

問二　――線部①「ものかは」は古い言い回しです。この言いかえとして最もふさわしいものを次の**ア**～**エ**から一つ選び、記号で答えなさい。

ア　もの足りず
イ　ものも知らず
ウ　ものごころもつかず
エ　ものともせず

問三　――線部②「思いだしてそうだったんだとしか言えない」とありますが、「そうだったんだ」に筆者の感動が表されていると考えたとき、その感動を表現した部分を本文中から二五字以内で探し、最初の五字を答えなさい。

問四　――線部**A**～**C**の語をわかりやすく言いかえて答えなさい。

問五　――線部③「暗闇のなかの宝島にほかならなかった映画館」とありますが、当時の筆者にとって映画館はどのような場所だったのか、答えなさい。

問六　――線部④「『わたしの街』の確かな目印」にあたるものは何か、本文中に[　]で示されている次の**ア**～**オ**の語からすべて選び、記号で答えなさい。

ア　新聞社　**イ**　小学校　**ウ**　病院
エ　裁判所　**オ**　TV局

問七　――線部⑤「まぶしい『現在』」という表現にこめられた筆者の思いとして最もふさわしいものを次の**ア**～**エ**から一つ選び、記号で答えなさい。

昭和二十年代後半、一九五〇年代前半。わたしたちの街には、まだ人力車屋があり、蔵《くら》のある呉服《ごふく》屋があり、おおきな暖簾《のれん》をきりりと店先に張った酒屋があり、本屋のほとんどは土間で、少年のわたしたちはまだコーヒーをあいだに話をする習慣をもたず、コカコーラもハンバーガーもまだ知りませんでした。③暗闇《くらやみ》のなかの宝島にほかならなかった映画館をのぞけば、わたしや友人にとっては、話をしながら街をぶらぶら歩きつづけることが、何にも代えがたい楽しみだったので、何もなかったといえばそのとおりですが、ただわたしたちは、誰《だれ》のものでもない自分の自由な時間を、ありあまるほどBふんだんにもっていました。時代は乏《とぼ》しかった。しかし、わたしたちの持ち時間はゆたかでした。

火山の麓の街の冬はおそろしく永かったけれども、わたしたちは退《たい》屈《くつ》というものを知らない少年でした。一度何がきっかけだったのか、友人と突然《とつぜん》口論になって、雪のなかで取っ組みあいになった。さんざん息を切らして、もう絶交だと罵《ののし》りながらその日は別れますが、次の日には二人でまた、雪の街でながい時間を共にして、降りつづく雪のなかを流れる川を見にいった。

雪にすっかり隠《かく》れていた河畔《かはん》の道。古い鉄橋。雪を繁《しげ》みのように枝いっぱいに載《の》せていた、校庭のおおきな一本の欅《けやき》の木。がらんとした寺の境内《けいだい》の端《はし》に立っていた、鐘《かね》のない鐘楼《しょうろう》。除雪網《じょせつあみ》を車体のまえにつけて、暗い街角を傾《かし》ぐように曲がってゆくチンチン電車。街の向こうへ渡る長い陸橋。

火山の麓の、雪の季節の静かな街の時間というのは、楽しそうに笑いながら降ってくる雪の小人たちのくれた魔法《まほう》のような時間だったのかもしれません。すべてがまったくの無償《むしょう》だった時間。いまでは、しかし、その火山の麓の風の街にもかつての冬の街の景色は失われて、冬に雪が降り積もることさえ、めったになくなりました。かつて毎日を共にした二人の少年はそれぞれに火山の麓の街を去って、別々の街で別々の日々をかさねるようになってからは、二度会っただけです。しかし、何を話すべきか。そのときはもう、魔法の時間を失《な》くしてしまった二人は、おたがいに知りませんでした。

そうしてわたしは、東北の火山の麓の街を少年のとき離《はな》れてから、すぐに家も東京に引《ひ》っ越《こ》して、季節のめぐりごとに帰郷するということがないままに、それきりになってしまい、ふたたびその街を訪《おとず》れたのは、思いがけなくそれから二十五年もの長い空白をへてのちでした。しかし、その長い空白は、かえってわたしのなかに、隅々《すみずみ》までよくよく知りぬいた親しい「わたしの街」の記憶をあざやかにしたように思います。

二十五年ぶりの街の景色は、もちろん記憶のなかの「わたしの街」の景色とは、すべてちがっていました。街並みは変わり、道は広くなって、新しい街角に新しい建物がつづき、市電が消え、街の店々は屋号こそおおくおなじでもたたずまいをすっかり変えており、予期していたものの、街の真ん中に生まれて、根っから街っ子としてそだったわたしの記憶にあった④「わたしの街」の確かな目印はCあらかたなくて、友人はもちろん見知った顔さえない街には、「わたしの街」はすでに見つけようもありませんでした。

そこにあったものが、もうそこになかった。目抜《めぬ》き通りにあったア新聞社がそこになく、よくよく親しんだ映画館がそこになく、風《か》邪《ぜ》のたびに通った街の医院がそこになく、在籍《ざいせき》したイ小学校はそこになく、中学校はそのときはウ病院になっていて、暗い木立ちに囲まれていたエ裁判所は明るい公園に、街はずれにあった高い塀《へい》の刑《けい》務《む》所《しょ》はオTV局の開かれた建物に、というふうに、街にはただ、⑤まぶしい「現在」のほかはなかった。訪れたのは冬がくるすぐまえの季節でしたが、遠く広い裾野《すその》をもつ火山と、街をゆったりとめぐる

て答えなさい。

問八　――線部④「分け入っても、分け入っても、団地」とありますが、これは種田山頭火《たねださんとうか》という俳人の句「分け入っても分け入っても青い山」をもとにした表現だと考えられます。これによってどういうことを表そうとしているのか、最もふさわしいものを次のア～エから一つ選び、記号で答えなさい。

ア　個性ある団地から目を離せないでいるということ。

イ　団地がどこまでも果てしなく続いているということ。

ウ　迷路のように団地が複雑に入り組んでいるということ。

エ　植物をかき分けて団地に向かっているということ。

問九　――線部⑤「集合住宅の窓の一つひとつが安らかならば」とありますが、「集合住宅の窓の一つひとつが安らか」であるとはどういうことを言っているのか、説明しなさい。

問十　――線部⑥「建物に意味や価値をつけすぎない方がいい」とありますが、団地に「意味や価値をつけすぎ」るとはどういうことか、答えなさい。

問十一　□□⑦にふさわしい漢字二字を、本文中からぬき出して答えなさい。

二　次の文章を読み、問いに答えなさい。

雪の降りつづく日、真ッ白な路上に立ちどまり、空を見あげて、次から次へ躍《おど》る[a]降ってくるたくさんの雪片《せっぺん》を見ていると、いつかいっさいの物音が消えてしまい、ちいさな雪片の一つ一つが、まるでたくさんの自由な小人のように見えてきます。雪はいつも楽しそうに笑いながら降ってくるようでした。そうして、その笑い声に耳澄《す》ましているうちに、自分がここにいて、ここにはいない[b]不思議な思いを、いつも覚えました。降りつづく雪をみあげているというただそれだけのことなのに、そうしていると、自分がちがった世界の真ん中にいる[c]たのです。

雪合戦や雪だるまから橇滑《そりすべ》りまで、雪で遊んだ幼いころの楽しい想《おも》い出にもまして、生まれそだった東北の火山の麓《ふもと》の街の冬の、雪の降りつづく日々がくれたもっとも忘れがたい甘美《かんび》な記憶《きおく》は、何といっても、その静かだった時間の記憶です。降りつづく雪が、日常の時間を消し去ると、街には、ただ静かな時間だけがのこされる。その静かな時間には何ともいえない清浄《せいじょう》な魅力《みりょく》があって、凍《こお》るような風も寒さも①ものかは、少年のわたしは、雪が降りだすと親しい友人と、街のあちこちを歩きまわりました。どこへゆくというのでもなく、ただただ話しつづけ、ときに黙《だま》りこみ、寒さでがちがちになるまで、とにかく歩きまわった。

②思いだしてそうだったんだとしか言えないけれども、そのころわたしたち、つまり親しい友人とわたしとは、ほとんど毎日会って、話をしていた。学校から帰ると、すぐにとびだして、どちらかがどちらかの家へでかけていって、誘《さそ》います。そうして、それから街を歩きまわって、日が暮れるまで話しつづける。夏であれば、たいていどちらかの門のまえに何時間も立ったままで話しつづけて平気でしたが、寒さのきびしい冬はさすがにそうはゆかず、街を歩きまわって、身体を暖めながら、話しつづけた。

よくあんなに話しつづけるということができたものと思いますが、そのときそんなにも毎日毎日何を話しつづけていたかは、何一つ覚えていません。ただそうやって毎日毎日、友人と会ってAやみくもに話しつづけていたということが、今は懐《なつ》かしい時間として記憶のなかにのこっているだけです。火山の麓の街の時間には、そうした少年たちのあてどない無量の時間を容《い》れてくれるだけの、ゆったりとした日々があった。

人工都市に、人工的に植えられた植物が、さわさわと茂《しげ》り、風にしなっている。プランターの小さな花々も、陽に向けて色とりどりのc花ベンを開き、可憐《かれん》だ。③洋服を脱ぎ散らしながら走っていく子どもは、ここにはいない。

団地エリアの中の散策を続ける。④分け入っても、分け入っても、団地。団地の建物は、各年代ごとに少しずつデザインに変化が見られる。ブロックを整然と並べたような初期団地から、「とがり」のある形のものが現《あら》われはじめ、さらには、ふしぎな色使いがほどこされたものも出現する。しかしある時期から「とがり」が消えはじめ、色も渋味《しぶみ》のあるものが好まれるようになり、結局のところ初期段階の長四角の基本へdカイ帰しているように思う。

というのは、あくまでeシ見で、建築についての知識はほとんどなく、ほんとうのところはよく分からない。分からないが、⑤集合住宅の窓の一つひとつが安らかならば、それでよいと思う。⑥建物に意味や価値をつけすぎない方がいい。肝心《かんじん》なのは、そこで誰かが命を灯《とも》し続けているという事実。暑さ寒さをしのぐためのもの、と思えば、建物も⑦□□と同じ。

そんなことをとりとめもなく思いながら歩いていると、目の前に巨《きょ》大《だい》な鉄塔《てっとう》が立ちふさがった。

(東《ひがし》 直子《なおこ》『ゆずゆずり――仮の家の四人』中央公論新社)

問一 「寒かったの?」・「寒くないの?」とありますが、「わたし」が二人にそのようにたずねたのはなぜか、説明しなさい。

問二 ――線部a「カイフカイ」・b「サイ用」・c「花ベン」・d「カイ帰」・e「シ見」について、カタカナを漢字に直してそれぞれ答えなさい。

問三 ――線部①「□□□□と」が「あふれそうなほどいっぱいに」という意味になるように、畳語《じょうご》(くり返しの言葉。「ふかぶか」「ごくごく」など)を考えて答えなさい。

問四 ――線部②「間に立っている」とは、ここではどういうことを言っているのか、説明しなさい。

問五 ==線部1「揶揄していた」・2「困難を反芻する」の意味として最もふさわしいものを後のア~エから一つずつ選び、それぞれ記号で答えなさい。

1 「揶揄していた」

ア からかっていた

イ とまどっていた

ウ 敬遠していた

エ 評価していた

2 「困難を反芻する」

ア 困難に直面して動揺《どうよう》する

イ 困難を予測して同情する

ウ 困難をくり返しかみしめる

エ 困難に反発していきどおる

問六 【A】・【B】に当てはまる語句の組み合わせとして最もふさわしいものを次のア~エから一つ選び、記号で答えなさい。

ア A 残せる　B 整理する

イ A 捨てられる　B 分別する

ウ A いらない　B 処分する

エ A 着ない　B 試着する

問七 ――線部③「洋服を脱ぎ散らしながら走っていく子どもは、ここにはいない」とありますが、

(1) 「洋服を脱ぎ散らしながら走っていく子ども」とはどのような存在を指して言っているのか、説明しなさい。

(2) 「ここ」とはどのような場所か、本文中から四字でぬき出し

2024年度 雙葉中学校

【国語】〈五〇分〉〈満点：一〇〇点〉

一 次の文章を読み、問いに答えなさい。

ナナが水色の車に乗って、久しぶりに帰宅した。紺色《こんいろ》のセーターを着て、オレンジ色の縁《ふち》のサングラスをかけ、リュックを背負っている。

寒かったの？ と訊《き》いてみたら、ナナは、いいや、そうでもないと答える。でも、セーター着てるよ、と訊くと、ああまあ、と、あいまいに答えて、荷物を下ろし、サングラスをはずし、ソファーにふかぶかと座り込んだ。暑そうにも、寒そうにも見えない。aカイフカイを感じていない、というより考えていない、しずかな表情である。

イチが帰ってきた。半袖《はんそで》だ。寒くないの？ と訊くと、ぜんぜん、と言って、コップに①［　　　　］と牛乳をつぎ、ごくごくと飲んだ。イチは、つめたい牛乳が大好きだ。

セーターの人と半袖の人の②間に立っているわたしは、長袖の上に半袖を重ねて着ている。この格好、最初に誰かがはじめたときは、変な着方だ、と1揶揄《やゆ》していたような気がするが、すっかり世間に浸透《しんとう》したので、自分も平気でbサイ用するようになった。気分次第《しだい》で変えられる色や形の組み合わせが楽しいのである。といっても、タンスの引き出しを引いて、目についたものを取り出して着ては洗い、たたんで引き出しの最前につめ、次にまたそれを取り出して、着ては洗い、またつめる、を繰《く》り返しているので、いつもだいたい同じものばかりを着て過ごしている。この引き出しの奥《おく》に、誰《だれ》かが謎《なぞ》の洋服をつめこんだとしても、生涯《しょうがい》気づかないかもしれない。

キャベツもようのワンピースをタンスの奥から見つけたお母さんが、自分の子どもにちょっと着せてみたら、たちまちその子が洋服に支配された人格になってしまう、という物語を昔書いたことがある。ワンピースは着たきりになり、女の子と一緒《いっしょ》に成長する。お風呂《ふろ》に入るときは、ワンピースごと洗うのだ。

この話を書いていたとき、人間が洋服を必要とすることについて考えていた。なぜ人間だけが、生まれたままの姿では生きていくことができないのか。衣服を着用したから、体毛がなくなったのか、体毛がなくなったから、衣服を着用することになったのか。同時進行といったところか。

とにかく、衣服というものは、暑さ寒さをしのげれば、それでいいわけだ。目の前にあるタンスとクローゼットの中身が妙《みょう》に気になりはじめた。「暑さ寒さをしのげればそれでいい」を基準に考えたら、九割方、【A】のではないか。タンスとクローゼットからすべての衣服を引きずり出し、九割【B】ことをシミュレーションしてみる。しかし、選択《せんたく》の基準が見つけられないので、この件は、しばし保留にしたい。

ナナと散歩に出ることにした。少し肌寒《はだざむ》い気がして上着を着たが、ナナは、セーターのままである。セーターを着ているんだから、上着はいらないのだね、と思いつつ、アニメーション『アルプスの少女ハイジ』のことを思う。山のおじいさんの家に、ハイジがはじめてデーテおばさんに連れてこられたとき、とても着ぶくれしていた。デーテおばさんが、今後必要なハイジの服を、本人に重ね着させていたのだ。ハイジは山に着いたとたん、その重そうな服をぱっ、ぱっと脱《ぬ》ぎすてながら走り出したような気がする。開放的で、とても気持ちがよいシーンだった。でも、この子はあのとき、引き返すことのできない人生を走りはじめたのだ。その後、幼いハイジの身に次々にふりかかる2困難を反芻《はんすう》すると、胸が熱くなる。

2024年度

雙葉中学校　▶解説と解答

算数　(50分)＜満点：100点＞

解答

[1] (1)　1.375　(2)　$\frac{6}{55}$　(3)　3.44　(4)　92　[2] **たて**…21mm，**横**…294mm，**高さ**…105mm／1800個　[3] (1)　1時間18分後　(2)　分速31.5m　(3)　1時間41分24秒後　[4] **手順**…B→B→C→A→B，**濃度**…6.25％　[5] (1)　**棚**…66個，**袋**…270個　(2)　11時6分

解説

[1] 計算のくふう，面積，売買損益

(1)　$21.6\times\frac{9}{25}-2.16\times\square+0.216\times0.25=4.86$より，$2.16\times10\times0.36-2.16\times\square+2.16\times0.1\times0.25=4.86$，$2.16\times3.6-2.16\times\square+2.16\times0.025=4.86$，$2.16\times(3.6-\square+0.025)=4.86$，$3.6-\square+0.025=4.86\div2.16=2.25$，$3.6-\square=2.25-0.025=2.225$　よって，$\square=3.6-2.225=1.375$

(2)　$\frac{1}{30}+\frac{1}{42}+\frac{1}{56}+\frac{1}{72}+\frac{1}{90}+\frac{1}{110}=\frac{1}{5\times6}+\frac{1}{6\times7}+\frac{1}{7\times8}+\frac{1}{8\times9}+\frac{1}{9\times10}+\frac{1}{10\times11}=\frac{1}{5}-\frac{1}{6}+\frac{1}{6}-\frac{1}{7}+\frac{1}{7}-\frac{1}{8}+\frac{1}{8}-\frac{1}{9}+\frac{1}{9}-\frac{1}{10}+\frac{1}{10}-\frac{1}{11}=\frac{1}{5}-\frac{1}{11}=\frac{11}{55}-\frac{5}{55}=\frac{6}{55}$

(3)　右の図のように16個の小さい正方形に分割《ぶんかつ》して考えると，かげをつけた部分は，★の部分が32個合わさっている。小さい正方形の対角線の長さは，$4\div4=1$(cm)だから，小さい正方形1個の面積は，$1\times1\div2=0.5$(cm^2)である。また，小さい正方形の1辺の長さを□cmとすると，□×□＝0.5だから，★の部分1個の面積は，$0.5-\square\times\square\times3.14\times\frac{1}{4}=0.5-0.5\times3.14\times\frac{1}{4}=0.5-3.14\times\frac{1}{8}$(cm^2)となる。よって，かげをつけた部分の面積は，$\left(0.5-3.14\times\frac{1}{8}\right)\times32=0.5\times32-3.14\times\frac{1}{8}\times32=16-3.14\times4=16-12.56=3.44$(cm^2)と求められる。

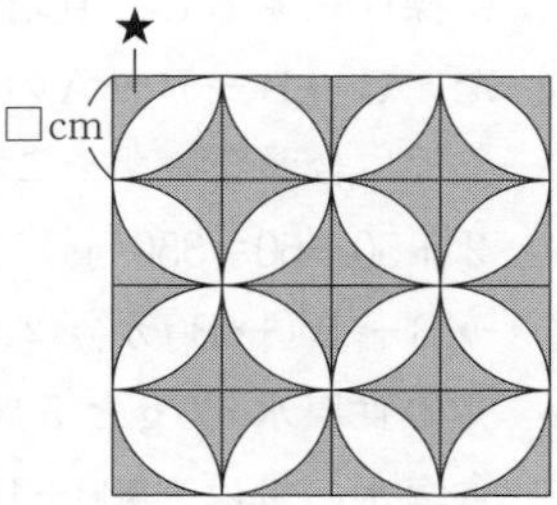

(4)　商品1個の定価は，110×(1＋0.5)＝165(円)だから，1個あたり，165−110＝55(円)の利益がある。また，商品1個を定価の2割引きで売ると，165×(1−0.2)＝132(円)なので，1個あたり，132−110＝22(円)の利益がある。ここで，217個すべてを定価の2割引きで売ると，利益は，22×217＝4774(円)になり，実際の利益より，7810−4774＝3036(円)少なくなる。定価の2割引きを1個定価にかえるごとに，利益は，55−22＝33(円)増えるから，定価で売った個数は，3036÷33＝92(個)とわかる。

[2] 約数と倍数

箱のたて，横，高さの比は，630：1470：1260＝3：7：6であり，ブロックのたて，横，高さの比は，1：14：5だから，たて方向，横方向，高さ方向に入れるブロックの個数の比は，$\frac{3}{1}$：

$\frac{7}{14}$：$\frac{6}{5}$＝30：５：12になる。したがって，ブロックの数は最少で，30×５×12＝1800(個)とわかる。また，このとき入れるブロックの大きさは，たてが，630÷30＝21(mm)，横が，1470÷５＝294(mm)，高さが，1260÷12＝105(mm)である。

3 流水算

(1) 兄が川を上るときと下るときの速さの比は，(10－３)：(10＋３)＝７：13である。すると，兄が上りと下りにかかった時間の比は，$\frac{1}{7}$：$\frac{1}{13}$＝13：７になり，この比の和の，13＋７＝20が，２時間(＝120分)にあたる。したがって，兄が上りにかかった時間は，120×$\frac{13}{20}$＝78(分)だから，78÷60＝１余り18より，Ｂ地点に着いたのは１時間18分後とわかる。

(2) (1)より，兄が川を上るときの速さは分速，5733÷78＝73.5(m)である。兄が川を上るときの速さと，川の流れの速さの比は，(10－３)：３＝７：３なので，川の流れの速さは分速，73.5×$\frac{3}{7}$＝31.5(m)となる。

(3) 兄の静水時の速さは分速，73.5＋31.5＝105(m)，兄が川を下るときの速さは分速，105＋31.5＝136.5(m)である。また，兄は上りの途中《とちゅう》で弟と１回目に出会い，下りの途中で弟と２回目に出会う。弟の速さは川の流れの速さと同じで分速31.5mだから，78分後に兄がＢ地点に着いたとき，弟はＢ地点から，31.5×78＝2457(m)進んでいる。この後，兄と弟の距離《きょり》は１分で，136.5－31.5＝105(m)ずつ縮まるから，2457÷105＝23.4(分)後に出会うことになる。したがって，兄と弟が２回目に出会うのは，出発から，78＋23.4＝101.4(分)後である。101÷60＝１余り41，60×0.4＝24(秒)より，これは１時間41分24秒後となる。

4 濃度《のうど》

最後にＢの操作をする前の食塩水の量は，400－50＝350(ｇ)である。仮に，Ａ→Ｂ→Ｂ→Ｃの順に操作をすると，食塩水の量は，(400＋100＋50＋50)÷２＝300(ｇ)になり，条件に合わない。また，Ｃ→Ｂ→Ｂ→Ａの順に操作をすると，食塩水の量は，400÷２＋50＋50＋100＝400(ｇ)になり，条件に合わない。そこで，Ｃの操作はＡやＢの操作の間に行ったとわかる。すると，(400＋100)÷２＋50＋50＝350(ｇ)，または，(400＋50＋50)÷２＋100＝350(ｇ)より，操作の順番は，①Ａ→Ｃ→Ｂ→Ｂ(→Ｂ)か，②Ｂ→Ｂ→Ｃ→Ａ(→Ｂ)のどちらかになる。①の場合，はじめにＡの操作で10％の食塩水400ｇと５％の食塩水100ｇを混ぜると，食塩の量は，400×0.1＋100×0.05＝45(ｇ)，食塩水の量は，400＋100＝500(ｇ)になるから，濃度は，45÷500×100＝９(％)である。その後，Ｃの操作で食塩水の量は，500÷２＝250(ｇ)，食塩の量は，250×0.09＝22.5(ｇ)になり，最後にＢの操作を３回行うと，食塩水の量は400ｇになる。したがって，できた食塩水の濃度は，22.5÷400×100＝5.625(％)である。次に，②の場合，はじめにＢの操作を２回行うと，食塩の量は，400×0.1＝40(ｇ)，食塩水の量は，400＋50×２＝500(ｇ)になるから，濃度は，40÷500×100＝８(％)である。その後，Ｃの操作で食塩水の量は250ｇになり，Ａの操作で食塩の量は，250×0.08＋100×0.05＝25(ｇ)，食塩水の量は，250＋100＝350(ｇ)になる。最後にＢの操作で食塩水の量は400ｇになるから，できた食塩水の濃度は，25÷400×100＝6.25(％)とわかる。よって，最も濃度が高くなるのは②の場合であり，そのときの濃度は6.25％である。

5 周期算

(1) 空の棚《たな》にパンを72個並べるのに，20×72÷60＝24(分)かかる。また，袋《ふくろ》にパンを24個入れるのに，12×24÷60＝4.8(分)かかり，棚にパンを24個並べるのに，20×24÷60＝８(分)かかる。つまり，７時30分＋24分＝７時54分以降は，「4.8分間袋に入れ，８分間棚に並べる」ことをくり返すことになる。すると，10時16分－７時54分＝２時間22分＝142分間では，142÷(4.8＋８)＝11余り1.2より，これを11回くり返して，さらに1.2分が経っている。1.2分間で袋に入れた個数は，1.2×60÷12＝６(個)だから，このとき棚には，72－６＝66(個)のパンが並んでいる。また，それまでに袋に入れたパンの合計は，24×11＋６＝270(個)である。

⑵　袋に入れる時間を１個あたり８秒にした後は，24個のパンを袋に入れるのに，８×24÷60＝3.2(分)かかるから，「3.2分間袋に入れ，８分間棚に並べる」ことをくり返すことになる。すると，12時２分－７時54分＝４時間８分＝248分間のうち，「4.8分間袋に入れ，８分間棚に並べる」ことを□回，「3.2分間袋に入れ，８分間棚に並べる」ことを△回行ったとすると，(4.8＋８)×□＋(3.2＋８)×△＝12.8×□＋11.2×△＝248と表せる。この式の等号の両側を1.6で割ると，８×□＋７×△＝155となり，あてはまる数の組み合わせは，(□，△)＝(15，５)，(８，13)，(１，21)の３組になる。⑴より，「4.8分間袋に入れ，８分間棚に並べる」ことは少なくとも11回行っているので，あてはまるのは，(□，△)＝(15，５)である。したがって，袋に入れる時間を早めたのは，７時54分＋12.8分×15＝７時54分＋192分＝７時54分＋３時間12分＝11時６分とわかる。

社　会　(30分) ＜満点：50点＞

解　答

[1] **問１**　熊本県水俣市　**問２**　ロ　**問３**　イ，ニ　**問４**　ロ　**問５**　⑴　**イ**　内閣　**ロ**　承認　⑵　**A**　中国　**B**　アメリカ　⑶　(例)　産業革命以降，多くの温室効果ガスを排出し経済発展をしてきたのだから，これまでの各国の排出量に合わせた削減目標を設定するべきである。　**問６**　⑴　パレスチナ問題　⑵　PKO(国連平和維持活動)　**[2]** **問１**　⑴　ヘ　⑵　中華人民共和国　**問２**　３　**問３**　⑴　ロ　⑵　ハ，ヘ　⑶　馬　**問４**　ニ　**問５**　百済　**問６**　イ，ホ　**問７**　ニ　**問８**　モンゴル民族　**問９**　イ　**問10**　⑴　ハ　⑵　ロ，ホ　**問11**　(例)　多額の戦費や大きなぎせいをはらったにもかかわらず，賠償金を得ることができなかったから。　**問12**　⑴　**３番目**…ト　**５番目**…ニ　⑵　ハ　**問13**　ホ　**[3]** **問１**　ニ　**問２**　**あ**　ハ　**い**　イ　**う**　ロ　**問３**　オーストラリア　**問４**　⑴　ハ　⑵　**水源**…長野　**河口**…新潟　**問５**　チ　**問６**　再生可能エネルギー　**問７**　(例)　2020年の日本の発電量は1960年の約８倍になり，火力・水力ともに発電量が増えた。1960年は火力と水力がそれぞれ半分ぐらいの割合を占めていたが，2020年は火力の割合が大きく増加し，水力の割合が大きく減少した。また，2020年には原子力や太陽光などによる発電も行われている。

解　説

[1]　地球温暖化や公害対策などについての問題

問１　2013年10月に熊本市・水俣《みなまた》市で開催《かいさい》された外交会議において，水銀の採掘《さいくつ》から使用，そして廃棄《はいき》にいたるまでの適正な管理と排出《はいしゅつ》を定めるため，「水銀に関する水俣条約」が採択《さいたく》され，2017年８月に発効した。なお，水俣病，新潟(第二)水俣病，イタイイタイ病，四日市ぜんそくを四大公害病という。

問2　法律が憲法に違反していないかどうかを審査《しんさ》する権限を違憲《いけん》立法審査権といい，全ての裁判所が持っている(ロ…○)。なお，財田川事件など，有罪確定後に再審が行われ，無罪判決が下された事件がある(イ…×)。裁判員裁判では，原則６人の裁判員と３人の裁判官で有罪か無罪かを決める(ハ…×)。犯罪行為《こうい》についての裁判を開けるのは裁判所だけである(ニ…×)。

問3　「国家からの自由」を求める権利が自由権であるのに対し，「国家による自由」を求める権利は社会権である。この社会権にふくまれるのは，イの教育を受ける権利やニの仕事に就《つ》いて働く権利のほか，労働三権，生存権である。

問4　法律案について，日本国憲法では衆議院と参議院のどちらに先に提出しなければならないという定めはない(ロ…×)。

問5　(1)　日本国憲法第73条３項では，条約を結ぶことは内閣の仕事であり，事前または事後に国会の承認を必要とすることが定められている。　(2)　中国(Ａ)は急速な工業化によって温室効果ガスの排出量が急激に増加し，世界の総排出量の４分の１以上を占《し》めるようになった。また，中国に次ぐ排出国であるアメリカ(Ｂ)は１人あたり排出量が世界一である。　(3)　現在の各国の排出量に合わせた削減目標だと不公平であり，これまで経済発展のために多くの温室効果ガスを排出してきた先進国がその責任を負うべきだ，という反対意見を発展途上国側は主張すると考えられる。

問6　(1)　第二次世界大戦後，国連決議によってパレスチナの地にイスラエルが建国されたことをめぐり，数回にわたって中東戦争が起こった。1993年にイスラエルとPLO(パレスチナ解放機構)の間で結ばれたオスロ合意にもとづき，ガザ地区はパレスチナ自治区となったが，2008年からイスラエル軍のガザ侵攻《しんこう》が始まり，現在もイスラエルとパレスチナに住む人々との間で対立が続いている。

(2)　PKO(国連平和維持《いじ》活動)は，紛争《ふんそう》当事者の間に立って停戦や軍の撤退《てったい》の監視《かんし》をしたり，紛争下の文民の保護をしたり，元兵士の社会復帰の支援《しえん》をしたり，民主的な選挙が行われるように監視したりするなど，多くの分野で任務を果たしている。

2　朝鮮半島や中国との関係の歴史についての問題

問1　(1)　Ｄの小野妹子は607年に遣隋《けんずい》使として派遣されたので隋(あ)，Ｇは菅原道真が平安時代に遣唐《けんとう》使の中止を進言した出来事であるので唐(い)，Ｈは鎌倉時代に起こった元寇《げんこう》であるので元(う)，Ｉの足利義満は室町幕府第３代将軍を務めたのち，1404年に日明《にちみん》貿易を開始したので明(え)，Ｋは1894年に起こった日清戦争であるので清(お)となる。　(2)　1972年，田中角栄首相と中国の周恩来《しゅうおんらい》首相が日中共同声明を発表し，中華人民共和国との国交が正常化した。この声明の中で，日本は中国との戦争で損害を与《あた》えたことについての責任と反省を述べ，中華人民共和国政府を中国の「唯一《ゆいいつ》の合法政府」と承認した。

問2　ＡとＢの間の時期は縄文時代にあたり，ハの縄文土器，への弓矢，チの竪穴《たてあな》住居の使用の３つが当てはまる。なお，岩宿遺跡で旧石器時代の石器が見つかっているので初めて日本に人が住むようになったのはＡより前(イ…×)，埴輪《はにわ》がつくられたのは古墳時代のＢ～Ｄの期間(ロ…×)，人々の衣料として木綿が広まったのは足利義満のころに始められた日朝貿易以降なのでＩ～Ｊの期間(ニ…×)，卑弥呼が魏《ぎ》に使いを送ったのはＢ～Ｃの期間(ホ…×)，東北地方に人が住めなかったのはＡより前(ト…×)である。

問3　(1)　金属(主に鉄)を打ちきたえて器具をつくることを鍛冶《かじ》といい，日本では５世紀ごろに鍛冶技術が向上したといわれる。中世以降は，刀をつくる刀鍛冶，農具をつくる農鍛冶，包丁をつくる包丁鍛冶などに分かれ，専門の職人が生まれた。　(2)　渡来人はさまざまな分野で活躍《かつやく》し，その中の１つに朝廷の記録や外国への手紙の作成があった（ハ…○）。５～６世紀にかけて，大王を中心とした大和政権は，関東地方から九州中部におよぶ地方豪族《ごうぞく》をふくみこんだ支配体制を形成していった（ヘ…○）。なお，埼玉県の稲荷山古墳から見つかったのはワカタケル大王（雄略《ゆうりゃく》天皇）の名前が刻まれていると読める鉄剣である（イ…×）。東大寺が建てられたのは奈良時代の８世紀（ロ…×），大化の改新は645年の７世紀（ニ…×），律令政治の開始は７～８世紀（ホ…×）。　(3)　馬は，大和政権が朝鮮半島へ出兵した４世紀後半に，戦場で活躍する姿を見て連れ帰ったといわれる。その後，日本では戦場や移動のときに馬が用いられるようになり，鎌倉時代には馬を使った耕作も行われるようになった。

問４　聖徳太子は隋と対等な立場で国交を開き，隋の進んだ制度や文化を取り入れるため，遣隋使を派遣した。持たせた手紙には「日出づるところ（日本）の天子，書を日没《ぼっ》するところ（隋）の天子に送る」と書かれていたため，隋の皇帝《こうてい》である煬帝《ようだい》が無礼であると怒ったとされている。

問５　朝鮮半島にあって日本と友好関係を築いていた百済《くだら》が，唐と結んだ新羅《しらぎ》によって滅《ほろ》ぼされると，663年に日本は百済の復興を助けるために大軍を送り，唐・新羅の連合軍と白村江《はくすきのえ》で戦ったが，敗れた。

問６　８世紀半ばにつくられた『万葉集』（イ…○），奈良時代に実施《じっし》された班田収授法にもとづく税制（ホ…○）の説明である。なお，西陣織《にしじんおり》の西陣は1467年に起こった応仁の乱に由来する（ロ…×）。農民が耕作に専念することを求められたのは豊臣秀吉の政策以降のことである（ハ…×）。五人組は江戸時代につくられた制度である（ニ…×）。

問７　894年に遣唐大使に任命された菅原道真は，唐の国内が乱れ，その支配力が衰《おとろ》えたことや，航海に危険をともなうこと（ニ…○），遣唐使にかかる財政負担が重くなっていることなどを理由に，遣唐使の中止を提案した。

問８　1206年，モンゴル民族であるチンギス＝ハンがモンゴルを統一した。その孫にあたるフビライ＝ハンは，第５代モンゴル皇帝になると中国を征服《せいふく》して国号を元と改め，1274年（文永の役）と1281年（弘安の役）の二度にわたって日本に攻《せ》めてきた。

問９　足利義満が京都の室町に建てた邸宅《ていたく》は，花がたくさん植えられた庭園の美しさから，「花の御所」と呼ばれた（イ…○）。なお，参勤交代は江戸時代（ロ…×），観阿弥《かんあみ》と世阿弥《ぜあみ》が大成したのは能（ハ…×），応仁の乱のきっかけは足利義政のあとつぎをめぐる対立（ニ…×），銀閣の近くに東求堂を建てたのは足利義政（ホ…×），執権《しっけん》は鎌倉時代の将軍を補佐する役職である（ヘ…×）。

問10　(1)　豊臣秀吉は，明の征服を目指して1592年と1597年に大軍を朝鮮に派遣した（朝鮮出兵）。これにより途絶《とだ》えていた朝鮮との国交が江戸時代初めに再開されると，対馬《つしま》藩（長崎県）を通して貿易が行われるようになり，将軍の代がわりには朝鮮から使節が来日するようになった。　(2)　1876年に日朝修好条規が結ばれ，日本と朝鮮との国交が開かれた。この条約で，日本は朝鮮が独立国であることを認めたが（ホ…○），日本が領事裁判権（治外法権）を持ち，朝鮮の関税自主権を認めないという不平等な内容がふくまれていた（ロ…○）。なお，下関条約は日清戦争の講和条約である（イ…×）。1910年の韓国併合後に出された朝鮮教育令により，日本語の授業が行われることになった（ハ…×）。台湾は下関条約，樺太南部はポーツマス条約によって獲得《かくとく》した（ニ…×）。釜山《プサン》など朝鮮の港で貿易が開始されることになった(ヘ…×)。

問11　1905年に結ばれた日露戦争の講和条約であるポーツマス条約では，ロシアから賠償《ばいしょう》金を得ることができなかったため，戦費を調達するために増税を強いられ，戦争によって多くの死者を出した国民の不満は高まった。

問12　(1)　Lは1910年(韓国併合)，Mは1965年(日韓基本条約)である。イは1933年(日本の国際連盟脱退)，ロは1956年(日本の国際連合加盟)，ハは1890年(第一回帝国議会の開催)，ニは1951年(日米安全保障条約の調印)，ホは1973年(第一次石油危機)，ヘは1946年(日本国憲法の公布)，トは1937年(日中戦争の開始)，チは1968年(小笠原諸島の日本復帰)，リは1918年(米騒動)のことなので，年代の古い順に，リ→イ→ト→ヘ→ニ→ロとなる(ハ，チ，ホは期間外)。　(2)　1989年12月，地中海に浮《う》かぶマルタ島沖の船上でアメリカのブッシュ大統領とソビエト社会主義共和国連邦(ソ連)のゴルバチョフ書記長が会談を行い，冷戦の終結を宣言したが，日本の高度経済成長は1973年に起こった石油危機によって終わりを迎《むか》えている(ハ…×)。

問13　過去の戦争状態を終わらせ，日本と中華人民共和国(中国)の関係が改善されたことの記念として，雄《おす》のカンカン(康康)と雌《めす》のランラン(蘭蘭)という2頭のパンダが，中国から上野動物園に贈《おく》られた(ホ…○)。なお，平和友好条約が結ばれたのは1978年(イ…×)，毎年必ず首脳会談が行われているわけではない(ロ…×)，ベルリンの壁《かべ》の崩壊《ほうかい》は1989年(ハ…×)，中国は日本最大の貿易相手国である(ニ…×)。

3　日本の発電についての問題

問1　高い山々のある富山県や長野県が上位であることから①は水力，鉄鋼《てっこう》業のさかんな神奈川県(川崎市)や愛知県(東海市)が上位であることから②は火力，日照時間全国第3位(2021年)の茨城県が上位であることから④は太陽光，九州地方や東北地方の県が上位であることから⑤は地熱と判断でき，残った③が風力となる。

問2　イ～ハの県を特定すると，イは愛媛県(瀬戸内工業地域，造船やタオル，みかん)，ロは青森県(りんご，隣接《りんせつ》する県にまたがる世界自然遺産は白神山地，ねぶた祭り)，ハは千葉県(貿易額日本一の空港は成田国際空港，落花生，しょうゆ)である。また，**あ**は「火力の1位」から千葉県(東京湾沿岸)，**い**は「原子力の3位」から愛媛県(伊方原発)，**う**は「風力の1位」から青森県(下北半島)となる。

問3　日本の液化天然ガスの輸入先は，第1位がオーストラリア(35.8%)，第2位がマレーシア(13.6%)，第3位がカタール(12.1%)，第4位がアメリカ(9.5%)である(2021年)。

問4　(1)　森林は，水を貯《たくわ》え河川の氾濫《はんらん》を防ぐほか，生態系を保つ，動植物のすみかとなる，人々のいこいの場となる，よごれた空気をきれいにする，豊かな土をつくる，きれいな水をつくる，海からの風を防ぐ，土砂の流出を防ぐ，二酸化炭素を取り込《こ》んで酸素を放出するなどの役割も果たしている。　(2)　日本一長い河川である信濃《しなの》川は，関東山地の甲武信《こぶし》ケ岳(山梨県・埼玉県・長野県)を水源とし，佐久盆地《ぼんち》・上田盆地・長野盆地と長野県内を北へ流れ，新潟県に入って十日町盆地や越後平野を流れ，新潟市で日本海に注ぐ。なお，山梨県と埼玉県は表中にない。

問5　A～Dの県を特定すると，Aは広島県，Bは富山県，Cは三重県，Dは福井県である。福井県は人口が鳥取県，島根県，高知県，徳島県に次いで少なく，面積が富山県と同じくらいの大きさであることから，最も人口密度が小さい180人／km^2とわかる。なお，Aの広島県は323人／km^2，

Ｂの富山県は240人／km^2，Ｃの三重県は300人／km^2である。

問６　太陽光・風力・地熱・バイオマス・波力・潮力などのエネルギーは，一度利用しても比較《ひかく》的短い期間で再生することが可能であり，今ある資源を減らさずにくり返して利用することができるため，再生可能エネルギーと呼ばれる。

問７　日本の発電量は115497百万kWから948979百万kWと約８倍に増え，内訳は「水力・火力」のみから「火力・水力・原子力・その他」へと多様化している。1960年から2020年にかけて「水力」の発電量の割合が51％から９％に減っているが，発電量は1960年が115497(百万kW)×0.51＝58903.47(百万kW)，2020年が948979(百万kW)×0.09＝85408.11(百万kW)と増えている。

理　科　(30分)＜満点：50点＞

解　答

1　**問１**　**ア**　すい臓　**イ**　小腸　**ウ**　かん臓　**問２**　**X**　③　**Y**　②　**問３**　**エ**　①　**オ**　③　**問４**　(例)　桜さんのだ液に含まれていたアミラーゼの量が，花子さんより少なかった。　**問５**　(例)　デンプン溶液を入れたチューブを氷水で冷やしてから，だ液がしみこんだ綿棒を入れる。　**2**　**問１**　③　**問２**　(例)　地盤が隆起した。　**問３**　(①→)⑤→④　**問４**　Ⅰ　⑧　Ⅱ　④　Ⅲ　①　**問５**　(例)　地球の寒冷化によって，海面が低下したとき。　**3**　**問１**　(例)　右の図ⅰ　**問２**　(例)　右の図ⅱ　**問３**　(例)　塩化ナトリウム水溶液を加熱し，水分を蒸発させる。　**問４**　100ｇ　**問５**　55ｇ　**問６**　10℃，66ｇ　**4**　**問１**　(例)　大きい　**問２**　③，⑤　**問３**　(例)　(温度が高くなると)金属Ａの方が，金属Ｂより長くなる。　**問４**　①　**問５**　図４…④，⑤　図５…③　**問６**　③，④

図ⅰ

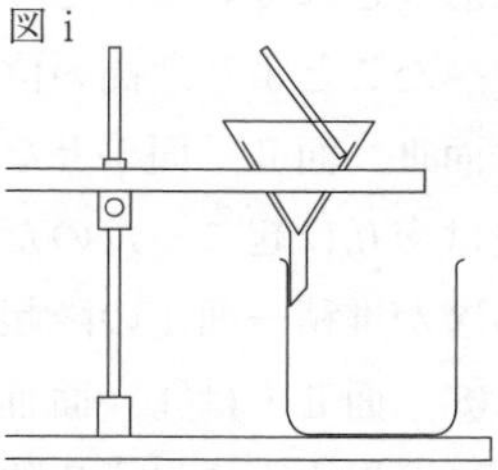

図ⅱ

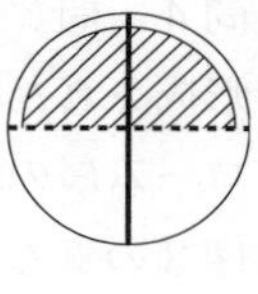

解　説

1　**だ液と消化酵素《こうそ》についての問題**

問１　**ア**　デンプンは，だ液やすい臓から出されるすい液に含《ふく》まれるアミラーゼという消化酵素により麦芽糖に分解される。　**イ**　小腸の壁《かべ》から出される消化液に含まれるマルターゼという消化酵素により，麦芽糖はブドウ糖に分解され，小腸のじゅう毛の毛細血管に吸収される。　**ウ**　糖をグリコーゲンに変えてたくわえているのはかん臓である。かん臓はいろいろなはたらきを行っている体内で最大の内臓器官で，ほかにも，たん液をつくる，人体に有毒なアンモニアを尿素《にょうそ》に変えるなどのはたらきをしている。

問２　低温では消化酵素のはたらきが弱いため，同じ時間に増える麦芽糖の量は少なく，Xの角度は小さくなる。しかし，最終的に分解されてできるデンプンの量は変わらないので，時間はかかるが最終的につくられる麦芽糖の量はYになる。

問３　実験Ａで，ヨウ素液を加えたチューブが青紫《むらさき》色にならなかったのが，だ液のはたらきによるものだということ確かめるためには，だ液以外の条件を同じにした実験を行う必要がある。よっ

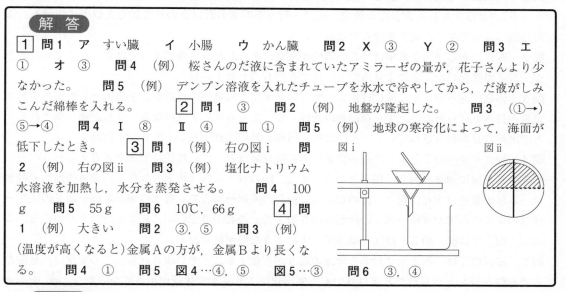

て，別のチューブにデンプン溶液１mLと水を含ませた綿棒を用いて，同じ方法で実験を行えばよい。

問４　桜さんの結果で，チューブ内の液体が少し青紫色になったのは，デンプンがすべて分解されず，一部残っていたからである。これは，人によって，だ液に含まれるアミラーゼの量は異なるため，桜さんのだ液に含まれているアミラーゼの量が，花子さんのだ液に含まれるものより少なかった可能性などが考えられる。

問５　花子さんの実験では，全体が十分冷える前に，だ液によるデンプンの分解が進んでしまったと考えられる。そのため，あらかじめデンプン溶液を氷水で冷やしておいたものにだ液をしみこませた綿棒を入れて，実験をする必要がある。

2　大正関東地震《じしん》，海岸段丘についての問題

問１　大正関東地震は，1923年(大正12年) ９月１日に発生した相模湾《わん》北西部を震源とするマグニチュード7.9と推定される大きな地震で，死者・行方不明者の数は合わせて10万人以上にのぼる。この地震によって生じた災害を関東大震災という。

問２　写真にある平坦《へいたん》な岩場は，この場所が海底にあったときに波によってけずられてできた地形が，地震で隆起《りゅうき》したことにより海面上に出てきたものと考えられる。

問３　海底にあったときに波にけずられてできた平坦な岩場が，地震などを原因とした地殻《ちかく》変動で地盤《じばん》が持ち上げられると，平らな面が段丘面となって見られるようになる。これが繰《く》り返されることで海岸段丘が形成されていく。そのため，同様の地殻変動があると段丘が１段高くなる。

問４　問３で述べたことより，高い位置にある段丘面ほど，古い時代にできたと考えられるので，形成された順に面Ⅲ，面Ⅱ，面Ⅰとなる。また，図のローム層は地上で堆積《たいせき》し，地域の地盤変動とローム層の堆積は交互《こうご》に起こったのだから，面Ⅲの隆起→図３の１番下の層が堆積→面Ⅱの隆起→図３の真ん中の層が堆積→面Ⅰの隆起→図３の１番上の層が堆積の順に起こったことがわかる。よって，面Ⅰでは⑧，面Ⅱでは④，面Ⅲでは①のような層が見られる。

問５　海岸段丘は，海水面に対する陸地の高さが変化することで形成される。この変化は，地震などで地盤が持ち上げられたとき以外でも，寒冷化により海水の体積が小さくなったり，氷床《ひょうしょう》や氷河が拡大したりすることで，海水面が下がることでも起こる。

3　ものの溶《と》け方，ろ過についての問題

問１　ろ過を行うさいは，ろ液がなめらかに流れるように，ろうとの足のとがった先をビーカーの壁につける。また，そそぐ液がろうとから飛び散ったりもれたりしないように，ガラス棒を伝わらせる。このときガラス棒の先でろ紙を破らないように，ろ紙の重なったところにガラス棒を当てる。

問２　ろうとにのせるろ紙は，４つ折りにして円すい状に開いてから置く。このとき，液体が落ちて茶葉がつく部分は，解答の図ⅱのようにろ紙を実線と点線で４つに区切った部分のうち，実線(先に折った線)をまたいでとなりあった２つの部分になる。

問３　塩化ナトリウムの溶解《ようかい》度は温度を下げてもほとんど変わらないので，水溶液の温度を下げる方法では固体を多く取り出すことができない。そのため，塩化ナトリウム水溶液を加熱して水分を蒸発させることで固体を取り出だす操作が適している。

問４　硝酸《しょうさん》カリウムは，水100ｇに対し，50℃では最大で82ｇ，20℃では32ｇ溶ける。よって，50℃の水200ｇに最大量溶かした硝酸カリウム水溶液を20℃まで下げたときに出てくる固体は，(82−

32)$\times\frac{200}{100}$＝100(g)である。

問5　80℃の水100gに硝酸カリウムを最大量溶かして作った水溶液の重さは，100＋169＝269(g)で，この水溶液を10℃に下げると，169－20＝149(g)の結晶《けっしょう》が出てくる。よって，80℃で硝酸カリウムを最大量溶かして作った水溶液100gを10℃に下げると，149$\times\frac{100}{269}$＝55.3…より，55gの固体が出てくる。

問6　表より，水100gに塩化カリウムが最大，62$\times\frac{100}{200}$＝31(g)溶けるのは10℃のときなので，水溶液を10℃に下げると塩化カリウムの結晶が出はじめる。また，10℃までに，硝酸カリウムは，106－20×2＝66(g)が結晶になっている。

4　さまざまな温度計についての問題

問1　棒状温度計の中に入れて使うことができる液体には，水銀(灰白色)や白灯油(ふつう赤色に染色して使う)などがある。どちらも，温度が高いほど体積が大きくなる性質があり，示度を読み取るときは，液面の真横から見るようにする。

問2　図1の温度計の目盛りはおよそ－10℃から110℃まできざまれているので，この範囲《はんい》の温度で液体である必要がある。よって，0℃より低い温度でこおり，100℃より高い温度で沸騰《ふっとう》する液体である必要がある。また，目盛りの幅《はば》が均等なので，温度が1℃高くなったときに体積が変化する量は高温でも低温でも一定であるものがふさわしい。

問3　バイメタル温度計は，温度によって体積が変化する割合が異なる2種類の金属をはり合わせたもので，温度計やサーモスタット(温度によって切りかえることができるスイッチ)などに使われる。図2のように2種類の金属をはり合わせて渦巻《うずま》き状にすると，温度の変化による体積(長さ)の変化が異なるために，中心が回転して針が振《ふ》れる。図2では，温度が高くなると針が右に振れていることから，外側の金属Aの方が内側の金属Bよりも体積の変化が大きいことがわかる。

問4　ガリレオ温度計の浮《う》きの密度はほとんど変化しないが，水槽《すいそう》内の液体は，温度が高くなると体積が増え密度が小さくなり，温度が低いと密度が大きくなる。物体の密度が液体よりも小さいと物体は浮き，大きいと沈《しず》むので，浮きは書かれた温度よりもまわり(液体)の温度が高いときは沈み，低いときは浮いている。

問5　**図4**…18℃，22℃，26℃の浮きがすべて沈んでいるので，液体の温度は26℃より高くなる。よって，36℃と40℃があてはまる。　　**図5**…温度が低いほど浮く浮きは増えるので，浮いている浮きは26℃と書かれた浮きだとわかる，すると，このときの温度は26℃以下で，22℃より高いとわかるので，25℃があてはまる。

問6　ガリレオ温度計では，水槽内の液体の密度が温度によって変化することで浮きが浮いたり沈んだりする。そのため，3種類の浮きはすべて密度が異なるもので，温度が変化しても浮きの密度が変化しないものである必要がある。したがって，浮きは，全てが同じ重さで，体積は異なるが密度が変化しない③と，全てが同じ体積で，重さは異なるが密度が変化しない④の2つが適切である。

国語　（50分）＜満点：100点＞

解答

一　問１　（例）　その日の気温にふさわしくない，厚着やうす着を不自然だと感じたから。
問２　下記を参照のこと。　問３　なみなみ(と)　問４　（例）　セーターを着ているナナほどの厚着でもないが，半袖姿のイチほどのうす着でもなく，その中間くらいの服装であるということ。　問５　１　ア　２　ウ　問６　ウ　問７　⑴　（例）　おばさんに着せられた洋服を脱ぎすてて走り出したハイジのような，管理されたきゅうくつな環境をこばみ，自然体でのびのびと生きる存在。　⑵　人工都市　問８　イ　問９　（例）　集合住宅に暮らす一つひとつの家族が，特段の問題もなく，安心しておだやかに生活できているということ。　問10　（例）　暑さ寒さをしのげるだけでは満足せず，建物のデザインや値打ちなども気にすること。
問11　衣服　二　問１　a　（躍る）ように（降って）　b　（いない）ような（不思議な）　c　（いる）ようだっ（たのです）　問２　エ　問３　よくあんな　問４　A　むやみに。　B　豊富に。　C　おおかた。　問５　（例）　話しながら街をぶらつくのが極上の楽しみであるほどにめぼしい娯楽がなく，明るく陽気な印象の西洋文化とも縁のない地味な街の中で，ゆいいつ夢のような楽しさが満さいの場所。　問６　ア，イ，エ　問７　イ　問８　（例）　火山の麓の静かな冬の街で降り続く雪を見上げていると，いつしかそこにいながらちがった世界の真ん中にいるように感じられ，日常の自分を離れてあてどなく自由に精神を解放できたこと。
問９　（例）　筆者が久しぶりに訪ねた，生まれ育った「わたしの街」はすっかり変わっていたが，ただ一つ変わらずにあった一本のおおきな欅の木が，遠い少年時代の筆者に雪降る街がくれた，なつかしくあてどない無垢の時間の記憶を思い出させるよすがとなってくれたということ。
問10　（例）　発展と引きかえに，心の豊かさを置き去りにし，街の景観を次々と変えてしまう時代。　問11　（例）　私は林間学校の夜に，宿舎の外で満天の星空をながめたときに「魔法の時間」を経験した。大空にまたがるかすむような雄大な天の川も，夜空一面に広がる数え切れないほどのまたたく星々も息をのむほどに神秘的で美しく，すっかり魅入られた私は，地上にいながら夜空に吸いこまれていくような不思議な心持ちを味わった。しばらく日常や周囲の友人のことも忘れ，自然と一体化した時間だった。　三　⑴　○　⑵　○　⑶　○　⑷　○　⑸　しょうじ　⑹　○　⑺　おうちゃく　⑻　けわ　⑼　ほか　⑽　したて

●漢字の書き取り

一　問２　a　快不快　b　採(用)　c　(花)弁　d　回(帰)　e　私(見)

解説

一　**出典：東《ひがし》 直《なお》子《こ》『ゆずゆずり――仮の家の四人』**。衣服や建物について思いをめぐらす筆者が，どちらも「暑さ寒さをしのぐためのもの」と考えればよいのではないかとつづっている。
問１　筆者はセーターを着ているナナには「寒かったの？」，半袖《はんそで》を着ているイチには「寒くないの？」とたずねている。「長袖の上に半袖」を重ね着している筆者にしてみれば，二人の服装はその日の気温を考えたとき，ふさわしくない厚着やうす着だと思われたため，このように質問したの

である。

問2　**a**「快不快」は，気持ちがいいと感じるか，そうでないかということ。　**b**「採用」は，よいと思って取り入れて使うこと。　**c**「花弁」は，花びらのこと。　**d**「回帰」は，一回りしてもとにもどること。　**e**「私見」は，自分の個人的な意見のこと。

問3　「なみなみ(と)」は，水などがあふれそうなほどいっぱいにあるようす。

問4　「長袖の上に半袖」を重ね着している筆者を，「セーターの人と半袖の人の間に立っている」と表現しているのである。セーターを着ているナナほどの厚着でもないが，半袖姿のイチほどのうす着でもなく，筆者がその中間くらいの服装であることを表している。

問5　**1**「揶揄《やゆ》」は，からかうこと。　**2**「反芻《はんすう》」は，くり返し味わったり考えたりすること。

問6　A　衣服について「暑さ寒さをしのげればそれでいい」と考えたとき，タンスとクローゼットに入った多くの服は不要なのではないかと筆者は思い至っている。　B　多くの服が不要なのではないかと考えた筆者は，タンスとクローゼットの衣服の「九割」を整理することを思いうかべている。

問7　(1)「洋服を脱ぎ散らしながら走っていく子ども」とは，デーテおばさんの着せた服を脱ぎすてて走り出したハイジのような，管理されたきゅうくつな環境《かんきょう》をこばみ，自分の気持ちのままにのびのびと生きる存在を表している。　(2)　今「わたし」が散策している「ここ」とは，「人工的に植えられた植物」が茂《しげ》り，プランターに植えられた花々も「可憐《かれん》」な姿を見せている「人工都市」である。人の管理の行き届いた「人工都市」には，ハイジのような自然児はいないのである。

問8　山頭火《さんとうか》の句は，“どれほど進んでもまだ青い山ははてしなく続いている”という意味。ぼう線部④では，団地エリアの中をどれほど行ってもまだ団地が続いているということになるので，イが合う。

問9　「肝心《かんじん》なのは，そこで誰《だれ》かが命を灯《とも》し続けているという事実」とあるとおり，集合住宅の「窓の一つひとつ」に，そこに住む家族の暮らしがある。そこに住む一つひとつの家族が特段の問題もなく安心しておだやかに生活できているならば，それでいいと筆者は考えている。

問10　筆者は，建物も「暑さ寒さをしのぐためのもの」だとし，「意味や価値をつけすぎない方がいい」と述べている。建物も年代ごとにデザインに変化が見られると直前の段落にあるが，暑さ寒さをしのげるだけでは満足せず，建物のデザインや値打ちなどについてもこうであってほしいなどと希望や期待を持つことが，「意味や価値をつけすぎ」ることにあたる。

問11　【A】をふくむ段落に，衣服は「暑さ寒さをしのげれば」いいという考えが述べられている。建物も「暑さ寒さをしのぐためのもの」と考えれば，「衣服」と同じだということになる。

二　**出典：長田《おさだ》 弘《ひろし》『子どもたちの日本』**。二十五年ぶりの故郷はすっかり変わっていたが，少年時代のなつかしく甘美《かんび》な「魔法《まほう》の時間」を，一本の欅《けやき》の木が思い出させてくれたと語られている。

問1　**a**「降って」が続くので，用言が続くときに使う連用形の「ように」とする。　**b**　体言の「思い」が続くので，体言が続くときに使う連体形の「ような」が合う。　**c**　助動詞の「た」が続く。「た」は連用形に接続するので，連用形の「ようだっ」が入る。

問2　「ものかは」は，“その前の言葉がたいしたことではない”という意味を表す表現で，「〜も問題にせずに」「ものともせず」と言いかえられる。

問3　当時の親友と自分について，筆者は「ほとんど毎日会って，話をしていた」と述べている。

何時間も話し続けていたことを，次の段落では「よくあんなに話しつづけるということができたもの」だと当時をふり返り，苦笑まじりに書いている。「感動」とは，広い意味で気持ちが動くこと。

問4　**A**「やみくもに」は，闇《やみ》の中で雲をつかむようにあてがないようす。　**B**「ふんだんに」は，ありあまるほどたくさんあるようす。　**C**「あらかた」は，大部分のこと。

問5　話しながら街をぶらつくのが極上《ごくじょう》の楽しみであるほどに，コーヒーやコカコーラ，ハンバーガーといった陽気で明るい印象の西洋文化とも縁《えん》がなく，めぼしい娯楽《ごらく》もない地味な地方の街を「暗闇」にたとえ，その中でゆいいつ夢のような楽しさにあふれていた映画館を「宝島」にたとえている。

問6　子どものころの筆者の記憶にあった，当時の「わたしの街」の目印であったものを選べばよいので，当時はあったが今はなくなったアの「新聞社」，イの「小学校」，エの「裁判所」が答えになる。ウの「病院」とオの「TV局」は，中学校や刑務所《けいむしょ》の代わりに今建っているものなので，合わない。

問7　二十五年ぶりに訪《おとず》れた「わたしの街」はすっかり景色を変え，「道は広くなって，新しい街角に新しい建物」がつづいて現代らしいまぶしさがあるものの，古い時代の「わたしの街」の記憶しかない筆者には見覚えのない街のようで，筆者は取り残されたように感じていると思われる。

問8　ぼう線部⑥は「冬の少年の日々の思い」についての説明になる。筆者は少年時代，火山の麓《ふもと》の静かな冬の街で降り続く雪を見上げながら，いつしか日常を忘れ，いっさいの物音が消えて「雪片の一つ一つ」が「自由な小人」であるかのように感じられる不思議な時間を体験した。それは自分が「ちがった世界の真ん中」にいるかのように感じられる時間で，ふだんの自分からぬけ出して何者でもなくなり，その代わりに何者にでもなれる，あてどなく自由に精神を解放できた時間だったのである。

問9　筆者が二十五年ぶりに訪れた生まれ育った街は，すっかり姿を変えて「わたしの街」とは思えないほどだったが，ただ一つ変わらずにあったのは「一本の欅の木」であった。その木の下に立ったとき，遠い少年時代に，今はもう目には映らない雪降る街がくれた，なつかしく「あてどない無垢《むく》の時間の記憶」が，筆者の胸によみがえった。「秘密の入口」とは，筆者が失われた「わたしの街」を取りもどすきっかけとなるもののことである。

問10「記憶の目印」とは，以前そこにあった建物などを指す。筆者は，それらがほとんど失われた生まれ育った街に，「わたしの街」を見出《みいだ》せずにいた。ぼう線部⑧には，「現在」を発展と引きかえに，心の豊かさを置きざりにし，街の景観を次々と変えてしまう時代だとする筆者の思いが感じられる。

問11　筆者の言う「魔法の時間」とは，降ってくる雪を見上げているうち，いつしか自分が自然の中に溶《と》けこんだかのように日常を忘れ，「ちがった世界の真ん中」にいるように感じられる静かで豊かな時間のことである。雪に限らず，星や海や山などの自然と向き合い，非日常的な感覚を味わった忘れがたい経験について述べればよい。

三　漢字の読み

(1)「波止場」は，船着き場。港にあり，陸から細長くつきだした場所のこと。　(2)「殺風景」は，景色などにおもむきやおもしろみのないようす。　(3) 音読みは「エイ」で，「営業」などの熟語がある。　(4)「八百屋」は，野菜や果物を売る小売店のこと。　(5)「障子《しょうじ》」は，木でできたわくに縦と横のさんをつけ，和紙をはった戸。　⑹「案の定」は，思ったとおり。⑺「横着」は，すべきことをなまけてしないこと。　⑻ 音読みは「ケン」で，「危険」などの熟語がある。　⑼「ことの外《ほか》」は，特別に。　⑽「下手《したて》」は，へりくだった態度をとるようす。「下手《へた》」は，技能などがたくみでないようすをいうので，ここには合わない。

Dr.福井の

入試に勝つ！脳とからだのウルトラ科学

試験場でアガらない秘けつ

キミたちの多くは，今まで何度か模擬試験（たとえば合不合判定テストや首都圏模試）を受けていて，大勢のライバルに囲まれながらテストを受ける雰囲気を味わっているだろう。しかし，模擬試験と本番とでは雰囲気がまったくちがう。そういうところでも緊張しない性格ならば問題ないが，入試独特の雰囲気に飲みこまれてアガってしまうと，実力を出せなくなってしまう。

試験場でアガらないためには，試験を突破するぞという意気ごみを持つこと。つまり，気合いを入れることだ。たとえば，中学の校門前にはあちこちの塾の先生が激励《げきれい》のために立っている。もし，キミが通った塾の先生を見つけたら，「がんばります！」とあいさつをしよう。そうすれば先生は必ずはげましてくれる。これだけでもかなり気合いが入るはずだ。ちなみに，ヤル気が出るのは，TRHホルモンという物質の作用によるもので，十分な睡眠をとる，運動する（特に歩く），ガムをかむことなどで出されやすい。

試験開始の直前になってもアガっているときは，腹式呼吸が効果的だ。目を閉じ，おなかをふくらませるようにしながら，ゆっくりと大きく息を吸う。ここでは「ゆっくり」「大きく」がポイントだ。そして，ゆっくりと息をはく。これをくり返し何回も行うと，ノルアドレナリンという悪いホルモンが減っていくので，アガりを解消することができる。

よく「手のひらに“人”の字を書いて飲みこむことを３回行う」とアガらないというが，そのようなおまじないを信じて実行し，自分に暗示をかけてもいいだろう。要は，入試に対するさまざまな不安な気持ちを消し去って，試験に集中できるようなくふうをこらせばいいのだ。

ゆっくり息して‥
入試
がんばります!!
よーし．その気合だ！

Dr.福井（福《ふく》井《い》一成《かずしげ》）…医学博士。開成中・高から東大・文Ⅱに入学後，再受験して翌年東大・理Ⅲに合格。同大医学部卒。さまざまな勉強法や脳科学に関する著書多数。

2023年度　雙葉中学校

【算　数】（50分）〈満点：100点〉

※　円周率は3.14です。

1　［ア］～［ウ］にあてはまる数を書きましょう。（式と計算と答え）

(1)　$3\frac{2}{5}\times\left(3\frac{11}{12}+\frac{1}{3}\right)\div$［　ア　］$=20.23$

(2)　Ａ組とＢ組でテストをしました。Ａ組24人の平均点は72.5点でした。Ｂ組30人の平均点は［　イ　］点でした。２つの組の平均点は68点でした。

(3)　キロバイトとバイトは情報の大きさを表す単位で，１バイトの1024倍を１キロバイトといいます。１文字の情報の大きさが２バイトであるとき，3900文字の情報の大きさは，小数第３位を四捨五入すると［　ウ　］キロバイトです。

2　１周147ｍの観覧車があります。１台のゴンドラが頂上から図のように48°進むのに１分24秒かかります。（式と計算と答え）

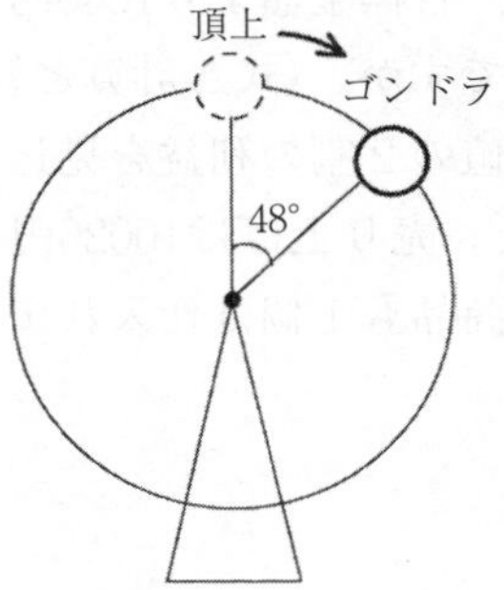

(1)　ゴンドラの速さは分速何ｍですか。

(2)　頂上を18秒ごとにゴンドラが通過します。ゴンドラは全部で何台ありますか。

3　１辺が２cmの正三角形と１辺が３cmの正六角形があります。正三角形が正六角形の辺にそって，図のように(あ)の位置から矢印の向きにすべらずに回転しながら１周して，もとの位置に戻りました。

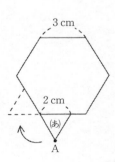

(1)　頂点Ａが動いたあとを，コンパスと定規を使って，解答用紙の図にかきましょう。（答え）

(2)　頂点Ａが動いた道のりは何cmですか。（式と計算と答え）

4　大きさの異なる円柱の水そうＡ，Ｂ，Ｃがあります。Ａ，Ｂ，Ｃを図のように組み合わせ，底面を固定しました。上の蛇口《じゃぐち》からＡに，下の蛇口からＢに，毎分同じ量の水を，一定の割合で同時に入れ始めました。

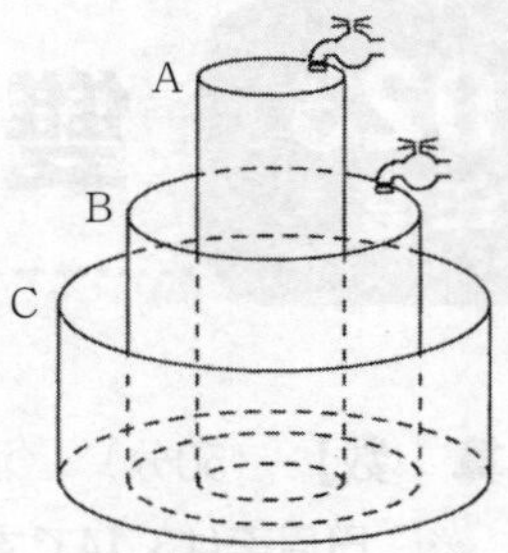

水を入れ始めてから，

・14分後に，Ｂから水があふれ始めました。

・18分後に，ＡとＢの水の高さが同じになりました。

・27分後に，Ａから水があふれ始めました。

ただし，水そうの厚さは考えません。（式と計算と答え）

(1)　ＡとＢの水そうの高さの比を求めましょう。

(2)　ＡとＢの底面の半径の比を求めましょう。

(3)　ＢとＣの水そうの高さの比は，ＡとＢの水そうの高さの比と同じです。Ｃの底面の半径はＡの底面の半径の２倍です。Ｃから水があふれ始めるのは，水を入れ始めてから何分何秒後ですか。

5　商品Ａ，Ｂ，Ｃがあります。

(1)　１日目は，Ａのみ48個仕入れました。すべて売ったときの売り上げの目標金額を決めました。仕入れ値の３割の利益を見込んだ売り値ですべて売ると，その売り上げは目標金額より2156円高くなり，仕入れ値の16％の利益を見込んだ売り値ですべて売ると，目標金額より1540円低くなります。Ａの仕入れ値は１個何円ですか。また，目標金額は何円ですか。（式と計算と答え）

(2)　２日目は，Ａ，Ｂ，Ｃをあわせて16個仕入れました。Ａは仕入れ値の２割の利益を見込んだ売り値をつけ，Ｂは１個754円，Ｃは１個315円ですべて売りました。売り上げは10026円でした。Ａ，Ｂ，Ｃはそれぞれ何個ずつ仕入れましたか。ただし，どの商品も１個は仕入れました。１日目と２日目のＡの仕入れ値は同じです。（式と計算と答え）

【社　会】（30分）〈満点：50点〉

1　次の文を読んで，文中〔あ〕〔い〕に言葉を入れなさい。また，後の問に答えなさい。

わたしは先日，①東京駅から東海道新幹線「ひかり」に乗って京都まで行きました。東京駅を出発した新幹線は，数分で次の②品川駅に着きました。品川駅は，③新橋と横浜の間に鉄道が開通したのと同じ年に開業したそうです。縄文時代の有名な遺跡《いせき》である④大森貝塚は，開通したばかりの鉄道で横浜から新橋に向かったアメリカ人のモースが，列車の窓から発見したといわれています。新横浜駅を過ぎて，小田原駅のあたりで進行方向の左側に〔 あ 〕湾が見えました。小田原は，⑤戦国大名の北条氏の城下町だったことで有名です。北条氏は1590年に⑥豊臣秀吉によって滅《ほろ》ぼされ，同じ年に秀吉は全国を統一しました。静岡県に入ると，熱海駅から浜松駅まで新幹線の駅が6つあります。この間に富士山を見ることができました。わたしは以前，静岡駅で下車して⑦弥生時代の有名な遺跡を見学したことがあります。愛知県に入って名古屋駅に停車した後，次の岐阜羽島駅から米原駅の間で，1600年に⑧徳川家康が豊臣氏側の石田三成らと戦った〔 い 〕を通りました。米原駅を出ると間もなく京都駅に到着《とうちゃく》しました。京都は，⑨平安京に都が移されてから約1000年の間，天皇の住まいがあったところです。⑩京都には多くの寺院や神社があり，⑪奈良とともに多くの観光客が訪れています。その後，わたしが乗ってきた⑫新幹線は，終点の新大阪駅へ向かいました。

問1　下線部①について。

(1)　東京駅は，1914年に開業しました。この時の駅舎に使用されたれんがは，渋沢栄一が設立した工場で製造されたものでした。渋沢栄一は多くの会社を設立し，日本の産業の発展に力をつくしました。19世紀後半から20世紀前半における日本の産業についての説明として，正しいものを次のイ～ホから一つ選び，記号で答えなさい。

イ　政府は外国から技師を招いて，長野県に富岡製糸場をつくり，製糸業を発達させた。

ロ　政府は国内で生産された品物を輸入品から守る領事裁判権を得るため，条約改正交《こう》渉《しょう》をすすめた。

ハ　日清戦争の頃《ころ》の紡績《ぼうせき》業の工場では，女性労働者が長時間働いて欧米に比べて高い賃金を得ていた。

ニ　産業の発展にともない，渡良瀬川上流にある足尾銅山では深刻な公害問題がおこった。

ホ　政府は日露戦争で得た賠償《ばいしょう》金の一部を使って八幡製鉄所をつくり，鉄鋼業を発展させた。

(2)　東京駅は，第二次世界大戦中の1945年5月に空襲《くうしゅう》で被害《ひがい》を受けました。この空襲に最も近い時期におきた出来事を，次のイ～ヘから一つ選び，記号で答えなさい。

イ　国家総動員法ができた。

ロ　日本軍がイギリス領のマレー半島に上陸した。

ハ　日本軍がミッドウェー海戦で敗北した。

ニ　沖縄島で日本軍とアメリカ軍との戦いが始まった。

ホ　アメリカが日本に対する石油の輸出を禁止した。

ヘ　治安維持法ができた。

問2　下線部②について。品川は，江戸時代の街道の一つである東海道の宿場で，『東海道五十三次』という浮世絵にも描《えが》かれています。この作品を描いた人物の名前を答えなさい。

問3　下線部③について。この頃，西洋の文化を取り入れようとする動きが見られました。その説明として，正しくないものを次のイ～ホから一つ選び，記号で答えなさい。

イ　福澤諭吉が著《あらわ》した『学問のすすめ』が，多くの人びとに影響《えいきょう》を与えた。

ロ　子どもの就学率は，学制が公布されて約10年でほぼ100％に達した。

ハ　津田梅子は，岩倉使節団に女子留学生の一人として同行した。

ニ　江戸時代の飛脚《ひきゃく》にかわって，東京と大阪の間で郵便制度が始まった。

ホ　東京や横浜にできた牛なべ屋で，牛肉を食べる人も出てきた。

問4　下線部④について。貝塚からは縄文時代の人びとの生活の様子を知ることができますが，それはなぜですか。説明しなさい。

問5　下線部⑤について。

(1)　北条氏と領地が接していた戦国大名を，次のイ～ホから二つ選び，記号で答えなさい。

イ　武田氏　　ロ　朝倉氏　　ハ　長宗我部氏　　ニ　今川氏　　ホ　大友氏

(2)　戦国大名の中には，城下町などに楽市・楽座という命令を出した者もいました。この命令について説明した次の文の〔　〕に，5文字以内でふさわしい言葉を入れなさい。

楽市・楽座の命令が出された都市では，商工業者が〔　　　〕営業することができるようになった。

問6　下線部⑥についての説明として，正しいものを次のイ～ホから一つ選び，記号で答えなさい。

イ　秀吉は全国を統一した後，宋を征服《せいふく》しようと二度にわたって朝鮮に大軍を送った。

ロ　秀吉は全国の大名に対して，守るべき決まりとして武家諸法度を出した。

ハ　秀吉は全国に家来を派遣《はけん》して，統一されたものさしを使って村ごとに検地を行った。

ニ　秀吉は鉄砲が日本に初めて伝来した長崎などの重要都市や，石見銀山などの鉱山を直接支配した。

ホ　秀吉は宣教師の国外追放を命じ，外国の貿易船が日本に来航することも禁止した。

問7　下線部⑦について。

(1)　この遺跡は，第二次世界大戦後に本格的に発掘《はっくつ》調査が行われ，弥生時代の水田やむらの跡《あと》が発見されました。現在では遺跡のそばに博物館も建てられています。この遺跡を答えなさい。

(2)　弥生時代の人びとの生活についての説明として，正しいものを次のイ～ニから一つ選び，記号で答えなさい。

イ　人びとは土器を初めてつくるようになり，食べ物を煮《に》たきして食べていた。

ロ　人びとは埴輪《はにわ》を用いて，首長を中心に豊作を祈る祭りを行っていた。

ハ　人びとは大陸から伝わった青銅器や鉄器を使用し始め，石器を使わなくなった。

ニ　人びとはむらのまわりを深い堀《ほり》でかこみ，物見やぐらがある集落をつくるようになった。

問8　下線部⑧は，江戸幕府を開きました。江戸時代に関する説明として，正しくないものを次のイ～ホから一つ選び，記号で答えなさい。

イ　将軍徳川吉宗は，江戸に目安箱を設置して，町人などの意見を参考にしながら政治をすすめた。

ロ　ロシアやイギリスなどの船が日本にたびたび来航するようになったので，幕府は外国船の打払《はら》いを命じた。

ハ　開国後，国内の品不足や米などの値上がりがおこり，生活が苦しくなった人びとが各地で世直し一揆をおこした。

ニ　国学を学ぶ人びとの中から，幕府の政治を批判して天皇を中心とした政治を求める考え方が出てきた。

ホ　九州でキリスト教信者の百姓たちによる島原・天草一揆がおきたので，幕府はキリスト教を禁止した。

問９　下線部⑨について。この間におきた出来事を次にあげました。おきた順に並べた時，３番目にあたるものをイ～へから選び，記号で答えなさい。

イ　将軍の後継《つ》ぎ争いを原因の一つとする，応仁の乱がおきた。

ロ　シャクシャインらアイヌの人びとが，松前藩と戦って敗れた。

ハ　御家人たちが鎌倉から京都に攻《せ》めのぼり，幕府を倒《たお》そうとした朝廷の軍を破った。

ニ　平清盛は平治の乱で源義朝を倒し，源頼朝を伊豆に流した。

ホ　織田信長が将軍を京都から追放し，幕府が滅亡《めつぼう》した。

へ　宣教師のフランシスコ・ザビエルによって，日本にキリスト教が伝えられた。

問10　下線部⑩について。京都府にある寺院や神社の説明として，正しくないものを次のイ～ホから一つ選び，記号で答えなさい。

イ　足利義政が北山に建てた銀閣のある寺院には，書院造の部屋を持つ東求《とうぐ》堂がある。

ロ　藤原氏が建てた平等院鳳凰堂は，阿弥陀如来《あみだにょらい》をまつる阿弥陀堂である。

ハ　龍安《りょうあん》寺には，水や木を使わずに白砂と大小の石でつくられた有名な石庭がある。

ニ　八坂神社は，古い歴史を持つ祇園《ぎおん》祭を京都の人びととともに行っている。

ホ　北野天満宮は，平安時代の貴族である菅原道真を天神としてまつった神社である。

問11　下線部⑪について。

(1)　奈良は，奈良時代に平城京という都が置かれていたところです。次に奈良時代のある人物について説明した文をあげました。この人物の名前を答えなさい。

遣唐使とともに留学生として中国に渡り，皇帝に仕えて高い位についたが，帰国できなかった。『百人一首』にこの人物がよんだと伝わる歌が入っている。

(2)　奈良に都が移る前の時代には，奈良よりも南の地域に藤原京という都が置かれていました。この地域を何とよびますか。

問12　下線部⑫について。

(1)　東京と新大阪を結ぶ東海道新幹線が開通した年よりも前におきた出来事を，次のイ～へから一つ選び，記号で答えなさい。

イ　日本で初めての万国博覧会が開かれた。

ロ　日本とソビエト連邦との国交が回復した。

ハ　日本と中華人民共和国との国交が正常化した。

ニ　小笠原諸島が日本に復帰した。

ホ　沖縄が日本に復帰した。

へ　日本で石油危機による物不足がおきた。

(2)　新大阪駅から先の博多駅までは，山陽新幹線で行くことができます。山陽新幹線は6つの府県を通ります。次のイ～トは，6つの府県にある歴史と関わりの深い場所についての説明です。これらの場所を新大阪駅に近い方から並べた時，5番目になるものを選び，記号で答えなさい。

イ　鎌倉時代からの備前焼の窯《かま》跡が残されている。
ロ　モンゴル人が二度にわたって攻めてきた湾がある。
ハ　航海の守り神をまつった厳島神社がある。
ニ　平清盛が整備し，中国の船が来航した港があった。
ホ　平氏が滅ぼされた戦いが行われた壇ノ浦がある。
ヘ　白鷺《しらさぎ》城ともよばれる姫路城がある。
ト　石山本願寺の跡地に，豊臣秀吉が建てた城があった。

2　次の図①～④はそれぞれ，隣接《りんせつ》し合う3つの都道府県を示しています。また，図中のA～Dは3つの都道府県の境界が重なっているところです。図をみて，後の問に答えなさい。なお，図の縮尺はそれぞれ異なり，島は省略しています。

①　②　③　④

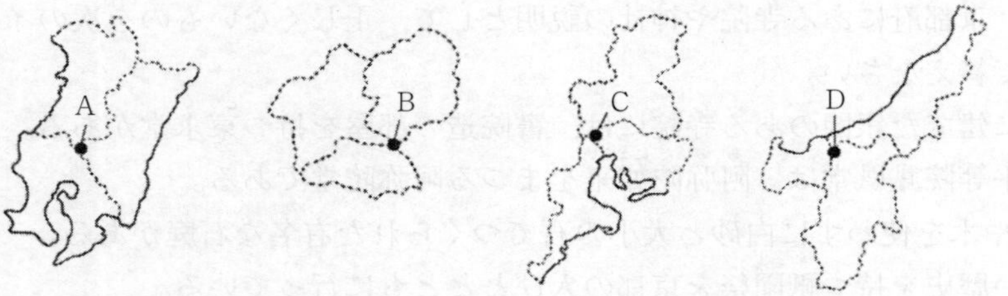

問1　図①～④のうち，3つの都道府県の面積の合計が最も大きいものと，最も小さいものをそれぞれ選び，番号で答えなさい。

問2　図中のA～Dについて。

(1)　次のイ～ニは，図中のA～Dのいずれかの標高を示しています。図中のA，Dの標高としてふさわしいものをそれぞれ選び，記号で答えなさい。

イ　1m　　ロ　14m　　ハ　510m　　ニ　2748m

(2)　図中のB，Cがある地域の説明として，正しいものを次のイ～ニからそれぞれ一つ選び，記号で答えなさい。

イ　世界遺産の登録地がある　　ロ　ラムサール条約の登録地がある
ハ　カルデラがある　　ニ　輪中がある

問3　右の表中のW～Zは，図①～④の地域のいずれかで生産された農産物の収《しゅう》穫《かく》量の合計を示したものです。正しい組み合わせを，次のイ～チから一つ選び，記号で答えなさい。

	米	きゅうり	トマト	かき	ぶどう
W	553,600	113,300	66,900	1,959	3,690
X	369,900	20,810	76,390	25,760	4,567
Y	1,065,800	22,850	22,600	19,920	34,363
Z	320,900	85,000	157,650	1,873	3,759

（単位　トン）

（表は『データでみる県勢 2022』より作成）

イ　W—①　X—②　Y—③　Z—④　　ロ　W—①　X—④　Y—②　Z—③
ハ　W—②　X—①　Y—③　Z—④　　ニ　W—②　X—③　Y—④　Z—①
ホ　W—③　X—①　Y—④　Z—②　　ヘ　W—③　X—②　Y—④　Z—①
ト　W—④　X—①　Y—③　Z—②　　チ　W—④　X—③　Y—①　Z—②

問４　図①の地域について。この地域では，独自の基準を設け，工夫をしてブランド化した食肉を売り出しています。なぜブランド化するのかを考え，「輸入」という言葉を使って説明しなさい。

問５　図②の地域について。

(1)　図②にふくまれる都道府県のいずれかを通っている幹線道路として，正しくないものを次のイ～ホから二つ選び，記号で答えなさい。

イ　関越自動車道　　ロ　東名高速道路　　ハ　中央自動車道
ニ　北関東自動車道　ホ　東北自動車道

(2)　図②の地域で製造品出荷額が最も多い工業製品を次のイ～ニから選び，記号で答えなさい。

イ　輸送用機械　　ロ　金属製品　　ハ　食料品　　ニ　繊維《せんい》

問６　次のイ～ニの表は，図①～④のいずれかの常住人口（夜間人口）と昼間人口を都道府県別に示したものです。図③にあてはまるものをイ～ニから選び，記号で答えなさい。なお，各図中の都道府県については，表中では＊で示し，名前はあげていません。

イ

都道府県	常住人口	昼間人口
＊	1,786	1,777
＊	1,104	1,103
＊	1,648	1,646

（千人）

ロ

都道府県	常住人口	昼間人口
＊	2,032	1,953
＊	7,483	7,586
＊	1,816	1,785

（千人）

ハ

都道府県	常住人口	昼間人口
＊	2,304	2,302
＊	1,066	1,064
＊	2,099	2,094

（千人）

ニ

都道府県	常住人口	昼間人口
＊	1,974	1,955
＊	1,973	1,970
＊	7,267	6,456

（千人）

（各表は『データでみる県勢 2022』より作成）

問７　図④の地域には，プレートとプレートの境となっているところがふくまれています。

(1)　図④の地域の中では，ユネスコ世界ジオパークに認定されている世界的に価値のある地形，地質が見られます。次のイ～ニから，ユネスコ世界ジオパークにあたるものを一つ選び，記号で答えなさい。

イ　白川郷・五箇山《ごかやま》　　ロ　洞爺《とうや》湖有珠《うす》山
ハ　宗像《むなかた》・沖ノ島　　ニ　富士山

(2)　プレートの境界は，大きな地震が発生しやすい地域となっています。プレートがずれたことで，2011年３月にマグニチュード９の巨大地震が東北地方の太平洋側で発生しました。大きな被害が出たこの震災を何といいますか。

3 私たちが生活する社会にみられるさまざまなきまりを，次にあげました。A～Nの文を読み，後の問に答えなさい。

A　**いじめや差別をしてはいけない。悪口をSNS上にのせない。**

B　**道路上で歩きながらたばこを吸ってはいけない。**

C　**国民は個人として尊重され，法の下に平等であり，人種や性別などによって差別されない。**

D　**国や地方自治体，企業《きぎょう》は，持っている個人の情報を勝手に外部にもらしてはいけない。**

E　**国民には働く権利と義務があり，税金を納めなければならない。**

F　**日本は陸軍・海軍・空軍やその他の戦力を持たない。**

G　**日本に来る外国人の中には，政府に保護を求める人がおり，難民の場合は受け入れなければならない。**

H　**国民は主権者の一人として選挙で投票ができる。**

I　**国会は立法権，内閣は行政権，裁判所は司法権をそれぞれ持つ。**

J　**自由な考えや思想を持ち，それを発表することや，自分の選んだ宗教を信じることができる。**

K　**18歳に満たない子どもを戦争で兵士としたり，強制労働をさせたりしてはいけない。**

L　**他国の領土や領海，領空を攻撃《こうげき》し，侵《おか》してはいけない。領土の問題は国どうしの対等な話し合いによって解決する。**

M　**国際連合の全加盟国でつくられる全体の会議では，各国が対等な立場で参加し，話し合いを行う。**

N　**日本と外国との間の貿易はなるべく自由に行えるようにする。**

問1　上にあげたきまりのうち，E・H・Jは日本国憲法にあるきまりです。この他に，その内容が憲法にはっきりと記されているきまりの組み合わせとして，正しいものを次のイ～へから一つ選び，記号で答えなさい。

イ　C・D・L　　ロ　C・F・I　　ハ　D・G・N

ニ　F・G・I　　ホ　F・K・L　　へ　I・K・N

問2　Bのような市町村で定められるきまりを条例といいます。市町村の条例は，どのようなときに成立となりますか。次のイ～ニから正しいものを一つ選び，記号で答えなさい。

イ　住民投票で賛成が多数となったとき

ロ　市町村長の権限でつくると判断したとき

ハ　市町村議会で議員の賛成が多数となったとき

ニ　住民の一定数の署名が集まったとき

問3　Eについて。次のイ～ホの費用のうち，2021年度に日本で国の税金が最も多く使われたものを選び，記号で答えなさい。

イ　貿易や外国との交流を発展させるための外交関係の費用

ロ　開発途上《とじょう》国への支援《しえん》金や国際機関などに対して負担している費用

ハ　他国による攻撃の危険から国土を守るための費用

ニ　子どもの教育や学問研究などのための費用

ホ　国債《こくさい》の返済や利子の支払いのための費用

問4　Fに関連して。現在の日本の安全保障体制について述べた文として，正しくないものを次のイ～ニから一つ選び，記号で答えなさい。

イ　日本は戦力を持つことはできないが，外国が発射するミサイルから国土を守る装備は持っている。

ロ　日本には国民を守るための自衛隊という組織があり，国内でのみ活動している。

ハ　日本は陸軍や海軍を持っていないが，日本国内には外国の軍隊の基地がある。

ニ　日本は核兵器を持ったり，つくったり，持ちこませたりしないことを宣言している。

問５　Ｇについて。

(1)　海外から来た人が日本に入国するときは，空港で入国の目的などを調べます。この入国審査《しんさ》や，国籍《こくせき》に関することを担当する省の主な仕事として，正しくないものを次のイ～ニから一つ選び，記号で答えなさい。

イ　裁判員制度を運営する仕事

ロ　検察に関する仕事

ハ　人権への理解を広める仕事

ニ　領土問題や外交に関わる仕事

(2)　入国審査や国籍に関することを担当する省の名前を答えなさい。

問６　Ｈについて。選挙権年齢《ねんれい》が18歳以上に引き下げられた後の国政選挙（衆議院議員選挙・参議院議員選挙）の全国の投票率について正しく述べたものを，次のイ～ニから一つ選び，記号で答えなさい。

イ　全体で50％を下回った選挙があり，年代別では，常に高齢者世代の方が10代から20代の若者より高い。

ロ　全体で50％を下回った選挙があり，年代別では，常に高齢者世代の方が10代から20代の若者より低い。

ハ　全体で毎回60％台であり，年代別では，常に高齢者世代の方が10代から20代の若者より低い。

ニ　全体で毎回60％台であり，年代別では，常に高齢者世代の方が10代から20代の若者より高い。

問７　Ｉについて。権力が強くなりすぎないように，内閣と裁判所は担当する権力を互《たが》いに抑《おさ》え合っています。そのために何をしているか，内閣と裁判所が行うことをそれぞれ一つ，解答欄《らん》の言葉に続けて説明しなさい。なお内閣については，「指名」という言葉を使うこと。

問８　Ｊは，憲法の保障する自由権にふくまれます。自由権と直接関係がない内容のものを，次のイ～ニから一つ選び，記号で答えなさい。

イ　政府の政治の方針や進め方に対して，国民はさまざまなメディアを通じて反対意見を述べることができる。

ロ　だれでも本を出版したり，自分の描《か》いた絵や撮《と》った写真をSNSにのせたり，手に入れた情報を発信したりできる。

ハ　理由もなく警察に逮捕《たいほ》されることや，裁判をしないで重い刑を受けることはない。

ニ　公正な判決を出さない裁判官をやめさせるために，国民が国会に対して訴《うった》えることができる。

問９　Ｍについて。この国連の全体の会議のことを何といいますか。

【理　科】（30分）〈満点：50点〉

1 教室で飼育しているアメリカザリガニについての次の会話文を読み，あとの問いに答えなさい。

アオイ：アメリカザリガニの飼育や販《はん》売の規制が厳しくなるって知ってた？

ハナコ：知ってるわよ。アメリカザリガニは（ あ ）種なんだけど，落葉や昆《こん》虫などを食べる雑食性で，もともとその場所で生息していた（ い ）種も食べてしまうんだって。さらに，水草を切断することなどで環《かん》境を大きく変えて，他の生き物の生息環境を奪《うば》っていくみたいだね。

アオイ：たくさんの卵を産んで，どんどん数を増やしていくから，かなり厄介《やっかい》者みたい。規制が厳しくなると，学校で飼育できなくなるのかな？

ハナコ：アメリカザリガニは，特定（ あ ）生物になるらしいけど，条件付きだから飼育するのは大丈夫《だいじょうぶ》みたい。でも野外に放すことは禁止なんだって。最期まで責任を持って飼育しなくてはいけないね。

アオイ：ザリガニ釣《つ》りをしたことがあるけど，あれもダメになるのかな。

ハナコ：釣った後その場で放す，あるいは最期まで責任を持って飼育するのであれば問題ないらしいよ。

アオイ：そうなんだ。それにしても，人が持ち込《こ》んだ生物によって生態系が破壊《かい》されたり，生物の多様性が低下してしまうことは大きな問題だね。

ハナコ：そうだね。私たちも気をつけて飼育しないといけないわね。

問１　文中の（　）にあてはまる言葉を漢字で答えなさい。

問２　アメリカザリガニについての下の文章のうち，正しいものには○，まちがっているものには×で答えなさい。

① ハサミを含《ふく》めて脚が８本（４対）あることから，クモと同じ仲間である。

② 昆虫と同じように，脱皮《だっぴ》することで成長する。

③ 飼育するときは，逃《に》げ出さないように水槽《そう》にふたをする。

問３　下の①～⑤のうち，（あ）種をすべて選び，番号で答えなさい。

① マングース

② エゾヒグマ

③ ゲンゴロウ

④ イリオモテヤマネコ

⑤ セイタカアワダチソウ

問４　下線部について，水草が切断されてしまうことによって，魚類や水生昆虫の行動と繁殖《はんしょく》にどのような影響《えいきょう》が生じると考えられますか。それぞれ説明しなさい。

問５　右図は，あるため池に生息する生き物の「食べる・食べられる」の関係を模式的に示したものです。

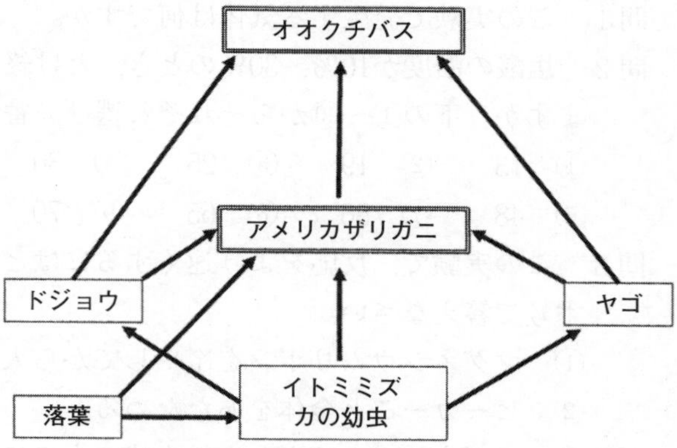

※□は（　あ　）種である。
※水草やプランクトンは省略している。
※矢印の先にある生物が食べる側である。

(1)　図中のヤゴと同じように成長する昆虫を，下の①～④から１つ選び，番号で答えなさい。

①　モンシロチョウ
②　ミツバチ
③　カブトムシ
④　アブラゼミ

(2)　オオクチバスのみを駆除《くじょ》したところ，ヤゴやドジョウの個体数が減少しました。どのような理由が考えられますか，説明しなさい。

(3)　ため池が管理されなくなり，落葉がため池に大量に流入するようになった場合，アメリカザリガニとヤゴ・ドジョウの個体数は最終的にそれぞれどのように変化すると考えられますか。正しい組み合わせを下の①～④から１つ選び，番号で答えなさい。ただし，オオクチバスは駆除されているものとします。

	アメリカザリガニ	ヤゴ・ドジョウ
①	増加する	増加する
②	増加する	減少する
③	減少する	増加する
④	減少する	減少する

2　物質どうしの反応は，速く進むものからゆっくり進むものまで，さまざまです。また，実験の条件を変えることによって反応の速さは変化します。たとえば同じ反応でも，温度を上げると反応は速くなります。

物質の濃度《のうど》と反応の速さの関係を確かめるために，塩酸とマグネシウムを使って次のような実験を行いました。

【実験】濃度7.3％の塩酸50mLをビーカーに入れ，そこに0.05ｇのマグネシウムを入れて，マグネシウムがとけ終わるまでの時間をはかった。このとき発生した気体は，塩酸にアルミニウムや鉄を加えたときに発生する気体と同じものだった。温度を変えずに塩酸の濃度を変えて同じ実験を行ったところ，下の表のような結果になった。ただし塩酸の体積はすべて同じものとする。また，マグネシウムは図１のようなリボン状のもの(マグネシウムリボン)を使った。

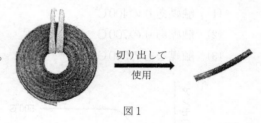

図１

【結果】

塩酸の濃度[％]	7.3	15	22
とけ終わるまでにかかる時間[秒]	75	37	25

問1　この実験で発生する気体は何ですか。

問2　塩酸の濃度が10%，30%のとき，とけ終わるまでにかかる時間[秒]はどうなると考えられますか。下の①～⑩からそれぞれ選び，番号で答えなさい。

①　13　②　19　③　25　④　30　⑤　38

⑥　48　⑦　56　⑧　65　⑨　70　⑩　100

問3　この実験で，反応をより速くするにはどうすればよいですか。下の①～⑤からすべて選び，番号で答えなさい。

①　マグネシウムリボンを冷やしてから入れる。

②　ビーカーごと全体をあたためる。

③　マグネシウムリボンを粉末状のものにかえる。

④　塩酸の中に酸素を吹《ふ》き込《こ》む。

⑤　塩酸の体積を2倍にする。

反応の速さを変えるには，「触媒《しょくばい》」とよばれるものを使う方法もあります。「触媒」とは，『そのもの自体は変化せず，反応の速さを変えるもの』です。酸素を発生させるときに使う二酸化マンガンは，この触媒のはたらきをしています。

触媒を使うことによって，本来起こすことができない反応を起こすことができます。たとえば自動車の排《はい》気ガスに含《ふく》まれる一酸化窒素は触媒を使わないと有害な二酸化窒《ちっ》素という気体に変化しますが，触媒を使うことで異なる反応を起こし無害な気体にしています。

問4　下線部について，二酸化窒素が上空までのぼることによって引き起こす環境問題を答えなさい。

また，前ページの【実験】の反応で発生する気体が，空気中の窒素と混ざっても反応は起こりませんが，窒素を混ぜて温度を変化させるなどの工夫をすると，アンモニアが発生します。このとき触媒を加えると，この反応はさらに速くなります。図2は500℃で触媒を使ったときのアンモニアの量(体積の割合)と反応にかかった時間の関係を表したものです。

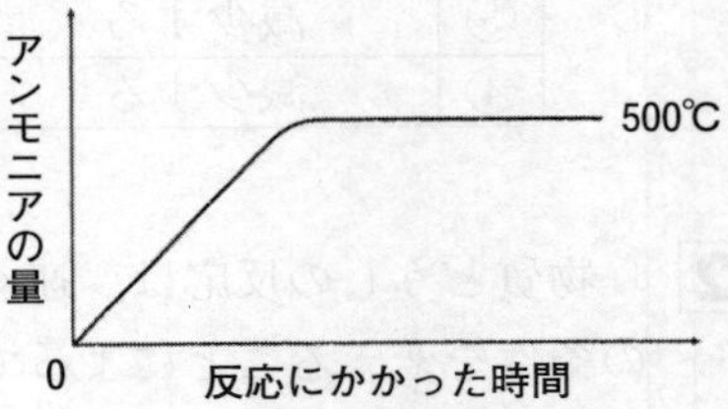

図2

問5　この方法では温度を上げると，最終的に作られるアンモニアの量が少なくなります。反対に300℃までは温度を下げるとアンモニアの量が多くなります。図2を参考にして次の(1)～(3)の場合のグラフ(点線-----)を，あとの①～⑥からそれぞれ選び，番号で答えなさい。

(1)　触媒ありの400℃

(2)　触媒ありの700℃

(3)　触媒なしの500℃

①

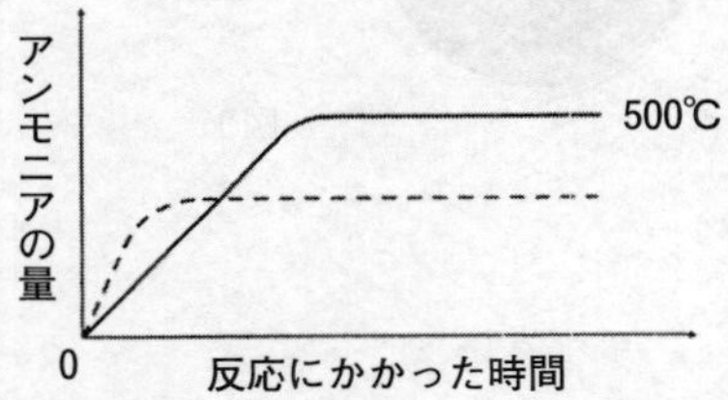

②

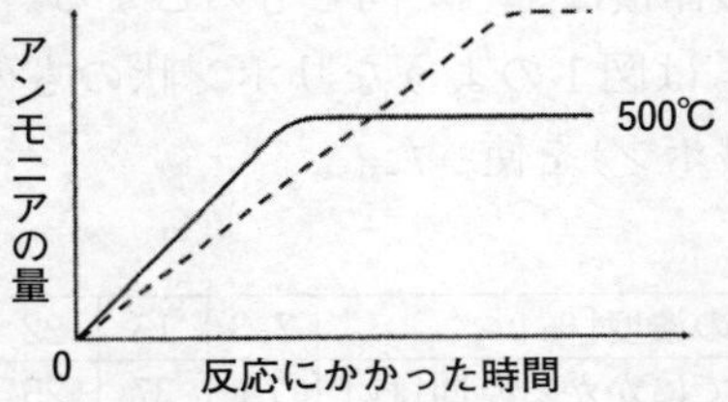

③
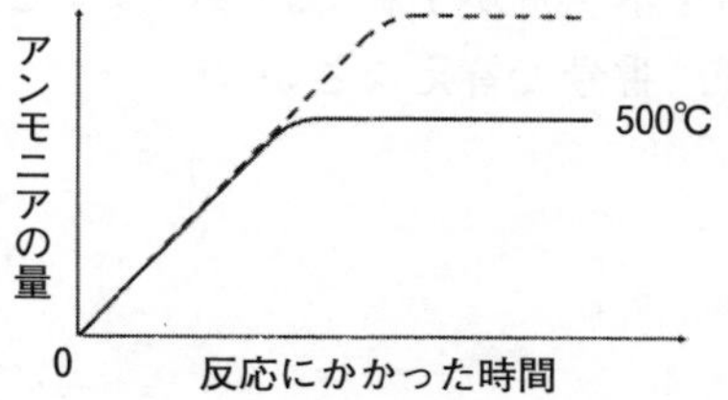

④
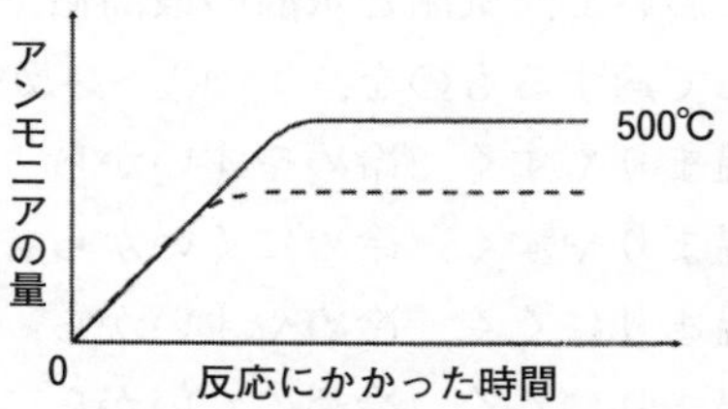

⑤
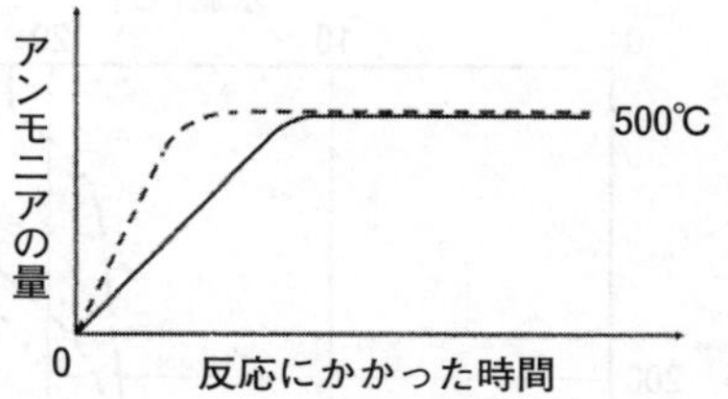

⑥
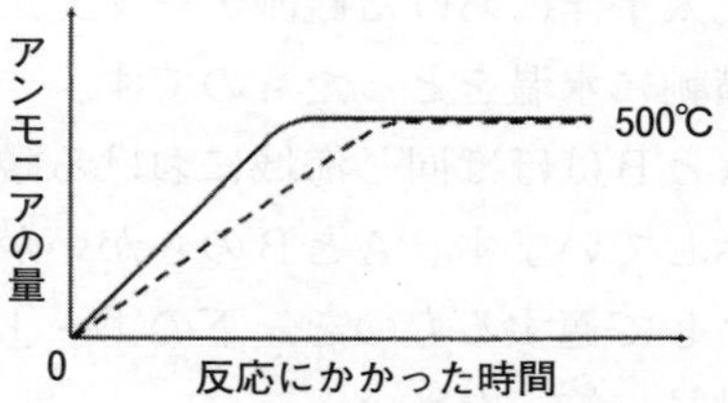

3 海は地球の表面積の約(ア：30・50・70)％を占《し》めています。そのため，海洋から大気，大気から海洋への熱の移動は地球の気象を考える上でも重要です。たとえば，2021年秋から続いている(あ)現象は南米のペルー沖の海水の温度が平年よりも低くなる現象ですが，遠く離《はな》れた日本の気候にも影響を与《あた》えます。

2022年5月に発表された世界気象機関(WMO)の報告によると，2020年1月以降，世界の平均海面の高さは，約1(イ：mm・cm・m)上昇《じょうしょう》しました。これは，1993年以降の上昇分の1割に相当します。この平均海面の上昇は，環境問題の1つである(い)の影響が考えられます。

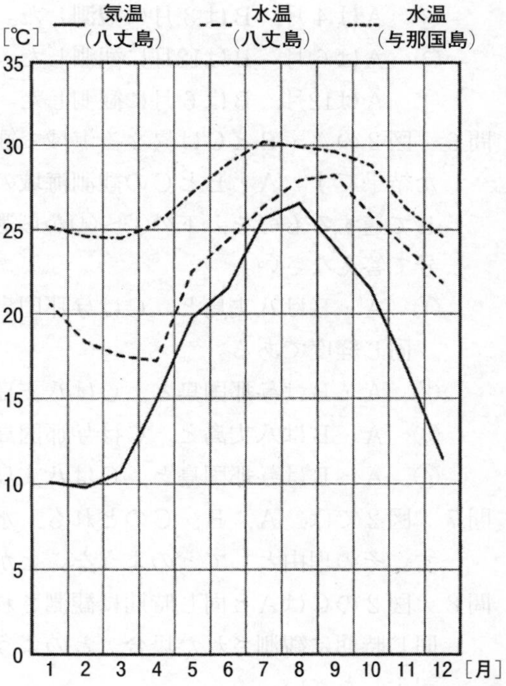

図1

問1　文中の(ア)，(イ)に適するものをそれぞれ選びなさい。

問2　文中の(あ)，(い)にあてはまる言葉をそれぞれ答えなさい。

問3　下線部について，日本の気候への影響は平年と比べてどのようになりますか。適するものを，下の①～④から選び，番号で答えなさい。

① 夏は暑くなり，冬は寒くなる。

② 夏は涼《すず》しくなり，冬も寒くなる。

③ 夏は涼しくなり，冬は暖かくなる。

④ 夏は暑くなり，冬も暖かくなる。

図1は，2017年の東京都の八丈島《はちじょうじま》における気温と水温，沖縄県の与那国《よなぐに》島における水温をグラフにしたものです。気温と水温はそれぞれ月ごとの平均値を使っています。

問4　八丈島において，気温と水温の最高値や最低値を示す月がずれているのはなぜですか。その理由として適するものを，下の①～④から選び，番号で答えなさい。

①　水は温まりやすく，冷めやすいから。

②　水は温まりやすく，冷めにくいから。

③　水は温まりにくく，冷めやすいから。

④　水は温まりにくく，冷めにくいから。

図2は，北太平洋における観測データで，縦軸《じく》に水深，横軸に水温をとったものです。

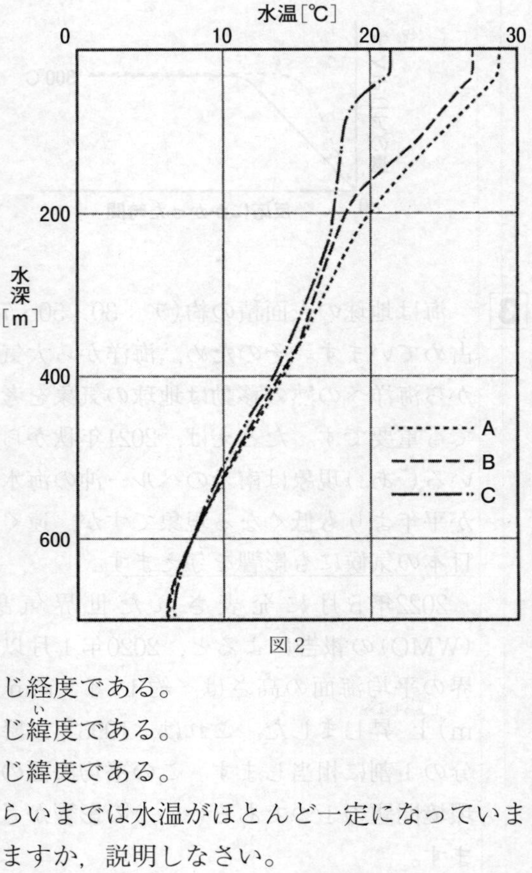

図2

問5　図2のAとBはほぼ同じ海域における観測データを示しています。AとBのちがいが生じる理由として適するものを，下の①～④から選び，番号で答えなさい。

①　Aは3月，Bは4月に観測した。

②　Aは4月，Bは3月に観測した。

③　Aは6月，Bは12月に観測した。

④　Aは12月，Bは6月に観測した。

問6　図2のA・BとCは異なる海域で観測された結果です。A・BとCの観測海域の関係として適するものを，下の①～④から選び，番号で答えなさい。

①　A・Bは八丈島と，Cは与那国島とほぼ同じ経度である。

②　A・Bは与那国島と，Cは八丈島とほぼ同じ経度である。

③　A・Bは八丈島と，Cは与那国島とほぼ同じ緯《い》度である。

④　A・Bは与那国島と，Cは八丈島とほぼ同じ緯度である。

問7　図2では，A，B，Cのどれも，水深50mくらいまでは水温がほとんど一定になっています。その理由としてどのようなことが考えられますか，説明しなさい。

問8　図2のCはAと同じ時期に観測されたものです。Cのデータが得られた観測海域で，Bと同じ時期に観測された場合，どのような形になると思いますか。解答用紙に実線(――)で記入しなさい。

4　ふたばさんは，公園で小さな子どもとお父さんが並んでブランコに乗っているのをながめていました。2人は同時にブランコをこぎ始めましたが，1往復する時間がわずかにちがうことに気がつきました。ふたばさんは理科で振《ふ》り子が1往復する時間はおもりの重さに関係ないと習っていたので不思議に思い，振り子について調べてみることにしました。

調べていると，振り子が1往復する時間と振り子の長さについて，次の表1のような実験結果を見つけました。

表1　振り子の長さと1往復する時間

振り子の長さ[cm]	8	32	72	128
1往復する時間[秒]	0.57	1.14	1.71	2.28

そこで，ふたばさんは，自分でも振り子を作って，実験を再現してみることにしました。100円玉28枚がぴったり入る円筒《えんとう》型の容器のふたに32cmの糸をつけた振り子が，1往復する時間をストップウォッチを使ってはかりました。円筒型の容器は4gで，高さは5cmです。まず，1往復する時間をどのようにはかればよいかを考えるために，実験1を行いました。

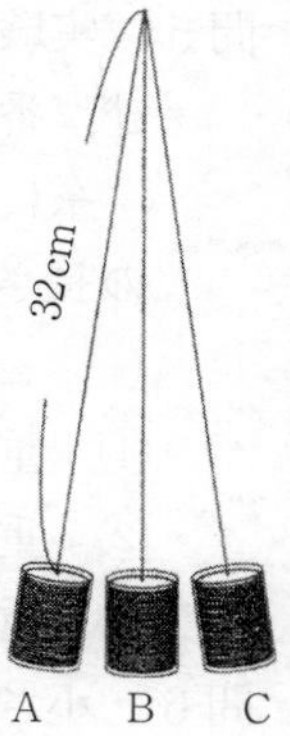

図1

【実験1】　容器の高さいっぱいに100円玉28枚を入れたもの(おもり1)が1往復する時間を，時間をはかり始める場所を変えた2つの方法**ア**，**イ**ではかったところ，表2のような結果となった。

表2　実験1の結果

	1回目	2回目	3回目	4回目	5回目
方法**ア**[秒]	1.20	1.19	1.16	1.23	1.15
方法**イ**[秒]	1.18	1.19	1.17	1.18	1.17

この結果から，方法(　あ　)の方がより正確にはかれることが予想されます。この理由として，振り子の速さが場所によって違うことが考えられます。振り子の動きがゆっくりのときには，その地点にきた瞬間《しゅんかん》がわかりにくくストップウォッチを押《お》すタイミングがずれてしまったからです。そこで，次の実験からは方法(　あ　)ではかることとし，さらに，振り子は(　い　)が変わっても1往復する時間は変わらないことから，10往復分の時間をはかって10で割ることで1往復する時間をより正確にはかることにしました。

【実験2】　容器の高さいっぱいに1円玉31枚を入れたもの(おもり2)が1往復する時間をはかったところ，おもり1の結果と変わらなかった。

【実験3】　容器に100円玉14枚を入れたもの(おもり3)が1往復する時間をはかったところ，おもり1と結果が異なった。

【実験4】　容器に100gの金属の粒《つぶ》と2gの発泡《はっぽう》スチロールを図2のように入れたもの(おもり4，5)が1往復する時間をはかったところ，表3のような結果となった。

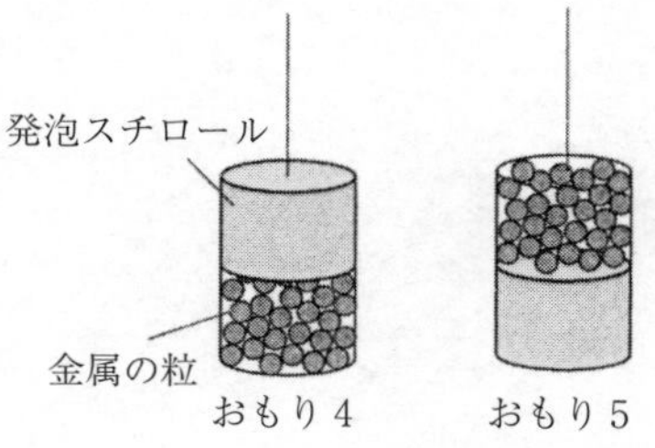

図2

表3　実験4の結果

	おもり4	おもり5
1往復する時間[秒]	1.20	1.16

問1　振り子の長さが2mのとき，振り子が1往復する時間を求めなさい。

問2　文中の(　)について，(あ)には**ア**または**イ**の正しい方を選び，記号で答えなさい。また，(い)にあてはまる言葉を答えなさい。

問3　方法**ア**，**イ**は次のいずれかです。方法**ア**はどちらですか。正しい方を選び，番号で答えなさい。

①　Aでストップウォッチをスタートさせ，Aに戻《もど》ってくるまでをはかる

②　Bでストップウォッチをスタートさせ，C，B，Aを経由してBに戻ってくるまでをはかる

問４　容器を空にして実験を行うと，１往復する時間はおもり１と比べてどうなりますか。下の①～③から選び，番号で答えなさい。

①　長くなる　　②　短くなる　　③　変わらない

問５　実験４からわかることについての次の文章の(　)にあてはまる言葉をあとの①～③から選び，番号で答えなさい。

糸におもりをぶらさげたとき，振り子の長さは糸の長さよりおもりの分だけ長くなる。その長さは，おもりの形は同じでも，重さのかたより方によって異なる。振り子の長さは(　　a　　)が最も長く，(　　b　　)が最も短い。

①　重さが上にかたよっているおもり

②　重さが下にかたよっているおもり

③　重さにかたよりがないおもり

問６　小さな子どもとお父さんでは，１往復する時間が短かったのはどちらですか。また，その理由も答えなさい。

三 次の問いに答えなさい。

問一 次の文中のカタカナを漢字に直して書きなさい。

(1) 先見のメイがある。

(2) たいこバンをおす。

(3) ノウある鷹《たか》はつめをかくす。

(4) トウカクをあらわす。

(5) ウゴのたけのこ。

問二 (　)内に示された意味になるように、□に漢字一字を書き入れて、熟語を完成させなさい。

【例】□際　(つきあい)　(答え：交際)

(1) □界　(さかいめ)

(2) □解　(仲直り)

(3) 消□　(使って、なくすこと)

(4) □意　(わざと何かをすること)

(5) □三　(たびたび)

けを教わったために、中学に入っても文法や綴《つづ》りが3さっぱりだったので、辞典をバラバラにして持ち歩いてAから順に単語をおぼえたり、原書やレコードの歌詞カードを翻訳《ほんやく》して少しずつ遅《おく》れを取りもどした。そして高校一年のときアメリカ留学をどうにか4はたしたのだが、フランス文学に出会い、結局予想とはまったくちがった道に進んだのだった。

（岩波ジュニア新書『わたしの先生』所収
「世界への扉《とびら》――語学と仲良くなりたい人へ」三宮《さんのみや》麻由子）

＊サワラ――木の名前。ヒノキ科の針葉樹。

問一 a～c に入れるのに最もふさわしいことばを後のア～エから一つずつ選び、それぞれ答えなさい。

a ア からんだ　イ はいた
　ウ はめこんだ　エ まとった

b ア きりたつ　イ そびえる
　ウ はびこる　エ はりだす

c ア はぜる　イ はりさける
　ウ ひかる　エ ほとばしる

問二 ――線部①「樅の木が夜ごとに明るさを増していく」のはどうしてなのか、説明しなさい。

問三 ――線部②「いま見せてあげます」とありますが、この後で麻由子さんが「見せて」もらったものを次のア～オから二つ選び、記号で答えなさい。

ア 針葉樹のちくちくした葉。
イ 薪ストーブの燃える暖かさ。
ウ 青い匂いのする大きな樅の木。
エ ツルウメモドキの赤い実。
オ 豊かに輝く豆電球の明るさ。

問四 ――線部1「言うなり」・2「鈴なりに」・3「さっぱりだった」・4「はたした」を、わかりやすく言いかえて答えなさい。

問五 ――線部③「腰を押さえている先生の手に力が入る」のは何のためなのか、答えなさい。

問六 ＝線部A「召し上がる」・B「いただく」・C「いらっしゃった」を、敬語でない形に直して答えなさい。

問七 □X「あげる」・Y「あげ」の使い方は異なります。それぞれの「あげる」と同じ使い方の「みる」を次のア～オから一つずつ選び、記号で答えなさい。

ア かえりみると長い人生だった。
イ 遠くの美しい富士山をみる。
ウ 苦手なことでもやってみる。
エ 豆の木がみるみる成長する。
オ 新しい方法をこころみる。

問八 ――線部④「先生はそんな私に、『見えないことは、あなた次第で才能に変えられる』とおっしゃったのだ」について、

(1) 「見えないことは、あなた次第で才能に変えられる」を、「見えないことは、あなた次第で□に変えられる」に言いかえたとき、□に最もふさわしい言葉を本文中から探し、三字で答えなさい。

(2) この言葉を聞いたときの麻由子さんの気持ちを説明しなさい。

問九 ――線部⑤「むしろほかの生徒さんに対してよりも徹底していた」のはなぜだと考えられるか、説明しなさい。

問十 ――線部⑥「改めて私に衝撃を与えた」とありますが、あなたがだれかの言葉によって今まで知らなかったことに気づき、自分の考えや行動を変えたような経験を一つ挙げ、それについて書きなさい。

気《き》の中で少しずつほぐれていく。

〝Reach out with your right hand.〟（右手を伸《の》ばしてごらん）

③腰《こし》を押《お》さえている先生の手に力が入る。私は恐《おそ》る恐る枝につかまっていた右手を放し、頭の上の方に伸ばしてみた。すると枝をはうようにめぐらした細い電気コードの随所《ずいしょ》に豆電球が下《さが》っていた。小さな球は、まるで燃えているかのように熱い。見たことはないが、蛍《ほたる》の光はこんな熱さをもった色なのだろうか。どの電球も、まるでツルウメモドキに2鈴《すず》なりになった赤い実みたいに、豊かに輝《かがや》いている。光は見えないが、その明るさが、涼気の中に熱を発する球から手に伝わってくるのだった。

そんなふうに準備を重ねて迎えたクリスマスイブ、私は先生の家で開かれたパーティーに参加した。

〝Would you like some more pie ?〟（もう少しパイをA召し上がる？）

先生は、どの子にもこうして丁寧《ていねい》な言葉遣《づか》いで話した。普段《ふだん》は信心の話などしない先生が、パチパチと［c］暖炉《だんろ》の火のそばで、クリスマスの由来を子供たちに語って聞かせる。

「クリスマスは、イエス・キリストの誕生日です。この方は、命をかけて人々を救おうとしました。この日のケーキや贈《おく》り物は、私たちがBいただくものではなく、キリストに捧《ささ》げて感謝するものなんですよ」

クリスマスといえばプレゼントをもらうものと決め込《こ》んでいた私は、ちょっぴり反省した。誰《だれ》かにプレゼントをX［あげる］と、たいていおかえしがくる。でもキリストという人は、おかえしを期待せずに私たちを救おうとしたらしい。何をどうしてくれたかはわからないが、そうだとしたらすごい。私など、おかえしなしのプレゼントを誰かにあげたことがあっただろうか。

しばらくして、先生は私の隣《となり》に腰を下ろし、静かに話し始めた。

「麻由子さん。あなたがこのクラスにCいらっしゃったとき、私は言いましたね。見えないことは音だけで言葉を学べる才能です、と。マイナスをプラスに変えられるのはあなたです、〝You can change〟と。そのこと、わかってもらえましたか？」

それは、この先生に最初にお会いしたときに言われた言葉だった。近所の小学校からも私立の学校からも入学を拒《こば》まれ、習い事教室では「こういうお子さんはあずかれません」と拒絶《きょぜつ》される。目が見えないだけで、私はほかの子とちがい社会から疎《うと》まれる存在なんだ、とずっと思っていた。

④先生はそんな私に、「見えないことは、あなた次第《しだい》で才能に変えられる」とおっしゃったのだ。生まれて初めての言葉だった。そして先生はお言葉の通り、授業の中で私の「才能（？）」を開花させようと、ほかの生徒さんの前でどうどうと私への配慮《はいりょ》を実行された。

「○○さん、麻由子さんにもちゃんと触らせてY［あげ］てください。○○君、麻由子さんをしっかりつれていってください」

でも、けっして甘《あま》やかすことはない。

「麻由子さん、それはちがいます。もう一度よく聞きましょう」

間違《まちが》えればきびしく注意され、ごまかしたりすると何度でも答え直させる。その姿勢は、⑤むしろほかの生徒さんに対してよりも徹底《てってい》していた。クリスマスの夜、先生は私に、その最初の言葉を思い出させたのだった。

「あなたには、もっとたくさんのことをする力があります。努力すれば必ず道が開けます。英語はその入り口ですよ」

先生が繰《く》り返した〝You can change〟の言葉は、熱い豆電球に触れたときの感動とともに、⑥改めて私に衝撃《しょうげき》を与《あた》えた。このときから、私は本気で英語を勉強することになる。この先生からは発音と会話だ

ウ　植物が害虫を退治してくれたことを小気味よく思う気持ち。

エ　植物がけなげに生き延びようとする姿に心を打たれる気持ち。

問五　――線部④「騙されたハエ」とありますが、ハエが「騙された」とはどういうことか、具体的に説明しなさい。

問六　――線部⑤「何者かが関わっているはずだ」とありますが、筆者は「何者か」が何をしているはずだと考えているのか、「何者かが［　　］はずだ」に当てはまるように答えなさい。

問七　――線部⑥「ラフレシアのもう一つ不思議なことは、花の大きさである」とありますが、なぜラフレシアの花が大きいと「不思議」なのか、その理由がわかる一文をぬき出し、はじめの五字を答えなさい。

問八　――線部⑦「いきなり咲く」とありますが、ここでの「いきなり」とはどういうことを表しているのか、最もふさわしいものを次の**ア**～**エ**から一つ選び、記号で答えなさい。

ア　受粉してから短期間で花が咲くということ。

イ　他の植物のつるからじかに花が咲くということ。

ウ　予想もしない時期に花が咲くということ。

エ　周りに花がない中で一つだけ花が咲くということ。

問九　――線部⑧「そんなことはどうでもいい、おれは大きな花を咲かせたいんだと主張しているようにさえ感じる」とありますが、筆者はラフレシアをどのような植物だと思っているのか、説明しなさい。

二　次の文章を読み、問いに答えなさい。

恥《は》ずかしながら、私は小学三年生になるまで、本当の樅《もみ》の木でできた大きなクリスマスツリーというものを見たことがなかった。普通《ふつう》その季節になれば、テレビで映し出される外国の素敵《すてき》な樅の木を見たり、町で美しい飾《かざ》りを［ a ］ツリーを目にできる。

でも私は〝sceneless〟（全盲《ぜんもう》）なので、両手で触《さわ》らなければ、ツリーに限らずどんなものも「見た」と言えない。特に大きなクリスマスツリーとか山の景色など両手に収まらない大きなものは、なかなか自分の感覚として味わえない。唯一《ゆいいつ》触ったことのある幼稚園《ようちえん》や学校の小さなクリスマスツリーは、痛いだけでちっとも素敵に思えなかった。

キリスト教の信仰《しんこう》をもたない家に生まれた私にとって、子供のころのクリスマスは、なんだかわからないけどお目出《めで》たいらしいのでケーキを食べましょう、といった程度のものだった。

ところが小学三年のとき、近所に引っ越《こ》してきた外国人の先生が、私に本当のクリスマスを教えてくださったのだ。体格のよいドイツ人のおじさん先生だった。この年から、私は先生に英語を習いはじめた。だが先生は、英語よりもずっと大切なことを私にわからせようと、ずいぶん知恵《ちえ》をしぼってくださっていたと思う。

その一つが、クリスマスツリーだった。先生は、広い庭に［ b ］樅の木や、壁《かべ》いっぱいに張りめぐらしたバラの蔓《つる》に一つ一つ豆電球を結びつけ、そこにサンタさんやらケーキの形の発泡《はっぽう》スチロールやらを毎日少しずつとりつけていった。高い建物がなかった当時、①樅の木が夜ごとに明るさを増していくようすが、我《わ》が家からも見えたそうだ。

ある日の授業のあと、先生は、私と、迎《むか》えにきた母を庭に引きとめた。

「麻由子《まゆこ》さん、もうすぐクリスマスですよ。先生の庭に何があるか知っていますか？　②いま見せてあげます」

1言うなり私をそっと抱《だ》き上げ、大きな木の枝の中に座《すわ》らせた。＊サワラの垣根《かきね》に似た青い匂《にお》いがして、涼《すず》やかな空気がフワリと体を包んだ。薪《まき》ストーブの燃える部屋で授業に集中して火照《ほて》った顔が、涼《りょう》

こうしてみると、ラフレシアの生態はよくわかっているように思われるかもしれないが、まだまだ謎《なぞ》が多い。たとえば、ハエによる受粉のからくりはわかったが、ひじょうに少ない開花個体をハエがうまく見つけて、受粉を成功させる機会は稀《まれ》だと思われる。にもかかわらず、なぜ絶滅《ぜつめつ》しないのだろうか。また、種子がミツバカズラのつるにまでどのように運ばれ、さらにつるの組織の中にどのように入り込むのか。つまり⑤何者かが関わっているはずだが、わかっていない。

⑥ラフレシアのもう一つ不思議なことは、花の大きさである。世界一大きな花を咲かせるとされ、最も大きなものでは直径一メートルを超《こ》える。この巨大な花が、ミツバカズラのつるの上に⑦いきなり咲く。寄生植物であるラフレシアには葉がないのである。

植物はふつう自らの葉で光合成によって栄養をつくり出すのだが、葉のないラフレシアは、宿主であるミツバカズラのつるから、すべての栄養と水を得ている。普通《ふつう》に考えれば、寄生植物が生きるためには、自身の体を小さくして維持《いじ》にかかるコストをできる限り小さくするほうが効率がよい。にもかかわらず、ラフレシアは巨大な花を咲かせる。なぜこのような効率の悪い生き方をしているのか。普通であれば生き残ることさえ難しいと思うのだが、絶滅しないでちゃんと生きている。しかもただの一種だけが細々と生きているのでなく、ボルネオ島やスマトラ島を中心に一四種ほどが知られている。どのようにして多くの種が分化してきたのか、これも謎である。

熱帯雨林の中でラフレシアの花を眺めていると、寄生植物だとか、効率の悪い生き方だとか、種分化や繁殖《はんしょく》生態の謎だとか⑧そんなことはどうでもいい、おれは大きな花を咲かせたいんだと主張しているようにさえ感じる。これがラフレシアの大きな魅力《みりょく》でもある。最近、子ども向けアニメの人気キャラクターのなかにラフレシアが登場している。そこではラフレシアは妖怪《ようかい》である。人を魅了《みりょう》してやまない妖怪ラフレシア。誰《だれ》が考えたのか、いかにもふさわしい設定だと思う。

（中公新書『ふしぎの博物誌』所収「熱帯雨林の妖怪ラフレシア」高橋《たかはし》晃《あきら》）

問一　――線部①「しばし立ちすくんでしまった」のはなぜか、答えなさい。

問二　――線部②「雄しべを持つ雄花と雌しべを持つ雌花」とありますが、ラフレシアの花の雄しべと雌しべはどこにありますか。次の図の中の**ア**～**エ**から選び、記号で答えなさい。

ラフレシアの断面図

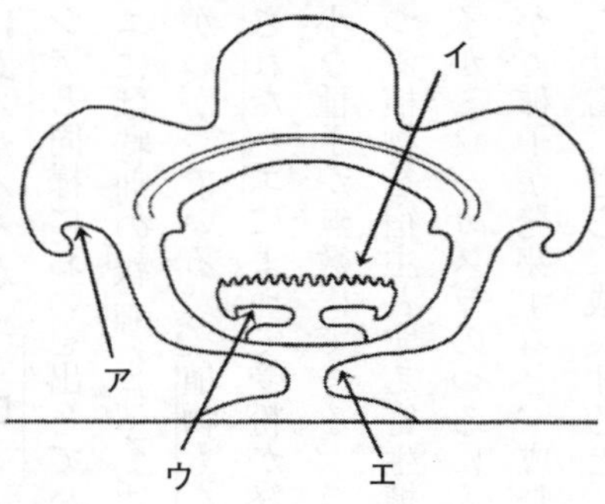

問三　[A]～[D]に入れるのに最もふさわしい言葉を次の**ア**～**オ**から一つずつ選び、それぞれ記号で答えなさい。

ア　じつは　**イ**　やはり　**ウ**　むしろ
エ　すなわち　**オ**　すると

問四　――線部③「植物もなかなかやるものだ」とありますが、ここにこめられた筆者の気持ちとして最もふさわしいものを次の**ア**～**エ**から一つ選び、記号で答えなさい。

ア　植物がしたたかな戦略を持っていることに感心する気持ち。
イ　植物が自分の利益しか考えていないことを不快に思う気持ち。

2023年度

雙葉中学校

【国語】〈五〇分〉〈満点：一〇〇点〉

一 次の文章を読み、問いに答えなさい。

ラフレシアの花は、巨大《きょだい》で鮮《あざ》やかな赤い色をしている。実際に、薄《うす》暗《ぐら》い熱帯雨林の中でその花が咲《さ》いていると、そこだけぼうっと明るいような気がして遠くからでもわかるのである。その大きさ、色合い、質感といい、とても植物とは思えず、さらにはにおいというおまけまでついて存在感にあふれている。私ははじめてラフレシアの花を見たとき、その存在感に圧倒され、①しばし立ちすくんでしまったのを覚えている。

ラフレシアの花の形はかなり特殊《とくしゅ》なもので、やって来たハエは花の中で変わった行動をすることになる。ラフレシアは雌雄異株《しゆういしゅ》、つまり、②雄《お》しべを持つ雄花《おばな》と雌《め》しべを持つ雌花《めばな》とに分かれている。しかし、花の外観は雄花も雌花も区別がなく、花の中央部はドーム状の部屋になっていて、中心に円盤《えんばん》状の構造がある。円盤の表面には多数の突起《とっき》があり、外から花を眺《なが》めたとき、それらがまるで雌しべのように見えるが、雌しべでなくただの突起である。そして雄しべや雌しべは、円盤の下面がえぐれ込《こ》んだ奥《おく》にある。そっと指先を入れて円盤の下面を触《さわ》ると、堅《かた》い毛が生えているのが雄花、つるっとしているのが雌花である。

ハエはにおいにひかれて雄花の円盤の下に入り込み、狭《せま》い通路を歩いて雄しべのところまでたどり着くと、粘着性《ねんちゃくせい》の花粉が自然とハエの背中に付着するようになっている。ハエは餌《えさ》を探すがどこにもない。しかたなくあきらめて飛び去り、次に別のところで咲いている雌花まで飛んでいって、［A］同じように円盤の下へもぐり込んでいく。［B］背中についた花粉が今度は自動的に雌しべに付着するようになっている。つまりハエは、自らの体に花粉をつけて、雄花から雌花へと花粉を運ぶ運搬《うんぱん》屋として働くわけである。

植物と昆虫《こんちゅう》の関係には、ミツバチなどが花粉を食べ物として利用する代わりに、花から花へ花粉を運び植物の受粉に役立つ、［C］、植物と昆虫のお互《たが》いが利益を得るという関係があるわけだが、ラフレシアとハエの場合はどうなのか。ハエにはとくに得るものはないように見える。ラフレシアが一方的に得をしているのだ。このような関係がほかにあるだろうか。［D］サトイモやカンアオイの仲間には、ラフレシアと同様においを出してハエなどを引き寄せ受粉してもらうが、ハエには特別の報酬《ほうしゅう》を与《あた》えないという、いわば騙《だま》しの関係のあることがわかっている。③植物もなかなかやるものだ。

④騙されたハエによって受粉が終わると、やがて雌花では果実が実り、微小《びしょう》な種子が無数にできる。ラフレシアは、ブドウ科ミツバカズラ属のつる植物を宿主とする寄生植物なので、新しい花が咲くためには、種子がミツバカズラのつるに入り込まなければならない。つるの中でやがて種子が発芽すると、成長してつるの樹皮をこぶのように盛り上がらせる。さらに成長すると、樹皮のこぶが破れてラフレシアのつぼみが出現する。

つぼみは最初、黒い苞《ほう》で覆《おお》われたままだが、やがて大きく成長すると苞の間からオレンジがかったピンク色の花びらが見えてくる。このころのつぼみは直径二〇センチメートル以上あり、まさにピンクのキャベツである。ここまで来れば、あと一週間ほどで開花する。種子がつるにもたらされてから開花するまで、一年半あるいはもっと時間がかかるとされているが、開花するとたった三日で黒く変色し、やがてどろどろに溶《と》けてしまう。

2023年度

雙葉中学校 ▶解説と解答

算数 (50分)＜満点：100点＞

解答

[1] (1) $\frac{5}{7}$ (2) 64.4 (3) 7.62 [2] (1) 分速14m (2) 35台 [3] (1) 解説の図を参照のこと。 (2) 34.54cm [4] (1) 3：2 (2) 3：4 (3) 33分50秒後 [5] (1) **仕入れ値**…550円，**目標金額**…32164円 (2) **A**…3個，**B**…9個，**C**…4個

解説

[1] 逆算，平均とのべ，単位の計算

(1) $3\frac{2}{5}\times\left(3\frac{11}{12}+\frac{1}{3}\right)\div\square=20.23$ より，$\frac{17}{5}\times\left(\frac{47}{12}+\frac{4}{12}\right)\div\square=\frac{2023}{100}$，$\frac{17}{5}\times\frac{17}{4}\div\square=\frac{2023}{100}$ よって，$\square=\frac{17}{5}\times\frac{17}{4}\div\frac{2023}{100}=\frac{17}{5}\times\frac{17}{4}\times\frac{100}{2023}=\frac{5}{7}$

(2) A組24人の合計点は，72.5×24＝1740(点)で，A組とB組を合わせた，24＋30＝54(人)の合計点は，68×54＝3672(点)なので，B組の合計点は，3672－1740＝1932(点)とわかる。よって，B組30人の平均点は，1932÷30＝64.4(点)と求められる。

(3) 3900文字の情報の大きさは，2×3900＝7800(バイト)になる。また，1キロバイト＝1024バイトなので，7800バイトは，7800÷1024＝7.617…(キロバイト)である。これは小数第3位を四捨五入すると，7.62キロバイトとなる。

[2] 速さ，植木算

(1) ゴンドラが48度進むのに，1分24秒＝$1\frac{24}{60}$分＝1.4分かかるから，ゴンドラが1周するのにかかる時間は，$1.4\times\frac{360}{48}$＝10.5(分)とわかる。よって，ゴンドラは147mを10.5分で進むから，ゴンドラの速さは分速，147÷10.5＝14(m)と求められる。

(2) 18秒＝$\frac{18}{60}$分＝0.3分ごとにゴンドラが頂上を通過するから，ゴンドラとゴンドラの間は，14×0.3＝4.2(m)とわかる。よって，この観覧車にゴンドラとゴンドラの間は，147÷4.2＝35(か所)あるので，ゴンドラは全部で35台ある。

[3] 平面図形—図形の移動，作図，長さ

(1) 頂点Aが動いたあとは，右の図の太線のようになる。

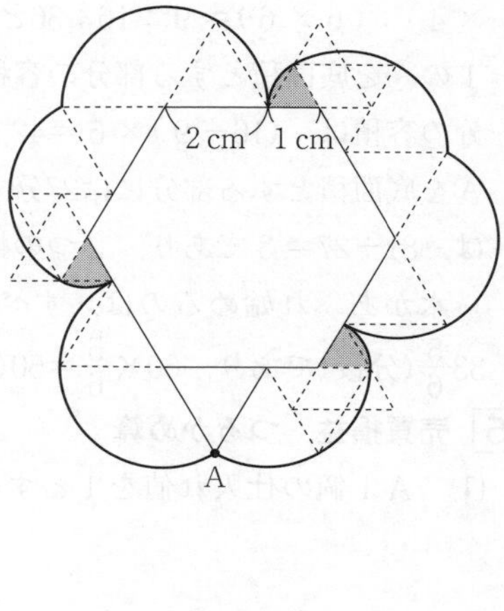

(2) 図の太線部分を弧《こ》とするおうぎ形のうち，かげをつけた部分は，半径1cmで中心角60度のおうぎ形3つ分だから，

この部分の弧の長さの合計は，1×2×3.14×$\frac{60}{360}$×3＝3.14(cm)となる。またそれ以外に，半径2cmで中心角180度のおうぎ形と，半径2cmで中心角120度のおうぎ形が3つずつある。これらの中心角の合計は，(180＋120)×3＝900(度)だから，半径2cmのおうぎ形の弧の長さの合計は，2×2×3.14×$\frac{900}{360}$＝10×3.14(cm)である。よって，頂点Aが動いた道のりは，3.14＋10×3.14＝(1＋10)×3.14＝11×3.14＝34.54(cm)と求められる。

4 立体図形—水の深さと体積

(1) 水そうA，B，Cの底面積をそれぞれⒶ，Ⓑ，Ⓒとすると，AとBの間に水が入る部分の底面積は(Ⓑ−Ⓐ)，BとCの間に水が入る部分の底面積は(Ⓒ−Ⓑ)と表せる。また，すべての水そうを片側に寄せると，14分後，18分後，27分後の水のようすは，下の図1のようになる。図1より，AとBの水そうの高さは，27分後のAの水面の高さと，18分後のAの水面の高さに等しいので，その比は，27：18＝3：2とわかる。

図1

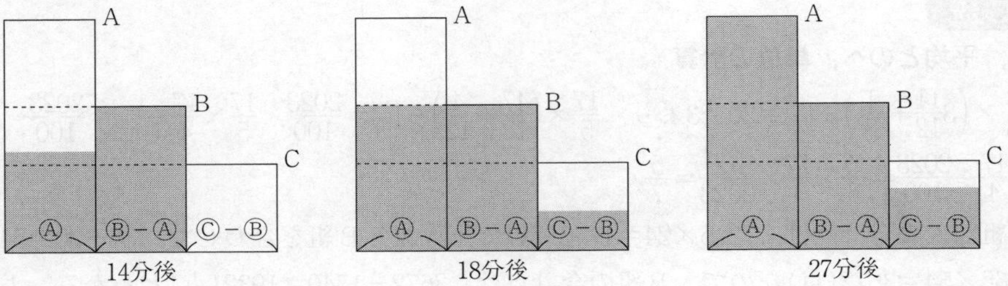

(2) 図1で，(Ⓑ−Ⓐ)を底面積とする部分は14分後にBの水そうの高さまで水が入り，Ⓐを底面積とする部分は18分後にBの水そうの高さまで水が入る。このとき入った水の量の比は，14：18＝7：9で，高さは同じだから，(Ⓑ−Ⓐ)：Ⓐ＝7：9となる。よって，Ⓐ：Ⓑ＝9：(9＋7)＝9：16であり，9＝3×3，16＝4×4より，AとBの底面の半径の比は3：4とわかる。

(3) (1)より，AとBの水そうの高さの比は3：2であり，BとCの水そうの高さの比も3：2だから，右の図2のようにBの高さの比をそろえると，AとBとCの水そうの高さの比は9：6：4になる。また，Aの底面の半径を3，Bの底面の半径を4とすると，Cの底面の半径は，3×2＝6になるから，Ⓐ：Ⓑ：Ⓒ＝(3×3)：(4×4)：(6×6)＝9：16：36とわかる。これらの比を用いると，図1のⒶを底面積とする部分の容積(Aの水そうの容積)は，9×9＝81，(Ⓑ−Ⓐ)を底面積とする部分の容積は，(16−9)×6＝42，(Ⓒ−Ⓑ)を底面積とする部分の容積は，(36−16)×4＝80になる。Ⓐを底面積とする部分には27分で水がいっぱいになったから，1つの蛇口《じゃぐち》から1分間に入る水の量は，81÷27＝3であり，2つの蛇口からは1分間に合計で，3×2＝6の水が入る。よって，Cから水があふれ始めるのは，すべての部分に水がいっぱいになるときだから，(81＋42＋80)÷6＝$33\frac{5}{6}$(分後)であり，60×$\frac{5}{6}$＝50(秒)より，これは33分50秒後とわかる。

図2

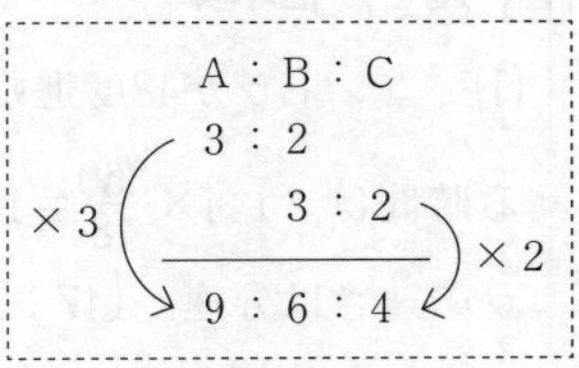

5 売買損益，つるかめ算

(1) A1個の仕入れ値を1とすると，仕入れ値の3割の利益を見込んだときの売り上げは，(1＋

0.3)×48＝62.4になる。また，仕入れ値の16％の利益を見込んだときの売り上げは，（1＋0.16）×48＝55.68である。この差の，62.4－55.68＝6.72が，2156＋1540＝3696(円)にあたるから，A1個の仕入れ値は，3696÷6.72＝550(円)とわかる。よって，仕入れ値の3割の利益を見込んだときの売り上げは，550×62.4＝34320(円)だから，目標金額は，34320－2156＝32164(円)と求められる。

(2)　(1)より，2日目のA1個の売り値は，550×（1＋0.2）＝660(円)である。そこで，Aを□個，Bを△個，Cを○個仕入れたとすると，右の図全体の面積が売り上げの10026円にあたる。図で，太線で囲んだ長方形の面積は，315×16＝5040(円)にあたるから，かげの部分の面積は，10026－5040＝4986(円)になる。すると，(660－315)×□＋(754－315)×△＝4986より，345×□＋439×△＝4986と表せる。ここで，

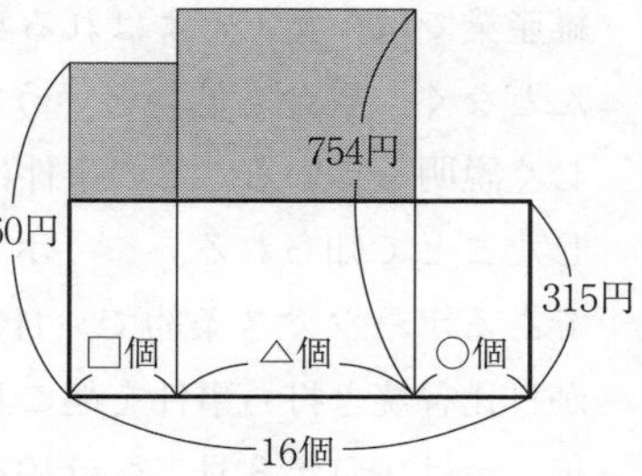

345×□の一の位は0か5だから，439×△の一の位は6か1になり，△にあてはまる数は4，9，14のいずれかになる。△＝4とすると，345×□＝4986－439×4＝3230より，□＝3230÷345＝9.3…となり，□は整数にならない。また，△＝14とすると，439×14＝6146より，4986より大きくなってしまう。よって，△＝9とわかり，このとき，□＝(4986－439×9)÷345＝3になる。したがって，Aは3個，Bは9個，Cは，16－(3＋9)＝4(個)仕入れたとわかる。

社　会　(30分)　<満点：50点>

解　答

1　**あ**　相模　　**い**　関ヶ原　　**問1**　(1)　ニ　　(2)　ニ　　**問2**　歌川(安藤)広重　　**問3**　ロ　　**問4**　(例)　当時の人びとが食べた動物や魚の骨，道具として使用した土器や石器の破片などが出土するから。　**問5**　(1)　イ，ニ　　(2)　(例)　自由に　　**問6**　ハ　　**問7**　(1)　登呂遺跡　　(2)　ニ　　**問8**　ホ　　**問9**　イ　　**問10**　イ　　**問11**　(1)　阿倍仲麻呂　　(2)　飛鳥　　**問12**　(1)　ロ　　(2)　ハ　　**2**　**問1**　**大**　④　　**小**　②　　**問2**　(1)　**A**　ハ　　**D**　ニ　　(2)　**B**　ロ　　**C**　ニ　　**問3**　ニ　　**問4**　(例)　輸入される安い肉類にはない品質のよさを示すことで，高くても買おうと思ってもらうため。　**問5**　(1)　ロ，ハ　　(2)　イ　　**問6**　ロ　　**問7**　(1)　ロ　　(2)　東日本大震災　　**3**　**問1**　ロ　　**問2**　ハ　　**問3**　ホ　　**問4**　ロ　　**問5**　(1)　ニ　　(2)　法務省　　**問6**　イ　　**問7**　(例)　(内閣が，)最高裁判所長官を指名し，その他の裁判官を任命する。／(例)　(裁判所が，)内閣の政令・命令や行政処分について，違憲審査権を行使する。　**問8**　ニ　　**問9**　総会

解　説

1　**各時代の歴史的なことがらを中心とした問題**

あ　相模《さがみ》湾は，神奈川県南東部にのびる三浦半島と，静岡県南東部にのびる伊豆《いず》半島にかこまれた湾で，小田原駅のある小田原市は南東で相模湾に面している。　**い**　関ヶ原は岐阜県南西部の地名で，滋賀県との境に近いところにある。1600年には，ここで「天下分け目の戦い」とよばれる関ヶ原の戦いが行われ，徳川家康が石田三成らの豊臣方を破って政治の実権をにぎった。

問1　(1)　イ「長野県」ではなく「群馬県」が正しい。　ロ「領事裁判権」ではなく「関税自主権」が正しい。日本は，1858年に欧米五か国との間で結んだ修好通商条約(安政の五か国条約)において，外国に領事裁判権を認めたため，罪を犯した外国人を日本の法律で裁く権限がなく，外国の領事がその国の法律にもとづいて裁判を行った。　ハ　紡績《ぼうせき》業(綿糸をつくる工業)をふくむ繊《せん》維《い》産業では，女工とよばれる女性労働者が労働力となったが，彼女たちは長時間労働で休日もほとんどなく，賃金も低いという厳しい環境《かんきょう》で働いていた。　ニ　足尾銅山鉱毒事件について，正しく説明している。この事件は，地元出身の衆議院議員であった田中正造が解決のために力をつくしたことで知られる。　ホ「日露戦争」ではなく「日清戦争」が正しい。日露戦争の講和条約であるポーツマス条約で，日本はロシアから賠償《ばいしょう》金を得られず，これに不満を持った国民の一部が日比谷焼き打ち事件を起こした。　(2)　イは1938年，ロは1941年12月，ハは1942年，ニは1945年，ホは1941年８月，へは1925年のできごとである。

問2　歌川(安藤)広重は，江戸時代後半に栄えた化政文化を代表する浮世絵師で，代表作「東海道五十三次」には，東海道の起点である江戸の日本橋と終点の京都三条大橋，そしてその間にある53の宿場町が描かれている。なお，品川宿は東海道の最初の宿場であった。

問3　1872年に学制が公布され，子どもを学校に通わせるという方針が示された。しかし，授業料などが有料であったことや，農家にとって子どもは重要な働き手だったこと，女子に教育はいらないと考える人が多かったといった理由から，当初，就学率は低かった。その後，就学率は少しずつ上がり，1910年ごろに100％近くに達した。

問4　貝塚は，縄文時代の人びとがごみ捨て場として使ったと考えられている場所で，動物や魚の骨，貝がら，土器や石器の破片《はへん》などが出土する。つまり，貝塚から出土するものを調べることで，当時の人びとの食生活のようすや，使っていた道具などを知ることができるのである。

問5　(1)　戦国時代，北条氏は小田原を根拠《こんきょ》地として勢力を広げ，関東一帯を支配した。甲斐《かい》国(山梨県)を根拠地とする武田氏，駿河《するが》国(静岡県)を根拠地とする今川氏の領地とは，西で境が接していた。なお，朝倉氏は越前国(福井県)，長宗我部《ちょうそかべ》氏は土佐国(高知県)，大友氏は豊後《ぶんご》国(大分県)を根拠地とした戦国大名。　(2)　戦国時代には，城下町の商工業を発展させるために楽市・楽座という命令を出し，特権を得て利益を独占している座(商工業者の同業組合)や，関所を廃止して，自由な往来や営業ができるようにする戦国大名もいた。なかでも，1577年に織田信長が安土《あづち》城下に出した楽市令がよく知られる。

問6　イ「宋」ではなく「明」が正しい。　ロ　武家諸法度《しょはっと》は，江戸幕府が大名統制のために出した法令である。　ハ　豊臣秀吉が行った太閤《たいこう》検地の説明として，正しい。　ニ　日本に初めて鉄砲が伝来した場所は，長崎ではなく種子《たねが》島(鹿児島県)である。　ホ　豊臣秀吉は1587年にバテレン追放令を出し，キリスト教の宣教師に国外追放を命じたが，外国船の来航は禁止しなかった。

問7　(1)　静岡市にある登呂《とろ》遺跡は，弥生時代の稲作のようすを伝えるむら(集落)と水田の遺跡で，多数の木製農具や高床倉庫，住居の跡などが発見された。　(2)　イ　土器の作製・利用は，縄文時代にすでにはじまっていた。　ロ　埴輪《はにわ》は，古墳の頂上や周りに置かれた素焼きの土製品で，古墳時代につくられるようになった。　ハ　弥生時代には鉄器・青銅器という金属器が朝鮮半島から伝わったが，稲の収穫《しゅうかく》に石包丁が用いられるなど，石器も使用されていた。　ニ　弥生時代には水や収穫物をめぐる集落どうしの争いが起こるようになったため，敵の侵入《しんにゅう》を防ぐためにまわりを堀《ほり》や柵《さく》でかこみ，物見やぐらを備えた，環濠《かんごう》集落とよばれる集落がつくられるようになった。

問8　江戸幕府は，キリスト教信者の強い信仰心や団結力が幕府の支配のさまたげになると考え，1612年に幕府領に，翌13年には全国にキリスト教の禁教令を出した。1637年に，領主による厳しい年貢《ねんぐ》の取り立てやキリスト教信者への弾圧にたえかねた農民らが，九州で島原・天草一揆《いっき》を起こした。これを受けて，幕府は1639年にポルトガル船の来航を禁止し，鎖国《さこく》体制を確立した。

問9　イは1467年，ロは1669年，ハ(承久《じょうきゅう》の乱)は1221年，ニは1159年，ホ(室町幕府の滅亡《めつぼう》)は1573年，ヘは1549年のできごとなので，起きた順にニ→ハ→イ→ヘ→ホ→ロとなる。

問10　室町幕府の第８代将軍足利義政は，京都の東山に山荘をつくり，そこに銀閣を建てた。この山荘は義政の死後，慈照《じしょう》寺という寺院とされた。北山には，室町幕府の第３代将軍足利義満が建てた金閣(鹿苑《ろくおん》寺)がある。

問11　(1)　阿倍仲麻呂《あべのなかまろ》は，717年に留学生として遣唐使船で唐(中国)に渡り，玄宗《げんそう》皇帝に仕えて高位についた。753年，帰国のさいに，「天《あま》の原　ふりさけ見れば　春日《かすが》なる　三笠《みかさ》の山に　いでし月かも」という和歌をよんで故郷をしのんだが，船が遭難《そうなん》して帰国がかなわず，唐で一生を終えた。

(2)　飛鳥《あすか》は奈良盆地南部のよび名で，おもにこの地域に都が置かれ，政治の中心として栄えた時代を，飛鳥時代という。藤原京は，天武天皇と持統天皇が飛鳥につくった都で，持統天皇が694年にここに都を移した。その後，元明天皇は，710年に奈良盆地北部の平城京へと都を移した。

問12　(1)　東海道新幹線は，1964年に開通した。イは1970年，ロは1956年，ハとホは1972年，ニは1968年，ヘは1973年のできごとである。　(2)　イは岡山県，ロは福岡県，ハは広島県，ニは兵庫県東部，ホは山口県，ヘは兵庫県西部，トは大阪府にあてはまる。山陽新幹線は，新大阪駅から博多駅まで，大阪府→兵庫県→岡山県→広島県→山口県→福岡県の順に通るので，新大阪駅から近い順にト→ニ→ヘ→イ→ハ→ホ→ロとなる。なお，ロの湾は博多湾，ニの港は大輪田泊《おおわだのとまり》(現在の神戸港の一部)，トの城は大阪城にあたる。

2　日本の地形や産業，交通，人口などについての問題

問1　図①は熊本・宮崎・鹿児島の３県，図②は栃木・群馬・埼玉の３県，図③は岐阜・愛知・三重の３県，図④は新潟・富山・長野の３県を表している。これらのうち，面積が全国第４位の長野県と，第５位の新潟県をふくむ図④が最も大きい。一方，全国第39位と，示された県のなかで最も面積が小さい埼玉県をふくむ図②が，４つのなかで最も小さい。なお，２番目に大きいのは図①，３番目に大きいのは図③。

問2　(1)　Aの場所には，国見山地という山地が連なっている。九州地方に標高2000mを超《こ》える山はなく，最高峰《ほう》の宮之浦岳《みやのうらだけ》(鹿児島県屋久島)でも標高1936mである。一方，Dの場所には，3000m級の山々がそびえる飛騨《ひだ》山脈がのびており，３県の境の標高も約2750mと高い。なお，Bにはロ，Cにはイがあてはまる。　(2)　Bの場所には渡良瀬《わたらせ》遊水地が広がっており，この地域一帯は水鳥の生息地として重要な湿地を保護することを目的としたラムサール条約に登録されている。Cの場所は濃尾《のうび》平野の南西部にあたり，木曽川・長良《ながら》川・揖斐《いび》川という木曽三川が集中して流れているため，昔から水害が多かった。そこで，まわりを堤防でかこんだ輪中とよばれる集落がつくられた。

問3　米の収穫量が多いYには，全国で最も米の収穫量が多い新潟県をふくむ図④があてはまる。長野県が，山梨県につぐ全国第2位のぶどうの産地であることも，手がかりとなる。トマトの収穫量が多いZには，トマトの収穫量が全国第1位の熊本県をふくむ図①があてはまる。きゅうりは，促成《そくせい》栽培を行っている宮崎県の収穫量が全国第1位だが，近郊農業により，収穫量が全国第2位の群馬県と第3位の埼玉県をふくむ図②が4つのなかで一番多くなるので，Wにあてはまる。残ったXには，図③があてはまる。統計資料は『データでみる県勢』2022年版による。

問4　近年の日本の肉類の自給率は50%ほどで，国内で供給される肉類の約半分を外国からの輸入に頼《たよ》っているが，安い畜産物が輸入されることで，国内の畜産業者の経営は苦しくなる。そこで，畜産業者は，価格が高くても質のよいものをつくることで，売り上げの増加をはかっている。ブランド化はそのための方法の一つで，ほかの地域のものとのちがいや，安い外国産のものにはない高級感を打ち出すことにより，高くても買おうという気持ちにつなげることを意図している。

問5　(1)　東名高速道路は，東京都から神奈川県・静岡県を通って愛知県までを結んでいる。また，中央自動車道は，東京都から神奈川県・山梨県・長野県・岐阜県を通って愛知県までを結んでいる。なお，図②の地域では，関越自動車道が埼玉県と群馬県，北関東自動車道が群馬県と栃木県，東北自動車道が埼玉県・群馬県・栃木県を通っている。　(2)　図②の地域には，関東内陸工業地域が広がっている。内陸に位置することから，鉄鋼業や石油化学工業のように原材料や製品が輸送しにくいものではなく，部品を集めて組み立てる機械工業が発達しており，特に輸送用機械の製造品出荷額等が多い。

問6　図③の地域には，愛知県の県庁所在地である名古屋市を中心とした名古屋大都市圏《けん》が広がっている。大都市は，通勤・通学のため流入する人口が多いので，昼間人口が夜間(常住)人口よりも多くなるが，人口が流出する大都市周辺の地域では，昼間人口が夜間人口よりも少なくなる。ここから，図③にはロがあてはまり，その中段が愛知県だとわかる。都道府県別の人口が，東京都，神奈川県，大阪府，愛知県，埼玉県の順に多いことも手がかりとなる。なお，表にあてはまる県はそれぞれ上から順に，イは熊本県・宮崎県・鹿児島県，ロは岐阜県・愛知県・三重県，ハは新潟県・富山県・長野県，ニは栃木県・群馬県・埼玉県。

問7　(1)　ジオパークには，科学的に見て特別に重要かつ貴重な場所が認定され，日本ジオパークとユネスコ世界ジオパークがある。洞爺《とうや》湖と有珠《うす》山(いずれも北海道)のある地域は，何万年もの間くり返されてきた火山活動で変動する大地のようすを体感できることや，火山と共生してきた人びとのようすがわかる地域であることから，ユネスコ世界ジオパークに認定されている。なお，図④の地域にはフォッサマグナ(大地溝《ちこう》帯)が通っており，新潟県の糸魚川《いといがわ》はユネスコ世界ジオパークに認定されている。また，白川郷・五箇山(岐阜県・富山県)，宗像《むなかた》・沖ノ島(福岡県)，富士山(山梨県・静岡県)は，ユネスコ(国連教育科学文化機関)の世界文化遺産に登録されている。　(2)　2011年3月11日，宮城県牡鹿《おしか》半島沖の海底を震源とするマグニチュード9.0の大地震(東北地方太平洋沖地震)が発生した。また，この揺《ゆ》れにともなって発生した巨大津波が東日本の太平洋側を襲《おそ》い，大きな被害が出た。この地震と津波による一連の災害を，東日本大震災という。なお，この地震は，北アメリカプレートと太平洋プレートの境界付近で発生した。

3　日本国憲法や政治のしくみ，財政，国際機関についての問題

問1　Cは日本国憲法第13・14条，Eは第27条と第30条，Fは第9条，Hは前文と第15条，Iが第

41条と第65条，第76条，Ｊは第19～21条の内容にあたる。

問２　市町村の条例は，市町村議会で多数決を行い，議員の賛成が多数となった場合に成立する。なお，住民は有権者数の50分の１の署名を集めることで，首長(市町村の場合は市町村長)に条例の制定や改廃を請求できるが，この場合でも議会での議決が必要となる。

問３　近年の日本の財政では，少子高齢化にともなって増大する社会保障費が，歳出で最も大きな割合を占《し》める。また，税収だけでは歳出をまかなえないため，国の借金にあたる国債《こくさい》を発行しているが，その元本《がんぽん》や利子の返済にあてるための国債費が，２番目に大きな割合を占めている。

問４　1992年にPKO(国連平和維持活動)協力法が成立し，これによって自衛隊が海外で活動できるようになった。この法にもとづき，これまでに自衛隊は何度も海外に派遣されている。

問５　(1)，(2)　法務省は検察や，裁判員制度などの司法制度，出入国管理，人権を守ることなどを仕事としている。外交に関することは外務省が担当しており，領土問題については内閣府も対策をすすめている。

問６　2015年の公職選挙法の改正により，選挙権年齢が20歳以上から18歳以上へと引き下げられた。この法律は2016年に施行《しこう》され，国政選挙としてはこの年に行われた参議院議員選挙で初めて適用された。投票率については低い状態が続いており，2019年の参議院議員選挙では48.80％と，50％を下回った。また，年代別の投票率では，高齢者世代のほうが，10代から20代の若者より高い傾向《けいこう》が続いている。

問７　国家権力が一か所に集中して強くなりすぎるのを防ぐため，日本では三権分立のしくみが取り入れられている。このうち，行政権を持つ内閣は司法権を持つ裁判所に対して，最高裁判所長官を指名し，その他の裁判官を任命する。一方，裁判所は内閣に対し，内閣が定める政令や命令・行政処分などについて，違憲審査権を行使することができる。

問８　国民は，最高裁判所の裁判官については，国民審査を通じてやめさせるかどうかの意思表示ができるが，その他の裁判官に対する訴《うった》えを直接国会などに起こすことはできない。

問９　総会は国連を代表する機関で，すべての加盟国の代表で構成され，１国１票の投票権があたえられている。

理　科　(30分)　＜満点：50点＞

解　答

1　**問１**　**あ**　外来　**い**　在来　**問２**　①　×　②　○　③　○　**問３**　①，⑤　**問４**　(例)　**行動**…かくれる場所がなくなり，天敵にねらわれやすくなる。　**繁殖**…産卵する場所が減り，個体数が減少する。　**問５**　(1)　④　(2)　(例)　オオクチバスのエサだったアメリカザリガニの個体数が増え，ドジョウやヤゴが食べられてしまうから。　(3)　②

2　**問１**　水素　**問２**　**10%**…⑦　**30%**…②　**問３**　②，③　**問４**　酸性雨　**問５**　(1)　②　(2)　①　(3)　⑥　**3**　**問１**　**ア**　70　**イ**　cm　**問２**　**あ**　ラニーニャ　**い**　地球温暖化　**問３**　①　**問４**　④　**問５**　③　**問６**　④　**問７**　(例)　海上を吹く風により，上層と下層の海水がかき混ぜられるから。　**問８**　解説の図を参照のこと。

4 **問1** 2.85秒　**問2** **あ** イ　**い** 振れる回数　**問3** ①　**問4** ③　**問5** **a** ②　**b** ①　**問6** お父さん／**理由**…(例) お父さんの方が子どもより身長が高く重心が上にあり，振り子の長さが短くなるから。

解説

1 アメリカザリガニについての問題

問1　もともとその地域にいなかった生物が，人間によって外国やほかの地域から移入されて，定着したものを外来種という。これに対して，もともとその土地に生息している生物を在来種という。アメリカザリガニはウシガエルのエサとしてアメリカから輸入されたものが逃《に》げ出したり，捨てられたりして日本に定着した外来種である。

問2　アメリカザリガニはハサミを含《ふく》めて5対の脚《あし》を持っており，かたい殻《から》を持つエビやカニなどの仲間で，からだが一回り大きくなるためには脱皮《だっぴ》しなければならない。また，アメリカザリガニを飼育する場合は，大きめの水槽《すいそう》に体がつかるほどの水を入れ，石や砂などを入れる。野外に放すことは禁止されているので，逃げ出さないように水槽のふたをしっかりして，最後まで責任をもって飼育する必要がある。

問3　マングースは沖縄などでハブの駆除《くじょ》のために放された雑食性の外来種で，現在では数が少ない貴重な在来種の昆虫《こんちゅう》や小動物，農作物まで食べてしまうため，特定外来生物に指定されている。また，北アメリカ原産のセイタカアワダチソウは，園芸用などの目的で輸入されたものが河原や空き地などに群生して広まった。繁殖《はんしょく》力が強く，他の生物の成長をさまたげるため，生態系被害《ひがい》防止外来種に指定されている。在来種であるエゾヒグマは日本に生息する最大の陸上動物である。ゲンゴロウは在来種で，水生昆虫としては日本最大である。イリオモテヤマネコは西表島に生息する日本固有のヤマネコである。

問4　**行動**…アメリカザリガニは効率よくエサをとったり，食べたりするために，水草を切断する。水草が切断されると，そこに生息していた魚類や水生昆虫はすみかやかくれる場所がなくなり，天敵のアメリカザリガニなどにねらわれやすくなる。　**繁殖**…水草が切断されると，そこに生息していた魚類や水生昆虫の産卵する場所が減り，産卵した卵も食べられやすくなるので個体数が減ってしまう。

問5　(1)　ヤゴはトンボの幼虫で，さなぎの時期がない不完全変態をする。不完全変態をする昆虫にはトンボ，セミ，バッタなどがいる。なお，モンシロチョウ，ミツバチ，カブトムシはさなぎの時期がある完全変態をする昆虫である。　(2)　オオクチバスを駆除すると，それまで食べられていたドジョウ，アメリカザリガニ，ヤゴが一時的に増えるが，ドジョウやヤゴは，増えたアメリカザリガニに食べられてしまうため，やがて減少してしまう。　(3)　落ち葉がため池に大量に流入すると，これをエサとしているイトミミズやカの幼虫，アメリカザリガニは一時的に増加する。さらに，イトミミズやカの幼虫が増加することでこれをエサとするドジョウやヤゴが増加するが，増えたアメリカザリガニが他の生物を食べてしまうので，最終的にはアメリカザリガニだけが増え，他の生物は減る。

2 物質どうしの反応についての問題

問1　塩酸にマグネシウムやアルミニウム，鉄を加えたときに発生する気体は水素である。

問2　実験結果より，塩酸の濃度《のうど》が約２倍，約３倍になると，マグネシウムがとけるのにかかる時間は約$\frac{1}{2}$倍，約$\frac{1}{3}$倍になっている。塩酸の濃度が10％のとき，塩酸の濃度は15％の，$\frac{10}{15}=\frac{2}{3}$(倍)なので，とけ終わるまでにかかる時間は，濃度が15％のときにかかる時間の$\frac{3}{2}$倍となる。よって，$37\times\frac{3}{2}=55.5$より，⑦の56秒が適切である。また，濃度が30％のとき，塩酸の濃度が，15％の，$\frac{30}{15}=2$(倍)なので，濃度が15％のときにかかる時間の$\frac{1}{2}$倍となる。したがって，$37\times\frac{1}{2}=18.5$より，②の19秒が適切である。

問3　塩酸の濃度を変える以外でマグネシウムと塩酸の反応をより速くするには，ビーカーごと全体をあたためて温度を上げたり，マグネシウムリボンを粉末状にして塩酸とマグネシウムがふれる面積を増やしたりすればよい。

問4　工場の排煙《はいえん》や自動車の排気ガスの中に含《ふく》まれる硫黄《いおう》酸化物や二酸化窒素《ちっそ》などの窒素酸化物は，雨にとけこむと，酸性雨となって地上に降りそそぐ。酸性雨は，青銅や石こうでできた像などの表面をとかして変質させる，土壌《どじょう》を酸性化して森林をからす，湖沼《こしょう》を酸性化させてそこにすむ魚などの生物を死なせるなど，大きな影響《えいきょう》をおよぼす。

問5　⑴　300℃までは温度を下げると最終的に作られるアンモニアの量が多くなるとあるので，500℃のときより作られるアンモニアの量が多くなる。また，温度を上げると反応は速くなると述べられているので，アンモニアが作られる速さは500℃のときより遅《おそ》くなる。よって，②が適切である。　⑵　温度が700℃と高くなるため，最終的に作られるアンモニアの量は500℃のときより少ないが，温度が高いので反応は速くなる。よって，①のようになる。　⑶　触媒《しょくばい》がないので，図２より反応にかかる時間は長くなるが，発生量は図２と同じになる。したがって，⑥が選べる。

3　海水温と気象の関係についての問題

問1　**ア**　地球上の水のほとんどは海水で，地球の表面積のうち約70％を海が占《し》めている。　**イ**　1993年からの約30年間に，平均の海面水位は10cmあまり上昇《じょうしょう》している。2020年１月から2022年１月までの上昇分の約１cmは，そのおよそ１割に相当することから，近年海面上昇のスピードが増していることがわかる。

問2　**あ**　ペルー沖から太平洋の中央部までの赤道付近の海水の表面温度が平年より低くなる現象をラニーニャ現象，高くなる現象をエルニーニョ現象という。これらの現象は他の地域の気象にも影響を与《あた》えることが多い。　**い**　平均海面の上昇は，化石燃料の大量消費などにともない，空気中の二酸化炭素などの温室効果ガスの濃度が増加したことにより地球の温度が上昇する地球温暖化の影響と考えられている。地球温暖化によって，海水温度が上がって体積が膨張《ぼうちょう》するだけでなく，氷河や氷床《しょう》がとけて海水が増えることで海水面が上昇し，低地が海面下に沈《しず》むなど，深刻な影響が心配されている。

問3　ラニーニャ現象が発生しているときは，太平洋の赤道付近で例年より東風が強く吹《ふ》き，西太平洋の海水温が上昇することが多く，日本付近では，太平洋高気圧が北へ張り出してくる影響で猛《もう》暑《しょ》となりやすい。一方，冬は，西高東低の気圧配置が強まりやすく，厳しい寒さとなりやすい。

問4　陸は温まりやすく冷めやすく，水は温まりにくく冷めにくいため，気温の最高値や最低値を示す月より遅《おく》れて，水温が最高や最低になる。

問５　水深300ｍより浅い海域では，ＡがＢよりも水温が高いことから，ＡはＢよりも気温が高い時期に観測したと考えることができる。よって，Ａは６月，Ｂは12月に観測したと考えられる。なお，３月と４月は水温の差がほとんどないため，適さない。

問６　北太平洋や日本では，緯《い》度が低いほど水温が高いと考えられる。図１で，八丈《はちじょう》島の方が与《よ》那国《なぐに》島より平均水温が低いことから，八丈島は与那国島より北に位置する（八丈島は北緯33度，与那国島は北緯26度）と考えられるので，図２で，水温が高いＡ・Ｂは与那国島とほぼ同じ緯度，水温が低いＣは八丈島とほぼ同じ緯度の海域であるといえる。

問７　日射によって温められた海水が，海上を吹く風によってかき混ぜられるため，海水面から水深50ｍくらいまでの，表層混合層とよばれる部分の水温はほぼ一定になる。

問８　Ａに対するＢと同じように，水深400ｍまではＣより低い温度で，同じような形になり，それより深くなると，季節にかかわらず水温はほぼ同じになると考えられる。よって，右の図のようになる。

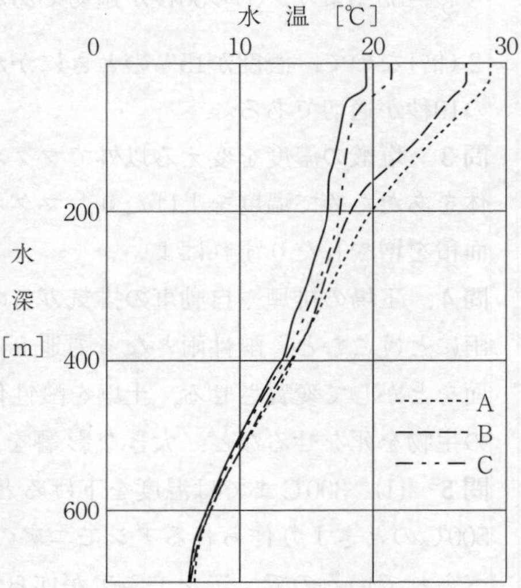

4　振《ふ》り子の周期についての問題

問１　表１より，振り子の長さが，２×２＝４（倍），３×３＝９（倍），…になると，１往復する時間は２倍，３倍，…となることがわかる。２ｍの振り子の長さは，８cmの振り子の，２×100÷８＝25（倍）なので，25＝５×５より，１往復する時間は５倍になる。よって，２ｍの振り子が１往復するのにかかる時間は，0.57×５＝2.85（秒）である。

問２　**あ**　方法アの結果は1.15秒から1.23秒までであり，ばらつきが大きいが，方法イの結果は1.17秒から1.19秒までとばらつきが小さいので，方法イの方がより正確に測定できると予想される。

い　振り子は時間がたつと空気の抵抗《ていこう》などによって振れはばが小さくなっていくが，振れはばが小さくなっても１往復する時間は変わらない。そのため，10往復分の時間をはかって10で割ることで１往復する時間をより正確にはかることができる。

問３　振り子の速さが場所によって違《ちが》い，振り子の動きがゆっくりのときには，その地点に来た瞬間《しゅんかん》がわかりにくいと述べられている。振り子の速さが最も速いのはＢ，最もゆっくり（止まっている）なのはＡとＣである。よって，ばらつきが大きかった方法アは，おもりがＡにきたときにストップウォッチではかる方法である。

問４　おもり１は，容器の高さいっぱいに100円玉が入っているので，おもりの重心は容器の底から，$5\times\frac{1}{2}$＝2.5（cm）の位置にあると考えてよい。また，容器を空にしたときの重心の位置も同じ位置にあると考えられる。よって，振り子の長さが同じになるので，空にした容器が１往復する時間はおもり１と同じになる。

問５　振り子の長さは，支点からおもりの重心の位置までとなるので，振り子の長さは重さが下にかたよっているおもり４の場合が最も長く，重さが上にかたよっているおもり５の場合が最も短い。

問6　小さな子どもとお父さんでは，お父さんの方が子どもより身長が高く重心が上にあるので，振り子の長さが短くなり，ブランコが１往復する時間は短くなる。

国　語　(50分)　＜満点：100点＞

解　答

一　**問1**　(例)　遠くからでもぼうっと明るく見えるほどの植物ばなれした巨大さや質感，鮮やかな赤い色合いに加え，においも発するラフレシアの花の存在感に圧倒されたから。　**問2**　ウ　**問3**　A　イ　B　オ　C　エ　D　ア　**問4**　ア　**問5**　(例)　においにひかれて餌を探すために雄しべに来るハエは何も得られないが，ハエの背中についた花粉はハエの移動によって雌しべに付着するため，互いに利益を得られる通常の植物と昆虫の関係とは異なり，ラフレシアが一方的にハエを受粉に利用し，得をしているということ。　**問6**　(例)　(何者かが)ひじょうに少ない開花個体をハエに見つけさせて受粉を成功させたり，種子をミツバカズラのつるまで運び，つるの組織の中に入り込ませたりしている(はずだ)　**問7**　普通に考え　**問8**　イ　**問9**　(例)　植物とは思えない大きさ，色合い，質感などから来る圧倒的な存在感や，ハエを一方的に受粉に利用するしたたかさを持ち，巨大な花を咲かせる寄生植物であるなど謎の多い生態も相まって，常識のわくに収まらない豪放さも感じさせる，不思議で魅力に満ちた植物。　二　**問1**　a　エ　b　イ　c　ア　**問2**　(例)　クリスマスの飾りつけに，先生が毎日少しずつ樅の木へ豆電球を結びつけていったから。　**問3**　ウ，オ　**問4**　(例)　1　言うとすぐに　2　たくさん群がるようについて　3　全くできなかった　4　なしとげた　**問5**　(例)　木の枝の中に座っている全盲の「私」が，枝につかまっていた右手を放してバランスの取りにくい体勢になっても枝から落ちないよう，しっかり支えて安全を確保し，安心させるため。　**問6**　A　食べる　B　もらう　C　来た　**問7**　X　イ　Y　ウ　**問8**　(1)　プラス　(2)　(例)　目が見えない自分はほかの子とちがい，社会から疎まれる存在なのだとずっと思っていたが，マイナスにしか思えなかった点も努力によってプラスに変えられると聞いて感動と衝撃を受け，将来に希望を見出し，自分の力を信じて努力しようとはげまされた思いになった。　**問9**　(例)　ほかの生徒とちがい，全盲というハンディを背負った「私」に，自分を甘やかしたり可能性をせばめたりせず，マイナスをプラスに変えて「才能」を開花させてほしいと先生は考えたから。　**問10**　(例)　以前私は，人と意見が合わないときには相手の意向を尊重し，自分がゆずるようにしていた。だが，いつも相手に合わせていては本当の自分を知ってもらえず，相手と真の関係は築けないのではないかと母に言われ，はっとした。相手の意向にそうことが親切であり，思いやりだと私は誤解し，相手と心から理解し合える機会をみすみす捨てていたのだ。それ以来，私は相手と異なる意見もあえて口にし，話し合って歩み寄るようにしている。　三　**問1**，**問2**　下記を参照のこと。

●漢字の書き取り

三　**問1**　(1)　明　(2)　判　(3)　能　(4)　頭角　(5)　雨後　**問2**　(1)　境(界)　(2)　和(解)　(3)　(消)費　(4)　故(意)　(5)　再(三)

解　説

一　出典は河合雅雄《かわいまさお》編の『ふしぎの博物誌』所収の「熱帯雨林の妖怪《ようかい》ラフレシア（高橋 晃著《たかはしあきら》）」による。

妖怪にもたとえられる，不思議で魅力《みりょく》に満ちた植物ラフレシアの謎《なぞ》めいた生態について述べている。

問1　直前の部分から，ラフレシアの花の存在感に圧倒《あっとう》されたために「しばし立ちすくん」だことがわかる。遠くからでもぼうっと明るく見えるほどの「巨大《きょだい》」さや「質感」，鮮《あざ》やかな赤い「色合い」に加えて「におい」も発することが，ラフレシアの花のあふれる存在感を構成していることをふくめてまとめる。

問2　続く部分に注意する。花の中央部にあるドーム状の部屋の，中心にある円盤《えんばん》状の構造がイにあたる。雄《お》しべや雌《め》しべは「円盤の下面がえぐれ込《こ》んだ奥《おく》」にあるのだから，ウが選べる。

問3　**A**　ハエはまず雄花の円盤の下に入り込み，雄しべに向かうが，餌《えさ》がないので雌花に飛んでいくと前にある。ハエは餌を探しているのだから，雌花でも「やはり」同じように円盤の下にもぐり込むことになる。「やはり」は，前の状態と同じであるようす。　**B**　雄しべの花粉を背中につけたハエは，次に雌花を訪《おとず》れて円盤の下にもぐり込むと前にある。後には，「背中についた花粉が今度は自動的に雌しべに付着する」と続く。よって，前の内容に続いて後の内容が起こるときに使う「すると」が合う。　**C**　ミツバチなどは花粉を食べ物として利用するかわりに，花粉の運び屋となって植物の受粉に役立つと前にある。この植物と昆虫《こんちゅう》の関係を，後では「植物と昆虫のお互《たが》いが利益を得るという関係」としているので，前の内容を言いかえるときに使う「すなわち」がよい。　**D**　植物と昆虫ではお互いが利益を得る関係が一般《いっぱん》的だが，ラフレシアとハエのように，植物が一方的に得をする関係がほかにあるだろうかと前では問いかけられている。これに対し，サトイモやカンアオイの仲間の「騙《だま》しの関係」が後で紹介《しょうかい》されているので，“本当のことを言うと”という意味の「じつは」が入る。

問4　植物と昆虫の関係には，植物が一方的に得をする「騙しの関係」もあることを指して「植物もなかなかやるものだ」と述べているので，昆虫をうまく利用する植物のしたたかさに筆者は感心しているものとわかる。

問5　直前の段落で，植物は昆虫を引き寄せ受粉に利用するが，花粉などの報酬《ほうしゅう》は与えない関係を「騙しの関係」と呼んでいる。においにひかれ，餌を探すために雄しべに来るハエは何も得られない一方で，ハエの背中についた花粉はハエの移動によって雌しべに付着するため，「お互いが利益を得る」通常の植物と昆虫の関係とは異なり，ラフレシアが一方的にハエを受粉に利用して得をしていることを，ハエが「騙された」と表現している。

問6　ラフレシアの生態に関わる謎を取り上げた段落である。「ひじょうに少ない開花個体」をハエにうまく見つけさせて受粉を成功させたり，種子をミツバカズラのつるまで運んでつるの組織の中に入り込ませたりするのは難しいはずなので，何者かが関わっているはずだと筆者は考えている。

問7　次の段落に注目する。ラフレシアは寄生植物であり，「普通《ふつう》に考えれば，寄生植物が生きるためには，自身の体を小さくして維持《いじ》にかかるコストをできる限り小さくするほうが効率がよい」のだが，ラフレシアは世界一大きな花を咲《さ》かせるので「不思議」だと筆者は感じているのである。

問8　「いきなり」は，予想しなかったことがとつぜん起こるようすをいい，段階を飛ばすイメージのある言葉である。ここでは，ミツバカズラという他の植物のつるから，唐突《とうとつ》にじかに花が咲くことを表している。

問9　「人を魅了してやまない妖怪」という設定はラフレシアに「いかにもふさわしい」と筆者は述べている。「妖怪」は，通常の理解の範囲《はんい》をこえた不思議な存在を表す。植物とは思えない大きさ，色合い，質感を持つ圧倒的な存在感や，ハエを一方的に受粉に利用するしたたかさ，寄生植物でありながら巨大な花を咲かせるなどの謎めいた生態も相まって，常識のわくに収まらないものも感じさせる，不思議で魅力に満ちた植物だと筆者は思っていると考えられる。

二　出典は岩波書店編集部編の『わたしの先生』所収の「世界への扉《とびら》―語学と仲良くなりたい人へ（三宮麻由子《さんのみやまゆこ》著）」による。全盲《ぜんもう》の筆者が，見えないことは才能に変えられると教えてくれた先生との思い出を書いている。

問1　**a**　飾《かざ》りつけられたツリーは，飾りを「まとった」ツリーと言いかえられる。「まとう」は，“全身を包むように身につける”という意味。　**b**　樅《もみ》の木が立つようすを表す言葉が入る。筆者の家からも見えるほどの高い木だったのだから，“高くそそり立つ”という意味の「そびえる」が合う。　**c**　暖炉《だんろ》の火がパチパチと音を立てるようすを表す言葉が入るので，“勢いよくはじける”という意味の「はぜる」がよい。

問2　直前の文に注目する。クリスマスの飾りつけとして，先生が毎日少しずつ樅の木に豆電球を結びつけていったため，夜ごとに樅の木は明るさを増していったのである。

問3　ぼう線部③のある段落に，樅の木の枝の豆電球が豊かに明るく輝《かがや》くのを，熱い電球から手を通じて「私」が感じ取るようすが描《えが》かれている。二番目の段落にあるとおり，「私」が「見る」とは，両手で触《さわ》って体感することなので，青い匂《にお》いを感じながら座《すわ》った樅の木も「見た」といえる。

問4　**1**　「なり」は“～するとすぐに”という意味なので，「言うなり」は，言うとすぐに，と言いかえられる。　**2**　「鈴なり」は，果物などがたくさん群がってついているようす。　**3**　「さっぱりだ」は，“全くだめだ，全く好ましくない”という意味。　**4**　「はたす」は，“なしとげる，やりとげる”という意味。

問5　先生は，「私」を樅の木の枝の中に座らせた後，右手を上に伸《の》ばすように声をかけている。枝につかまっていた右手を放すとバランスが取りにくい体勢になるが，先生は全盲の「私」の不安をぬぐおうと，枝から落ちないようにしっかり腰《こし》を支え，安全を確保したのである。

問6　**A**　「召し上がる」は，「食べる」の尊敬語である。　**B**　「いただく」は，ここでは「もらう」の謙譲《けんじょう》語として使われている。　**C**　「いらっしゃる」は「来る」の尊敬語なので，「いらっしゃった」は「来た」を尊敬語に直した形になる。

問7　**X**　「あげる」は「やる」の改まった言い方にあたる本動詞なので，「見る」という本来の意味で「みる」を使っているイが選べる。　**Y**　補助動詞「あげる」の連用形なので，やはり補助動詞であるウがよい。アとオはそれぞれ「かえりみる」「こころみる」という動詞の一部，エは「みるみる」という副詞の一部である。

問8　⑴　二段落前の，先生が初対面のときに「私」に伝えた言葉に注目する。見えないことはマイナスに感じられるかもしれないが，あなた次第《しだい》で「音だけで言葉を学べる才能」という「プラス」にもとらえることができる，と先生はおっしゃっている。　⑵　直前の段落と最後の二段落を参考にまとめる。学校や習い事教室に拒絶《きょぜつ》された経験を持つ麻由子さんは，目の見えない自分はほかの子とちがい，社会から疎まれる存在なのだと長いこと思っていた。だが，マイナスに思っていた点も努力でプラスに変えられると聞いて感動と衝撃《しょうげき》を受け，本気で英語を勉強するようになったのだから，前途《ぜんと》に希望を見出《みいだ》し，自分の力を信じて努力しようとはげまされたと考えられる。

問９　全盲というハンディを背負った「私」に，先生は「努力すれば必ず道が開け」ると伝えた。ぼう線部④の後に，授業内での配慮《はいりょ》は「才能」を開花させるためだったとある。「私」に自分を甘《あま》やかしたり，可能性をせばめたりせず，マイナスをプラスに変えて「才能」を開花させてほしいと先生は考え，あえて厳しく指導したものと思われる。

問10　「以前，私は～のように考えていた(行動していた)。しかし～という言葉によって～ことに気づき～と考える(行動する)ようになった」といった形式で自分の経験を具体的に書けばよい。

三　漢字の書き取り，熟語の知識

問１　⑴「先見の明」は，将来どうなるかを前もって見ぬくかしこさ。　⑵「たいこ判をおす」は，“その人物や品物が非常に良いものだと保証する”という意味。　⑶「能ある鷹《たか》はつめをかくす」は，“才能ある者はそれをひけらかさないものだ”という意味のことわざ。　⑷「頭角をあらわす」は，“技量や才能が優《すぐ》れて目立つようになる”という意味。　⑸「雨後のたけのこ」は，相次いで同じような物事が現れることのたとえ。

問２　⑴「境界」は，土地や物事などの境目。　⑵「和解」は，仲直りすること。　⑶「消費」は，物や時間などを使ってなくすこと。　⑷「故意」は，わざとあることをすること。　⑸「再三」は，たびたび。しばしば。

2022年度　雙葉中学校

〔電　話〕　(03) 3261－０８２１
〔所在地〕　〒102－8470　東京都千代田区六番町14－1
〔交　通〕　JR中央線・東京メトロ丸ノ内線・南北線
　　　　　　－「四ツ谷駅」より徒歩２分

【算　数】（50分）〈満点：100点〉

1　ア ～ エ にあてはまる数を書きましょう。（式と計算と答え）

(1)　$2-1.95\times\left(3-1\frac{37}{91}\right)\div2\frac{16}{21}=$ ア

(2)　２万５千分の１の地図で，一辺が イ cmの正方形の土地の実際の面積は$56.25\,km^2$です。

(3)　生徒数が ウ 人の学校で，運動部の生徒はその69.04％，文化部の生徒は34.16％，どちらでもない生徒は7.12％，両方に所属する生徒は129人です。

(4)　右の図は，正方形とおうぎ形を組み合わせたものです。正方形の面積は$32\,cm^2$です。かげをつけた部分の面積は エ cm^2です。円周率は3.14です。

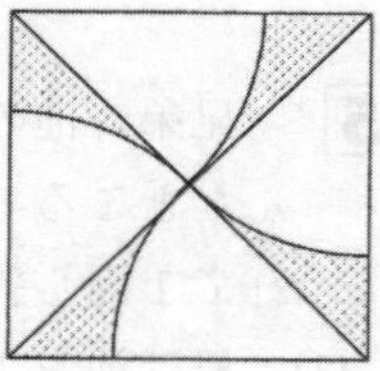

2　秒針だけが動く時計があります。秒針の長さは６cmで，一方の端は時計の中心にあります。この秒針上を，点Ｐが毎秒１mmの速さで往復します。はじめ，秒針の矢印は12を指していて，点Ｐは時計の中心にあります。その15秒後には，図のようになります。解答用紙の図に，はじめからの２分間について，５秒ごとの点Ｐの位置に点「●」をかき，点Ｐが動いたあとの線をかきましょう。（答え）

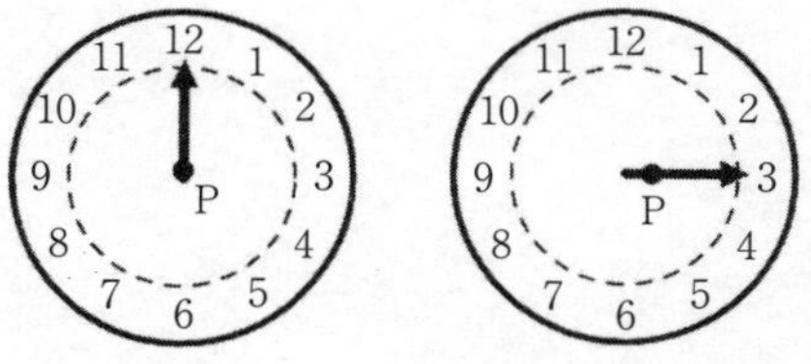

はじめ　　　15秒後

3　図のように，奇《き》数を１から順にマス目に入れて，その場所を行と列を使って表します。例えば，４行２列目の数は29です。（式と計算と答え）

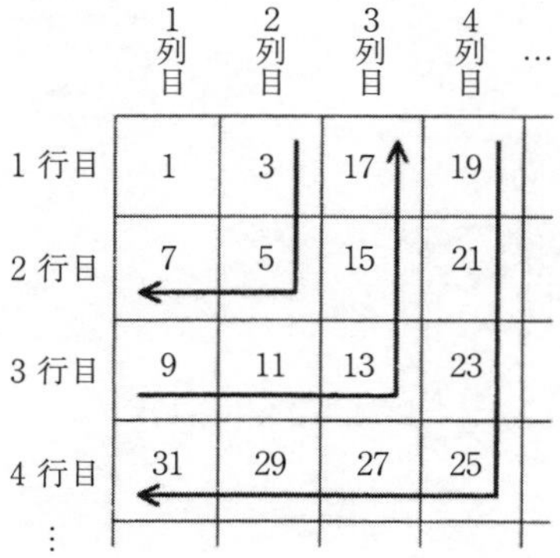

(1)　１行８列目の数を答えましょう。

(2)　20行22列目の数を答えましょう。

(3)　1411は何行何列目にありますか。

4　2000人が駅からイベント会場まで大型バスと中型バスで移動しました。

大型バスは40人ずつ乗せ，７時から10分おきに出発し，16分で会場に着きます。中型バスは25人ずつ乗せ，７時９分から７分おきに出発し，13分で会場に着きます。どちらのバスも駅に次々に来て，同時刻に駅を出発するときには，大型バスに先に乗せました。最後に駅を出発したバスは，定員に満たなくても出発しました。（式と計算と答え）

(1)　中型バスに乗って，７時45分までに会場に着いたのは何人でしたか。

(2)　会場に，最後にバスが着いたのは何時何分でしたか。

また，最後の大型バス，中型バスにはそれぞれ何人が乗っていましたか。

5　兄弟が池の周りを逆向きに１周しました。同じ場所を同時に出発したところ，兄は1680歩進んだところで弟とすれ違《ちが》い，そこから1260歩進んで１周し終えました。弟は兄より８分45秒遅《おく》れて１周し終えました。２人の進む速さと１歩の幅《はば》はそれぞれ一定です。（式と計算と答え）

(1)　兄は池を１周するのに何分何秒かかりましたか。

(2)　兄の１歩は弟の１歩より12cm長く，兄の１分間の歩数は弟より４歩多いです。池の周りの長さは何mですか。

【社　会】（30分）〈満点：50点〉

1　次の文章を読み，下の問に答えなさい。

世界には，毎日の食糧《しょくりょう》や住む家にも困るような，きわめて貧困な状態に置かれている人たちがいます。こうした人たちの多くは，紛争《ふんそう》の起こっている地域や，①気候変動の影響《えいきょう》で洪《こう》水《ずい》や干ばつなどの自然災害が発生している地域で暮らしています。②世界の平和と安全を守るための活動をしている国際連合は，「貧困をなくそう」や「飢餓《きが》をゼロに」といった，2030年までに達成することをめざす17の目標を設けて，この問題に取り組んでいます。また，③国際的に活動するNGOも，重要な役割を果たしています。

それでは，日本はどうでしょうか。たとえば，一年間に国内で生産されたモノやサービスの規模の大きさを見てみると，④世界の国々の中でも，日本は経済的に豊かな国であるということができます。しかし，現在の日本では，毎日働いているにもかかわらず，最低限の生活をするための収入さえも得られない人がいます。⑤アルバイトや派遣《はけん》社員など〔　　〕雇用《こよう》労働者として働き，不安定な労働条件であるため将来に不安を持つ人や，大きく広がる感染症《しょう》の影響で経済の状況が悪化し，仕事を失った人もいます。さらに，他の家庭の子どもに比べて経済的に苦しい状態にあり，さまざまな機会を奪《うば》われている子どもが，ひとり親世帯で特に多くなっています。⑥こうした人権を脅《おびや》かす社会問題を解決し，⑦すべての人が安心して暮らせる社会をつくることが，政治の役割です。問題の解決に向けて，⑧国が必要な予算を配分し，地方公共団体が苦しい状況にある人に支援《しえん》を行うなど，今後も積極的な対策が求められます。日本の社会をよりよくしていくためには，私たちが政治に関心を持つことも大切です。

問1　下線部①について。2015年に開かれた国際連合の気候変動問題に関する会議では，発展途《と》上《じょう》国をふくむすべての国が温室効果ガスの排出を減らすことについて，取り決めが行われました。この取り決めを何といいますか。

問2　下線部②について。国際連合とその機関についての説明として正しくないものを，次のイ～ニから一つ選び，記号で答えなさい。

イ　国際連合は，1945年に51か国が参加して発足し，現在は190か国以上が加盟している。

ロ　ユニセフは，世界各地で困難な状況にある子どもたちの，命と健康を守るために活動している。

ハ　ユネスコは教育，科学，文化の国際協力を通じて，世界の平和と安全を実現することを目的に活動している。

ニ　安全保障理事会は，加盟国に軍隊の廃止《はいし》を呼びかけ，紛争の解決と平和の実現に向けた活動をしている。

問3　下線部③について。NGOに関する説明としてふさわしいものを，次のイ～ニから一つ選び，記号で答えなさい。

イ　各国で人権が侵《おか》されることがないように監視《かんし》する活動を行う，国際連合により組織される団体のことである。

ロ　国際連合で採択《さいたく》された条約にもとづき，人権保護を目的として各国の政府により組織される団体のことである。

ハ　国際連合や各国の政府から独立して，世界の平和や人権，環境《かんきょう》保護のために活動を行う民間団体のことである。

ニ　利益の追求を目的として，発展途上国で道路や港湾《こうわん》，空港などの施設《しせつ》を整備している民間団体のことである。

問４　下線部④について。先進国であり経済的に豊かな日本は，発展途上国に対して資金援助や技術協力をすることで，国際協力を行っています。このうち，政府が中心となって行う協力を何というか，漢字で答えなさい。

問５　下線部⑤について。文章中の〔　〕に入る漢字３文字を答えなさい。

問６　下線部⑥について。日本国憲法が保障するいくつかの人権を次にあげました。下の問に答えなさい。

Ａ　思想や信教の自由　　Ｂ　教育を受ける権利　　Ｃ　仕事に就《つ》いて働く権利

Ｄ　言論や集会の自由　　Ｅ　政治に参加する権利　　Ｆ　裁判を受ける権利

(1)　文章中には人権を脅かす社会問題がいくつかあげられています。Ａ～Ｆのうち，それによって脅かされるおそれがある人権を２つ選び，記号で答えなさい。

(2)　貧困状態で暮らさなければならない人がいることに対して，「その人の努力不足の結果であり，個人の責任の問題である」という意見があります。Ａ～Ｆの人権以外で，日本国憲法が保障する人権を一つあげ，この意見に対する反対意見を考えて書きなさい。

問７　下線部⑦について。

(1)　すべての人が暮らしやすい社会をつくるためには，政治の働きが重要です。行政権を持つ内閣は，法律にもとづいて実際に国の政策を行います。内閣について説明した次の文中の(イ)(ロ)にふさわしい語句を入れなさい。なお，同じ記号の(　)には同じ語句が入ります。

国会議員の中から，国会の議決で(　イ　)された内閣総理大臣が，国務大臣を任命し，内閣が組織される。

内閣は国会の(　ロ　)にもとづいて成立し，国会が内閣を(　ロ　)しない場合には，国会はその決議を行うことができる。

(2)　内閣の仕事として正しいものを，次のイ～ヘから３つ選び，記号で答えなさい。

イ　国会の召集《しょうしゅう》を決める。

ロ　衆議院の解散を決める。

ハ　裁判官をやめさせるかどうかの裁判をする。

ニ　外国と条約を結ぶ。

ホ　憲法改正を発議する。

ヘ　法律が憲法に違反《いはん》していないか調べる。

問８　下線部⑧について。

(1)　近年の国の予算(一般《いっぱん》会計)や財政に関する説明として正しくないものを，次のイ～ニから一つ選び，記号で答えなさい。

イ　国会に提出される予算案の総額は100兆円規模になっている。

ロ　歳入《さいにゅう》の８割以上を税金が占《し》めている。

ハ　歳出のうち社会保障に関する費用が最も多くの割合を占めている。

ニ　税金でまかなえない分は国債《こくさい》を発行して補っている。

(2)　国の予算や財政についての仕事を行っている省庁はどこですか。

2 雙葉中学校がある東京都千代田区は，秋田県五城目《ごじょうめ》町《まち》と群馬県嬬恋《つまごい》村と姉妹都市提携《ていけい》を結んでいます。これらに関連する下の問に答えなさい。

問１　東京都千代田区，秋田県五城目町，群馬県嬬恋村の気候を比べてみました。次のイ～ホから正しいものを一つ選び，記号で答えなさい。

イ　冬に積雪量が多い五城目町に比べ，嬬恋村と千代田区は雪があまり降らず，降っても積もることは少ない。

ロ　最も寒い月の平均気温で比べると，北に位置する五城目町よりも内陸の高原に位置する嬬恋村の方が気温が低い。

ハ　千代田区や嬬恋村は夏に降水量が多いが，五城目町は夏も冬も降水量が多く，季節による降水量の変化がほとんどない。

ニ　千代田区や嬬恋村の降水量は，梅雨や台風の影響を受けるが，五城目町の降水量は梅雨や台風の影響を受けない。

ホ　最も暖かい月の平均気温で比べると，ビルが建ち並び，夏に南西の乾《かわ》いた風が吹《ふ》きこむ千代田区が，最も気温が高い。

問２　日本には多くの活火山があり，千代田区がある東京都，五城目町がある秋田県，嬬恋村がある群馬県にもそれぞれ活火山があります。３つの都県と火山の組み合わせとして正しいものを次のイ～ニから選び，記号で答えなさい。

イ　東京都―三原山　秋田県―鳥海山　群馬県―御嶽《おんたけ》山

ロ　東京都―霧島《きりしま》山　秋田県―御嶽山　群馬県―浅間山

ハ　東京都―霧島山　秋田県―浅間山　群馬県―鳥海山

ニ　東京都―三原山　秋田県―鳥海山　群馬県―浅間山

問３　秋田県五城目町のすぐ西側には八郎潟干拓《はちろうがたかんたく》地があります。

(1)　八郎潟干拓地の中央付近には北緯40度の緯線が通ります。次のイ～ホから北緯40度の線が通っていない国を２つ選び，記号で答えなさい。

イ　大韓民国

ロ　中華人民共和国

ハ　ミャンマー

ニ　アメリカ合衆国

ホ　スペイン

(2)　八郎潟干拓地の中央付近を通る経線の経度として正しいものを次のイ～ニから選び，記号で答えなさい。

イ　東経125度

ロ　東経130度

ハ　東経135度

ニ　東経140度

問４　五城目町には田園風景が広がり，農業が行われている様子が見られます。下のグラフは秋田県の農業人口の変化を示したもので，現在の日本の農業が抱《かか》える問題と同じ問題を抱えていることが読み取れます。グラフから読み取れる秋田県の農業の問題とは何か，考えて説明しなさい。

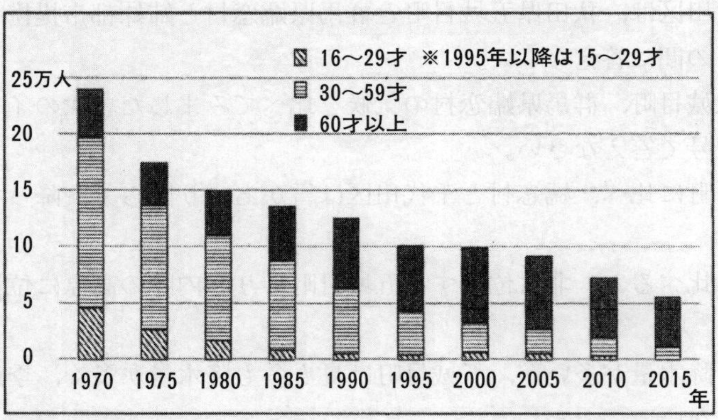

（農林水産省「農業構造動態調査」および「農業センサス」より作成）

問５　五城目町では江戸時代からたんすや建具《たてぐ》などの木工品が作られてきました。この材料に秋田スギの天然林の木材も用いられています。次のイ～ニから秋田スギの天然林について説明したものとして正しいものを一つ選び，記号で答えなさい。

イ　秋田スギの天然林は，秋田県から隣接《りんせつ》する青森県にまたがり，世界自然遺産として登録されている。

ロ　秋田スギの天然林は年々少なくなっており，植林を積極的に行うなどして天然林を保護している。

ハ　秋田スギの天然林は青森のヒバ，木曽のヒノキとともに，日本の三大天然美林に数えられている。

ニ　秋田スギの天然林は枝打ちや間伐《かんばつ》などの手入れを行い，防風林や防雪林として多く利用されている。

問６　嬬恋村ではキャベツの生産がさかんで，嬬恋村をふくむ群馬県産のキャベツの多くが東京へ出荷されています。東京都中央卸売《おろしうり》市場では，愛知県産，千葉県産，群馬県産のキャベツが取扱《とりあつかい》量の多くを占めています。次の図は，東京都中央卸売市場におけるこれら３県のキャベツの取扱量を，月ごとに示したものです。図中の①～③に当てはまる県の正しい組み合わせを下のイ～ヘから選び，記号で答えなさい。

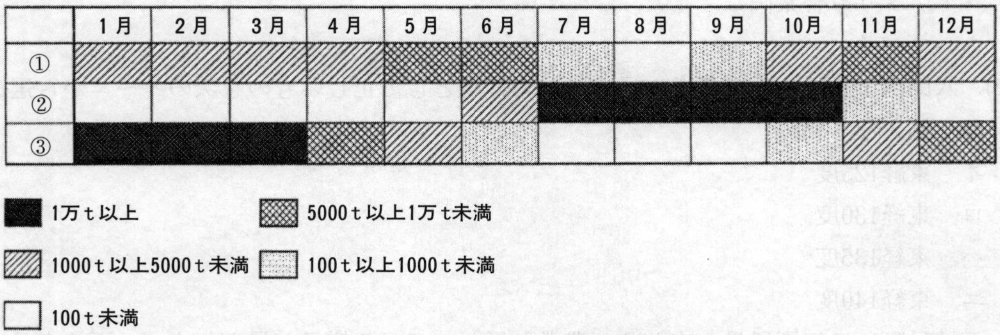

（東京都中央卸売市場「市場統計情報（月報・年報）2020年」より作成）

イ　①―愛知県　②―千葉県　③―群馬県

ロ　①―千葉県　②―愛知県　③―群馬県

ハ　①―群馬県　②―千葉県　③―愛知県

ニ　①―愛知県　②―群馬県　③―千葉県

ホ　①―千葉県　②―群馬県　③―愛知県

ヘ　①―群馬県　②―愛知県　③―千葉県

問7　嬬恋村がある群馬県には，利根川の水源があります。利根川について説明した次のイ～ニから正しいものを一つ選び，記号で答えなさい。

イ　利根川は日本で2番目に長い河川で，流域面積も石狩川に次いで広く，下流域には琵琶湖の次に大きい霞ヶ浦がある。

ロ　利根川は，群馬県，福島県，栃木県，茨城県，東京都，千葉県など複数の都県をまたいで流れている。

ハ　利根川の河口付近にある銚子港の近海は利根川の水と親潮，黒潮が交わり，プランクトンが豊富な好漁場となっている。

ニ　たびたび氾濫《はんらん》をおこした利根川は，治水や利水の工事が何度も行われ，流路を西へ大きく変えられて現在の流れになった。

問8　群馬県は，日本のなかでも早くから工業化が進められてきた地域です。群馬県の工業を説明したものとしてふさわしいものを，次のイ～ホから一つ選び，記号で答えなさい。

イ　かつてさかんであった鉄鋼業が炭鉱の閉山とともに衰退《すいたい》したが，現在は自動車工業が発達している。

ロ　造船業や繊維《せんい》工業に加えて石油化学コンビナートや製鉄所が進出すると，工業地域として急速に成長した。

ハ　かつて繊維工業がさかんであったが，高速道路など道路網《もう》の整備が進むと自動車工場や機械工場が多く立つようになった。

ニ　内陸の地域にも空港が建設され，原料や製品の輸送が便利になると，特に空港周辺に集積回路など半導体産業が発達した。

ホ　窯業《ようぎょう》や繊維工業に加えて石油化学工業や自動車工業も発達し，自動車部品をつくる関連工場が多く集まっている。

問9　東京都と秋田県，群馬県の郷土料理について調べてみると，その土地でよくとれる産物を使った料理や風土にあった調理法があることがわかりました。東京都，秋田県，群馬県のいずれの郷土料理にもあてはまらないものを，次のイ～ニから一つ選び，記号で答えなさい。

イ　特産品であるこんにゃく芋《いも》を，生のまますりおろしてこんにゃくを作り，刺身《さしみ》や味噌《みそ》をつけた田楽などにした。

ロ　暖かく湿気《しっけ》の多い地方で食べ物の保存性を高める工夫として，魚のすり身に豆腐《とうふ》などを混ぜたものを油であげた。

ハ　うるち米をつぶして，棒に塗《ぬ》りつけて焼いたものを，地鶏《じどり》やきのこ，ねぎ，ごぼうなどと鶏ガラ出汁《だし》で煮込《にこ》んだ。

ニ　かつてたくさんあった干潟で豊富にとれたあさりなどの貝を，ねぎなどと一緒に味噌で煮込んでご飯にかけた。

3 次に日本の歴史についての文を並べてみました。各文を読み，下の問に答えなさい。

A　古墳時代の人々は，各地で勢力を伸《の》ばした有力な豪族に支配され，古墳づくりや米づくりなどの労働力として使われた。

B　律令にもとづき，人々は戸籍《こせき》に登録されたうえで国から田を分け与えられて耕作し，税や労働，兵役など多くの義務を負った。

C　開発した田畑を守るために武芸にはげんだり，都の警備などの任務についたりした人々の中から，武芸を専門とする武士が現れた。

D　幕府が定めた身分制度のもとで，百姓は幕府や藩に年貢《ねんぐ》を納め，町人は商業や手工業の仕事を営み，税を納めた。

E　村に住む人々が寄合を開いて話し合いを行い，きまりをつくって村を運営し，団結して幕府や守護大名にも対抗《たいこう》した。

F　軍隊や税の制度の改革が行われ，20歳以上の平民の男子も軍隊に入ることになり，土地の所有者が現金で税を納めることになった。

G　憲法で言論・出版・集会・結社の自由の権利が認められ，衆議院議員選挙法により国民の一部に選挙権も与えられることになった。

H　日本による植民地政策により，土地を失った朝鮮の人々の中には，日本人地主から土地を借りて小作人になる人が現れた。

I　「満州国」の建国の後に行われた政府の強力な呼びかけに応募《おうぼ》し，多くの人々が軍事などの訓練をうけて満州に移住した。

J　連合国軍による占領《せんりょう》が始まった時から連合国軍が撤退《てったい》するまでの間に，初めて女性の選挙権が保障されるなど，社会が大きく変わった。

K　高度経済成長が続く中，農村から都市に出稼《でかせ》ぎに行く人や，地方から都市の工場に就職する10代の若者が増えた。

L　アイヌ民族の伝統と文化を尊重するために「アイヌ文化振興《しんこう》法」が制定され，アイヌの人々をめぐる新しい動きが起こった。

問1　A～Lを年代順にするためには，A～Hまでの間の記号を入れかえる必要があります。どれとどれを入れかえれば良いか，記号で答えなさい。

問2　Aについて。

(1)　この時代の豪族の説明として正しいものを，次のイ～ニから一つ選び，記号で答えなさい。

イ　くにぐにの争いが続いたため，豪族が相談して卑弥呼を王に立てた。

ロ　冠位十二階の制度により，豪族はみな能力や功績に応じて役人に取り立てられた。

ハ　九州から東北の豪族の中には，大王と同じように前方後円墳をつくった者がいた。

ニ　古墳の石室には，豪族の権力の象徴《しょうちょう》として銅鐸や土偶が納められた。

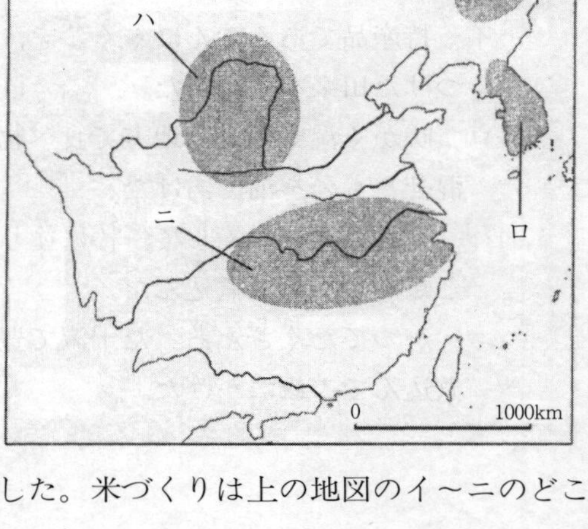

(2)　日本に伝わった米づくりは，大陸で始まりました。米づくりは上の地図のイ～ニのどこ

で始まったと考えられているか，記号で答えなさい。

問3　Bについて。

(1)　7世紀に律令をつくる努力が行われました。7世紀の出来事を次のイ～へから3つ選び，出来事が起こった順に記号を並べなさい。

イ　中大兄皇子が蘇我氏を倒《たお》す。　ロ　平城京に都が移される。

ハ　東大寺の大仏が完成する。　ニ　藤原京が築かれる。

ホ　小野妹子が隋に派遣される。　へ　唐が滅亡《めつぼう》する。

(2)　人々は，分け与えられた田から収穫《しゅうかく》した稲《いね》の一部を税として納めました。その税を何といいますか。

(3)　律令にもとづいた政治は，やがて定められた通りに税や労働力，兵士が集められなくなり，行きづまりました。その原因となった，重い負担にたえられなくなった人々がとった行動について，「戸籍」という語句を使って説明しなさい。

問4　Cについて。武士はこの後勢力を伸ばしていきました。各時期の武士についての説明として正しくないものを，次のイ～トから2つ選び，記号で答えなさい。

イ　源氏や平氏が，藤原氏や天皇家の人々につかえ，その身の安全を守る役割を果たした。

ロ　平氏は大武士団を率いるようになり，西国を中心に勢力を広げた。

ハ　鎌倉時代のすべての武士が，御恩と奉公の関係を将軍と結び，御家人となった。

ニ　室町時代になると，書院造の部屋がある屋敷《やしき》に住む武士が現れた。

ホ　織田信長の家来の武士たちは，安土城のまわりに呼び寄せられて住んだ。

へ　江戸時代には，庄屋などの村役人の地位についた武士が百姓から年貢を集めた。

ト　明治時代に武士は士族とされ，政府の改革への不満を高めて反乱を起こした。

問5　Dについて。

(1)　この身分制度は，豊臣秀吉の政策によって成立していったしくみを発展させたものでした。身分の区別や固定化を進めた秀吉の政策に刀狩令があります。その内容にふさわしい語句を，下の〔　〕に10字以内で書きなさい。

武器を所有し，年貢を出ししぶり，〔　　　　　〕者は処罰《しょばつ》される。

(2)　百姓が生産した作物を使って，手工業を営む職人が製品をつくりました。作物と製品の組み合わせとして正しくないものを，次のイ～ホから一つ選び，記号で答えなさい。

イ　藍《あい》―染め物　ロ　漆《うるし》―塗り物　ハ　米―酒

ニ　菜種―しょう油　ホ　麻《あさ》―織物

(3)　この時代は，百姓や町人の子どもたちも「読み・書き・そろばん」などの教育を受けることができました。その教育施設を何といいますか。

問6　Eのように，住民同士で話し合って決めたことにもとづいて，村を運営することを何というか，漢字2文字で答えなさい。

問7　Gについて。この憲法で定められている国民の自由の権利について，下の〔　〕にふさわしい語句を入れなさい。

国民は〔　　　〕の範囲《はんい》の中で言論・出版・集会・結社の自由をもつ。

問8　Iについて。次のイ～へのうち，Iの下線部の出来事に最も時期が近いものを選び，記号で答えなさい。

イ　アメリカで始まった不景気が世界中に広がり，日本もその影響をうけてますます景気が悪くなっていった。

ロ　日本に関税自主権がなかったため，イギリスなどから安い綿織物が輸入され，国産の綿織物が売れなくなった。

ハ　関東大震災で東京や横浜が深刻な被害《ひがい》をうけ，多くの犠牲《ぎせい》者が出るとともに会社や工場の倒産《とうさん》があいついだ。

ニ　繭《まゆ》などの値段が下がったため，多くの借金を抱えた秩父地方の人々が，高利貸しや役所などを襲《おそ》った。

ホ　第一次世界大戦の主な戦場だったヨーロッパ諸国の産業が立ち直ったため，日本の輸出が減少した。

ヘ　水俣病などの公害病を引き起こしたとして，いくつもの会社が住民に訴《うった》えられ，裁判で会社の責任が追及《ついきゅう》された。

問９　Ｉの下線部からＪの下線部までの間の出来事を次にあげました。時期の早い順に並べた時に３番目と６番目となるものを選び，記号で答えなさい。

イ　日本が国際連盟を脱退《だったい》する。　ロ　日中戦争が始まる。

ハ　広島に原子爆弾《ばくだん》が投下される。　ニ　アメリカ軍が沖縄島に上陸する。

ホ　二・二六事件が起こる。　ヘ　日本軍がハワイの真珠湾を攻撃《こうげき》する。

ト　日独伊三国同盟が結ばれる。

問10　Ｊについて。

(1)　日本が連合国軍に占領されていた時期の出来事ではないものを，次のイ～トから２つ選び，記号で答えなさい。

イ　日本国憲法が施行される。　ロ　労働者の権利が保障される。

ハ　小学校６年間・中学校３年間が義務教育となる。

ニ　自衛隊が発足する。　ホ　日米安全保障条約が結ばれる。

ヘ　朝鮮戦争が始まる。　ト　日本が国際連合に加盟する。

(2)　日本は連合国が出した宣言を受けいれ，連合国軍に占領されることになりました。その宣言を何といいますか。

問11　Ｋについて。高度経済成長が続いていた時期の日本の説明として正しくないものを，次のイ～ニから一つ選び，記号で答えなさい。

イ　東京で高速道路や地下鉄の建設が進み，大阪まで東海道新幹線が開通した。

ロ　電気冷蔵庫や電気洗濯《せんたく》機が家庭に広まり，暮らしが便利になっていった。

ハ　日本企業《きぎょう》の工場の海外進出が進み，自動車の海外生産の台数が国内生産の台数を上回った。

ニ　安価な石油が大量に輸入され，主要なエネルギー資源が石炭から石油に変わった。

問12　Ｌについて。明治時代に行われた政策が大きなきっかけとなり，アイヌ独自の文化が失われていきました。かつてのアイヌの人々の伝統的な暮らしを支えていた，主な生活手段を２つ答えなさい。

【理　科】（30分）〈満点：50点〉

1　日本は世界有数の火山大国です。2021年には，桜島，西之島，諏訪之瀬《すわのせ》島，福徳岡ノ場，阿蘇《あそ》山で噴火《ふんか》が起こりました。その中でも，東京から南へ約1300 km離れた小笠原諸島《おがさわらしょとう》の海底火山「福徳岡ノ場」で８月に発生した噴火は，火山の爆《ばく》発規模の大きさを示す火山爆発指数(VEI)が４に相当する，国内で戦後最大級の規模だったことが分かっています。この噴火のときに噴出した（ ① ）は，10月に沖縄・奄美《あまみ》地方などに大量に漂《ひょう》着し，その後，本州の南岸や伊豆《いず》諸島にも漂着しました。

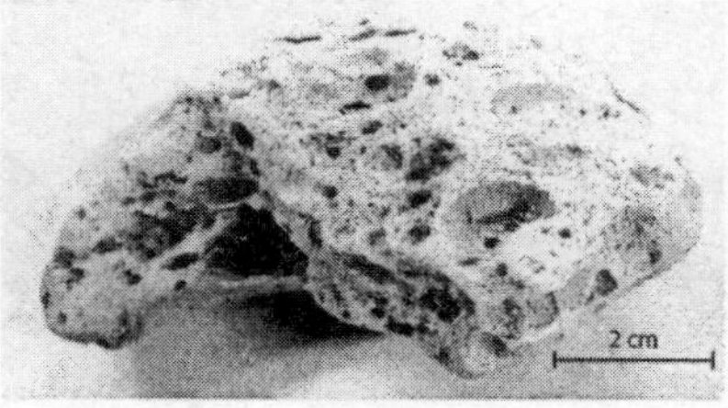

図１

問１　文中の(①)にあてはまる言葉を答えなさい。

問２　図１は10月に沖縄県に漂着した(①)の写真です。小笠原諸島から遠く離《はな》れた場所まで運ばれたのはなぜでしょうか。説明しなさい。

問３　(①)が漂着した沖縄・奄美地方では，どのようなことが心配されていましたか。**まちがっているもの**を下のア～エから１つ選び，記号で答えなさい。

ア　漁船などのエンジンに吸いこまれてエンジンが停止する。

イ　魚のエラに入りこんで，魚が死んでしまう。

ウ　漁港が封鎖《ふうさ》され，漁に出られなくなる。

エ　有害成分が放出され，海水がアルカリ性になってしまう。

江戸時代の天明３年(1783年)７月から８月にかけて，浅間山でもVEIが４の大規模な噴火が起こりました。浅間山のふもとの鬼押出《おにおしだ》し溶岩《ようがん》(図２)は，８月５日の噴火で流れ出た溶岩が固まったものです。この名前は当時の噴火を見た人々が「火口で鬼があばれて岩を押し出した」と語ったとされることに由来しています。

この噴火では大量の火山灰も放出されました。火山灰が雨のように降ることを降灰といいます。このときの降灰によって，東日本の広い範《はん》囲に火山灰が堆積《たいせき》し，農作物に大きな被《ひ》害がでました。

図２

問４　次のページの図３は，天明の噴火による降灰が見られた範囲を示しています。左の７月29日～30日と右の30日～31日に降灰があった地域の分布は大きく異なっています。日によって降灰の分布する範囲が変化するのはなぜでしょうか。図を参考に説明しなさい。ただし，噴火の規模は同程度とします。

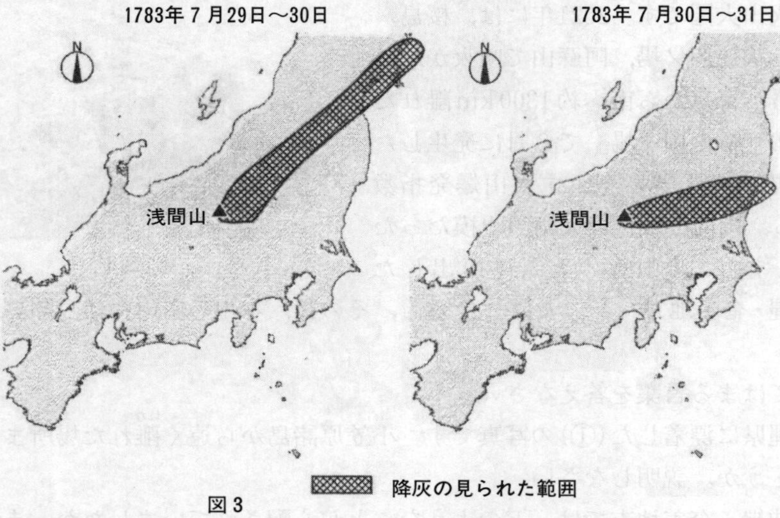

図３

浅間山の天明の噴火では，溶岩の流出や降灰だけでなく，火砕《さい》流や火山泥《でい》流などの災害も発生し，全体で1400名以上が犠牲《ぎせい》となりました。図４は天明の噴火における，鬼押出しを作った溶岩の流れた範囲，火砕流の流れた範囲，放出された火山灰などの層の厚さの分布を示しています。このような，過去の火山災害の様々なデータを組み合わせることで，(　②　)が作成されます。(　②　)とは，災害が発生したときに被害を少なくする目的で作られる地図のことです。

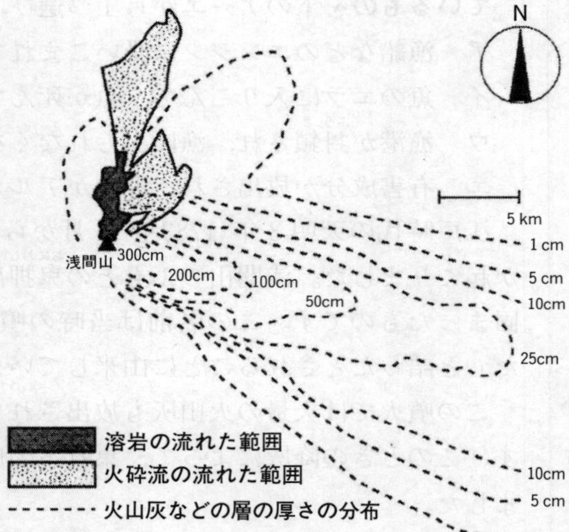

図４

問５　文中の(②)にあてはまる言葉を答えなさい。

問６　図４を見ると，鬼押出し溶岩の分布と火山灰などの層の厚さの分布とには大きなちがいがあることがわかります。このようなちがいが生じる原因について，説明しなさい。

2　ものが燃える(燃焼)とは，どういうことなのでしょうか。「燃える」ためには，次の条件がすべて必要です。

１．燃えるものである「可燃物」があること

２．空気のような「酸化剤《ざい》」があること

３．高温であること

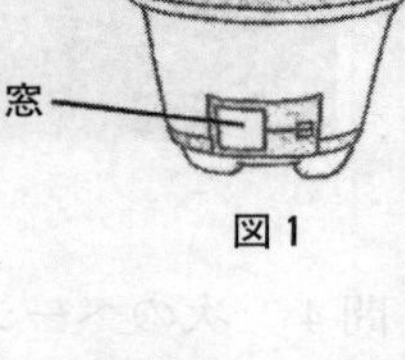

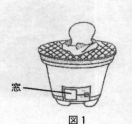

図１

①ろうそくが燃えるのは「酸化剤」である空気，「可燃物」である(　②　)，高温のマッチの火があるためです。

七輪(図１)，薪《まき》ストーブ，バーベキューのコンロなどにも，燃える条件から考えられた工夫がなされています。また，学校の実験で使う③ガスバーナーも，④プロパンなどのガス(可燃

物)と空気(酸化剤)が混ざり，そこに火のついた高温のマッチが近づくことで燃えます。

問１　下線部①について行った以下の実験１，２について，下の問いに答えなさい。

【実験１】　底のない集気びんと粘《ねん》土を使った実験(図２)を行いました。

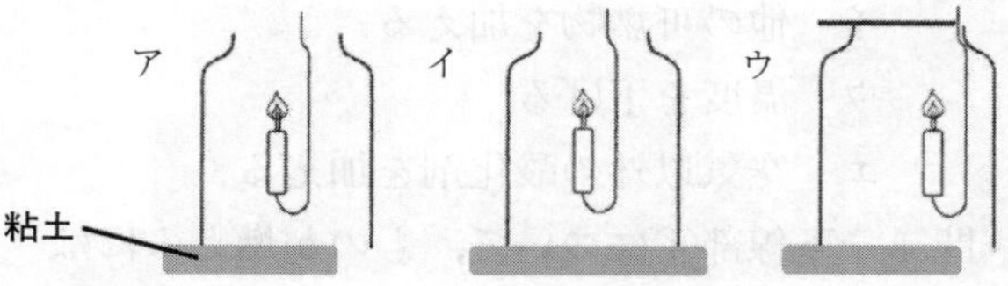

図２

⑴　この実験でろうそくの火が消えずに燃え続けるものはどれですか。すべて選び，記号で答えなさい。

⑵　文中の(②)にあてはまるものを下のア～オから１つ選び，記号で答えなさい。

ア　酸素　　イ　気体のろう　　ウ　液体のろう　　エ　固体のろう　　オ　しん

【実験２】　図３のように長さのちがう２本のろうそくに火をつけて集気びんに入れ，ふたをしました(図３)。

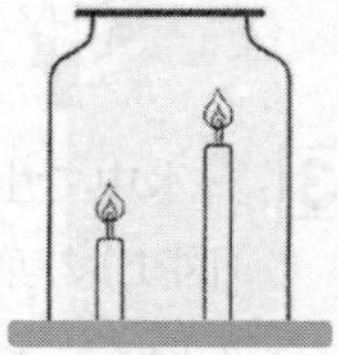

図３

⑶　しばらくするとろうそくの火にはどのようなことが起きるでしょうか。その現象について説明した下の文中の(**ア**)にあてはまる言葉を入れ，(**イ**)(**ウ**)は正しい方を選び記号で答えなさい。

ろうそくが燃えると(　**ア**　)が出ます。この気体の重さは空気の約1.5倍です。また，ろうそくが燃えているときの温度のもとでは，この気体の体積は約３～４倍になります。これらのことから，燃えた後の気体は(**イ**：**a**．上昇《しょう》　**b**．下降)するため，(**ウ**：**a**．長い　**b**．短い)ろうそくが先に消えます。

問２　下線部③について，次の問いに答えなさい。

⑴　ガスバーナー(図４)を使うときの下のア～オの操作を正しい順に並べなさい。また七輪の窓の役割と関連が深い操作を下のア～オから１つ選び，記号で答えなさい。

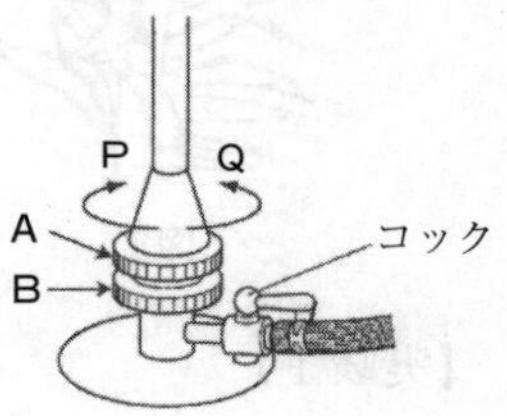

図４

ア　コックをあけてマッチに火をつける。

イ　Bのねじを動かさず，Aのねじをゆるめて炎《ほのお》を調整する。

ウ　AとBのねじが閉まっていることを確認する。

エ　Bのねじをゆるめてガスに火をつける。

オ　元栓《せん》をあける。

⑵　炎の色が赤いときは，ガスが十分に燃えていないことを表しています。炎の色を青くするためにはA，Bのねじを，どのように回すとよいですか。下のア～カから１つ選び，記号で答えなさい。

ア　AのねじだけをPの向きに回す

イ　AのねじだけをQの向きに回す

ウ　BのねじだけをPの向きに回す

エ　BのねじだけをQの向きに回す

オ　AとBのねじをPの向きに回す

カ　AとBのねじをQの向きに回す

問３　ものの中には「可燃物」と「酸化剤」の２つの役割を両方もっているものがあります。このようなものが仮に燃えていたとすると，すぐに火を消す方法として考えられるものを下のア～エから１つ選び，記号で答えなさい。

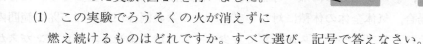

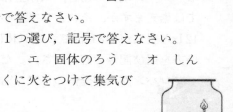

ア　周りの空気を取り除く

イ　他の可燃物を加える

ウ　温度を下げる

エ　空気以外の酸化剤を加える

問４　下線部④について，ものが燃えるには「可燃物」と「酸化剤」の割合が重要です。たとえばプロパンガスの場合，気体全体の体積に対してプロパンガスの割合が2.1～9.5％の範囲内では燃えますが，それよりプロパンガスが多くても少なくても燃えません。プロパンガスが12Ｌと空気が118Ｌ混ざった気体は燃えますか。下の文中の(**ア**)に数値を入れ，(**イ**)は正しい方を選び記号で答えなさい。ただし数値は小数第２位を四捨五入して答えなさい。

プロパンガスが全体の(　**ア**　)％なので，この気体は(**イ**：ａ．燃える　ｂ．燃えない)。

3　水中で生活する植物も光合成を行います。光合成について調べるために水草のオオカナダモ(図１)の葉を使って下の実験１～３を行いました。オオカナダモの葉は表と裏の２層からなっていて，それぞれ多くの細胞と呼ばれる四角い部屋からできています。

図１

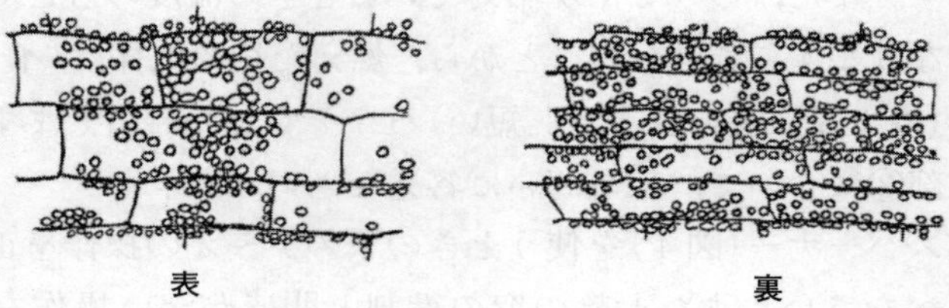

図２

【実験１】

１枚の葉を取り出したのち，①葉のつくりを顕微《けんび》鏡で観察した。観察は(**ア**：高・低)倍率から行い，倍率を変えるときは対物レンズが付いている(　**イ**　)を回し，再びピントを合わせた。図２のように表の細胞は裏の細胞より大きいことがわかった。

問１　文中の(**ア**)は正しい方を選び，(**イ**)はあてはまる言葉を答えなさい。

問２　下線部①について，顕微鏡，照明，ビーカー，スポイト，吸い取り紙，ハサミは用意されていました。それ以外に観察に必要な器具を３つ答えなさい。

問３　下線部①について，次の文中の(**ウ**)，(**エ**)にあてはまる言葉を選び，記号で答えなさい。

葉の表を上にしてプレパラートをつくった。顕微鏡観察で観察物にピントを合わせるときは，対物レンズの先端《たん》をプレパラート(**ウ**：ａ．に近づけ　ｂ．から遠ざけ)ながら合わせるので，最初にピントが合うのは(**エ**：ａ．大きい　ｂ．小さい)細胞となる。

【実験２】

細胞の中には緑色の粒《つぶ》が多数見られ，そこで光合成が行われている。このことを確かめるために，長時間光を当てたオオカナダモの葉を使って②葉の色を抜《ぬ》き，ヨウ素液で染めたところ，一部の細胞で粒が青紫《むらさき》色になった。

問４　下線部②について，葉の色を抜く方法を答えなさい。

問５　緑色の粒で光合成が行われていることをよりはっきり確かめたい。そのためには，長時間光を当てなかった葉を使って実験２の操作を行い，どのような結果が得られればよいか答えなさい。

【実験３】

濃《こ》いBTB溶《よう》液に水道水を加えたところ，青色になった。それに息を吹《ふ》きこむことによって緑色にした。試験管に緑色のBTB溶液とオオカナダモを入れ，試験管を日の当たるところに放置したところ③BTB溶液の色が変化した。

問６　下線部③について，⑴BTB溶液は何色に変化すると考えられますか。⑵そう考えられる理由を下のア～エから１つ選び，記号で答えなさい。

ア　酸素が発生したため　　　　　イ　酸素が吸収されたため

ウ　二酸化炭素が発生したため　　エ　二酸化炭素が吸収されたため

4　ふたばさんは，夏休みの自由研究で紙コップスピーカーを作りました。

【作り方】

①　エナメル線を直径１cm程度の筒《つつ》に図１の向きに10回ほど巻き，コイルを作る。

②　エナメル線の両端を紙やすりでけずる。

③　紙コップの底(外側)に筒からはずしたコイルをテープでとめる。

④　プリンカップの底(内側)に磁石をテープでとめる。(コイルに近い側をＳ極とする。)

⑤　紙コップの外側にプリンカップをかぶせる。

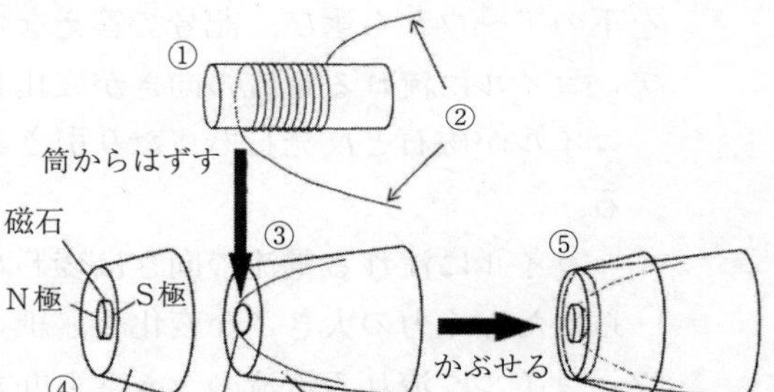

図１

図２のように，コイルに音楽プレーヤーをつなぐと，作ったスピーカーから音が聞こえました。ふたばさんは，なぜ音が出るのか，調べてみることにしました。

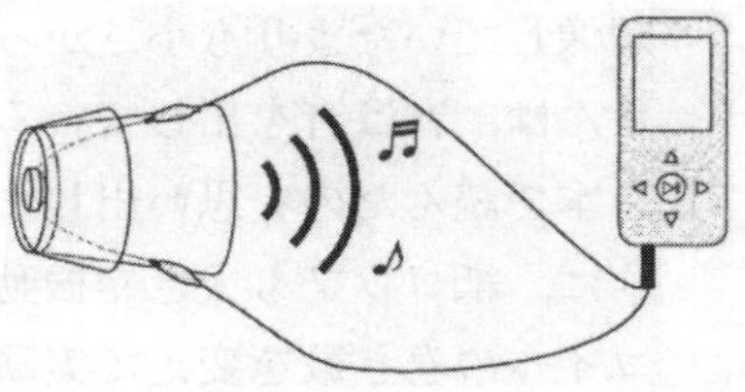

図２

音が出ているとき，コップの底に触《ふ》れると振《しん》動していました。この振動は磁石とコイルの間にはたらく力によって起こっているはずです。ふたばさんは，学校でコイルに電流を流すと磁石になることを勉強しましたが，音楽プレーヤーから流れる電流はどのように流れ，コイルはどのような磁石としてはたらくのか考えました。そして，自分の考えを確かめるために，実験１を行いました。

【ふたばさんの考え】

磁石とコイルが反発しあったり，引きあったりすることで振動していると考えました。そのためには，コイルの磁石に近い側が交互《ご》にＮ極とＳ極になります。このとき，電流は(**ア**：**ａ**．大きさと向きが変化し続ける　**ｂ**．向きは同じで大きさが変化し続ける　**ｃ**．向きも大きさも一定である)ので，電流の向きと大きさをはかることにしました。

【実験１】

次ページの図３のように，コイルと音楽プレーヤーに接続した導線を検流計につなぎました。

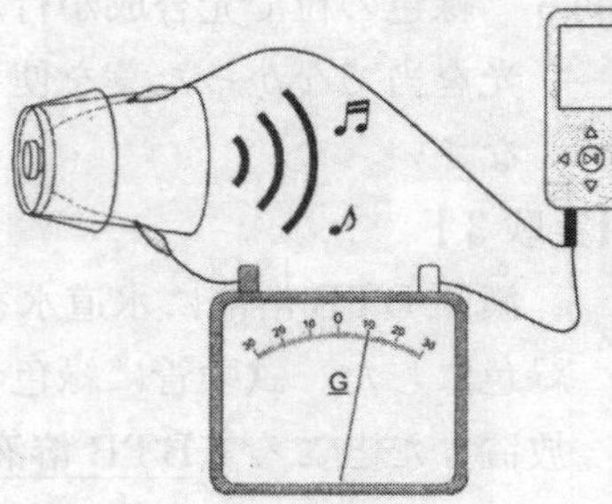

検流計

図3

検流計は針の振《ふ》れによって，電流がどちらの向きにどれだけ流れているかがわかります。流れていないときは中央の0，右から入り左から出るときには右側に，左から入り右から出るときには左側に針が振れます。ふたばさんの考えが正しいとすると，針は(**イ**：a．振れない　b．左側に振れる　c．左右に交互に振れる)はずですが，実際には針は右側にしか振れませんでした。このとき，コイルの左側(磁石に近い側)は(**ウ**：a．N　b．S)極になるので，磁石とコイルは(**エ**：a．反発しあい　b．引きあい)ます。

問1　文中の**ア**～**エ**にあてはまるものを選び，記号で答えなさい。

問2　文中の下線部について，次の文章の(　)にあてはまる言葉を答えなさい。

エナメルは(　　　　　)ので，エナメル線の両端をけずる必要がある。

問3　音楽プレーヤーを紙コップスピーカーにつないだときに音が出るしくみとして正しいものを下のア～ウから選び，記号で答えなさい。

ア　コイルに流れる電流の向きが変化し続け，コイルに磁石からはたらく力の向きが変化し，コイルが磁石と反発しあったり引きあったりすることで，紙コップの底が振動して音が出る。

イ　コイルに流れる電流の向きは変わらないが，大きさが変化することで，コイルに磁石からはたらく力の大きさが変化し，紙コップの底が振動して音が出る。

ウ　コイルに流れる電流の大きさも向きも常に一定で，磁石が振動することで，紙コップの底が振動して音が出る。

音が出るしくみが理解できたふたばさんは，音量を最大にしても紙コップスピーカーの音が想像していたよりも小さかったので，音が大きくなるように工夫することにしました。ふたばさんは，音は音を出しているものの振動が空気を振動させて，私たちの耳まで届いていることを本で読んだのを思い出しました。太鼓《たいこ》を強くたたくと膜《まく》が大きく振動して大きな音が出るように，紙コップも大きく振動させるとよいのではないかと考えました。そこで，ふたばさんはコイルの巻き数を変えて実験してみました。

【実験2】

巻き数が10回，30回，50回，70回のコイルを用意し，それぞれに音楽プレーヤーから同じ音を流しました。そのとき，スピーカーから出る音の大きさを測定したところ，右の表のようになりました。音の大きさの単位はdB(デシベル)で測定し，値が大きいほど音が大きいことがわかります。

コイルの巻き数[回]	10	30	50	70
音の大きさ[dB]	62	65	68	72

問4　表のような結果となった理由を，「コイルの巻き数」，「磁石としての力」，「振動」という言葉を用いて説明しなさい。

問5　ふたばさんが工夫した方法以外に，音を大きくする方法を考え，大きくなると考えた理由とともに答えなさい。ただし，音楽プレーヤーなどのスピーカー以外の装置は実験2と同じ条件とします。

三 次の問いに答えなさい。

問一 次の文中のカタカナを漢字に直して書きなさい。

(1) 提案のカヒを論じる。
(2) 最後の場面はアッカンだった。
(3) 実力をハッキする。
(4) 知らない場所でウオウサオウする。
(5) 異文化をジュヨウする。
(6) 商品をイチリツに値上げした。
(7) カンチョウになると海面から岩が現れる。
(8) 「かえるのうた」をリンショウする。

問二 次の文中の漢字の読みをひらがなで書きなさい。

(1) 定石どおりに戦いを進める。
(2) かげで画策する。

問一 ①に入る季節を漢字一字で答えなさい。

問二 ――線部a「叱りでもするような調子で」から、――線部b「かわいそうに思いました」というように、小娘の気持ちが変化したのはなぜか、説明しなさい。

問三 二か所の A に入る言葉を、漢字一字で答えなさい。

問四 ――線部②「うなだれた首」とは、何の、どのような様子を表しているのか、答えなさい。

問五 ――線部③「はからず」の意味として最もふさわしいものを次の**ア**～**エ**から一つ選び、記号で答えなさい。

ア ためらいなく
イ わけもなく
ウ 思いがけなく
エ まもなく

問六 ――線部④「宣告するように」とはどういう意味か、最もふさわしいものを次の**ア**～**エ**から一つ選び、記号で答えなさい。

ア はっきりと言いわたすように
イ やさしく教えさとすように
ウ こっそり打ち明けるように
エ この先の無事をいのるように

問七 ――線部⑤「心配しなくてもいいのよ」と言った小娘にはどのような考えがあったのか、答えなさい。

問八 ⑥ に最もふさわしい言葉を次の**ア**～**エ**から一つ選び、記号で答えなさい。

ア 負けん気
イ 乗り気
ウ 生意気
エ うつり気

問九 ――線部⑦「今度はあなたが苦しいわ」とありますが、このように言う菜の花の気持ちを説明しなさい。

問十 ――線部⑧「取り合いません」の言いかえとして最もふさわしいものを次の**ア**～**エ**から一つ選び、記号で答えなさい。

ア 気にしません
イ 相手にしません
ウ 争いません
エ 答えません

問十一 ――線部⑨「菜の花はこわごわいいました」とありますが、なぜ「こわごわ」なのか、説明しなさい。

問十二 ――線部⑩「花も葉も色がさめたようになって」とは、人間でいうとどのような様子を表したものか、答えなさい。

問十三 ――線部⑪「菜の花も笑いました」とありますが、このときの菜の花についての説明として最もふさわしいものを次の**ア**～**エ**から一つ選び、記号で答えなさい。

ア 自分を助けてくれた小娘への感謝を、笑うことで示そうとした。
イ 小娘に笑われてくやしかったので、平気なそぶりをみせたかった。
ウ いぼ蛙とあやうく顔をぶつけそうになったことがおかしくて笑った。
エ 小娘の笑い声を聞くうちに、今の出来事をゆかいに思うようになった。

「⑦今度はあなたが苦しいわ」と菜の花は心配そうにいいました。が小娘はかえって不愛想に、

「心配しなくてもいいのよ」と答えました。

菜の花は、叱られるのかと思って、黙《だま》ってしまいました。

間もなく小娘は菜の花の悲鳴に驚《おどろ》かされました。菜の花は流れに波打っている髪《かみ》の毛のような水草に、根をからまれて、さも苦しげに首を振っていました。

小娘は息をはずませながら、「まあ、少しそうしてお休み」といって傍《わき》の石に腰《こし》を下《おろ》しました。

「こんなものに足をからまれて休むのは、気持《きもち》がわるいわ」そういいながら、菜の花は、なおしきりにイヤイヤをしていました。

「それで、いいのよ」小娘はいいました。

「いやなの。休むのはいいけど、こうしているのは気持がわるいの。どうかちょっとあげて下さい。どうか」と、菜の花は頼みましたが、小娘は、

「いいのよ」と笑って⑧取り合いません。が其《そ》のうち水の勢《いきおい》で、菜の花の根は、自然に水草からすり抜けて行きました。そして、不意に、

「流れるぅ！」と大きな声をして菜の花は又流されて行きました。小娘もいそいで立ち上《あが》ると、それを追って駆《か》け出しました。

「やっぱりあなたが苦しいわ」と⑨菜の花はこわごわいいました。

「何でもないのよ」と小娘もやさしく答えて、そうして、菜の花に気をもませまいと、わざと菜の花より*二三間《にさんげん》先を駆けて行くことにしました。

ふもとの村が見えて来ました。小娘は、

「もうすぐよ」と、声をかけました。

「そう」と後で菜の花が答えました。

しばらく話はたえました。ただ流れの音にまじって、バタバタ、バタバタと小娘の草履《ぞうり》で走る足音がきこえていました。

チャポーンという水音が、小娘の足元でしました。菜の花は死にそうな悲鳴をあげました。小娘は驚いて立ちどまりました。見ると菜の花は、⑩花も葉も色がさめたようになって、

「早く早く」とのび上っています。小娘は急いで引き上げてやりました。

「どうしたのよ」小娘はその胸に菜の花を抱《いだ》くようにして、後の流れを見まわしました。

「あなたの足元から何か飛び込んだの」と菜の花はどうきがするので、言葉を切りました。

「いぼ蛙《がえる》なのよ。一度もぐって不意に私の顔の前に浮び上ったのよ。口のとがった意地の悪そうな、あのかっぱのような顔に、もう少しで、私はほっぺたをぶつける所でしたわ」といいました。

小娘は大きな声をして笑いました。

「笑いごとじゃあ、ないわ」と菜の花はうらめしそうにいいました。

「でも、私が思わず大きな声をしたら、今度は蛙の方でびっくりして、あわててもぐってしまいましたわ」こういって⑪菜の花も笑いました。

間もなく村へ着きました。

小娘はさっそく自分の家の菜畑にいっしょにそれを植えてやりました。

そこは山の雑草の中とはちがって、土がよく肥えておりました。

菜の花はどんどんのび育ちました。

そうして、今は多勢《おおぜい》の仲間と仲よく、しあわせに暮らせる身となりました。

（志賀直哉『菜の花と小娘』より）

*二三間先―一間は約一・八メートル。

二

Ⅱの文章を読み、問いに答えなさい。

Ⅱ

ある晴れたしずかな①の日の午後でした。一人の小娘《こむすめ》が山で枯枝《かれえだ》を拾っていました。

やがて、夕日が新緑のうすい木の葉をすかして赤々と見られる頃《ころ》になると、小娘は集めた小枝を小さい草原に持ち出して、そこで自分のしょってきた荒《あら》い目籠《めかご》に詰《つ》めはじめました。

ふと、小娘は誰《だれ》かに自分が呼ばれたような気がしました。

「ええ？」小娘は思わずそういって、起《た》ってそのあたりを見まわしましたが、そこには誰の姿も見えませんでした。

「私を呼ぶのは誰？」小娘はもう一度大きい声でこういって見ましたが、やはり答える者はありませんでした。

小娘は二三度そんな気がして、はじめて気がつくと、それは雑草の中からただ一《ひ》と本《もと》、わずかに首を出していた小さな菜の花でした。

小娘は頭にかぶっていた手拭《てぬぐい》で、顔の汗《あせ》をふきながら、

「お前、こんな所で、よく淋《さび》しくないのね」といいました。

「淋しいわ」と菜の花は親しげに答えました。

「そんならなぜ来たのさ」小娘はa叱《しか》りでもするような調子でいいました。すると菜の花は、

「ひばりの胸毛《むなげ》について来た種がここでこぼれたのよ。こまるわ」と悲しげに答えました。そして、どうか私をお仲間の多いふもとの村へ連れて行って下さいと頼《たの》みました。

小娘はbかわいそうに思いました。小娘は菜の花の願いをかなえてやろうと考えました。そしてしずかにそれをAから抜《ぬ》いてやりました。そしてそれを手に持って、山路《やまじ》を村の方へ下って行きました。

路《みち》に添《そ》うて青い小さな流れが、水音をたてて流れていました。しばらくすると、

「あなたの手はずいぶんほてるのね」と菜の花はいいました。「あつい手で持たれると、首がだるくなってしかたがないわ、まっすぐにしていられなくなるわ」

といって②うなだれた首を小娘の歩調に合わせて、力なく振《ふ》っていました。

小娘はちょっと当惑《とうわく》しました。

しかし小娘には③はからず、いい考えが浮《うか》びました。小娘は身がるく路ばたにしゃがんで、だまって菜の花のAを流れへひたしてやりました。

「まあ！」菜の花は生きかえったような元気な声を出して小娘を見上げました。すると小娘は④宣告するように、

「このまま流れていくのよ」といいました。

菜の花は不安そうに首をふりました。そして、

「先に流れてしまうとこわいわ」といいました。

「⑤心配しなくてもいいのよ」そういいながら、早くも小娘は流れの表面で、持っていた菜の花をはなしてしまいました。菜の花は、

「恐《こわ》いわ、恐いわ」と流れの水にさらわれながら、見る見る小娘から遠くなるのを恐《おそ》ろしそうに叫《さけ》びました。が小娘はだまって両手を後《うしろ》へまわし、背でおどる目籠をおさえながら、かけて来ます。

菜の花は安心しました。そして、さもうれしそうに水面から小娘を見上げてなにかと話しかけるのでした。

どこからともなく気軽な黄蝶《きちょう》が飛んで来ました。そして、うるさく菜の花の上をついて飛んで来ました。菜の花はそれをもたいへんうれしがりました。しかし黄蝶はせっかちで、⑥でしたから、いつか又《また》どこかへ飛んで行ってしまいました。

菜の花は、小娘の鼻の頭に、ポッポッと玉のような汗が飛び出しているのに気がつきました。

ひょっとしたら、⑪おばあちゃんが私にくれた一番の宝物は、その風景の中でカエルになり、風になり、光になり、鈴《すず》の音にもなる、このまなざし、この感覚ではないかと思うのです。

(上橋菜穂子『物語ること、生きること』より)

＊アニミズム―自然に対する考え方の一つ。

問一 ━━線部A「細い糸を［　］ように」・B「努力を［　］」に最もふさわしい動詞を後の各**ア**～**エ**から一つずつ選び、記号で答えなさい。

A「細い糸を［　］ように」

ア つかむ　**イ** さぐる　**ウ** ひっぱる　**エ** たぐる

B「努力を［　］」

ア 持つ　**イ** 買う　**ウ** 測る　**エ** 知る

問二 ――線部①「それ」の指すものを本文中から十六字でぬき出し、最初の五字を答えなさい。

問三 ――線部②「後ろ髪をひかれる思い」とは、ここではどういう気持ちか、具体的に説明しなさい。

問四 ══線部a～dから、――線部③「ここ」とは別の場所を指すものを一つ選び、記号で答えなさい。

問五 【　】1～4に最もふさわしい語を次の**ア**～**カ**から一つずつ選び、記号で答えなさい。ただし、同じ記号は一度しか使えません。

ア みるみる　**イ** とうとう　**ウ** わざわざ

エ しぶしぶ　**オ** だんだん　**カ** いやいや

問六 ――線部④「最初はよかれと思ってそうしたはずの少年」とありますが、「少年」は「最初」はどのように思っていたのか、解答らんの言葉に続くように答えなさい。

問七 ［⑤］に最もふさわしいことわざを次の**ア**～**エ**から一つ選び、記号で答えなさい。

ア 井の中の蛙《かわず》大海を知らず

イ 郷《ごう》に入れば郷に従え

ウ 住めば都

エ 猫《ねこ》の額

問八 ――線部⑥「［　　　　　］」に入る言葉を、本文の語を組み合わせて、五字で答えなさい。

問九 ――線部⑦「この子に時間をあげたくなってしまった」とはどういうことか、解答らんの言葉に続くように答えなさい。

問十 ――線部⑧「向こう側とこちら側の視点が一瞬ふっと入れ替わる」とはどういうことですか。「カナブン」を例に挙げて、具体的に説明しなさい。

問十一 ――線部⑨「その生涯がそのまま民話といっていいような人」とはどういう人か、次の**ア**～**エ**から一つ選び、記号で答えなさい。

ア その土地に生きるものと深く関わりあいながら生きていた人。

イ ずっと昔からその土地で英雄《えいゆう》として語りつがれてきた人。

ウ 生まれてから死ぬまでその土地を離れずに暮らし続けた人。

エ 語り伝えられてきたその土地の物語をよく知っていた人。

問十二 ――線部⑩「［　］風景」の［　］に入る漢字を次の**ア**～**エ**から一つ選び、記号で答えなさい。

ア 限　**イ** 現　**ウ** 原　**エ** 元

問十三 ――線部⑪「おばあちゃんが私にくれた一番の宝物」について、

(1) 「おばあちゃんが私にくれた一番の宝物」とは何か、本文全体から読み取って説明しなさい。

(2) その「宝物」は、現在の筆者の仕事においてどのように生かされているか、わかりやすく説明しなさい。

になってしまったのでしょう。

狭《せま》い井戸でも、ちっちゃな亀にしたら、⑤□と思っていたかもしれない。d生まれ育った場所を自分の意思でなく捨てて遠くに連れさられるのだとしたら、自分の判断はこれでよかったのだろうか。

どんなものにも、魂はあるのだから——。

亀には亀の世間がある、というのはそういうことです。

物言わぬ生き物も、人間も、同じように思う。市五郎さんのまなざしは、私にとって身に覚えがあるものでした。

子どものころ、私は、道端《みちばた》にある石ころを蹴飛《けと》ばすことができなくて、石ころがあると道の脇《わき》に【3】置きに行ったりしていました。

なぜそんなことをしていたかといえば、一瞬《いっしゅん》だけふっと⑥「□」になって「蹴られたら嫌《いや》だな」と思ってしまうからです。

その気分は、大人になったいまも残っているようです。ついこのあいだも、ベランダにちっちゃいカナブンがいて、それをもっとちっちゃい蜘蛛《くも》が持ちあげようとしていました。ところが見ていたら、死んでるとばかり思ったカナブンがちょっと動いたのです。

さあ、困ったことになりました。

カナブンを助けるべきか。

それとも一生懸命《けんめい》ここまで持ちあげて運んできた蜘蛛のB努力を□べきか。

【4】、私は傍観者《ぼうかんしゃ》なんだから手を出すべきじゃないと思いつつ、カナブンが動いて「あ。生きてる」と思った瞬間に、あとちょっとだけ、⑦この子に時間をあげたくなってしまったのです。

それでカナブンをそっと動かしたら、蜘蛛は腹立たしげにどこかに行ってしまいました。

しばらくして見ると、カナブンももう動かなくなっていたから、私のやったことはよけいなことだったのかもしれません。

そのときの気分は、「カナブン、かわいそう」じゃないんですね。

やっぱり自分が「カナブンの目」になって、自分の死を見ている。自分の生きていることを見ているのです。

それが石ころであれ、カナブンであれ「その目は何を見ているのだろう」と、つい考えてしまう。そうすると⑧向こう側とこちら側の視点が一瞬ふっと入れ替《か》わる瞬間があるのです。

いわゆる「*アニミズム」に近い感覚なのでしょうが、そういう言葉は、あとになって知りました。

その言葉を知るまえから、生物であれ、無生物であれ、すべてのものに命があるように感じて、石ころを見ても「蹴られたら痛かろうな」と思ってしまう。私が物語にあんなにも入りこんでしまうのも、根っこのところに、この感覚があるからだと思います。

宮本常一さんの『私の祖父』は、こんな言葉で結ばれています。

「世間話はあまり持たぬ人だったが、⑨その生涯《しょうがい》がそのまま民話といっていいような人であった」

私のおばあちゃんも、まさにそういう人でした。

おばあちゃんと庭で一匹の大きなカエルを見ている——私の記憶のはじまりの一シーンは、物言わぬ生き物も、人間も、もっと言うならそこに存在するすべてのものは、同じひとつひとつの命、ひとつひとつの魂だと感じていた私の⑩□風景なのでしょう。

そして私は、そこにいるあらゆるものの目になって、その風景を見ている。

二〇二二年度　雙葉中学校

【国語】（五〇分）〈満点：一〇〇点〉

一　Ⅰの文章を読み、問いに答えなさい。

Ⅰ

そんなふうに、八歳《はっさい》になるまでに、おばあちゃんから与《あた》えてもらっていたものが、大人になって自分が書き手になってから、ふっと浮《う》かんでくることがあります。作家で、同じようなことを経験している人は、おそらく、たくさんいるんじゃないでしょうか。

自分自身が体験したことじゃなくても、心のやわらかい時期に刻まれた感覚を、人は大人になっても鮮明《せんめい》に持ちつづけているのだと思います。そうして書き手として、まさにそれが必要になったときに、記《き》憶《おく》の底から A 細い糸を □ ようにしてよみがえってきて、①それがいきなり生きるのです。

そういうことがなかったら、どんな物語も膨《ふく》らみのない、かたちばかりのものになってしまう気がします。それを思うと、おばあちゃんが与えてくれたものは、本当に大きかったと思います。

それで思い出すのが民俗《みんぞく》学者の宮本常一《みやもとつねいち》さんの『忘れられた日本人』という本です。

私はこの本が大好きなのですが、この中に『私の祖父』という短い随筆《ずいひつ》があって、そこに出てくる祖父の市五郎《いちごろう》さんが、私のおばあちゃんにそっくりなんです。

あるとき、市五郎さんは神社の拝殿《はいでん》の下で鳴いていた黒い小犬を見つけて、クロと名づけて育てることにします。ところが近所の子どもがいじめて困る。それでクロを村のはずれまで連れていって「そだててやりたいが、みんながいじめるからかわいそうでならぬ。このさきには親切にしてくれる家もあろうから、これからさきへいって見い」とさとし、②後ろ髪《がみ》をひかれる思いで帰ってきます。

それから何年も経《た》って、道に迷った市五郎さんが、困り果ててうずくまって休んでいると、どこからともなく一匹《いっぴき》の黒犬が現れて、村の灯《あか》りが見えるところまで導いてくれたというのです。

「どんなものにも魂《たましい》はあるのだから大事にしなければならぬ」というのが市五郎さんの信条でした。そして、それは孫の宮本常一さんの少年時代のエピソードにもあらわれていました。

山の田のそばの井戸《いど》に一匹のちっちゃな亀《かめ》がいて、常一少年は、そこに行くとその亀を見るのを楽しみにしていました。

あるとき「a こんなせまいところにいつまでもとじこめられているのはかわいそうだ」と思って、おじいちゃんに頼《たの》んで亀を井戸からあげてもらって、家に持って帰って飼うことにしたのです。

喜びいさんで帰りかけたのですが、歩いているうちに「b 見しらぬところへつれていったらどんなにさびしいだろう」と思って、【 1 】亀が気の毒に思えてきました。【 2 】耐《た》えきれずに「亀がかわいそうだ」と大声で泣きだしてしまいます。

結局、祖父の市五郎さんに頼んで、亀をもとの井戸に戻《もど》してもらうのですが、そのときに市五郎さんが、こう言うのです。

「亀には亀の世間があるのだから、やっぱり③ここにおくのがよかろう」

この言葉だけでもう、私は、涙《なみだ》が出そうになります。

c こんなところにいたら、亀はつらいだろう。④最初はよかれと思ってそうしたはずの少年も、連れ帰る道の途中《とちゅう》で、今度は亀の気持ち

2022年度

雙葉中学校　▶解説と解答

算数　(50分)＜満点：100点＞

解答

[1] (1) $\frac{7}{8}$　(2) 30　(3) 1250　(4) 6.88　[2] 解説の図②を参照のこと。
[3] (1) 99　(2) 921　(3) 24行27列目　[4] (1) 100人　(2) 11時36分／**大型バス** 40人　**中型バス** 20人　[5] (1) 26分15秒　(2) 1587.6m

解説

[1] 四則計算，単位の計算，集まり，面積

(1) $2-1.95\times\left(3-1\frac{37}{91}\right)\div2\frac{16}{21}=2-1.95\times1\frac{54}{91}\div2\frac{16}{21}=2-\frac{195}{100}\times\frac{145}{91}\div\frac{58}{21}=2-\frac{39}{20}\times\frac{145}{91}\times\frac{21}{58}=2-\frac{9}{8}=\frac{7}{8}$

(2) $1\,km^2=1000000\,m^2$，$1\,m^2=10000\,cm^2$より，実際の面積が$56.25\,km^2$の正方形の土地は，2万5千分の1の地図上では，$56.25\times1000000\times10000\times\frac{1}{25000}\times\frac{1}{25000}=900(cm^2)$の面積で表される。900＝30×30なので，この土地の地図上での一辺の長さは30cmとなる。

(3) 運動部または文化部の少なくとも一方に所属する生徒は，生徒全体の，100－7.12＝92.88(％)だから，両方に所属する生徒は，生徒全体の，69.04＋34.16－92.88＝10.32(％)である。これが129人だから，全体の生徒数は，129÷0.1032＝1250(人)とわかる。

(4) 問題文中の図形の，正方形の対角線の長さを□cmとすると，□×□÷2＝32より，□×□＝32×2＝64＝8×8なので，□＝8(cm)となる。かげをつけた部分は，半径，8÷2＝4(cm)で，中心角45度のおうぎ形4個を正方形から除いたものだから，その面積は，$32-4\times4\times3.14\times\frac{1}{8}\times4=32-25.12=6.88(cm^2)$と求められる。

[2] 速さ，図形上の点の移動

図①

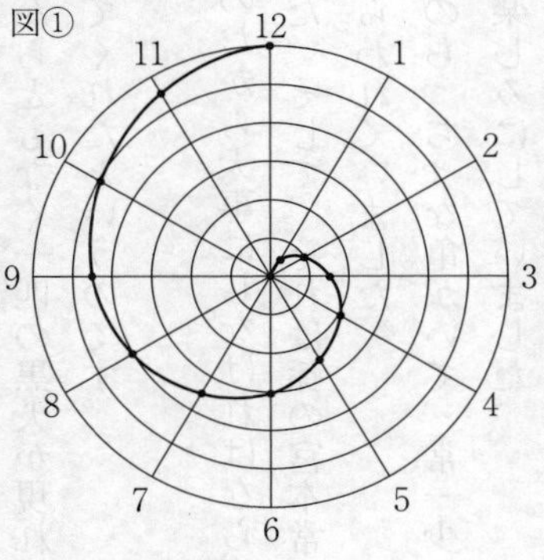

図②

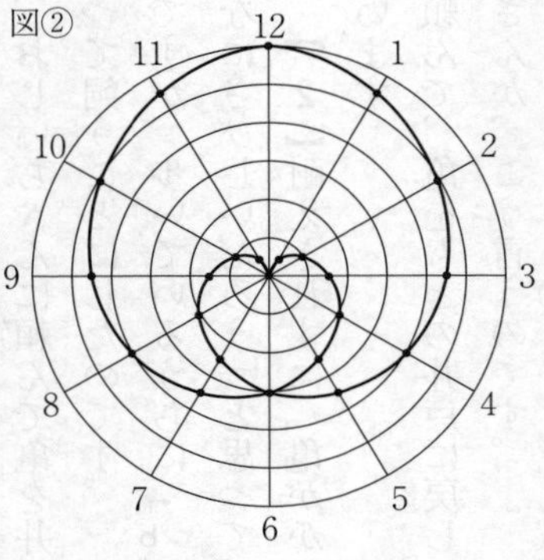

この時計の秒針は，15÷３＝５(秒)ごとに数字を指す。また，解答用紙の図の円の半径は１cm(10mm)ごとに区切られており，点Ｐは10mm進むのに，10÷１＝10(秒)かかるから，５秒ではその半分の位置まで進むとわかる。さらに，点Ｐは６cm(60mm)動くのに，60÷１＝60(秒)，つまり１分かかるので，２分で秒針を１往復する。以上のことから，はじめの60秒間について，５秒ごとの点Ｐの位置をかきこんでなめらかな線で結ぶと，上の図①のようになる。また，次の60秒間の点Ｐの動きは，時計の12と６を結んだ直線を軸《じく》として線対称《せんたいしょう》の位置になる。よって，２分間で点Ｐが動いたあとの線は，上の図②のようになる。

3 数列

⑴　問題文中の図の奇数《きすう》が，１からかぞえたときに何番目の奇数になるかをマス目にかくと，右の図１のようになる。図１で，かげをつけた１行奇数列目の数は，列の数を２回かけた数になっているから，１行７列目の数は，７×７＝49(番目)の奇数となる。よって，下の図２のように，１行８列目の数は，49＋１＝50(番目)の奇数になるので，２×50－１＝99とわかる。

図１

	1列目	2列目	3列目	4列目	5列目
1行目	1	2	9	10	25
2行目	4	3	8	11	24
3行目	5	6	7	12	23
4行目	16	15	14	13	22
5行目	17	18	19	20	21

⑵　⑴と同様に考えると，１行21列目の数は，21×21＝441(番目)の奇数だから，１行22列目の数は，441＋１＝442(番目)の奇数である。すると，下の図３のように，20行22列目の数は１行22列目の数より，20－１＝19(個)あとになるから，442＋19＝461(番目)の奇数とわかり，２×461－１＝921と求められる。

⑶　1411は，(1411＋１)÷２＝706(番目)の奇数である。また，27×27＝729より，１行27列目の数は729番目の奇数だから，706番目の奇数はこれより，729－706＝23(個)前になる。よって，下の図４のように，１＋23＝24(行)27列目にあるとわかる。

図２

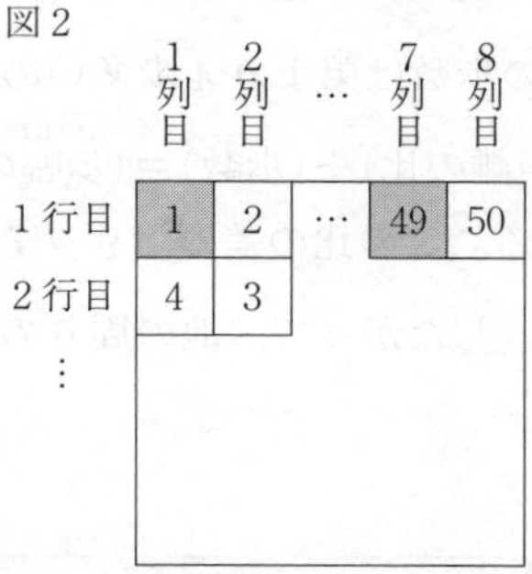

図３

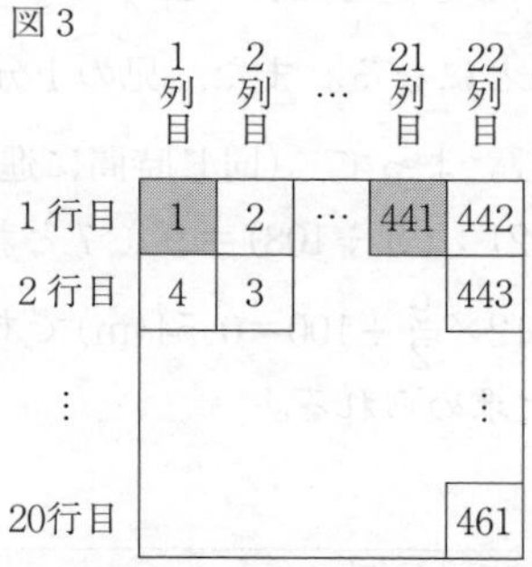

図４

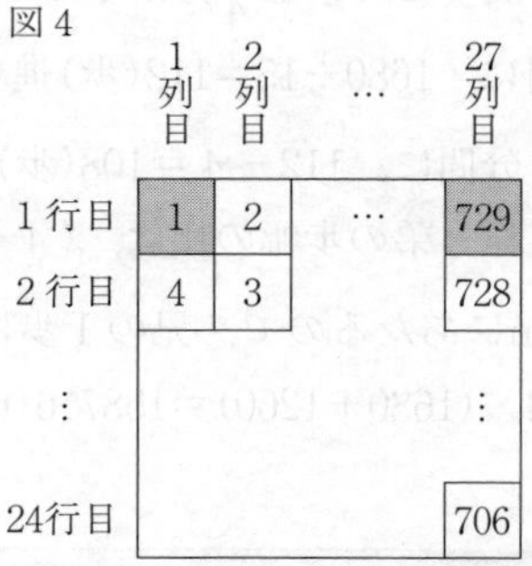

4 調べ

⑴　中型バスで７時45分までに会場に着くには，７時45分－13分＝７時32分までに駅を出発しなければならない。中型バスは７時９分から７分おきに出発するので，７時32分までの間に，７時９分，７時16分，７時23分，７時30分の４回出発する。よって，中型バスに乗って，７時45分までに会場に着いたのは，25×４＝100(人)である。

⑵　大型バスは，７時，７時10分，７時20分，７時30分，…と駅を出発するから，⑴より，７時30分に初めて大型バスと中型バスが同時に駅を出発することがわかる。また，７時30分までに大型バスも中型バスも４

時間(分)	7	10	14	20	21
大型バスに乗る人(人)	－	40	－	40	－
中型バスに乗る人(人)	25	－	25	－	20
人数の合計(人)	25	65	90	130	150

回ずつ出発するので，バスに乗った人の合計は，40×４＋25×４＝260(人)で，残りは，2000－260＝1740(人)である。その後は10と７の最小公倍数である70分が周期となり，その間に大型バスは，70÷10＝７(回)，中型バスは，70÷７＝10(回)出発するから，70分間にバスに乗る人は，40×７＋25×10＝530(人)である。すると，1740÷530＝３あまり150より，この70分間を３回くり返して，あと150人の人が残っている。このときの時刻は，７時30分＋70分×３＝11時で，ここから残りの150人がどのバスに何時に乗るかを調べると，上の表のようになる。この表から，最後の大型バスには40人，中型バスには20人が乗っていたとわかる。また，最後の大型バスが会場に着いたのは，11時＋20分＋16分＝11時36分で，最後の中型バスが会場に着いたのは，11時＋21分＋13分＝11時34分だから，会場に最後にバスが着いたのは11時36分である。

5 速さと比

(1)　兄と弟が池の周りを進んだ様子は，右の図のようになる。図で，アとイの距離《きょり》の比は，1680：1260＝４：３だから，兄と弟の進む速さの比も４：３となる。すると，兄と弟が池を１周するのにかかる時間の比は，$\frac{1}{4}$：$\frac{1}{3}$＝３：４で，この比の差の，４－３＝１が８分45秒，つまり，45÷60＝$\frac{3}{4}$より，$8\frac{3}{4}$分にあたるので，兄は池を１周するのに，$8\frac{3}{4}$×３＝$26\frac{1}{4}$(分)，$\frac{1}{4}$×60＝15(秒)より，26分15秒かかったとわかる。

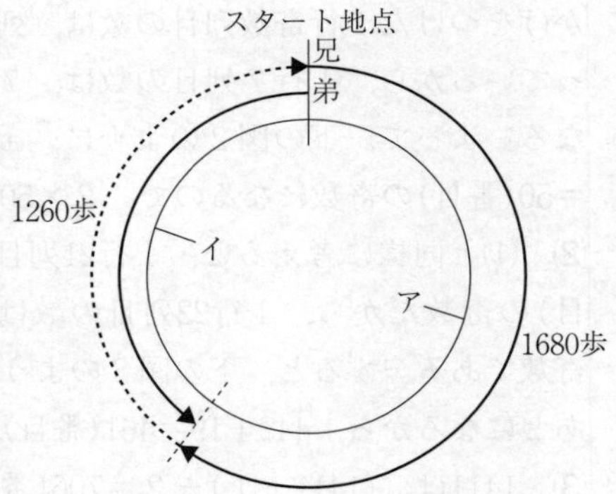

(2)　(1)より，ア：イ＝４：３なので，兄がこれを進むのにかかる時間も４：３である。また，兄は池を１周するのに$26\frac{1}{4}$分かかるから，アを進むのに，$26\frac{1}{4}\times\frac{4}{4+3}$＝15(分)かかる。すると，兄は１分間に，1680÷15＝112(歩)進むことになる。また，兄の１分間の歩数は弟より４歩多いので，弟は１分間に，112－４＝108(歩)進む。よって，(同じ時間に進む距離の比)÷(歩数)＝(歩幅《ほはば》の比)より，兄と弟の歩幅の比は，(４÷112)：(３÷108)＝９：７とわかる。この比の差の，９－７＝２が12cmにあたるので，兄の１歩は，12×$\frac{9}{2}$÷100＝0.54(m)である。したがって，池の周りの長さは，0.54×(1680＋1260)＝1587.6(m)と求められる。

社　会　(30分) ＜満点：50点＞

解　答

1　**問１**　パリ協定　**問２**　ニ　**問３**　ハ　**問４**　政府開発援助　**問５**　非正規　**問６**　(1)　B，C　(2)　(例)　生存権を保障するための政策を実施することは，国の責務である。　**問７**　(1)　イ　指名　ロ　信任　(2)　イ，ロ，ニ　**問８**　(1)　ロ　(2)　財務省

2　**問１**　ロ　**問２**　ニ　**問３**　(1)　イ，ハ　(2)　ニ　**問４**　(例)　農業人口が減少し，高齢化が進んでいること。　**問５**　ハ　**問６**　ホ　**問７**　ハ　**問８**　ハ　**問９**　ロ

3　**問１**　DとE　**問２**　(1)　ハ　(2)　ニ　**問３**　(1)　ホ→イ→ニ　(2)　租　(3)

（例） 男性を女性といつわって戸籍に登録した。　**問４**　ハ，ヘ　**問５** (1)（例） 一揆をくわだてた　(2) ニ　(3) 寺子屋　**問６** 自治　**問７** 法律　**問８** イ　**問９** ３番目…ロ　６番目…ニ　**問10** (1) ニ，ト　(2) ポツダム宣言　**問11** ハ　**問12**（例） 狩り，漁

解　説

1 国際社会や日本の政治についての問題

問１　2015年，フランスの首都パリで国連気候変動枠組《わくぐみ》条約第21回締約《ていやく》国会議(COP21)が開かれ，パリ協定が採択《さいたく》された。パリ協定では，発展途上国をふくむすべての国が，地球温暖化を防止するため，温室効果ガスの排出量削減《さくげん》に向けた取り組みを行うことが取り決められた。

問２　安全保障理事会は，紛争の解決と平和の実現に対して最も重要な役割をはたす国際連合(国連)の主要機関で，武力行使をふくむ強制措置《そち》をとることができる。アメリカ(合衆国)・ロシア・イギリス・フランス・中国の５か国が常任理事国を務めているが，いずれの国にも軍隊があり，また，加盟国に軍隊の廃止をよびかけてもいない。

問３　NGO(非政府組織)は，利益をあげることを目的とせず，世界の平和や人権，環境などの問題について国際協力や支援を行う民間団体のことで，各国の政府や国際連合から独立しているが，国際連合やその地域の行政機関と協力して活動することもある。

問４　発展途上国の経済や社会を成長させ，医療《いりょう》・教育・産業・生活・運輸などを整備するために，先進国が発展途上国に対して行っている資金援助や技術協力を政府開発援助(ODA)という。ODAに関連する組織として，国際協力機構(JICA)が派遣する青年海外協力隊が知られている。

問５　非正規雇用《こよう》労働者は，一般に雇用期間を定めて雇われる労働者のことで，パートタイマー・アルバイト・契約《けいやく》社員・派遣社員などがこれにあたる。非正規雇用労働者は正規雇用労働者よりも所得が低く，雇用先の経営が悪化した場合，最初にその影響を受けやすいとされる。労働者に占《し》める割合は男性で20％，女性で50％を超《こ》えており(2020年)，その待遇《たいぐう》改善などが課題となっている。

問６　(1)「経済の状況《じょうきょう》が悪化し，仕事を失った人」は，「仕事に就いて働く権利」が奪《うば》われたことになる。また，経済的に苦しい家庭の子どもが奪われる「さまざまな機会」の中には，たとえば経済的な理由から教育を受けることについての選択肢の幅《はば》がせばまるなど，「教育を受ける権利」を奪われるといった事例もあると考えられる。　(2) 日本国憲法は，第25条で「健康で文化的な最低限度の生活を営む権利」として，生存権を国民に保障している。これにもとづいて社会保障制度が整備されており，生活に苦しむ人は生活保護を受けることができる。しかし，それでもなお貧困に苦しむ人がいるということは，制度が不十分である，あるいは十分に活用されていないなど，個人の努力だけではどうにもならない政治的な面もあるといえる。

問７　(1) **イ**　日本国憲法第67条の規定により，内閣総理大臣は国会議員の中から国会の議決で指名される。　**ロ**　日本国憲法第69条，第70条において，内閣が成立するためには衆議院の信任が必要であると定められている。このしくみは議院内閣制とよばれ，イギリスなどでも採用されている。　(2) 裁判官をやめさせるかどうかの裁判を弾劾《だんがい》裁判といい，弾劾裁判所は国会に設置される。憲法改正の発議(国民への提案)は，衆参各議院の総議員の３分の２以上の賛成を得て，国会が行う。また，国会が制定した法律が憲法に違反していないかどうかを調べる権限を違憲立法審査権

といい，すべての裁判所にこの権限が与えられている。

問８　⑴　近年の国の予算(一般会計)は総額でおよそ100兆円規模となっており，税収は50～60兆円台が続いているので，歳入に占める割合は５～６割程度ということになる。歳出においては，少子高齢化にともなって増大する社会保障関係費がおよそ３分の１を占めており，税収でまかなえないぶんは，国の借金にあたる国債《こくさい》を発行して補っている。　⑵　国の予算や財政，税に関する仕事は，財務省が担当している。財務省は税金の徴収《ちょうしゅう》や，各省庁が要求する予算の調整のほか，経済について世界の各国の代表と話し合うといった仕事も行っている。

２　日本の地形や産業についての問題

問１　イ，ロ　群馬県嬬恋《つまごい》村は標高約1000mの高地に位置し，冬には多くの雪が降る。また，最も寒い月である１月の平均気温は－4.5℃で，秋田県五城目町の１月の平均気温－0.5℃よりも低い(平均気温は1991～2020年の平年値)。　ハ，ニ　五城目町は日本海側の気候に属しているため，梅雨や台風の影響を受ける夏～秋とともに冬の降水(雪)量も多いが，春先には降水量の少ない時期がある。　ホ　東京都千代田区は太平洋側の気候に属しており，夏には南東の湿った季節風が吹《ふ》きこむ。

問２　東京都の伊豆大島には三原山が，秋田県と山形県の県境には鳥海山が，群馬県と長野県の県境には浅間山がある。なお，御嶽《おんたけ》山は岐阜県と長野県，霧島《きりしま》山は鹿児島県と宮崎県にまたがる活火山。

問３　⑴　ミャンマーは東南アジアの国で，首都ネーピードーは北緯19度に位置している。北緯40度線は，秋田県北部の八郎潟干拓地のほか，スペインの首都マドリード，イタリア南部，トルコ，中華人民共和国の首都北京《ペキン》，北朝鮮，アメリカ合衆国のニューヨークなどの付近を通っている。

⑵　八郎潟干拓地は，北緯40度の緯線と東経140度の経線が交差することでも知られている。

問４　グラフから，秋田県の農業人口が減り続けていることと，農業人口に占める60才以上の人の割合が上がっていることがわかる。秋田県だけでなく，日本の多くの地域では農業の担い手や後継者不足と高齢化が問題となっている。

問５　イ　秋田県と青森県にまたがる白神山地はブナの原生林が広がっており，ユネスコ(国連教育科学文化機関)の世界自然遺産に登録されている。　ロ　植林は，人工林をつくり，守るために行われる。　ハ　秋田スギの説明として正しい。　ニ　枝打ちや間伐《かんばつ》は，人工林の保全のために行われる。

問６　嬬恋村では，高原の涼しい気候を利用して夏にキャベツなどを栽培する抑制《よくせい》栽培が行われており，高原野菜として出荷される。そのため，東京都中央卸売《おろしうり》市場でも７～10月に群馬県産のキャベツの取扱《とりあつかい》量が多くなる。東京都に近く，近郊農業がさかんな千葉県でつくられるキャベツは，春キャベツの一大産地である銚子《ちょうし》市があることから，特に５・６月の取扱量が多い。愛知県はキャベツの生産量が全国第１位(2020年)で，冬の取扱量が多い。

問７　イ　利根川の流域面積(約16840km²)は，日本の河川の中で最も大きい。　ロ　利根川は，関東平野をおおむね北西から南東へと流れており，東北地方の福島県は通らない。　ハ　利根川について正しく説明している。　ニ　かつて利根川は，現在の東京湾に注いでいたが，江戸時代に流路を大きく東へと変える大工事(東遷《とうせん》工事)が行われ，太平洋に注ぐ現在の流路となった。

問８　日本の鉄鋼業や造船業，石油化学工業は，臨海部を中心に発展してきた。内陸に位置する群馬県でさかんに行われていたということはなく，現在もさかんとはいえない。また，群馬県には空港はない。なお，群馬県は古くから養蚕がさかんで，官営富岡製糸場がつくられるなど，繊維工業が発達した。現在は，高速道路が整備されたことや，豊富な工業用地と労働力があったことから，自動車を中心とする機械工業がさかんに行われている。

問９　ロは，宮崎県の郷土料理である「おび天」の説明である。なお，イは群馬県，ハ(きりたんぽ鍋《なべ》)は秋田県，ニ(深川めし)は東京都の郷土料理。

3　各時代の歴史的なことがらについての問題

問１　Dは江戸時代，Eは室町時代についての内容なので，これらを入れかえる必要がある。

問２　(1)　古墳時代には，近畿地方で大王《おおきみ》(のちの天皇)を中心とする豪族の連合政権であるヤマト政権が成立した。大王の墓に用いられた前方後円墳が各地に見られることは，この時期にヤマト政権の支配が広がり，各地の豪族を従えていったことを示している。なお，イは弥生時代，ロは飛鳥時代のできごと。ニについて，銅鐸《どうたく》は弥生時代，土偶《どぐう》は縄文時代に使われた道具で，古墳の周囲や頂上には埴輪《はにわ》が置かれた。　(2)　稲はもともと暑い地方の作物で，近年の研究では，中国中南部を流れる長江中・下流域から始まったと考えられている。現在でも，長江流域では米づくりがさかんに行われている。

問３　(1)　７世紀は601～700年にあたる。イは645年，ロは710年，ハは752年，ニは694年，ホは607，608年，ヘは907年のできごとなので，７世紀のできごとを起こった順に並べると，ホ→イ→ニとなる。　(2)，(3)　奈良時代には律令制度のもと，６年ごとにつくられる戸籍にもとづき，６才以上の人々に口分田が支給された。その代わりに人々は，収穫した稲の約３％を納める租，地方の特産物を納める調，労役の代わりに布を納める庸《よう》などの税や労役，兵役の義務を課された。特に，調・庸と労役，兵役は成年男子のみに課され，重い負担となった。そのため，男子が生まれても女子といつわって戸籍に登録する者が増加し，税や労働力，兵士の徴収が行きづまるようになった。

問４　武士のうち，御恩と奉公という関係で将軍と結ばれていた武士を御家人という。鎌倉幕府は1221年の承久《じょうきゅう》の乱ののち，西国での支配力も強化したが，すべての武士が御家人であったわけではない。また，江戸時代の農民は，土地を持つ本百姓と土地を借りて農業を行う水のみ百姓に区別され，本百姓の中から選ばれた庄屋《しょうや》(名主)・組頭・百姓代が村役人(村方三役)として村を運営した。

問５　(1)　1588年，豊臣秀吉は方広寺の大仏殿をつくるさいの釘《くぎ》などに使うと説明し，百姓から刀や弓，その他の武具類を取り上げた。この刀狩令は，農民が武器を持ち，一揆《いっき》をくわだてるのを禁止することで，農民を耕作に専念させ，年貢《ねんぐ》をきちんと納めさせることが目的であった。また，これによって武士と農民の身分がはっきり区別される兵農分離が進んだ。　(2)　江戸時代には商品作物の栽培がさかんになり，菜種からは油がつくられた。しょう油は，大豆をおもな原料としてつくられる。　(3)　江戸時代には，百姓や町人の子どものための教育機関として，各地に寺子屋がつくられた。寺子屋では僧や武士などが教師をつとめ，「読み・書き・そろばん」などを教えた。

問６　住民がみずから住んでいる地域の運営をすすめることを，自治という。室町時代には農村で自治が進み，そうした村の自治組織は惣《そう》(村)とよばれた。惣では，農民たちが神社などで寄合を開き，村のおきてや行事などを決めた。

問７　Gにある「憲法」は，1889年２月11日に発布された大日本帝国憲法である。大日本帝国憲法では国民は臣民(天皇の支配に従う人々)とされ，臣民の権利は法律の範囲《はんい》内でのみ認められた。

問8　1929年にアメリカで始まった世界恐慌《きょうこう》の影響で，日本も不景気におちいった。この状況を打開するため日本は大陸進出をはかり，1931年に満州事変を起こした。そして1932年に満州国を建国し，これを植民地として支配した。なお，ロは関税自主権を回復する1911年以前，ハは1923年，ニは秩父《ちちぶ》事件とよばれる事件で1884年，ホは第一次世界大戦が終わった1918年ごろ，へは1960年代～70年代のできごと。

問9　イは1933年，ロは1937年，ハは1945年８月，ニは1945年４月，ホは1936年，へは1941年，トは1940年のできごとなので，時期の早い順にイ→ホ→ロ→ト→ヘ→ニ→ハとなる。

問10　(1)　日本は，終戦直後の1945年８月から，サンフランシスコ平和条約が発効した1952年４月まで，連合国軍の占領統治を受けた。イは1947年，ロは1945～47年，ハは1947年，ニは1954年，ホは1951年，へは1950年，トは1956年のできごとである。　(2)　1945年７月26日，アメリカ・イギリス・中国(のちにソ連も参加)の名で，日本に無条件降伏《こうふく》を勧告《かんこく》するポツダム宣言が出された。当初日本政府はこれを無視していたが，広島・長崎への原爆投下やソ連の対日参戦などを受けて戦争続行が不可能とさとり，1945年８月14日にポツダム宣言の受け入れを連合国に通知した。翌15日には，天皇がラジオ放送で国民にこれを伝えた。

問11　高度経済成長は1950年代後半に始まり，1973年に起こった石油危機(オイルショック)で終わった。貿易摩擦《まさつ》が深刻になったことから自動車の輸出量を減らし，代わりに海外に工場をつくって現地生産するようになったのは，1980年代以降のことである。

問12　北海道の先住民族であるアイヌの人々は，独自の言語と文化を持ち，狩りや漁を中心とした伝統的な暮らしをしていた。しかし，明治時代になると，政府によって土地や漁場を奪われただけでなく，伝統的な文化も否定され，差別にも苦しむようになった。

理　科　(30分)＜満点：50点＞

解　答

[1]　**問1**　軽石　　**問2**　(例)　軽石は海水に浮かぶので，海流や風によって流されたため。　**問3**　エ　　**問4**　(例)　日によって風の向きや強さが変化するから。　　**問5**　ハザードマップ　　**問6**　(例)　溶岩は高い所から低い所へ流れるが，火山灰は風によって運ばれるから。

[2]　**問1**　(1)　ア，イ　(2)　イ　(3)　**ア**　二酸化炭素　　**イ**　a　**ウ**　a　**問2**　(1)　ウ→オ→ア→エ→イ／**窓の役割**…イ　(2)　イ　**問3**　ウ　**問4**　**ア**　9.2　**イ**　a

[3]　**問1**　**ア**　低　**イ**　レボルバー　**問2**　(例)　スライドガラス，カバーガラス，ピンセット　**問3**　**ウ**　b　**エ**　b　**問4**　(例)　葉を熱湯につけてから，あたためたアルコールにひたす。　**問5**　(例)　ヨウ素液で染めても，どの細胞の粒も青紫色にはならないこと。　**問6**　(1)　青色　(2)　エ

[4]　**問1**　**ア**　a　**イ**　c　**ウ**　b　**エ**　a　**問2**　(例)　電気を通さない　**問3**　イ　**問4**　(例)　コイルの巻き数が多いほど磁石としての力が大きくなり，紙コップの底の振動の幅も大きくなったから。　**問5**　(例)　**方法**…磁石をより磁力の力が大きいものにかえる。／**理由**…反発しあう力が大きくなり，紙コップの底の振動の幅が大きくなるから。

解　説

1　火山の噴火《ふんか》についての問題

問1　福徳岡ノ場は，小笠原諸島の硫黄《いおう》島の南方60kmほどに位置しており，太平洋プレートがフィリピン海プレートに沈《しず》みこむことにより形成された海底火山である。2021年８月，爆発《ばくはつ》的な噴火が発生し，大量の軽石を噴出した。

問2　海底火山で爆発的な噴火を起こしたマグマはガスをたくさん含《ふく》んでいて，固まるときにガスがぬけていくなどしてすき間の多い軽石となった。軽石は海水より密度（１cm^3当たりの重さ）が小さく，海水に浮《う》くため，海面をただよい，日本の南を西向きにふく貿易風と西に向かう海水の流れにより，沖縄・奄美《あまみ》地方に運ばれたと考えられている。

問3　漂着《ひょうちゃく》した軽石は，船のエンジンに吸いこまれ，エンジンを故障させてしまうため，船を出すことができず，漁港の機能を停止させる原因ともなる。また，細かい軽石が魚のエラに入りこんで，魚を死なせてしまったり，景観を損ねるため観光業への被害《ひがい》などをもたらしたりする。なお，軽石自体には微量《びりょう》な有害物質が含まれることがあるが，酸性の成分が含まれることが多いため，エはまちがいである。

問4　７月29日～30日の降灰の範囲《はんい》は浅間山から北東へ宮城県沖まで達しているが，30日～31日の降灰の範囲は浅間山からほぼ東の方角であり，その範囲も短くなっている。これは，７月29日～30日は強い南西の風が吹き，30日～31日は，前日より弱い西の風が吹《ふ》いていたためと考えられる。

問5　ハザードマップは，地質や地形，過去の災害データなどの情報をもとに，危険な場所や避難《ひなん》先の位置・経路など，災害時に必要な情報を住民にわかりやすく地図上に表したもので，洪水に関するもの，土砂災害などに関するもの，地震《じしん》による液化現象に関するもの，火山の噴火に関するもの，津波などのさいの浸水《しんすい》に関するものなどがつくられている。

問6　鬼押《お》し出し溶岩は，溶岩が流れこんだところなので，浅間山の火口から低いところに向かって分布していて，分布範囲は広くない。一方，火山灰は風で運ばれるため，風の向きや強さの影《えい》響《きょう》を受けて，火口の近くには厚く，遠くには薄《うす》く積もり，広い範囲に分布している。

2　ものの燃え方についての問題

問1　(1)　ろうそくが燃えるためには，空気のような酸化剤《ざい》が必要である。また，あたためられた空気は軽くなり上にあがる性質がある。アでは，下から酸素の多い空気が入り酸素の少なくなった空気は上から流れ出るので燃え続ける。イも，集気びんの口から酸素の少なくなった空気が出て，新しい空気が入ってくるので，火は消えずに燃え続ける。ウは，酸素の少ない空気が上からたまっていくので，ろうそくは燃え続けることができない。　(2)　ろうそくは，固体のろうが熱せられて液体になり，芯《しん》を伝ってのぼっていった液体が芯の先で気体となったものが燃えている。　(3)　ろうそくが燃焼するとき，ろうに含まれる炭素と空気中の酸素が結びつき二酸化炭素が出る。二酸化炭素は同じ温度の空気より重いが，ろうそくの炎《ほのお》で熱せられるとぼう張してまわりの空気より軽くなる。このため，集気びんの上の方にたまり，高い位置の炎から順に消える。

問2　(1)　図４のAは空気調節ねじ，Bはガス調節ねじである。ガスバーナーを使うときは，あらかじめ空気調節ねじとガス調節ねじが閉まっていることを確かめてから，元栓《せん》をあけ，コックをあけてからマッチに火をつける。ガス調節ねじをゆるめながら，マッチの火を近づけて火をつけ，炎の大きさを調節する。次に，ガス調節ねじを動かさないようにしながら，空気調節ねじをゆるめて青い炎になるように調節する。七輪の窓も内部に空気を取り入れる役割をするので，ガスバーナーに空気を取り入れるイの操作と関連が深い。　(2)　炎の色が赤いときは空気が不足しているので，空気が多く流れるように空気調節ねじだけをQの向きに回す。

問３　ものが燃える条件のうち，１つでも欠ければ火は消える。「可燃物」と「酸化剤」の両方をもつものが燃えている場合には，「高温であること」の条件をとりのぞくために，温度を下げるとよい。

問４　プロパンガス12Lと空気118Lの混合気体に含まれるプロパンガスの体積の割合は，12÷(12＋118)×100＝9.23…より，9.2％である。このとき，気体全体に対するプロパンガスの体積の割合が2.1～9.5％の範囲内なので，この混合気体は燃える。

3　オオカナダモの光合成についての問題

問１　顕微《けんび》鏡は倍率が低い方が広い範囲を見ることができるので，はじめは低倍率で観察したいものを探し，観察したいものを視野の真ん中に動かす。その後，対物レンズの倍率を変えて高倍率にするときには，レボルバーを回す。

問２　顕微鏡で観察するときは，顕微鏡と照明を用意し，観察する前にプレパラートをつくる。まず，スライドガラスにスポイトでオオカナダモの入っていた水そうの水を１滴《てき》落とし，オオカナダモの葉をハサミで切り取ってのせ，ピンセットと柄《え》つき針を使って空気が入らないようにカバーガラスをかける。カバーガラスからはみ出た水は吸い取り紙で吸い取る。

問３　顕微鏡で観察するさいは，プレパラートや対物レンズを傷つけないように，対物レンズを横から見ながらできるだけプレパラートに近づけた後，対物レンズを遠ざけながらピントを合わせる。このとき，下にある葉の裏から上にある葉の表にピントが合っていく。よって，最初にピントが合うのは葉の裏側にある小さい細胞《さいぼう》である。

問４　葉の細胞の中にある緑色の粒《つぶ》は葉緑体で，葉緑体に含まれる緑色の色素(葉緑素)はアルコールに入れると溶《と》け出る性質がある。実験のさいには，熱湯につけて葉の細胞をこわしてから，あたためたアルコールにつけることで，緑色の色素を溶け出しやすくする。

問５　実験２で，光が当たり光合成を行った葉では，デンプンができて細胞に含まれる葉緑体の粒の色がヨウ素液により青紫《むらさき》色になった。そこで，光を当てずに光合成が行えないようにした葉を用意して，ヨウ素液で染めても葉緑体の粒の色が青紫色にならないことがわかれば，光合成が葉緑体で行われたことを確かめられる。

問６　試験管の中にあるBTB溶液を加えた水道水は，はじめ青色になったことからアルカリ性を示していて，そこに，息を吹きこんで二酸化炭素を溶かしこむことで中性にしている。オオカナダモを日の当たるところに置くと，光合成を行って，試験管の水に溶けている二酸化炭素を吸収するので，再びアルカリ性となりBTB溶液は青色に変化する。

4　紙コップスピーカーのしくみについての問題

問１　**ア**　コイルの磁石に近い側が交互《こうご》にN極とS極になるときには，電流の向きが変化し続けなければならない。　**イ**　電流の大きさと向きが変化し続けるとき，検流計の針は左右に交互に振《ふ》れるはずである。　**ウ，エ**　電磁石を，電流の流れる向きにそって右手でにぎるように持ったとき，親指の方向がN極になる。図３の電磁石では，電流は検流計の右から入り左から出ているので，コイルに流れる電流の向きは上を通って手前に向かう方向となり，磁石に遠い方がN極になる。よって，磁石に近い方にS極ができるため，磁石とコイルは反発しあう。

問2　エナメル線は導線にエナメルなどの電気を通しにくい塗《と》料《りょう》などを塗《ぬ》ったものである。表面のエナメルは電気を通さないので，紙やすりでけずって導線をむき出しにしたところを回路につなぐ。

問3　音楽プレーヤーを紙コップスピーカーにつないだとき，電流は常に検流計の右から入り左から出ており，電流の向きは変わっていない。それでもコップの底が振動《しんどう》しているのは，電流の大きさが変化し，磁石とコイルが反発しあう力の大きさが変化しているからである。

問4　実験2の結果より，コイルの巻き数が多くなるほど音の大きさが大きくなることがわかる。音が大きくなったのは，コイルの巻き数が多いほどコイルの磁石としての力が大きくなり，コイルと磁石が反発しあう力も大きくなって紙コップの底の振動する幅《はば》が大きくなったためと考えられる。

問5　たとえば，プリンカップにつけた磁石を磁石としての力が大きいものにかえたり，つける数を増やしたりすると，コイルと磁石が反発しあう力が大きくなって紙コップの底の振動する幅が大きくなり大きな音が出ると考えられる。

国　語　(50分)　＜満点：100点＞

解　答

一　**問1**　A　エ　B　イ　**問2**　心のやわら　**問3**　(例)　クロをいじめる子どもから守るため，クロを手放す決心をしたものの，心残りでその場をはなれがたい気持ち。　**問4**　b　**問5**　1　オ　2　イ　3　ウ　4　カ　**問6**　(例)　せまい井戸にとじこめられたままでいるのでは，亀がかわいそうだ(と思っていた。)　**問7**　ウ　**問8**　石ころの目　**問9**　(例)　蜘蛛から救って，カナブンにあと少し生き延びる時間を(あげたくなってしまった，ということ。)　**問10**　(例)　自分自身がカナブンの立場に立ち，自分の死や生を感覚的にとらえること。　**問11**　ア　**問12**　ウ　**問13**　(1)　(例)　生物か無生物かを問わず，あらゆるものには命や魂があると感じ，それらあらゆる存在になりかわり，その思いを自分のものとして受け取れる，幼いころに刻まれた感覚。　(2)　(例)　すべての存在には命や魂があるという感覚のもと，あらゆるものの視点に立てることで，作品を膨らみと奥深さのあるいきいきしたものにすることに，「宝物」は生かされている。　二　**問1**　春　**問2**　(例)　仲間のいない場所にいるのは淋しいと菜の花が言うのを聞いた小娘は，咲く場所を選ばなかった浅はかさをとがめるような口調になったが，菜の花自身ではどこに生えるかを決められないと知り，淋しい場所に種がこぼれた不運に同情したから。　**問3**　根　**問4**　(例)　菜の花の，小娘の手の熱や水が吸い上げられなくなったことが原因で，しおれかけたようす。　**問5**　ウ　**問6**　ア　**問7**　(例)　自分が流れのわきを走って，菜の花から目をはなさずに見守っていこうという考え。　**問8**　エ　**問9**　(例)　小娘とはなれて先に流れることに不安を感じていた菜の花は，小娘が自分を追って走る姿を見て安心したが，小娘が鼻の頭に汗をかいていることに気づき，自分を安心させようと無理をし，苦しい思いをしているのではないかと心配する気持ち。　**問10**　イ

問11 （例） 少し前で，小娘の汗に気づいた菜の花が苦しいのではないかと心配すると，小娘はかえって不愛想になり，菜の花は叱られるかと思って黙ってしまっているように，自分のために走ってくれている小娘の体調はやはり気がかりだが，叱られることをおそれているため。 **問12** （例） おそれやおどろきで顔から血の気が引き，青ざめたようす。 **問13** エ **三** **問1** 下記を参照のこと。 **問2** ⑴ じょうせき ⑵ かくさく

●漢字の書き取り

三 **問1** ⑴ 可否 ⑵ 圧巻 ⑶ 発揮 ⑷ 右往左往 ⑸ 受容 ⑹ 一律 ⑺ 干潮 ⑻ 輪唱

解 説

一 **出典は上橋菜穂子《うえはしなほこ》の『物語ること，生きること』による。**すべてのものに命や魂《たましい》があると感じ，その目になることができる感覚は，おばあちゃんが自分にくれた一番の宝物だと語っている。

問1 **A** 幼いころに得たものを，ぼう大な記憶《きおく》の底から引き出すようすをたとえているので，「細い糸をたぐるように」とするのがよい。なお，「たぐる」は，“手元にくり寄せる”という意味。 **B** 自分より大きいカナブンを運んできた蜘蛛《くも》のがんばりを認め，味方をするべきだろうかと筆者は考えているので，「買う」が入る。なお，「買う」には，“価値を認める”という意味がある。

問2 「それ」とあるので，前の部分に注目する。書き手として物語をつむぐ必要が生まれたとき，「心のやわらかい時期に刻まれた感覚」は「記憶の底から」よみがえり，「いきなり生きる」のである。

問3 本当は自分で育てたいと思いながらも，近所の子どもにいじめられることから守るため，市五郎さんは，やむを得ずクロを手放すことに決めたのである。なお，「後ろ髪《がみ》をひかれる」は，“未練が残る”“心残りではなれがたく思う”という意味。

問4 「亀《かめ》には亀の世間があるのだから，やっぱりここにおくのが」よいと書かれていることに注目する。よって，「ここ」は亀がもともといた「山の田のそばの井戸《いど》」を指しているものとわかる。したがって，a，c，dは同じ。なお，bは常一少年の家を指す。

問5 **1** 亀を連れて帰って飼うことに胸をおどらせていた常一少年だったが，見知らぬところに連れていかれる亀の気持ちを考えるうち，徐々《じょじょ》に気の毒に思えてきたのだから，「だんだん」が入る。 **2** 見知らぬところに連れていかれる亀を気の毒に思い始めた常一少年は，ついに「亀がかわいそうだ」と泣き出しているので，「とうとう」があてはまる。 **3** 筆者は幼少のころ，道端《みちばた》の石ころであっても蹴飛《けと》ばすことができず，手間をかけて道の脇《わき》に置きに行ったのだから，「わざわざ」が入る。 **4** カナブンを持ち上げようとする蜘蛛のようすを見た筆者は，カナブンが生きていることに気づき，カナブンを助けるべきか，蜘蛛の味方をすべきか一時なやんだものの，やはり「手を出すべきじゃない」と選択《せんたく》に迷った自分の思いを打ち消しているので，「いやいや」が入る。

問6 「よかれと思ってそうした」とは，広いところに出してやったほうがよいだろうと，亀を井戸からあげ，家に連れ帰ろうとしたことを指す。常一少年は最初，せまい井戸に一生閉じこめられたままでいるのでは，亀がかわいそうだと思っていたのである。

問7 家に連れ帰る途中《とちゅう》，せまい井戸でも亀にとっては生まれ育った場所であり，居心地がよか

ったのかもしれないと常一少年は考え直している。よって，どんな場所でも住み慣れれば居心地がよくなることを表す「住めば都」が入る。なお，「井の中の蛙《かわず》大海を知らず」は，“自分のせまい世界にとらわれ，広い世界を知らない”という意味。「郷《ごう》に入れば郷に従え」は，“その土地に住むなら，そこのやり方にしたがうのがよい”という意味。「猫《ねこ》の額《ひたい》」は，とてもせまいようす。

問８　道端にある石ころを蹴飛ばせなかったのは，「蹴られたら嫌《いや》だな」と思ってしまうからだと筆者は語っている。つまり筆者は，このとき石ころの身になって考えたことがうかがえるので，「石ころの目」になったといえる。少し後で，死にそうなカナブンを助けたとき，筆者は自分が「カナブンの目」になっていたと，同様の体験について述べていることが参考になる。

問９　「この子」は，筆者が助けた，かろうじて生きていたカナブンを指す。つまり筆者は，カナブンを蜘蛛から救い，生きる時間をあと少しだけあげたくなったのである。

問10　「向こう側」はカナブンなど自分以外，「こちら側」は自分(筆者)を指す。すべてのものに命があると感じている筆者は，たとえばカナブンの「その目は何を見ているのだろう」と考えると，自分が「カナブンの目」になり，その視点から自分の死や生を感覚的にとらえるというのである。

問11　「その生涯《しょうがい》がそのまま民話といっていいような人」だったと表現された市五郎さんの信条は，「どんなものにも魂」が存在するというものである。亀には亀の世間があると考えた市五郎さんは，生き物も人間と同じ魂を持つものとしてあつかい，その土地に生きるものと深くかかわりながら生活してきたものと考えられるので，アがよい。なお，「民話」は民衆の生活の中から生まれ，口伝えで語り継《つ》がれてきた説話。

問12　「原風景」は，その人の人生観に影響《えいきょう》をおよぼす幼少期の体験で，風景の形をとっているもの。「そこに存在するすべてのものは，同じひとつひとつの命，ひとつひとつの魂」だととらえる筆者の感覚は，おばあちゃんと大きなカエルを見ていた，幼いころにつちかわれたのである。

問13　(1)　続く部分で，「その風景の中でカエルになり，風になり，光になり，鈴《すず》の音にも」なれるまなざしや感覚こそ，おばあちゃんがくれた「一番の宝物」だと述べられている。つまり，物言わぬ生き物や人間をふくむすべてに同じ命や魂を認めつつ，それぞれの目になり，そこで抱《いだ》いた思いを自分のものとして受け取ることのできる力を，おばあちゃんから与《あた》えられたというのである。

(2)　「おばあちゃんが私にくれた一番の宝物」のおかげで，作家である筆者の書く物語はかたちだけではない，ふくらみや奥行《おくゆ》きのあるものとなっていることがうかがえる。あらゆるものに魂を感じ，その視点に立てることで，物語に登場するものたちには血が通い，いきいきした生命が吹《ふ》きこまれるのであろう。

二　**出典は志賀直哉《しがなおや》の「菜の花と小娘《こむすめ》」による。**山に生えた菜の花は，仲間が多いふもとの村へ行きたいと願い，小娘はその願いをかなえてやろうと菜の花を引きぬいて小さな流れに乗せ，自分も走ってついていく。

問１　菜の花の咲《さ》く季節であることから，「春」が入るものと判断できる。

問２　山の雑草の中で一本だけ生えている菜の花が「淋《さび》しいわ」と言うのを聞き，小娘は生える場所を選ばなかったその考えの浅さを責めるような口調になった。だが，「ひばりの胸毛《むなげ》について来た種がここでこぼれた」ために「こんな所」で孤独《こどく》な思いをしているのだと知り，菜の花自身では生える場所を決められないふびんさに，同情したのである。

問３　仲間がたくさん咲いている村へ行きたいと言う菜の花の願いを，小娘はかなえようと考えたのだから，「根」から菜の花をぬいたものと考えられる。また，菜の花がしおれかけると，「根」を流れにひたし，水分を吸い上げられるようにしたのである。

問４　根からぬかれ，小娘の手で運ばれたことで，菜の花は「うなだれ」ている。小娘が根を流れにひたすと生き返ったような声を出したのだから，菜の花は手のあつさや根から水を吸い上げられなくなったことのために，しおれかけていたのだろうと考えられる。

問５　「はからず」は，“思いがけなく”という意味。

問６　「宣告」は，判決を言い渡《わた》すことなので，アがよい。

問７　小娘から，これから流れに乗って村まで行くのだと聞いた菜の花は，彼女《かのじょ》とはなれて先に流れるのを不安に思ったが，流された自分の後を追いかけてきてくれたのを見て安心している。つまり小娘は，もともと菜の花からは目をはなさず，わきの道を走ってついて行こうと考えて「心配しなくてもいいのよ」と話していたのである。

問８　菜の花の上をついて飛んできていた蝶《ちょう》は，またどこかへ飛んで行ってしまったのだから，気が変わりやすい性質をいう「うつり気」が合う。

問９　菜の花は，流されていく自分を小娘が追ってきてくれたことに安心したが，それとひきかえに，今度は彼女が汗《あせ》をかき苦しそうにしていたので，心配したのだろうと考えられる。

問10　水草に足をとられながら休むのは気持ちが悪いので，流れからあげてもらいたいという菜の花の頼《たの》みに対し，小娘は相手にせず「いいのよ」と笑っているので，イが選べる。

問11　これより前に，汗をにじませる小娘の苦しそうなようすを思いやった菜の花が，かえって不愛想になった彼女から叱《しか》られてしまうことをおそれ，黙《だま》ってしまう場面がある。ここでも，自分のために走り続ける小娘の体が菜の花には気がかりだが，同じ心配を口に出せば今度こそ叱られるのではないかと，おそるおそる声をかけているのである。

問12　前後の内容から，菜の花は流れに飛びこんできたいぼ蛙への驚《おどろ》きとおそろしさで悲鳴をあげたことがわかる。このことを「色がさめた」と表現しているので，人間でいえば顔から血の気が引き，青ざめたようすにあたる。

問13　流れに飛びこんだいぼ蛙が自分の眼前に浮《う》かび上がり，思わず顔をぶつけそうになったと，菜の花は青ざめながら話したが，小娘からは大笑いされている。「笑いごとじゃあ，ないわ」とは言ったものの，小娘のようすに，このできごとは深刻なものではないと理解して落ち着きを取りもどし，むしろゆかいだと思えるようになったのだろうと考えられる。

三　漢字の書き取りと読み

問１　⑴　よしあし。賛成と反対。　⑵　本や演劇などで，いちばんすぐれていてすばらしい場面。　⑶　持てる力を表に出すこと。　⑷　あっちに行ったりこっちに行ったりしてうろたえるようす。　⑸　受けいれること。　⑹　やり方や調子がすべて同じであるようす。　⑺　海の水が引いていくこと。引き潮。　⑻　同じせん律の歌を少しずつおくらせ，追いかけるようにして歌う合唱のしかた。

問２　⑴　囲碁《いご》で，もっともよいとされる，決まった石の打ち方。　⑵　計画を立ててあれこれたくらむこと。

Dr.福井の 入試に勝つ！ 脳とからだのウルトラ科学

入試当日の朝食で，脳力をアップ！

朝食を食べない学生は，朝食をきちんと食べる学生に比べて成績が悪かった――という研究発表がある。まあ，ちょっと考えればわかると思うけど，朝食を食べないということは，車にガソリンを入れないで走らせようとするようなものだ。体がガス欠になった状態では，頭が十分に働くわけがない。入試当日の朝食はちゃんと食べよう！　朝食を食べた効果があらわれるように，試験開始の2時間以上前に食べるようにするとよい。

では，入試当日の朝食にふさわしいものは何か？

まず，脳の直接のエネルギー源はブドウ糖だけであるから，それを補給するためのご飯やパン，これは絶対に必要だ。また，砂糖や果物の糖分は吸収されやすく，効果が速くあらわれやすいので，パンにジャムをぬったり果物を食べたりするのもよいだろう。

次に，タンパク質。これは脳の温度を上げる作用がある。温度が低いままでは十分に働かないからね。タンパク質を多くふくむのは肉や魚，牛乳，卵，大豆などだが，ここでは大豆でできたとうふのみそ汁や納豆をオススメする。そして，記憶力がアップするDHAを多くふくんでいる青魚，つまりサバやイワシなども食べておきたい。

生野菜も忘れてはならない。その中にふくまれるビタミンBは，ブドウ糖を脳に吸収しやすくする働きを持つので，結果的に脳力アップにつながるんだ。

コーヒーや紅茶，緑茶は，カフェインという成分の作用で目覚めをうながすが，トイレが近くなってしまうので，飲みすぎに注意！　試験当日はひかえたほうがよいだろう。眠気を覚ましたいときはガムをかむといい。脳が刺激《しげき》されて活性化し，目が覚めるんだ。

Dr.福井（福井《ふくい》一成《かずしげ》）…医学博士。開成中・高から東大・文Ⅱに入学後，再受験して翌年東大・理Ⅲに合格。同大医学部卒。さまざまな勉強法や脳科学に関する著書多数。

Memo

2021年度　雙葉中学校

〔電　話〕 (03) 3261－０８２１
〔所在地〕 〒102－8470　東京都千代田区六番町14－1
〔交　通〕 JR中央線・東京メトロ丸ノ内線・南北線
―「四ツ谷駅」より徒歩２分

【算　数】（50分）〈満点：100点〉

1 $\boxed{\text{ア}}$～$\boxed{\text{エ}}$にあてはまる数を書きましょう。

(1)　$0.6+1\frac{2}{3}\div\left\{7\times\left(\boxed{\quad\text{ア}\quad}+\frac{1}{2}\right)-8\right\}=0.8$　(式と計算と答え)

(2)　7.2％の食塩水150ｇに水を$\boxed{\text{イ}}$ｇ加えると，4.8％の食塩水になります。(式と計算と答え)

(3)　右の図は，１辺の長さが10cmの正方形と，正方形の１辺を直径とする４つの円を組み合わせたものです。かげをつけた部分の面積は$\boxed{\text{ウ}}$ cm²です。円周率は3.14です。(式と計算と答え)

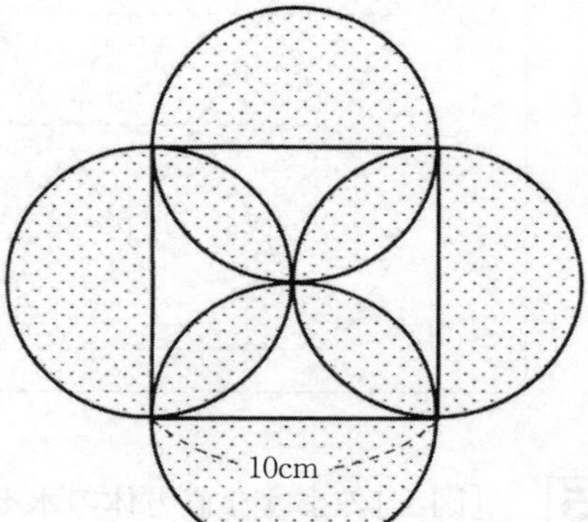

(4)　列車Ａが太郎の前を通過するのに５秒かかり，長さ240mの鉄橋を渡《わた》り始めてから渡り終えるまでに17秒かかります。時速54kmで走る列車Ｂに，列車Ａが追いついてから完全に追いこすまでに$\boxed{\text{エ}}$秒かかります。列車Ｂの長さは90ｍです。(式と計算と答え)

2 祖母から送られてきたお年玉を，春子，夏子，秋子，冬子の４人姉妹で分けました。まず，春子が全体の$\frac{1}{5}$より200円少なくもらいました。次に，夏子が残りの$\frac{1}{4}$より450円多くもらいました。さらに，秋子が残りの半分より400円少なくもらい，冬子は残り全部をもらいました。冬子がもらったのは5650円でした。祖母から送られてきたお年玉は何円でしたか。(式と計算と答え)

3 ある博物館の入場料は，大人，中人，小人の３種類で，小人は１人90円です。今日の入場者数は，昨日の入場者数と比べると，小人は４％減少し，中人は12.5％減少し，大人は$\frac{1}{12}$増加し，合計では11人減少しました。

(1)　今日の小人の入場料の合計は10800円でした。昨日の小人の入場者数は何人でしたか。(式と計算と答え)

(2)　今日の入場者数の合計は522人でした。今日の中人の入場者数は何人でしたか。(式と計算と答え)

(3)　今日の入場料の合計は83460円でした。大人１人の入場料は，中人１人の入場料の1.5倍です。大人１人の入場料は何円ですか。(式と計算と答え)

4　合同な正三角形をしきつめて，［図１］のように色をぬりました。となりあう４つの正三角形を切り取って［図２］のような形の立体を作るとき，何通りのぬり方の立体ができますか。

また，下の図を利用して，その展開図をすべてかきましょう。展開図は重ならないようにかきましょう。ただし，組み立てたときに，回転して同じぬり方になる立体は同じものとします。（展開図と答え）

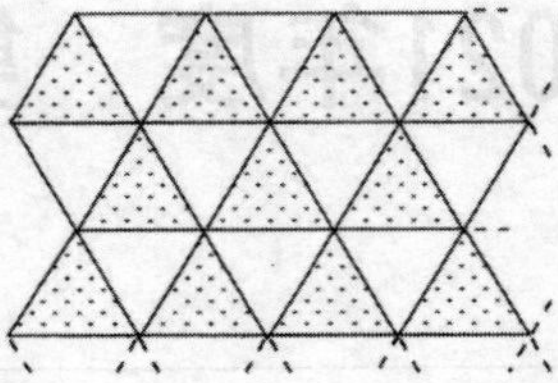

［図１］

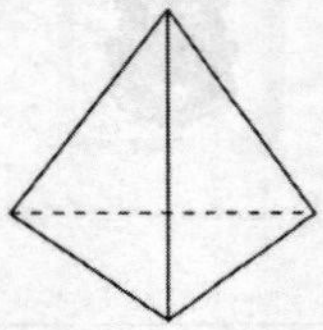

［図２］

展開図

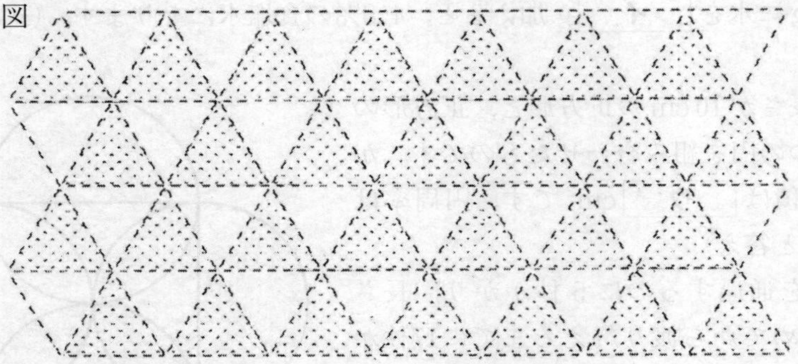

5　［図１］のような直方体の水そうがあります。左の蛇口《じゃぐち》から赤い色水を，右の蛇口から青い色水を一定の割合で入れます。水そうがいっぱいになるまでに，左の蛇口だけを使うと28分かかり，同時に左右の蛇口を使うと12分かかります。

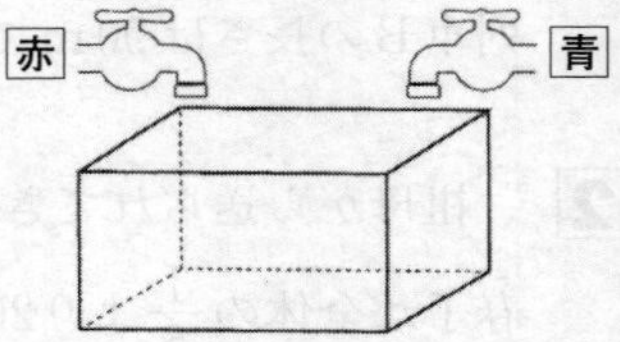

［図１］

(1)　右の蛇口だけを使うと，水そうがいっぱいになるまでに何分かかりますか。（式と計算と答え）

(2)　水そうの中に，２つの長方形の仕切りをまっすぐに立てました。真正面から見ると［図２］のようになりました。同じ印のついた部分の長さは，すべて等しくなっています。水そうと仕切りの間にすき間はなく，仕切りの厚さは考えません。左の蛇口からはＡ室に，右の蛇口からはＣ室に色水が入ります。９時ちょうどに，左右の蛇口から同時に色水を入れ始めました。

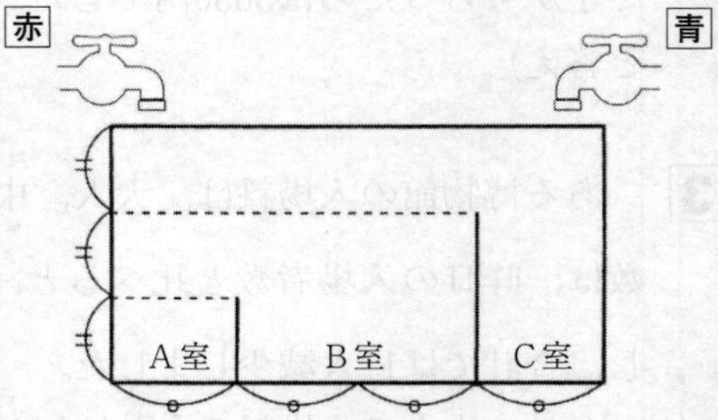

［図２］

①　Ｂ室に初めて色水が入るのは，９時何分ですか。それは何色ですか。（式と計算と答え）

②　Ｂ室で，赤と青の色水の割合が初めて13：6になるのは，９時何分ですか。（式と計算と答え）

【社　会】（30分）〈満点：50点〉

1　次の地図を見て，下の問に答えなさい。地図中のＡ～Ｆの地点は，全国の都道府県庁所在地のうちの６つを示しています。

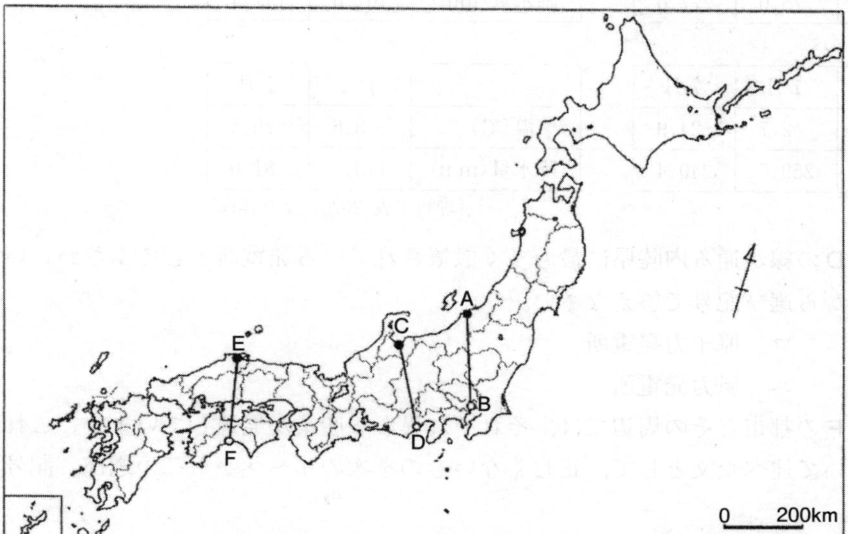

問１　地図中のＡ～Ｆの中には，日本の湖の中で面積の大きさが10位以内である２つの湖に面している都市があります。それはどこか，Ａ～Ｆの中から一つ選び，その都市名を答えなさい。

問２　地図中のＡ～Ｆの都市は，河川が流れる平野に位置しています。次のイ～ホに，日本各地の河川と平野の組み合わせをあげました。正しくないものを一つ選び，記号で答えなさい。

イ　淀川・大阪平野
ロ　北上川・仙台平野
ハ　筑後川・筑紫平野
ニ　天竜川・濃尾平野
ホ　最上川・庄内平野

問３　次の図は，地図中のＡ―Ｂ，Ｃ―Ｄ，Ｅ―Ｆのいずれかの線に沿った地形の断面図です。断面図中の●印と○印は地図中の●印と○印に対応しています。（横軸《よこじく》の距離《きょり》に対し，縦軸《たてじく》の高さは約20倍で表現しています。）

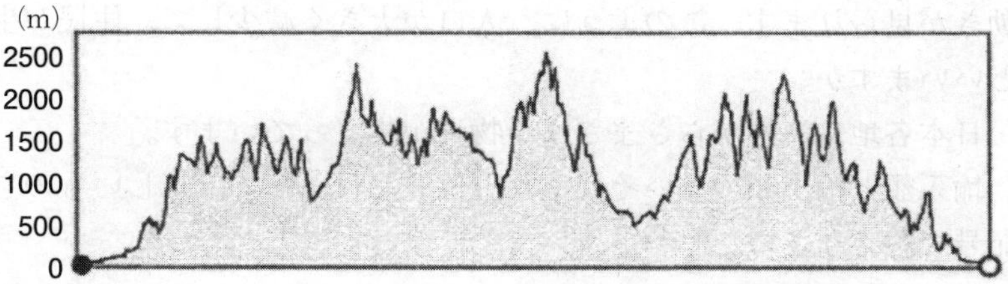

（国土地理院「地理院地図」より作成）

(1)　地図中のどの線の断面図を表しているか，次のイ～ハから選び記号で答えなさい。
イ　Ａ―Ｂ　ロ　Ｃ―Ｄ　ハ　Ｅ―Ｆ

(2)　断面図中の●印で示された都市の１月と７月の平均気温と降水量を次のイ～ニから選び，記号で答えなさい。

イ

	1月	7月
気温(℃)	6.7	25.7
降水量(mm)	75.0	277.6

ロ

	1月	7月
気温(℃)	17.0	28.9
降水量(mm)	107.0	141.4

ハ

	1月	7月
気温(℃)	2.7	24.9
降水量(mm)	259.5	240.4

ニ

	1月	7月
気温(℃)	−3.6	20.5
降水量(mm)	113.6	81.0

（『理科年表 2020』より作成）

問4　地図中の**C**—**D**の線が通る内陸県に最も多く設置されている発電所としてふさわしいものを，次のイ～ニから選び記号で答えなさい。

イ　地熱発電所　　ロ　原子力発電所

ハ　水力発電所　　ニ　風力発電所

問5　地図中の**A**～**F**の都市とその周辺では，それぞれ異なる産業が発達しています。これらの地域の産業について述べた文として，正しくないものを次のイ～へから二つ選び，記号で答えなさい。

イ　**A**は大きな河川の河口に位置し，周辺には水田地帯が広がっており，特にコシヒカリの栽培《さいばい》がさかんである。

ロ　**B**には多くの中小工場があり，そこで生産された工業製品は，現在，主に鉄道や船で日本各地へ運ばれている。

ハ　**C**の周辺では稲作《いなさく》がさかんであるが，かつてこの地域を流れる河川にカドミウムが流れこみ，水田が被害《ひがい》を受けた。

ニ　**D**が面する湾に沿った丘陵《きゅうりょう》には，段々《だんだん》畑も見られ，温暖な気候を生かしたみかん栽培がさかんである。

ホ　近海が対馬海流とリマン海流がぶつかる好漁場であるため，**E**周辺の漁港はマグロやカツオの水あげ量が日本有数である。

へ　近海を流れる黒潮による温暖な気候を生かし，**F**近郊《きんこう》のビニールハウスでは，夏が旬《しゅん》の野菜を冬に栽培している。

問6　地図中の**E**，**F**が位置する中国・四国地方の山村や瀬戸内海の離島などでは，人びとが他の地域へ流出する動きが見られます。このように，人口が大きく減少して，住民が生活しにくくなる状態を何といいますか。

問7　地図中の**B**には，日本各地や海外からさまざまな物資が集まっています。

(1)　**B**にある港の，輸入額と輸出額の多いそれぞれ上位3品目として，正しいものを次のイ～ニから選び，記号で答えなさい。

イ

	輸入品目	輸出品目
1位	通信機	科学光学機器
2位	医薬品	金(非貨幣用)
3位	集積回路	集積回路

ロ

	輸入品目	輸出品目
1位	石油	石油製品
2位	液化ガス	鉄鋼
3位	自動車	自動車

ハ

	輸入品目	輸出品目
1位	衣類	自動車部品
2位	コンピュータ	コンピュータ部品
3位	魚介類	内燃機関

ニ

	輸入品目	輸出品目
1位	液化ガス	自動車
2位	衣類	自動車部品
3位	石油	金属加工機械

（『日本国勢図会 2019/20年版』より作成）

(2) 地図中のBの都市は，日本の中でも特に人口が多く，たくさんの食料が消費されています。日本では，食品が食卓に届くまでに消費される燃料や二酸化炭素の排出《はいしゅつ》量が，アメリカやイギリスに比べてはるかに多くなっています。それはなぜか，考えて説明しなさい。

2 次の各文は年代順に並んでいます。これらの文を読み，下の問に答えなさい。

約2300年前，①大陸から朝鮮半島を通じて，米づくりが日本の九州に伝わった。

〈 A 〉

3世紀前半に，②邪馬台国の女王卑弥呼が魏《ぎ》に使節を派遣《はけん》した。

〈 B 〉

中大兄皇子と中臣鎌足らが蘇我氏をたおし，唐にならって政治改革を始めた。

〈 C 〉

菅原道真の意見によって，遣唐使の派遣が中止された。

〈 D 〉

③元の大軍が，2度にわたって九州北部に攻《せ》めてきた。

〈 E 〉

④室町幕府の3代将軍足利義満が，明に使節を派遣した。

〈 F 〉

宣教師フランシスコ・ザビエルが来日し，⑤キリスト教が伝わった。

〈 G 〉

⑥江戸幕府がオランダ商館を平戸から長崎の出島に移し，鎖国が完成した。

〈 H 〉

日清戦争の少し前から⑦日本国内で紡績《ぼうせき》業がさかんになり，各地に工場が建設された。

〈 I 〉

1933年に，⑧日本は国際連盟を脱退《だったい》した。

〈 J 〉

⑨日本は，アメリカなど48カ国との間でサンフランシスコ平和条約を結び，アメリカと⑩日米安全保障条約を結んだ。

〈 K 〉

1972年に，日本と⑪中華人民共和国の国交を正常化することが宣言された。

〈 L 〉

問1 次の あ～お は，上のA～Lのどの時期に起きましたか。それぞれ選び，記号で答えなさい。

あ 源義経が壇ノ浦で平氏をほろぼした。

い　大仙古墳がつくられた。

う　日本が朝鮮を植民地にした。

え　中国から鑑真が来日した。

お　日本の国民総生産額が初めて世界第2位になった。

問2　下線部①について。次のイ～ホのうち，本格的に米づくりをしていたことがわかる遺跡《いせき》で，最も東にあるものを選び，記号で答えなさい。

イ　大森貝塚　　ロ　板付遺跡

ハ　三内丸山遺跡　ニ　登呂遺跡

ホ　吉野ヶ里遺跡

問3　下線部②について。邪馬台国は，当時の日本の中で強い勢力の一つでしたが，そのような邪馬台国の卑弥呼が，わざわざ遠く離《はな》れた魏まで使節を派遣したのはなぜですか。説明しなさい。

問4　下線部③について。この時の鎌倉幕府の執権を答えなさい。

問5　下線部④について。足利義満は文化を保護したことでも知られています。室町時代の文化についての説明として，正しいものを次のイ～ホから一つ選び，記号で答えなさい。

イ　観阿弥・世阿弥の親子によって狂言が大成された。

ロ　京都の東山に豪華《ごうか》な2階建ての金閣が建てられた。

ハ　有田焼や薩摩焼などの陶磁器《とうじき》がつくられるようになった。

ニ　現在の和室にうけつがれている寝殿造りの様式がうまれた。

ホ　石や砂を用いて自然の風景をあらわす枯山水《かれさんすい》の庭園がつくられた。

問6　下線部⑤について。キリスト教を信仰《しんこう》する九州の戦国大名たちが，1582年に4人の少年を使節として派遣しました。この使節たちが，カトリック教会における最高位の人物と会った都市はどこですか。

問7　下線部⑥について。

(1)　この時の将軍の時代に行われたこととして，正しいものを次のイ～ヘから二つ選び，記号で答えなさい。

イ　参勤交代の制度が確立された。

ロ　豊臣氏がほろぼされた。

ハ　大塩平八郎の乱が鎮圧《ちんあつ》された。

ニ　前野良沢たちがオランダ語の医学書を翻訳《ほんやく》した。

ホ　日光東照宮が建てなおされた。

ヘ　伊能忠敬が全国の測量をすすめた。

(2)　鎖国が完成する以前の江戸時代の初めには，東南アジアなどに多くの貿易船が向かい，各地に日本町もつくられました。これらの貿易船に対して，幕府が発行した許可証を何といいますか。

問8　下線部⑦について。この後，国内で紡績業がさらに発展すると，紡績業に用いられる原料が輸入品の中心になっていきました。この原料とは何ですか。

問9　下線部⑧について。日本が国際連盟を脱退したのは，日本がつくったある国が承認されなかったからです。ある国の名前を答えなさい。

問10　下線部⑨について。48カ国の中には，ソ連などが入っていませんでした。その背景には，この頃《ころ》アメリカを中心とする国ぐにと，ソ連を中心とする国ぐにの間の対立がありました。この対立を何といいますか。

問11　下線部⑩について。この条約を結んで以来，アメリカは日本に基地をおいて使用し続けています。現在，米軍基地が最も集中している日本の都道府県はどこですか。

問12　下線部⑪について。次のイ～ホのうち，中華人民共和国の建国と最も近い時期に起きた出来事を選び，記号で答えなさい。

イ　第一次世界大戦が始まった。

ロ　西南戦争が始まった。

ハ　朝鮮戦争が始まった。

ニ　日露戦争が始まった。

ホ　日中戦争が始まった。

3　次の葉子さんと花子さんの会話文を読み，下の問に答えなさい。

葉子：今日本では，政治，経済，教育，暮らし，①外国とのかかわり方などについて，さまざまな問題があるようね。

花子：問題が大きいと，私たちは不安におちいり，情報を正しく受け取ったり，適切に判断したりすることが難しくなるね。テレビやインターネットで次から次へと流れてくる情報の中で，何が正しいのかわからないことがあるわ。

葉子：②誤った情報が広がってしまうこともあるし，社会不安から差別も起きるのかな。社会の授業で過去にもあった，と習ったわ。

花子：最近，経済や国の財政も悪くなっていて，この先も国民が納める税金が減り，使われる税金がますます増えていくみたい。こんな中で，③大きな災害などが起こると，日常生活が送れなくなるね。高齢《こうれい》者や小さな子どもは特に大変だと思う。

葉子：そういうことがないように，④国は政治で人びとの暮らしを支えてほしいな。⑤国民から集めた税金を有効に使うことが大切よね。⑥憲法の精神に立ちかえって，特に弱い立場の人びとの基本的人権を考えなければならないと思う。

問1　下線部①について。現在，日本には300万人近い外国人が暮らしています。その中で，日本の企業《きぎょう》や農家などで一定期間学び，日本の進んだ技術を身につけ，母国でその技術を伝えることを目的に日本で生活している外国人のことを，何といいますか。

問2　下線部②について。次のイ～ホは，過去の日本において，誤った情報や社会不安が広がったことによって起こった差別や事件について説明しています。このうち，正しくないものを一つ選び，記号で答えなさい。

イ　かつては治療《ちりょう》しても治らないと考えられたハンセン病の患者《かんじゃ》は，法律により社会から切り離された生活を強《し》いられ，元患者やその家族が病気への偏見《へんけん》で苦しめられた。

ロ　広島や長崎で原子爆弾《ばくだん》の被害にあった人びとは，放射能の影響《えいきょう》による後遺症《こういしょう》を抱えただけでなく，結婚や就職など社会生活においても周囲の人びとからの偏見や差別に苦しんだ。

ハ　関東南部で起こった関東大震災《しんさい》では，キリスト教徒たちが震災後の混乱の中で暴動を起こすといううわさが流れ，多くのキリスト教徒が迫害《はくがい》された。

ニ　熊本県で発生した水俣病は，はじめは公害が原因だとわからず，空気などを通して人から人へとうつる病気であるなどと誤解され，患者たちは差別を受けた。

ホ　東日本大震災による福島第一原子力発電所の事故のあと，放射性物質が拡散した地域から避難《ひなん》した人の中には，それを理由に移住先でいじめにあう人もいた。

問3　下線部③について。災害やそれにともなう経済の悪化などで不自由な生活が続くと，国民の権利が十分に守られなくなるおそれがあります。この例として，次のイ～ニからふさわしくないものを一つ選び，記号で答えなさい。

イ　避難所での生活で医療や介護《かいご》が受けられない高齢者の中には，健康で文化的な生活を営む権利をおびやかされる人もいる。

ロ　災害で経済が悪化すると，学生の中には学費などがはらえず，教育を受ける権利を十分に行使できなくなる人がいる。

ハ　地震による被害を受けた地域で，人の往来や商店の営業が制限されると，職業を選ぶ自由を行使できなくなる人もいる。

ニ　台風や集中豪雨が続いたことによって，住む家や土地を失った人の中には，生命・身体の自由を侵害《しんがい》される人がいる。

問4　下線部④について。

(1)　日本の政治のしくみについての説明として正しくないものを，次のイ～ニから一つ選び，記号で答えなさい。

イ　裁判所の違憲審査や，内閣による天皇の国事行為《こうい》への助言と承認は，三権分立のしくみの一つである。

ロ　国会は二院制をとり，衆議院は議員の任期が4年で解散があり，参議院は議員の任期が6年で解散がない。

ハ　内閣総理大臣は，行政機関である各省の大臣を任命し，閣議を開いて国の政治の方針を相談して決める。

ニ　裁判は原則として公開され，判決の内容に納得《なっとく》できない場合は，3回まで裁判を受けることができる。

(2)　法律が成立するまでの流れを表した次の図を参考に，下の＜説明文＞の**A**にはふさわしい語句，**B**には文を入れなさい。

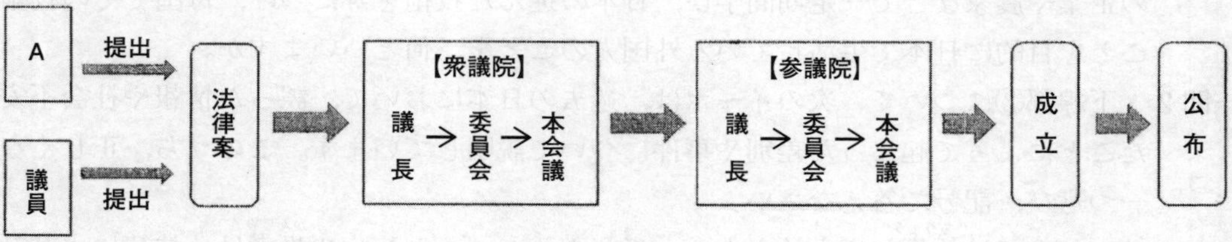

＜説明文＞

法律案は［　A　］や国会議員が作成して国会に提出し，委員会での審議《しんぎ》をへて本会議で議決されると，法律として成立する。

図のように，話し合いを衆議院と参議院でそれぞれ行う目的は，［　B　］。

問５　下線部⑤について。現在，国が１年間に必要とするお金は，国民が納める税金だけでは足りません。今後もこの傾向《けいこう》は強まると考えられ，その理由の一つに少子高齢化があります。なぜ少子高齢化によって税金が不足すると考えられるのか，理由を説明しなさい。

問６　下線部⑥について。以下は，日本国憲法の３つの原則を説明した文です。憲法条文にある語句を使って，（イ）～（ハ）にふさわしい語句を入れなさい。なお，同じ記号の（　）には同じ語句が入ります。

日本国憲法では，政治の主人公は国民であることを定めています。憲法前文や第１条では，（　イ　）が国民にあることを宣言しています。また，第11条では，この憲法が国民に保障する基本的人権は，侵《おか》すことのできない（　ロ　）の権利として，現在および将来の国民に与えられているとしています。第９条では，日本国民は国権の発動たる戦争と，武力による威嚇《いかく》または，武力の行使は，国際紛争《ふんそう》を解決する手段としては，（　ロ　）にこれを（　ハ　）する，と定めています。

【理　科】（30分）〈満点：50点〉

1 花子さんは昼休みに校庭で遊んでいたところ，転んだ際にひざをすりむいて，出血してしまいました。手当をしてもらうために保健室に行ったとき，保健室の先生と次のような会話をしました。

先生：あら，少し出血しているようね。まずは水道水できれいに洗いましょう。それからばんそうこうをつけておきますね。時間がたてば，出血は止まりますよ。

花子さん：あれ？ 先生，傷口をオキシドールで消毒しないのですか？ 以前すりむいたとき，傷口にオキシドールを塗《ぬ》ってもらいました。そのとき，泡《あわ》が出て痛かったのを覚えています。

先生：そうね。オキシドールで消毒すると殺菌《きん》はされるけれど，傷口の組織が傷ついて治りが遅《おく》れるらしいの。今は，水道水や石けんできれいに洗うことが推しょうされているのよ。

花子さん：そうなのですね。

先生：ところで，オキシドールを塗ったときになぜ泡が出たかわかりますか？

花子さん：え……わかりません。

先生：傷口の血液にはカタラーゼという酵《こう》素が，オキシドールには過酸化水素が含《ふく》まれているの。血液中のカタラーゼがオキシドール中の過酸化水素を分解すると泡が発生するのよ。ちなみに栄養分を貯蔵したり，毒性のある物質を分解するはたらきがある（ 1 ）という臓器には，カタラーゼが多く含まれているのよ。

花子さん：そうなのですね。処置してくださった上に，いろいろ教えていただき，ありがとうございました。

カタラーゼのはたらきに興味をもった花子さんは，後日学校で理科の先生と一緒《しょ》に次のような実験をしました。

実験1：ニワトリの（ 1 ）3ｇに蒸留水20mLを加えてよくすりつぶした後，ガーゼでしぼった液（A液）1mLを，3％過酸化水素水2mLの入った試験管に加えた。

結果：泡が発生したが，しばらくすると泡は発生しなくなった。

実験2：ニワトリの（ 1 ）6ｇに蒸留水20mLを加えてよくすりつぶした後，ガーゼでしぼった液（B液）1mLを，3％過酸化水素水2mLの入った試験管に加えた。

結果：**実験1**とほぼ同じ量の泡が発生し，**実験1**より短い時間で泡の発生は止まった。

実験3：ニワトリの（ 1 ）6ｇに蒸留水40mLを加えてよくすりつぶした後，ガーゼでしぼった液（C液）1mLを，3％過酸化水素水2mLの入った試験管に加えた。

結果：**実験1**（ ア ）量の泡が発生し，**実験1**（ イ ）時間で泡の発生は止まった。

問1　文中の（1）にあてはまる言葉を答えなさい。

問2　下線部に関して，出血を止める役割をもつ血液中の成分の名前を答えなさい。

問3　これらの実験において，泡が発生している試験管の中に火をつけた線香を入れたところ，激しく燃えました。この結果から発生した泡は何だと考えられますか。

問4　**実験1**において，A液に含まれる物質によって泡が発生していることを示すためには，もう一つ実験を行う必要があります。どのような実験をする必要がありますか。実験とその結果を答えなさい。

問5　**実験3**の**結果**の(ア)，(イ)にあてはまる言葉を，それぞれ下の①～③から1つずつ選びなさい。

ア：①　とほぼ同じ　　②　より少ない　　③　より多い

イ：①　とほぼ同じ　　②　より短い　　③　より長い

問6　**実験3**で，泡が発生しなくなった試験管を2本用意し，それぞれに以下のような**実験4**，**実験5**を行いました。表の**結果**から，**実験3**で泡が発生しなくなった理由を答えなさい。

		結果
実験4	C液を1mL追加した。	泡は発生しなかった。
実験5	過酸化水素水を1mL追加した。	再び泡が発生した。

2　地球の表面は十数枚のプレートとよばれる硬《かた》い岩盤《ばん》に覆《おお》われています。それらのプレートは相互《ご》に運動しており，その結果として地震《しん》や火山活動が起こります。

図1のように，ユーラシアプレート，北アメリカプレート，太平洋プレート，フィリピン海プレートの4枚のプレートが日本列島の地下にあるため，日本は世界でも有数の地震大国となっています。

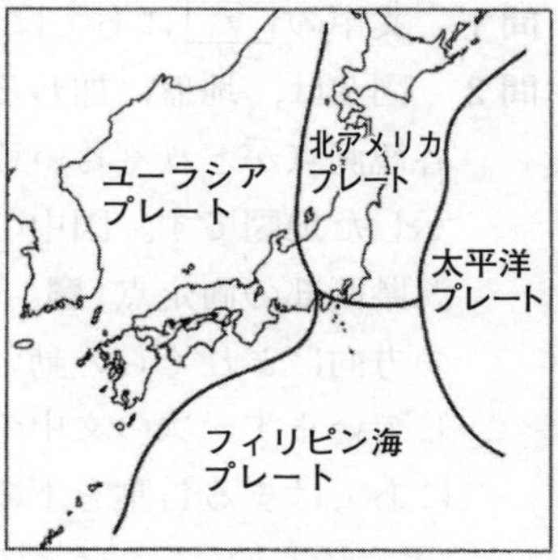

図1

地震は，プレートの運動により地盤に力が加わり，[ア]ができることで起こります。花子さんは，地盤に押《お》される力が加わるとどのような[ア]ができるのかを調べるために，以下の実験をしました。

<実験方法と結果>

1　アクリルケースの端《はし》に押し板をはめこみ，小麦粉を入れて平らにならす。

2　小麦粉の層の上にココアパウダーを入れ，平らにならす。

3　さらに小麦粉とココアパウダーの層をつくり，5層とする(図2)。

4　押し板を横からゆっくり水平に押す。

5　次のページの図3のように小麦粉とココアパウダーの層が，図4の矢印の方向にずれた[ア]が形成され，固定点**P**に対して**Q**は近づいた。

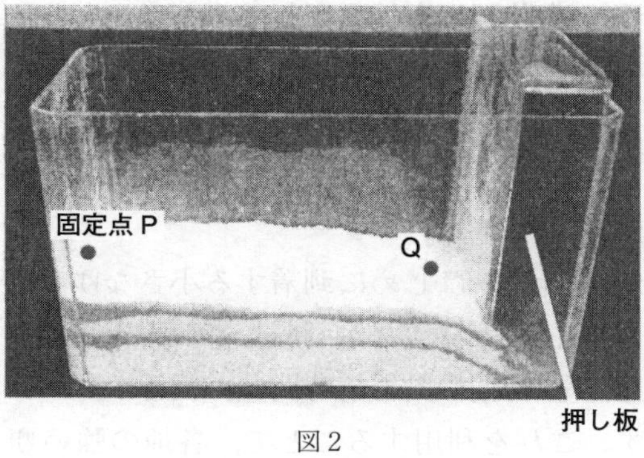

図2

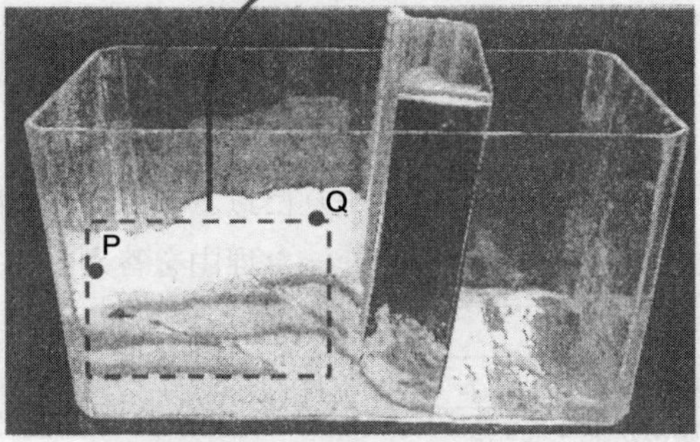

図3

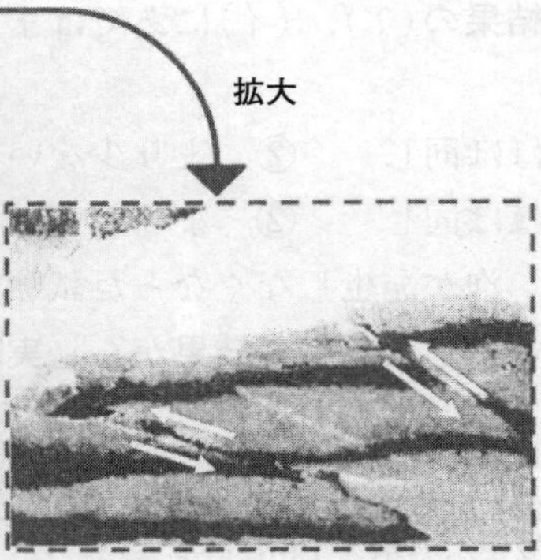

図4

問1　文中の[ア]にあてはまる言葉を答えなさい。

問2　図5は，地盤に加わる力によって各観測点がどれくらい移動したかを示した地図です。図中の矢印は，新潟県西部の固定点(■)に対して，どの方向にどれくらい動いたのかを示しています。次の文中の(A)～(D)にあてはまる言葉を下の①～④から，(E)～(G)にあてはまる言葉を下の⑤～⑧からそれぞれ選び，番号で答えなさい。

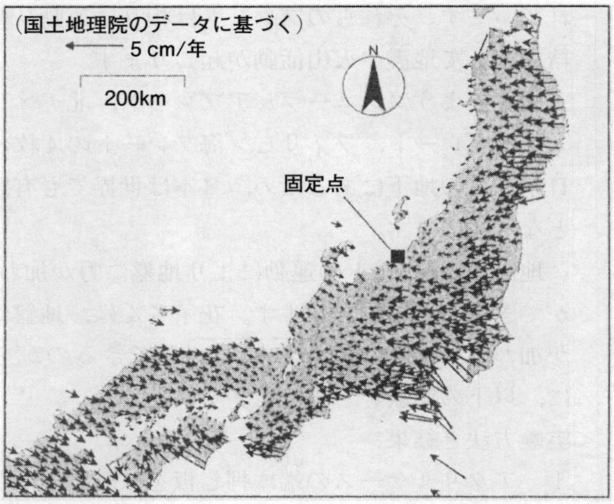

図5

東北地方では(A)の下に(B)が，西日本では(C)の下に(D)が沈み込《こ》んでいる。将来発生が予測されている南海トラフ巨《きょ》大地震は(C)と(D)の境界で，陸側のプレートがはね上がることで起こるとされている。

また東北地方では(E)方向に圧縮する力がはたらくことで(F)方向に，西日本では北西—南東方向に圧縮する力がはたらくことで(G)方向に，[ア]が形成されることが上の実験から考えられる。そのため，それぞれの内陸部でも地震が起こると考えられる。

A～D：①　ユーラシアプレート　　②　北アメリカプレート
　　　③　太平洋プレート　　④　フィリピン海プレート

E～G：⑤　東—西　　⑥　南—北
　　　⑦　北西—南東　　⑧　北東—南西

地震が発生すると，全国各地に設置された地震計で，はじめに到《とう》着する小さなゆれ(P波)と，あとに到着する大きなゆれ(S波)が記録されます。小さなゆれが到着してから大きなゆれが到着するまでの時間を初期微《び》動継《けい》続時間といいます。初期微動継続時間は，震源からの距離《きょり》が離《はな》れるほど[イ]なることが知られています。これを利用することで，各地の強いゆれの到達する時刻や震度を予想した[ウ]が気象庁によって発表されます。

問3　文中の[イ]・[ウ]にあてはまる言葉をそれぞれ答えなさい。

問 4　地震計は地上だけではなく海底にも設置されています。ウ が発表されるにあたってどのような利点があると思いますか。

3　目に見えない熱というものは，移動することによって，ものの体積や状態に変化をおよぼします。熱は温度の高い方から低い方へと移っていき，材質によって熱の伝わりやすさはちがいます。金属はガラスやゴムなどに比べてはるかに熱が伝わりやすいのです。また金属でも種類によって熱の伝わりやすさは異なり，銅はアルミニウムの約1.7倍，鉄の約4.4倍です。

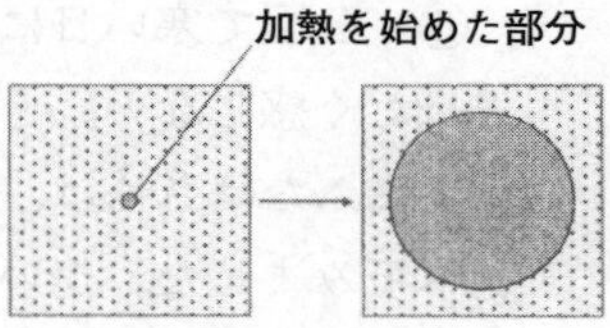

図1

学校で熱の伝わりやすさを勉強したふたばさんは，銅板の中心を下からガスバーナーで熱し続けると，熱した部分を中心にだんだん黒ずむ(図1)ことを観察し，さらに興味を持ちました。そこで，金属の種類や形を変えて，実験をしました。

問 1　図2のような形のうすい銅板を**X**の場所から熱しました。そのときの熱の伝わり方を表している図を，下のア～ウから1つ選び記号で答えなさい。

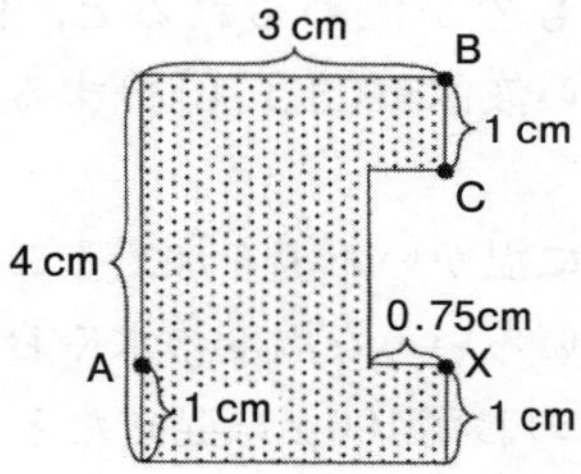

図2

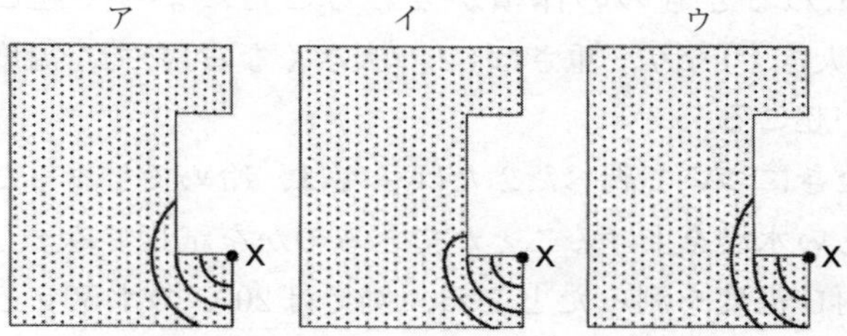

問 2　問1の実験の結果として正しいものを，下の①～⑥からすべて選び番号で答えなさい。

①　**A**に熱が伝わるのが最も早い　②　**B**に熱が伝わるのが最も早い
③　**C**に熱が伝わるのが最も早い　④　**A**と**B**に熱が同時に伝わる
⑤　**B**と**C**に熱が同時に伝わる　⑥　**A**と**C**に熱が同時に伝わる

金属と熱について調べたふたばさんは，金属のふたがかたくて開かないときは，ふたの部分をお湯で温めると開けやすくなることを思い出しました。

問 3　お湯で温めるとふたが開けやすくなるしくみについて説明した下の文章の(　)に最もよくあてはまる言葉を，それぞれ①～③から1つずつ選び番号で答えなさい。

温められた金属のふたの体積は(　A　)，ガラスの容器の口の部分の体積は(　B　)ので，ふたは(　C　)ためゆるくなる。

A：①　大きくなり　②　小さくなり　③　ほとんど変わらず
B：①　大きくなる　②　小さくなる　③　ほとんど変わらない
C：①　外側に広がる　②　外側にも内側にも広がる　③　内側に広がる

問 4　ものの中を熱が伝わっていく現象は生活のいろいろなところで見られます。下の①～⑤の熱に関係する文として，まちがっているものを1つ選び番号で答えなさい。

①　氷を冷凍《とう》庫から出してもとけないようにするには，発泡《ぽう》スチロールの容器に入れるとよい。

②　ホットコーヒーはアルミ缶《かん》ではなくスチール缶に入っている。

③　冷凍庫から出したばかりのアイスクリームがかたくてすくえないときは，アルミニウム製ではなく，ステンレス製(鉄が混ざっている金属)のスプーンを使うとよい。

④　フライパンの取っ手は，プラスチックで加工されている。

⑤　公園で寒い日に鉄棒につかまると手がとても冷たく感じるが，木にさわってもあまり冷たく感じない。

次にふたばさんは，液体の熱の伝わり方についても興味を持ち，お風呂《ろ》の追いだきについて調べてみました。追いだきにはいくつかの方法があり，ふたばさんの家では，冷めてしまったお湯に熱いお湯(80℃)を追いだき口から加えることで，浴槽《そう》のお湯を温めていることがわかりました。

問５　図３のような浴槽に，追いだき口を取り付けるとき，最も適切な場所を**ア**～**エ**から１つ選び記号で答えなさい。また，全体を温められる理由を示している下の文章の(　)の言葉が正しければ○を，まちがっている場合は正しい言葉を書きなさい。

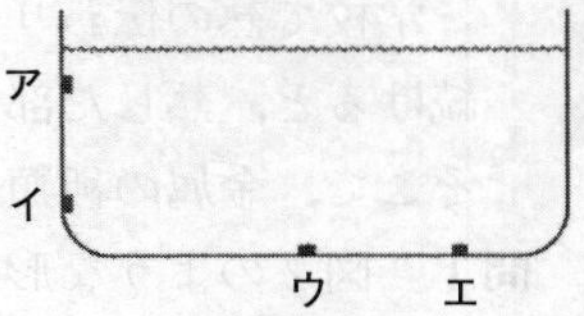

図３

液体は，流れを起こしながら熱が伝わっていく。この流れは，熱が伝わるとものの体積が変わることによって起こる。ものが温められると，体積が(１．大きく)なり，重さは(２．大きくなる)ので，温度の高い液体が(３．下降)するような流れが起こる。

追いだきについて調べたふたばさんは，冷めてしまったお湯に温かいお湯を加えることで，どのくらい水温を上げることができるのかを試してみました。いろいろな温度の水やお湯を混ぜて，再び温度を測ったところ，例えば20℃の水50ｇと50℃のお湯100ｇを混ぜたときの水温は40℃になることがわかりました。

問６　40℃のお湯200Ｌが浴槽にあります。これを42℃にするためには何秒間追いだきをする必要がありますか。ただし，追いだき口からは毎分５Ｌのお湯(80℃)が浴槽に加えられるとします。また，熱が他のことに使われることはなく，追いだきの途《と》中でお湯は冷めないものとします。答えは小数第一位を四捨五入して答えなさい。

4

ふたばさんは，日曜日にスープを作ることにしました。水を入れた鍋《なべ》に，にんじん，じゃがいも，玉ねぎを切って入れたところ，浮《う》くものと浮かないものがあることに気づきました。野菜によってどんなちがいがあるのか不思議に思ったふたばさんは，次の日に理科の先生に聞いてみることにしました。

先生：液体中のものを持ち上げる浮力《ふりょく》という力が，ものを沈《しず》ませる下向きの重力という力より大きいとき，ものは浮くのです。

ふたばさん：浮力の大きさは野菜によってちがうのですか。

先生：浮力の大きさは，液体の種類と液体に浸《つ》かっている部分の体積の大きさで決まります。液体に浸かっている部分の体積と同じ体積の液体の重さと等しいのです。おもりをばねばかりにつるすと，おもりの重さがばねばかりに示されます(図１)。これを液体中に入れると，液体に浸かっている体

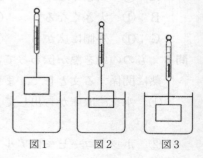

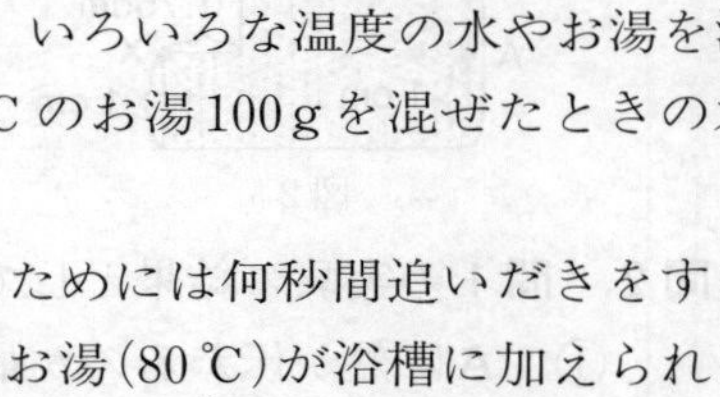
図１　図２　図３

積が増えていくにつれて(図2，図3)，浮力の大きさは大きくなります。おもりの重さはばねばかりと浮力によって支えられているので，ばねばかりに示される重さは小さくなっていきます。

ふたばさん：つまり，浮力の大きさは野菜の種類にはよらず，液体に浸かっている部分の体積によるのですね。水に浮くか浮かないかは，浮力の大きさと野菜の重さの大小を比べれば良いのですね。

先生：そうです。そして，浮力の大きさを液体の重さから求めるということは，液体の種類によっても異なりますね。例えば，水の場合は1 cm^3 の体積のとき1 g ですが，食塩水を使った場合はどうなるか考えてみましょう。

問1　100 cm^3，105 g のおもりがビーカー中の500 cm^3 の水に図3のように完全に浸かっているとき，ばねばかりは何gを示しますか。ただし，糸の体積は無視でき，おもりはビーカーに触《ふ》れていないものとします。

このおもりをばねばかりからはずすと沈みました。水に食塩を完全にとかしながら少しずつ入れていくと，あるときおもりが浮き始めました。

問2　食塩の量が何gをこえると，浮き始めますか。ただし，食塩水の体積は食塩をとかす前の水の体積と変わらないものとします。

さらに食塩をビーカーに加え，**問2**で入れた分もあわせて合計125 g 入れると食塩は全てとけて，おもりの一部が水面より上に出ました。

問3　水面より上の部分はおもり全体の何％ですか。

てんびんに30 cm^3，60 g の同じおもりA，Bを，Aは支点から10 cm，Bは支点から15 cmの位置につるしました(図4)。一方をビーカーに入った食塩水の中に，もう一方を水にどちらも完全に浸けたところ，てんびんはつりあいました。ただし，糸の体積は無視でき，おもりはビーカーに触れていないものとします。

問4　食塩水に沈めたのはおもりA，Bのどちらですか。

問5　ビーカー内の食塩水の濃度《のうど》は何％ですか。

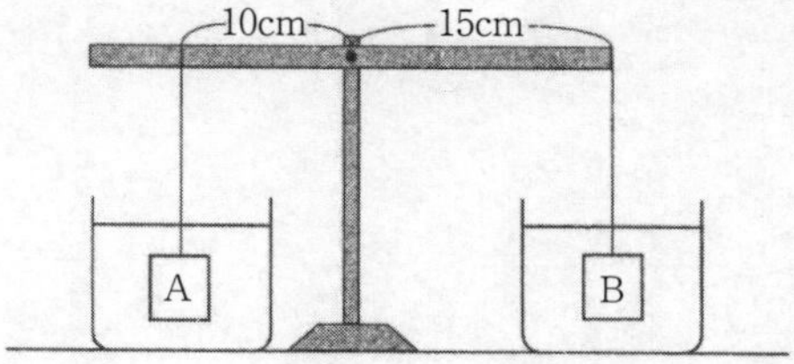

図4

3 「すかさず」

ア あわてないで
イ 間を置かないで
ウ 見過ごさないで
エ 遠慮《えんりょ》しないで

問六 ――線部⑤「比喩から比喩が削ぎ落とされてしまい」とありますが、ここではどういうことか、具体的に説明しなさい。

問七 ――線部⑥「わたしを打った」とありますが、「わたしを（　）た」の形で意味を変えずに言いかえなさい。

問八 □A・Bに入る語として最もふさわしい漢字一字をそれぞれ答えなさい。

問九 ――線部⑦「この説明を聞いてスウィングのこつが分かったような気がしました」とありますが、なぜか、説明しなさい。

四 次の問いに答えなさい。

問一 次のカタカナを漢字に直して答えなさい。
(1) 茶道《さどう》のリュウハに関する本をドクハした。
(2) レキホウする国々の食事のサホウを学ぶ。
(3) タイボウの新製品にタイマイをはたく。
(4) ヘイカはヘイイな言葉でお話しになる。

問二 次の漢字の読みを答えなさい。
(1) 雑木林
(2) 上背

した言い方をメタフォア(暗喩)と詩作上説明されています。比喩は詩で古来重要な働きをしてきました。

ところでいつだったか、これもテレビで見たのですが、スポーツ評論家の佐々木信也《ささきしんや》さんが、こんな話をしていました。

「フォークボールの投げ方を選手に教えるのに、球をこう握《にぎ》ってこうして投げるんだよと動作で見せるばかりでなく、カーテンのヒモを下へ引っ張るように——という例えで話してやると、印象強く、よりよく伝えることができる」

驚《おどろ》きました。フォークボールを投げるというような肉体的な技術は、その動きをやってみせることが最上の、それ以外にない教え方だと思っていましたが、そこに比喩が大きな働きをするなんて！　それから、佐々木信也さんは、また、こんなことを言いました。

「主婦にゴルフのスウィングを教えるのに、はじめは背中に赤ちゃんを背負っているつもりで、落としちゃダメですよ。さあ打ったら次の瞬間《しゅんかん》赤ちゃんを振《ふ》り落とせ！——と言うといい……」

わたしはゴルフというものをやったことがありません。でも、⑦この説明を聞いてスウィングのこつが分かったような気がしました。比喩の力です。

川崎《かわさき》　洋《ひろし》「紙風船　黒田三郎」

(『教科書の詩をよみかえす』筑摩書房《ちくましょぼう》より)

問一　——線部①「願いごとも多くの場合、すーっと落ちてきます」とはどういうことか、説明しなさい。

問二　——線部②「いのち」について、

(1)　ここでの意味を答えなさい。

(2)　「いのち」という言葉をこのように用いることを筆者は何と言っているか、最もふさわしい一語を本文中から抜き出して答えなさい。

問三　——線部③「何度も打ち上げるそのことに生きる証を見つけよう」と言っている筆者の考えとして最もふさわしいものを次の**ア**～**エ**から選び、記号で答えなさい。

ア　希望を持って何度でも挑戦《ちょうせん》し続けるところに人間の生きる意味がある。

イ　いっそう高く打ち上げることで、紙風船の本来の良さを生かすことができる。

ウ　より高いところを目指し続けるのが、生を与えられた人間の使命である。

エ　人間は、生きている限り失敗を重ねて自分の力を伸《の》ばしていくものだ。

問四　——線部④「言葉もなるべく遠いものを比喩で結ぶと、新鮮なハーモニーをかもし出します」とはどういうことか、説明しなさい。

問五　——線部**1**「せんだって」・**2**「あるまいことか」・**3**「すかさず」のここでの意味として最もふさわしいものを後の**ア**～**エ**からそれぞれ選び、記号で答えなさい。

1「せんだって」

ア　とりわけ

イ　そういえば

ウ　そのうえ

エ　このあいだ

2「あるまいことか」

ア　つまらないことに

イ　もったいないことに

ウ　あってはならないことに

エ　いかにもありそうなことに

美しい
願いごとのように

この詩は、作者がある雑誌の依頼《いらい》で、子どもが紙風船で遊んでいる一枚の写真につけたものだそうです。紙風船は打ち上げてもまたふわりふわりと落ちてきます。宇宙船の船内なら上がったままでしょうが。①願いごとも多くの場合、すーっと落ちてきます。

この詩の②いのちは、終わりの、

美しい
願いごとのように

というすばらしい〝比喩《ひゆ》〟にあると言えるでしょう。

作者はこの詩について「風船はどんなに高く打ち上げても、それは地に落ちる」「願いごとの多くはむなしい」というニュアンスから、どうしたら抜《ぬ》け出すことができるかに努力したと述べています。この詩を読むと、いつも光さす空を見ていよう、紙風船が落ちてくるのに目をとめるより、③何度も打ち上げるそのことに生きる証《あかし》を見つけよう、というような祈《いの》りに似た詩の心が伝わってきて、励《はげ》ましさえ感じます。

いつだったかテレビの料理番組で、料理の先生が「なるべく(産地が)遠くの味噌《みそ》をあわせて(まぜて)使うと、おいしい味噌汁《みそしる》ができる」と話しているのを聞いて、言葉も同じだなと思いました。つまり、④言葉もなるべく遠いものを比喩で結ぶと、新鮮《しんせん》なハーモニーをかもし出します。

「月とスッポン」ということわざがあります。二つのものがあまりに違《ちが》いすぎる、不相応だという意味ですが、このことわざ自体、月とスッポンという非常に遠いものを結びつけて、「月とスッポンのようだ」としているために、長くわたしたちの印象に残ることとなったとわたしは思います。反対に取り合わせのよいもの、美しく調和するものの比喩に「天目《てんもく》に竹窓《たけまど》」ということわざがあります。天目は天目茶碗《てんもくぢゃわん》、竹窓は竹の格子《こうし》のある窓で、両方とも茶室につきものです。茶碗と竹ではやはり遠く離《はな》れたものたちです。

1せんだって、友人と寿司屋《すしや》で食事をしていましたら、まだ見習いを卒業したばかりと見える若い板前のひとりが、2あるまいことか包丁で指を切ってしまいました。すると友人が3すかさず、

「これがほんとの出血サービスだ」

と言い、そのとっさの言葉の冴《さ》えに感じ入りました。「出血サービス」は比喩で、出血するような、つまり採算のとれない犠牲《ぎせい》を払《はら》った——ということなのですが、実際に血が出てしまったので、⑤比喩から比喩が削《そ》ぎ落とされてしまい、それがかえって新鮮な言葉の迫力《はくりょく》になって、⑥わたしを打ったのだろうと思います。

この比喩を、日常の会話でも効果的に使うと、表現が生きてきます。

「赤《あか》ん坊《ぼう》が激しく泣く」というより「赤ん坊が A がついたように泣く」、

「あの人はすごく酒が強い」というより「あの人はうわばみだよ」、

「政治家はうそつきが多い」というより「政治家は二枚 B が多い」、

といったほうが印象の強い表現になります。

アイヌ語に、「アムッアンキアン ピリカポンペ」という、子どものかわいらしさをたたえる言い方があります。「首飾《くびかざ》りにして胸に飾っておきたい、それほどかわいい子どもだ」という意味で、なんというすてきな比喩であることでしょう。

以上の例でいうと、「 A がついたように泣く」のように、「ように」がつく比喩をシミリ(直喩)、「うわばみだ」と、「のよう」を省略

るか、説明しなさい。

問三 □A・Bに入るひらがな三文字の言葉をそれぞれ答えなさい。

問四 ――線部②「それら」の指示内容を、本文中から十字で抜き出しなさい。

問五 ――線部③「優越感」とは、ここではどのような気持ちか、説明しなさい。

問六 ――線部④「〝書き物〟に対する態度が、他の大人と唯一違っていたのがキリコさんだった」とありますが、「他の大人」とは具体的に誰を指すか、答えなさい。

問七 ――線部⑤「彼女は明らかにこの作業を、勉学とは違う種類のものとして認めていた。敬意さえ払っていたと言ってもいい」とありますが、キリコさんが「この作業」に敬意を払っていたのはなぜだと思いますか。本文をふまえてあなたの考えを八〇字以上一〇〇字以内で書きなさい（句読点も一字と数えます）。

問八 ――線部⑥「自分の生い立ち・みなしご編」とは何のことか、説明しなさい。

問九 ――線部⑦「忠実に働いた」とはどういうことか、答えなさい。

問十 □C・Dに入る言葉を次から選び、ふさわしい形に直して答えなさい。

激怒《げきど》する	うろたえる	強調する	呪《のろ》う	ためらう

問十一 ――線部⑧「新しいのは買いませんからね」の「の」と同じ働きのものを、次のア～エから一つ選び、記号で答えなさい。

ア 自分たちの知っている漢字

イ 『太陽の戦士』の出だしのところ。

ウ 他の大人と唯一違っていたのがキリコさんだった。

エ せっかくのパパのお土産なのに。

問十二 ――線部⑨「救ってくれたのは、やはりキリコさんだった」とありますが、ここからはキリコさんに対するどのような気持ちが読み取れるか、最もふさわしいものを次の**ア**～**エ**から選び、記号で答えなさい。

ア 信頼《しんらい》する気持ち

イ 満足する気持ち

ウ 依存《いぞん》する気持ち

エ 崇拝する気持ち

二 次の文中の――線部の言葉の使い方が正しければ○を書き、間違っていれば正しく直しなさい。

(1) 京都の寺におとずれたときに、買ったお守り。

(2) その仕事を私にやらせてください。

(3) 冷めないうちにどうぞいただいてください。

三 次の文章を読んで、後の問いに答えなさい。

紙風船　黒田《くろだ》　三郎《さぶろう》

落ちて来たら
今度は
もっと高く
もっともっと高く
何度でも
打ち上げよう

この作業を、勉学とは違う種類のものとして認めていた。敬意さえ払《はら》っていたと言ってもいい。

　子供部屋やダイニングテーブルで作業に熱中している私を見つけると、一瞬キリコさんは立ち止まり、姿勢をただし、邪魔《じゃま》しないように注意を払いながら通り過ぎた。あるいはおやつを運んでくる時は、不用意にノートの中身に目をやって盗《ぬす》み見していると誤解されないよう、気を使っているのが分かった。自分の手元に視線を落とし、一切《いっさい》声は掛《か》けず、ノートからできるだけ遠いところにジュースを置いた。コップに付いた水滴《すいてき》で、ページが濡《ぬ》れてはいけないと思ったからだろう。

　やがて私は他人の文章を書き写すだけでは満足できなくなり、作文とも日記ともお話ともつかないものを書き付けるようになった。クラスメイト全員の人物評と先生の悪口、一週間の食事メニュー、百万円あったら買いたい品物のリスト、テレビ漫画《まんが》の予想ストーリー、⑥自分の生《お》い立ち・みなしご編、無人島への架空《かくう》の旅行記。とにかく、ありとあらゆるものだった。

　今日は何にも書くことがないという日は、一日もなかった。キャップさえ外せば、万年筆はいつでも⑦忠実に働いた。

だから初めてインクが切れた時は、　C　た。

「どうしよう、万年筆が壊《こわ》れちゃった」

　私は叫《さけ》び声を上げた。

「もう壊しちゃったの？　せっかくのパパのお土産なのに。⑧新しいのは買いませんからね。壊したあなたが悪いんです」

　新しいのは買いませんからね――これが母の口癖《くちぐせ》であり、得意の台詞《せりふ》だった。私は自分の不注意を　D　、絶望して泣いた。

「大丈夫《だいじょうぶ》。インクが切れただけなんだから、補充《ほじゅう》すれば元通りよ」

　⑨救ってくれたのは、やはりキリコさんだった。

「スイスのインクなのよ。パパがまたスイスへ行くまで待たなきゃならないの？」

「いいえ。街の文房具《ぶんぼうぐ》屋さんへ行けば、必ず売っています」

　必ずという言葉を強調するように、キリコさんは大きくうなずいた。

　キリコさんは正しかった。私は万年筆を壊してなどいなかった。約束どおり彼女は新しいインクを買ってきて、補充してくれた。ケースの裏に書いてある説明書は外国語だったから、二人とも読めなかったけれど、彼女は慎重《しんちょう》に方向を見定め、崇高《すうこう》な儀式《ぎしき》の仕上げをするように、万年筆の奥《おく》にインクを押《お》し込めた。

「ほらね」

　それがよみがえったのを確かめると、キリコさんは得意そうに唇《くちびる》をなめた。一層唇が光って見えた。

　小川洋子「キリコさんの失敗」（『偶然《ぐうぜん》の祝福』角川書店より）

問一　――線部**1**「一足飛びに」・**2**「ひるまなかった」の意味として最もふさわしいものを後の**ア**～**エ**からそれぞれ選び、記号で答えなさい。

1「一足飛びに」

ア　とんとん拍子《びょうし》に

イ　一気に

ウ　先に

エ　予想外に

2「ひるまなかった」

ア　気落ちしなかった

イ　気にとめなかった

ウ　おじけづかなかった

エ　あきらめなかった

問二　――線部①「どうせ自分たちの知っている漢字ばかりなんだから」とありますが、これは大人たちのどういう気持ちを表してい

二〇二一年度　雙葉中学校

【国語】（五〇分）〈満点：一〇〇点〉

一　次の文章を読んで、後の問いに答えなさい。なお、文中に登場する「キリコさん」は、「私」が十一歳《さい》から十二歳になる間の一年足らず、「私」の家で働いていたお手伝いさんです。

十一歳の夏休み、仕事で一ヵ月ヨーロッパを回っていた父親から、お土産《みやげ》に万年筆をもらった。銀色で細身の、スイス製の万年筆だった。キャップを取ると、磨《みが》き込《こ》まれた流線型のペン先が現《あら》われ、それは見ているだけでも胸が高鳴るほどに美しく、持ち手の裏側にはその曲線によく似合う筆記体で、私のイニシャルYHが彫《ほ》ってあった。おもちゃ以外のお土産をもらうのは生まれて初めてだったし、まわりで万年筆を使っている子など一人もいなかったから、自分が1一足飛びに大人になったような気がした。この万年筆さえ手にしていれば、何か特別な力を発揮できると信じた。

私はいつどんな時も、書きたくて書きたくてたまらなくなった。国語の漢字練習帳がいるからと母に嘘《うそ》をつき、お金をもらって大学ノートを買った。学校から帰るとランドセルを置き、真っすぐ机の前に向かってとにかく万年筆のキャップを外した。いざとなって、自分が何を書くつもりなのか、ちっとも考えていないことに気づいたが、私は2ひるまなかった。そんなことは大した問題とは思えなかった。インクがしみ出してくる瞬間《しゅんかん》や、紙とペン先がこすれ合う音や、罫線《けいせん》の間を埋《う》めてゆく文字の連なりの方が、ずっと大事なのだった。

大人たちはすぐに、娘《むすめ》が何やら夢中になって書いていると気づいたが、必要以上に干渉《かんしょう》はしなかった。とにかく机の前で書き物をしているのだから、それは勉学、例えば漢字の書き取りのようなものに違《ちが》いないと思い込んだらしい。

スリッパをはいて階段を登ってはいけないとか、お風呂《ふろ》に入った後は冷たいものを飲んではいけないとか、あの頃《ころ》課せられていた多くの禁止事項《じこう》の中に〝書き物〟が加えられなかった代わりに、大人たちは誰《だれ》も書かれた内容については興味を示さなかった。①どうせ自分たちの知っている漢字ばかりなんだから、という訳だ。

私はまず手始めに、自分の好きな本の一節を書き写してみた。『ファーブル昆虫記《こんちゅうき》』のフンコロガシの章。『太陽の戦士』の出だしのところ。『アンデルセン童話集』から『ヒナギク』と『赤いくつ』。アン・シャーリーが朗読する詩。『恐竜図《きょうりゅうず》鑑《かん》』のプテラノドンの項。『世界のお菓子《かし》』、トライフルとマカロンの作り方。……

想像したよりずっとわくわくする作業だった。　A　自分が考えた言葉ではないにしても、②それらが私の指先を擦《す》り抜《ぬ》けて目の前に現われた途端《とたん》、いとおしい気持に満たされた。

言葉たちはみんな私の味方だ。あやふやなもの、じれったいもの、臆病《おくびょう》なもの、何でもすべて形に変えてくれる。ブルーブラックのインクで縁取《ふちど》られた、言葉という形に。

そしてふと気がついて手を休めると、ノート一面びっしり文字で埋めつくされている。ついさっきまでただの白い紙だったページに、意味が与《あた》えられている。しかもそれを授《さず》けたのは自分自身なのだ。

私は疲労《ひろう》感と③優越《ゆうえつ》感の両方に浸《ひた》りながらページを撫《な》で付けた。　B　世界の隠《かく》された法則を、手に入れたかのような気分だった。

④〝書き物〟に対する態度が、他の大人と唯一《ゆいいつ》違っていたのがキリコさんだった。干渉しない点については同じだが、⑤彼女は明らかに

2021年度

雙葉中学校　▶解説と解答

算数　(50分)　＜満点：100点＞

解答

[1] (1) $1\frac{5}{6}$　(2) 75　(3) 214　(4) 38　[2] 18000円　[3] (1) 125人　(2) 168人　(3) 210円　[4] **展開図**…(例)　解説の図④を参照のこと。／3通り　[5] (1) 21分　(2) ①　9時$2\frac{1}{3}$分，赤色　②　9時$4\frac{2}{17}$分

解説

[1] 逆算，濃度《のうど》，面積，通過算

(1)　$0.6+1\frac{2}{3}\div\left\{7\times\left(\square+\frac{1}{2}\right)-8\right\}=0.8$より，$1\frac{2}{3}\div\left\{7\times\left(\square+\frac{1}{2}\right)-8\right\}=0.8-0.6=0.2$，$7\times\left(\square+\frac{1}{2}\right)-8=1\frac{2}{3}\div0.2=\frac{5}{3}\div\frac{1}{5}=\frac{5}{3}\times\frac{5}{1}=\frac{25}{3}$，$7\times\left(\square+\frac{1}{2}\right)=\frac{25}{3}+8=\frac{25}{3}+\frac{24}{3}=\frac{49}{3}$，$\square+\frac{1}{2}=\frac{49}{3}\div7=\frac{49}{3}\times\frac{1}{7}=\frac{7}{3}$　よって，$\square=\frac{7}{3}-\frac{1}{2}=\frac{14}{6}-\frac{3}{6}=\frac{11}{6}=1\frac{5}{6}$

(2)　7.2％の食塩水150ｇには，食塩が，150×0.072＝10.8(ｇ)ふくまれている。この食塩水に水を加えても，食塩の重さは変わらないから，濃度が4.8％になったときの食塩水の重さは，10.8÷0.048＝225(ｇ)とわかる。よって，加えた水の重さは，225－150＝75(ｇ)である。

(3)　右の図①のかげをつけた部分は，半径，10÷2＝5(cm)の円から，正方形を4等分した直角二等辺三角形を除いたものである。そこで，図①のかげの部分の面積は，5×5×3.14－10×10÷4＝78.5－25＝53.5(cm^2)になる。また，問題文中の図のかげの部分は，図①のかげの部分を4つ組み合わせたものになる。したがって，求める面積は，53.5×4＝214(cm^2)とわかる。

図①

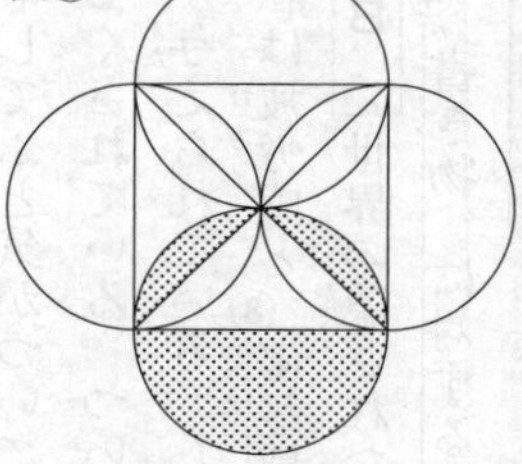

(4)　右の図②は列車Ａが太郎の前を通過する様子と，鉄橋を渡《わた》り始めてから渡り終えるまでの様子を比べたものである。図②より，列車Ａは240ｍの道のりを，17－5＝12(秒)で進むから，速さは秒速，240÷12＝20(ｍ)で，長さは，20×5＝100(ｍ)とわかる。次に，列車Ａが列車Ｂを追いこすまでに，列車Ａは列車Ｂより，100＋90＝190(ｍ)多く進むことになる。また，時速54kmは秒速，54×1000÷60÷60＝15(ｍ)なので，列車Ａは列車Ｂより1秒で，20－15＝5(ｍ)多く進む。よって，列車Ａが列車Ｂを追いこすまでに，190÷5＝38(秒)かかる。

図②

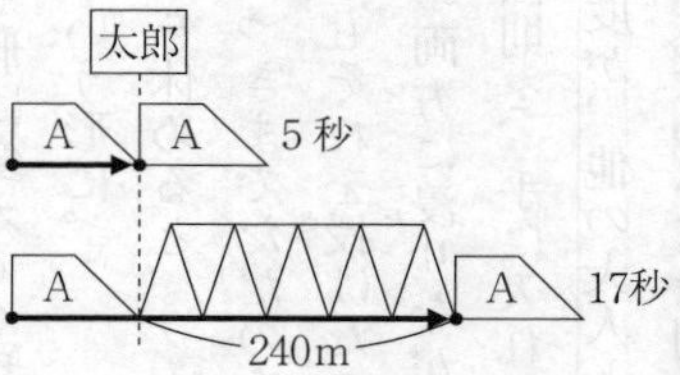

[2] 還元算

夏子がお年玉をもらった後に，秋子は残りの半分より400円少なくもらったから，冬子は残りの半分より400円多くもらったこ

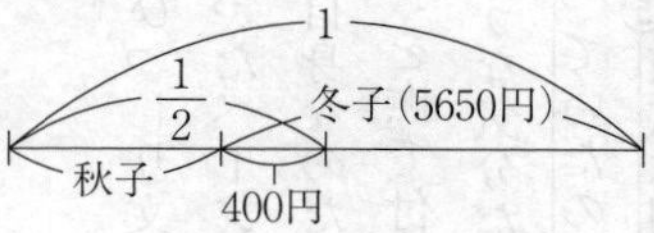

とになる。そこで，上の図のように，夏子がお年玉をもらった後に残っている金額を1とすると，5650−400＝5250(円)が$\frac{1}{2}$にあたるので，夏子がお年玉をもらった後に残っている金額は，5250÷$\frac{1}{2}$＝10500(円)とわかる。同様に，春子がお年玉をもらった後に残っている金額を1とすると，夏子は残りの$\frac{1}{4}$より450円多くもらったから，$1-\frac{1}{4}=\frac{3}{4}$より450円少ない金額が10500円となる。よって，春子がお年玉をもらった後に残っている金額は，(10500＋450)÷$\frac{3}{4}$＝14600(円)である。さらに，春子は全体の$\frac{1}{5}$より200円少なくもらったから，全体の，$1-\frac{1}{5}=\frac{4}{5}$より200円多い金額が14600円となる。したがって，お年玉全体の金額は，(14600−200)÷$\frac{4}{5}$＝18000(円)と求められる。

3 割合と比

(1) 今日の小人の入場者数は，10800÷90＝120(人)で，これが昨日の，100−4＝96(%)にあたるから，昨日の小人の入場者数は，120÷0.96＝125(人)とわかる。

(2) (1)より，今日の小人の入場者数は120人だから，今日の中人と大人の入場者数の合計は，522−120＝402(人)となる。また，昨日の入場者数の合計は，522＋11＝533(人)で，昨日の小人の入場者数は125人だから，昨日の中人と大人の入場者数の合計は，533−125＝408(人)である。次に，中人は昨日より12.5％減少したので，昨日と今日の中人の入場者数の比は，100：(100−12.5)＝100：87.5＝8：7であり，大人は昨日より$\frac{1}{12}$増加したので，昨日と今日の大人の入場者数の比は，$1:\left(1+\frac{1}{12}\right)=1:\frac{13}{12}=12:13$である。そこで，昨日の中人の入場者数を$\boxed{8}$人，今日の中人の入場者数を$\boxed{7}$人，昨日の大人の入場者数を⑫人，今日の大人の入場者数を⑬人とすると，右上の図のア，イのように表せる。図のように，アの式を13倍，イの式を12倍して大人の人数をそろえると，$\boxed{104}-\boxed{84}=\boxed{20}$が，5304−4824＝480(人)にあたるので，$\boxed{1}$＝480÷20＝24(人)とわかり，今日の中人の入場者数は，$\boxed{7}$＝24×7＝168(人)と求められる。

$\boxed{8}$＋⑫＝ 408(人)…ア
$\boxed{7}$＋⑬＝ 402(人)…イ
$\boxed{104}$＋$\textcircled{156}$＝5304(人)…ア×13
$\boxed{84}$＋$\textcircled{156}$＝4824(人)…イ×12

(3) (1)，(2)より，今日の大人の入場者数は，522−(120＋168)＝234(人)である。また，今日の小人の入場料の合計は10800円だから，今日の中人と大人の入場料の合計は，83460−10800＝72660(円)となる。さらに，大人1人の入場料は，中人1人の入場料の1.5倍なので，中人，168＋234×1.5＝519(人)分の入場料が72660円になる。したがって，中人1人の入場料は，72660÷519＝140(円)だから，大人1人の入場料は，140×1.5＝210(円)と求められる。

4 立体図形—構成，展開図，場合の数

図①
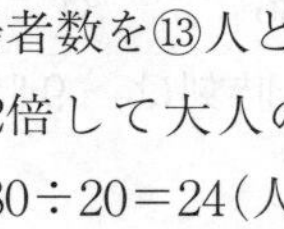

図②
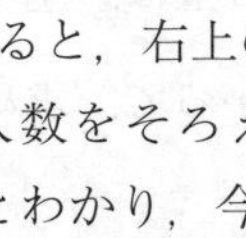

図③
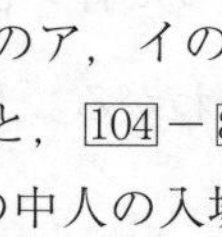

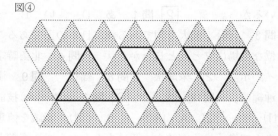

図④
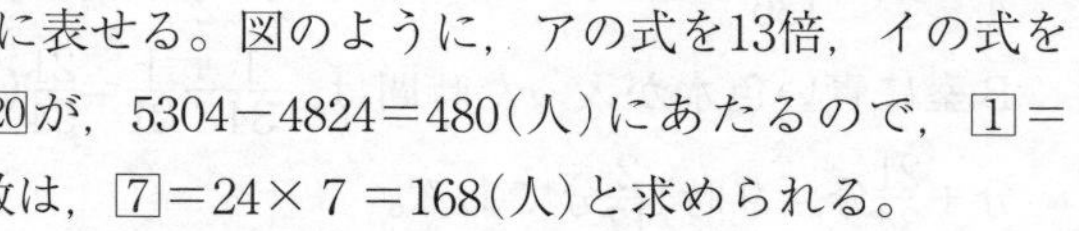

問題文中の[図2]の立体は4つの正三角形でできているから，回転したり裏返したりして重なるものを同じと考えると，上の図①〜③のような展開図が考えられる。ただし，図③は組み立てられ

ないので，正しい展開図は図①と②の２種類になる。また，問題文中の[図１]より，この展開図のとなり合う面は同じ色にならないから，たとえば上の図④のように，色のついた部分が１面，２面，３面となる３通りのぬり方が考えられる。

5 水の深さと体積，仕事算

(1) 水そうの容積を１とすると，左の蛇口《じゃぐち》からは１分間に，$1\div28=\frac{1}{28}$の色水が入り，左右の蛇口を同時に使うと１分間に，$1\div12=\frac{1}{12}$の色水が入る。そこで，右の蛇口からは１分間に，$\frac{1}{12}-\frac{1}{28}=\frac{1}{21}$の色水が入るから，水そうがいっぱいになるまでに，$1\div\frac{1}{21}=21$(分)かかる。

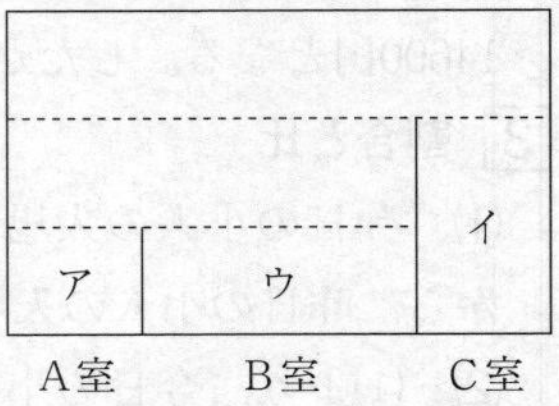

(2) ① 右の図で，アの部分の容積は，$1\times\frac{1}{3}\times\frac{1}{4}=\frac{1}{12}$だから，アの部分が赤い色水でいっぱいになるのに，$\frac{1}{12}\div\frac{1}{28}=2\frac{1}{3}$(分)かかる。同様に，イの部分の容積は，$1\times\frac{2}{3}\times\frac{1}{4}=\frac{1}{6}$なので，イの部分が青い色水でいっぱいになるのに，$\frac{1}{6}\div\frac{1}{21}=3\frac{1}{2}$(分)かかる。よって，Ｂ室に初めて入るのは赤い色水で，それは，９時$+2\frac{1}{3}$分＝９時$2\frac{1}{3}$分である。 ② ９時$2\frac{1}{3}$分から９時$3\frac{1}{2}$分までの，$3\frac{1}{2}-2\frac{1}{3}=1\frac{1}{6}$(分間)に，赤い色水は，$\frac{1}{28}\times1\frac{1}{6}=\frac{1}{24}$だけＢ室に入る。また，１分間に入る赤と青の色水の量の比は，$\frac{1}{28}:\frac{1}{21}=3:4$だから，９時$3\frac{1}{2}$分より後にＢ室に入った赤と青の色水の量をそれぞれ$\boxed{3}$，$\boxed{4}$とすると，$\left(\frac{1}{24}+\boxed{3}\right):\boxed{4}=13:6$と表せる。$A:B=C:D$のとき，$B\times C=A\times D$となるから，$\boxed{4}\times13=\left(\frac{1}{24}+\boxed{3}\right)\times6$より，$\boxed{52}=\frac{1}{4}+\boxed{18}$，$\boxed{52}-\boxed{18}=\frac{1}{4}$，$\boxed{34}=\frac{1}{4}$，$\boxed{1}=\frac{1}{4}\div34=\frac{1}{136}$となる。よって，９時$3\frac{1}{2}$分より後に入った青い色水の量は，$\boxed{4}=\frac{1}{136}\times4=\frac{1}{34}$だから，Ｂ室に青い色水が入った時間は，$\frac{1}{34}\div\frac{1}{21}=\frac{21}{34}$(分)とわかる。したがって，求める時刻は，９時$3\frac{1}{2}$分$+\frac{21}{34}$分＝９時$4\frac{2}{17}$分である。

社 会 (30分)＜満点：50点＞

解 答

1 **問1** 松江市 **問2** ニ **問3** (1) ロ (2) ハ **問4** ハ **問5** ロ，ホ **問6** 過疎 **問7** (1) ハ (2) (例) 日本は多くの食料を飛行機や船で外国から輸入しているから。 **2** **問1** **あ** D **い** B **う** I **え** C **お** K **問2** ニ **問3** (例) 強大な国である魏に日本の王であることを認めてもらうことで，ほかの小国より優位な立場に立とうとしたから。 **問4** 北条時宗 **問5** ホ **問6** ローマ **問7** (1) イ，ホ (2) 朱印状 **問8** 綿花 **問9** 満州国 **問10** 冷戦(冷たい戦争) **問11** 沖縄県 **問12** ハ **3** **問1** (外国人)技能実習生 **問2** ハ **問3** ニ **問4** (1) イ (2) **A** 内閣 **B** (例) 審議を慎重に行うためである **問5** (例) 少子化によって働く世代が減少するにもかかわらず，高齢者を支えるための社会保障費が増加するから。 **問6** **イ** 主権 **ロ** 永久 **ハ** 放棄

解説

1 日本の地形や気候，産業などについての問題

問1　Eの島根県松江市は，日本で5番目に大きな湖である中海と，7番目に大きな湖である宍道《しんじ》湖に面している。なお，日本の湖の面積上位10位は，琵琶湖(滋賀県)，霞ヶ《かすみが》浦《うら》(茨城県)，サロマ湖(北海道)，猪苗代《いなわしろ》湖(福島県)，中海，屈斜路《くっしゃろ》湖(北海道)，宍道湖，支笏《しこつ》湖(北海道)，洞爺《とうや》湖(北海道)，浜名湖(静岡県)の順である。

問2　天竜《てんりゅう》川は長野県中央部に位置する諏訪《すわ》湖を水源とし，赤石山脈(南アルプス)と木曽山脈(中央アルプス)の間に伊那《いな》盆地(伊那谷)を形成しながら南へと流れ，静岡県西部を通って遠州灘《なだ》(太平洋)に注ぐ。濃尾《のうび》平野は岐阜県南部から愛知県西部，三重県北東部にかけて広がる平野で，木曽三川とよばれる木曽川・揖斐《いび》川・長良川が流れている。

問3　(1)　標高2000mをこえる山が連なっていることなどから，3つ合わせて日本アルプスとよばれる飛驒《ひだ》・木曽・赤石山脈を横切るC―Dと判断できる。なお，A―B間では中央のややBよりからBにかけて関東平野が，E―F間では中央に瀬戸内海が広がることなどが特徴《とくちょう》となる。　(2)　Cは富山市で，大陸から吹《ふ》くしめった北西季節風の影響《えいきょう》を受けて冬の降水(雪)量が多くなる日本海側の気候に属している。冬の平均気温が0℃を下回るほど寒くはないので，ハがあてはまる。なお，イは太平洋側の気候に属するDの静岡市，ロは南西諸島の気候に属する沖縄県那覇市，ニは北海道の気候に属する札幌市の数値。

問4　C―Dの線は，北から富山県，岐阜県，長野県，静岡県を通っている。このうち内陸県は岐阜県と長野県で，両県を流れる木曽川をはじめ多くの川が流れることから，山間部にいくつもの水力発電所が設置されている。なお，地熱発電所は東北地方や九州地方の山間部に多い。原子力発電所は臨海部に設置され，福井県の若狭《わかさ》湾沿岸には複数の原子力発電所がある。風力発電所は臨海部に設置されることが多い。

問5　イ　Aの新潟市は，全国一の長流である信濃川の河口に位置する。信濃川の下流域に広がる越後平野は，コシヒカリをはじめとする米の栽培がさかんなことで知られる。よって，正しい。　ロ　Bは東京。東京には多くの中小工場があるが，東京に限らず，現在，工業製品などを運ぶ貨物輸送の中心は自動車(トラック)となっているので，正しくない。　ハ　富山市の位置する富山平野では稲作がさかんである。かつて，富山平野を流れる神通《じんずう》川の流域では，上流の神岡鉱山(岐阜県)から流れ出たカドミウムが水田などを汚染し，イタイイタイ病という公害病が発生した。よって，正しい。　ニ　Dの静岡市は駿河《するが》湾に面しており，市内東部にある丘陵《きゅうりょう》の斜面《しゃめん》には，みかんをつくる段々畑や茶畑，いちご畑が広がっている。よって，正しい。　ホ　松江市の近くには，日本有数の漁港である鳥取県の境港があるが，おもに水あげされるのはアジやイワシで，ズワイガニの水あげ量も多い。マグロやカツオは太平洋に面した漁港での水あげ量が多いので，正しくない。　へ　Fの高知市が位置する高知平野では，黒潮(日本海流)の影響を受けて温暖な気候とビニールハウスなどの施設を利用し，なすなどの夏野菜を冬に栽培する促成《そくせい》栽培がさかんである。よって，正しい。

問6　地域の人口が減って地域社会の機能が低下し，一定の生活水準が保てなくなる状態を過疎《かそ》という。特に東北地方や中国・四国地方の山村などでは，働く場所が少ないために若い世代が都市部へと流出し，過疎とともに少子高齢化が進んでいる。

問7 (1) 東京港は大消費地をひかえていることから，衣類，魚介《ぎょかい》類など，ふだんの生活にかかわりの深いものが輸入品目の上位に入る。なお，小さくて軽いわりに価格の高いものが輸出入品目の上位に入るイは成田国際空港，化学工業に関連するものが輸出入品目の上位に入るロは，化学工業がさかんな京葉工業地域に位置する千葉港，自動車と自動車部品が輸出品目の上位２つを占《し》めるニは，自動車工業がさかんな中京工業地帯に位置する名古屋港。 (2) 日本の食料自給率は約40%(カロリーにもとづいた割合)と低く，食料の多くを輸入にたよっている。大量の食料を輸入するために飛行機や船を利用し，その輸送距離も長いため，食品にかかわって消費される燃料の量や排出される二酸化炭素の量は，アメリカやイギリスに比べてはるかに多い。

2 **各時代の歴史的なことがらについての問題**

問1 Aは約2300年前～３世紀前半，Bは３世紀前半～645年(大化の改新)，Cは645年～894年，Dは894年～1274年(文永の役)・1281年(弘安の役)，Eは1274年・1281年～1401年，Fは1401年～1549年，Gは1549年～1641年，Hは1641年～19世紀後半，Ⅰは19世紀後半～1933年，Jは1933年～1951年，Kは1951年～1972年，Lは1972年以降にあたる。「あ」は1185年のできごとなのでD，「い」は５世紀のできごとなのでB，「う」は1910年のできごとなのでⅠ，「え」は753年のできごとなのでC，「お」は1968年のできごとなのでKにあてはまる。

問2 米づくりは縄文時代後期に大陸から九州地方へ伝わり，弥生時代になると本格的に行われるようになった。福岡市にあるロの板付遺跡からは，弥生時代より前のものと考えられる水田の跡が見つかっている。また，静岡市にあるニの登呂《とろ》遺跡は弥生時代後期の農耕集落の遺跡で，収穫した米を保管するための高床倉庫をはじめ，多数の木製の農具や水田の跡が発掘された。登呂遺跡のほうが東にあるので，ニが選べる。なお，東京都にある大森貝塚と青森県にある三内丸山遺跡はいずれも縄文時代の遺跡で，米づくりをしていたことがわかる遺跡ではない。佐賀県にある吉野ヶ里遺跡は弥生時代の環濠《かんごう》集落跡で，水田跡など，米づくりをしていたことがわかるようなものは見つかっていない。

問3 古代のアジア諸国では，中国の皇帝に貢《みつ》ぎ物を送って臣下の礼を示し，その代わりに贈り物を授かったり，地位を認めてもらったりするという朝貢《ちょうこう》関係を結ぶのが一般的であった。３世紀の日本にあった邪馬台国《やまたいこく》は30あまりの国を従える強国で，女王卑弥呼《ひみこ》がまじないによって国を治めていたが，その地位を魏《ぎ》(中国)の皇帝に認めてもらうことで確かなものとし，ほかの国よりも優位な立場に立とうとしたのだと考えられる。そこで卑弥呼は239年，魏に使節を派遣して貢ぎ物を献《けん》上《じょう》し，代わりに「親魏倭王《しんぎわおう》」の称号や金印，銅鏡などを授けられた。

問4 北条時宗は18歳の若さで鎌倉幕府の第８代執権《しっけん》になると，元(中国)の大軍の２度にわたる襲来《しゅうらい》(元寇《げんこう》)にさいして御家人を指揮し，これを撃退《げきたい》することに成功した。また，禅宗を深く信仰《しんこう》して宋(中国)から無学祖元という僧を招き，鎌倉に円覚寺《えんがくじ》を開いた。

問5 枯山水《かれさんすい》は水を用いずに山水を表現する庭園様式で，おもに石と砂で自然の情景があらわされる。枯山水の庭園は室町時代に広がり，龍安寺《りょうあんじ》の石庭がその代表として知られる。なお，イは「狂言」ではなく「能(能楽)」が正しい。ハは江戸時代初めのことである。ロとニについて，室町幕府の第８代将軍足利義政は京都の東山に２階建ての銀閣を建て，１階には現在の和風住宅のもととなった建築様式である書院造が取り入れられている。金閣は第３代将軍足利義満が京都の北山に建てたもので，３階建てである。また，寝殿《しんでん》造は平安時代の大貴族の邸宅《ていたく》に取り入れられた建築様式。

問6　1582年，宣教師ヴァリニャーニのすすめにより，キリシタン大名の大友宗麟《そうりん》・大村純忠《すみただ》・有馬晴信《はるのぶ》が，伊東マンショ・千々石ミゲルを正使，中浦ジュリアン・原マルチノを副使とする天正遣欧使節を派遣した。使節たちは，キリスト教カトリックの中心であるイタリアのローマで教皇グレゴリウス13世に会い，1590年に帰国したが，このときには豊臣秀吉によってバテレン(宣教師)追放令が出されていたため，彼らの見聞が生かされることはなかった。

問7　⑴　徳川家光は1623年に江戸幕府の第３代将軍になると，さまざまな政策を行って幕府の支配体制を確立した。1635年に武家諸法度《しょはっと》を改定して参勤交代を制度化し，大名統制を強化すると，1641年にはオランダ商館を長崎の出島に移し，鎖国体制を完成させるとともにキリスト教禁教の徹《てっ》底《てい》をはかった。また，祖父である初代将軍徳川家康をまつっている日光東照宮の大改修工事を行い，1636年に現在のような豪華な社殿を完成させた。なお，ロは1615年(大坂の役)で第２代将軍秀忠，ハは1837年，ヘは1800～16年でいずれも第11代将軍家斉《いえなり》，ニは1774年(前野良沢《りょうたく》，杉田玄白《げんぱく》らがオランダの医学解剖《かいぼう》書『ターヘル・アナトミア』を翻訳《ほんやく》し，『解体新書』として発行)で第10代将軍家《いえ》治《はる》のときのできごと。　⑵　江戸時代初めには，幕府から朱印状という渡航許可証を与えられた商人たちが，東南アジアに渡って貿易を行った。朱印状を与えられた貿易船を朱印船といい，朱印船貿易がさかんに行われた東南アジアでは，各地に日本人の居留地である日本町が形成された。

問8　紡績《ぼうせき》は綿花，羊毛，麻などを糸に加工することをいい，明治時代には綿花から綿糸をつくる紡績業が発展した。19世紀後半には機械化が進んで大量生産が可能になり，これにともなって原料である綿花の輸入量も増えた。その後，紡績業は輸出品の中心となり，日本の経済を支えた。

問9　1931年，日本軍が満州事変を起こして満州(中国東北部)各地を占領し，翌32年に満州国を建国すると，中華民国(中国)はこれを日本軍の侵略《しんりゃく》行為であると国際連盟に訴《うった》えた。連盟はリットン調査団を派遣し，その報告にもとづいて満州国を承認せず，日本軍の満州撤退を勧告《かんこく》したため，日本はこれを不服として1933年に連盟を脱退した。

問10　第二次世界大戦後，アメリカを中心とする西側の資本主義諸国と，ソ連を中心とする東側の社会主義諸国が厳しく対立した。この対立は，アメリカとソ連が直接戦火を交えなかったことから，冷戦(冷たい戦争)とよばれる。アメリカは日本を西側に組みこもうという意図から平和条約の締結を急ぎ，1951年にサンフランシスコ平和条約が結ばれたが，ソ連・ポーランド・チェコスロバキアという東側の国は調印を拒否《きょひ》した。

問11　第二次世界大戦末期に国内唯一《ゆいいつ》の地上戦が行われた沖縄県は，戦後，米軍(アメリカ軍)の占領下に置かれ，このときに多くの軍事基地が建設された。1951年に結ばれた日米安全保障条約では米軍が引き続き日本に駐留《ちゅうりゅう》することが認められ，1972年に沖縄県が日本に返還されたあとも，県内には多くの米軍基地が残された。現在，日本にある米軍基地(専用施設)の面積の約70%が沖縄県に集中し，沖縄本島の約15%を占めている。

問12　1949年，毛沢東《もうたくとう》を国家主席として，中国本土に中華人民共和国(中国)が建国された。朝鮮戦争が始まったのは翌50年のことで，1953年に休戦協定が結ばれた。なお，イは1914年，ロは1877年，ニは1904年，ホは1937年のできごと。

3　日本の政治のしくみや暮らしについての問題

問1　外国人技能実習制度は，開発途上国から日本に来た外国人に技術や知識を身につけてもらい，これを母国に伝えることで経済発展をうながそうという目的から，1993年に始まった。在留期間は最長5年で，つける職種は限られているが，少子高齢化にともなって問題化している労働力不足をおぎなう手段になりえるという側面もある。

問2　1923年9月1日，相模《さがみ》湾を震源とするマグニチュード7.9の大地震が起こり，関東地方南部を中心に大災害が発生した。これが関東大震災で，このとき「朝鮮人が井戸に毒を入れた」「朝鮮人が暴動を起こす」といったような誤ったうわさが流れたため，自警団や警察によって多くの朝鮮人が殺された。

問3　自然災害によって住む場所がなくなったとしても，これによって移動を制限されたり拘束《こうそく》されたりして，生命・身体の自由が侵害されるようなことは起こらない。自然災害によって住む家や土地を失うことは，お金・家・土地など経済的に価値のあるものを所有することができるという財産権とかかわりが深く，これは経済活動の自由にあたるので，ニがふさわしくない。

問4　(1)　日本では，国会が法律を制定する権限である立法権を，内閣が法律にもとづいて政治を行う権限である行政権を，裁判所が裁判を行う権限である司法権を受け持っている。天皇は一切の政治的権力を持たず，三権にはふくまれないので，イが正しくない。　(2)　法律案は，内閣または国会議員から提出され，これが提出された議院(衆議院が先でなくてもよい)の議長が選んだ適切な委員会で審議・議決されたのち，本会議で審議・議決される。その後，もう一方の議院に送られ，同じように審議と議決が行われる。こうした過程をふむのは，審議を慎重に行い，国民の基本的人権を守るためである。

問5　少子高齢化が進んで働く世代の人口が減ると，働く人が納める所得税が減り，企業活動がにぶくなれば法人税も減る。税収が減る一方で，高齢者が増えることによって医療《いりょう》費や年金などの社会保障費は増大するので，支出(歳出)は増える。こうしたことから税収が不足しているため，政府は国債を発行するなどして不足分をおぎなっている。

問6　**イ**　国の政治のあり方を最終的に決定する権限を主権という。日本国憲法では，「ここに主権が国民に存することを宣言し」と表明した前文と，「主権の存する日本国民」と述べた第1条で，主権が国民にあることを明記し，国民主権を規定している。　**ロ**　基本的人権とは，人が生まれながらにして持っている権利のことで，日本国憲法は第11条でこれを「侵《おか》すことのできない永久の権利」とし，現在および将来の国民に保障している。　**ハ**　日本国憲法第9条1項では，「国権の発動たる戦争と，武力による威嚇《いかく》又《また》は武力の行使は，国際紛争を解決する手段としては，永久にこれを放棄《ほうき》する」と定め，平和主義をかかげている。

理科　(30分)　<満点：50点>

解答

1　**問1**　かん臓　　**問2**　血小板　　**問3**　酸素　　**問4**　(例)　**実験**…蒸留水1mLを，3％過酸化水素水2mLの入った試験管に加える。　**結果**…泡は発生しない。　**問5**　**ア**　①　**イ**　①　**問6**　(例)　過酸化水素がすべて反応し，残っていないから。　**2**　**問1**　断層　**問2**　**A**　②　**B**　③　**C**　①　**D**　④　**E**　⑤　**F**　⑥　**G**　⑧

問3　**イ**　長く　**ウ**　緊急地震速報　**問4**　(例)　海底で起きた地震の情報を少しでも早く

伝えることができる。　**3**　**問1**　イ　**問2**　①　**問3**　**A**　①　**B**　③　**C**　①
問4　③　**問5**　**場所**…イ　**1**…○　**2**…変わらない　**3**…上昇　**問6**　126秒
4　**問1**　5g　**問2**　25g　**問3**　16%　**問4**　B　**問5**　25%

解説

1 過酸化水素の分解についての問題

問1　かん臓は，糖をグリコーゲンに変えてたくわえる，たん汁《じゅう》をつくる，人体に有毒なアンモニアを尿素《にょうそ》に変えるなどのはたらきをする。カタラーゼはかん臓に多く含《ふく》まれている酵素《こうそ》で，体内で発生した過酸化水素を酸素と水に分解する。

問2　ヒトの血液成分のうち，固体成分には赤血球，白血球，血小板があり，液体成分には血しょうがある。血小板はけがで出血したときに傷ついた血管表面に集まり，たがいにくっつき合ってかたまりとなり，出血を止めるはたらきがある。

問3　酸素は無色無臭《むしゅう》の気体で，ものが燃えるのを助けるはたらきがある。過酸化水素はカタラーゼのはたらきにより酸素と水に分解され，発生した酸素を集めた試験管の中では，線香《せんこう》が炎《ほのお》を上げて激しく燃える。

問4　泡《あわ》が発生したのはA液に含まれる物質を加えたことによるもので，蒸留水を加えたことによるのではないことを示すために，A液に含まれる物質だけがなく，他の条件を同じにした実験を行い，結果を比較《ひかく》する。したがって，蒸留水1mLを3%過酸化水素水2mLの入った試験管に加える実験を行う。このとき，その試験管から泡が発生しないことから，A液に含まれる物質によって泡が発生したことが確かめられる。

問5　C液はニワトリのかん臓も蒸留水もA液の2倍の量にしてつくっているから，C液の濃《こ》さ(1mLあたりに含まれるカタラーゼの量)はA液の濃さと同じである。よって，泡の発生量や泡の発生が止まるまでの時間は，実験1と実験3でほぼ同じになる。

問6　実験4でC液を追加しても泡が発生しなかったので，C液に含まれるカタラーゼがなくなったことが理由ではない。そして，実験5で過酸化水素水を追加すると泡が発生したことから，過酸化水素水に含まれる過酸化水素がすべて反応してなくなったからと考えられる。

2 プレートの移動と地震《じしん》についての問題

問1　実験では図4に見られるように，小麦粉とココアパウダーの層がところどころで断ち切られ，食いちがっている。このようにしてできる，地層が切れてずれたところを断層という。

問2　**A～D**　図1のように日本列島の周辺には4枚のプレートがあり，東日本の太平洋沖《おき》では北アメリカプレートの下に太平洋プレートが沈《しず》み込《こ》み，西日本の太平洋沖ではユーラシアプレートの下にフィリピン海プレートが沈み込んでいる。　**E～G**　実験で，点Qが固定点Pの向きに押《お》されると，押し板と平行な向きに断層が形成されており，力のはたらく向きと断層が形成される向きは垂直になることがわかる。東北地方では，図5より各観測点がほぼ西向きに移動していることから，東ー西方向に圧縮する力がはたらいて，断層は南ー北方向に形成される。また，西日本では，北西方向や南東方向に移動していることから，北西ー南東に圧縮する力がはたらいて，断層は北東ー南西方向に形成されると考えられる。

問3　**イ**　はじめに到着《とうちゃく》する小さなゆれ(P波)と，あとに到着する大きなゆれ(S波)は伝わる速さがそれぞれ一定なので，震源から距離《きょり》が離《はな》れるほど，Ｐ波が到着してからＳ波が到着するまでの時間差にあたる初期微動継続《びどうけいぞく》時間は長くなる。　**ウ**　気象庁では，Ｐ波に遅《おく》れてＳ波がやってくる性質を利用し，Ｐ波をとらえて地震の規模などを予測して，大きな地震のさいにはそれらの情報をテレビやスマートフォンなどを通して広く知らせる。この情報を緊急《きんきゅう》地震速報という。

問４　地震は陸地の地下だけでなく，海底の地下でも発生する。特に，プレートの境界で起こる巨大地震(2011年の東北地方太平洋沖地震や将来発生すると考えられる南海トラフ巨大地震など)は海底域が震源となる。よって，海底に地震計を設置すれば，震源により近い場所でＰ波を観測することができ，それだけ地震の到達を少しでも早く伝えることができる。

3 熱の伝わり方についての問題

問１　Ｘで加えられた熱は銅板内を四方に同じ速さで伝わっていくので，Ｘから銅板内を最短距離で進んだ点どうしが同じ温度になり，イが適切である。いろいろな長さのひもの一方の端《はし》をＸに固定し，もう一方の端をひもが銅板上からはみ出ないように動かしたとき，その端が届く範囲《はんい》がどうなるかを考えるとよい。

問２　Ｘから銅板内を最短距離で進んだ場合，Ａまでは３cm，Ｃまでは，0.75＋(４－１－１)＋0.75＝3.5(cm)で，ＢまではＣまでに比べて長い。よって，熱が早く伝わるものから順に並べると，Ａ，Ｃ，Ｂとなる。

問３　金属のふたの部分を温めると，先に温まったふたの体積は大きくなり，内側の直径も大きくなる(外側に広がる)。しかし，ガラスの容器の口の部分にはすぐに熱が伝わらず，その部分の大きさはほとんど変わらないため，ふたがゆるくなって開けやすくなる。

問４　アルミニウムとステンレスではアルミニウムの方が熱を伝えやすいので，冷凍《れいとう》庫から出したばかりのかたいアイスクリームを食べるさいは，アルミニウム製のスプーンの方が，それだけ手の熱がアイスクリームによく伝わるため，早くすくえる。

問５　水のような液体や空気のような気体は，温められると重さは変わらないが体積は大きくなり，同じ体積あたりの重さが軽くなるので，まわりに比べて高い温度の部分が上昇《じょうしょう》する。また，低い温度の部分は下降することで流れを起こしながら温まっていく。このような熱の伝わり方を対流という。よって，図３の浴槽《よくそう》の場合，追いだき口は下の方であるほど，お湯全体が対流により温まりやすい。ただし，ウやエのように浴槽の底に追いだき口があると，熱いお湯がお風呂《ふろ》に浸《つ》かっている人に直接あたり，やけどするおそれがあるので適切ではない。追いだき口は一般《いっぱん》に，イのように足を向ける側の側面の下の方についている。

問６　０℃の水と比べて水が持っている熱の量は，(水の温度)×(水の体積)で求められる。ここで，40℃のお湯200Ｌが持っている熱の量を，40×200＝8000，加える80℃のお湯△Ｌが持っている熱の量を(80×△)とすると，8000＋(80×△)＝42×(200＋△)となり，$\triangle=\frac{200}{19}$(Ｌ)と求められる。よって，追いだきをする(80℃のお湯を加える)時間は，$\frac{200}{19}\div 5\times 60=126.3\cdots$より，約126秒と求められる。

4 浮力《ふりょく》についての問題

問１　水に浸かっている部分の体積は100cm^3で，100cm^3の水の重さは，１×100＝100(ｇ)だから，おもりが受ける浮力は100ｇである。よって，ばねばかりは，105－100＝５(ｇ)を示す。

問２　食塩水100cm^3あたりの重さが105ｇになると，おもりが受ける浮力がおもりの重さとつりあって，おもりが浮《う》き始める。105gの食塩水にとけている食塩は，105−100＝5(g)なので，水500cm^{3}にとけている食塩が，$5\times\frac{500}{100}=25$(g)をこえると，おもりは浮き始める。

問3　この食塩水500cm^{3}にとけている食塩の重さは125gなので，食塩水1cm^{3}あたりの重さは，(500＋125)÷500＝1.25(g)になる。105gのおもりは食塩水に，105÷1.25＝84(cm^3)だけ浸かって浮かんでいるため，水面より上の部分はおもり全体の，(100−84)÷100×100＝16(%)にあたる。

問4　Bの方が支点からの距離が長いので，見かけの重さ(おもりの重さと浮力の差)はBの方が軽い。つまり，Bの方が受ける浮力が大きいため，Bが食塩水に沈めたおもりである。

問5　Aの見かけの重さは，60−1×30＝30(g)なので，Bの見かけの重さは，30×10÷15＝20(g)である。よって，30cm^{3}のBが受ける浮力は，60−20＝40(g)とわかるため，30cm^{3}の食塩水40gに食塩が，40−30＝10(g)とけていることになる。したがって，食塩水の濃度《のうど》は，10÷40×100＝25(%)と求められる。

国語　(50分)　＜満点：100点＞

解答

一　**問1**　1　イ　　2　ウ　　**問2**　(例)　書くことを禁止する必要はなく，漢字の書き取り程度で大した内容ではないだろうから，見てもしかたないだろうと興味を引かれない気持ち。　**問3**　A　たとえ　　B　まるで　　**問4**　自分の好きな本の一節　　**問5**　(例)　ただの白い紙にすぎなかったページをびっしり文字で埋めつくし，意味を与えたのは自分なのだと考え，一つの新しい世界をつくり出した自分を大したものだとほこらしく思う気持ち。　**問6**　父親と母親　**問7**　(例)　するのが当然だと決められた勉学とは違い，内から生まれた書きたいという欲求に素直に従い，自分の興味をほり下げようとする自発的なこの作業は，真の自分の発見にもつながる，尊ぶ価値のあるものだと感じたから。　**問8**　(例)　自分がみなしごとして生まれ育ったという仮定のもとに，その成長の過程を「私」が想像して書いた，作文とも日記ともお話ともつかない文章。　**問9**　(例)「私」が考えたことをそのまま，休むことなくノートに書きつけたこと。　**問10**　C　うろたえ(た)　　D　呪い(，)　　**問11**　ウ　**問12**　ア

二　(1)　を　　(2)　○　　(3)　めしあがって　　**三**　**問1**　(例)　願いごとの多くはかなわずに，むなしくやぶれてしまうということ。　**問2**　(1)　(例)　最も大切な部分。　(2)　メタフォア(暗喩)　**問3**　ア　**問4**　(例)　できるだけ違いが大きく，不相応な言葉どうしを比喩の中で使うと，その意外な取り合わせが目新しく，印象に残りやすいということ。　**問5**　1　エ　　2　ウ　　3　イ　　**問6**　(例)　採算のとれない犠牲を払うことを意味する「出血サービス」という比喩が，実際に指を切って出血してしまったことによって，比喩ではなくなってしまったということ。　**問7**　(例)　(わたしを)感心させ(た)　**問8**　A　火　　B　舌　**問9**　(例)　実体験のありそうな「背中に赤ちゃんを背負っている」という状態を比喩に使うことで，スウィングにふさわしい動作を具体的にイメージしやすくなったから。　**四**　**問1**　下記を参照のこと。　**問2**　(1)　ぞうきばやし　　(2)　うわぜい

●漢字の書き取り

四 問1 ⑴ 流派，読破 ⑵ 歴訪，作法 ⑶ 待望，大枚 ⑷ 陛下，平易

解 説

一 **出典は小川洋子《おがわようこ》の『偶然《ぐうぜん》の祝福』所収の「キリコさんの失敗」による。**万年筆で毎日「私」が書き物をすることに敬意を払《はら》っていたキリコさんは，万年筆のインクを切らして泣く「私」を救う。

問1 1 「一足飛び」は，順序をふまずに飛びこえること。 2 「ひるむ」は，“おそろしいと感じて気持ちがくじける”という意味。

問2 前の部分で，大学ノートに向かい，何やら夢中で書いている「私」に気づいたものの，大人たちは「漢字の書き取りのようなもの」をしているのだろうと決めてかかり，「誰《だれ》も書かれた内容については興味を示さなかった」と書かれている。これをもとにまとめる。

問3 A 後に「ても」とあるので，これと呼応して“仮に～だとしても”という意味になる「たとえ」が入る。 B 後に「ような」と続くので，これと呼応してたとえの意味を表す「まるで」がよい。

問4 「それら」は，自分の「指先を擦《す》り抜《ぬ》けて目の前に現われた」言葉を指すので，万年筆で「私」が書き写した「自分の好きな本の一節」だとわかる。

問5 「優越《ゆうえつ》感」とは，自分が他人より優《すぐ》れていると思う気持ち。先ほどまでただの白い紙だったページを文字で埋《う》めつくし，意味を与《あた》えたのは自分だと思った「私」は，まるで「世界の隠《かく》された法則を，手に入れたかのような気分」になっている。ここからは，一つの新しい世界をつくり出したことをほこり，自分を優れた存在だと感じる「私」のようすがうかがえる。

問6 六つ目の段落に，大人たちは「娘《むすめ》が何やら夢中になって書いていると気づいた」と書かれていることに注目する。キリコさん以外の「大人」にとって「私」は「娘」なのだから，「他の大人」とは父親と母親を指すのだとわかる。

問7 勉学は誰でもするのが当然とされ，ときに半強制的にさせられるものである。しかし，「私」は命じられたわけでもないのに，書きたいという欲求にかられ，自分の興味ある作業に没頭《ぼっとう》している。この作業が真の自分の発見につながる，尊ぶべき価値のあるものだと感じたキリコさんは，「私」の邪魔《じゃま》をすまいと気をつかっていたのだろうと想像できる。

問8 同じ段落から読み取る。「自分の生《お》い立ち・みなしご編」は，「他人の文章を書き写すだけでは満足できなく」なった「私」が著《あらわ》した文章にあたる。つまり，みなしごとして生まれ育ったという仮定のもと，自分の成長の過程を空想して「私」が書きつけた，「作文とも日記ともお話ともつかないもの」になる。

問9 「忠実」は，仕事などに対してまじめにつとめるようす。万年筆の仕事とは文字を書くことなので，「万年筆」が「忠実に働いた」とは，主人である「私」が思いのままにつづる文字を，休まずそのままノートに書きつけたことをいうのだとわかる。

問10 C 自分の書きたいという気持ちに万年筆はいつもこたえてくれていたので，インクが切れて書けなくなったとき，「私」は「うろたえ」たものと推測できる。直後で「どうしよう」と叫《さけ》んだことからも，あわてふためいたようすがうかがえる。「うろたえる」は，どうしてよいかわから

ずにあわてるようす。　**D**　新しい万年筆は買わないと母に言われて「私」は絶望したのだから，自分の不注意を「呪った」ものと考えられる。「呪う」は，“ひどくうらむ”という意味。

問11「新しいのは買いませんからね」の「の」は，「もの」と言いかえられる準体助詞なので，ウが同じ。なお，アは「が」と言いかえられ，部分の主語を示す働き。イは連体修飾《しゅうしょく》語をつくる働き。エはなじる意味合いを持つ接続助詞である「のに」の一部になる。

問12　ここでの「やはり」は“思ったとおり”という意味なので，助けてくれる人がいるとしたらキリコさんだろうと，「私」がキリコさんを信頼《しんらい》する気持ちが読み取れる。

二　言葉の用法

⑴　格助詞の「に」は，たとえば「家にいる」「公園に集まる」というように，動作主が存在する場所を示すのに使う。「おとずれる」という動作は一つの場所にとどまらず，動きをともなうものなので，「道を走る」「空を飛ぶ」などのように，経過する場所を示す「を」を使うのがふさわしい。

⑵　傍線《ぼうせん》部は使役の助動詞である「せる」の連用形で，「やる」という動詞に接続している。使役の助動詞にはほかに「させる」があるが，「やる」のような五段活用の動詞には「せる」を使うので，正しい使い方といえる。　⑶「いただく」は「食べる」の謙譲《けんじょう》語にあたる。食べるのは相手なので，尊敬語の「めしあがる」を用いて，「めしあがって」とするのがよい。

三　出典は川崎洋《かわさきひろし》の『教科書の詩をよみかえす』所収の「紙風船　黒田三郎」による。「紙風船」という詩に用いられている比喩《ひゆ》について，具体例を用い，その働きや効果的な使い方について述べている。

問1　続く部分に，作者は「願いごとの多くはむなしい」というニュアンスからぬけ出そうとしたと書かれていることに注目する。つまり，「多くの場合，すーっと落ちて」くるという表現は，いくら天に願っても，その多くはかなわず，こめた強い思いも力を失い，むなしくやぶれてしまうことを意味しているとわかる。

問2　⑴「いのち」は生物を生かしているものであることから，“最も大切な部分”“かなめ”などの意味を表す。　⑵　二つ目の空らんAをふくむ段落で，「ように」を用いてあるものをほかの何かにたとえることは直喩だが，「のよう」を省略したものはメタフォア(暗喩)にあたると述べられている。

問3「この詩」からは，「紙風船が落ちてくるのに目をとめるより」も「何度も打ち上げ」，「いつも光さす空を見ていよう」という「励《はげ》まし」さえ伝わってくると書かれているとおり，希望を持ち続け，願いがかなうように何度でも挑戦《ちょうせん》することに生きる意味が見出《みいだ》せるはずだと筆者は考えているのだから，アがふさわしい。

問4「遠い」とは，あまりに違《ちが》いすぎて不相応なようす。「月とスッポン」ということわざは，その遠さゆえに印象に残ったと筆者は考えている。つまり傍線部④は，できるだけ違いが大きく不相応な言葉どうしを比喩で使うと，意外な取り合わせゆえに目新しく，印象に残りやすいということを言っている。

問5　**1**　先日。このあいだ。　**2**　あるはずがないことだが。あってはならないことに。
3　すぐに。すぐさま。

問6　直前の部分に注目してまとめる。採算のとれない犠牲《ぎせい》を払《はら》ったことを意味する「出血サービス」という比喩が，実際に出血したためにたとえではなくなってしまったことを，「比喩から比喩が削《そ》ぎ落とされ」たと表現している。

問7　板前が包丁で指を切ったのを見て，友人が「出血サービス」と言ったことに「感じ入」ったことを，筆者は「わたしを打った」と表現している。「感じ入る」はすっかり感心することをいうので，「(わたしを)感心させ(た)」と言いかえるのがよい。

問8　**A**「火がついたように泣く」は，激しく泣くことのたとえ。　**B**「二枚舌」は，うそをつくこと。

問9「この説明」とは，ゴルフではじめ，背中に赤ちゃんを背負っているつもりで動くのがよいが，ボールを打った次の瞬間《しゅんかん》は，赤ちゃんを振《ふ》り落とすように振りぬくのがよい，という内容を指す。実体験があってイメージしやすいおんぶを比喩に使うことで，スウィングの適切な動作を具体的に伝える工夫《くふう》がなされている。

四　漢字の書き取りと読み

問1　⑴「流派」は，芸事などで考え方や作法などが異なるためにわかれている，それぞれの系統。「読破」は，最後まで読み通すこと。　⑵「歴訪」は，いくつかの国や地方を次々と訪《おとず》れること。「作法」は，さまざまな動作についてのきまり。エチケット。　⑶「待望」は，待ち望むこと。「大枚」は，たくさんのお金。　⑷「陛下」は，天皇や皇后《こうごう》などに対する敬意をこめた呼び名。「平易」は，わかりやすいようす。

問2　⑴ いろいろな種類の木がまじって生えている林。　⑵ 背たけ。「上背がある」で“身長が高い”という意味。

Dr.福井の

入試に勝つ！脳とからだのウルトラ科学

右の脳は10倍以上も覚えられる！

手や足，目，耳に左右があるように，脳にも左右がある。脳の左側，つまり左脳は，文字を読み書きしたり計算したりするときに働く。つまり，みんなはおもに左脳で勉強していることになる。一方，右側の脳，つまり右脳は，音楽を聞き取ったり写真や絵を見分けたりする。

となると，受験勉強に右脳は必要なさそうだが，そんなことはない。実は，右脳は左脳の10倍以上も暗記できるんだ。これを利用しない手はない！　つまり，必要なことがらを写真や絵などで覚えてしまおうというわけだ。

この右脳を活用した勉強法は，図版が数多く登場する社会と理科の勉強のときに大いに有効だ。たとえば，歴史の史料集には写真や絵などがたくさん載っていて，しかもそれらは試験に出やすいものばかりだから，これを利用する。やり方は簡単。「ふ～ん，これが○○か…」と考えながら，載っている図版を５秒間じーっと見つめる。すると，言葉は左脳に，図版は右脳のちょうど同じ部分に，ワンセットで記憶される。もし，左脳が言葉を忘れてしまっていたとしても，右脳で覚えた図版が言葉を思い出す手がかりとなる。

また，項目を色でぬり分け，右脳に色のイメージを持たせながら覚える方法もある。たとえば江戸時代の三大改革の内容を覚えるとき，享保の改革は赤，寛政の改革は緑，天保の改革は黄色というふうに色を決め，チェックペンでぬり分けて覚える。すると，「“目安箱”は赤色でぬったから享保の改革」というように思い出すことができ，混同しにくくなる。ほかに三権分立の関係，生物の種類分け，季節と星座など，分類されたことがらを覚えるときもピッタリな方法といえるだろう。

Dr.福井（福井《ふくい》一成《かずしげ》）…医学博士。開成中・高から東大・文Ⅱに入学後，再受験して翌年東大・理Ⅲに合格。同大医学部卒。さまざまな勉強法や脳科学に関する著書多数。

Memo

2020年度　雙葉中学校

〔電　話〕　(03) 3261－０８２１
〔所在地〕　〒102－8470　東京都千代田区六番町14－1
〔交　通〕　JR中央線・東京メトロ丸ノ内線・南北線
―「四ツ谷駅」より徒歩２分

【算　数】（50分）〈満点：100点〉

1　ア ～ エ にあてはまる数を書きましょう。（式と計算と答え）

(1)　$\left(8\frac{2}{3}-\boxed{\quad ア \quad}\right)\div 3\frac{10}{13}\times 3.75=7\frac{3}{7}$

(2)　コップ１個とジュース１本を買いました。コップの定価はジュースの定価の4.6倍です。コップには定価の10%，ジュースには定価の８％の消費税がかかり，合わせて921円でした。コップの定価は イ 円です。

(3)　外側の直径が3.5cm，内側の直径が2.5cmのリングが1964個あります。すべてのリングを図のようにつなぎ，まっすぐにのばすと，全体の長さは ウ m エ cmです。

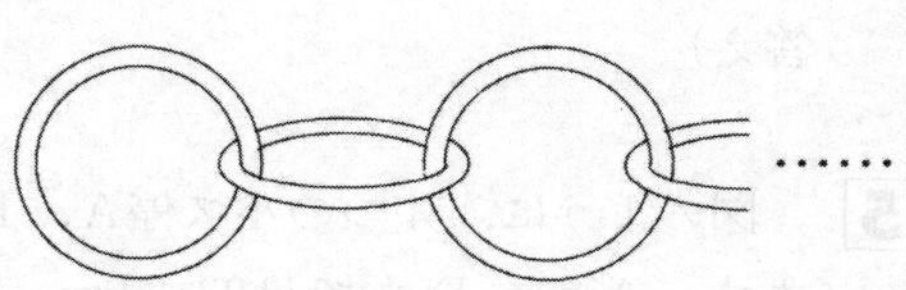

2　今日は，西暦《せいれき》2020年２月１日で土曜日です。今日から今年の４月30日までの月曜日から金曜日までの日付の数字をすべて足すといくつですか。2020年は，うるう年です。（式と計算と答え）

3　図のように，正十角形の頂点を結び，正五角形をつくりました。

(1)　あの角度は何度ですか。（式と計算と答え）

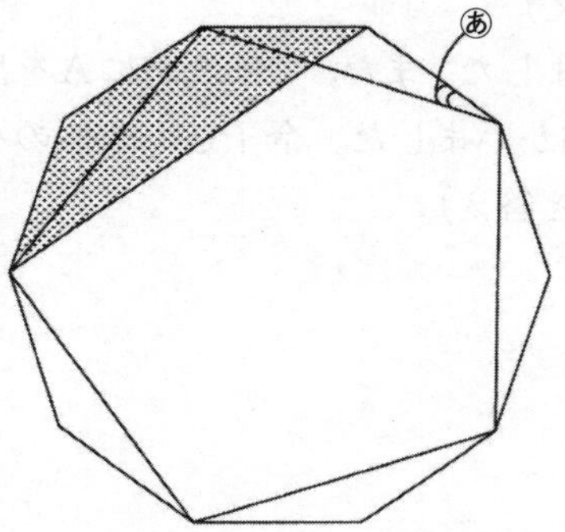

(2)　この正十角形の面積は470cm²，正五角形の面積は380cm²です。かげをつけた部分の面積は何cm²ですか。（式と計算と答え）

4　1より小さい既約《きやく》分数を，次のような規則にしたがって並べ，分母が同じ分数でグループ分けをします。既約分数とは，それ以上は約分できない分数のことです。例えば，$\frac{2}{4}$は約分できるので，既約分数ではありません。

$$\frac{1}{2}\ \Bigg|\ \frac{1}{3},\ \frac{2}{3}\ \Bigg|\ \frac{1}{4},\ \frac{3}{4}\ \Bigg|\ \frac{1}{5},\ \frac{2}{5},\ \frac{3}{5},\ \frac{4}{5}\ \Bigg|\ \frac{1}{6},\ \frac{5}{6}\ \Bigg|\ \cdots\cdots$$

1グループ　2グループ　3グループ　4グループ　5グループ

(1)　71グループには，何個の分数が並んでいますか。（式と計算と答え）

(2)　420グループまでに，分子が3の分数は何個ありますか。（式と計算と答え）

(3)　20グループから30グループまでの分数について，分子だけをすべてかけます。その数は，5で何回割り切れますか。割り切れるとは，商が整数で，余りが0になることです。（式と計算と答え）

5　図のように，4つのバス停A，B，C，Dがあります。AからDまでは23.2km，CからDまでは7.6kmです。AからD行きのバスが午前9時から7分おきに出発し，BとCで1分間ずつ止まります。バスの速さは一定で，時速16kmです。令子さんは午前9時に自転車でAを出発し，バスと同じ道を通ってDへ向かいました。自転車の速さは一定で，時速12kmです。

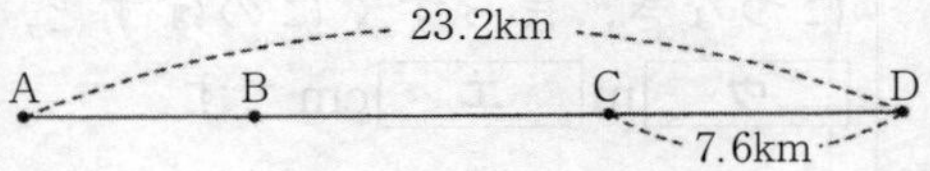

(1)　令子さんはAからBへ向かう途中《とちゅう》で1度バスに追いぬかれ，その3分後にBに着きました。AからBまでは何kmですか。（式と計算と答え）

(2)　令子さんはBで5分間，Cで11分間休みました。令子さんがAを出発してからCを出発するまでに，何本のバスがCに止まりましたか。（式と計算と答え）

(3)　令子さんは疲《つか》れたので，CからDへは時速8kmで向かいました。また，午前9時にAを出発したバスは，Dに着いてから10分後に同じ道を通ってAに向かいました。令子さんがこのバスとすれちがったのは午前何時何分何秒でしたか。（式と計算と答え）

【社　会】（30分）〈満点：50点〉

1　次の３つの表中の①～⑥には，愛知県，鹿児島県，埼玉県，東京都，山形県，和歌山県のいずれかの都県が当てはまります。表をみて，下の問に答えなさい。なお，３つの表中の同じ番号には同じ都県が入ります。

表１　産業別人口構成

	第一次産業	第二次産業	第三次産業
①	0.5%	15.8%	83.7%
②	1.7%	23.6%	74.7%
③	2.1%	32.7%	65.3%
④	8.4%	28.5%	63.1%
⑤	8.4%	21.0%	70.6%
⑥	8.1%	19.7%	72.2%

（2017年）

＊第一次産業は，農林水産業
＊第二次産業は，製造業や建設業などの鉱工業
＊第三次産業は，商業やサービス業など

表２　耕地面積・林野面積

	耕地面積	耕地率	水田率	林野面積	林野率
①	6,900ha	3.1%	3.8%	77,000ha	35.3%
②	75,200ha	19.8%	55.3%	121,000ha	31.9%
③	75,700ha	14.6%	56.8%	218,000ha	42.2%
④	118,400ha	12.7%	79.1%	644,000ha	69.1%
⑤	32,800ha	6.9%	29.3%	361,000ha	76.4%
⑥	119,000ha	13.0%	31.9%	586,000ha	63.8%

（耕地面積は2017年，林野面積は2015年）

＊耕地率は，各都県の総面積に占《し》める耕地の割合
＊水田率は，各都県の耕地面積に占める田の割合
＊林野率は，各都県の総面積に占める林野の割合

表３　昼間人口・夜間人口

（千人）

	昼間人口	夜間人口
①	15,920	13,515
②	6,456	7,267
③	7,586	7,483
④	1,120	1,124
⑤	946	964
⑥	1,646	1,648

（2015年）

（各表は『データでみる県勢2019』より作成）

問１　①～⑥のうち，日本で最も南に位置する島はどの都県に含《ふく》まれますか。番号と都県の名前を答えなさい。

問２　次のイ～ホから，①～⑥について述べたものとして正しいものを二つ選び，記号で答えなさい。

イ　①～⑥のなかには，四日市ぜんそくやイタイイタイ病がおきた都県が含まれている。

ロ　①～⑥の面積を比べると，最も面積が大きいのは④で，最も面積が小さいのは①である。

ハ　①～⑥には，それぞれに人口100万人をこえる大都市があり，都庁や県庁の所在地になっている。

ニ　①～⑥のいずれの都県にも，水鳥の生息地として，重要な湿地を保護するラムサール条約の登録地がある。

ホ　①～⑥には，20世紀に，地震被《ひ》害《がい》を受けたことはあるが台風被害は受けていない都県がある。

問3　①は，同じ地方の3県と，通勤や通学などで深く結びついています。この①と隣接《りんせつ》する3県を合わせた地域には，日本の人口のおよそ何％が集まっていますか。**表3**を手がかりに，次のイ～ホから最も近い数字を選び，記号で答えなさい。

イ　5％　　ロ　15％　　ハ　30％　　ニ　45％　　ホ　60％

問4　②，③で発達した工業の説明としてふさわしいものを，次のイ～ホからそれぞれ一つ選び，記号で答えなさい。

イ　農家の副業として行われていた刃物や漆器《しっき》など伝統工業の技術を生かし，現在では金属加工業や化学工業が発達した。

ロ　工業地域として衰《おとろ》えていたが，近年，多くの自動車工場がつくられ，自動車工業が発達してきている。

ハ　交通網《もう》が発達し，重工業を中心に内陸の高速道路沿いに多くの工場が建てられ，工業地域として発達した。

ニ　かつては製糸業がさかんであったが，精密機械工業が発達し，現在では電気機械や電子部品の工業もさかんである。

ホ　古くから陶磁器《とうじき》の生産がさかんで，日本最大の工業地帯に含まれる瀬戸など，窯業《ようぎょう》が発達した工業都市がある。

問5　④の自然環境や産業の説明として正しいものを，次のイ～ホから一つ選び，記号で答えなさい。

イ　夏の高温と梅雨や台風がもたらす豊富な降水を生かし，一年に二回米を作る二毛作が行われ，米の生産量が多い。

ロ　夏には気温が上がり，雪どけによる豊富な水を生かすことで米作りがさかんだが，しばしばやませによる被害を受ける。

ハ　65歳未満の働き手がいる農家がほとんどで，人気の銘柄《めいがら》米を多く作っており，日本有数の米の生産地になっている。

ニ　日本有数の豪雪《ごうせつ》地帯で，急傾斜《けいしゃ》の屋根や温水を出して道路の雪をとかすしくみなど，雪国ならではの設備がみられる。

ホ　冬にフェーンという風が吹《ふ》いて火事を引き起こすことがあり，燃え広がるのを防ぐため，家と家が離《はな》れて立っている。

問6　⑤は古くから林業がさかんで，木曽，尾鷲《おわせ》，高知と並ぶ，日本特産のある木材の主要な産地となっています。スギの他に，この都県で多く育てられている日本特産の木とは何か，名前を答えなさい。

問7　⑤では，人びとからの募金《ぼきん》をもとに自然環境を守る運動が行われてきました。森林の保護運動に，豊かな漁場を守るために漁業関係者が参加することもあります。なぜ，森林の保護が豊かな漁場を守ることにつながるのか，説明しなさい。

問8　⑥では，耕地面積に占める水田の割合が低くなっていますが，その主な理由は⑥を含む地域の土が水田に適さないからです。この水田に適さない土とは何か，名前を答えなさい。

2 小学６年生の花子さんは，「私たちの社会と今後の課題」と題し，各テーマにそって，20世紀後半と，21世紀初めから現在までについてまとめ，今後の課題を考えてみました。これを読み，下の問に答えなさい。

テーマ	20世紀後半	21世紀初めから現在まで	今後の課題
日本の人口構成	人口の増加が続いた。出生率が低下し始め，少子高齢《こうれい》化が始まった。	人口の減少が始まる。出生率の低下が続く。法律の改正で成年年齢が①18歳となることが決まった。	働く人や，ものを買う人，②税金を納める人などの人口が減り，日本経済の規模が小さくなる。
日本人の寿命《じゅみょう》	1950年代の平均寿命は60歳代であった。100歳以上の人口は増え続けた。	平均寿命が男女ともに80歳代になった。100歳以上の人口も数万人まで増加した。	年金や医療《いりょう》など③社会保障制度の利用者が増え続け，制度の維持《いじ》が難しくなる。
情報通信技術	テレビやコンピューターが普及《ふきゅう》し，家庭用インターネットが開発されて，仕事などでも使う人が増加した。	④スマートフォンの普及でインターネットを利用する人が急増した。納税など行政手続きが自宅でもできるようになった。	個人や企業《きぎょう》，行政の情報流出事件がさらに増加していく。情報量が多くなり，正しい情報を見極《みきわ》めることがより難しくなる。
科学技術と仕事	企業が工場などで使う産業用の高度なロボットや機械が普及した。	AI（人工知能）が普及し，介護《かいご》ロボット，自動運転などの新しい技術を使った製品が登場している。	⑤働く人をとりまく環境や働き方が変化し，今までとは違《ちが》う能力が必要になっていく。
環境問題	工業化による公害を防ぐ取り組みや，省エネをめざす動きがみられた。	温暖化による自然災害が各地で起こり問題となる。再生可能エネルギーの利用がめざされるようになった。	国連で定めた⑥「（　　）な開発目標」の2030年までの達成をめざす。
核兵器	冷戦中に大量生産された核兵器を減らすことをめざす条約が結ばれた。	核兵器をめぐる議論が続き，国連で核兵器を禁止する条約が採択《さいたく》された。	
人権	国連で，女性や障がい者，少数民族などの人権を，差別や迫害《はくがい》から守る宣言や条約が採択された。	民族，性別，病気や障がいの有無による差別をなくし，⑦人権を尊重し，多様な生き方を認める社会をめざす取り組みが続いている。	差別をなくす法律などをさらに整えていく。生き方の多様性を大切にするとともに，人種や民族，性別をこえて，他者を尊重する社会の実現をめざす。

問1　下線部①について。日本国憲法に定められている国民主権に基づき，国民は18歳になると選挙権をもつことになり，最高裁判所に関わる重要な制度にも参加することができます。この制度を答えなさい。

問2　下線部②について。税金についての説明として正しくないものを，次のイ～ホから二つ選び，記号で答えなさい。

イ　税金は社会を支えるために国民から集めるものなので，国会で予算が審議《しんぎ》され，内閣で決められる。

ロ　税金には，国に納める国税と，都道府県や市区町村など地方自治体に納める地方税がある。

ハ　税金の種類には，買い物などで代金とともに払《はら》う税，土地や建物をもつ人が納める税などがある。

ニ　災害復興支援《しえん》，警察や消防の仕事，新聞の発行などは社会全体のための活動なので，税金でまかなわれる。

ホ　少子高齢化が進んでいくなかで，高齢者の医療費などに使われる税金が，ますます増えている。

問3　下線部③について。

(1)　国民の健康や労働などの社会保障制度を担当している行政機関を，次のイ～ホから一つ選び，記号で答えなさい。

イ　経済産業省　　ロ　法務省　　ハ　厚生労働省

ニ　総務省　　ホ　環境省

(2)　次のイ～ホのなかから，社会保障制度と最も関わりの深い憲法上の人権を選び，記号で答えなさい。

イ　平等権　　ロ　自由権　　ハ　環境権　　ニ　生存権　　ホ　参政権

問4　下線部④により，電子書籍《しょせき》や映像作品の違法《いほう》な複製が問題となっていますが，これは何という権利を侵害《しんがい》しているからですか。

問5　下線部⑤について。憲法上の権利の説明として，正しくないものを，次のイ～ニから一つ選び，記号で答えなさい。

イ　性別に関係なくすべての国民が働く権利をもつ。

ロ　誰《だれ》でも希望すれば，年齢を問わず自由に働く権利をもつ。

ハ　働く人同士で団結する権利が認められている。

ニ　すべての国民は，住む場所や職業を自由に選ぶ権利をもつ。

問6　下線部⑥について。（　）に入る漢字4文字を答えなさい。

問7　下線部⑦について。

(1)　21世紀初めから現在までの人権を尊重する取り組みに関する説明として，正しくないものを次のイ～ニから一つ選び，記号で答えなさい。

イ　ハンセン病患者《かんじゃ》が，法律により長らく社会生活を制限されてきたことは，裁判で人権侵害だと認められた。

ロ　結婚をして名字が変わっても，もとの名字を職場で使うかどうかを，選ぶことができるようになってきている。

ハ　アイヌ文化を保護するだけでなく，「アイヌ民族を先住民族とすることを求める決議」が国会で採択された。

ニ　国は一人一人の個人情報を保護するための制度として，パブリックコメントの導入を進めている。

(2)　日本では人権を守るため，裁判で判決が出たあとにさらに上級の裁判所に訴《うった》える制度があります。この制度に従って，裁判がより上級の裁判所に進む順序として，次のイ～ニのうち正しく並んでいるものはどれか，一つ選び記号で答えなさい。

イ　地方裁判所→高等裁判所→最高裁判所　　ロ　家庭裁判所→簡易裁判所→最高裁判所

ハ　高等裁判所→簡易裁判所→最高裁判所　　ニ　地方裁判所→家庭裁判所→最高裁判所

問８　日本の政治は，日本国憲法に基づいて行われています。次に引用した憲法の前文の一部をふまえて，日本が今後どのようなことをめざしていったらよいか考え，表の太線で囲んだ部分に入る文を書きなさい。

われらは，全世界の国民が，ひとしく恐怖《きょうふ》と欠乏《けつぼう》から免《まぬ》かれ，平和のうちに生存する権利を有することを確認する。

3　次の文章を読み，下の問に答えなさい。

人びとの活動は，自然環境にさまざまな影響を与え，新しい風景をつくりだしてきました。人びとが定住を始めると，「むら」が出現し，本格的な農業が始まると，戦いにそなえて「むら」は堀《ほり》や柵《さく》で囲まれるようになりました。時代が進むと生産力の向上が求められるようになり，①耕地は川の下流の平野部にも拡大していきましたが，水害を受けることも多くなりました。そのため，人びとは治水の努力を続け，河川の流路を大きく変えることができるまでに治水や土木の技術を発達させ，そのことが風景を一層さま変わりさせました。②江戸時代に行われた代表的な河川の改修工事としては，利根川や③大和川，木曽三川などの工事があげられます。

農業だけでなく，さまざまな産業も，自然環境に影響を与えてきました。たとえば，④鉄器が日本に伝わり，国内で生産が始まると，鉄をつくるために大量の木炭が必要とされ，森林が伐採《ばっさい》されていきました。後に工業化が進み，⑤欧米《おうべい》の技術を取り入れた製鉄所で石炭を使うようになると，炭鉱の開発が進みました。また，機械や機関車の動力源としても，石炭の消費量が増えました。近代的な産業や交通の発達は，生活を便利にしていきましたが，その一方で⑥工場や鉱山から出る有害なけむりや廃水《はいすい》などによって自然環境の悪化が引き起こされました。

戦争による被害は，町や村の風景を大きく変えます。⑦源頼朝らが平氏をたおす戦いを始めると，平氏によって⑧東大寺などの大寺院が焼きうちをうけましたが，新たな技術を取り入れた再建が行われ，以前とは違う姿にうまれかわりました。⑨応仁の乱によって10年あまりの間戦場となった京都では，主要な部分のほとんどが焼けてしまいましたが，豊かな商工業者らが中心になって復興が行われました。⑩約100年間におよぶ戦国大名たちによる戦いも，各地の風景を変えていきました。

⑪明治時代以降，日本が海外で戦ったいくつもの戦争は，⑫朝鮮半島・中国・東南アジアや太平洋の各地を戦乱に巻きこみ，被害を与えました。日本がかつて占領《せんりょう》していた地域には，日

本が建てた建造物などが今でも残っていることがあります。日本の中には，太平洋戦争で⑬空《くう》襲《しゅう》を受け，焼け野原になった地域もありましたが，⑭戦後しだいに復興をとげていきました。特に⑮高度経済成長の時代には，大都市の間は高速道路で結ばれるようになり，都市では高層ビルの建設が進み，風景は大きく変わっていきました。

問１　下線部①について。各時代の日本の耕地に関して説明した次のイ～トから，正しくないものを二つ選び，記号で答えなさい。

イ　律令のきまりにより，農民は国から耕地を割り当てられ，収穫《しゅうかく》した稲のおよそ３％を税として納めた。

ロ　奈良時代になると，荒れ地を開発して耕地とした者に，その耕地の私有が認められるようになった。

ハ　鎌倉時代になると，国ごとに一人置かれた地頭によって，耕地から年貢が取りたてられるようになった。

ニ　16世紀終わりに行われた検地では，全国の耕地の面積や収穫高が，同じものさしやますを使って調べられた。

ホ　江戸時代に新田開発がさかんになり，室町時代と江戸時代の中ごろとを比べると，耕地面積は３倍近くに増えた。

ヘ　江戸時代には，肥料に油かすや干したイワシも使われるようになり，同じ面積の耕地からの収穫量が増えた。

ト　明治時代になると，政府は耕地の面積に応じて，地租とよばれる税を地主に納めさせることにした。

問２　下線部②の時代の人やものの行き来に関する説明として，正しくないものを次のイ～ニから一つ選び，記号で答えなさい。

イ　朝鮮通信使は対馬藩に到着した後，対馬から下関，瀬戸内海沿岸を通って江戸に向かった。

ロ　江戸の日本橋を起点とする中山道の関所であった箱根では，通行人が厳しく調べられた。

ハ　北前船は昆布《こんぶ》やにしんなどのえぞ地や東北地方の産物を，日本海を通る航路を使って大阪に運んだ。

ニ　アメリカの使節ペリーは，大西洋からインド洋を通り，琉球などに立ち寄って浦賀に来た。

問３　下線部③について。この川の流域の豪族たちがつくった大和朝廷が，各地の豪族を従えていき，支配を広げていきました。

(1)　豪族たちの権力を示す建造物が，３世紀ごろからつくられるようになりました。それは何ですか。

(2)　５世紀以後の朝廷に関して説明した次のイ～トを，時代の古い順に並べたときに，３番目と５番目になるものを選び，それぞれ記号で答えなさい。

イ　国のおこりと歴史を記すため，『古事記』や『日本書紀』がつくられた。

ロ　藤原道長が３人の娘を天皇のきさきにし，政治の中心に立った。

ハ　ワカタケル大王の時代，朝廷が関東や九州の豪族を従えていった。

ニ　朝廷が京都の北朝と吉野の南朝に分裂《ぶんれつ》し，対立が数十年間続いた。

ホ　中大兄皇子が蘇我氏をたおし，天皇中心の政治のしくみをつくり始めた。

ヘ　武士が初めて朝廷の最高職である太政大臣に任命され，政治の中心に立った。

ト　家がらではなく能力によって役人を取り立てるため，冠位十二階が定められた。

問４　下線部④と同じころに大陸から初めて伝えられたものを次のイ～トから二つ選び，記号で答えなさい。

イ　青銅器　ロ　土器　ハ　骨角器　ニ　木綿

ホ　石包丁　ヘ　黒曜石のナイフ　ト　火薬

問５　下線部⑤のような製鉄所の一つである八幡製鉄所は，近くにあった日本有数の炭田から産出される石炭を使用していました。この炭田を答えなさい。

問６　下線部⑥について。明治時代に大きな被害を出した，栃木県の鉱山を答えなさい。

問７　下線部⑦について。源頼朝は，伊豆で兵を挙げた後まもなく鎌倉に入り，本拠《ほんきょ》にしました。鎌倉時代に，人やものはどのようにして鎌倉に入って来ましたか。鎌倉を上空から写した右の写真を参考にして，説明しなさい。

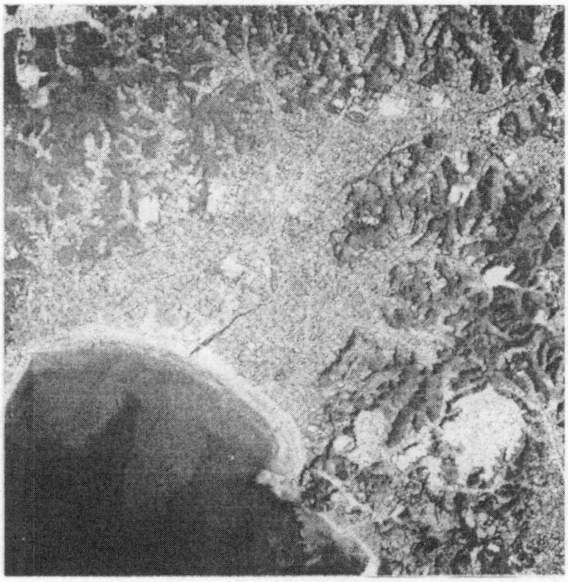

（国土地理院ホームページより）

問８　下線部⑧について。東大寺の大仏もこのときに焼けてしまいました。大仏はつくられてから約何年後に焼けてしまったことになりますか。最も近いものを次のイ～ホから選び，記号で答えなさい。

イ　約50年後

ロ　約200年後

ハ　約400年後

ニ　約600年後

ホ　約800年後

問９　下線部⑨が始まったときには建てられていなかったものを次のイ～トからすべて選び，記号で答えなさい。

イ　大阪城　ロ　銀閣　ハ　法隆寺の五重塔

ニ　中尊寺金色堂　ホ　日光東照宮の陽明門　ヘ　東大寺の正倉院

ト　平等院鳳凰堂

問10　下線部⑩について。

⑴　この時期に外国の新しい武器が伝わり，まもなく堺や国友などで生産が始まりました。日本人が新しい武器をすぐに生産することができたのは，ある技術が応用されたからです。その技術とは何ですか。次のイ～ヘから一つ選び，記号で答えなさい。

イ　造船の技術　ロ　防塁《ぼうるい》づくりの技術　ハ　彫刻《ちょうこく》の技術

ニ　鍛冶《かじ》の技術　ホ　磁器づくりの技術　ヘ　養蚕《ようさん》の技術

⑵　この時期に城のつくりに変化が見られ，城の中心となる大きな建造物がつくられるようになりました。それを何といいますか。

(3)　この時期に織田信長は，城下町で商工業を発展させるための政策を出しました。その政策を何といいますか。

問11　下線部⑪について。明治時代以降に日本が戦った戦争を始まった順にあげました。【A】満州事変，【B】韓国併合を入れるとするならば，〔**イ**〕～〔**ニ**〕のどこに入りますか。それぞれ記号で答えなさい。

日清戦争→〔 イ 〕→日露戦争→〔 ロ 〕→第一次世界大戦→〔 ハ 〕→日中戦争→〔 ニ 〕→太平洋戦争

問12　下線部⑫について。朝鮮半島には，16世紀終わりにも日本が出兵して被害を与えました。この出兵を命令した人物の名前を答えなさい。

問13　下線部⑬について。都市の子どもたちは空襲をさけて地方へ行き，生活しました。これを何といいますか。

問14　下線部⑭について。戦後の日本の説明として，正しくないものを次のイ～ホから一つ選び，記号で答えなさい。

イ　日本とソ連との間の国交は回復したが，その後も平和条約を結ぶことはできなかった。

ロ　日本と中国との間では，日中共同声明が出されて国交が正常化し，日中平和友好条約が結ばれた。

ハ　サンフランシスコ平和条約と日米安全保障条約が結ばれ，日本は米軍基地を引き続き置くことを認めた。

ニ　日本は韓国との間に日韓基本条約を結び，戦争中に被害を受けた一人一人に対する補償《ほしょう》を行った。

ホ　日本が独立した後も，アメリカに統治されていた地域のうち，奄美群島が最初に日本に返還《へんかん》された。

問15　下線部⑮について。この時代に，エネルギー資源の中心が石炭から他のものに移りました。それは何ですか。

【理　科】（30分）〈満点：50点〉

1　電池にはプラス極から出て，マイナス極にもどってくる向きに電流を流そうとするはたらきがあります。

電池と豆電球，発光ダイオード(LED)などを使って，実験１～５を行いました。LEDには右図のように２本のちがう長さの端子《たんし》があります。

実験１　図１のように，電池と豆電球，電池とLEDをつないだところ，A，B，Cは点灯したが，Dは点灯しなかった。このとき，電流計を使って電流を測定すると，Dは電流計の針が０のままだった。

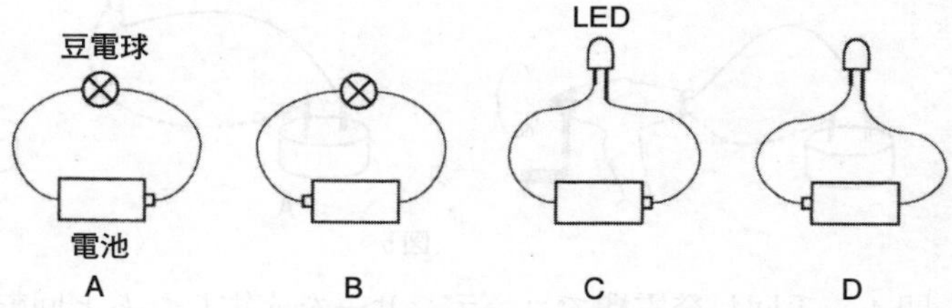

図１

問１　実験１の結果からわかるLEDの性質を答えなさい。

実験２　図２のように電池と豆電球，LEDをそれぞれつないだ。

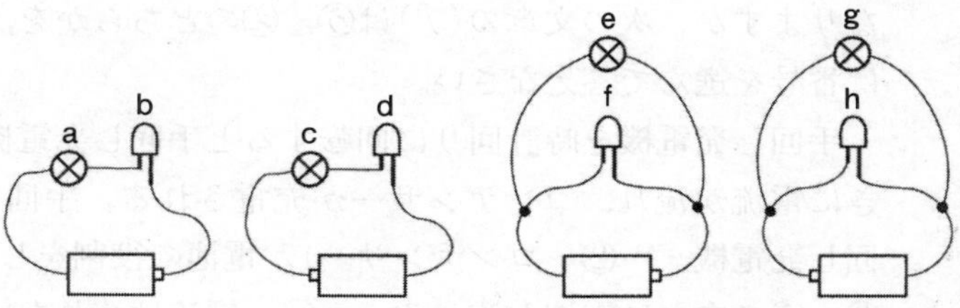

図２

問２　図のa～hのうち点灯するものをすべて選び，記号で答えなさい。

実験３　図３のように，手回し発電機と豆電球，手回し発電機とLEDをつなぎ，手回し発電機のハンドルをそれぞれA，Cは時計回り，B，Dは反時計回りに回転させたところ，A，B，Cは点灯したが，Dは点灯しなかった。手回し発電機から出た２本の導線は区別するために一方を実線(――)，他方を点線(-----)で書いている。

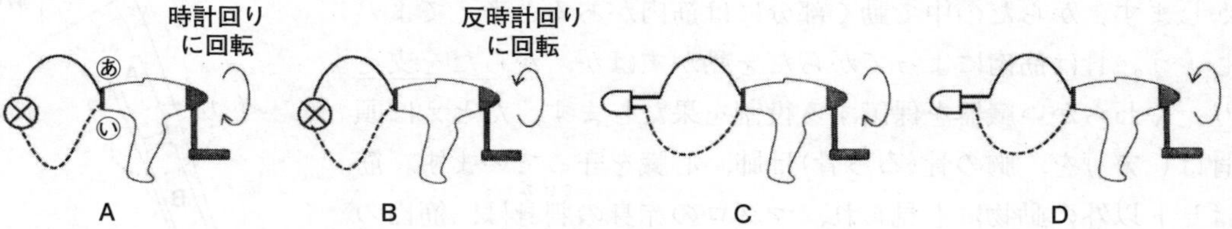

図３

問３　手回し発電機の実線で書かれた導線が出ている側をあ，点線の導線が出ている側をいとすると，手回し発電機のハンドルを時計回りに回転させたときに，あ，いのどちらが電池のプラス極に相当しますか。記号で答えなさい。

実験４　図４のように電池と手回し発電機をつないだところ，Aは時計回りに回転し，Bは反時計回りにハンドルが回転した。

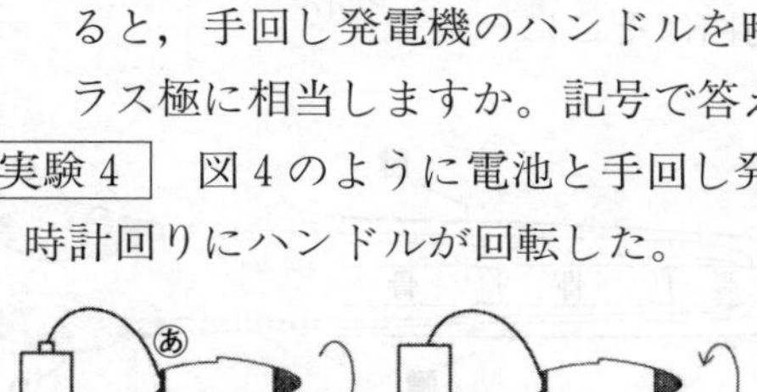

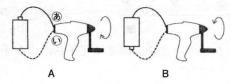

図４

実験５　図５のように手回し発電機とコンデンサーをつなぎ，手回し発電機のハンドルを時計回りに回転させてコンデンサーを充電《じゅうでん》し，その後，手回し発電機を外して，コンデンサーとLEDをつないだところ，Aは点灯し，Bは点灯しなかった。ただし，コンデンサーの２つの端子は区別するために，それぞれ ‖ と | で表している。

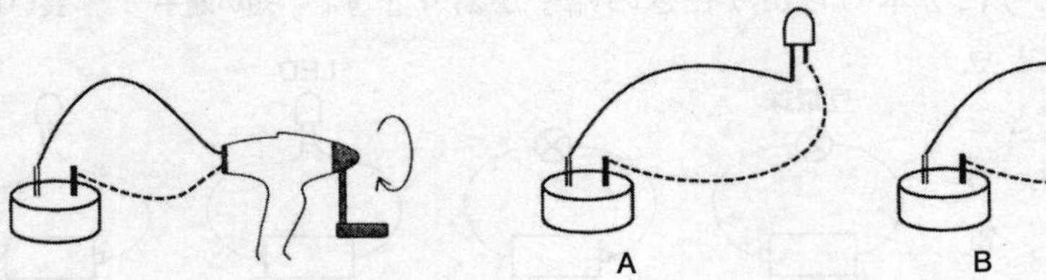

図５

問４　手回し発電機でコンデンサーを充電したあと回転させるのをやめ，コンデンサーにつないだままにすると，手回し発電機はどうなりますか。次の文章の(ア)は㋒，㋓のどちらかを，(イ)～(エ)は番号を選んで答えなさい。

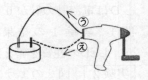

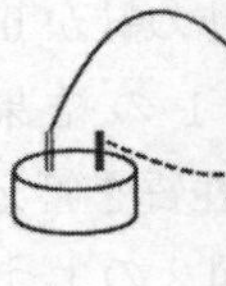

手回し発電機を時計回りに回転すると手回し発電機が電池の役割をして，図の(　ア　)の向きに電流が流れ，コンデンサーが充電される。手回し発電機の回転をやめると(イ：①　手回し発電機　　②　コンデンサー)が電池の役割をして，(ウ：①　㋒の向きに電流が流れる　②　㋓の向きに電流が流れる　　③　電流は流れない)。このとき，手回し発電機は(エ：①　ハンドルが時計回りに回転する　　②　ハンドルが反時計回りに回転する　　③　ハンドルが回転しないままとなる)。

2　わたしたちのからだには，さまざまな臓器のほかに骨と筋肉があります。筋肉はちぢんだりゆるんだりすることによりからだを動かします。からだの中で動く部分には筋肉があると考えてよいでしょう。骨は筋肉によってからだを動かすほか，からだを支えたり，やわらかい臓器を保護する役割を果たします。たとえば頭の骨は(　ア　)を，胸の骨(ろっ骨)は肺，心臓を守っています。筋肉はヒト以外の動物にも見られ，マグロの赤身の刺身《さしみ》は，筋肉の一部です。なお，呼吸をするときにはろっ骨をつなぐ筋肉の動きによって肺の大きさを変えています。昆《こん》虫にはヒトのような骨はありませんが，からだの表面がかたくなっていて，筋肉はそこにつながっています。

図１

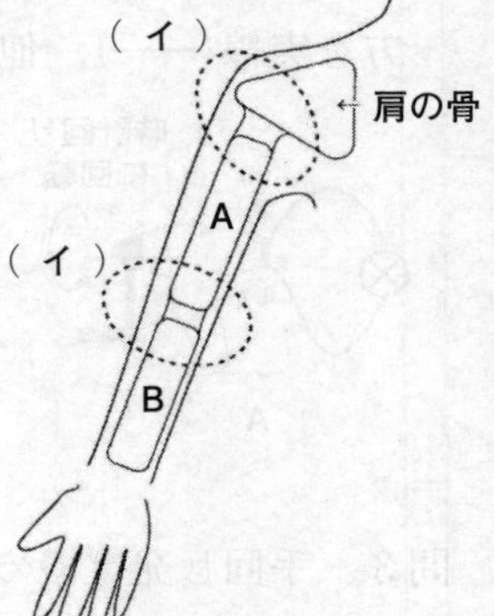

花子さんの肩《かた》の骨，腕《うで》の骨の位置を図１に示します。骨と骨はじん帯というものでつながれており，その部分は(　イ　)とよばれます。筋肉のはじは，かたい腱《けん》となって骨についています。指の骨につながる腱はとても長くなっています。図２は花子さんの右手の人差し指のつくりを簡単に示したものです。

図２

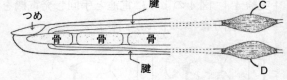

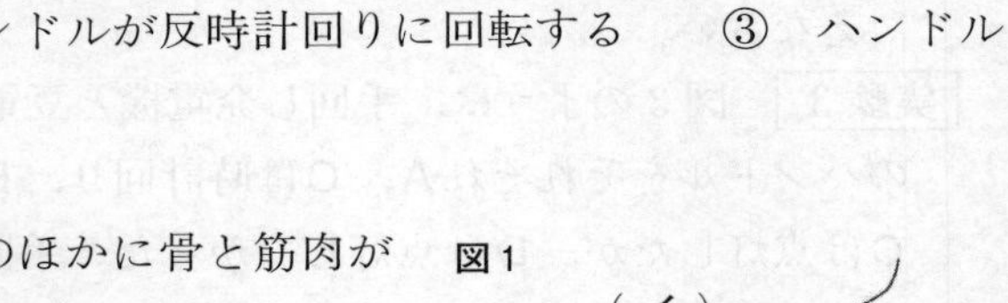

問１　文中の(ア)，(イ)にあてはまることばを漢字で答えなさい。

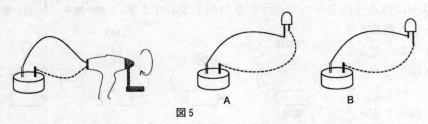

問２　ヒトの次の筋肉のうち，意志で動きを調節できるものをすべて選び，番号で答えなさい。

①　舌の筋肉　②　心臓の筋肉　③　ろっ骨をつなぐ筋肉

④　胃の筋肉　⑤　腸の筋肉

問３　下線部について，ヒトは背骨や腰《こし》の骨でからだを支えています。背骨について正しく述べたものを次の中から３つ選び，番号で答えなさい。

①　１本の骨でできていて，(**イ**)はない。

②　いくつかの骨でできていて，(**イ**)がいくつかある。

③　マグロには背骨はない。

④　マグロには背骨がある。

⑤　カブトムシには背骨はない。

⑥　カブトムシには背骨がある。

問４　図１について，**A**，**B**の部分はそれぞれ何本の骨からなっていますか。正しいものを１つ選び，番号で答えなさい。

①　**A**，**B**ともに１本　②　**A**，**B**ともに２本

③　**A**は１本，**B**は２本　④　**A**は２本，**B**は１本

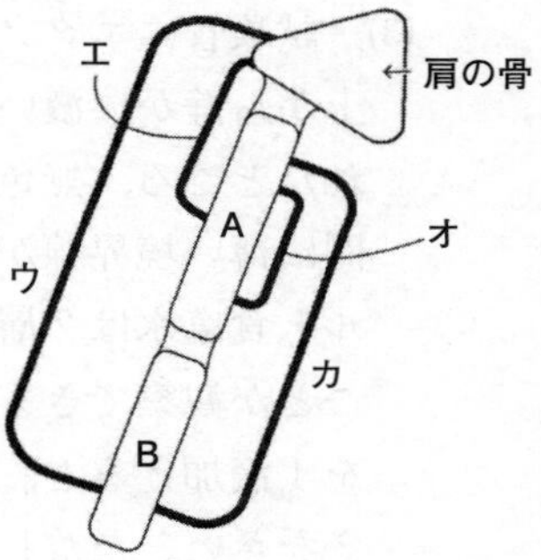

問５　右図の**ウ**～**カ**は図１の３か所の骨についている筋肉のつながり方を示していますが，まちがっているものが１つあります。その記号を答えなさい。また，そう選んだ理由も答えなさい。

問６　花子さんが右手でじゃんけん(グー・チョキ・パー)をするとき，図２の筋肉**C**，**D**はそれぞれどのようになりますか。ちぢむ場合は「ち」，ゆるむ場合には「ゆ」と答えなさい。

3　「水と油」という慣用句があるように，①水と油はたがいに混ざり合わないため，分離《ぶんり》しているドレッシングを使うときにはよく振《ふ》ってから使います。鉄のフライパンで炒《いた》め物を作るときに油を使いますが，古い油を使ってしまうと味が変わることもあれば不快なにおいが出ることもあります。これは油が②空気中の気体と反応することが原因の一つと考えられています。この気体はものを燃やすはたらきがあり，私たちの呼吸にも使われています。油は常温で固体である牛脂《ぎゅうし》もあれば，液体であるオリーブ油などもあります。この違いは③油の中に含まれている「脂肪酸《しぼうさん》」と呼ばれる部分の種類による影響《えいきょう》です。調理に応じて使う油を選ぶと良いでしょう。調理で残った油をそのまま排水溝《はいすいこう》に捨ててはいけません。環境汚染《かんきょうおせん》につながるだけでなく，配水管のつまりの原因にもなります。新聞紙などに油を吸収させて捨てるか，油を固まらせる処理剤《ざい》を加えてから捨てると良いでしょう。また油を捨てずに④セッケン作りやキャンドル作りに利用することもできます。無駄《むだ》なく資源を活用していきましょう。

問１　下線部①について，次のような実験を行いました。

(1)　水10mLが入った試験管に油を５滴《てき》加えると，油は水に(ア．浮き　イ．沈み)，油10mLが入った試験管に水を５滴加えると，水は油に(ウ．浮く　エ．沈む)。このときのそれぞれの様子について，正しい組み合わせを１つ選び，番号で答えなさい。

①　ア，ウ　②　ア，エ

③　イ，ウ　④　イ，エ

ものの浮《う》き沈《しず》みは液体の「密度」の大小で決まります。密度とは，1 cm^3 あたりの重さを表しており，そのものの種類によって決まっています。水よりも密度が大きいものは，水に沈みます。密度はそのものの重さと体積を測り，下の式によって求められます。

$$\text{密度}\ (g/cm^3) = \frac{\text{重さ}\ (g)}{\text{体積}\ (cm^3)}$$

(2)　アルコールの一種である液体のエタノールの密度を求めるために下の①～④の実験操作を行いましたが，不要な実験操作も含まれていることが分かりました。必要な数値のみを利用してエタノールの密度(g/cm^3)を求めなさい。

①　メスシリンダーの重さを測ったら122 g であった。

②　エタノールの入ったビンの重さを測ったら680 g であった。

③　メスシリンダーを使ってエタノールを50 cm^3 測ったときの合計の重さは161 g であった。

④　メスシリンダーを使って水を50 cm^3 測ったときの合計の重さは172 g であった。

(3)　試験管にエタノールを入れて，上から静かに濃《こ》い食塩水を注ぎ入れたところ，無色の液体どうしの間に薄《うす》い境界線ができ，エタノールと食塩水は2層に分かれていることが観察できました。そこへ油を1滴加えると，どのようなことが起こるでしょうか。上の**ア**～**カ**から1つ選び記号で答えなさい。ただし油の密度は0.9g/cm^3 とします。

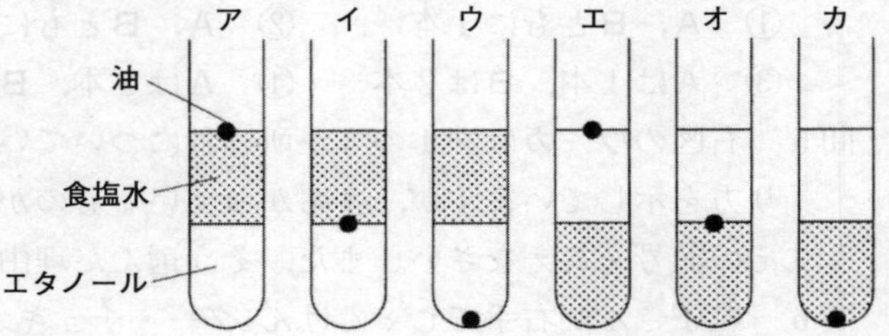

問2　下線部②の気体を答えなさい。

問3　下線部③について，油は「脂肪酸」以外に「グリセリン」と呼ばれる部分からつくられています。グリセリンは下図のような構造をしており，脂肪酸が3か所で結びついています。

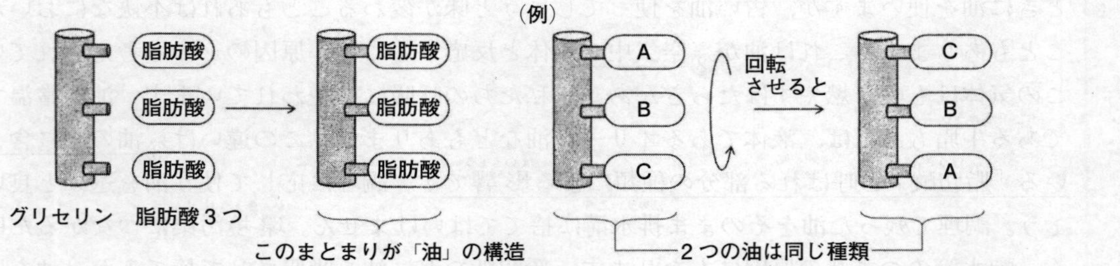

脂肪酸には様々な種類(ここでは**A**，**B**，**C**，…とします)があり，例えば3つとも違う脂肪酸でできている油もあれば，2つが同じもので，もう1つがちがうものでできている油もあります。グリセリンに**A**と**B**を結びつけてできる油は何種類ありますか。ただし，3つとも同じ種類の脂肪酸を使ってもよいものとします。また**(例)**のように回転したときに同じ組み合わせになるものは，合わせて1つと数えることとします。

問4　下線部④について，セッケンは液体の油と水酸化ナトリウム水溶液《すいようえき》を混ぜて固めることでできます。下の表は，家庭で残った油を利用してセッケン作りを何回か繰り返したときの結果です。このとき，水酸化ナトリウム水溶液はすべて同じ濃さのものを使いました。

	1回目	2回目	3回目	4回目	5回目
油(g)	2.2	4.4	13.2	17.6	6.6
水酸化ナトリウム水溶液(mL)	125	250	250	250	500
セッケン(g)	2.31	4.62	9.24	9.24	6.93

(1) 水酸化ナトリウム水溶液250 mLをすべて使ってつくることができるセッケンは何gですか。ただし使用する油は大量にあるものとします。

(2) 水酸化ナトリウム水溶液250 mLを使って(1)で求めた量のセッケンをつくるとき，環境のことを考えてできる限り使う油の量を少なくしたい場合，必要な油の最小量は何gですか。

4 2019年は，アメリカ航空宇宙局(NASA)のアポロ11号が月面に着陸してから50年でした。月は私たちにもっとも身近な天体の一つです。

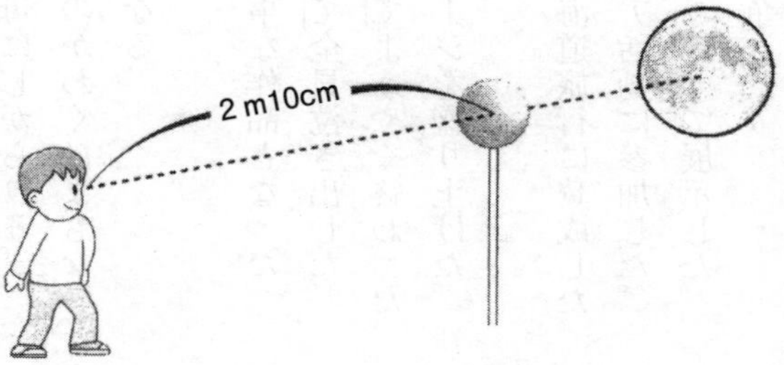

問1 ある満月の夜に，右の図のような，棒に立てた直径2 cmのスーパーボールから約2 mはなれると，満月はスーパーボールにかくれました。どこでぴったりかくれるかを調べたら，スーパーボールから2 m 10 cmはなれたところから見たときでした。地球から月までの距離《きょり》を384400 kmとすると，月の直径は何kmになりますか。小数点以下を四捨五入して，整数で答えなさい。

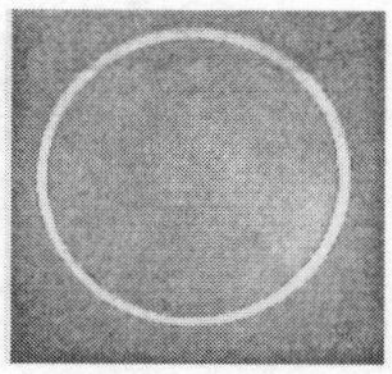

ある天体が他の天体の一部または全部をおおいかくす現象を「食」といいます。太陽がかくされてしまう現象を日食といい，2012年には右のような金環《きんかん》日食が見られました。これは2030年に再び北海道で見ることができます。また，2035年には北陸から北関東で太陽がすべて月にかくされてしまう皆既《かいき》日食が見られます。

問2 太陽観察用のメガネを使用して，ある日の太陽で問1と同じように調べると，2 m 5 cmのところでぴったりかくれて見えました。もしこの日に日食が起きたならば，金環日食(ア)と皆既日食(イ)のどちらが起こりますか。アまたはイで答え，その理由を説明しなさい。ただし，地球から見た月の大きさは問1と同じとします。

問3 地球から太陽までの距離は変わらないものとしたとき，金環日食になったり皆既日食になったりするのはなぜですか。

NASAはアポロ計画以来となる月の有人探査《たんさ》を2024年に行うアルテミス計画を発表し，日本の宇宙航空研究開発機構(JAXA)も技術協力などを行うことが発表されました。人類が再び月面に立つ日が来るのも，そう遠い日ではありません。

問4 きっと月面では地球が太陽をかくす日食を見ることができるでしょう。そのとき，地球ではどのような天文現象《げんしょう》が見られますか。

問5 月面に立った人類が皆既日食を見ることができたならば，それは地球で見る皆既日食と比べてどのようなちがいがあると思いますか。

二

次の――線部の言葉の使い方として最もふさわしいものを一つ選び、それぞれ記号で答えなさい。

(1) おくめんもなく
ア 彼はおくめんもなく自分の作品を売りこんできた。
イ 私の愛犬は、おくめんもなくクマに飛びかかった。
ウ 今日は朝からおくめんもなく晴れ上がった。
エ 一度決心したのだからおくめんもなく引き下がれない。

(2) たじろぐ
ア 竹が雪をかぶって大きくたじろぐ。
イ 悲しみにたじろぐ女性をなぐさめる。
ウ 急に意見を求められてたじろぐ。
エ 頂上から谷底を見て足がたじろぐ。

(3) かまけて
ア 姉との口論にかまけて部屋に逃《に》げこんだ。
イ 年末の大そうじの最中にかまけて母にしかられる。
ウ 亡き祖父との思い出にかまけて涙のかわくひまもない。
エ 遊びにかまけて宿題がおろそかになる。

(4) あいまって
ア 彼《かれ》のセンスと努力があいまって見事な作品となった。
イ みんなの感動がしだいにあいまって全員泣き出した。
ウ 二つの民族の長い争いがあいまってようやく終わった。
エ 主役を務めた彼があいまってステージを盛り上げた。

(5) こぞって
ア 家族の中では父と弟がこぞって北海道旅行に賛成した。
イ クラス全員がこぞってボランティア活動に参加した。
ウ 作品の中から最もすぐれたものをこぞって展示した。
エ 勝敗をこぞって選手たちが激しく争った。

三

次の問いに答えなさい。

問一 次の**カタカナ**を漢字に直して答えなさい。
(1) マラソン大会のため、交通**キセイ**が行われた。
(2) 告別式は**キンシンシャ**で行った。
(3) チャイムが鳴る**スンゼン**に教室に飛びこんだ。
(4) **ギソク**のランナーが聖火リレーに参加する。
(5) 花火は夏の**フウブツシ**だ。
(6) 学問を**ココロザ**す。
(7) 小犬のかわいい**シグサ**を見てほほえむ。
(8) 新薬の開発に**シンケツ**を注ぐ。

問二 次の漢字の読みを答えなさい。
(1) 相半ば
(2) 羊毛

ア 川をコンクリートではなく、土に根を張る水草や泥の力によって固めるので、時々洪水が起こる。

イ 草木は街路樹として特定の場所にまとめ、どんな天気の日でも足元を気にせず道路を歩けるように整備する。

ウ 家の中も公共施設もいたるところにエアコンが完備されているので、夏も快適に過ごせる。

エ 都会に迷いこんできたニホンザルやアザラシなどを傷つけることなく捕獲し、野生に返す。

オ 川の水をよごさないように、市役所などの公共機関が下水の処理を定期的に行う。

カ 害虫や害獣とされる生き物を抗生物質の研究に活用し、人や家畜の病気を減らす。

問八　――線部⑧「それは［C］がそうなのではなく、［D］がそうするのだ」とありますが、C・Dに入るものをそれぞれ次の中から一つずつ選び、記号で答えなさい。

ア 環境保護を訴える人　**イ** 環境

ウ 現実を直視しない人　**エ** 科学を使う人

オ 現実　**カ** 科学

問九　――線部⑨「驚くやら嬉しいやら」を、「やら」を「たり」に直して書きかえなさい。

問十　――線部⑩「人の手の中にある」の意味として正しいものを次の中から一つ選び、記号で答えなさい。

ア 人が保護している　**イ** 人が所有している

ウ 人が管理している　**エ** 人が造成している

問十一　――線部⑪「吹きす□□」が、「激しく吹きあれ」の意味になるように、空らんにひらがなを書き入れなさい。

問十二　――線部⑫「環境はそうはいかない」といえるのはなぜか、説明しなさい。

問十三　――線部⑬「孤独環境」とありますが、なぜ「孤独」なのか、説明しなさい。

問十四　――線部⑭「死ぬのが怖い」とありますが、その理由として最もふさわしいものを次の中から一つ選び、記号で答えなさい。

ア 死んでしまったら、人間が作りあげた、きわめて快適な環境にはいられなくなると考えているから。

イ 自分と仲間の命のつながりを意識しないため、自分が死んだらすべては終わりだと思ってしまうから。

ウ 個人の権利がどれほど守られていても、生死だけは人間の力がおよばないものだと感じているから。

エ 今まで共に過ごしてきた、自分の周りの人々や生き物たちと離れなければならないと想像してしまうから。

問十五　――線部⑮「ガケの巣にいる海鳥は敵から逃れるために洞穴に隠れる」とありますが、これはどういう行動だといえるか、答えなさい。

問十六　――線部⑯「イワシはえらい！　と感心してはいけない」とありますが、「イワシはえらい！」と感心するのはなぜだと考えられるか、答えなさい。

問十七　――線部⑰「最後の力を振り絞った呼びかけ」について、

(1) だれが「呼びかけ」をしているのか、答えなさい。

(2) なぜ「最後の力を振り絞った呼びかけ」をするのか、説明しなさい。

問十八　この文章は、二〇〇二年に出版された本から引用しています。それから十八年たった現在の環境について、あなたはどう思いますか。具体例を挙げて、一〇〇字以上一二〇字以内で述べなさい（句読点も一字と数えます）。

る。」

「共生環境」では、病気になってもギリギリまで薬は使わない。科学は「細菌《さいきん》を皆殺《みなごろ》しにする」という研究をするのではなく、病気になったら二、三日休んでも困らない仕事のしくみや、薬を使わなければならない時期を見分ける診断《しんだん》法などの研究を進める。一人静かに生活することもできるが、多くの人は仲間と動物たち、そして植物に取り囲まれた人生を送る。自分の命と他人の命、そして自然の命は一体となって感じられ、自分の死は毎日の連続のうちに埋《う》もれていく。

冬、孤島のガケに繁殖《はんしょく》のために集まっている海鳥は、自分たちを狙《ねら》う大きな鳥が上空から襲《おそ》ってくると、いっせいに飛び立って狩《かり》のかく乱をする。「孤独環境」なら⑮ガケの巣にいる海鳥は敵から逃《のが》れるために洞穴《ほらあな》に隠《かく》れるが、「共生環境」の海鳥は仲間を助けるために自ら飛び立つ。狙われた一羽が助かり、飛び立ったうちの一羽が犠牲《ぎせい》になることもある。それでも仲間の命と自分の命が近いから不満はない。

イワシは回遊魚だ。円形のプールにイワシを入れるとグルグルと回るように泳ぐ。大きな円形のプールにイワシをドンドンいれると満員になってくる。そのうち「イワシ密度」が高くなりすぎると、奇妙なことが起こる。イワシがおたがいに体をこすりあわせてウロコに傷をつけ、死ぬ。あまりにイワシ濃度《のうど》が増えると「全体の迷惑《めいわく》になるから」ということだ。

⑯イワシはえらい！と感心してはいけない。なぜみんなのために自分が死ななければならないのか！と憤慨《ふんがい》してもいけない。イワシにとっては「自分の命はみんなの命」であり、「みんなが生きていれば自分が生きていること」ということなのだ。

共生環境の日常生活は少し不便だ。そのかわり死ぬときは恐ろしくない。そして、私たちのまわりの生物と鉱物は長い間、そうしてきて、今でもそうだ。だから、「何かが私たちの五感に訴《うった》えている。その声が聞こえる」……その声の主は生物と鉱物だ。そして「一緒《いっしょ》に生きること、節約をすること、そして夢を持って将来を作ること」を私たちに呼びかけているけれど、それは⑰最後の力を振《ふ》り絞《しぼ》った呼びかけだ。

（武田邦彦《たけだくにひこ》『二つの環境　～いのちは続いている～』より）

＊後藤絹さん―苦労して家事をしていた人として、この本文より前に取り上げられている人物。

＊暗渠―地下に設けた水路。

＊抗生物質―細菌が増えるのをおさえるための化学物質。

問一　[A]に入るものを次の中から一つ選び、記号で答えなさい。

ア　予想したとおりの結果――桶屋が儲かる――になる

イ　自分にとって不愉快《ふゆかい》なこと――桶屋が儲かる――が起こる

ウ　あきらめていた夢――桶屋が儲かる――がかなう

エ　意外なところにその影響《えいきょう》――桶屋が儲かる――が出る

問二　――線部①「それで命が救われた赤ちゃんがいる」とありますが、「冷蔵庫」によって命が救われたと考えられるのはなぜか、説明しなさい。

問三　――線部②「赤ちゃんの命は[B]の生まれ変わりだ」とありますが、Bに入る語句を本文中よりぬき出して答えなさい。

問四　――線部③「命の金メダル」とは、ここではどういうことを指して言っているのか、答えなさい。

問五　――線部④「素晴しい「環境」」とはどのような環境か、十五字以内でまとめなさい。

問六　――線部⑤「ニワトリが時をつくる」・⑥「それをしっけいする」とはどういうことか、それぞれ答えなさい。

問七　――線部⑦「自然と共にある環境」とありますが、これに当たるものを次の中から二つ選び、記号で答えなさい。

銅鉱山のまわりがきたない……それが環境だ。

そういえば、日本では動物を見ることができなくなったばかりではなく、鉱物も珍《めずら》しくなった。少し前までは、秋田や青森には「黒鉱《くろこう》」といって黒光りした優《すぐ》れた銅、鉛《なまり》、亜鉛《あえん》などがとれる硫化鉱《りゅうかこう》の鉱山がたくさんあった。最近でも有望な黒鉱の鉱脈が発見されているが、でも日本人は自然とは離れてしまったので誰《だれ》も興味を示さない。

本当は、日本は自然と共にある環境を作り出すことのできる珍しい国だ。

世界地図をじっと見ると奇妙《きみょう》なことに気がつく。地球は北半球と南半球に分かれていて、不思議なことに北半球にほとんどの国が集まっている。陸地も同じだ。南半球の太平洋やインド洋は本当に広い。そこに陸地が点々としている。

そればかりではない。さらに不思議なことに、北半球の温帯には島が少ない。日本だけが北半球の温帯の大きな島国だ。温帯と言えば人間が住むのに一番、居心地が良い。寒さで凍死《とうし》もしないし、暑さで焼け死にもしない。冬はコタツでもあれば何とかなるし、夏は風鈴《ふうりん》を下げてウチワと扇子《せんす》が活躍する。その温帯に浮かんでいる島だから気候は良い。海は温度の変化が少なく、昼間は海風がそよそよと吹いてくる。

第一、日本では昔から安心して水が飲める。そんな国は世界広しといってもめずらしい。

日本に住んでいるとそんなことは当《あた》り前だが、あまりに当り前なので忘れてしまう。そして、寒い風が⑪吹き[す□□]、灼熱《しゃくねつ》の太陽が照りつけ、カラカラに乾《かわ》いた大地に住む人たちが身を守るために作る環境と同じ環境を作っている。気候の厳しい国では窓を開けられないが、日本では窓を開けた方が気持ちが良い。

世界でもめずらしい良い環境が与《あた》えられているのだから、日本の環境は日本人が考えなければならない。生産の時代は生活の方法や技術までアメリカやヨーロッパに学べば良かったが、⑫環境はそうはいかない。

もう一度、別の見方から二つの環境を整理してみよう。

「人間だけの環境」は「⑬孤独《こどく》環境」と言ってもいいだろう。人間だけに快適な環境を意味していて、現在、そちらの方向に全力で進んでいる。人間が目に見えない境界をつくって囲いこみ、その中に住宅や学校、ビル、道路などをつくり、そこには人間と人間が認めた生物や自然しか入れない。家畜《かちく》でも人間に背《そむ》いたり、野良犬になったものは駆除するし、植物でも自然に生えた林は切り取り、街路樹にする。昆《こん》虫《ちゅう》も人間に少しでも害を及《およ》ぼすものは取り除く。だから、環境は極《きわ》めて快適で、道路は舗装され、部屋はすべて冷暖房完備だ。台風が来ても風に怯《おび》えることはない。自然の水がおいしくても、ペットボトルの水を飲む。

「孤独環境」では救急車や病院も全て完備し、また他の人との争いも裁判所がかたづけてくれる。一人静かに人生を送るのに、最適な環境が用意される。個人の尊厳、個人の自由、そして個人の権利を認めてくれるが、その代わり孤独だ。

だから「たった一度の人生」を求められるので、できるだけ長く生きなければならないし、⑭死ぬのが怖《こわ》い。

もう一つは「自然と共にある環境」で「共生環境」と言える。人間が他の動物や植物、そして鉱物と共に生きるための環境で、舗装されている道路は少なく、木々は自由に生えている。時にはイタチが道路を横切り、ビックリして急ブレーキをかけることもある。動物は臭《くさ》いし、勝手に生えている木々からは毛虫が落ちてくる。その代わり、小さな丘《おか》の藪《やぶ》からはキジの鋭《するど》い鳴き声が聞こえてくる。金や銅も小さな近くの鉱山を復活させて、生まれて初めて「鉱石」というものに触《ふ》れ

自然と共にある環境では、生活は少し不便になる。寿命も一人の個人としての寿命はもしかすると少し短くなるかもしれない。でも、庭にはイヌが走っていて、朝になると⑤ニワトリが時をつくる。時々、裏庭のベンチを使って仲間とバーベキューをすると、リスが遠くから見ている。林は整然とした杉《すぎ》林からクリになったので、毛虫はいるし、イガは痛いけれどクリの実も楽しめる。最近、柿《かき》の木が多くなったので、⑥それをしっけいするのも楽しみだ。

それでも下水や水洗トイレ、そしてゴミの収集などはほとんど気にしなくても良い。キチンと市役所がやってくれる。昔は「ゴミは自分で出したのだから自分で始末しなさい！」と言われてこまったものだが、大切なことは公共でやってくれるので安心だ。』

『　』でくくった文の描写は想像したもので、現実の日本とはちがう。日本は科学が進んでいろいろなものを取り入れてきたけれど、このような「⑦自然と共にある環境」は作らなかった。

科学は人間に豊かな人生を提供するために発達してきた。もちろん、人間を罰《ばっ》したり、破滅《はめつ》に導いたりするものではない。もし、科学が人間の役に立たないとか、環境を悪くしているように感じられるとしたら、⑧それは C がそうなのではなく、 D がそうするのだ。科学は、川の護岸にコンクリートで固める技術も、水草と泥で護岸する方法も提供してくれる。どちらが良いかを決めて実際に護岸するのは科学ではなく、そこに住んでいる「人」たちだ。

フレミングのペニシリン合成の努力も、ローランドのオゾン層の研究もみんな「自然と共にある環境」に利用することができる。使い方がまちがっているのは、科学ばかりではない。

ある時、東京の奥多摩《おくたま》の方からサルが一頭、東京の真ん中に迷いこんできたことがある。小さなニホンザルだった。そこには人間は何万人と住んでいるのに、小さなサル一匹《いっぴき》で大さわぎになった。捕獲《ほかく》隊が出動し、数日間にわたって作戦を展開、ついにその小さなサルを捕《つか》まえた。

人間が数万人いるところにサルが一匹いたからといって、なにか不都合があるのだろうか？「ある！」たとえば、サルが餌《えさ》を採ろうと子どものお菓子《かし》に手を出すとか、夜、歩いているときに急に叫《さけ》び声を出されてはビックリするとか、それはいろいろあるだろう。そして、市役所の方がそのままにしておいたら、マスコミが「何をしている！サルぐらい早く捕まえないのか！」と非難するのでしかたなく市役所や警察も出動せざるを得ない。

ある夏の暑い日、多摩川にアザラシの子どもが一頭、波間に浮《う》いているのが発見され、そこにちょうどいあわせた人がビデオでとった映像がテレビで流れた。「多摩川にアザラシ?!」「なぜだ?!」と大さわぎになる。今の多摩川には小さな魚はいるだろうが、アザラシのような大型の動物がいるはずがない。そんなものはとっくの昔にいなくなったと思いこんでいた人たちは、⑨驚《おどろ》くやら嬉しいやらで大変だ。

でも、多摩川は長さ一三八キロメートルもある大きな川で、川幅《かわはば》は最大で五〇〇メートル。あのエジプト文明をつくったナイル川と同じくらいの川幅をもつ堂々たる川だ。その川に少しくらい大きな動物がいないのも変だ。もちろん、ボラなどの淡水《たんすい》魚やユリカモメ、シロチドリなどの鳥はいるが、やはり多摩川も⑩人の手の中にある。

昔、日本は銅の輸出国だった。国内には足尾《あしお》銅山、別子《べっし》銅山などの有名な銅山が活躍《かつやく》していた。でも、もう銅山はない。

外国の銅鉱山に行ってみると、地下から掘《ほ》り出される銅鉱石にイオウやヒ素が混じっている。それが銅鉱石から離《はな》れて大気に放出されるので、付近の山ははげ山になっている。でも、その風景こそ長続きする姿なのだ。最初から、私たちが見るようなピカピカした銅が出てくる方がおかしい。田園調布にサルがいて、多摩川をアザラシが泳ぎ、

二〇二〇年度 雙葉中学校

【国語】（五〇分）〈満点：一〇〇点〉

一 次の文章を読み、問いに答えなさい。

「風が吹《ふ》けば桶屋《おけや》が儲《もう》かる」という昔からのことわざがある。まず、何か事が起こる……つまり風が吹くということだが、そうすると A という意味だ。黒部峡谷《くろべきょうこく》にダムをつくり、発電所を建設して電気を作り始める。人間は電気をつかった文化的な生活ができるようになり、＊後藤絹さんは喜んだが、黒部川の魚は死に、富山湾《とやまわん》はダメージを受けた。でも、そのおかげで人間の家庭ではテレビや冷蔵庫、洗濯機《せんたくき》が使えるようになり、①それで命が救われた赤ちゃんがいる。

②赤ちゃんの命は B の生まれ変わりだ。赤ちゃんの死ぬ数が減るほど環境《かんきょう》が良くなれば、大人の寿命《じゅみょう》も長くなるだろう。そしてその通り、日本人の寿命はどんどん伸《の》びて八〇才になった。八〇年前は平均寿命は四〇才だったから、三〇才にもなると「私の人生は、あと一〇年」と計算しなければならなかった。五〇年前は五〇才だった。それからみると寿命は本当に長くなった。そして、日本は世界一の長寿《ちょうじゅ》国だ。オリンピックで金メダルを取るのは大変。それほど世界一というのは大変だが、実に平均寿命が世界一。陸上競技の一〇〇メートルの金メダルも嬉《うれ》しいし、マラソンのメダルもすごい。でも、やはり「③命の金メダル」が素晴《すば》しい！

日本の環境は素晴しい。だから、環境が悪くなっている話を聞いてあまり暗く考えることはない。それでも「環境を守れ！」とか、「環境を守るために朝起きたらゴミを分別しよう」「リサイクルしよう」としているのはなぜだろうか？ 空気がきれいになり、川や湖も少しずつ澄《す》んできて、病気も減っているのだから、環境は良くなっている。

何を錯覚《さっかく》しているのだろうか？

実は「環境」には二つある。一つは「人間社会だけの環境」で、もう一つが「自然と共にある環境」だ。実は、「人間だけの環境」は年々、良くなってきて、環境が悪いと言えないまでになっている。それはそうだ。空気がきれいで、水もきれい。薬品は心配ないし、衛生状態も良い。赤ちゃんは死なないし、平均寿命は長い。害獣《がいじゅう》や害虫も駆除《くじょ》し、野良犬《のらいぬ》もいない。蚊《か》に刺《さ》されることも少なくなったし、夜道は明るく十一時でも安心して歩くことができる。

④素晴しい「環境」の中に住んでいるのだ。

川はコンクリートで護岸してあるので、すこし味気ないが氾濫《はんらん》の恐《おそ》れは格段に減った。小さな川は＊暗渠《あんきょ》にした。少し潤《うるお》いがなくなったが水たまりがなくなったのでボウフラもわかず、アメンボウもいない。道路は全て舗装《ほそう》してあるので、少し味気ないが泥《どろ》とは縁《えん》がなくなった。家もビルも車も電車も全てにエアコンがついているので、少し贅沢《ぜいたく》な感じもするが、夏は疲《つか》れないし冷房《れいぼう》病にもならない。

このように現代の科学を利用すれば、「人間だけの環境」を良くすることはできるのだ。

もう一つは「自然と共にある環境」だ。それを描写《びょうしゃ》してみよう。

『川は水草と泥で護岸するので、大雨のときには溢《あふ》れることもあるが、何十年に一度のことはがまんする。小さな川にはボウフラが沸《わ》くが、メダカが泳いでいるのが見える。道路は舗装していないので土ぼこりがたち、雨が降ると水たまりができ、寒い日には氷がはる。クーラーは使わないので、風通しに気をつけているし、夏は背広《せびろ》を着たことはない。時には風邪《かぜ》をひくこともあるけれどあまり＊抗生《こうせい》物質に頼《たよ》らずに、そのときは学校も仕事も休む。

2020年度
雙葉中学校 ▶解説と解答

算 数 (50分) ＜満点：100点＞

解 答

$\boxed{1}$ (1) $1\frac{1}{5}$ (2) 690 (3) ウ…49，エ…11 $\boxed{2}$ 1006 $\boxed{3}$ (1) 18度 (2) 65cm^2 $\boxed{4}$ (1) 24個 (2) 279個 (3) 36回 $\boxed{5}$ (1) 6.2km (2) 5本 (3) 午前10時56分20秒

解 説

$\boxed{1}$ 逆算，割合と比，周期算

(1) $\left(8\frac{2}{3}-\square\right)\div3\frac{10}{13}\times3.75=7\frac{3}{7}$より，$8\frac{2}{3}-\square=7\frac{3}{7}\div3.75\times3\frac{10}{13}=7\frac{3}{7}\div3\frac{3}{4}\times3\frac{10}{13}=\frac{52}{7}\div\frac{15}{4}\times\frac{49}{13}=\frac{52}{7}\times\frac{4}{15}\times\frac{49}{13}=\frac{112}{15}=7\frac{7}{15}$ よって，$\square=8\frac{2}{3}-7\frac{7}{15}=8\frac{10}{15}-7\frac{7}{15}=1\frac{3}{15}=1\frac{1}{5}$

(2) ジュースの定価を$\boxed{1}$円とすると，コップの定価は$\boxed{4.6}$円と表せる。このとき，コップとジュースに消費税をふくめた金額は，$\boxed{4.6}\times(1+0.1)+\boxed{1}\times(1+0.08)=\boxed{5.06}+\boxed{1.08}=\boxed{6.14}$(円)となり，これが921円にあたる。よって，$\boxed{1}=921\div6.14=150$で，コップの定価は，150×4.6＝690(円)である。

(3) 右の図のように，リングを1個つなぐごとに，全体の長さは内側の直径と同じ2.5cmずつ長くなる。よって，リングを1964個つなぐと，全体の長さは，3.5＋2.5×(1964－1)＝4911(cm)より，49m11cmとなる。

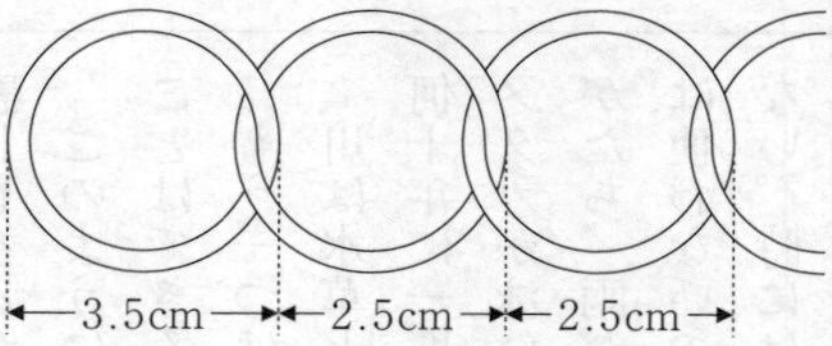

$\boxed{2}$ 周期算，調べ

2月

月	火	水	木	金	土	日
					1	2
3	4	5	6	7	8	9
10	11	12	13	14	15	16
17	18	19	20	21	22	23
24	25	26	27	28	29	

3月

月	火	水	木	金	土	日
						1
2	3	4	5	6	7	8
9	10	11	12	13	14	15
16	17	18	19	20	21	22
23	24	25	26	27	28	29
30	31					

4月

月	火	水	木	金	土	日
		1	2	3	4	5
6	7	8	9	10	11	12
13	14	15	16	17	18	19
20	21	22	23	24	25	26
27	28	29	30			

2020年はうるう年なので，2月は29日，3月は31日，4月は30日までである。そこで，2月の日付の合計は，(1＋29)×29÷2＝435，3月の日付の合計は，(1＋31)×31÷2＝496，4月の日付の合計は，(1＋30)×30÷2＝465となる。また，上の図より，各曜日の日付の合計は，2月の土曜日と3月の日曜日が，1＋8＋15＋22＋29＝75，2月の日曜日が，2＋9＋16＋23＝50，3月の土曜日が，7＋14＋21＋28＝70，4月の土曜日が，4＋11＋18＋25＝58，4月の日曜日が，5＋12＋19＋26＝62になる。よって，2月1日から4月30日までの月曜日から金曜日までの日付をすべて足すと，(435＋496＋465)－(75×2＋50＋70＋58＋62)＝1396－390＝1006と求められる。

3 平面図形―角度，面積

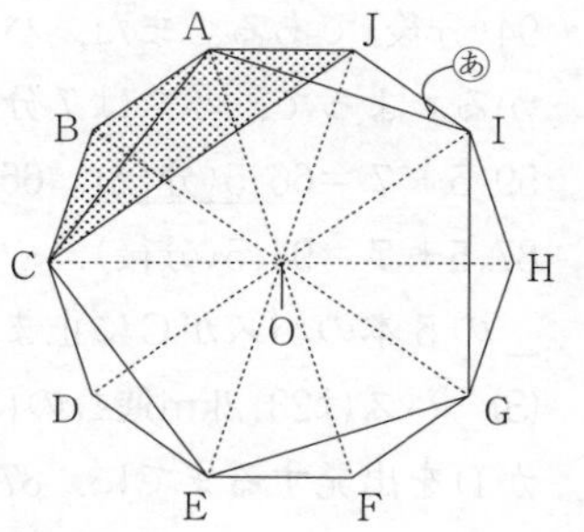

⑴　多角形の外角の和は360度だから，正十角形の１つの外角は，360÷10＝36(度)，１つの内角は，180－36＝144(度)になる。よって，右の図で，三角形JAIは二等辺三角形であり，角IJAの大きさは144度だから，㋐の角の大きさは，(180－144)÷２＝18(度)と求められる。

⑵　三角形ABC，CDE，EFG，GHI，IJAは合同なので，三角形ABCの面積は，(470－380)÷５＝18(cm^2)とわかる。また，三角形AOJは正十角形を10等分した形だから，面積は，470÷10＝47(cm^2)になる。さらに，AJとCHは平行なので，三角形AOJと三角形ACJの面積は等しい。したがって，かげをつけた部分の面積は，18＋47＝65(cm^2)と求められる。

4 数列，数の性質

⑴　□グループの分数の分母は(□＋１)なので，71グループの分数の分母は，71＋１＝72になる。また，72＝２×２×２×３×３より，分子は１～71までの整数の中で，２の倍数でも３の倍数でもない数となる。71÷２＝35余り１より，２の倍数は35個，71÷３＝23余り２より，３の倍数は23個ある。また，２と３の公倍数は６の倍数になるので，71÷６＝11余り５より，２と３の公倍数は11個ある。よって，１～71までの中に２か３の倍数は，35＋23－11＝47(個)あるから，２の倍数でも３の倍数でもない数は，71－47＝24(個)とわかる。したがって，71グループには24個の分数が並んでいる。

⑵　420グループの分数の分母は，420＋１＝421なので，420グループまでに並んでいる分子が３の分数は，$\frac{3}{4}$，$\frac{3}{5}$，$\frac{3}{7}$，…，$\frac{3}{421}$のようになる。また，４から421までに整数は，421－４＋１＝418(個)あり，このうち３の倍数は，６，９，12，…，420の，(420－６)÷３＋１＝139(個)ある。よって，420グループまでに並んでいる分子が３の分数は，418－139＝279(個)と求められる。

⑶　各グループの分母と，５の倍数である分子を調べると，右の表のようになる。表より，20グループから30グループまでの分子に５の倍数は31個ある。また，25＝５×５より，25は５で２回割り切れる。よって，20グループから30グループまでの分子に25は５個あるから，分子をすべてかけた数は，５で，31＋５＝36(回)割り切れる。

グループ	分母	５の倍数である分子
20	21	５，10，20
21	22	５，15
22	23	５，10，15，20
23	24	５
24	25	
25	26	５，15，25
26	27	５，10，20，25
27	28	５，15，25
28	29	５，10，15，20，25
29	30	
30	31	５，10，15，20，25，30

5 旅人算

⑴　バスの速さは分速，16×1000÷60＝$\frac{800}{3}$(m)，自転車の速さは分速，12×1000÷60＝200(m)である。午前９時７分に次のバスが出発するまでに，令子さんはＡから，200×７＝1400(m)だけ進む。すると，次のバスは出発から，1400÷$\left(\frac{800}{3}-200\right)$＝21(分後)に令子さんに追いつくことがわかる。よって，令子さんはＡからＢまで，７＋21＋３＝31(分)かかるので，ＡからＢまでの道のりは，200×31÷1000＝6.2(km)と求められる。

⑵　ＡからＣまでの道のりは，(23.2－7.6)×1000＝15600(m)である。すると，令子さんはＡから

Cまで進むのに，15600÷200＝78(分)かかるので，Cを出発するのは午前９時から，78＋５＋11＝94(分後)である。また，バスはAを出発してからCに止まるまでに，$15600÷\frac{800}{3}+1=59.5$(分)かかる。よって，バスは７分おきに出発するので，バスがCに止まるのは午前９時から，59.5分後，59.5＋７＝66.5(分後)，66.5＋７＝73.5(分後)，73.5＋７＝80.5(分後)，80.5＋７＝87.5(分後)，87.5＋７＝94.5(分後)，…となる。したがって，令子さんがAを出発してからCを出発するまでに，＿の５本のバスがCに止まる。

⑶　バスは23.2km進むのに，$23.2\times1000÷\frac{800}{3}=87$(分)かかるので，午前９時にAを出発したバスがDを出発するまでに，87＋１×２＋10＝99(分)かかる。⑵より，これは令子さんがCを出発してから，99－94＝５(分後)のことである。また，時速８kmは分速，$8\times1000÷60=\frac{400}{3}$(m)なので，バスがDを出発するとき，令子さんはCから，$\frac{400}{3}\times5=\frac{2000}{3}$(m)進んでいるので，令子さんとバスの間の道のりは，$7.6\times1000-\frac{2000}{3}=\frac{20800}{3}$(m)となる。この後，令子さんとバスは１分間に，$\frac{400}{3}+\frac{800}{3}=400$(m)ずつ近づくから，令子さんとバスがすれちがうのは，バスがDを出発してから，$\frac{20800}{3}÷400=\frac{52}{3}=17\frac{1}{3}$(分後)，$60\times\frac{1}{3}=20$より，17分20秒後である。したがって，令子さんとバスは，午前９時＋99分＋17分20秒＝午前10時56分20秒にすれちがう。

社 会　(30分)＜満点：50点＞

解 答

1　**問１**　①，東京都　**問２**　ロ，ニ　**問３**　ハ　**問４**　②　ハ　③　ホ　**問５**　ニ　**問６**　ヒノキ　**問７**　(例)　森林には，森林の土がたくわえた豊かな栄養分が川から海へ流れ出すことで魚を集め，豊かな漁場をつくる働きがあるから。　**問８**　シラス　**2**　**問１**　国民審査　**問２**　イ，ニ　**問３**　⑴　ハ　⑵　ニ　**問４**　著作権　**問５**　ロ　**問６**　持続可能　**問７**　⑴　ニ　⑵　イ　**問８**　(例)　唯一の戦争被爆国として，日本国憲法の平和主義の原理にもとづき，核兵器廃絶に向けたあらゆる取り組みを積極的に主導していく。

3　**問１**　ハ，ト　**問２**　ロ　**問３**　⑴　古墳　⑵　**３番目**…ホ　**５番目**…ロ　**問４**　イ，ホ　**問５**　筑豊炭田　**問６**　足尾銅山　**問７**　(例)　鎌倉を囲む山を切り開いてつくった，切通しとよばれる道を通って来たが，ものは海からも運びこまれた。　**問８**　ハ　**問９**　イ，ロ，ホ　**問10**　⑴　ニ　⑵　天守(天守閣)　⑶　楽市楽座　**問11**　**【A】**〔ハ〕　**【B】**〔ロ〕　**問12**　豊臣秀吉　**問13**　学童疎開　**問14**　ニ　**問15**　石油

解 説

1　**6都県の地形や自然，産業，人口についての問題**

問１　日本で最も南に位置する島は東京都小笠原《おがさわら》村に属する沖ノ鳥島(北緯20度25分)で，日本の排他的経済水域を守るため，大規模な護岸工事が行われたことで知られる。東京都は全国の都道府県で最も人口が多く，23区を中心に大都市を形成しているので，表１で第三次産業の割合が高く，表２でいずれの数値も低く，表３で最も人口が多い①があてはまる。

問２　イ　四日市ぜんそくは三重県四日市市，イタイイタイ病は富山県神通《じんずう》川流域で発生した公害

病なので，正しくない。　ロ　6都県の中で最も面積が小さいのは，①の東京都である。表2で(耕地面積)÷(耕地率)，あるいは(林野面積)÷(林野率)を計算すると，都県の総面積が求められ，④が最も面積が大きいとわかる。よって，正しい。なお，6都県の中で最も面積が大きい④には，全国第9位の大きさをもつ山形県があてはまる。　ハ　6都県の中にある都市で人口が100万人をこえているのは，愛知県名古屋市，埼玉県さいたま市，東京都23区だけである。よって，正しくない。統計資料は『日本国勢図会』2019／20年版による。　ニ　愛知県では藤前干潟など，鹿児島県では藺牟田《いむた》池など，埼玉県では渡良瀬遊水地，東京都では葛西《かさい》海浜公園，山形県では大山上池・下池，和歌山県では串本《くしもと》沿岸海域がラムサール条約の登録地となっている。よって，正しい。ホ　6都県は九州地方，近畿地方，中部地方，関東地方，東北地方に属している。九州地方，近畿地方，中部地方，関東地方は台風の通り道となることが多く，山形県をふくむ東北地方南部でも台風がたびたび通過して被害を受ける。よって，正しくない。

問3　東京都に隣接《りんせつ》している県のうち，同じ関東地方に属しているのは，神奈川県，千葉県，埼玉県の3県。表3で人口の多い②と③のうち，表1で第二次産業の割合が高い③には，機械工業がさかんな愛知県があてはまるとわかるので，②が埼玉県と判断できる。また，神奈川県の人口は東京都についで全国第2位，千葉県の人口は埼玉県についで全国第6位となっている。その都県の人口は表3の夜間人口に近いと考えられ，神奈川県の人口と千葉県の人口を②の埼玉県と同程度として，がい数で計算すると，14000＋(7000×3)＝35000(千人)，つまり3500万人となる。2015年時点での日本の総人口は約1億2700万人なので，3500÷12700×100＝27.5…より，4都県の人口の合計は日本の総人口の約28％と求めることができる。よって，ハが選べる。なお，2018年10月時点の神奈川県の人口は約917万7000人，千葉県の人口は約625万5000人である。

問4　②　埼玉県は一般に，関東内陸工業地域にふくまれる。1980年代に関越自動車道や東北自動車道が整備されたことで，埼玉県や栃木県，群馬県には，おもに高速道路沿いに機械工業を中心とする工業地域が形成され，発達してきた。よって，ハがあてはまる。　③　愛知県をふくむ中京工業地帯は，製造品出荷額等が全国の工業地帯・地域の中で最も多い。愛知県瀬戸市は古くから窯《よう》業《ぎょう》がさかんで，ここでつくられる焼き物は「瀬戸物」として広く普及《ふきゅう》しており，伝統的な技術をいかしてファインセラミックスなども生産している。よって，ホがあてはまる。　なお，イには新潟県，ロには福岡県，ニには長野県があてはまる。

問5　イ「一年に二回米を作る」のは，二毛作ではなく二期作である。　ロ　やませは梅雨時から真夏にかけて東北地方の太平洋側に吹《ふ》く北東風である。山形県は日本海側に位置しているので，正しくない。　ハ　山形県だけでなく，日本の農家では働き手の高齢化が進んでおり，「65歳未満の働き手がいる農家がほとんど」とは考えられない。　ニ　山形県は冬の降水(雪)量が多い日本海側の気候に属しており，県内全域が豪雪地帯に指定されている。そのため，雪と共存するための設備や工夫が各地でみられる。よって，正しい。　ホ　山形県など日本海側の地域でフェーン現象が起こるのは，南東の季節風が山をこえて吹き降ろす夏である。

問6　長野県南西部の木曽川流域に広がる木曽谷には，天然の三大美林に数えられる木曽ヒノキの森林が広がっている。また，日本有数の多雨地帯として知られる三重県南部の尾鷲《おわせ》には，人工の三大美林に数えられる尾鷲ヒノキの森林が広がっている。また，高知県も「四万十ヒノキ」などのヒノキの産地として知られている。なお，⑤は和歌山県で，県の東側が紀伊山地にふくまれることから，林野率が高くなっている。

問7　森林の豊かな生態系によってつくり出される栄養分は川を通じて海へと流れ出し，その栄養分が魚を集めて豊かな漁場をつくる。このように，魚介《ぎょかい》類の育成に影響《えいきょう》する森林のことを「魚つき林」といい，政府が「魚つき保安林」を指定して森林を保護しているほか，豊かな漁場を守るため，森林の保護活動に参加する漁業関係者もいる。

問8　⑥には鹿児島県があてはまる。鹿児島県から宮崎県の南部には，シラスとよばれる火山灰土の台地が広がっている。シラスは水もちが悪いため水田には適さず，鹿児島県では畑作や畜産を中心とした農業が行われている。

2 政治と税のしくみや日本国憲法，人権，環境についての問題

問1　国民審査は，国民が裁判所に対して主権を行使できる機会で，投票によって最高裁判所の裁判官が適任であるかどうかを判断する。この制度にもとづき，最高裁判所の裁判官は，任命後に初めて行われる衆議院議員総選挙のときと，その後10年を経て最初に行われる総選挙のときごとに国民審査を受ける。投票数の過半数が不適任としたとき，その裁判官はやめさせられる。

問2　予算は内閣が作成したのち国会で審議され，これを議決するのも国会である。よって，イは正しくない。また，新聞を発行するのは民間の新聞社なので，その活動が税金でまかなわれることはない。よって，ニも正しくない。

問3　(1)　厚生労働省は社会福祉，社会保障や公衆衛生，労働に関する仕事を担当する機関で，2001年の省庁再編のさいに厚生省と労働省が統合されて発足した。　(2)　日本国憲法第25条は1項で国民に「健康で文化的な最低限度の生活を営む権利」として生存権を保障し，2項で国に社会保障の向上と増進を義務づけている。これにもとづき，さまざまな社会保障制度が整備されている。

問4　文章や絵画，音楽，映画などには，つくった人に独占的な権利が与えられ，利益を受けることが認められている。これが著作権で，創作物を無断でコピーしたり発表したりすることは，著作者が許可していない場合，著作権の侵害《しんがい》にあたるため，禁止されている。

問5　日本国憲法は第27条で国民の勤労の権利を保障しているが，3項で「児童は，これを酷使《こくし》してはならない」と定めている。これにもとづき，労働基準法は原則として児童(中学生以下の人)を労働者として雇《やと》うことを禁じているので，「年齢を問わず自由に働く権利をもつ」というロが正しくない。

問6　2015年9月，ニューヨーク(アメリカ合衆国)の国連本部で「持続可能な開発サミット」が開かれた。ここにおいて，2030年までに達成するべき17の目標と169のターゲットからなる「持続可能な開発目標(SDGs)」が全会一致で採択《さいたく》され，2016年に発効した。

問7　(1)　パブリックコメントは，国や地方公共団体が新しい法令や政策を決定する前に，広く国民や住民の意見を集める制度のことなので，ニが正しくない。個人情報を保護するための制度としては，個人情報保護法などがあげられる。　(2)　日本では，裁判をできるだけ公正で誤りのないようにし，国民の人権を守るため，裁判を3回まで受けられるという三審制が導入されている。刑事裁判の第一審は地方・家庭・簡易いずれかの裁判所で行われ，判決に不服の場合は高等裁判所に控訴《こうそ》する。高等裁判所で行われる第二審の判決に不服の場合は，最高裁判所に上告する。民事裁判の第一審が地方裁判所か家庭裁判所で行われる場合には，刑事裁判と同じ順序となるが，第一審が簡易裁判所で行われる場合，第二審は地方裁判所，第三審は高等裁判所で行われる。よって，イが

正しい。

問8 「引用した憲法の前文の一部をふまえて」とあるので，人びとに「恐怖」を与え，人びとが「平和のうちに生存する権利」をうばう核兵器の廃絶をめざすといった内容が考えられる。なお，アメリカの「核の傘《かさ》」に守られている日本は，2019年時点では核兵器禁止条約に参加していない。

3 各時代の歴史的なことがらについての問題

問1 鎌倉時代には，幕府によって地方の国ごとに守護が，荘園や公領ごとに地頭が置かれた。よって，ハは正しくない。また，明治時代初めの1873年，地租改正条例が出され，地主は地価の３％を現金で納めることとなった。地価はその土地の面積ではなく生産力にもとづいて定められたので，トも正しくない。

問2 箱根(神奈川県)は，江戸日本橋から太平洋沿岸を通って京都三条大橋にいたる東海道の関所で，「入り鉄砲に出女」を取りしまるため，通行人が厳しく調べられた。よって，ロが正しくない。

問3 (1) 古墳は３世紀後半から７世紀前半ごろにかけて，大和朝廷の支配者であった大王《おおきみ》や，豪族，地方の有力者らがつくらせた墓である。丸型の円墳，四角形の方墳や，これを組み合わせた日本独特の形である前方後円墳が各地につくられ，墓の規模は埋葬《まいそう》された人の権威《けんい》の大きさを示している。古墳の頂上や周りには埴輪《はにわ》が並べられ，中には副葬《ふくそう》品として鏡や武器，馬具などが納められた。　(2) イは８世紀，ロは11世紀，ハは５～６世紀，ニは14世紀，ホは７世紀中ごろ，ヘは12世紀，トは７世紀初めのできごとなので，時代の古い順にハ→ト→ホ→イ→ロ→ヘ→ニとなる。

問4 鉄器や青銅器といった金属器は，弥生時代に大陸から日本へ伝わったと考えられている。また，縄文時代後期には稲作が伝わったとされ，このときに稲の穂をつむための道具である石包丁も伝わったと考えられる。なお，土器や骨角器は縄文時代にすでに使われており，黒曜石のナイフは旧石器時代から使われていた。木綿は，平安時代に伝わったという記録がある。火薬が日本で初めて用いられたのは，鎌倉時代の元寇《げんこう》(元軍の襲来《しゅうらい》)のときだといわれている。

問5 筑豊《ちくほう》炭田は福岡県北東部の遠賀《おんが》川流域に広がっていた炭田で，全国有数の炭田として発展した(現在は閉山)。官営製鉄所の建設地として八幡(現在の北九州市八幡東区)が選ばれたのは，鉄鋼をつくるのに必要な石炭を筑豊炭田から，石灰石を周辺地域から得られ，鉄鉱石の輸入先であった清(中国)にも近かったためである。

問6 足尾銅山は栃木県西部にあった銅山で，江戸時代から採掘が始まり，一時期はおとろえたが，明治時代に再び日本有数の銅山へと成長した。しかし，これと同時に，銅山から出る有害物質が渡《わた》良瀬《らせ》川流域を汚染するという足尾銅山鉱毒事件が社会問題化し，栃木県選出の衆議院議員であった田中正造はこの問題の解決に一生をささげた。

問7 写真からもわかるように，鎌倉は南西部が海に面し，残りの方角は山に囲まれているため，攻められにくく守りやすい地形といえる。この特徴《とくちょう》をさらにいかすため，周囲の山の尾根が切り立てられ，「切通し」とよばれる７本のせまい道のみを通り道とした。海は遠浅で船の接岸には適さなかったが，第３代執権《しっけん》北条泰時のころに港がつくられ，宋(中国)からの貿易船などがおとずれた。

問8 東大寺の大仏は743年に聖武天皇が出した大仏造立《ぞうりゅう》の詔《みことのり》にもとづいてつくられ始め，752年に完成した。しかし，源平の戦いが行われていた1180年，平重衡《しげひら》が行った南都焼き打ちによって焼けてしまった。よって，ハが選べる。

問9　応仁の乱は室町時代の1467年に始まり，1477年まで続いた。銀閣は，応仁の乱のきっかけをつくった室町幕府の第８代将軍足利義政が京都東山の山荘内に建てた観音殿《かんのんでん》で，1489年につくられた。豊臣秀吉が大阪城を築き始めたのは1583年のことで，1588年にほぼ完成した。日光東照宮の陽明門は，江戸幕府の初代将軍徳川家康をまつるため1617年につくられ，1636年に第３代将軍の家光が日光東照宮の大規模な改修を行ったさい，現在の形となった。よって，イ，ロ，ホが選べる。なお，法隆寺は607年に創建され，現在の五重塔は670年に火災にあったのち，再建されたものである。中尊寺金色堂は1124年，東大寺の正倉院は750年ごろ，平等院鳳凰《ほうおう》堂は1053年に建てられた。

問10　(1)　1543年，種子島に流れ着いた中国船に乗っていたポルトガル人によって，鉄砲が初めて日本に伝えられた。当時は戦国時代であったため，鉄砲は新兵器として急速に普及し，和泉《いずみ》(大阪府南部)の堺や近江《おうみ》(滋賀県)の国友などで生産されるようになった。堺や国友には，鉄をきたえて刀などをつくる鍛冶《かじ》職人が多かったため，かれらがその技術をいかして鉄砲づくりにたずさわった。
(2)　戦いに鉄砲が使われるようになると，築城法も変化した。それまでの城は，山の上に築かれる山城であったが，平地に築く平城《ひらじろ》へと変わり，平城の中心には天守(天守閣)がつくられるようになった。　(3)　織田信長は，1576年から天下統一事業の拠点《きょてん》として安土城の築城を始めると，翌77年，安土城下を楽市楽座とした。これは，同業組合の座を廃止したり市場の税を免除したりして，城下の商工業を発展させるための政策であった。

問11　日清戦争は1894年，日露戦争は1904年，第一次世界大戦は1914年，日中戦争は1937年，太平洋戦争は1941年に始まった。【A】の満州事変は1931年に始まったので〔ハ〕に，【B】の韓国併合は1910年のできごとなので，〔ロ〕にあてはまる。

問12　豊臣秀吉は，1590年に天下統一事業をなしとげると明(中国)の征服をくわだて，まず朝鮮に明への先導役をつとめるよう要求したが，朝鮮がこれを拒否したことから，２度にわたり大軍を送って朝鮮を攻撃《こうげき》した。この朝鮮出兵は，１度目(1592〜93年)の戦いを文禄の役，２度目(1597〜98年)の戦いを慶長の役という。

問13　太平洋戦争末期の1944年にサイパン島の日本軍守備隊が全滅すると，サイパン島を占領したアメリカ軍による日本の主要都市への空襲が本格化した。そのため，この年の夏から終戦まで，都市の子どもたちを集団で地方の農村などに避難《ひなん》させる学童疎開が行われた。

問14　1965年，日本は韓国(大韓民国)と日韓基本条約を結んで国交を回復した。これと同時に多くの協定が結ばれ，韓国は日本から経済協力を受ける代わりに，植民地支配によって受けた被害に対する賠償《ばいしょう》を日本に請求する権利を放棄することとされた。

問15　戦後，あつかいが簡単になって輸送しやすくなったことや，価格が下がったことなどから，エネルギー資源の中心が石炭から石油へと移っていった。これをエネルギー革命といい，日本では高度経済成長期の1960年代に進行した。

理　科　（30分）＜満点：50点＞

解　答

1　**問1**　(例)　LEDは長い端子から短い端子の向きにしか電流が流れない。　**問2**　a，b，

e，f，g　**問3**　(あ)　**問4**　ア　(う)　イ　②　ウ　②　エ　①　**[2]** **問1**　ア　脳　イ　関節　**問2**　①，③　**問3**　②，④，⑤　**問4**　③　**問5**　オ／**理由**…(例)　筋肉の両端が同じ１つの骨についていて，動かすことができないから。
問6　右の表　**[3]** **問1**　(1)　②　(2)　$0.78g/cm^3$　(3)　オ
問2　酸素　**問3**　６種類　**問4**　(1)　9.24ｇ　(2)　8.8ｇ

	グー	チョキ	パー
C	ゆ	ち	ち
D	ち	ゆ	ゆ

[4] **問1**　3661km　**問2**　ア／**理由**…(例)　月より太陽の方が見かけの大きさが大きいから。
問3　(例)　地球から月までの距離が変化するから。　**問4**　月食　**問5**　(例)　長時間にわたって，広い地域で見ることができる。

解　説

[1] 電流のはたらきについての問題

問1　電流は電池のプラス極から出て，マイナス極にもどる。実験１より，ＣのLEDには電流が流れ，Ｄには流れないことから，LEDは長い端子《たんし》から短い端子の向きに電流が流れ，短い端子から長い端子の向きには流れないことがわかる。

問2　豆電球とLEDを直列につないだ場合，ｂのLEDは長い端子側にプラス極がつながれていて電流が流れるので，直列につないだａとｂが点灯する。一方，ｄのLEDは短い端子側にプラス極がつながれていて電流が流れないので，直列につないだｃとｄは点灯しない。豆電球とLEDを並列につないだ場合，ｆのLEDは長い端子側にプラス極がつながれていて電流が流れるが，ｈのLEDは短い端子側にプラス極がつながれていて電流が流れないため，ｅ，ｆ，ｇは点灯するが，ｈは点灯しない。

問3　豆電球は電流の向きにかかわらず電流が流れれば点灯するが，LEDは一方向にしか電流が流れない。ＣのLEDは点灯したが，ＤのLEDは点灯しなかったことから，時計回りに回したときにLEDの長い端子につながっている(あ)が電池のプラス極に相当する。

問4　実験４の図４より，手回し発電機はモーターのはたらきをしており，(あ)から電流が流れるとモーターは時計回りに回転し，(い)から電流が流れると反時計回りに回転することがわかる。また，実験５の図５より，手回し発電機を時計回りに回転させると，コンデンサーのⅡ側がプラス極となるように充電《じゅうでん》されることから，手回し発電機は電池の役割をして，問４の図の(う)の向きに電流が流れることがわかる。手回し発電機でコンデンサーを充電したあと，回転させるのをやめてコンデンサーをつないだままにすると，コンデンサーのⅡ側がプラス極となる電池の役割をするので，(え)の向きに電流が流れ，図４のＡのように手回し発電機のハンドルは時計回りに回転する。

[2] ヒトの骨と筋肉についての問題

問1　ア　頭がい骨は板状の骨が縫合《ほうごう》結合していて，中のやわらかい脳を保護している。　イ　骨と骨のつなぎ目の曲がる部分を関節といい，無理な方向に曲がったり関節が外れたりしないように，骨と骨はじん帯によってつながっている。

問2　ものを食べるときに使う舌の筋肉，ろっ骨やさまざまな骨についている筋肉など，意志で動きを調節できる筋肉を随意筋《ずいいきん》という。一方，胃や腸，心臓などを動かす筋肉は不随意筋であり，意志で動かすことはできない。

問3　セキツイ動物のヒトやマグロは背骨でからだを支えている。背骨は24個のブロックからなり，ブロックの骨どうしはじん帯と関節でつながれていて，からだを支えたり曲げたりできるようになっている。また，カブトムシのような昆虫《こんちゅう》は背骨を持たず，からだの外を外骨格という硬《かた》い殻《から》で支えている。

問４　肩《かた》につながっているＡの部分の骨を上腕骨《じょうわんこつ》といい，１本の太い骨からできている。また，ひじから手首にかけてのＢの部分は２本の骨からなり，手のひらを反《かえ》すことができるようになっている。

問５　筋肉が別々の骨をつないでいることで関節の曲げのばしができる。ウは肩の骨とＢ，エは肩の骨とＡ，カはＡとＢの骨をつないでいて，筋肉のゆるみ・ちぢみにより関節を動かすことができるが，筋肉の両端が同じＡの骨についているオは，骨を動かすことができないのでまちがっている。

問６　図２で，指をのばすときはＣがちぢんでＤがゆるみ，指を曲げるときはＣがゆるんでＤがちぢむ。じゃんけんでグーを出すときは，人差し指は曲げられるので，Ｃはゆるみ，Ｄはちぢむ。チョキとパーを出すときは，人差し指はのびるので，Ｃはちぢみ，Ｄはゆるむ。

３ 油の性質についての問題

問１　⑴　油と水の重さを同じ体積で比べると油の方が軽いので，油は水に浮《う》き，水は油に沈《しず》む。

⑵　密度は，$\dfrac{重さ(g)}{体積(cm^3)}$で求められる。①と③より，エタノール50cm^{3}の重さは，161－122＝39(ｇ)なので，エタノールの密度は，$\dfrac{39}{50}$＝0.78(g/cm^3)となる。　⑶　エタノールの密度が0.78ｇ/cm^3，油の密度が0.9ｇ/cm^3，食塩水の密度は水の密度1.0ｇ/cm^{3}よりも大きいので，上の層にエタノール，下の層に食塩水が分かれ，エタノールより密度が大きく食塩水より密度が小さい油は，オのように境界線の間にとどまった状態になる。

問２　油は空気中の酸素と結びつきやすく，酸素と結びついた食用油は色や味が悪くなる。酸素は，食品だけでなく，鉄などの金属とも結びついてさびをつくる原因となる。

問３　回転したときに同じ組み合わせとなるものは１つと数えるので，グリセリンに結びつく脂肪《しぼう》酸ＡとＢの組み合わせは，（Ａ，Ａ，Ａ），（Ａ，Ａ，Ｂ），（Ａ，Ｂ，Ａ），（Ａ，Ｂ，Ｂ），（Ｂ，Ａ，Ｂ），（Ｂ，Ｂ，Ｂ）の６種類となる。

問４　⑴　２，３，４回目の実験結果より，水酸化ナトリウム水溶液《すいようえき》の量が250mLのとき，油の量を4.4ｇ，13.2ｇ，17.6ｇと変えても，できるセッケンの重さは9.24ｇより多くならない。これより，水酸化ナトリウム水溶液250mLをすべて使ってつくることができるセッケンは9.24ｇとわかる。

⑵　５回目の実験より，十分な量の水酸化ナトリウム水溶液があるとき，油6.6ｇからセッケンを6.93ｇつくることができるので，9.24ｇのセッケンをつくるときに必要な油の最少量は，$6.6 \times \dfrac{9.24}{6.93}$＝8.8(ｇ)となる。

４ 日食についての問題

問１　（観察者からスーパーボールまでの距離《きょり》）：（スーパーボールの直径）＝（地球から月までの距離）：（月の直径）という関係が成り立つ。よって，月の直径を□kmとすると，210cm：２cm＝384400km：□kmとなり，□＝384400×２÷210＝3660.9…より，3661kmと求められる。

問２　満月を観察したときよりもスーパーボールに近づいたときに太陽がぴったりかくれたことから，太陽の見かけの大きさは月よりも大きいことがわかる。したがって，この日に日食が起きるとすると，太陽が月からはみ出して見える金環《きんかん》日食となる。

問3　月が地球を回る公転軌道《きどう》は完全な円ではなく，地球から月までの距離が変化する。そのため，地球から月までの距離が小さく見かけの月が大きいときは皆既《かいき》日食となり，地球から月までの距離が大きく見かけの月が小さいときは金環日食となる。

問4　月面で地球が太陽をかくす日食が見られるときには，月―地球―太陽の順に一直線となっており，このとき地球からは，地球の影《かげ》の中を月が通過する月食が観察される。

問5　月面で見られる皆既日食は，月―地球―太陽の順に一直線となったときに起こる。地球の直径は月の4倍ほどあるので，地球で見る皆既日食より太陽がかくれる時間が長くなる。また，月面にできる地球の影は，皆既日食のときに地球上にできる月の影より大きいので，地球で見られるより広い範囲《はんい》で皆既日食を観測することができる。

国　語　(50分)　＜満点：100点＞

解　答

一　**問1**　エ　**問2**　(例)　冷蔵庫のおかげで食べ物を安全に長期保存できるようになり，抵抗力の弱い赤ちゃんがくさったものを食べて死ぬおそれが減ったから。　**問3**　黒部川の魚　**問4**　(例)　世界一の長寿国であること。　**問5**　(例)　科学を使った人間に快適な環境。　**問6**　⑤　(例)　ニワトリが鳴いて夜明けを知らせること。　⑥　(例)　柿(の実)をだまって取っていくこと。　**問7**　ア，オ　**問8**　C　カ　D　エ　**問9**　驚い(たり)嬉しがっ(たり)　**問10**　ウ　**問11**　(吹きす)さび　**問12**　(例)　日本は，温帯に属する島国なので気候が良く，世界的にもめずらしく安心して水が飲めるというめぐまれた環境を与えられているので，欧米を手本にするのではなく，独自の環境をいかす方策を日本人が考えるべきだから。　**問13**　(例)　人間にとって不都合だったり害を及ぼしたりする生物や自然を排除した，人間だけに快適な環境なので，一人静かに人生を送るには最適だが，仲間やほかの生物などと共生しないため，自分の命と他人の命，自然の命が一体だと感じられないから。　**問14**　イ　**問15**　(例)　自分の命とほかの海鳥の命とは別だと考え，自分の命だけを守る行動。　**問16**　(例)　自分本位な人間には，全体の迷惑になるより自分の死を選ぶことはありえないから。　**問17**　(1)　生物と鉱物　(2)　(例)　人間が自分たちだけに快適な環境を求める一方で，生物や鉱物は減少してきており，共生しなければ，多くの生物や鉱物が姿を消す未来は遠くないと危機感を持っているから。　**問18**　(例)　人間が快適な暮らしを求める傾向は変わらず，現在は地球温暖化が進んで大型台風やこう水などの異常気象がひん発し，死者や被災者が多数出るほどに環境は悪化し続けている。自然が失われれば人間も生きていけないのだから，自然との共生を目指すべきだと思う。　**二**　(1)　ア　(2)　ウ　(3)　エ　(4)　ア　(5)　イ　**三**　**問1**　下記を参照のこと。　**問2**　(1)　あいなか(ば)　(2)　ようもう

●漢字の書き取り

三　問1　(1)　規制　(2)　近親者　(3)　寸前　(4)　義足　(5)　風物詩　(6)　志　(7)　仕草(仕種)　(8)　心血

解説

一　出典は武《たけ》田《だ》邦彦《くにひこ》の『二つの環境《かんきょう》―いのちは続いている』による。便利で快適な「人間社会だけの環境」を追い求めるのをやめ，「自然と共にある環境」の良さを見直すべきだと述べている。

問1　続く具体例から考える。「黒部峡谷《きょうこく》にダムをつくり，発電所を建設」したことが，結果的に「赤ちゃん」を救うという意外な結果に結びついたのだから，エがふさわしい。

問2　冷蔵庫がなかった時代は食べ物を長期保存することが難しく，くさった食べ物を誤って口にすることも今より多かったものと推測できる。抵抗《ていこう》力の弱い赤ちゃんがくさったものを食べ，食中毒などにより死にいたる場合もあることを考えると，冷蔵庫が命を救ったケースもあるはずである。

問3　直前の段落から読み取る。黒部峡谷にダムをつくり，発電所を建設した結果，「黒部川の魚」は死んでしまったが，一方で「赤ちゃんの命」は「救われた」のだから，赤ちゃんの命は死んだ「黒部川の魚」の生まれ変わりだといえる。

問4　「金メダル」は大会で一位となった競技者に与《あた》えられるメダルである。直前の段落で，日本人の寿命《じゅみょう》は年々長くなり，今や「世界一の長寿国」だと述べられているので，「命の金メダル」とは，平均寿命が世界一長いことを意味している。

問5　直前の段落で，「空気がきれいで，水もきれい～安心して歩くことができる」と述べられていることをおさえる。つまり，「素晴《すば》らしい『環境』」とは，現代の科学を利用した，人間にとって便利で快適な環境をいうのだとわかる。

問6　⑤「朝になるとニワトリが時をつくる」とは，ニワトリが朝に鳴くことで夜明けを知らせることをいう。　⑥「それ」は，柿(の実)を指す。また，「しっけい」は他人のものをだまって持っていくことである。

問7　直前に「このような」とあるので，『　』で囲まれた部分に注目する。まず，「川は水草と泥《どろ》で護岸するので，大雨のときには溢《あふ》れることもあるが，何十年に一度のことはがまんする」とあるので，アは正しい。また，「下水」の処理や「水洗トイレ」の整備，「ゴミの収集」などは，「キチンと市役所がやってくれる」と述べられているので，オもよい。

問8　C，D　前後に注意する。川の護岸について，科学は「人間だけの環境」「自然と共にある環境」の両方にふさわしい方法を提供してくれると説明されている。つまり，どちらの方法を選択《せんたく》するかは人間にかかっているのだから，「科学」が役に立たなかったり，環境を悪くしたりしているのではなく，「科学を使う人」に問題があるのだと筆者は指摘《してき》している。

問9　「～やら～やら」は，あることがらを並べ立てるときに使う表現。「驚《おどろ》く」ことと「嬉《うれ》しい」ことを並立させるのだから，「驚いたり嬉しがったり」とするのがよい。

問10　「手の中にある」とは，“所有している”“支配している”という意味。ナイル川と同じくらいの川幅《かわはば》を持つ多摩川に大きな動物がいないのは変だと述べられているので，今の多摩川は人の管理下にあると考えられる。よって，ウが正しい。

問11　風などが激しく吹《ふ》きあれることを「吹きすさぶ」という。ここでは，連用形に直して「吹きすさび」とするのがよい。

問12　直前の五つの段落からまとめる。日本は温帯に属する島国なので，気候がおだやかで，人間が住むのに一番居心地が良い。また，世界的にもめずらしく安心して水が飲めるという素晴らしい環境の中にある。だから，欧米《おうべい》諸国を手本にするのではなく，「日本の環境は日本人が考えなければならない」と筆者は述べている。

問13　続く部分からまとめる。「人間だけの環境」とは，人間にとって不都合な生物や自然を排除《はいじょ》した，人間だけに快適な環境をいう。一人静かに人生を送るには最適だが，「共生環境」とは異なり，「人間が認めた生物や自然」以外の動植物などと共に生きることはないため，自分の命と他人の命，自然の命が一体だと感じられず，「孤独」だというのである。

問14　最後から二つ目の段落で，「共生環境」では「死ぬときは恐《おそ》ろしくない」と述べられていることに注目する。「共生環境」では，仲間と動植物などに囲まれた人生を送り，自分の命はみんなの命と一体だと感じられるために死は「恐ろしくない」が，「孤独環境」では自分と仲間の命のつながりを感じないのだから，イが合う。

問15　問13，問14で検討したように，「孤独環境」では「共生環境」と異なり，「自分の命と他人の命，そして自然の命は一体」ではなく，別物である。よって，「海鳥」が「敵から逃《のが》れるために洞《ほら》穴《あな》に隠《かく》れる」のは，「死ぬのが怖《こわ》い」海鳥が自分の命だけを守ろうとする行動だといえる。

問16　続く部分からわかるとおり，イワシにとっては「自分の命はみんなの命」なので，全体の迷《めい》惑《わく》になるのなら死を選ぶと述べられている。「イワシはえらい！」と感心するのは，自分本位な人間にとっては，全体のために死を選ぶことなど考えられないからである。

問17　⑴　直前の文にあるように，「呼びかけ」をしているのは「生物と鉱物《こうぶつ》」にあたる。

⑵「最後の力を振《ふ》り絞《しぼ》った」という表現は，生物と鉱物の死が近づいていることを示している。本文の中ほどに，日本でも動物や鉱物は見られなくなってきているとあるとおり，「人間だけの環境」ばかりを大切にしていては，多くの生物や鉱物が近い将来姿を消す恐れがあると危機感を持って呼びかけているのである。

問18　本文では，便利さや快適さばかりを追求することをやめ，生物や鉱物などと共生する環境をめざすべきだと述べられているが，産業や科学の発展を優先させる傾向《けいこう》は現在もなくならず，地球温暖化や生物多様性の危機など，事態はより深刻になっている。ニュースなどで見聞きした環境悪化の具体例をふまえ，あるべき未来の姿を考えあわせて，自分の考えを書けばよい。

二　言葉の意味・用法

⑴「おくめんもなく」は，遠慮《えんりょ》せずに平気なようす。　⑵「たじろぐ」は，相手の勢いにおされてためらうようす。　⑶「かまける」は，一つのことだけに心がとらわれ，ほかのことがいい加減になること。　⑷「あいまって」は，“二つ以上のことがたがいに作用しあって”という意味。　⑸「こぞって」は，一人残らず。

三　漢字の読みと書き取り

問1　⑴　規則を決めて制限すること。　⑵　血のつながりの特に深い親族。　⑶　直前。すぐ前。　⑷　病気やけがで失った足の代わりにつける，人工の足。　⑸　その季節の感じをよく表しているものごと。　⑹　音読みは「シ」で，「志願」などの熟語がある。訓読みにはほかに「こころざし」がある。　⑺　何かをするときの動作や表情。　⑻「心血を注ぐ」は，あることに全力をつくすこと。

問2　⑴　半分ずつであるようす。五分五分。　⑵　羊からかり取った毛。

Dr.福井の入試に勝つ！脳とからだのウルトラ科学

意外！　こんなに役立つ“替え歌勉強法”

病気やケガで脳の左側（左脳）にダメージを受けると，字を読むことも書くことも，話すこともできなくなる。言葉を使うときには左脳が必要だからだ。ところが，ふしぎなことに，左脳にダメージを受けた人でも，歌を歌う（つまり言葉を使う）ことができる。それは，歌のメロディーが右脳に記憶されると同時に，歌詞も右脳に記憶されるからだ。ただし，歌詞は言葉としてではなく，音として右脳に記憶される。

そこで，右脳が左脳の10倍以上も記憶できるという特長を利用して，暗記することがらを歌にして右脳で覚える“替え歌勉強法”にトライしてみよう！

歌のメロディーには，自分がよく知っている曲を選ぶとよい。キミが好きな歌手の曲でもいいし，学校で習うようなものでもいい。あとは，覚えたいことがらをメロディーに乗せて替え歌をつくり，覚えるだけだ。メロディーにあった歌詞をつくるのは少し面倒かもしれないが，つくる楽しみもあって，スムーズに暗記できるはずだ。

替え歌をICレコーダーなどに録音し，それを何度もくり返し聞くようにすると，さらに効果的に覚えることができる。

音楽が苦手だったりして替え歌がうまくつくれない人は，かわりに俳句（川柳）をつくってみよう。五七五のリズムに乗って覚えてしまうわけだ。たとえば，「サソリ君，一番まっ赤は，あんたです」（さそり座の１等星アンタレスは赤色――イメージとしては，運動会の競走でまっ赤な顔をして走ったサソリ君が一番でゴールした場面）というように。

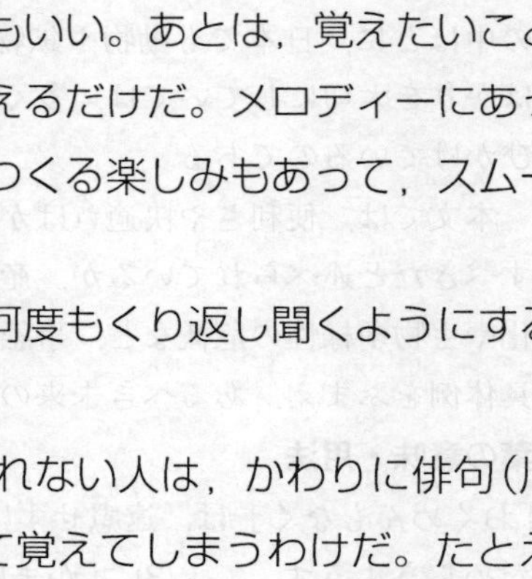

Dr.福井（福井《ふくい》一成《かずしげ》）…医学博士。開成中・高から東大・文Ⅱに入学後，再受験して翌年東大・理Ⅲに合格。同大医学部卒。さまざまな勉強法や脳科学に関する著書多数。

Memo

Memo

2019年度　雙葉中学校

〔電　話〕 (03) 3261－０８２１
〔所在地〕 〒102-8470　東京都千代田区六番町14－1
〔交　通〕 JR中央線・東京メトロ丸ノ内線・南北線
－「四ツ谷駅」より徒歩２分

【算　数】（50分）〈満点：100点〉

1　ア ～ ウ にあてはまる数を書きましょう。（式と計算と答え）

(1)　$2.71+2.25\times\left(4.5+4\frac{2}{3}\div\frac{4}{7}\right)=$ ア

(2)　チョコレート74個，グミ152個，あめ295個を イ 人でそれぞれ同じ数ずつ分けると，どれも ウ 個余ります。

2　下の図形は，１辺の長さが４cmの正三角形と正方形を組み合わせたものです。

(1)　この図形の面積は179.04 cm² です。正三角形１つの面積は何cm² ですか。（式と計算と答え）

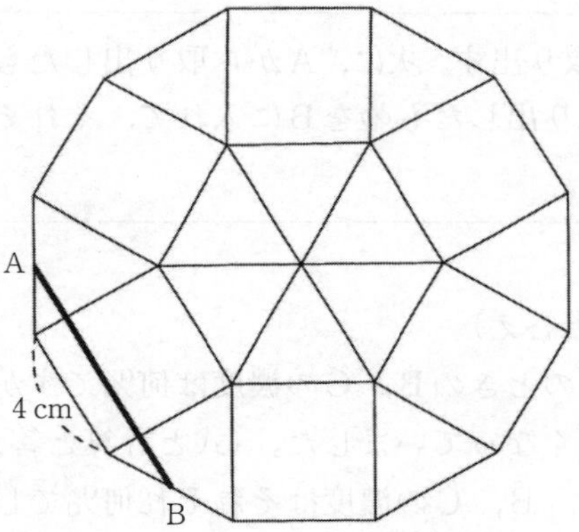

(2)　AとBは，それぞれの辺の真ん中の点です。AからBまでの太線の長さは何cmですか。（式と計算と答え）

3　$\frac{5353}{5291}$ を小数で表します。

(1)　小数第８位まで計算しましょう。（筆算）

(2)　小数第100位の数字は何ですか。また，その数字は小数第100位までに，いくつありますか。（式と計算と答え）

(3)　2019番目の１は小数第何位ですか。（式と計算と答え）

筆算

4　円形の畑Ａと，正方形の畑Ｂがあります。Ａの直径とＢの１辺の長さは同じです。円周率は3.14です。

(1)　2018年は，ＡとＢでは同じ量の作物を収穫《しゅうかく》しました。Ａでは１m^2あたり５kg収穫したとき，Ｂでは１m^2あたり何kg収穫しましたか。（式と計算と答え）

(2)　2017年は，Ａの収穫量はＢの半分でした。１m^2あたりではＢの方がＡより1.71kg多く収穫しました。Ａでは全部で何トン収穫しましたか。Ａの半径は40ｍです。（式と計算と答え）

5　３つの容器Ａ，Ｂ，Ｃに，濃度《のうど》の異なる食塩水が100ｇずつ入っています。これらの食塩水に作業①をしました。

［作業①］　Ａから20ｇ，Ｂから30ｇ，Ｃから40ｇを取り出す。次に，Ａから取り出したものをＢに，Ｂから取り出したものをＣに，Ｃから取り出したものをＡに入れて，それぞれよくかき混ぜる。

作業①の後のＢの濃度は13％でした。作業①でできた食塩水に，作業②をしました。

［作業②］　Ａから40ｇ，Ｂから20ｇ，Ｃから30ｇを取り出す。次に，Ａから取り出したものをＣに，Ｂから取り出したものをＡに，Ｃから取り出したものをＢに入れて，それぞれよくかき混ぜる。

作業②の後のＡの濃度は10.6％でした。

(1)　作業①の後のＡの濃度は何％でしたか。（式と計算と答え）

(2)　作業②の後，ＢとＣの濃度は等しくなりました。このときのＢ，Ｃの濃度は何％ですか。ただし，作業①の後のＣの濃度は，Ａ，Ｂの濃度より高くなっていました。（式と計算と答え）

(3)　最初，Ｃの濃度はＡの濃度の３倍でした。最初のＡ，Ｂ，Ｃの濃度はそれぞれ何％でしたか。（式と計算と答え）

【社　会】（30分）〈満点：50点〉

1 次の文章を読んで，下の問に答えなさい。

あなたはこれまでの生活の中で，自分の住む地域が抱《かか》えている問題について考えたことがあるでしょうか。たとえば都市部には，①希望しているにもかかわらず，保育所に入れない子どもの多い地域があります。この他にも，介護《かいご》が必要であるにもかかわらず一人暮らしをしている高齢《こうれい》者の多い地域や，人口が流出し続け②住民から集められる税金が不足している地域もあります。こうした問題を解決するため，都道府県や市(区)町村を一つの単位として，住民がみずから地域のことを決めていく政治を，「③地方自治」といいます。

地域の政治に参加することによって，住民は民主主義について学ぶことができます。また，住民の意思を地域の政治に反映することは，④一人ひとりの基本的人権を守ることにもつながります。そのため日本国憲法では，地方自治の原則について定め，その内容について保障しています。また，憲法で定められていることの他に，民主主義や地方自治を実現するためのしくみとして，⑤情報公開制度があります。さらに，市町村合併《がっぺい》や原子力発電所の建設など，地域にとって重大な問題をめぐっては，⑥住民運動がおこったり，住民の意思を問うための住民投票が行われたりすることもあります。国会や内閣は，さまざまな地域の住民の意見を尊重しながら⑦国の政治を進めていく必要があります。

より暮らしやすい社会をつくっていくには，高齢者も子どもも，障がいを持つ人も，⑧誰《だれ》にとっても生活しやすい社会であるかどうか，ということを考えなければなりません。差別を受ける人がいたり，貧困に苦しむ人がいたりすると，人びとの間に分断が進み，社会の状況が不安定になっていきます。世界に目を向けたときにも，同じことがいえます。自分の国さえ豊かで平和であればそれでよい，という考えは，国際社会の協力体制を壊《こわ》し，やがて紛争《ふんそう》や戦争の原因にもなります。身近な問題を考えることを出発点として，⑨世界でおこっている問題にも目を向け，誰もが暮らしやすい社会とは何かを考え続けていくことが私たちに求められています。

問１　下線部①について。このような子どもたちのことを何というか，漢字４文字で答えなさい。

問２　下線部②について。税金が不足するとおこることとしてふさわしくないものを，次のイ～ホから一つ選び，記号で答えなさい。

イ　住民が払《はら》う水道の料金が高くなる

ロ　役所で働く公務員の数が減る

ハ　国から受ける補助金が減る

ニ　道路や公園の整備がいきとどかなくなる

ホ　住民が使う公共施設《しせつ》の利用料が上がる

問３　下線部③について。

(1) 地方自治のしくみについての説明として正しくないものを，次のイ～ニから一つ選び，記号で答えなさい。

イ　住民は一定数の署名を集めて，条例の制定や改正を請求《せいきゅう》することができる。

ロ　知事や市(区)町村長は，住民が直接選挙することによって決められる。

ハ　地方議会の議員には，25歳以上の人だけが立候補できる。

ニ　住民は地方裁判所の裁判官を審査《しんさ》して，やめさせることができる。

(2) 国会議員の選挙とは別に知事や地方議会の議員を選挙したり，国が集める税金とは別に都道府県や市(区)町村が税金を集めたりするのはなぜですか。上の文章中にある「住民の意思を地域の政治に反映すること」の他に，理由を一つ考えて答えなさい。

問4 下線部④について。社会の変化とともに，日本国憲法で保障されている基本的人権にもとづいて，新しい権利も主張されるようになりました。新しい権利として正しいものを，次のイ～ヘから一つ選び，記号で答えなさい。

イ 働く人たちが団結する権利

ロ 信仰《しんこう》する宗教を自由に選ぶ権利

ハ 健康で文化的な生活を送る権利

ニ 裁判を受ける権利

ホ 私生活を公開されない権利

ヘ 言論活動や出版を自由に行う権利

問5 下線部⑤について。この制度の説明として正しいものを，次のイ～ニから一つ選び，記号で答えなさい。

イ 共通の問題を抱える都道府県や市(区)町村どうしが，政治に関する情報を互《たが》いに公開する制度である。

ロ 都道府県や市(区)町村が予算や条例をつくるときに，住民から広く意見を聞いて情報を集める制度である。

ハ 住民から請求があった場合，都道府県や市(区)町村が持っている情報を住民に対して開示する制度である。

ニ 住民から提供された個人情報を都道府県や市(区)町村が管理して，社会保障などの行政に役立てる制度である。

問6 下線部⑥について。沖縄県では，名護《なご》市辺野古《へのこ》にみられるように，政府が進めようとしているある計画について反対する住民運動が続いています。この計画とは何か，答えなさい。

問7 下線部⑦について。国の政治の進め方についての説明として正しくないものを，次のイ～ホから一つ選び，記号で答えなさい。

イ 国会は，一年間の税金の使いみちである予算を決める。

ロ 法律をつくるときには，衆議院と参議院のそれぞれで多数決が行われる。

ハ 憲法改正については国会が国民に提案したあと，国民による判断がなされる。

ニ 内閣総理大臣は，国務大臣とともに国会で指名され，内閣を組織する。

ホ 法律や内閣の行う政治が憲法に違反《いはん》していないか，裁判所が判断する制度がある。

問8 下線部⑧について。このような社会をつくるために現在の日本で進めようとしている考えとして，ふさわしくないものを次のイ～ニから一つ選び，記号で答えなさい。

イ 障がい者の働く権利を守るため，会社などで働く人のうち一定の割合が障がい者になるようにする。

ロ 外国人が生活しやすいように，公共施設では複数の言語で案内板に表記したり，アナウンスを行ったりする。

ハ 誰もが働きやすい社会をつくるため，正当な理由なく性別によって働く機会を奪《うば》われる人がいないようにする。

ニ　障がい者や高齢者のために，バリアフリーを取り入れた地域をその他の人が住む地域と分けて整備する。

問９　下線部⑨について。世界には，重い労働をさせられている子どもや，紛争に巻き込《こ》まれて兵士になる子どもなど，厳しい状況に置かれている子どもが多くいます。世界のすべての子どもたちを守るために，国際連合の総会で1989年に採択《さいたく》された条約は何ですか。

2　歴史は，中央や政治の支配者からだけではなく，地方や少数派の人びとの側から見ることも大切です。東北地方や北海道から日本の歴史をふり返ってみました。次の文章を読んで，文章中の〔あ〕〔い〕にそれぞれあてはまる地名を，〔う〕には共通して入る語句を入れ，下の問に答えなさい。

東北地方には，縄文時代を代表する大きなむらの遺跡《いせき》があります。そのうち，①青森県の三内丸山遺跡からは，北海道の十勝で産出した黒曜石が発見されました。この時代の遺跡が東日本に多いのは，西日本よりも食料が豊かだったからだといわれています。今から2400年以上前には，朝鮮半島から九州北部に稲作が伝わり，やがて東北地方まで広がっていきました。一方，この頃《ころ》に稲作が伝わらなかった北海道では，豊かな自然を利用して人びとが生活し，独自の文化を発達させました。②古墳時代になると，東北地方でも前方後円墳がつくられていることから，この地方の豪族《ごうぞく》の中には，大和朝廷に従う者がいたと考えられます。

７世紀以降，東北地方などへの朝廷の支配が強まっていきました。奈良時代には，東北地方の人びとが③税として布などを都に運んだことがわかっています。また，④朝廷によって国分寺が建てられ，朝廷の役所も置かれました。聖武天皇が東大寺の大仏をつくったときには，東北地方から金が送られました。⑤平安時代に入ると，朝廷の支配はさらに北へ広がり，貴族たちは馬や金など東北地方の特産物を手に入れました。11世紀後半におきた豪族たちによる二度の戦乱の後，東北地方は奥州藤原氏の一族が治めるようになりました。しかし，〔 あ 〕を中心に繁栄《はんえい》した奥州藤原氏は，源頼朝によって滅《ほろ》ぼされ，東北地方は⑥鎌倉幕府に支配されました。その後，⑦足利氏が開いた室町幕府が衰《おとろ》えると，戦国大名たちが勢力を争う時代になりました。東北地方の有力な戦国大名には，⑧伊達政宗がいます。伊達氏は豊臣秀吉に従いましたが，⑨江戸時代にも大きな石高の領地を支配しました。

北海道は江戸時代に「えぞ地」とよばれ，アイヌの人びとが狩《か》りや漁をして暮らしていました。幕府からアイヌの人びとと交易を行う権利を認められた松前藩は，その交易で大きな利益を得ていました。⑩17世紀後半には，松前藩との不公平な取引に不満を持ったアイヌの人びとが，松前藩と戦いました。戦いに敗れたアイヌの人びとは，以後ますます厳しく支配されるようになりました。

幕末に開国すると，「えぞ地」の〔 い 〕が開港され，1858年には⑪日米修好通商条約が調印されて貿易が始まりました。⑫明治時代になってから「えぞ地」は北海道と改められました。開拓《かいたく》使という役所が置かれ，士族などが屯田《とんでん》兵として，ロシアに対する防備や開拓にあたりました。⑬1890年に第一回衆議院議員総選挙が行われたとき，北海道では実施されず，10年後にようやく選挙が行われました。本州との差は後まで残り，その間，アイヌの人びとの生活の場や伝統的な文化が奪われていきました。また，アイヌの人びとへの偏見《へんけん》と差別が強まりました。⑭第二次世界大戦が終わった後も，アイヌの人びとには明治時代の法律が適用されたままでした。1997年にアイヌ文化を守るための「アイヌ文化振興《しんこう》法」が制定されましたが，課題も残されました。その後もアイヌの人びとは〔 う 〕としての権利を訴《うった》えてきましたが，2007年の国際連合での宣言もあり，翌年には国会で「アイヌ民族を〔 う 〕とすることを求める決議」が採択されました。

問1　下線部①に書かれていることから，縄文時代についてどのようなことがわかるか，説明しなさい。

問2　下線部②について。各地の古墳時代についての説明として正しいものを次のイ～ニから一つ選び，記号で答えなさい。

イ　北陸地方には，日本最大の前方後円墳として知られている大山(仙)古墳がつくられた。

ロ　関東地方の古墳には，当時の大王であるワカタケル大王の名が刻まれた鉄剣が納められた。

ハ　中国地方にある江田船山古墳には，美しい壁画《へきが》が描《えが》かれ，大和朝廷に仕えた渡来人が葬《ほうむ》られた。

ニ　近畿地方にあったという説がある邪馬台国は，使いを送って中国と対等な関係を築いた。

問3　下線部③について。律令で定められている，布で納める税を何といいますか。二つ答えなさい。

問4　下線部④について。朝廷が建てた各地の国分寺や中央の寺院は大きく立派な建物で，屋根は当時の東北地方では珍《めずら》しいものでおおわれていました。それは何ですか。

問5　下線部⑤における出来事を次のイ～チから4つ選び，それを年代の古い順に並べたときに3番目となるものを記号で答えなさい。

イ　最初の遣唐使が派遣《はけん》される

ロ　藤原道長が政治の実権をにぎる

ハ　平清盛が太政大臣になる

ニ　鑑真が来日する

ホ　法隆寺が建てられる

ヘ　保元の乱がおこる

ト　遣唐使の派遣が中止される

チ「古事記」がつくられる

問6　下線部⑥の説明として正しくないものを，次のイ～ホから一つ選び，記号で答えなさい。

イ　鎌倉幕府が全国に置いた守護と地頭には，有力な御家人が任命された。

ロ　将軍と御家人の「御恩と奉公」の結びつきによって，鎌倉幕府は成り立っていた。

ハ　源頼朝は，征夷大将軍に任命された後に，鎌倉で幕府のしくみをつくり始めた。

ニ　鎌倉幕府が制定した御成敗式目は，最初の武士の法律といわれ，武士の裁判の基準となった。

ホ　鎌倉幕府は，朝廷と戦った承久の乱後，朝廷を監視《かんし》するための役所を京都に設置した。

問7　下線部⑦について。室町時代から戦国時代にかけては民衆の力が強まりました。その説明として正しくないものを，次のイ～ニから一つ選び，記号で答えなさい。

イ　山城国南部では，武士と農民たちが団結し，応仁の乱後も戦っていた大名たちを追い出した。

ロ　中国などとの貿易で栄えた堺では，豊かな商工業者の人びとがみずから町の運営を行うようになった。

ハ　石山本願寺を拠点とする一向宗を信じる人びとが，団結して一揆《いっき》をおこすなど，大きな勢力を持つようになった。

ニ　応仁の乱で焼け野原になってしまった大阪の町は，町衆とよばれる人びとが中心になって復興させた。

問８　下線部⑧の領地から最も離《はな》れたところに領地があった戦国大名を次のイ～ホから選び，記号で答えなさい。

イ　今川氏　　ロ　武田氏　　ハ　北条氏　　ニ　毛利氏　　ホ　上杉氏

問９　下線部⑨の時代における各地の出来事の説明として，正しくないものを次のイ～ニから一つ選び，記号で答えなさい。

イ　17世紀前半に，キリスト教を信じる人びとが，九州の島原や天草で重い年貢《ねんぐ》に反対して立ち上がり幕府と戦った。

ロ　19世紀前半に，大商人の大塩平八郎は，生活に苦しむ人びとを救うため，幕府に対して江戸で兵をあげた。

ハ　交通が発達し，伊勢神宮などの神社や寺などにお参りする人びとが増え，信仰と観光をかねた旅を楽しんだ。

ニ　全国各地で，水戸藩の弘道館のように，武士や武士の子どもたちが学ぶための藩校がつくられた。

問10　下線部⑩について。このとき，アイヌの人びとを率いて松前藩と戦ったアイヌの首長は誰ですか。

問11　下線部⑪で認めていた，外国の領事裁判権（治外法権）が廃止《はいし》されたのはいつ頃ですか。次のイ～ヘを年代の古い順に並べたとき，どれとどれの間に入るか，記号で答えなさい。

イ　第一次世界大戦が終わる

ロ　日本がリャオトン半島を中国に返す

ハ　日本が韓国を植民地にする

ニ　岩倉使節団が欧米《おうべい》に出発する

ホ　ノルマントン号事件がおこる

ヘ　日本がイギリスと同盟を結ぶ

問12　下線部⑫について。明治時代の各地の説明として，ふさわしくないものを次のイ～ヘから３つ選び，記号で答えなさい。

イ　アメリカで始まった不景気の影響《えいきょう》と冷害が重なり，北海道や東北地方の農村では飢《う》え死にする人もいた。

ロ　地租改正が行われたが，税の負担が重かったため，負担に苦しむ農民が各地で一揆をおこした。

ハ　米などの値段が高くなり，生活が苦しくなった人びとが全国各地で米屋などをおそう米騒動《そうどう》がおこった。

ニ　政府に不満を持つ士族たちが，各地で武力による反乱をおこし，九州では西南戦争がおこった。

ホ　関東大震災《しんさい》後の混乱の中，警察や軍隊だけでなく一般《いっぱん》の人びとによって朝鮮人や中国人が殺された。

へ　足尾銅山から流れ出た鉱毒で被害《ひがい》を受けた人びとの救済を求める運動が，田中正造を中心に始まった。

問13　下線部⑬について。北海道とともに，沖縄でも遅れて選挙が行われました。沖縄の歴史についての説明として，正しくないものを次のイ～ホから二つ選び，記号で答えなさい。

イ　日本の室町時代に成立した琉球王国は，中国をはじめとして広くアジアの国ぐにと貿易を行って栄えた。

ロ　琉球王国は，江戸時代の初めに薩摩藩によって征服《せいふく》されたため，中国との貿易は中止することになった。

ハ　明治時代になって，日本は琉球王国を廃止して琉球藩とし，後に警察や軍隊の力を背景に沖縄県とした。

ニ　第二次世界大戦末期にアメリカ軍が上陸し，地上戦が行われた沖縄では，多くの一般の人びとが犠牲《ぎせい》になった。

ホ　日中平和友好条約が結ばれたときにも，沖縄ではアメリカによる統治が引き続き行われていた。

問14　下線部⑭について。

(1)　次の日本に関するイ～リの出来事のうち，この大戦が始まった1939年以前におきたことを３つ選び，記号で答えなさい。

イ　学徒出陣が始まった　　ロ　満州国を建国した

ハ　政党がすべて解散した　　ニ　国際連盟を脱退した

ホ　真珠湾を攻撃《こうげき》した　　へ　東京が激しい空襲《くうしゅう》を受けた

ト　日中戦争が始まった　　チ　日独伊三国同盟を結んだ

リ　小学校が国民学校になった

(2)　第二次世界大戦後におきた出来事の説明として，正しいものを次のイ～ホから一つ選び，記号で答えなさい。

イ　サンフランシスコ講和会議において，日本は各国と平和条約を結んで国際連合に加盟した。

ロ　アメリカとソ連が激しく対立する中で朝鮮戦争がおこり，日本は国交のあった韓国を支援《しえん》した。

ハ　日本からブラジルへの本格的な移住は戦後初めて行われ，人びとが仕事を求めて海を渡った。

ニ　高度経済成長の中で，数多くの人びとが都市から地方へと移住し，各地で公害が引きおこされた。

ホ　連合国軍の占領《せんりょう》下で行われた最初の総選挙において，日本で初めての女性議員が誕《たん》生《じょう》した。

3　ふたばさんは，旅行先からおばあさんへ葉書を送りました。下線部について，下の問に答えなさい。

私たちは家族で①四国地方へ旅行に来ています。車から景色を見ていたら，田畑が広く，②ため池が多いことに気付きました。また，「四国遍路《へんろ》を③世界遺産に」というポスターを見かけました。温泉に入ったり，④市場に行って近海でとれたおいしい魚を食べたりしたことが楽しい思い出になりました。これから⑤瀬戸大橋をわたって，新幹線に乗って東京へ帰ります。

問１　下線部①について。右の図は，四国地方をのぞく，米，小麦，にんじん，なすのいずれかの各都道府県の生産量を示したものです。生産量が多いほど円が大きくなっています。生産量500トン以下は示していません。

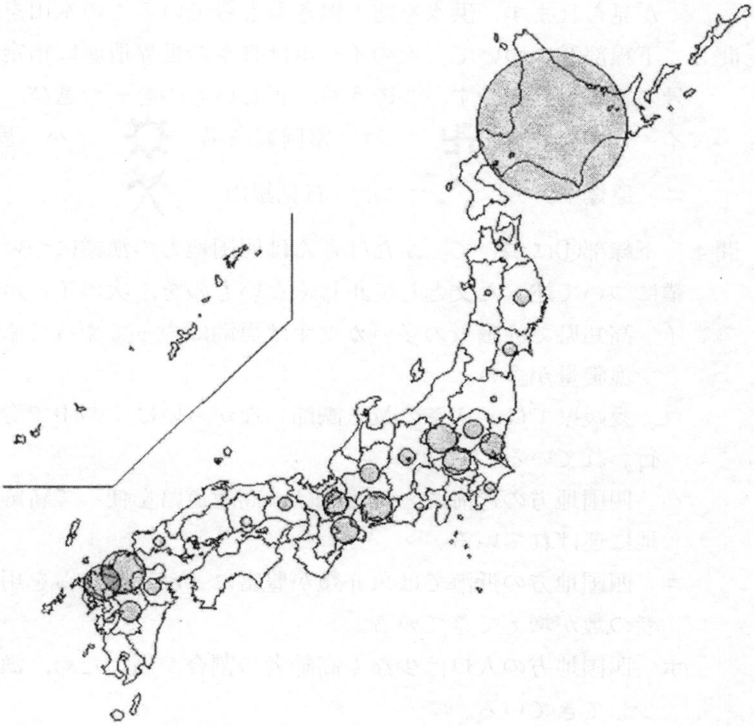

⑴　図に示されている農作物名を答えなさい。

⑵　下の表は，四国地方の各県について，米，小麦，にんじん，なすのいずれかの生産量を示したものです。⑴で答えた農作物の生産量として正しいものを表中のイ～ニから一つ選び，記号で答えなさい。

	徳島県	香川県	愛媛県	高知県
イ	8,200	1,910	3,670	38,900
ロ	198	6,480	666	11
ハ	55,200	62,000	70,600	54,600
ニ	52,000	3,080	554	856

（単位　トン）

図と表は『日本国勢図会 2018/19年版』より作成

問２　下線部②について。

⑴　ため池は，その地方の気候と深い関わりがあります。各地の特徴《とくちょう》的な景色と自然環境との関係について述べた文として，正しいものを次のイ～ニから一つ選び，記号で答えなさい。

イ　北海道の知床半島の沿岸では，冬に凍《こお》っていた海面が初夏に溶《と》け始めるため，流氷を見ることができる。

ロ　からっ風とよばれる暑く乾《かわ》いた季節風がふく群馬県では，家の周りを囲んだ防風林が見られる。

ハ　土地の低い三角州地帯にある広島県の県庁所在地では，河口に洪水《こうずい》を防ぐための砂防ダムがある。

ニ　沖縄県はたびたび台風にみまわれたくさんの雨が降るが，水不足に備えて多くの貯水タンクがある。

(2)　自然環境と関わりの深い景色として，山間部では山を切り開いてつくった特徴ある水田が見られます。洪水を防ぐ働きももっているこの水田を何といいますか。

問３　下線部③について。次のイ～ホは日本の世界遺産に指定されているものと，現在の地図記号の組み合わせです。このうち，正しいものを一つ選び，記号で答えなさい。

イ　日光東照宮 　　ロ　富岡製糸場 　　ハ　屋久島の縄文杉 

ニ　原爆ドーム 　　ホ　石見銀山 

問４　下線部④について。ふたばさんは四国地方の漁業について調べてみました。四国地方の漁業について述べた文として正しくないものを，次のイ～ホから一つ選び，記号で答えなさい。

イ　高知県で漁獲《ぎょかく》量の多いカツオは黒潮にのってやって来るため，東京都，静岡県，三重県で漁獲量が多い。

ロ　愛媛県では，えさの量を調節しながらいけすの中で育てたマダイを出荷《しゅっか》する栽培《さいばい》漁業が行われている。

ハ　四国地方の近海でとれた魚は，高速道路を使って新鮮《しんせん》なうちに名古屋や東京などの消費地に運ばれている。

ニ　四国地方の近海では魚介類が豊富にとれ，これらを用いた水産加工場で働く外国人労働者の数が増えてきている。

ホ　四国地方の人口は少なく高齢者の割合が高いため，漁業にたずさわる若い世代の数が減少してきている。

問５　下線部⑤について。

(1)　新幹線に乗って終点の東京に着くまでに，横切った川として正しくないものを，次のイ～ホから二つ選び，記号で答えなさい。

イ　多摩川　　ロ　富士川　　ハ　紀ノ川　　ニ　江の川　　ホ　木曽川

(2)　新幹線が通過した工業地域を含《ふく》む，日本全体の約３分の２の工業生産額を占《し》める地域が，北九州から南関東にかけて帯のように続いています。これを何といいますか。また，なぜこの地域で工業が発達したのか，日本の工業の特徴をあげて理由を説明しなさい。

【理　科】（30分）〈満点：50点〉

1　2018年に話題となったことの１つとして，ある天体が15年ぶりに地球に大接近したことがあげられます。

問１　15年ぶりに地球に接近した天体の名前を答えなさい。

20世紀末からの各国の探査によって，この天体に関する新しい情報が数多くもたらされました。その中でも注目されるのは，現在はその天体の表層では見られない，液体の水の存在についてです。

問２　過去にこの天体の表面に液体の水が存在していたと考えられている理由として**適切ではないもの**はどれですか。次のア～オの中から１つ選び，記号で答えなさい。

ア　海にすむ生物の化石が発見された。

イ　川の中洲《す》のような地形が発見された。

ウ　丸くけずられた小石が発見された。

エ　川にけずられた谷のような地形が発見された。

オ　三角州のような地形が発見された。

問３　地球には液体の水が存在するのに，その天体では現在は見られないのは何が原因であると考えられますか。最も適するものを次のア～エの中から１つ選び，記号で答えなさい。

ア　地球よりも太陽に近いために温度が高く，水は蒸発してしまった。

イ　地球よりも太陽に近いために温度が低く，水は凍《こお》ってしまった。

ウ　地球よりも太陽から遠いために温度が高く，水は蒸発してしまった。

エ　地球よりも太陽から遠いために温度が低く，水は凍ってしまった。

問４　地球では，川は標高の高い山地から平野を流れ，河口から海へと流れ出ます。右の表は，関東地方を流れるＡ川の流域のある地点を基準点として，その流域にある観察地点①～③の基準点からの距離《きょり》と標高差を表しています。

観察地点	基準点からの距離	基準点との標高差
①	8.22 km	65.5 m 低い
②	60.99 km	126.3 m 低い
③	16.11 km	505.8 m 高い

①～③の各地点の河原で見られる小石に関する文として最も適するものを，次のア～ウの中からそれぞれ選び，記号で答えなさい。

ア　角張った大きい小石が多い。

イ　角が取れて丸くなっている小石が多い。

ウ　小石はほとんど見られず，砂や泥《どろ》が多い。

観察地点①では，Ａ川は図のように流れていました。観察地点①の様子について，次の問いに答えなさい。

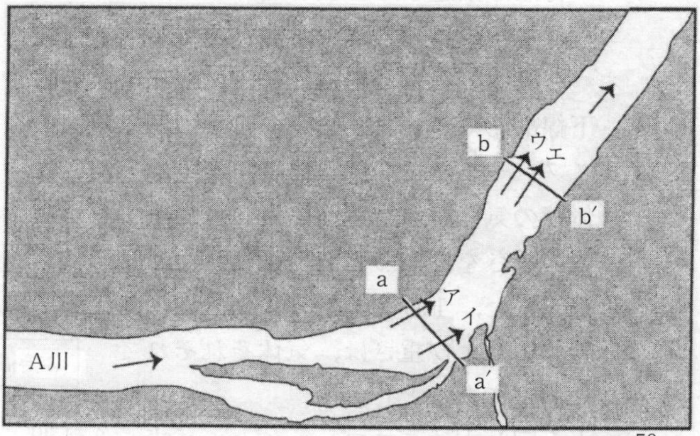

問５　図中のアとイ，ウとエの部分での川の流れの速さを比べたとき，速いのはどちらですか。それぞれ記号で答えなさい。

問6　図中のa－a′とb－b′における川底の形を解答用紙にそれぞれ描《か》きなさい。

問7　観察地点①の河原では，まわりと比べて極めて大きな重たい石がいくつか見られました。そのような大きな石が上流から運ばれてきたのはなぜですか。説明しなさい。

2　近年のアウトドア人気の高まりから，登山をする人が増えています。自然と親しむことは大切ですが，正しい知識がないと思わぬ事故に巻きこまれることがあります。火口から噴《ふん》出する①硫《りゅう》化水素は，（　A　）ため谷間やくぼ地にたまりやすく，無色で卵のくさったような悪臭《しゅう》を放つ毒性の強い気体です。そのため多量に吸いこまないように注意が必要です。火口から噴出するガスにはその他に②二酸化炭素や③二酸化硫黄《いおう》などがあります。2500m以上の高い山の場合は④空気が⑤地上と比べてうすいため，酸欠状態になりやすく，高山病にかかることがあります。加えて直射日光も強く，平地よりも⑥紫《し》外線が強いため日焼けにも注意が必要です。決して無理な登山計画は立てず，登りきることよりも周りの自然に目を向けてみましょう。

問1　文中の(A)に当てはまる下線部①の気体の性質を答えなさい。

問2　下線部②の気体に関する以下の文について，正しいものには○，まちがっているものには×を答えなさい。

ア　水に溶《と》かしたものは飲むことができる。

イ　固体はアイスクリームなどの保冷剤《ざい》として使用される。

ウ　水に溶けるとアルカリ性を示す。

エ　工場から出され，雨水に溶けると酸性雨となる。

オ　発泡《ぼう》入浴剤から出てくる泡《あわ》である。

カ　地球温暖化の原因と考えられている。

問3　下線部③の気体は工場からの排《はい》気ガスに含《ふく》まれ，酸性雨の原因となる物質の１つともいわれます。そのため工場では排気ガスに，石灰水を霧《きり》のように吹《ふ》きかけて，外に出る二酸化硫黄の量を減らす装置を使っています。この方法と同じ原理のものを次のア～オからすべて選び，記号で答えなさい。

ア　シャツのよごれを落とすためにあらかじめお湯につけておく。

イ　ペットボトルに３分の１ほど水を入れ，二酸化炭素を入れてふるとペットボトルがへこむ。

ウ　胃液が出過ぎてお腹が痛いので，アルカリ性の薬品を含む胃薬を飲む。

エ　せきが出るので水でうがいをする。

オ　石灰水の入ったビーカーに二酸化炭素を吹きこむと白くにごる。

問4　下線部④について，空気の重さに関する次の問いに答えなさい。

スプレー缶《かん》から，窒《ちっ》素，酸素をそれぞれ５秒間ふき出して，体積をはかれる計測容器に同じ体積の気体を水上置換《ちかん》によって集めました。始めのスプレー缶と，ふき出した後のスプレー缶の重さをはかると右の通りになりました。また，１秒間あたりにふき出す気体の体積および重さは，気体それぞれで常に一定であるとします。

	窒素	酸素
始めのスプレー缶	111.35 g	107.02 g
ふき出した後のスプレー缶	108.55 g	103.82 g

上と同じ方法でスプレー缶から酸素を３秒間ふき出して計測容器に集めました。この中に

窒素を数秒間入れて，空気(酸素と窒素が体積比1：4で混ざった混合気体)と同じ気体を作りました。この計測容器の中に入っている気体は何gになりますか。この実験で使用した計測容器は十分大きく，ふきこぼれはありませんでした。また気体が水に溶ける量は無視できるものとします。

問5　下線部⑤について，ポテトチップスの袋《ふくろ》を山頂に持っていくと，袋の様子が変化します。どのように変化するか答えなさい。

問6　下線部⑥について，近年降り注ぐ量が多くなっている原因としてオゾン層の破壊《かい》があります。オゾン層はオゾン分子からできていて，オゾン分子は酸素原子と呼ばれる小さな粒《つぶ》が3つ集まってできています。一方，空気中に存在している酸素は酸素分子からできていて，酸素分子は酸素原子が2つ集まってできています。上空では，以下に示す4つの変化がバランス良く起こることによって，オゾン分子の量は保たれています。ここで矢印の左側は変化する前の物質，右側は変化した後の物質を示しています。

(1)　酸素分子→酸素原子と酸素原子

(2)　酸素原子と酸素分子→(　B　)

(3)　オゾン分子→酸素原子と酸素分子

(4)　(　C　)とオゾン分子→(　D　)と酸素分子

(B)～(D)に当てはまる語句を，【酸素原子】【酸素分子】【オゾン分子】の中から選び答えなさい。

3　昆《こん》虫には，完全変態で成長する仲間と不完全変態で成長する仲間がいます。また，昆虫のからだは，頭，胸，腹から構成されており，頭には触角《しょっかく》が2本あります。胸や腹には気門とよばれる，空気の出入りを行う小さな穴があります。気門は体中にはりめぐらされた気管とよばれる細い管につながっており，気門からとりこまれた空気は全身に運ばれます。

問1　下線部に関する以下の問いに答えなさい。

(1)　完全変態とはどういうことか説明しなさい。

(2)　完全変態をする昆虫を次の①～⑥の中からすべて選び，番号で答えなさい。

①　アキアカネ　　②　アブラゼミ　　③　アゲハ

④　クモ　　⑤　ダンゴムシ　　⑥　カブトムシ

問2　昆虫に関する以下の文について，正しいものを①～⑥の中から2つ選び，番号で答えなさい。

①　昆虫のあしは，胸および腹から6本出ている。

②　陸生昆虫は肺呼吸，水生昆虫はえら呼吸を行っている。

③　幼虫から成虫になることをふ化という。

④　昆虫は脱《だっ》皮をくり返すことで，からだを成長させている。

⑤　アゲハの幼虫は最初から緑色である。

⑥　カイコガの成虫は何も食べない。

昆虫の触角は，ものにふれたり，においを感じたりするところです。カイコガのオスの触角は，メスから放出されるフェロモンとよばれる化学物質を感知する器官としてよく知られています。そこで，カイコガの生殖《せいしょく》行動について，以下の実験を行いました。

＜実験１＞　メスのカイコガをペトリ皿に入れ，ふたをしてビニルテープで密封《ぷう》した。それをオスに近づけてオスの行動を観察したところ，特別な反応は示さなかった。次に，ふたを開けたメスのペトリ皿を，オスに近づけてオスの行動を観察したところ，はねを激しくはばたかせた。

＜実験２＞　あらかじめ，メスの口部に押し当てたろ紙片，腹部末端《たん》に押し当てたろ紙片を用意した。次に，メスがいないところで，口部に押し当てたろ紙片だけを，オスに近づけてオスの行動を観察したところ，特別な反応は示さなかった。また，腹部末端に押し当てたろ紙片だけをオスに近づけてオスの行動を観察したところ，はねを激しくはばたかせた。

＜実験３＞　＜実験１＞と同じように，メス１個体をペトリ皿に入れ，次に，オス３個体を用意して，３個体のうち，１個体は左右両方の触角を根元から切断して取り除いておき，もう１個体は片方の触角のみを根元から切断して取り除いておく。残りの１個体の触角はそのままにしておく。続いて，それぞれのオスをメスのペトリ皿から15 cmほどはなれた場所に置き，ペトリ皿のふたを静かに開けてオスの行動を観察した。その結果，触角をそのままにしたオスは，はばたきながらメスの方へ移動した。片方の触角を取り除いたオスは，はばたきながら触角の残っている方に回転するだけだった。左右両方の触角を取り除いたオスは特別な反応を示さなかった。

問３　＜実験１＞～＜実験３＞の結果からわかることの説明として正しいものには○，まちがっているものには×を答えなさい。

①　メスのフェロモンは，ペトリ皿のふたを開けると，ペトリ皿の外まで広がっていく。

②　オスの生殖行動は，視覚的な刺激《しげき》とフェロモンの両方が必要である。

③　オスは，メスの全身から分泌《ぶんぴつ》されるフェロモンに反応する。

④　オスは片方の触角だけでもメスのいる方向がわかる。

多くの昆虫は，はねを４枚もっていますが，ハエやカのように，はねが２枚の昆虫もいます。ハエの仲間のショウジョウバエは生命科学の研究によく用いられる生物です。ショウジョウバエの幼虫は「うじ」とよばれ，**図１**のような形をしています。花子さんは，この幼虫のどこが頭なのか疑問に思い，先生に聞いてみました。先生は，**図１**の左が頭で，ハエの卵の中に含まれる，ある物質の濃《のう》度のちがいによってどこが頭，胸，腹になるか決まるということを教えてくれました。

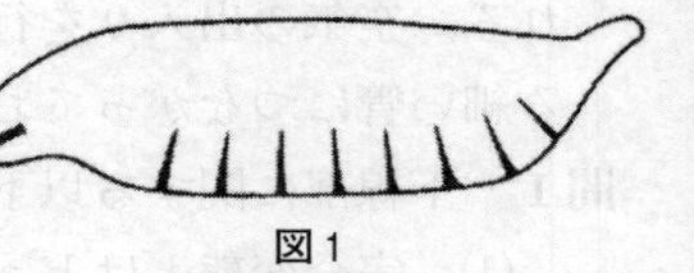

図１

図２のように，ハエの卵の中にある物質Ａは前方から後方にかけて濃度が低くなり，物質Ｂは後方から前方にかけて濃度が低くなります。物質Ａの濃度が高いところから順に頭，胸，腹になることがわかっています。

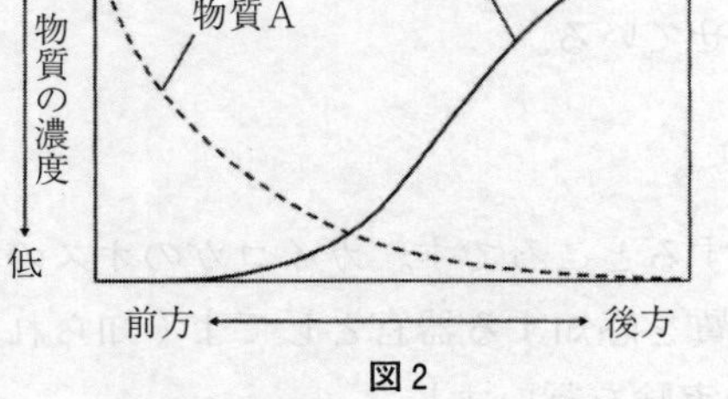

図２

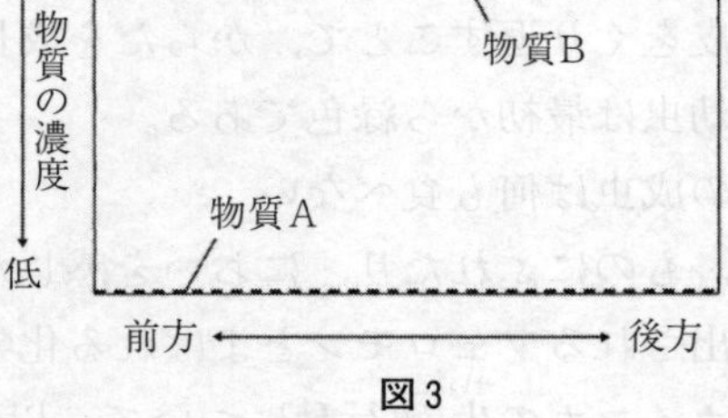

図３

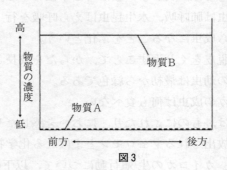

問 4　物質Aをつくることができない卵では，物質Bの濃度が**図 3**のようになりました。物質Aのはたらきとして最も適するものを，次の①～④の中から1つ選び，番号で答えなさい。

①　前方において，物質Bの合成をすすめる。
②　前方において，物質Bの合成をおさえる。
③　後方において，物質Bの合成をすすめる。
④　後方において，物質Bの合成をおさえる。

問 5　物質Aをつくることができない卵の中央に，物質Aのもとになる物質を注入したところ，物質Aの濃度は**図 4**のようになりました。このとき，物質Bの濃度はどのようになると考えられますか。解答用紙のグラフに記入しなさい。

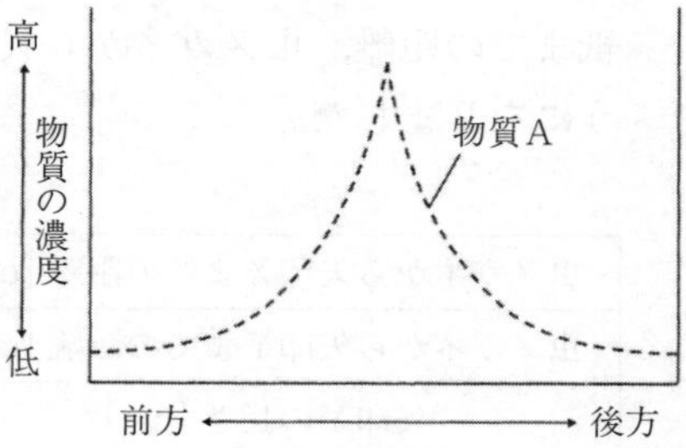

図 4

4　虫メガネは近くのものを拡大して見ることができますが，虫メガネをもった手をのばして遠くを見ると，遠くの景色が上下さかさまに見えます。これはどのようなしくみになっているのでしょうか。

光が虫メガネを通過するとき，進行方向が変わります。ある虫メガネAに，太陽の光を通すと，**図 1**のように紙と虫メガネAの距離《きょり》が12 cmのときに光が1点に集まり，紙を焦《こ》がすことができました。このときの虫メガネと光が集まった点までの距離を焦《しょう》点距離といいます。

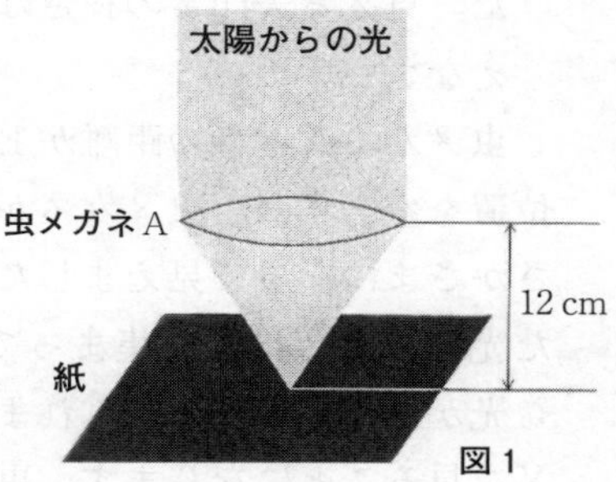

図 1

問 1　虫メガネAと焦点距離が同じで直径が大きい虫メガネBを使って太陽の光を集めると，どうなるでしょうか。

(1)　紙からの距離を虫メガネA，Bともに12 cmとすると，紙が焦げる際にはどのようなちがいがありますか。

(2)　紙からの距離を虫メガネA，Bともに10 cmとすると，Aが集めた光とBが集めた光とでは，紙の明るい部分の大きさはどうなりますか。次のア～ウの中から1つ選び，記号で答えなさい。

ア　Aのほうが大きい　　イ　Bのほうが大きい　　ウ　AもBも同じ大きさ

次に，虫メガネAを使って紙に書かれた長さ1 cmの矢印Xを拡大して見ました。このとき，光の道筋は**図 2**の実線(――)のようになっています。矢印の先(点P)からの光のうち虫メガネを通る光は，虫メガネを通過するときに折れ曲がりますが，人の目には，あたかもその延長線(点線……)上の点P′の1点からきているかのように見えます。同様に点Qからの光は点Q′からきているかのように見えるので，大きな点線で書かれた矢印Yがあるように見えます。目は，もの自体を感知しているのではなく，そこからきた光を感知しているので，実際にそこにものがなくても，光が目に届けば，そこにものを

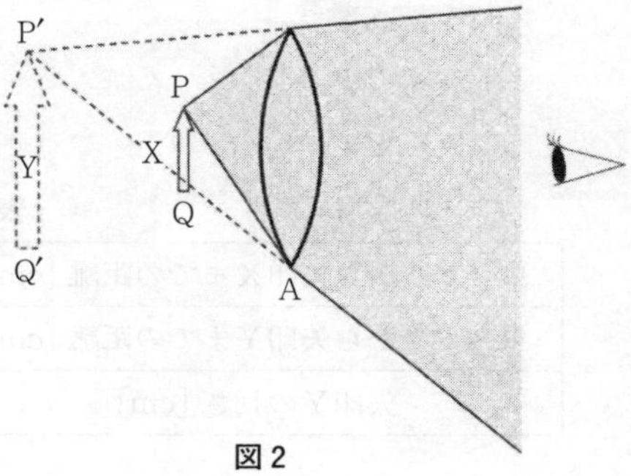

図 2

「見る」ことになります。つまり，目に届いた光の延長線上にものが見えるのです。**図 2** において虫メガネより右の色のぬられた場所からであれば点Pからの光が届くので，その光の延長線上に点P′を「見る」ことができます。

虫メガネを前後させると矢印の見える大きさが変わります。虫メガネから矢印Xが書かれた紙までの距離，虫メガネから矢印Yまでの距離，矢印Yの長さの関係を調べてみると**表 1** のようになりました。

表 1

虫メガネから矢印Xまでの距離［cm］	2	4	6	8
虫メガネから矢印Yまでの距離［cm］	2.4	6	12	24
矢印Yの長さ［cm］	1.2	1.5	2	3

問 2　虫メガネから矢印Xの距離が 3 cmのとき，虫メガネから矢印Yまでの距離は 4 cmでした。見える矢印Yの長さは何cmですか。割り切れない場合は小数第 3 位を四捨五入して答えなさい。

虫メガネAと紙の距離が12 cmを超えると，ぼやけてよく見えなくなりました。虫メガネの位置を変えずに，虫メガネからはなれていき，紙の矢印をもう一度見ると，今度は矢印が上下さかさまになって見えました。このときの光の道筋は**図 3** のようになっています。点Pからきた光は，点P′に一度集まってから広がるので，②から虫メガネを見る人にはあたかも点P′から光がきたように感じられます。同様に，点Qからきた光は，点Q′からの光に感じられ，矢印Yを見ることになります。虫メガネから矢印Xまでの距離，虫メガネから矢印Yまでの距離，矢印Yの長さの関係は**表 2** のようになりました。

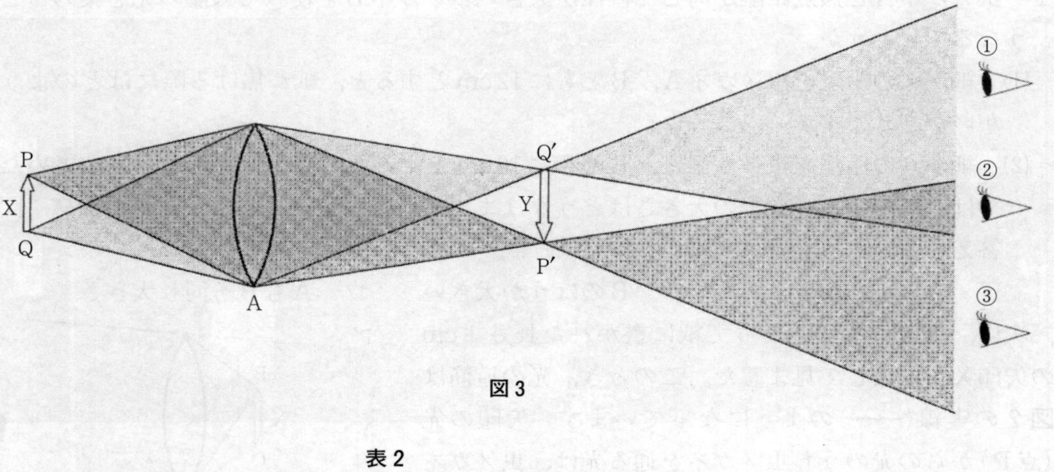

図 3

表 2

虫メガネから矢印Xまでの距離［cm］	18	20	22	24
虫メガネから矢印Yまでの距離［cm］	36	30	26.4	24
矢印Yの長さ［cm］	2	1.5	1.2	1

問 3　**図 3** の①～③の場所からそれぞれ虫メガネを見ると，矢印はどのように見えますか。次の a ～ g の中から選び，それぞれ記号で答えなさい。

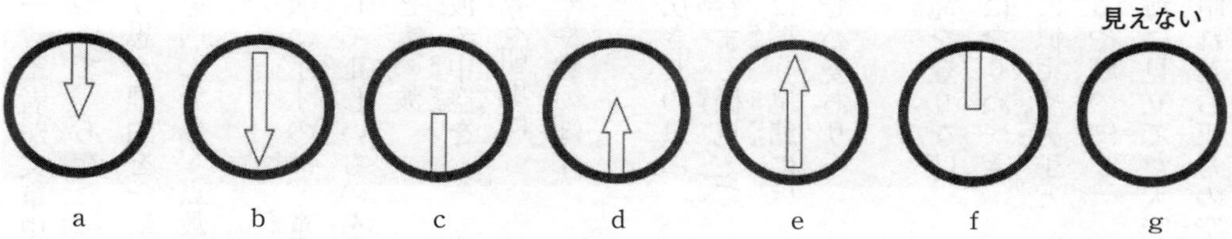

遠くのものを見る望遠鏡では虫メガネと同じものが 2 つ使われているものがあります。虫メガネ A と同じものを 23 cm の筒《つつ》の前後にそれぞれつけ，望遠鏡を作りました。このとき **図 4** のように光が進みます。虫メガネ A_1 によって，矢印 X をあたかも矢印 Y にあるように光を集め，矢印 Y を虫メガネ A_2 によって拡大して見ます。

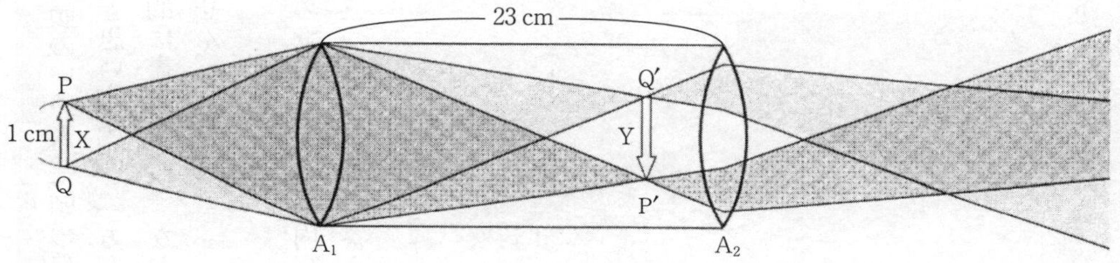

図 4

問 4　**図 4** のように光が進んだとき，望遠鏡を通して見えた矢印は，どのように見えますか。解答用紙の図に作図して位置と形を示しなさい。作図に用いた線は消さないこと。

問 5　この望遠鏡で，虫メガネ A_1 から 60 cm はなれた矢印 X を見ると，矢印 Y は虫メガネ A_1 から 15 cm のところにできます。見える矢印の長さを答えなさい。

(2) ――線部**c**「神秘」とはペンギンの例では何に当たるか、答えなさい。

問二十一 筆者が文章中で述べている「頭のいい人」「頭の悪い人」について、あなたは自分をどちらだと思いますか。一方を選び、そう思う理由を一二〇字以内で具体的に書きなさい。なお、どちらを選んでも、点数には関係ありません。

二

次に示すのは、童謡《どうよう》『鯉《こい》のぼり』の歌詞です。この内容の説明として正しいものを後の**ア**〜**カ**から三つ選び、記号で答えなさい。

甍《いらか》の波と雲の波
重なる波の中空《なかぞら》を
橘《たちばな》かおる朝風に
高く泳ぐや鯉のぼり

開ける広き其《そ》の口に
舟《ふね》をも呑《の》まん様《さま》見えて
ゆたかに振《ふ》う尾鰭《おひれ》には
物に動ぜぬ姿あり

百瀬《ももせ》の滝《たき》を登りなば
忽《たちま》ち竜《りゅう》になりぬべき
わが身に似よや男子《おのこご》と
空に躍《おど》るや鯉のぼり

ア 海に見立てた大空を、鯉のぼりはゆうゆうと泳いでいる。

イ 晴れたお正月の空に鯉のぼりの姿が美しく見え、風は橘のかおりをふくんでいる。

ウ 子どもたちは、空高く泳ぐ鯉のぼりを、大きく口を開けて楽しそうに見ている。

エ 風を尾まではらんで泳ぐ鯉のぼりは、舟をも呑みこむほど堂々としている。

オ 滝を登って上からながめると、鯉のぼりは竜のように見える。

カ 鯉のぼりは男の子に向かって、自分のように立派になれ、と言っているようだ。

三

次の**カタカナ**を漢字で書きなさい。

(1) **オンコウ**な性格の人。
(2) 時代の**スイイ**を見守る。
(3) 食料を**チョゾウ**する。
(4) 豆やキビなどを**ザッコク**という。
(5) 日本に**キカ**したお相撲《すもう》さん。
(6) 朝刊の紙面を**サッシン**する。
(7) 事態を**シュウシュウ**する。

た点。

ウ　娘の答えが、人間ではなく動物の見方に沿ったものだった点。

エ　娘の答えが、動物の生態に関する知識に基づくものだった点。

問七　――線部(5)「特に三番目の『道具』については、現在では異論も多いようだ」とあるが、なぜか、二〇字以内で答えなさい。

問八　――線部(6)「それ」が指している内容を二〇字以内で答えなさい。

問九　――線部(7)「水が流れるように」の言いかえとして最もふさわしいものを次の**ア**～**エ**から一つ選び、記号で答えなさい。

ア　勢いよく　　**イ**　おのずと

ウ　すっかり　　**エ**　当然

問十　――線部(8)「彼は、そんなことは考えたこともない、どんな本を見ても出ていない、と言う」とあるが、その原因にあたる部分を文章中から一文でぬき出し、はじめの五字を答えなさい。

問十一　――線部(9)「ぼくは『あれっ』と思った」とあるが、それはなぜだったのか、説明しなさい。

IIの文章について。

問十二　――線部(10)「そのだいじな宝物」に当たるものを文章中の□**ア**～**オ**から二つ選び、記号で答えなさい。

ア　あらゆる道筋の前途の難関

イ　前進する勇気

ウ　自分のせっかく楽しみにしている企図

エ　自然がわれわれに表示する現象

オ　決して手に触れる機会のないような糸口

問十三　――線部(11)「富士のすそ野まで来て、……東京へ引き返す」とはどういうことを言っているのか、科学者に当てはめて説明しなさい。

問十四　――線部(12)「ややもすると」の意味として正しいものを次の**ア**～**エ**から一つ選び、記号で答えなさい。

ア　とかく　　**イ**　いっそ

ウ　およそ　　**エ**　もっと

問十五　――線部(13)「まれだ」の意味を答えなさい。

問十六　――線部(14)「頭の□□先生」に当てはまる二字の言葉を文章中よりぬき出しなさい。

問十七　――線部(15)「しらみつぶしに」をわかりやすく言いかえなさい。

問十八　――線部(16)「自然科学は自然の科学でなくなる」とはどういうことか、説明しなさい。

問十九　□(17)「一方でまた自分の……忘れる恐れがある。」の内容と合うものを次の**ア**～**エ**から一つ選び、記号で答えなさい。

ア　頭のいい人は、期待通りの結果が出ない場合、偶然のせいだと考えて、その結果を認めない。

イ　頭のいい人は、思い通りの結果が一回得られただけでは、それを偶然だと思い、満足しない。

ウ　頭のいい人は、結果が仮説と一致すると、それが他の偶然の結果である可能性を検証しない。

エ　頭のいい人は、偶然出た結果も自分の科学的知識で説明できると考え、それ以上研究しない。

問二十　□(18)「自然は……開いて見せるからである。」について、次の問いに答えなさい。

(1)　――線部**a**「書卓の前で手をつかねて空中に絵を描いている人」・**b**「自然のまん中へ赤裸で飛び込んで来る人」とは、**I**の文章におけるペンギンの例ではだれに当たるか、それぞれ説明しなさい。

える恐れがある。まさかそれほどでなくても、そういったような傾向《けいこう》になる恐れがある。これでは⒃自然科学は自然の科学でなくなる。

⒄一方でまた自分の思ったような結果が出たときに、それが実は思ったとは別の原因のために生じた偶然《ぐうぜん》の結果でありはしないかという可能性を＊吟味《ぎんみ》するというだいじな仕事を忘れる恐れがある。

頭の悪い人は、頭のいい人が考えて、はじめからだめにきまっているような試みを、一生懸命《けんめい》につづけている。やっと、それがだめとわかるころには、しかしたいてい何かしらだめでない他のものの糸口を取り上げている。そうしてそれは、そのはじめからだめな試みをあえてしなかった人には オ 決して手に触《ふ》れる機会のないような糸口 である場合も少なくない。

⒅自然は a ＊書卓《しょたく》の前で手をつかねて空中に絵を描《えが》いている人からは逃《に》げ出して、b 自然のまん中へ赤裸《あかはだか》で飛び込《こ》んで来る人にのみその c 神秘の扉《とびら》を開いて見せるからである。

（寺田寅彦《てらだとらひこ》『科学者とあたま』より）

＊前途―行く先。
＊阻喪しやすい―失いやすい。
＊存外―案外。
＊研学の徒―学問を研究する人。
＊重畳する―何重にも重なる。
＊枚挙されて―いちいち数え上げられて。
＊企図―くわだて。計画。
＊委細かまわず―細かい事情にとらわれず。
＊吟味する―念入りに調べる。
＊書卓の前で手をつかねて―机の前でうで組みして。

Ⅰの文章について。

問一 ――線部⑴「アフリカは長いこと『暗黒大陸』と呼ばれていた」とあるが、なぜ「暗黒大陸」と呼ばれていたのか、答えなさい。

問二 □ A・Bについての説明として正しいものを次の**ア**～**オ**から二つ選び、記号で答えなさい。

ア Aは、野生動物が、人間には計り知れない本能を持つという事実について語ったものである。

イ Aは、ゾウの死について人間が思いえがく姿が根底にあって生まれたものである。

ウ Bは、人間の想像を全く入れずに、科学的な立場から述べたものである。

エ Bは、「ゾウの墓場」があるという結論にしばられていて、独創性を欠いたものである。

オ AもBも、ゾウの骨が一か所に固まって存在する理由を、人間が想像したものである。

問三 ――線部⑵「原始の人間はそんなことはなかっただろう」と筆者が考えるのはなぜか、説明しなさい。

問四 ――線部⑶「『あれはゾウの挨拶行動である』と断言してしまう」にあらわれている「ヒト」の特徴を二つ挙げなさい。

問五 【1】～【4】に最もふさわしい語を次の**ア**～**カ**から一つずつ選び、それぞれ記号で答えなさい。ただし、同じ記号は一度しか使えません。

ア ますます　**イ** もともと　**ウ** おそらく

エ いかにも　**オ** ずいぶん　**カ** わざわざ

問六 ――線部⑷「ぼくは思わず『深いな』と感心してしまった」とあるが、筆者はどういう点に「感心」したのか、最もふさわしい説明を次の**ア**～**エ**から選び、記号で答えなさい。

ア 娘の答えが、思いのほか大人びたものだった点。

イ 娘の答えが、子どもらしい素直な想像力を働かせたものだっ

そのことを報告すると、(8)彼《かれ》は、そんなことは考えたこともない、どんな本を見ても出ていない、と言う。そこで考える。なぜ、太さが違うのだろう。もしかすると、生息地が傾斜地《けいしゃち》になっているため、どちらかに重心がかかって、斜面側が発達したのだろうか。もしかすると、陽《ひ》のまわり方によってからだが変わってくる、ということもあるかもしれない。ともあれ、そうやって見ることによって発見がある。カメラマンは這《は》いつくばって観察するから、視線が低くなる。それで最初に足が目に飛び込んでくるのではないだろうか。そういえば、カンガルーの赤ちゃんが生まれてお母さんの袋《ふくろ》の中に入るのを初めて見たのは学者ではなかった。画家だったそうだ。見続けることが一番大切なのだ。ときに視線の高さを変えて……。

セレンゲティに住んでいるときのことだ。ある日撮影《さつえい》に出かけたら途中《とちゅう》で車が故障してしまった。仕方がないので、家まで三四キロの道のりを歩いて帰った。ちょうど雨季が明けるときで、ヌーの群れがいた。キリンが水を飲んでいた。ジャッカルのカップルが、ぼくのまわりをくるくるくるくる回っていた。そうやって自然の中を歩いていて、(9)ぼくは「あれっ」と思った。いつもと何かが違う。

いつも車の中から動物たちを見ていた。車を降りると、人間はとても小さい。視線の高さが動物たちに近くなっているのだった。そうやって見ていると、いつもと違って見えてくる。よく、「毎日同じ動物を見ていて退屈《たいくつ》しないんですか。毎日見ていても同じ動物でしょ」と聞かれるが、同じに見えることはまったくない。小さな発見がいくつもあって、飽《あ》きることなんてないのだ。

（岩合光昭《いわごうみつあき》『生きもののおきて』より。
なお出題の都合上、見出しを省略してあります）

＊歪曲させやすい―わざとゆがめやすい。
＊累々とあり―重なりあっていて。
＊パタン化して―パターン化して。あることに一定の法則を見いだして。
＊「便宜上」のこと―都合のよいこと。

II

いわゆる頭のいい人は、言わば足の早い旅人のようなものである。人より先に人のまだ行かない所へ行き着くこともできる代わりに、途《と》中《ちゅう》の道ばたあるいはちょっとしたわき道にある肝心《かんじん》なものを見落とす恐《おそ》れがある。頭の悪い人、足ののろい人がずっとあとからおくれて来てわけもなく(10)そのだいじな宝物を拾って行く場合がある。

頭のいい人は、言わば(11)富士のすそ野まで来て、そこから頂上をながめただけで、それで富士の全体をのみ込んで東京へ引き返すという心配がある。富士はやはり登ってみなければわからない。

頭のいい人は見通しがきくだけに、アあらゆる道筋の＊前途《ぜんと》の難関が見渡《みわた》される。少なくも自分でそういう気がする。そのために(12)ややもするとイ前進する勇気を＊阻喪《そそう》しやすい。頭の悪い人は前途に霧《きり》がかかっているためにかえって楽観的である。そうして難関に出会っても＊存外どうにかしてそれを切り抜《ぬ》けて行く。どうにも抜けられない難関というのはきわめて(13)まれだからである。

それで、＊研学の徒はあまり(14)頭の□先生にうっかり助言を請《こ》うてはいけない。きっと前途に＊重畳《ちょうじょう》する難関を一つ一つ(15)しらみつぶしに＊枚挙されてそうしてウ自分のせっかく楽しみにしている＊企図《きと》の絶望を宣告されるからである。＊委細かまわず着手してみると存外指摘《してき》された難関は楽に始末がついて、指摘されなかった意外な難点に出会うこともある。

頭のよい人は、あまりに多く頭の力を過信する恐れがある。その結果として、エ自然がわれわれに表示する現象が自分の頭で考えたことと一致《いっち》しない場合に、「自然のほうが間違《まちが》っている」かのように考

つかまって、何らかの形で大陸から流されてきた」というのが学者の「定説」だ。ガラパゴス諸島は数百万年前に火山が隆起《りゅうき》した島々だから、というのがその根拠《こんきょ》だが、【4】ここにいたという考え方があってもいいのではないだろうか。ふだんの暮らしのなかでも自分の目で見る、ということを、意識的にしていかなければ、と思うのだ。

そういう意味では、子どものほうが見方が自由だ。娘《むすめ》が小学校三年生のとき、オーストラリア・カンガルー島のヒツジの牧場に九ヶ月ほど住んだ。そのとき、ヒツジが日がな一日草を食《は》んでいるので、ぼくは彼女《かのじょ》に「ヒツジさんて、なに考えてるんだろうね」と尋《たず》ねた。すると娘は「草だよ。草しか見てないよ」。確かに動物は食べることしか考えていないに違いない。(4)ぼくは思わず「深いな」と感心してしまった。

同様に、ヒトと他の動物を分ける大きな特徴は、①直立二足歩行②言葉 ③道具、といわれているが、それにも例外がある。(5)特に三番目の「道具」については、現在では異論も多いようだ。東アフリカのチンパンジーが細い枝を使ってシロアリ釣《つり》をしたり、ギニアでは、石でアブラヤシの実を割ったりする話、オランウータンが大きな木の葉を傘《かさ》代わりにしたり、木の枝で川の水深を測りながら渡《わた》ったりする話などは有名だ。ぼくが見たのは、そうした類人猿《るいじんえん》の話ではない。ゾウなのだ。なかなか信じてもらえないかもしれないが、証拠《しょうこ》の映像もある。

あるメスのゾウが、木の枝で自分のあごを掻《か》いているところを見たのだ。日中、群れが木陰《こかげ》で休息しているときだった。そのメスは地面から長さ約一・五メートルの枝を選び、その端《はし》を鼻で持って、もう一方の端をあごの下に持っていって、ぎこぎこぎこという感じで掻いている。それは非常に自然なやり方で、少しの違和感《いわかん》もなかった。偶然《ぐうぜん》かもしれないと思ったが、しばらくやっている。痒《かゆ》いところがずれていくと、ちょっと位置を変えて、数分間やっていた。おそらく偶然ではないだろう。それをヒトが見れば、「道具を使う」ということになる。そしてさらに「道具=知能」と結論づける。

しかし、ゾウにはゾウたちのルールがあって、それは人間の言う知能とは少し違うものなのではないかと思う。ゾウは家族単位で群れを作っているのだが、その家族ごとに草の食べ方、しいていうなら「伝統」「作法」のようなものがある。草の巻き方、泥《どろ》の払《はら》い方が群れごとに違うのだ。草の根についた泥を、体にぶつけて払う方法とか、そのまま鼻で振《ふ》って落とす方法とか、微々《びび》たる違いかもしれないけど、見ていて明らかに違う。もしかすると、たまたまぼくが見ていた世代だけが同じ方法を取っていただけなのかもしれない。でも、(6)それが次の世代にも伝えられるとすると、それは立派な伝統になるのではないか。そしておもしろいことに、この作法はメスだけなのだ。オスにはない。

人間の常識にとらわれずに観察すると、実にいろいろなことが見えるものだ。ただ、それは、言葉にできるような、文字にできるようなことではない。絶えず野生動物に対しているとある緊張《きんちょう》が生まれる。その緊張感から、間《ま》や肌合《はだあ》いがわかってくるように思えるのだ。(7)水が流れるように、自分も自然の状態に合わせて変わっていく。常識にとらわれ、自分をそれにはめて考えようとすると、見えるはずのものが見えなくなってくる。自分の頭の中を、常に柔《やわ》らかくしていなければならない。

同じところへ繰《く》り返し行くようになると、見方が変わってくる。南極に近いサウスジョージア島では、来る日も来る日も、ペンギンを見ていた。ふと気づいたのだが、そこのペンギンたちは左右の足の太さが違うのだ。これは大発見だと思った。イギリスの有名な鳥類学者に、

二〇一九年度　雙葉中学校

【国語】(五〇分)〈満点：一〇〇点〉

一

I

大航海時代を過ぎても(1)アフリカは長いこと「暗黒大陸」と呼ばれていた。アフリカ探検が本格的になったのは、一八世紀後半からだ。その歴史は、たかだか二〇〇年あまり。アフリカについての本を書いた人といっても、おそらく数百人だろう。だから、じーっと見ていると、発見とまではいわないが「え？　こんなこと本に書いてないよ」という場面に出くわすことがある。本を書く人たちは、限られたエリアの動物について調査し、書いているわけなので、必ずしもそれを一般《いっぱん》化できるとは限らない。たとえばライオンの本。ライオンについて本を書いている人は、数十人。しかもライオン全例を見ているわけではない。ところがそれが活字になって、世界中で出版されると、それを全世界、何億という人々が読んで、それを真実と思い込《こ》む。しかし、まちがいも多い。特に動物は物語が作りやすい、という性格上、著者の思いが事実を＊歪曲《わいきょく》させやすい。

たとえば、「ゾウの墓場」という話をご存知だろうか。Aゾウは自分の寿命《じゅみょう》を知っていて、死期が近づくと、ある場所に自ら行って、そこで息を引き取る。そこには死んだゾウの白骨が＊累々《るいるい》とあり、「ゾウの墓場」と呼ばれている、というものだ。ゾウの墓場……。本当にあるのなら、ぼくだって見てみたい。それは、こんな話から作られたのではないだろうか。B例えば、洞窟《どうくつ》があって、たまたまそこにミネラル分の多い岩塩などがある。そこに、たまたまゾウがやってくる。ミネラルの多い岩塩に惹《ひ》かれて洞窟に入ったけれど、出られなくなってしまった。上るときに怪我《けが》をして死んだとか……。後でそれを発見した人が、ゾウの骨が固まってあるから、これはゾウの墓場に違《ちが》いない、と。そんなことなら想像できる。

結論を先に出してそれに縛《しば》られるとか、人間の考えることはどうも＊パタン化してしまっているように思える。(2)原始の人間はそんなことはなかっただろう。自分の目で見て自分で判断し、自分で一つ一つ覚えていかなければならない。命にかかわるようなことであれば、うかつに一般化することはできないはずだ。

ヒトが見たものを、意識の言葉に置き換《か》えて理解しようとすると、どうしても限界がある。ヒトの言葉はヒトがわかりやすいように作られたものだ。ヒトが、見たものを言葉に置き換えるのは、むしろ自然なことだとは思うのだが、それはあくまで＊「便宜上《べんぎじょう》」のことだということを、つい忘れてしまう。そのために誤解の範囲《はんい》を広げてしまうということがあるのではないだろうか。ゾウの挨拶《あいさつ》みたいに。ゾウが出会ったときに、相手と鼻を絡《から》ませ合う。それをヒトの言う挨拶のようなものだと解釈《かいしゃく》して、(3)「あれはゾウの挨拶行動である」と断言してしまうと、実はゾウにとっては、それは挨拶でもなんでもないかもしれない。ゾウは何百メートルも向こうからやってくる別のゾウを識別できるのだから、それを【１】そばに来て、「あ、〇〇さんだわ、こんにちは」とやるだろうか。自分たちの行動に照らし合わせてわかりたいと思うのが、ヒトの特徴《とくちょう》なんだろう。ライオンは「なぜゾウはあんなに鼻が長いんだろう」なんて、【２】思わないだろう。だからヒトも「なんでなんだろう」と思わずに、「ゾウの鼻は長いんだ、最初から長いんだ」と思えたら、野生動物の見方も、考え方も【３】変わってくるのではないだろうか。

また、「ガラパゴスゾウガメは、成体、卵にかかわらず、流木などに

2019年度

雙 葉 中 学 校 ▶解説と解答

算 数 (50分)＜満点：100点＞

解 答

1 (1) 31.21 (2) イ…13，ウ…9 2 (1) 6.92cm² (2) 7.46cm 3 (1) 解説の筆算を参照のこと。 (2) **小数第100位の数字**…7，17個 (3) 小数第4035位 4 (1) 3.925kg (2) 15.072トン 5 (1) 10% (2) 14.2% (3) A…6％，B…15%，C…18%

解 説

1 四則計算，約数と倍数

(1) $2.71+2.25\times\left(4.5+4\frac{2}{3}\div\frac{4}{7}\right)=2.71+2\frac{1}{4}\times\left(\frac{9}{2}+\frac{14}{3}\times\frac{7}{4}\right)=2.71+2\frac{1}{4}\times\left(\frac{27}{6}+\frac{49}{6}\right)=2.71+\frac{9}{4}\times\frac{38}{3}=2.71+\frac{57}{2}=2.71+28.5=31.21$

(2) 線分図で表すと，右の図のようになる。図の太線部分はイで割り切れるから，152－74＝78と，295－152＝143もイで割り切れることがわかる。よって，イは78と143の公約数，つまり13の約数であり，13の約数は1と13だが，イ＝1とすると余りがでないので，イ＝13と決まる。また，74÷13＝5余り9より，ウ＝9となる。

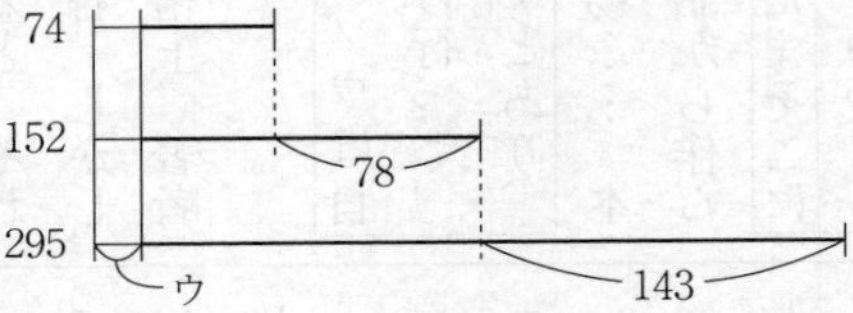

2 平面図形―面積，相似，長さ

(1) 問題文中の図形は，正三角形12個と，正方形6個が合わさってできている。正方形1個の面積は，4×4＝16(cm²)なので，正三角形12個の面積は，179.04－16×6＝83.04(cm²)，正三角形1個の面積は，83.04÷12＝6.92(cm²)とわかる。

(2) 正三角形の，4cmの辺を底辺としたときの高さは，6.92×2÷4＝3.46(cm)である。右の図で，三角形OAPと三角形OQRの相似より，AP：QR＝OA：OQ＝1：2，AP＝3.46×$\frac{1}{2}$＝1.73(cm)となる。また，三角形OAPと三角形SBTは合同だから，AからBまでの太線の長さは，1.73×2＋4＝7.46(cm)と求められる。

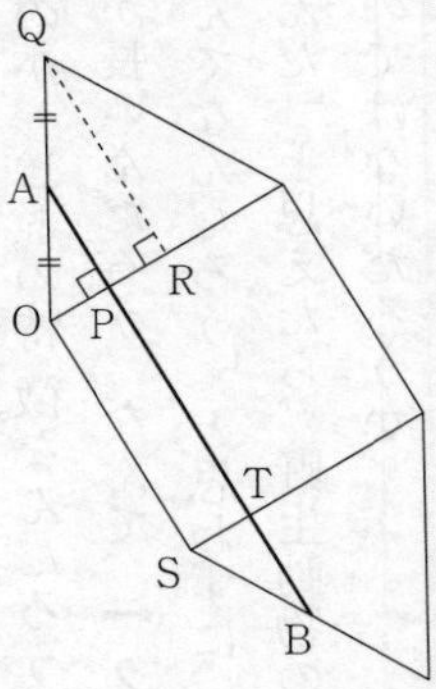

3 数列

(1) $\frac{5353}{5291}$＝5353÷5291より，この割り算を筆算で計算すると，下のようになる。

(2) 下の計算で，アの段とイの段がどちらも6200であることから，イの段以降の割り算はアの段からのくり返しとなり，$\frac{5353}{5291}$を小数で表すと，小数点以下は{0，1，1，7，1，8}の6個の数字が周期となってくり返し並ぶことがわかる。よって，100÷6＝16余り4より，小数第100位の数字は，周期の４番目にある７となる。また，７は１回の周期の中に１個出てくるので，小数第100位までに７は，１×16＋１＝17(個)ある。

⑶　１は一の位に１個あり，その後は１回の周期の中に３個出てくる。(2019－１)÷３＝672余り２より，2019番目の１は，673周期目の２番目の１，つまり673周期目の３番目の数字となる。したがって，６×672＋３＝4035より，2019番目の１は小数第4035位である。

```
          1.01171801
5291 ) 5353
       5291
         6200          …ア
         5291
          9090
          5291
          37990
          37037
            9530
            5291
            42390
            42328
              6200     …イ
              5291
               909
```

４ 割合と比

⑴　Ａの半径の長さを１とすると，Ａの直径とＢの１辺の長さは２となる。このとき，ＡとＢの面積比は，(１×１×3.14)：(２×２)＝3.14：４＝157：200である。この面積比の畑で同じ量の作物を収穫《しゅうかく》したから，ＡとＢの１m^2あたりの収穫量の比は，$\frac{1}{157}:\frac{1}{200}=200:157$となる。よって，Ａで１$m^2$あたり５kg収穫したとき，Ｂでは１$m^2$あたり，$5\times\frac{157}{200}=3.925$(kg)収穫した。

⑵　Ａの収穫量がＢの半分，つまりＡとＢの収穫量の比が１：２のとき，ＡとＢの１m^2あたりの収穫量の比は，$\frac{1}{157}:\frac{2}{200}=100:157$である。この比の差の，157－100＝57が1.71kgにあたるので，比の１にあたる量は，1.71÷57＝0.03(kg)，Ａの１m^2あたりの収穫量は，0.03×100＝３(kg)となる。よって，Ａでは全部で，３×(40×40×3.14)÷1000＝15.072(トン)収穫した。

５ 濃度《のうど》

⑴　やりとりをまとめると下の図１のようになる。作業①の後のＡの食塩水は，100－20＋40＝120(ｇ)なので，作業②のＡの容器では，Ａの食塩水，120－40＝80(ｇ)と濃度13％の食塩水20ｇを混ぜて，濃度10.6％の食塩水100ｇができている。よって，作業①の後のＡの食塩水80ｇには食塩が，100×0.106－20×0.13＝８(ｇ)ふくまれているから，濃度(ア)は，８÷80×100＝10(％)とわかる。

⑵　図１より，作業②の後はＢとＣの食塩水の量と濃度が等しくなるので，ふくまれる食塩の量も同じである。また，作業②は下の図２のようになり，Ｂの食塩水70ｇとＡの食塩水40ｇにふくまれる食塩の差は，70×0.13－40×0.1＝9.1－４＝5.1(ｇ)だから，Ｃの食塩水，60－30＝30(ｇ)にふくまれる食塩の量も5.1ｇとわかる。よって，作業①の後のＣの濃度(イ)は，5.1÷30×100＝17(％)であり，作業②の後のＢとＣにふくまれる食塩の量は，9.1＋5.1＝14.2(ｇ)，濃度(ウ)は，14.2÷100×100＝14.2(％)と求められる。

⑶　最初のＡの濃度を[1]％，Ｃの濃度を[3]％とすると，作業①は下の図３のようになる。Ａの容器で混ぜたＡとＣの食塩水にふくまれる食塩の和は，80×([1]÷100)＋40×([3]÷100)＝[2](ｇ)で，これが，120×0.1＝12(ｇ)にあたるから，最初のＡの濃度は，[1]＝12÷２＝６(％)，Ｃの濃度は，[3]＝６×３＝18(％)とわかる。また，図３より，最初のＢの食塩水30ｇには食塩が，90×0.17－60×0.18＝4.5(ｇ)ふくまれるので，濃度(エ)は，4.5÷30×100＝15(％)となる。

図1

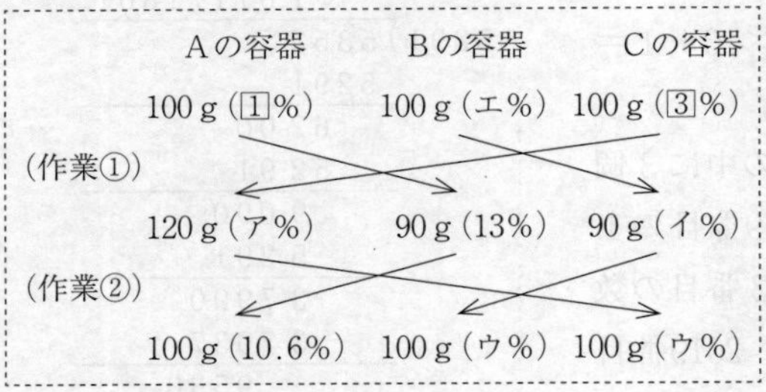

図2

（作業②）
Bの容器…B70 g（13%）＋C30 g（イ%）→100 g（ウ%）
Cの容器…A40 g（10%）＋C60 g（イ%）→100 g（ウ%）

図3

（作業①）
Aの容器…A80 g（[1]%）＋C40 g（[3]%）→120 g（10%）
Cの容器…B30 g（エ%）＋C60 g（[3]%）→ 90 g（17%）

社　会　（30分）＜満点：50点＞

解　答

[1] **問1**　待機児童　**問2**　ハ　**問3**　(1)　ニ　(2)　(例)　地方自治では，国から独立して地域の住民が政治を行う必要があるから。　**問4**　ホ　**問5**　ハ　**問6**　(例)　アメリカ軍普天間飛行場の移設計画　**問7**　ニ　**問8**　ニ　**問9**　子どもの権利条約　[2] **あ**　平泉　**い**　函館　**う**　先住民族　**問1**　(例)　交易が広い範囲で行われていたこと。　**問2**　ロ　**問3**　庸，調　**問4**　かわら　**問5**　ヘ　**問6**　ハ　**問7**　ニ　**問8**　ニ　**問9**　ロ　**問10**　シャクシャイン　**問11**　ホ(と)ロ(の間)　**問12**　イ，ハ，ホ　**問13**　ロ，ホ　**問14**　(1)　ロ，ニ，ト　(2)　ホ　[3] **問1**　(1)　小麦　(2)　ロ　**問2**　(1)　ニ　(2)　棚田　**問3**　ニ　**問4**　ロ　**問5**　(1)　ハ，ニ　(2)　太平洋ベルト／**説明**…(例)　日本の工業は原材料を輸入して加工し，製品を輸出するという特徴があったため，原材料や製品の輸出入に便利な太平洋側の臨海部が工場用地として適切だったから。

解　説

[1] 地方自治や国の政治についての問題

問1　保育所の利用資格を満たして入所申請を出しているにもかかわらず，保育所が不足していたり定員に達していたりして入れず，入所できるのを待っている状態の子どもを待機児童という。2018年4月時点で，全国の待機児童数は約2万人にのぼると計算されている。

問2　地方財政の歳入の格差をなくすため，税収(地方税)の少ない地方公共団体ほど多くの地方交付税が配分されている。したがって，ハがふさわしくない。

問3　(1)　司法権の独立を保障するため，裁判官の身分は日本国憲法で手厚く保護されており，心身に故障のあった場合，定年に達した場合，公《おおやけ》の弾劾《だんがい》(職務違反や非行のあった裁判官を，国会が設置する弾劾裁判所で裁くこと)による場合を除《のぞ》き，やめさせることはできない。よって，ニが正しくない。なお，最高裁判所の裁判官については，内閣が裁判官の指名や任命を行い，国民の代表者である国会の賛成を得る必要はないため，国民審査によって国民が直接，最高裁判所の裁判官をやめさせるかどうか判断できる。　(2)　地方自治は，国から独立した団体の権限と責任において政治を行うという団体自治と，その地域の住民の意思と責任にもとづいて政治を行うという住民自治の原則で成り立っている。そのため，国から独立して地域の住民がその地域の代表を選び，地域の住民から集めたお金でその地域に必要な政治をみずから行うことが求められる。

問4　新しい人権は日本国憲法には明記されていないが，時代と社会の変化によって生じるようになった新たな問題に対応し，人間としての生存を守るために主張されるようになった権利で，ホの私生活を公開されない権利(プライバシーの権利)，知る権利，環境権，アクセス権，自己決定権などがこれにあたる。なお，イは日本国憲法第28条，ロは第20条，ハは第25条，ニは第32条，ヘは第21条で保障されている権利。

問5　情報公開制度は，国や地方自治体などの公的機関が保有している情報の開示を請求できる制度で，国民から請求があった場合には，原則として情報を自由に手に入れることができるようにして，知る権利に対応している。したがって，ハが正しい。

問6　沖縄県宜野湾《ぎのわん》市にあるアメリカ軍の普天間《ふてんま》飛行場は，周りに住宅地が密集していることから，騒音《そうおん》の被害や事故の危険，暴行事件の発生などが問題視されてきた。そのため，政府は2006年に日米間で合意された沖縄県名護市辺野古《へのこ》への移転を進めようとしているが，辺野古移設に反対する住民運動は現在も続いている。

問7　内閣総理大臣は国会議員の中から国会の議決で指名され，天皇によって任命されるが，国務大臣は内閣総理大臣が選んで任命し，内閣を組織する。したがって，ニが正しくない。

問8　日本では，社会で暮らす一員として，障がい者や高齢者がその他の人びとと同じように安心して暮らせる社会の実現が目指されているので，その他の人びとの住む地域と分けへだてることがないよう，環境などを整えなければならない。したがって，ニがふさわしくない。

問9　子どもの権利条約は，18歳未満の子どもを保護し，子どもの基本的人権を国際的に保障するために定められた条約で，1989年の国連総会で採択《さいたく》され，日本は1994年にこれを批准《ひじゅん》した。

2　各時代の歴史的なことがらについての問題

あ　平泉(岩手県)は，平安時代に奥州藤原氏の本拠《ほんきょ》地として，４代約100年にわたり栄えた。初代の藤原清衡《きよひら》が12世紀前半に建てた中尊寺金色《こんじき》堂は壁《かべ》や柱などが金ぱくでおおわれており，奥州藤原氏の権力と財力の大きさを物語っている。2011年，中尊寺や，第２代基衡《もとひら》の建てた毛越寺《もうつうじ》などが，「平泉―仏国土(浄土《じょうど》)を表す建築・庭園及《およ》び考古学的遺跡群」としてユネスコ(国連教育科学文化機関)の世界文化遺産に登録された。　**い**　函館(北海道)は，1854年に結ばれた日米和親条約で下田(静岡県)とともに開港され，アメリカ船に食料や燃料などを供給することが決められた。1858年に結ばれた日米修好通商条約では神奈川(横浜)・新潟・兵庫(神戸)・長崎とともに開港地とされ，翌59年からは貿易も開始された。　**う**　アイヌ民族は，蝦夷《えぞ》地(北海道)・千島列島・樺太《からふと》(サハリン)に古くから住んでいた先住民族で，狩りや漁をして暮らし，独自の生活習慣や文化を築いていたが，明治時代になると政府による同化政策が進められ，アイヌの人びとは生活の場や固有の言語，文化などをうばわれていった。2007年，国連で「先住民族の権利に関する国連宣言」が採択されたことにともない，翌年には国会で「アイヌ民族を先住民族とすることを求める決議案」が全会一致によって採択された。

問1　黒曜石は限られた場所でしか産出しないため，北海道十勝《とかち》の黒曜石が青森県の三内丸山遺跡で見つかったということは，縄文時代に広い範囲《はんい》で交易が行われていたことを示している。

問2　1968年に埼玉県行田市の稲荷山《いなりやま》古墳から出土した鉄剣には，雄略《ゆうりゃく》天皇のことと考えられている「ワカタケル大王」の名をふくむ115の文字が刻《きざ》まれていることがわかった。これにより，5

世紀には大和政権の勢力が関東地方にまでおよんでいたことが証明された。したがって，ロが正しい。なお，イの大山《だいせん》(大仙)古墳は大阪府堺《さかい》市にある日本最大の前方後円墳。ハの江田船山《えたふなやま》古墳は熊本県にある前方後円墳で，ここで発見された鉄刀にも「ワカタケル大王」の文字が刻まれていた。ニについて，邪馬台国《やまたいこく》の女王卑弥呼《ひみこ》は魏《ぎ》(中国)に使いを送り，魏の権力をかりて国内の政治的安定をはかろうとした。

問３　律令制のもとで，農民は租・庸《よう》・調などの負担をおった。そのうち，都に出て働く代わりに布を納める税を庸，各地方の特産物(布・絹・綿・海産物など)を納める税を調といった。

問４　かわらは飛鳥時代に朝鮮半島の百済《くだら》から仏教とともに伝わり，飛鳥寺を建てるときに初めて用いられたといわれる。741年，聖武天皇は仏教の力で国を安らかに治めることを願い，地方の国ごとに国分寺と国分尼《に》寺を建てるよう命じたが，このとき寺の屋根にかわらが用いられ，全国に広まった。

問５　平安時代のできごとを古い順に並べると，遣唐使の派遣が中止される(894年)→藤原道長が政治の実権をにぎる(11世紀初め)→保元の乱が起こる(1156年)→平清盛が太政《だいじょう》大臣になる(1167年)となる。なお，イ，ホは飛鳥時代，ニ，チは奈良時代のできごと。

問６　源頼朝は富士川の戦い(1180年)で平氏を破ると，平氏追討《ついとう》は弟の範頼《のりより》と義経《よしつね》に任せ，鎌倉を本拠地として武家政権の基盤を築いていった。1180年には侍所《さむらいどころ》(軍事・警察)，1184年には公文《くもん》所(のちの政所《まんどころ》，一般政務)と問注所(訴訟《そしょう》・裁判)を設けるなど，着々と幕府のしくみを整えていった。頼朝が征夷大将軍に任命されたのは1192年のことなので，ハが正しくない。

問７　1467年から11年間続いた応仁の乱で主戦場となった京都の町は焼け野原になった。応仁の乱後，町衆とよばれる商工業者たちが中心となって京都の町を復興させ，中断していた祇園《ぎおん》祭も再開させた。したがって，ニが正しくない。

問８　伊達《だて》政宗は安土桃山時代から江戸時代初期にかけて活躍《かつやく》した武将で，仙台藩の基礎を築いた。一方，毛利氏は元就《もとなり》のときに大内氏・尼子《あまご》氏を滅《ほろ》ぼし，中国地方の10か国を領有した。なお，イは駿河《するが》国(静岡県中部)や遠江《とおとうみ》国(静岡県西部)，ロは甲斐《かい》(山梨県)や信濃(長野県)，ハは相模《さがみ》(神奈川県)や伊豆(静岡県東部)，ホは越後(新潟県)や上野《こうずけ》(群馬県)に領地があった戦国大名。

問９　1837年，大阪町奉行所の元役人・陽明学者であった大塩平八郎は，天保のききんのさいの幕府の対応に不満を持ち，ききんで苦しんでいる人びとを救うため，門人や周辺の農民らによびかけて大阪で反乱を起こした。よって，ロが正しくない。

問10　1669年，蝦夷地(北海道)日高地方のアイヌ首長であったシャクシャインは，松前地方を領有していた松前藩の不正な取り引きと圧政に対し，アイヌの人びとを率いて立ち上がった。しかし，シャクシャインは講和の席で松前藩のたくらみにかかって殺された。

問11　1886年，イギリスの貨物船ノルマントン号が紀伊半島の沖合で沈没したさい，イギリス人船長や乗組員はボートで脱出して無事だったが，日本人乗客は全員が見殺しにされるという事件が起こった。しかし，イギリス人船長は日本の裁判にかけられず，イギリス領事による裁判で軽い罪に問われただけだったため，条約の改正を求める声が全国で高まり，1894年，外務大臣陸奥宗光《むつむねみつ》がイギリスと交渉《こうしょう》し，領事裁判権(治外法権)の撤廃《てっぱい》に成功した。イは1918年，ロは1895年，ハは1910年，ニは1871年，ホは1886年，ヘは1902年のできごとなので，ホとロの間に入る。

問12　イ　1929(昭和４)年，アメリカ・ニューヨークの株式市場で株価の大暴落が起こり，世界恐慌《きょうこう》へと発展した。日本経済も例外ではなく，深刻な不況に見舞《みま》われた。　ハ　1918(大正７)年，富山県魚津の主婦たちが米の安売りなどを求めて行動を起こしたのをきっかけに，同じような騒動が全国各地に広がった。このできごとは米騒動とよばれる。　ホ　1923(大正12)年９月１日，相模湾を震源とするマグニチュード7.9の大地震が発生し，地震と火災によって東京や横浜では甚《じん》大《だい》な被害が出た。このとき，東京や横浜を中心に朝鮮人が暴動を起こしているといううわさが広まり，多くの朝鮮人や中国人が殺された。

問13　室町時代に日本・中国・東南アジア諸国との中継《ちゅうけい》貿易で栄えた琉球《りゅうきゅう》王国は，江戸時代初めに薩摩藩(鹿児島県)に征服された。琉球王国は薩摩藩の支配下に入ったのちも明(中国)に対しては独立をよそおい，明との朝貢《ちょうこう》関係を続けたので，ロが正しくない。また，日中平和友好条約が結ばれたのは1978年のことであるが，第二次世界大戦後にアメリカの統治下におかれた沖縄は1972年に日本に返還されているので，ホも正しくない。

問14　⑴　イは1943年，ロは1932年，ハは1940年，ニは1933年，ホは1941年，へは1945年，トは1937年，チは1940年，リは1941年のできごとである。　⑵　日本は1945年８月に降伏《こうふく》すると連合国軍の占領下におかれ，GHQ(連合国軍最高司令官総司令部)の指導のもとで民主化政策をおし進めていった。同年12月には衆議院議員選挙法が改正され，初めて女性参政権が認められた。翌46年４月に行われた戦後初の総選挙では，39名の女性の国会議員が誕生した。したがって，ホが正しい。

3　四国地方の自然や産業を中心とした問題

問１　⑴　小麦は寒さや乾燥《かんそう》に強く，北アメリカ，アジアからヨーロッパにかけての比較《ひかく》的冷涼《れいりょう》な地域や乾燥地帯でおもに生産されている。日本では，生産量約90万トンのうち，約３分の２を北海道産が占《し》める。　⑵　小麦はうどんの原料でもあり，四国地方では「讃岐《さぬき》うどん」で知られる香川県の生産量が多いので，ロがあてはまる。なお，イは高知県の生産量が全国第１位のなす，ハは各県の生産量が平均して多いことから米，ニは徳島県の生産量が全国第３位のにんじん。

問２　⑴　沖縄県は梅雨や台風の影響を受けるため降水量は多いが，県内を流れる川は長さが短く流れも速いので，降った雨はすぐに海に流れてしまい，夏に日照りが続くと水不足になりやすい。そのため，沖縄県では屋根や屋上に貯水タンクを設置し，水不足に備えている。したがって，ニが正しい。　⑵　日本は国土が山がちなため，平地の少ない地域では，山の斜面《しゃめん》や谷の傾斜《けいしゃ》地を階段状に切り開いて水田をつくっている。これを棚田《たなだ》といい，一つひとつの規模が小さく労力がかかるためその面積は減っているが，洪水を防ぐ働きがあることや景観が美しいことなどから，各地でこれを保存する動きが広がっている。

問３　イの日光東照宮は神社なので(⛩)，ロの富岡製糸場とホの石見銀山はすでに閉鎖・閉山されて現在は史跡となっているので(∴)，屋久島の縄文杉は針葉樹なので(Λ)の地図記号で表される。なお，イは栃木県，ロは群馬県，ハは鹿児島県，ニは広島県，ホは島根県にある世界遺産。

問４　栽培漁業は，魚や貝の卵を人工的にふ化させて稚魚・稚貝になるまで育て，海などに放流したあと，自然の力で大きくなったものをとるという漁業である。したがって，ロが正しくない。

問５　⑴「瀬戸大橋をわたって，新幹線に乗」るとあるので，一番近いのは岡山駅。岡山駅で新幹線に乗ると，岐阜県と愛知県の境で木曽川，静岡県で富士川，神奈川県と東京都の境で多摩川を横切り，東京駅に着く。よって，奈良県・和歌山県を流れる紀ノ川，広島県・島根県を流れる江《ごう》の川はあてはまらない。　⑵　北九州から南関東にかけての太平洋側には，西から順に北九州工業地帯(地域)，瀬戸内工業地域，阪神工業地帯，中京工業地帯，東海工業地域，京浜工業地帯，京葉工業地域が帯状に連なり，太平洋ベルトとよばれる。これらの地域に工業が発達した理由としては，海外から原材料や燃料を輸入したり製品を輸出したりするのに便利だったこと，交通網《もう》が整っていて原材料や製品の運搬《うんぱん》が容易だったこと，埋《う》め立て地などの工業用地が得やすく，労働力を集めやすかったことなどがあげられる。

理科　(30分)　＜満点：50点＞

解答

1 問1　火星　問2　ア　問3　エ　問4　①　イ　②　ウ　③　ア　問5　イ，エ　問6　右の図　問7　(例)　大雨などで川が増水し，運ぱん作用が強まったから。

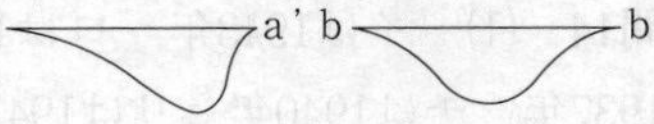

2 問1　空気より重い　問2　ア　○　イ　○　ウ　×　エ　×　オ　○　カ　○　問3　ウ，オ　問4　8.64g　問5　(例)　袋がふくらむ。　問6　B　オゾン分子　C　酸素原子　D　酸素分子　**3** 問1　(1)　(例)　卵，幼虫，さなぎ，成虫の順に育つ，さなぎの時期を経る育ち方。　(2)　③，⑥　問2　④，⑥　問3　①　○　②　×　③　×　④　×　問4　②　問5　解説の図を参照のこと。　**4** 問1　(1)　(例)　虫メガネBの紙のほうが早く焦げる。　(2)　イ　問2　1.33cm　問3　①　c　②　b　③　a　問4　解説の図 ii を参照のこと。　問5　0.75cm

解説

1 **火星大接近と流れる水のはたらきについての問題**

問1　火星は，地球のすぐ外側を公転している惑星《わくせい》で，地球との距離《きょり》はいつも変化している。公転周期は地球のほうが短く，地球は約780日ごとに火星に追いついて接近する。このときの距離は，火星の軌道《きどう》がわずかにだ円形のため変化し，距離が短いときは大接近とよばれる。2018年７月31日の火星大接近は，15年ぶりのできごとであった。

問2　火星探査機の映像などによりイ～オの報告がなされ，イ～オはいずれも流れる水のはたらきによってできたと考えられるので，火星の表面には液体の水が流れていたといわれている。

問3　火星は地球よりも太陽から遠くはなれているため，地表の温度が下がり，水は冷やされて凍《こお》ることが考えられる。

問4　川の流れのかたむきは上流ほど急で，下流にいくほどゆるやかになる。基準点から観察地点までの間に川が１kmあたりどれだけかたむいているかは，観察地点①では，65.5÷8.22＝7.96…(m)，観察地点②では，126.3÷60.99＝2.07…(m)，観察地点③では，505.8÷16.11＝31.39…(m)と求められる。このかたむきや基準点との標高差より，観察地点①～③のうち，観察地点③が最も上流側にあり，観察地点②が最も下流側にあるとわかる。河原で見られる小石は，流れる水のはたらきをあまり受けていない上流では角張っており，下流にいくほど丸みをおびて小さくなっていく。

問5，問6　川の曲がったところでは曲がりの内側より外側のほうが流れが速く，まっすぐ流れる

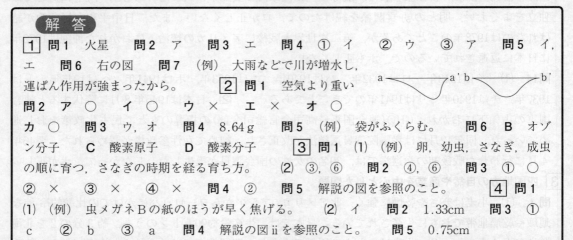

ところでは川の中央ほど流れが速くなる。また，川の流れが速いところほど川底が深くけずられ，遅いところほど土砂がたい積して水深が浅くなる。

問７　観察地点①でまわりと比べて極めて大きな重たい石は，ふだんの流れで運ばれてくることはないが，大雨で川が増水したときなどに運ぱん作用が強まれば上流から運ばれてくると考えられる。

2　気体の性質と環境《かんきょう》問題についての問題

問１　硫化《りゅうか》水素は空気の約1.19倍の重さで空気より重いため，谷間やくぼ地にたまりやすい。

問２　**ア**　二酸化炭素を水に溶《と》かしたものは炭酸水である。炭酸水は一般に炭酸飲料として飲まれている。　**イ**　ドライアイスは二酸化炭素を固体にしたもので，室温で固体から液体にならず，直接気体に変化する。そのため，ものをぬらさずに冷やすことができ，保冷剤《ざい》として使用される。　**ウ**　二酸化炭素が溶けた炭酸水は酸性を示す。　**エ**　酸性雨の原因となる物質は，工場の排煙《はいえん》や自動車の排気ガスなどの中に含《ふく》まれる硫黄《いおう》酸化物や窒素《ちっそ》酸化物などである。　**オ**　発泡《はっぽう》入浴剤は，炭酸水素ナトリウム(重そう)やクエン酸などを組み合わせ，お湯に入れると二酸化炭素が発生するようにしている。　**カ**　二酸化炭素は温室効果ガスの１つで，地球から宇宙に向けて放出される熱の一部をたくわえて地表にもどす性質が強い。化石燃料の大量消費などにより大気中の二酸化炭素が増え続けており，地球温暖化のおもな原因になっていると考えられている。

問３　二酸化硫黄は水によく溶けて強い酸性を示す。二酸化硫黄の気体にアルカリ性の石灰水を吹《ふ》きかけると，二酸化硫黄が石灰水に溶けて中和が起きて別の物質に変化する。そのため，排出される二酸化硫黄の量を減らすことができる。ウは酸性の胃液とアルカリ性の薬品，オはアルカリ性の石灰水と水に溶けると酸性になる二酸化炭素の反応で，どちらも中和を利用している。

問４　スプレー缶《かん》を５秒間ふき出したときに出る気体の重さは，窒素が，$111.35-108.55=2.8$(g)，酸素が，$107.02-103.82=3.2$(g)で，このときの体積は同じになっている。これより，酸素を３秒間ふき出したときに計測容器に得られる重さは，$3.2\times\frac{3}{5}=1.92$(g)と求められる。計測容器の中の窒素は体積が酸素の４倍なので，スプレー缶から，$3\times4=12$(秒間)ふき出した量になり，その重さは，$2.8\times\frac{12}{5}=6.72$(g)となる。したがって，計測容器に入っている気体の重さは合計で，$1.92+6.72=8.64$(g)である。

問５　気体がまわりをおす力(圧力)のことを気圧といい，山頂は平地よりも気圧が低くなる。ポテトチップスの袋《ふくろ》を山頂に持っていくと袋の外側の気圧が低くなるため，袋がふくらむ。

問６　**B**　オゾン分子は酸素原子の粒《つぶ》３つ，酸素分子は酸素原子の粒２つからできている。また，変化する前と後では，酸素原子の粒の数は変わらない。(2)の式で，変化する前は，酸素原子と酸素分子の合計で酸素原子の粒が，$1+2=3$(つ)ある。これが変化すると，オゾン分子が１個できる。　**C**，**D**　(4)の式でCが酸素原子とすると，変化する前では酸素原子の粒の合計が，$1+3=4$(つ)となり，$4-2=2$(つ)より，変化した後は酸素分子が２個できると考えられる。なお，Cを酸素分子とすると，Dはオゾン分子となり，左右で変化しないことになるので適切でない。また，Cがオゾン分子とすると，変化する前の酸素原子の粒の合計が，$3+3=6$(つ)となり，Dはあてはまるものがないため適さない。

3　昆虫《こんちゅう》の育ち方とカイコガの生殖《せいしょく》行動についての問題

問１　(1)　昆虫の育ち方のうち，卵→幼虫→さなぎ→成虫の順に育つ育ち方を完全変態という。なお，卵→幼虫→成虫の順に育ち，さなぎの時期のない育ち方は不完全変態とよばれる。　(2)　アゲハやモンシロチョウ，カブトムシ，ガなどは完全変態で，アキアカネやアブラゼミ，バッタなどは不完全変態である。なお，クモやダンゴムシは昆虫ではない。

問2　①　昆虫のあしは，胸から6本出ている。　②　昆虫は，空気の出入り口である気門につながる気管が体中にはりめぐらされていて，この気管で呼吸をしている。　③　昆虫の幼虫やさなぎが成虫になることを羽化という。ふ化は卵がかえることである。　④　昆虫は，かたい外骨格を持つため，からだを成長させるために脱皮《だっぴ》して古い皮をぬぎすてる。　⑤　アゲハは1令幼虫から4令幼虫までは鳥のふんに似た黒色と白色のまだらもようをしており，5令幼虫になると緑色になる。　⑥　カイコガの成虫は，口が退化していて何も食べない。

問3　実験1でペトリ皿のふたをしたとき，オスはメスのすがたが見えても反応を示さないことより，オスの生殖行動に視覚的な刺激は関係していないと考えられるので，②は誤りである。実験2より，オスの生殖行動を引き起こすメスのフェロモンは口部から出ておらず，全身から分泌《ぶんぴつ》されているとはいえないため，③は誤っている。実験3でペトリ皿のふたを開けると，オスは頭部に2本触角《しょっかく》があるときには15cmほどはなれた場所にいるメスのフェロモンを感じとることができてメスのほうへ移動したが，触角が片方のみだとメスのいる方向へと移動できていない。このことから，①は正しく，④は誤りである。

問4　図3より，物質Aをつくることができないハエの卵では，卵全体で物質Bの濃度《のうど》が高い。また，図2では，物質Aの濃度が高い卵の前方では，物質Bの濃度が低くなっている。これより，物質Aのはたらきは，前方において物質Bの合成をおさえることがわかる。

問5　図4で，前方と後方では物質Aの濃度が低く，物質Bの合成はややおさえられている。そして，中ほどでは物質Aが図2の前方と同じくらいの濃度となっており，物質Bの合成はほぼおさえられる。したがって，物質Bの濃度は，右の図のようなグラフになると考えられる。

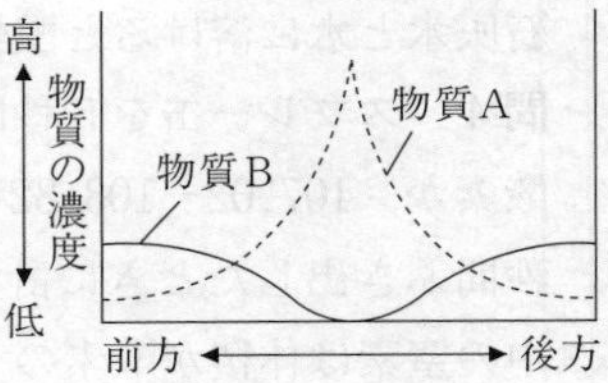

4　虫メガネによりできる像の見え方についての問題

問1　(1)　虫メガネBは虫メガネAより直径が大きいので，多くの光が虫メガネを通過する。したがって，光が1点に集まる焦《しょう》点《てん》では，虫メガネBのほうが虫メガネAよりも多くの光が集まり，早く温度が高くなるため，紙が早く焦《こ》げ始める。　(2)　右の図iのように，同じ焦点距離の虫メガネの場合，虫メガネから同じ距離(焦点距離を除く)のところに光が集まってできる明るい部分の直径は，虫メガネの直径が大きいほど大きくなる。

図 i

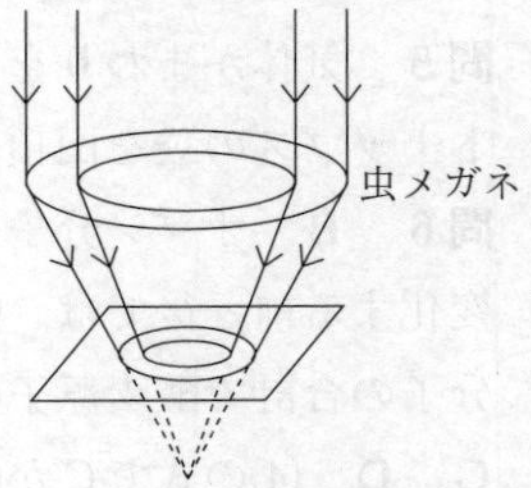

問2　表1で，(虫メガネから矢印Yまでの距離)÷(虫メガネから矢印Xまでの距離)＝(矢印Yの長さ)という関係が成り立っている。したがって，ここでの矢印Yの長さは，4÷3＝1.33…より，1.33cmである。

問3　図3で，点Pから出て虫メガネを通った光は，②と③には届くが①には届かない。また，点Qから出て虫メガネを通った光は，①と②には届くが③には届かない。したがって，①では，点Pから出た光は届かず，点Qから出た光は点Q'からの光として感じられ，矢印Yのうち点Q'側が見えて点P'側が見えないcのように見える。②では，矢印Yの点P'と点Q'からの光が感じとれ，矢印の見え方はｂとなる。③では，矢印Ｙのうち点P’側が見え，点Q’側が見えず，ａのように見える。

問４　矢印Ｘの点Ｐと点Ｑから出た光は虫メガネA_1を通って，矢印Ｙの像をつくり，この像から出た光は虫メガネA_2を通って，観察者に届く。下の図ⅱのように，点Q’から出て虫メガネA_2を通って広がった光は，観察者から見たときには図２と同じように目と反対側に延長した点Q”から出たように見える。同様に，点P’から出て虫メガネA_2を通って広がった光は，観察者から見たとき，目と反対側に延長した点P”から出たように見えることになる。したがって，この望遠鏡を通して見ると，観察者には矢印Ｚが見える。

図ⅱ

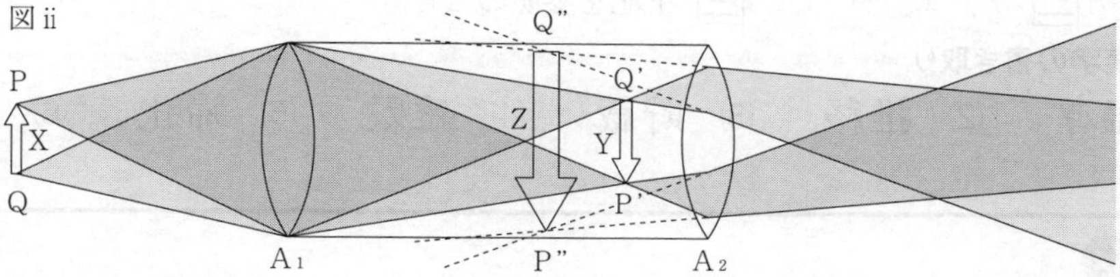

問５　表２で，(虫メガネから矢印Ｙまでの距離)÷(虫メガネから矢印Ｘまでの距離)＝(矢印Ｙの長さ)という関係が成り立っている。図４にあてはめると，長さ１cmの矢印Ｘから出て，虫メガネA_1を通ってできた矢印Ｙの長さは，15÷60＝0.25(cm)となる。また，虫メガネA_2から矢印Ｙまでの距離は，23－15＝８(cm)である。表１で，長さ１cmの矢印Ｘの場合，虫メガネから矢印までの距離が８cmのときに虫メガネで見た矢印の大きさは３cmとなることから，図４で望遠鏡を通して見える矢印の長さは，３×0.25＝0.75(cm)と求められる。

国　語　（50分）＜満点：100点＞

解　答

一　**問１**　(例)　アフリカは，本格的に探検されるようになったのが一八世紀後半からで，そのようすは人々に知られていないことが多く，なぞに包まれていたから。　**問２**　イ，オ　**問３**　(例)　原始時代には一つ一つのことを自分の目で見て自分で判断していかねばならず，とくに命にかかわるようなことについては，うかつに一般化することなどできなかったはずだから。　**問４**　(例)　見たものを言葉に置き換えるのは便宜上にすぎないということを，忘れがちであること。／ヒトの行動に照らし合わせて動物の行動の意味を理解したいと思うこと。　**問５**　１　カ　２　ウ　３　オ　４　イ　**問６**　ウ　**問７**　(例)　類人猿も道具を使う例があるから。　**問８**　(例)　ゾウの家族ごとにちがう草の食べ方。　**問９**　イ　**問10**　常識にとら　**問11**　(例)　いつも車の中から動物たちを見ていたが，車を降りて自然の中を歩くと，人間はとても小さく，視線の高さが動物たちに近くなったため，周囲の見え方が違って驚いたから。　**問12**　エ，オ　**問13**　(例)　一つの研究を始めると，すぐに結論を推察して全体像をつかんだつもりになり，研究をそれ以上進めずやめてしまうこと。　**問14**　ア　**問15**　(例)　めったにないようす。　**問16**　いい(よい)　**問17**　(例)　一つ残らず片づけること。　**問18**　(例)　自然科学は，自然現象を客観的に明らかにする学問なので，自然現象そのものよりも自分

の考えを優先するようでは，自然科学という学問とはいえなくなるということ。 **問19** ウ
問20 ⑴ **a** （例） 実際にペンギンを観察せず，もっぱら書物からの知識で研究する有名な鳥類学者。 **b** （例） 視線の高さを変えてペンギンを観察し続けたカメラマンの筆者。 ⑵ （例） サウスジョージア島のペンギンの左右の足の太さが違うこと。 **問21** （例） （私は自分を）頭の悪い人（だと思う。）／理科で雪の結晶について調べたとき，本やネットには写真だけでなく，できかたや種類もわかりやすく説明されていた。しかし，私は理くつだけでは十分飲み込めず，雪の降る日にてのひらに雪を受けて，とける直前の結晶を実際に見て初めて納得できたからだ。 **二** ア，エ，カ **三** 下記を参照のこと。

●漢字の書き取り

三 ⑴ **温厚** ⑵ **推移** ⑶ **貯蔵** ⑷ **雑穀** ⑸ **帰化** ⑹ **刷新** ⑺ **収拾**

解　説

一 **Ⅰの出典は岩合光昭《いわごうみつあき》の『生きもののおきて』，Ⅱの出典は寺田寅彦《てらだとらひこ》の『寺田寅彦―科学者とあたま』による。**Ⅰの文章では，実際に自分の目で観察すること，常識にとらわれず柔軟《じゅうなん》な視点を持つことが自然科学において大切だと述べられている。Ⅱの文章では，はじめからだめにきまっているような試みを一生懸命《けんめい》につづけることで，人は自然が示す「宝物」を拾うことができると説明されている。

問1 「暗黒」は，まだ明らかにされずわからない状態を表す。アフリカ探検が本格的になったのは一八世紀後半からで，それまでアフリカは知られていないことが多く，なぞに包まれていたというのである。

問2 **イ** Aは，人間の想像によって事実が確認《かくにん》されないままできた物語の例である。 **オ** Bは，Aの物語のもとになったと考えられる話で，Aほど「物語」性は強くないものの，「ゾウの骨が固まってある」理由を人間が推測している点では，Aと共通している。

問3 すぐ後で説明されている。原始時代はすべて自分の目で確かめて判断するしかなかったため，特に命にかかわることでは，うかつに一般《いっぱん》化などできるはずもなかったのである。

問4 一つは，ヒトの言語にかかわることで，ヒトは「見たものを，意識の言葉に置き換《か》えて理解しようとする」が，「それはあくまで『便宜《べんぎ》上』のことだということを，つい忘れてしまう」と説明されている。もう一つは，ヒトの理解にかかわることで，ヒトは物事を「自分たちの行動に照らし合わせてわかりたいと思う」と述べられている。

問5 **1** 何百メートルも前からわかっているのに，そばに来たときにあえて挨拶《あいさつ》するのだから，ふつうならしないことを特別にするようすの「わざわざ」が合う。 **2** 後に「だろう」とあるので，これと呼応して推量を表す「おそらく」がよい。 **3** ヒトが自分たちの行動に照らし合わせてわかりやすく解釈《かいしゃく》するのをやめると，野生動物への見方や考え方も大きく変わるだろうというのだから，“たいそう”という意味の「ずいぶん」が入る。 **4** ガラパゴスゾウガメは，ほかの場所から流されてきたのではなく，最初からここにいたという考え方があってもいいのではないだろうかという文脈なので「もともと」があてはまる。

問6 筆者は「ふだんの暮らしのなかでも自分の目で見る」ことが必要だと述べている。娘《むすめ》は自由

な目でヒツジを観察して，草しか見ていないと言っていたが，それは「食べることしか考えていない」であろう動物の立場に沿った見方だったので，常識にしばられがちな大人の見方よりも「深い」のだと言っている。よって，ウが合う。

問７　ヒトとほかの動物との違《ちが》いは「道具」を使うかどうかだという考え方に異論が多いのは，類人猿などヒト以外の動物でも，道具を使う例がいくつも確認《かくにん》されているからである。

問８　同じ段落の前半に注意する。「それ」とは，直接には直前の一文の「同じ方法」を指し，ゾウの家族ごとに異なる「草の食べ方」にあたる。ゾウには家族ごとに特有の草の食べ方があるが，それが次の世代にも伝えられると，「立派な伝統」になるというのである。

問９　水が上から下へ流れるように，自然にということ。

問10　筆者は直前の段落で，「常識にとらわれ，自分をそれにはめて考えようとすると，見えるはずのものが見えなくなってくる」と述べ，やわらかな頭で観察することの大切さを説いている。つまり，「そんなことは考えたこともない，どんな本を見ても出ていない，と言う」学者は，常識にとらわれて，見えるはずのものを見落としてしまっているのだと言っている。

問11　次の段落で説明されている。筆者はいつも車の中から動物たちを見ていたが，車から降りて自然の中を歩いたことで，「人間はとても小さい。視線の高さが動物たちに近くなっている」と感じ，周囲の見え方がいつもと違っていることに気づいたのである。

問12　ここでいう「宝物」とは，道ばたやわき道にある「肝心《かんじん》なもの」で，頭のいい人が見逃《のが》しがちなものを指す。頭のいい人は，「自然がわれわれに表示する現象」が自分の考えと一致《いっち》しないとき，自然のほうが間違っていると考えて，自然が示す重要なことに気づかない場合があると筆者は述べている。つまり，自然が示す「宝物」は，「はじめからだめな試みをあえてしなかった人」にはけっして発見できない「糸口」だといえる。

問13　富士の「頂上」は，目指すべき一つの研究の成果，結果にあたる。頭のいい人は，早い段階で結果を見とおし，研究の全体像がわかったつもりになってしまい，それ以上研究を進めないのである。

問14　「ややもすると」は，ともすれば。そうなりがちなこと。

問15　「まれ」は，めったになくめずらしいさま。

問16　前の段落に，「頭のいい人は見通しがきく」ので「あらゆる道筋の前途《ぜんと》の難関が見渡《わた》される」と述べられている。そのため，「頭のいい人」にうっかり助言を求めると，しらみつぶしに前途の難関をあげられ，「自分のせっかく楽しみにしている企図《きと》」の絶望を「宣告」されるというのである。なお，本文には「頭のよい人」という表現があるので，解答としては「よい」も成り立つ。

問17　「しらみつぶし」は，細かいことも一つ一つ残さず処理するようす。

問18　自然科学とは，自然現象を客観的に明らかにしていく学問をいう。自然の現象が自分の考えと一致しないとき，「自然のほうが間違っている」かのように自分の考えを優先しては，自然科学の前提に反してしまい，学問として成り立たなくなってしまうのだと筆者は述べている。

問19　頭のいい人は，自分の思いどおりの結果が出たときに，自分の頭のよさを信じているため，それが「偶然《ぐうぜん》の結果」である可能性を検証しないのだから，ウがふさわしい。

問20　⑴　**a**　Ⅱの文章でいう「頭のいい人」にあたるので，筆者がペンギンの左右の足の太さが異なると報告したとき，「そんなことは考えたこともない，どんな本を見ても出ていない」と言った「イギリスの有名な鳥類学者」だとわかる。　**b**　Ⅱの文章では「頭の悪い人」にあたり，サウスジョージア島で「来る日も来る日も，ペンギンを見」て，新しい発見をしていた筆者のことを指す。　⑵　**c**　筆者は，サウスジョージア島でペンギンを見ていて，「そこのペンギンたちは左右の足の太さが違う」ということに「ふと気づいた」のである。

問21　どちらを選んでもいいが，「頭のいい人」「頭の悪い人」の性質をふまえたうえで，理由を「具体的に」書くように注意する。

二　童謡《どうよう》の歌詞の鑑賞《かんしょう》

ア　「甍《いらか》」は瓦葺《かわらぶ》きの屋根。見上げた空に甍と雲が広がる情景を波の重なる海に見立て，鯉《こい》のぼりがゆうゆうと泳ぐようすを歌っている。　**エ**　第二連の「開《あ》ける広き其《そ》の口」は，鯉のぼりの口。大きくあけた口は，舟《ふね》を飲みこみそうな勢いで，「尾鰭《おひれ》」まで風をはらみ，堂々たる姿をしているのである。　**カ**　第三連の「わが身に似よや男子《おのこご》」は，滝《たき》のぼりをして竜《りゅう》に変身する鯉が，自分のように立派になれと男の子を励《はげ》ますようすを表している。

三　漢字の書き取り

⑴　おだやかでやさしいようす。　⑵　移り変わり。　⑶　たくわえておくこと。　⑷　米や麦以外の穀類。豆・そば・胡麻《ごま》など。　⑸　望んでほかの国の国籍《こくせき》を取得し，国民になること。　⑹　悪い点をのぞいて全面的に新しくすること。　⑺　混乱した事態などを整えおさめること。

2018年度　雙葉中学校

〔電　話〕　(03) 3261－０８２１
〔所在地〕　〒102－8470　東京都千代田区六番町14－1
〔交　通〕　JR中央線・東京メトロ丸ノ内線・南北線
　　　　　　―「四ツ谷駅」より徒歩２分

【算　数】（50分）〈満点：100点〉

1　ア ～ キ にあてはまる数を書きましょう。（式と計算と答え）

(1)　1＋2＋3＋……＋76＋77 の答えは ア です。この式の中で，連続する３つの数 イ と ウ と エ の前にある＋を－にかえると，答えは2763になります。**イ**，**ウ**，**エ**は小さい順に書きましょう。

(2)　たて40cm，横15cm，高さ６cmの直方体のレンガがたくさんあります。このレンガを同じ向きに積み重ねてできる一番小さい立方体の１辺の長さは オ cmです。このとき，カ 個のレンガを使います。

(3)　仕入れ値が キ 円の品物を，定価の15％引きで売ると225円の利益があり，定価の２割引きで売ると450円の損になります。

2　私は，祖母，父，母，兄，妹の６人家族です。家族は全員年令が異なります。現在，私は12才，祖母は60才以上，父は40才以上，兄は20才未満で，兄の年令は妹の年令の２倍です。

(1)　２年前，兄，私，妹の年令の平均は祖母の年令の６分の１でした。現在，祖母は何才ですか。考えられるものをすべて答えましょう。必要なら答えの線をのばして書きましょう。（考え方と式と答え）

答え				
	才	才	才	

(2)　２年後，兄，私，妹の年令の和は父と母の年令の和の半分になります。母は父より４才年上です。現在，父と母はそれぞれ何才ですか。（考え方と式と答え）

3　右の図形で，○印のついた４つの太線の長さはすべて等しく，４つ合わせると，１つの円の円周と同じ長さになります。かげをつけた部分の面積は何cm^2ですか。円周率は3.14です。（式と計算と答え）

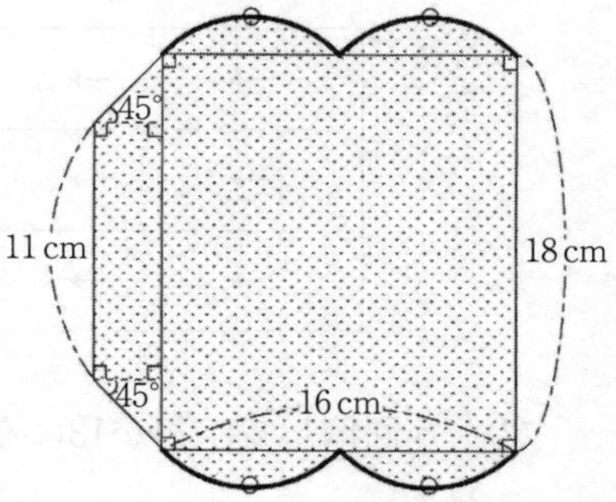

4　ある時計は３時20分から，長針も短針も進む速さは変わらずに，長針だけが反対向きに進むようになってしまいました。

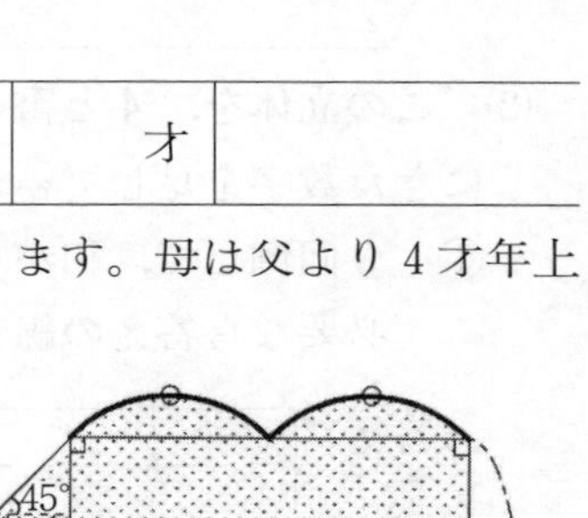

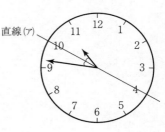

(1)　３時20分以降で，初めて長針と短針が重なるとき，正しい時刻は何時何分ですか。（式と計算と答え）

(2)　３時20分以降で，短針が７と８の間にあって，長針と短針のつくる角が90度になるとき，正しい時刻は７時何分ですか。すべて答えましょう。（式と計算と答え）

(3)　３時20分以降で，短針が10と11の間にあって，上の図のように，長針と短針のつくる角が直線(ア)によって２等分されるとき，正しい時刻は10時何分ですか。（式と計算と答え）

5　［図１］の立体の４つの面は，すべて合同な正三角形です。この立体のそれぞれの面に**1**，**2**，**3**，**4**の数字を書きました。ある方向から見ると［図２］，別の方向から見ると［図３］のようになりました。

［図１］

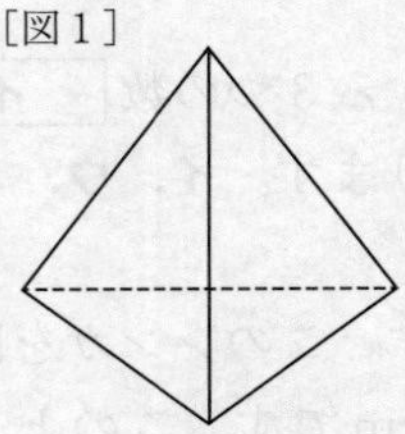

［図２］

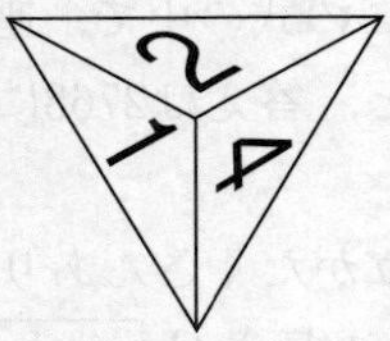

［図３］

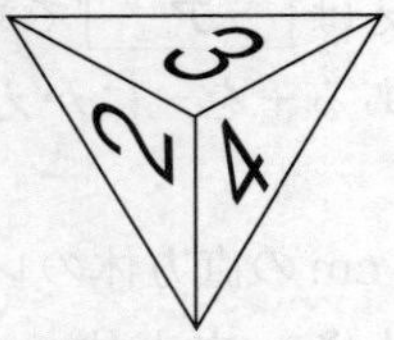

(1)　この立体の展開図を完成させましょう。また，向きを考えて**2**，**3**，**4**の数字も書きましょう。

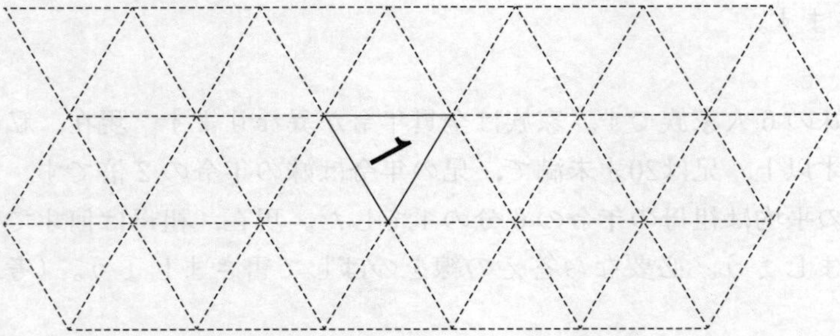

(2)　この立体を，**4**と書いた面を下にして置きます。ここから，辺を軸にして立体を倒《たお》して，下にきた数字を足していきます。

①　３回倒して，和が６になるときの下にきた数字の出方をすべて書きましょう。必要なら答えの線をのばして書きましょう。（考え方と答え）

答え

→ →	→ →	→ →
→ →	→ →	→ →
→ →	→ →	→ →

②　５回倒して，和が13になるときの下にきた数字の出方は全部で何通りですか。（考え方と答え）

【社　会】（30分）〈満点：50点〉

1　次の図①～⑩は，日本の都道府県のうちのいずれかのものです。図を見て，下の問に答えなさい。なお，図の縮尺《しゅくしゃく》はそれぞれ異なり，方位は必ずしも正しくありません。島は一部省略しています。

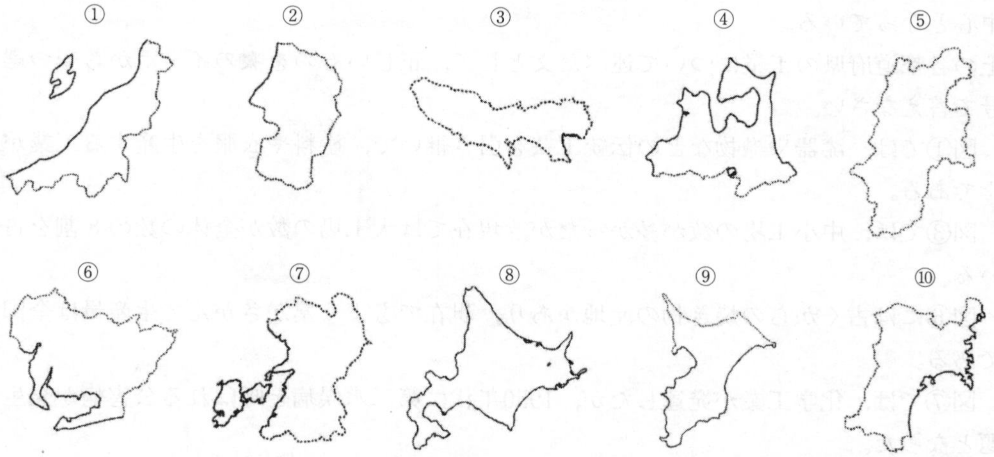

問1　上の図の都道府県のうち，図⑤と隣《とな》り合うものをすべて選び，番号で答えなさい。

問2　上の図の都道府県に流れる川のうち，日本で一番長い川よりも流域面積が広く，流域面積が日本で一番広い川よりも長さが短い川を答えなさい。また，その川が流れる都道府県を上の図から選び，番号で答えなさい。

問3　図②には，急流として知られる河川が流れています。この河川によってできた平野の名前を答えなさい。

問4　図⑤には「日本の屋根」とも呼ばれる山脈が連なっています。このうち，日本海側にある隣り合う県にまたがっている山脈の名前を答えなさい。

問5　上の図の各都道府県の降水量を比べたとき，6月の降水量が最も少ないのはどこですか，番号で答えなさい。

問6　図⑦は2016年に，図⑩は2011年に，大きな自然災害の被害をうけました。これらについて述べた文として正しいものを，次のイ～ホからそれぞれ一つ選び，記号で答えなさい。

イ　ふもとの村や町では，大規模な火砕流《かさいりゅう》の発生により，家屋や畑が大きな被害をうけた。

ロ　大津波によって沿岸地域では，多くの建物が流されるなど深刻な被害をうけた。

ハ　やませが吹《ふ》き，冷害が生じて農作物が不作になるなど，深刻な被害をうけた。

ニ　高潮により，沿岸部では家屋や漁船が流され，大きな被害をうけた。

ホ　地震による土砂崩《くず》れが発生し，建物が倒壊《とうかい》するなどの大きな被害をうけた。

問7　上の各都道府県の農林水産業の変化について述べた文として，正しいものを次のイ～ホから一つ選び，記号で答えなさい。

イ　図②では農業機械が取り入れられるなどして，年間耕作時間が50年前と比べ3分の1以下になった。

ロ　図④では果樹栽培がさかんで，1990年代以降に森林の伐採《ばっさい》が進み，県内の天然林が大幅《おおはば》に減った。

ハ　図⑦では畜産がさかんになり，トウモロコシなどの県内で生産された飼料のみで家畜が飼育されている。

ニ　図⑧での米の生産量が多くなり，地方別の割合でみても現在では東北地方に次いで生産量が多くなっている。

ホ　図⑨や図⑩の漁港では，1970年代に遠洋漁業や沖合漁業が減少して，近年は養殖《ようしょく》業が中心となっている。

問８　上の各都道府県の工業について述べた文として，正しいものを次のイ～ホから一つ選び，記号で答えなさい。

イ　図①では，漆器《しっき》や織物などの伝統工芸を引き継《つ》いで，塗料《とりょう》や衣服を生産する工業がさかんである。

ロ　図③では，中小工場の数が多かったが，現在では大工場の数が全体の数の８割を占《し》めている。

ハ　図⑥には古くからの焼き物の産地があり，現在でもよう業がさかんで生産量は全国１位である。

ニ　図⑦では，化学工業が発達したが，1950年代に第二水俣病と呼ばれる公害病が発生し問題となった。

ホ　図⑨では，交通の発達により，隣り合う内陸の県とともに石油化学工業がさかんになっている。

問９　図③や図⑥には，日本を代表する貿易港があります。日本の輸入品は，加工貿易がさかんに行われていた頃《ころ》と比べると，機械類が増えて，現在ではこれが輸入品の第１位になっています。機械類の輸入が多くなった理由を二つあげ，説明しなさい。

2　次の文章を読み，下の問に答えなさい。

終戦から現在までの約70年間に，日本の社会ではさまざまな変化が見られました。戦後の復興から高度経済成長を経て，日本の経済は大きく発展し，人びとの生活もしだいに豊かになっていきました。①高度経済成長の時代には，人の移動が活発になり経済が成長する一方で，出生率が低下しました。そして現在は，②少子高齢化の進行と，過疎《かそ》地域や過密地域の問題がますます深刻になっています。また，急速に情報化が進んだことにより，③テレビや新聞だけでなくインターネットなどからも必要な情報を得られるようになりました。生活が便利になった反面，これを悪用した犯罪も増えています。

地球規模でも，大きな変化がおこっています。人やモノ，お金が国境を越《こ》えて自由に行き来するようになり，世界が結びつきを強める一方，貧富の格差が広がるなど分裂《ぶんれつ》も進んでいます。また，④世界各地で内戦や紛争《ふんそう》が多発し，多くの難民が発生しています。日本も国際社会の一員として，国際連合と協力しながら，自国のみならず他国の問題の解決に向けて，努力する責任があります。

時代の変化とともに社会が複雑になっていくと，国民の政治に対する要求も多様になるため，政策や法律を変えるなどの工夫が求められます。たとえば欧米の制度を参考にして，日本でも⑤一般の国民が裁判に参加する裁判員制度が導入されました。また近年日本では，若い世代の意見をより政治に反映させることを目的の一つとして，選挙権の年齢が18歳以上に引き下げられました。

しかしその一方で，時代や社会の変化に左右されず，私たちが大切にしなければならない考え方もあります。それは，日本国憲法の原則となっている，基本的人権，国民主権，平和主義の三つの考えです。まず，⑥「自由」や「平等」，「個人の尊重」といった基本的人権は，私たちが一人の人間として幸せに生きていくために欠くことのできないものです。そして，人権を確実に守るためには，他の誰かに政治を任せるのではなく，⑦国民自身が主権者となってみずからを治める，民主主義の政治が大切です。さらに，私たちは過去の戦争に対する深い反省から，戦争を放棄《ほうき》し，戦力を持たないことを，憲法の中で誓《ちか》いました。世界で内戦や紛争が多発する中，こうした平和主義の原則は，国際社会でますます重要な意味を持つようになっています。日本国憲法は，その前文で「人類普遍《ふへん》の原理」にもとづくものとされています。「普遍」とは，いつでも，どこでも，誰にとっても例外なく，共通してあてはまるものである，ということです。このように憲法は大切なものですから，⑧国会や内閣で政治を進めるときは，これに反することがあってはいけません。

問１　下線部①について。世界経済が混乱した1973年の出来事は，日本の高度経済成長が終わるきっかけにもなりました。この出来事とは何ですか。

問２　下線部②について。高齢者が増えたことにより，年金や介護，福祉などの制度に必要な費用が増え，現在では国の予算の中でも大きな割合を占めています。高齢者や障がい者，貧困に苦しむ人などを支援《しえん》するための，これらの制度をまとめて何といいますか。

問３　下線部③について。メディアについての説明として正しくないものを，次のイ～ニから一つ選び，記号で答えなさい。

イ　テレビや新聞の報道では，どんな音楽や文章であっても，作者の許可なく自由に利用することができる。

ロ　インターネットを使うと多くの情報を得ることができるが，情報の発信者が誰か不明確な場合がある。

ハ　事実と異なる報道がされると，その後に訂正《ていせい》があっても，生活や仕事の上で被害を受ける人もいる。

ニ　同じ出来事であっても，その情報を伝える人によって考え方や立場が違うと，表現の仕方が変わる。

問４　下線部④について。難民についての説明として正しいものを，次のイ～ニから一つ選び，記号で答えなさい。

イ　日本は難民条約に加入しており，2010年以降の５年間で１万人以上の難民を受け入れた。

ロ　国際連合の加盟国によってつくられる「国境なき医師団」は，難民を救う活動も行っている。

ハ　現在，世界で最も多くの難民が発生している地域は東南アジアであり，背景に差別や貧困がある。

ニ　生命の危険があり，保護を必要とする難民の数は，2016年末の時点で過去最多となった。

問５　下線部⑤について。裁判員制度についての説明として正しくないものを，次のイ～ニから一つ選び，記号で答えなさい。

イ　国民が裁判に関心を持ち，その意見を裁判に反映させる目的がある。

ロ　選挙権を持つ人の中からくじ引きによって，裁判員の候補者が選ばれる。

ハ　裁判員は事件ごとに選ばれ，すべての犯罪についての裁判に参加する。

ニ　裁判員は裁判官とともに有罪か無罪か判断し，有罪の場合は刑の重さも決める。

問6　下線部⑥について。基本的人権の内容として正しくないものを，次のイ～ニから一つ選び，記号で答えなさい。

イ　病気やけがなどで働くことができない場合は，役所に申請《しんせい》をして，国から生活費の支援を受けることができる。

ロ　自分の書いた小説を多くの人に読んでもらいたい場合は，国の機関に申請すれば，自由に出版することができる。

ハ　政府の方針に反する内容のことであっても，大学などで研究を進め，自分の意見として発表することができる。

ニ　罪を犯《おか》したことが明らかな場合であっても，有罪か無罪かの判断を含めて，公正な裁判を受けることができる。

問7　下線部⑦について。民主主義を実現する上で，三権分立のしくみが重要ですが，それはなぜですか。「三権」とはそれぞれ何かを答え，説明しなさい。

問8　下線部⑧について。国会と内閣の役割についての説明として正しくないものを，次のイ～ニから一つ選び，記号で答えなさい。

イ　内閣総理大臣と国務大臣は，国会議員の中から国会が指名する。

ロ　予算案は内閣が作成して国会に提出し，国会が審議《しんぎ》をして議決する。

ハ　条約については，内閣が外国との間で結び，国会がそれを承認する。

ニ　国会が不信任決議をしたら，内閣は衆議院を解散するかどうか決める。

3　次の文章を読み，下の問に答えなさい。

　どの時代にも変わらずに人類が追求してきたことは，暮らしを安定させ，向上させることでした。そのために，①さまざまな道具をつくり，技術を発展させてきました。日本で生活するようになった人びとは，大陸から移ってきたと考えられていますが，その後も大陸の進んだ道具や技術などを数多く受け入れてきました。たとえば，②農業を行うための道具や技術，金属の道具，③古墳をつくる技術があげられます。またそれだけではなく，漢字や仏教，④法律や政治のしくみも取り入れてきました。そのために，遣隋使や⑤遣唐使のような使節の派遣《はけん》も行われたのです。中国や朝鮮半島，⑥琉球との貿易も重要な役割をはたしました。このように日本は，大陸のさまざまな文化を取り入れ，その影響《えいきょう》を強く受けてきました。そして，⑦それらをさらに独自に発展させてきたのです。ポルトガル人が種子島に漂着《ひょうちゃく》したことをきっかけに，ヨーロッパとの交流が始まると，キリスト教や⑧西洋の学問，技術も伝えられました。明治の新政府は，留学生を送るなどして，欧米の政治のしくみを取り入れ，⑨工業の近代化も進めました。

　一方で，暮らしを守り，発展させようとすると，他の集団との争いにつながることがあり，それが社会の変化のきっかけになることもありました。たとえば，日本の⑩弥生時代には，食料や水・土地をめぐってムラやクニどうしが争い，広い地域が有力な王のもとにまとまっていくことにつながったのです。

　⑪鎌倉時代には，元軍が日本を攻撃《こうげき》してきましたが，この戦いの後の日本では，幕府と御家

人との関係がゆらいでいき，⑫幕府は御家人によって滅《ほろ》ぼされました。豊臣秀吉は，⑬16世紀末に日本を統一すると朝鮮を攻《せ》めましたが，この戦いが豊臣氏の力を弱めたともいわれます。⑭江戸時代の初めに薩摩藩が琉球を支配下に入れたことが，その後の日本と琉球の関係を大きく変えました。

明治時代以降の日本は，欧米各国に追いつこうと海外に進出し，清やロシアと戦いました。ヨーロッパで戦争がおこると，日本も⑮この戦争に加わり，領土を拡大していきました。⑯さらに中国に勢力をのばそうとし，中国だけでなく欧米との戦争へとつき進んで行きました。日本は戦争に敗れましたが，⑰そのことが日本の政治や社会を大きく変えていくことにつながりました。1950年代には⑱講和会議が開かれ，日本は条約を結んで独立を回復し，その後，平和で豊かな暮らしを築くための努力を重ねていきました。

問1　下線部①について。生活を向上させた道具の一つに土器がありました。縄文土器と比べて弥生土器が優れている点を一つ答えなさい。

問2　下線部②に関する次のイ～ニを，日本で始められた順に並べなさい。

イ　牛や馬を使って耕作する

ロ　千歯こきを使う

ハ　石包丁を使う

ニ　クリやマメ，イモなどを栽培する

問3　下線部③についての説明として正しいものを次のイ～ホから一つ選び，記号で答えなさい。

イ　古墳が崩れるのをふせぐために，古墳の上には木や草が植えられた。

ロ　古墳の大きさや出土品からは，王の権力の大きさや特色がうかがえる。

ハ　前方後円墳は大和や河内以外にはないが，方墳や円墳は日本各地にある。

ニ　古墳は，王の大きな財力と多くの人手を使って短期間でつくりあげられた。

ホ　古墳のまわりには，王をまつるためにさまざまな形の土偶が並べられた。

問4　下線部④について。日本は中国にならった政治のしくみをつくり始め，律令を定めて中央に権力を集中させました。このことにあてはまらないものを次のイ～ホから一つ選び，記号で答えなさい。

イ　中大兄皇子たちは，天皇をしのぐほどの権力をもった蘇我氏を倒《たお》した。

ロ　全国各地の生産物が税として都に運ばれ，地方の人びとが国の政治を支えた。

ハ　新しく開いた田や畑を，自分の土地とすることを認める法律が出された。

ニ　貴族を役人として地方に派遣し，朝廷の命令がいきわたるようにした。

ホ　聖徳太子は，能力のある人を役人としてとりたてる制度をつくった。

問5　下線部⑤が持ち帰った品物は，東大寺の正倉院に伝えられました。その中には，らくだが描《えが》かれた琵琶《びわ》やガラスの器などがあります。日本にない，このような珍《めずら》しいものが伝えられたのはなぜですか，説明しなさい。

問6　下線部⑥について。古くから琉球は，日本や中国・朝鮮半島以外の地域ともさかんに貿易を行っていました。その地域に含まれるものを次のイ～ホから二つ選び，記号で答えなさい。

イ　インドシナ半島　　ロ　ハワイ諸島

ハ　カムチャツカ半島　　ニ　ルソン島

ホ　アラビア半島

問７　下線部⑦について。

(1)　中国から伝えられた絵画の技法を，日本独自のものとして発展させた室町時代の僧の名前を答えなさい。

(2)　平安時代にうまれた日本風の文化についての説明として正しいものを，次のイ～へから一つ選び，記号で答えなさい。

イ　貴族が住んだ寝殿造の邸宅《ていたく》の床には，たたみがしきつめられていた。

ロ　天皇のきさきであった紫式部が，かな文字で『源氏物語』を書いた。

ハ　貴族に茶をのむ習慣が広がり，茶の湯のための部屋がつくられた。

ニ　端午《たんご》の節句や七夕，打ち上げ花火など季節ごとの行事がさかんだった。

ホ　貴族たちは琴《こと》・笛をたしなみ，囲碁《いご》や双六《すごろく》・蹴鞠《けまり》などを楽しんだ。

へ　防人《さきもり》や貴族たちの和歌を集めた，『古今和歌集』が編集された。

問８　下線部⑧について。西洋の学問の研究は，江戸時代には主に西洋のどの国の言葉を通じて行われましたか。

問９　下線部⑨について。政府は近代的な官営工場をつくり，どのようにして欧米の技術を取り入れましたか。

問10　下線部⑩についての説明として正しくないものを，次のイ～へから二つ選び，記号で答えなさい。

イ　狩猟《しゅりょう》に使っていた弓矢や槍《やり》を，戦いにも使うようになった。

ロ　はにわを使った祭りを行うことで，争いをなくそうとした。

ハ　物見やぐらを設けて，近づいてくる敵を見張るようになった。

ニ　中国の皇帝から倭王に任命され，優位に立とうとする王が出てきた。

ホ　ムラの周囲に堀《ほり》や柵《さく》などをめぐらし，守りをかためるようになった。

へ　水田をあぜ道で囲って，実った稲が盗《ぬす》まれないようにした。

問11　下線部⑪における政治の説明として正しいものを次のイ～ニから一つ選び，記号で答えなさい。

イ　執権が実権をにぎっていた時期に，武士の裁判の基準となる法律が定められた。

ロ　鎌倉で武士による政治が始まったため，朝廷での政治は行われなくなった。

ハ　天皇が御家人を守護や地頭の職に任命し，軍事や警察の仕事を担《にな》わせた。

ニ　源氏の将軍が３代で絶えたため，北条氏が将軍となりその地位を引き継いだ。

問12　下線部⑪以前にも，武士が政治の実権をにぎったことがありました。その武士の名前を答えなさい。

問13　次のイ～リから，下線部⑫と⑬の間にあったことを６つ選び，年代の古い順に並べたときに４番目となるものを記号で答えなさい。

イ　室町幕府が滅ぼされる　　ロ　壇ノ浦の戦いがおこる

ハ　刀狩令が出される　　ニ　関ヶ原の戦いがおこる

ホ　朝廷が二つに分かれる　　へ　応仁の乱がおこる

ト　桶狭間の戦いがおこる　　チ　本能寺の変がおこる

リ　平治の乱がおこる

問14　下線部⑭における政治や社会の変化についての説明として正しいものを，次のイ～ホから一つ選び，記号で答えなさい。

イ　幕府の政策に違反《いはん》した大名家のとりつぶしは，時期が後になるほど増えていった。

ロ　幕府がキリスト教禁止の方針に変えたため，２代将軍の時代に信者はいなくなった。

ハ　美しい版画の浮世絵が生産されるようになったが，少数の人しか買うことができなかった。

ニ　幕府が日本人の海外渡航《とこう》と帰国を禁止したため，日本町はしだいに衰《おとろ》えていった。

ホ　日本と朝鮮との国交は19世紀になって回復し，朝鮮通信使が来日するようになった。

問15　下線部⑮の戦争を答えなさい。

問16　下線部⑯について。この時期の日本と中国の説明として正しいものを次のイ～ニから一つ選び，記号で答えなさい。

イ　日本は朝鮮の支配をめぐって中国と争い，その艦隊《かんたい》を日本海で破り勝ち進んだ。

ロ　日本は中国の東北部で鉄道の線路を爆破《ばくは》し，中国のしわざとして攻撃を始めた。

ハ　朝鮮で内乱がおこると，日本と中国はそれぞれの軍隊を送り，戦いを始めた。

ニ　好景気の続く日本は，資源を得るために，中国の内陸部への進出をめざした。

問17　下線部⑰について。戦争直後に行われた改革として正しくないものを次のイ～ニから一つ選び，記号で答えなさい。

イ　ほとんどの農民が自分の農地を持つようになった。

ロ　政治や経済の再建のため，政党や財閥《ざいばつ》を解散させた。

ハ　小学校と中学校の９年間が義務教育となった。

ニ　労働者の権利が認められ，労働組合の結成が進んだ。

問18　下線部⑱の条約と同じ日に結ばれ，外国の軍隊が日本にとどまることを定めた条約は何ですか。

【理　科】（30分）〈満点：50点〉

1　教会やコンサートホールにあるパイプオルガンはどのように音が出るのでしょうか。たくさんの金属のパイプが印象的ですが，ひとつの鍵盤《けんばん》を弾《ひ》くと，その鍵盤に対応した１本のパイプに空気が送られ，音が出ます。１本のパイプではひとつの音しか出すことができないため，音の数だけパイプが必要で，規模が大きいものでは何千本ものパイプがあります。パイプの長さによって音の高さが，パイプの形状や素材を工夫することで音色が決まり，たとえばフルートの音色の「ド」の音を出すことができます。

ストローを使ってパイプの長さと音の高さの関係を調べました。ストローに口をつけずにそっと息をふきこむと音がします。このときの音を音の高さが分かる機械を使って測定し記録しました。ストローの長さを20 cm，10 cm，５ cmとすると，どれもラの音がしましたが，高さが異なりました。ストローの長さと音の高さの関係は表１のようになりました。音の高さは振動《しんどう》数《すう》で表しています。振動数とは１秒間に空気が振動する回数を表し，１秒間で１回振動するときを１Hz《ヘルツ》と書きます。また，振動数で音階（ドレミ）を表すと，表２のようになります。表２の「ラ」は「ラ」より１オクターブ高い音を表し，図１のような関係にあります。

次に，20 cmのストローの真ん中に穴をあけて同じように息をふきこむと3520 Hzの高さの音がしました。また，10 cmのストローの片側を手でふさいで息をふきこむと1760 Hzの高さの音になりました。

表１

ストローの長さ(cm)	振動数(Hz)
20	1760
10	3520
5	7040

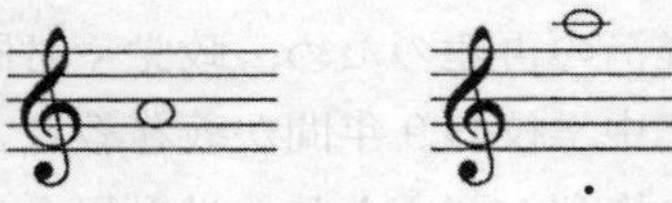

ラ　440 Hz　　ラ　880 Hz

図１

表２

音階	ラ	シ	ド	レ	ミ	ファ	ソ	ラ
振動数[Hz]	440	494	523	587	659	699	784	880

問１　25 cmのストローに息をふきこむと，何Hzの音が聞こえますか。また，その音は20 cmのストローに息をふきこんだときの音と比べて，音の高さはどうなりますか。「高くなる」，「低くなる」，「同じである」のうちから正しいものを選んで答えなさい。

問２　440 Hzのラの音をこのストローで出すためには，何cmのストローが必要ですか。

問３　10 cmのストローの真ん中に穴をあけて同じように息をふきこむと，何Hzの音が出ますか。

問４　30 cmのストロー１本を使って，880 Hzのラの音を出すためには，どのようにすればよいですか。ただし，ストローは切ってもよいものとします。

問５　ストロー15本をドから順に２オクターブ高いドまで，それぞれの音が鳴る長さに切って並べると，次のア～カのどれになりますか。

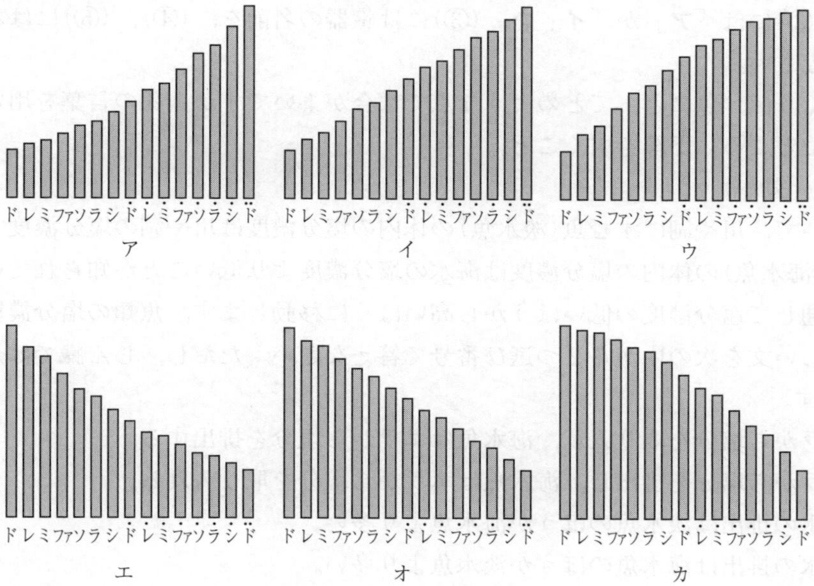

2 動物では，血液がさまざまな物質を体中に運びます。その物質には，呼吸で吸収した酸素や放出する二酸化炭素，食べ物から得た栄養分，塩分などがあります。血液の流れをつくっているのは心臓で，心臓から出ている太い血管は枝分かれをして毛細血管とよばれる血管となり，あみのように体中に分布しています。血液は，酸素を多く含《ふく》む血液(動脈血)と二酸化炭素を多く含む血液(静脈血)に分けることができます。図1は魚のエラのつくりを示し，A <u>エラの1枚には図のようなV字型のつくりが多数見られます。</u>血管**ア**，**イ**のうち，動脈血が流れているのは(①)で，心臓からの血管**ウ**は，(②)につながっています。B <u>エラは呼吸の働きのほか，体内の塩分の濃度《のうど》をじん臓とともにほぼ一定に保つ働きをしています。</u>図2はヒトの肺を示し，矢印の部分には(③)がおさまっています。図3はヒトの心臓を，図4はヒトのからだの血液の流れの一部をそれぞれ示しています。図4の**ク**～**タ**のうち，毛細血管から運ばれる栄養分を最も多く含む血液が流れている血管は(④)で，不要物が最も少ない血液が流れている血管は(⑤)です。

図1

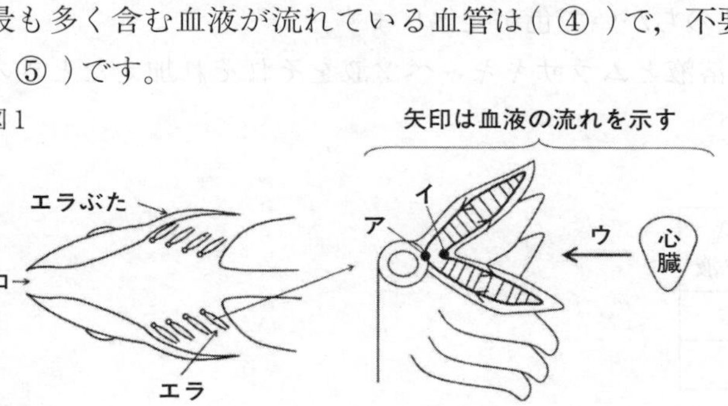

図4

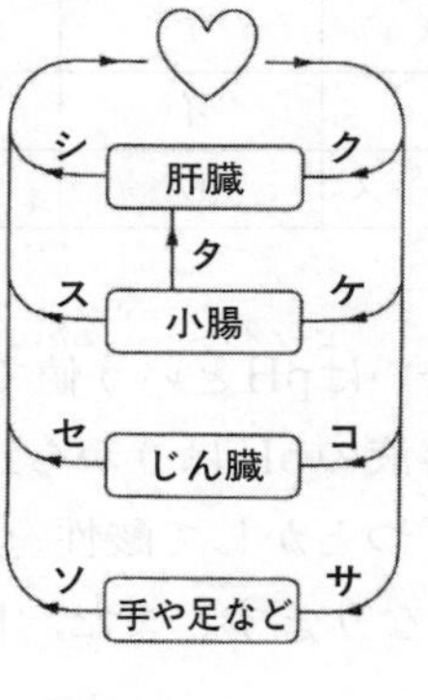

図2

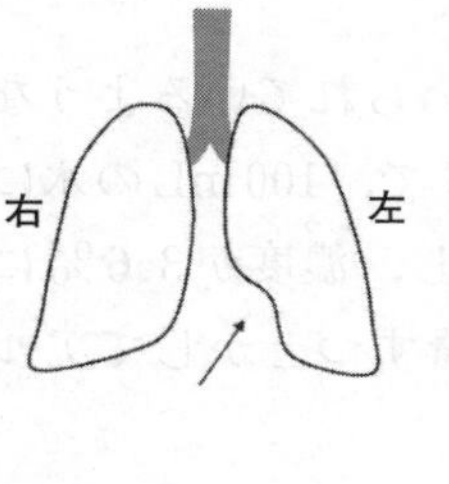

図3

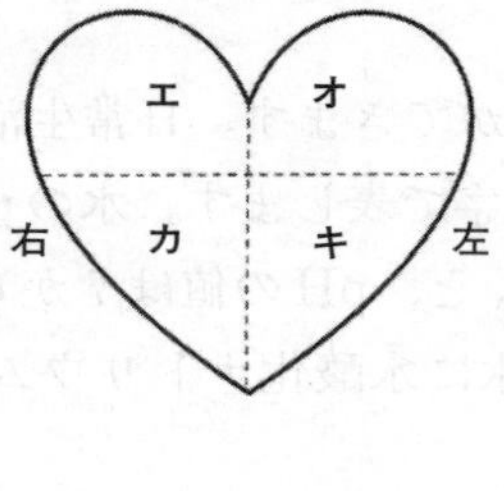

問1　文中の(①)，(②)には「**ア**」か「**イ**」を，(③)には臓器の名前を，(④)，(⑤)にはあてはまる記号を答えなさい。

問2　下線部Aのつくりは，魚にとってどのような点で都合がよいですか。次の言葉を用いて答えなさい。使ったところに下線を引くこと。

(水　　表面積　　効率)

問3　下線部Bについて，川や湖にすむ魚(淡《たん》水魚)の体内の塩分濃度は川や湖の塩分濃度より高く，海にすむ魚(海水魚)の体内の塩分濃度は海水の塩分濃度より低いことが知られています。水は体の表面を通じて塩分濃度の低いほうから高いほうに移動します。魚類の塩分濃度の調節に関して，正しい文を次の中から2つ選び番号で答えなさい。ただし，じん臓では余分な水分を排出《はいしゅつ》します。

①　淡水魚はエラから塩分を取り入れ，海水魚はエラから塩分を排出する。

②　淡水魚はエラから塩分を排出し，海水魚はエラから塩分を取り入れる。

③　じん臓での水の排出は淡水魚のほうが海水魚より多い。

④　じん臓での水の排出は海水魚のほうが淡水魚より多い。

問4　ヒトの吸う空気に含まれる酸素，二酸化炭素の割合(%)はそれぞれいくらですか。またはき出した息に含まれる酸素，二酸化炭素の割合(%)はそれぞれいくらですか。最も適するものを次の中から選び答えなさい。

(0　　0.004　　0.04　　4　　17　　21　　50　　79　　100)

問5　図3の中で動脈血が流れる部屋をすべて選び，入る順に記号で答えなさい。

問6　図3の心臓はおもに筋肉でできています。**エ**と**カ**はどのように縮みますか。次の中から適するものを1つ選び番号で答えなさい。

①　同時に縮む。　　②　交互《こうご》に縮む。　　③　不規則に縮む。

3　水溶《よう》液の液性(酸性・中性・アルカリ性)はリトマス紙や万能試験紙，BTB溶液などを用いて調べます。また，これらの代わりに身近なものを利用することもできます。たとえば，ムラサキキャベツに含《ふく》まれる色素は，液性のちがいで色が変化します。

問1　表1の3種類の水溶液に，BTB溶液とムラサキキャベツ液をそれぞれ加えたときの，正しい色を空らんア～カに入れなさい。

表1

	BTB溶液	ムラサキキャベツ液
石けん水	ア	エ
食塩水	イ	オ
レモンジュース	ウ	カ

液性の度合いはpH《ピーエイチ》という値《あたい》で表すことができます。日常生活に用いられているような比較《ひかく》的うすい水溶液のpHは0から14までの数字で表します。水のpHは7で，100mLの水にこい塩酸を少量ずつとかして酸性を強めていくと，pHの値は7から減少し，濃度《のうど》が3.6%になるとpHは0になります。また，100mLの水に水酸化ナトリウムを少量ずつとかしてアルカリ

性を強めていくと，pHの値は7から増加し，濃度が3.85％になるとpHは14になります。

pH試験紙を用いると色の変化でpHの値を調べることができます。万能試験紙では，pHの値を1～11までの整数で調べることができます。また，表2のようなpH試験紙を用いると，pHのくわしい値を調べることができます。たとえば，チモールブルーというpH試験紙は，pHが8から大きくなるにつれて，次のように黄色から青色にむかって色が変化します。

pH8.0(黄) → pH8.4(黄緑) → pH9.0(青緑) → pH9.6(青)

このように，pHの変化にともなって色が変わる範囲《はんい》を，pHの測定有効範囲といいます。

表2

	pH試験紙	pHの測定有効範囲
A	クレゾールレッド	0.4～ 2.0
B	ブロモフェノールブルー	2.8～ 4.4
C	ブロモクレゾールグリーン	4.0～ 5.6
D	メチルレッド	5.4～ 7.0
E	ブロモチモールブルー	6.2～ 7.8
F	チモールブルー	8.0～ 9.6
G	アリザリンイエロー	10.0～12.0
H	アルカリブルー	11.0～13.6

問2　下線部のpHが14の水酸化ナトリウム水溶液をつくるには，水100mLに水酸化ナトリウムを何gとかせばよいですか。小数第一位まで答えなさい。

問3　水溶液のpHをくわしく調べる方法について，最も適するものを次の中から1つ選び，記号で答えなさい。

ア　リトマス紙で液性を調べてから，pH試験紙をいくつか選んで調べる。

イ　pH試験紙Aから順に調べる。

ウ　ムラサキキャベツ液で調べてから，pH試験紙をいくつか選んで調べる。

エ　万能試験紙でpHの整数の値を調べてから，pH試験紙をいくつか選んで調べる。

オ　BTB溶液で液性を調べてから，pH試験紙をいくつか選んで調べる。

問4　ある雨水のpHは5から6くらいの弱い酸性でした。pHをくわしく調べるためには，表2のどのpH試験紙を用いればよいですか。必要と思われるものをすべて選び，A～Hの記号で答えなさい。

問5　こさが一定のうすい塩酸(A液)にBTB溶液を少量加え，これにこさが一定のうすい水酸化ナトリウム水溶液(B液)を加え，よく混ぜ合わせたときのA液とB液の量と混合液の色を調べると表3のような結果になりました。

表3

A液の体積	B液の体積	混合液の色
60mL	10mL	黄色
40mL	20mL	青色

この実験で混ぜ合わせる液の量が次の①～③の場合，溶液の色は何色になりますか。

①　A液50mLに，B液50mLを混ぜたとき

②　A液45mLに，B液30mLを混ぜたとき

③　A液20mLを水10mLでうすめた液に，B液50mLを水30mLでうすめた液を混ぜたとき

4 昨年の11月，国際会議において「チバニアン(千葉時代)」の提唱が承認され，来年以降，上部組織での審査《しんさ》過程を経て正式に認定されると，地質時代の一つとして初めて日本の地名がついたものが正式に採用されることになります。

問1　チバニアンという地質時代は，今から何年前～何年前の地質時代に対して提唱されていますか。正しいものを選び，番号で答えなさい。

①　約１万年前～現在

②　約77万年前～約12万年前

③　約6600万年前～約5600万年前

④　約２億5200万年前～約２億4700万年前

地質時代は，今から約46億年前の地球誕生から，おもに生物の絶滅《ぜつめつ》や進化に基づいて区分されています。地質時代の区分には化石が使われることが多く，地質時代を明らかにすることができる化石を示準化石と呼んでいます。たとえばサンヨウチュウの化石は古生代という地質時代の，アンモナイトの化石は中生代の示準化石ということになります。示準化石として年代の決定に用いられる化石は，特定の時代にできた地層からのみ見つかるだけでなく，見つかる数が多く，いろいろな地域で見つかるものでなければなりません。

問2　下の図１は離《はな》れた４つの地域**ア**～**エ**における地層の積み重なり方を示しています。図中の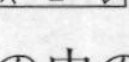は火山灰層を表し，どの地域でも同時に堆積《たいせき》したことがわかっています。それぞれの図の中の矢印は，①～⑥の６種類の化石の見つかった範囲《はんい》を表しています。①～⑥の化石の中で，示準化石として最も適しているものを選び，番号で答えなさい。

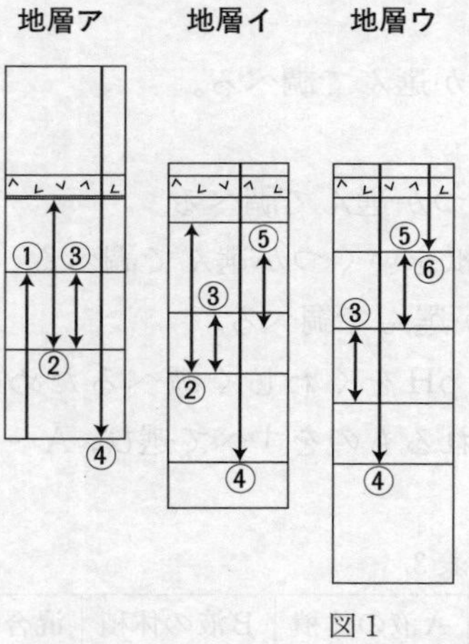

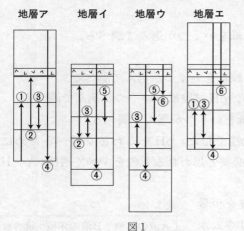

図１

問3　示準化石のように年代決定に有効な化石以外に，その化石の含《ふく》まれていた地層のできた当時の環境《かんきょう》を知ることができる化石があります。そのような化石は示相化石といいますが，次の①～④の中で，**まちがったこと**を述べているものを選び，番号で答えなさい。

①　サンゴの化石を含む地層は，暖かくきれいな浅い海でできた。

②　アサリの化石を含む地層は，そこが潮の満ち干の大きい砂浜であった。

③　シジミの化石を含む地層は，河口のような淡《たん》水と海水の混ざるところでできた。

④　ホタテガイの化石を含む地層は，暖流の影響の大きな深い海でできた。

問4　下の図2は，ある地域で観察された地層の積み重なり方を示しています。２つの地層ＡとＢから，現在も海で見ることができる貝の化石がたくさん見つかりました。図３は地層の見られた場所(図中の★)と，地層Ａで見つかった５種類の貝化石と，地層Ｂで見つかった６種類の貝化石が現在分布している緯度《いど》の範囲を示しています。地層Ａに含まれている貝化石の分布する緯度と地層Ｂの貝化石の分布する緯度を比較《ひかく》すると，２つで異なっていることがわかります。地層の積み重なり方と化石として見つかった貝が現在分布している緯度から考えて，★の場所でどのような変化が起こったと考えられますか。

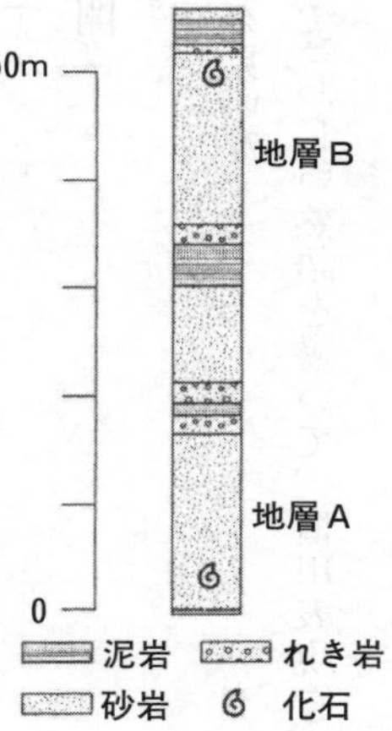

図2

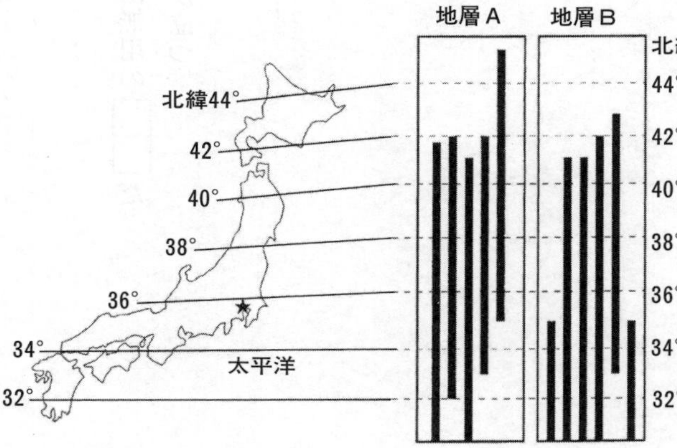

図3

三

問一　次の**カタカナ**を漢字で書きなさい。

(1) 本番が**マヂカ**にせまる。
(2) お**カゲン**いかがですか。
(3) **イヒョウ**をつく展開。
(4) **フカク**にも涙《なみだ》した。
(5) 前途《ぜんと》に**コウミョウ**を見いだす。

問二　次の文中の□□にふさわしい熟語を書いて、慣用表現を完成させなさい。

(1) 一寸の虫にも□□の魂《たましい》。
(2) 医者の不□□。
(3) □□は寝《ね》て待て。
(4) 今や、そんなものは無用の□□だ。
(5) 彼女に□□の矢が立つ。

イ　塀《へい》
ウ　天井《てんじょう》
エ　溝《みぞ》

問二　——線部②「出揃った」をわかりやすく言いかえて答えなさい。

問三　——線部③「教授は満面の笑みで現われた」とありますが、このときの「教授」の気持ちを説明しなさい。

問四　A・B に最もふさわしい動詞の組み合わせを次の**ア**～**エ**から選び、記号で答えなさい。

ア　**A**　うたがう　**B**　むく
イ　**A**　まわす　**B**　かける
ウ　**A**　おおう　**B**　うばう
エ　**A**　みはる　**B**　ひく

問五　——線部**ア**～**エ**「それ」のうち、同じ内容を示しているものをすべて選び、記号で答えなさい。

問六　【④】・【⑤】に最もふさわしい語を次の**ア**～**エ**からそれぞれ選び、記号で答えなさい。

④
ア　気むずかしさ
イ　気よわさ
ウ　気はずかしさ
エ　気ままさ

⑤
ア　すがすがしさ
イ　いさましさ
ウ　わざとらしさ
エ　ほこらしさ

問七　——線部⑥「私は落ち着かなかった」とありますが、「私」はどのような気持ちですか。そのような気持ちになった理由もあわせて説明しなさい。

問八　——線部⑦「抵抗する思い」とはどのような思いか、説明しなさい。

問九　□a～cと同じ働きの「の」を次の**ア**～**オ**からそれぞれ選び、記号で答えなさい。

ア　花の咲《さ》いている丘《おか》を歩く。
イ　かごに入っているのを下さい。
ウ　ほんの気持ちです。
エ　お弁当には何が入っているの。
オ　人形焼きは浅草の名物だ。

問十　——線部⑧「幸せの小道」とありますが、ここに「幸せの小道」と記されているのはなぜか、理由として最もふさわしいものを次の**ア**～**エ**から選び、記号で答えなさい。

ア　教授からほめられた映像の作者は喜んでいるだろう、と「私」がうらやましく思っていることを表すため。
イ　教授がほめた映像に、「私」が描いたのと同じ場所が使われていたと気づいたことによる衝撃《しょうげき》を表すため。
ウ　自信のあった作品が教授にほめられなかったのを不幸だと感じる「私」自身をあざ笑う気持ちを表すため。
エ　「私」が見た映像も、「私」の絵と同じ「幸せの小道」という題だったことに対するおどろきを表すため。

問十一　この本文で述べられている「私」の絵と「田辺くん」の映像は、どういうところが最も大きく異なると考えられますか。作品としての良し悪《あ》しということ以外で答えなさい。

問十二　⑨ に最もふさわしい語を、本文中から抜き出して答えなさい。

「どうも私は名前ばっかり有名になってしまってるようで、毎年、こうやって受講者を試験させてもらってるんですが……。単位稼《かせ》ぎの半《はん》端《ぱ》な気持ちで受講しようっていう人は、まず面倒《めんどう》がって作品を提出してくれないでしょうし」

一段高い教壇《きょうだん》の上に立ち、黒板を背に教授が顔を上げる。そして言った。

「今年はすごい」

その言葉に、私の背中はむずむずと落ち着かない。ある種の予感があった。そして、子供の頃《ころ》から今日まで、その予感は滅多《めった》なことではずれない。

「目を［A］ようない出来の作品がいくつかありました。アそれだけでも珍《めずら》しいんですが、驚《おどろ》くことにその中でもさらに抜《ぬ》きん出ているものがあったので、初回の授業はイそれを見てもらおうと思います」

頬《ほお》が熱くなる。彼の言うウそれは、私の絵だという確信があった。恥《は》ずかしかった。この後も、そしてきっといつもと同じパターンを辿《たど》る。教授が私の作品を褒《ほ》め、解説し、学生にも尋《たず》ねる。どうしてこんなに目を［B］んだと思う？　力があるんだと思う？　私はいつでも顔を少し俯《うつむ》けて、その作者が自分であるという事実を隠《かく》したいという【　④　】と、逆にエそれを宣言したいという【　⑤　】の間を揺《ゆ》れる。

私の夢想を裏切り、胸の奥《おく》がざわつきだしたのは、教授が教壇を降りたすぐ後だった。自分の助手を務める学生に、彼が目で合図《あいず》を送る。すると、その学生が立ち上がり、窓際《まどぎわ》のカーテンを全て閉めた。光を遮《さえぎ》った薄闇《うすやみ》の教室で、⑥私は落ち着かなかった。私の絵は、暗い場所で見たほうがいいと判断されたのだろうか？　桜に塗《ぬ》った赤い色が、彼にそう思わせたのだろうか。

黒板の前に壁掛《かべか》け用のスクリーンが広げられた。プロジェクターだろうか。絵画を拡大して見せるための。

予感がはずれたことを悟《さと》ったのは、スクリーンの前、教室の中央にビデオデッキが設置されたのを確認《かくにん》した瞬間《しゅんかん》だった。そんなバカな。この大学には文学部はあるものの、芸術学部はない。専門的な勉強を積んでいる人間が、私の他にいるとは思えなかった。

⑦抵抗《ていこう》する思いをよそに、フィルムの上映が始まった。映ったa［の］は空だった。

空の中を、雲が流れる。他には音楽も何もない。カメラが下を映し、画面に桜が入った。風にそよぐ桜は、緑が混ざり始めた葉桜だった。カメラがさらに下を映す。私は息を呑《の》んだ。映し出された地面は、私b［の］描いたあの道と同じ場所だった。⑧幸せの小道。

それは、どこかc［の］屋上から視点が道に落下する様子を映しただけの、短い映像だった。

フィルムが私に見せた世界は美しかった。技法《ぎほう》の名前は知らない。スピードを感じさせずにゆっくりと視点が落ちるこの撮《と》り方に、当然名前はあるだろう。しかし、映像だけで充分だった。私を［⑨］のには、充分すぎると言えた。

「さて」

映像が途切《とぎ》れ、教授の声が教室の後ろから聞こえた。

「これを撮った法学部の田辺《たなべ》くんは、本日来ていますか？」

清水《しみず》あやめ、T大学文学部二年生。

生まれて初めて味わう、圧倒的《あっとうてき》な敗北感だった。

（辻村深月《つじむらみづき》『光待つ場所へ』より）

問一　［①］に入る語として最もふさわしいものを次のア～エから選び、記号で答えなさい。

ア　垣根《かきね》

問十一 ――線部⑨「このごろ、寝られなくてさあ。あんだのせいがもしれませんよ」にこめられた工藤さんの気持ちとして最もふさわしいものを次の**ア**～**エ**から選び、記号で答えなさい。

ア 仕事の注文が増えていそがしくなったことを不満に思っている。

イ 田中さんの期待に応えられる製品ができるかどうか心配している。

ウ 充実《じゅうじつ》した仕事ができる幸せで胸がいっぱいになっている。

エ なかなか会えない田中さんと次に会えることを心待ちにしている。

問十二 ――線部⑩「□馬具職人」の□内に最もふさわしい語を次の**ア**～**エ**から選び、記号で答えなさい。

ア 一介《いっかい》の **イ** 一筋の

ウ 一抹《いちまつ》の **エ** 一昔の

問十三 ――線部⑪「工藤さんらしい〝おめでとう〟」は、一般的な「おめでとう」とどういう点が異なるのか、答えなさい。

問十四 この文章の内容の説明として正しいものを、次の**ア**～**カ**からすべて選び、記号で答えなさい。

ア 祖父が馬具職人だったために、筆者の身近なところに馬具がたくさんあった。

イ 工藤さんは子どものころから馬具の仕事を見て育ったが、最近は馬具の注文はなくなっていた。

ウ 筆者の幼いころ家にうまやがあり、馬とともに過ごしていたので、筆者は馬に特に強い思い入れがある。

エ 筆者はこれまで工藤さんと一度も会ったことがなかったのに、突然《とつぜん》店におしかけた。

オ 工藤さんと筆者は、製品を若者の感覚に合わせようと話し合いを重ねた。

カ 使い勝手のよいバッグを作ってほしいという筆者のこだわりは、結局工藤さんには受け入れてもらえなかった。

二 次の文章を読んで、後の問いに答えなさい。

薄暗《うすぐら》い部屋の中、たった三分間のフィルムが私に見せた世界は美しかった。私を打ちのめすには、充分《じゅうぶん》すぎるほどに。

『造形表現』は所謂《いわゆる》一般《いっぱん》教養と呼ばれる普通《ふつう》科目だ。学部による ① がなく、どこの学部の学生でも履修《りしゅう》できる。本来は文学部に所属する教授が、講師を受け持っていた。

授業は盛況《せいきょう》だった。教授が大学内でも特に有名な人気講師だったからだ。受け入れ人数の三倍近い学生が初回の授業に殺到《さっとう》し、教授は慣れているのか、落ち着いた口調で一つの受講条件を提示した。

自由に世界を表現すること。

絵画でも写真でも映像でも、塑像《そぞう》でもなんでもいい。作文だって、詩だっていい。世界を表現してみせろ。才能を見せてみろ。

私が描《えが》いたのは、大学の桜並木だった。季節は春で、花は見頃《みごろ》を少し過ぎた辺り。

その絵は、ただ写実的に描いたわけではなかった。桜は美しく、壮《そう》大《だい》だが若々しく見えるように。燃えるような赤い色で咲く花の間を通る道が、薄く色づいて見えるように。意識して色を重ねた。絵の中央に、後ろ姿の少女が立つ。『幸せの小道』というタイトルをつけた。

絵を提出して数日が過ぎ、大学構内の掲示板《けいじばん》に授業の履修資格をもらえる合格者の名前が貼《は》り出され、そこには私の名前もあった。合格者が②出揃《でそろ》った最初の授業、③教授は満面の笑《え》みで現われた。

ただいております。

私が体調をくずしたと知っては電話をくださる工藤さん。「元気ですか？ 心配でさ。よかった。さっぱりしました」の声がいつも耳に残っています。工藤さんも、どうぞお元気でいてください。私も負けないよう歩みます。仕事を通してですが、深い絆《きずな》を感じます。

工藤さんから携帯《けいたい》電話に何度か着信がありました。なかなか出られずやっとお話しすると「わだし、⑨このごろ、寝《ね》られなくてさあ。あんだのせいがもしれませんよ。⑩馬具職人がこごまで来れだがと思うど、夜中、涙《なみだ》が出てくるの。田中《たなか》さんど話っこしたぐなってさあ」。なんとうれしいこと。工藤さんの電話の声は涙でかすれていました。彼は数日後、県から表彰《ひょうしょう》されることになっていました。今ではテレビにもよく登場するほどです。

2月16日、私の誕生日に「田中さん、誕生日でながったあ？」と⑪工藤さんらしい〝おめでとう〟をいってくれます。仕事以上の深い絆を感じる人です。

（田中陽子『ゆずりはの詩』より）

＊ゆずりは―筆者が十和田湖の近くで営む店の名前。

問一 ——線部a～dの【　】に最もふさわしい語を、次のうちからそれぞれ選び、本文に当てはまる形に直して答えなさい。

a 保つ　作る　立てる　整える

b つく　向かう　行く　入る

c 動く　つらぬく　芽生える　はたらく

d 生む　練る　読む　開く

問二 ——線部①「意外にも身近なところで」とありますが、筆者にとって「意外にも身近」であることがわかる部分を二十字以内で探し、はじめと終わりの三字を答えなさい。

問三 ——線部②「あれのおかげで5人の子どもを学校へやれた……」とはどういうことか、具体的に説明しなさい。

問四 1・2に最もふさわしい語を次のア～カからそれぞれ選び、記号で答えなさい。

ア さんさんと　イ しんしんと　ウ つるんと

エ ぽつんと　オ めっきりと　カ とっぷりと

問五 ——線部③「自分次第で物の見え方が違ってきます」とありますが、どういうことを言っているのか、筆者の状況《じょうきょう》にあわせて説明しなさい。

問六 ——線部④「本来の馬具の仕事をしてもらうことはできないでしょうか」とありますが、筆者はどういう仕事をしてもらいたいと考えていますか。次のア～エから選び、記号で答えなさい。

ア 馬につける用具を現代の生活に活かす仕事

イ 帆布を用い、じょうぶで使いやすい道具袋を作る仕事

ウ 人と馬を再び結びつける仕事

エ 使いこむほど味わいの出る皮革製品を作る仕事

問七 ——線部⑤「『はっ』としました」とありますが、どういうことに気づいたのか、六十字以内（句読点を含む）で説明しなさい。

問八 ——線部⑥「□理□題」の□内にふさわしい漢字を答え、四字熟語を完成させなさい。

問九 ——線部⑦「もう10年早く田中さんに会っていればなあ」にこめられている工藤さんの気持ちがわかるように、次の文中の（　）に内容を補って答えなさい。

「もう10年早く田中さんに会っていれば（　　　　）なあ」

問十 ——線部⑧「胸に込み上げるうれしさで、いいようのない幸せを感じました」とありますが、なぜこのように感じたのか、説明しなさい。

それからはバッグのデザインで頭の中はいっぱい。山を越《こ》えて工藤さんに会いに行く日が続き、車にガソリンがないことをすっかり忘れて、怖《こわ》い思いをしたこともありました。デパートのバッグ売り場の話をし、雑誌を見、d構想を【　】ます。当時40過ぎの私と70過ぎの工藤さんの感覚をたぐり寄せて、現代の人に使ってもらえるものを考えることは、なかなか容易ではありませんでした。「今日は田中さんが来る日だと思って、楽しみにしているんだ」という工藤さんの言葉で、その距離《きょり》はどんなに近く感じられたことか。とはいえ現実は、バッグのどんな形を提案しても、工藤さんは浮《う》かない顔。私は、目新しさ、やわらかさ、軽さだけに走り、提案をしていたのです。⑤「はっ」としました。

彼は決してできないとはいいませんでした。今思えば、職人だからこそ、何でも作る、作ってやろうという覚悟《かくご》だったのだと思います。私は軽薄《けいはく》でした。彼は馬具職人なのです。馬具は、人と馬を結ぶもの。厚く硬《かた》く丈夫《じょうぶ》でなければ、その重みに耐《た》えられません。縫い目は必ず表にあります。その技《わざ》を生かしたものでなければならなかったのです。頭でわかっていても、心ではわかっていませんでした。知識は心があって初めて生きるのですね。

それを境に霧《きり》が晴れたように踏《ふ》み込んだやりとりができ、お互《たが》いの気持ちが通じ合うようになりました。きっと仕事の大変さを知らないのをいいことに、多くの⑥□理□題をいっていたに違いありません。「私は、田中さんの注文には何でも応えたい。それが職人だから」。工藤さんはそういってくれました。その気持ちが、たとえできなかったとしても、どんなに心強くうれしかったことでしょう。

完成まで数年かかりました。厚さ3ミリの一枚のヌメ革《がわ》から傷のないところを選《え》りすぐり、馬具ならではの技術を生かしたシンプルなバッグ。手縫いの縫い目が表に出ていて、使い込むほどに味が増す、丈夫でごまかしのないもの。それはひと針ひと針、馬具職人の誇《ほこ》りと思いが形になっているようでした。

ある日、工藤さんが「私、娘《むすめ》にしゃべったの。『70過ぎて、またこんな仕事ができると思わなかった。⑦もう10年早く田中さんに会っていればなあ』って。そしたら、娘がさ『お父さん、そうでなくて、あと10年長生きすればいいんじゃない？』ってしゃべられでさあ」。前《まえ》掛《か》け姿でそんな話をしてくださったとき、⑧胸に込み上げるうれしさで、いいようのない幸せを感じました。

高齢《こうれい》の方の手仕事には、無心の力がある気がします。作ることが、今の工藤さんの人生そのものだと思えます。自分の作品を手にしニッコリ笑う顔は、戦争と激動の時代を生き抜《ぬ》いてきたたくましさのせいでしょうか、と思うほど、透《す》き通っていました。生きていくとき、自分が必要とされている実感、喜んでもらえていること、待ってもらっていること、世の中とのかかわりのなかで、役に立っているといえることが大きな支えなのだと思うのです。

「壊《こわ》れたら直してくれますか？」と問うと「もちろん。でも、壊れねえびょん」と津軽《つがる》弁で答えてくれました。

それから6年。「娘がさ『私もお父さんの仕事、やってみようかな』っていってさ」と、＊ゆずりはに娘さんといらっしゃいました。工藤さんの手仕事を受け継《つ》いでくれるなら、なんとうれしいことでしょう。拍手《はくしゅ》したいくらいでした。

今も私の手元で工藤さんのバッグは活躍《かつやく》してくれています。今では新しい形も作れるようになり、ゆずりはを訪《おとず》れるお客さまに喜んでい

二〇一八年度 雙葉中学校

【国　語】（五〇分）〈満点：一〇〇点〉

一　次の文章を読んで、後の問いに答えなさい。

十和田《とわだ》周辺は古くから馬の産地。北国の暮らしの中で家になくてはならない労働力、農耕馬として飼われていました。かつて人と馬を結んだ鞍《くら》や手綱《たづな》など、馬具を作っていた人は今どうしているのでしょう。すっかり馬の需要《じゅよう》がなくなり、10年ほど前に馬具屋は全国に数える程度にしか残っていませんでした。しかも本来の仕事はほとんどなく、帆布《はんぷ》を縫《ぬ》うなどでa生計を【　　】ているといいます。

でもきっといる。馬の存在が大きかった地元に職人はいるはずです。なんとか馬具に携《たずさ》わる人に会えないか、と思っていたある日、①意外にも身近なところで、願いがかないました。

私の幼いころ、祖父はお盆《ぼん》の墓参りにまず裏山に行きました。その杉林《すぎばやし》の中に小さなお堂があり、わが家にとってかけがえのない愛馬の墓があると知ったのは大きくなってからのことでした。

「いい馬だった。②あれのおかげで5人の子どもを学校へやれた……」。しみじみ語る祖父の表情は、昼夜を問わず厳しく労働し、生活を支え、苦楽をともにしてきた馬に対する感謝の念にあふれていました。そして、私たち親子が住んでいた家の一角にある新しい部屋は、かつてうまやだったと、そのとき初めて気がつきました。

雪の降る日のこと。[1]日が暮れ、足早にb帰途《きと》に【　　】たとき、暗がりの中に[2]裸《はだか》電球のような明かりがゆらめく店がありました。店先には犬の首輪や鉈《なた》入れが下がっています。馬の影《かげ》はありません。でもそのとき、もしかしたら馬具職人かもしれない！　とc直感が【　　】ました。

いつも作家のところへ向かう道すがら、私が今まで気づかなかっただけでした。私にそこまでの思いがなかったからかもしれません。今思えば、③自分次第《しだい》で物の見え方が違《ちが》ってきます、願わなければ見えてこないものなのですね。

迷うことなく直行しました。約束もなく手土産《てみやげ》も持たず、吸い寄せられるかのように戸を開けました。そんな私を工藤《くどう》さんは快く迎《むか》えてくださいました。帆布で工事作業用の道具袋《ぶくろ》を作りながら、バッグの修理に来たお客さまに丁寧《ていねい》に応対されています。その姿が印象的でした。

祖父の代からの馬具屋は、当時70歳《さい》を過ぎた工藤さんと兄弟で営まれており、幼いころから馬具の仕事を見て、10代から皮革に手をかけてきたそうです。

この仕事をして、近ごろいちばんうれしかったことを尋《たず》ねると「孫のランドセルを作ってやったことかな」と穏《おだ》やかな笑顔《えがお》を見せてくれました。

この人に④本来の馬具の仕事をしてもらうことはできないでしょうか。従来の馬具でなく、その技術を現代の生活に生かすために。できるなら、かつて人と馬をつないだ馬具のように、使い込《こ》むほどに味わいのある手仕事を……。願わないではいられませんでした。ふと奥《おく》の戸棚《とだな》を見ると、頑丈《がんじょう》そうなカバンがありました。今は使われなくなった銀行員の集金カバン……。そう、バッグができる！

2018年度

雙葉中学校 ▶解説と解答

算数 （50分）＜満点：100点＞

解答

1 ⑴ ア…3003，イ…39，ウ…40，エ…41　⑵ オ…120，カ…480　⑶ 11250　2 ⑴ 62才，68才　⑵ 父…41才，母…45才　3 375.23cm^2　4 ⑴ 3時$23\frac{1}{13}$分　⑵ $18\frac{6}{13}$分，$46\frac{2}{13}$分　⑶ $54\frac{6}{11}$分　5 ⑴ （例） 解説の図アを参照のこと。 ⑵ ① 1→2→3，1→3→2，1→4→1，2→1→3，2→3→1，3→1→2，3→2→1　② 47通り

解説

1 和差算，約数と倍数，売買損益

⑴ 1＋2＋3＋…＋76＋77＝（1＋77）×77÷2＝3003より，ア＝3003である。この足し算の式の中で，イ，ウ，エの前にある＋を－にかえると，答えが，3003－2763＝240小さくなったから，（イ＋ウ＋エ）×2＝240ということになる。よって，イ＋ウ＋エ＝240÷2＝120より，ウ＝120÷3＝40である。したがって，イ＝39，エ＝41となる。

⑵ たて40cm，横15cm，高さ6cmの直方体のレンガを同じ向きに積み重ねてできる立方体の1辺の長さは，40，15，6の公倍数になる。よって，このようにしてできる一番小さい立方体の1辺の長さは，40，15，6の最小公倍数である120cmで，オ＝120である。また，1辺120cmの立方体をつくるには，レンガをたての方向に，120÷40＝3（個），横の方向に，120÷15＝8（個），高さの方向に，120÷6＝20（個）積み重ねるので，レンガは全部で，3×8×20＝480（個）使い，カ＝480となる。

⑶ 定価の15％引きで売ると225円の利益があり，定価の2割引きで売ると450円の損になるから，定価の，0.2－0.15＝0.05（倍）が，225＋450＝675（円）と等しい。よって，定価は，675÷0.05＝13500（円），仕入れ値は，13500×（1－0.15）－225＝11250（円）となる。

2 年令算

⑴ 家族は全員年令が異なり，現在，私は12才，兄は20才未満で，兄の年令は妹の年令の2倍だから，兄，私，妹の年令として考えられる組み合わせは，（兄，私，妹）＝（14才，12才，7才），（16才，12才，8才），（18才，12才，9才）の3通りである。すると，2年前の兄，私，妹の年令の平均は，｛（14－2）＋（12－2）＋（7－2）｝÷3＝9（才），｛（16－2）＋（12－2）＋（8－2）｝÷3＝10（才），｛（18－2）＋（12－2）＋（9－2）｝÷3＝11（才）のいずれかとなる。これが2年前の祖母の年令の$\frac{1}{6}$なので，現在の祖母の年令は，9×6＋2＝56（才），10×6＋2＝62（才），11×6＋2＝68（才）のいずれかである。ただし，現在，祖母は60才以上だから，現在の祖母の年令として考えられるのは，62才，68才となる。

⑵ ⑴より，現在の兄，私，妹の年令は，（16才，12才，8才）か（18才，12才，9才）である。2年

後の３人の年令の和は，(16＋２)＋(12＋２)＋(８＋２)＝42(才)か，(18＋２)＋(12＋２)＋(９＋２)＝45(才)となるが，これは２年後の父と母の年令の和の半分にあたるので，２年後の父と母の年令の和は，42×２＝84(才)か，45×２＝90(才)である。よって，父は母より４才年下だから，現在の父の年令は，(84－４)÷２－２＝38(才)，(90－４)÷２－２＝41(才)のいずれかである。したがって，現在，父は40才以上なので，父は41才，母は，41＋４＝45(才)とわかる。

3 平面図形―面積

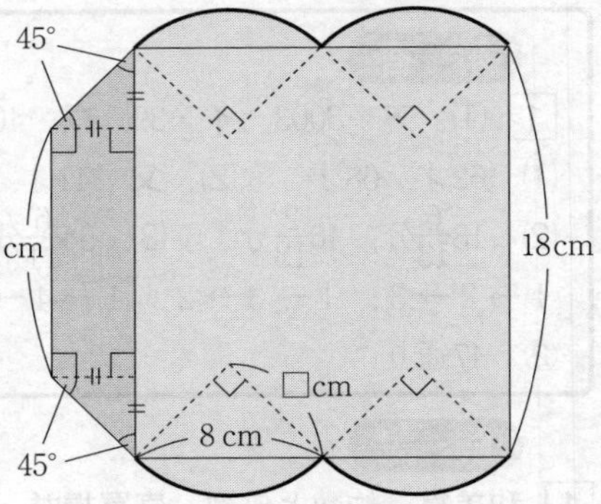

右の図で，〃印をつけた部分の長さは等しく，(18－11)÷２＝3.5(cm)だから，こいかげをつけた等脚《とうきゃく》台形の面積は，(11＋18)×3.5÷２＝50.75(cm²)である。また，おうぎ形の半径を□cmとすると，１辺の長さが□cmである正方形の対角線の長さが８cmとわかり，□×□＝８×８÷２＝32となる。よって，うすいかげをつけた部分の面積は，□×□×3.14×$\frac{1}{4}$×４＋18×16－□×□÷２×４＝32×3.14＋288－32×２＝100.48＋288－64＝324.48(cm²)なので，かげをつけた部分全体の面積は，50.75＋324.48＝375.23(cm²)とわかる。

4 時計算

⑴　長針は１分間に，360÷60＝６(度)，短針は１分間に，360÷12÷60＝0.5(度)進む。３時20分に，長針は短針より，６×20－(90＋0.5×20)＝20(度)先に進んでいるから，長針が反対向きに進んで２つの針が出会うのは，３時20分の，20÷(６＋0.5)＝$3\frac{1}{13}$(分後)，つまり，３時20分＋$3\frac{1}{13}$分＝３時$23\frac{1}{13}$分のことである。

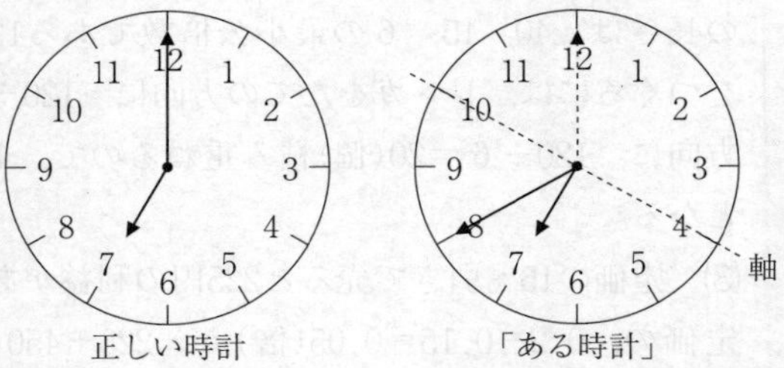

⑵　３時20分に長針は４を指している。「ある時計」の長針はここから反対向きに進むので，正しい時計の長針に対して，時計の４と10を結んだ直線を軸《じく》として，線対称の位置にあることになる。７時の正しい時計と「ある時計」の針のようすは右の図のようになり，短針はどちらの時計も７を，長針は正しい時計では12を，「ある時計」では８を指している。このとき，「ある時計」の長針と短針がつくる角は，360÷12＝30(度)であり，この後長針と短針は近づきあうから，１回目に長針と短針のつくる角度が90度になるのは，７時，(30＋90)÷(６＋0.5)＝$18\frac{6}{13}$(分)である。また，長針と短針のつくる角度が，360－90＝270(度)になれば，長針と短針のつくるもう一方の角度が90度になる。よって，２回目にそのようになるのは，７時，(30＋270)÷(６＋0.5)＝$46\frac{2}{13}$(分)である。

⑶　⑵と同様に，「ある時計」が問題文中の図のようになっているとき，正しい時計の長針は，直線㋐をはさんで線対称の位置，つまり，短針と重なる位置にある。このことから，「ある時計」が問題文中の図のようになるのは，正しい時計では，10時から11時の間で長針と短針が重なる時刻である。また，正しい時計では10時のとき，長針と短針は，30×10＝300(度)はなれている。よって，このようになるときの正しい時刻は，10時，300÷(６－0.5)＝$54\frac{6}{11}$(分)となる。

5 展開図，場合の数

⑴　数字の位置と向きに注意して展開図を完成させると，たとえば，右の図アのような展開図が考えられる。

図ア

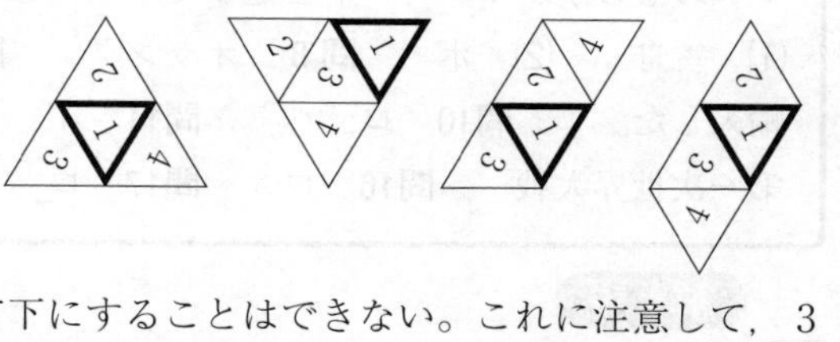

⑵　①　ある面を下にしてこの立体が置いてあるとき，1回倒《たお》すことで，ほかの３つの面のいずれも下にすることができるが，同じ面を連続して下にすることはできない。これに注意して，3回倒して和が6になるときの下にきた数字の出方を調べると，下の図イのように7通りある。

②　1～4の数字を5個使って和が13になる組み合わせは，（1，2，3，3，4），（1，2，2，4，4），（1，1，3，4，4），（2，2，2，3，4），（2，2，3，3，3）の5通りある。それぞれの場合について①と同様に調べると，下の図ウのように，全部で47通りある。

図イ

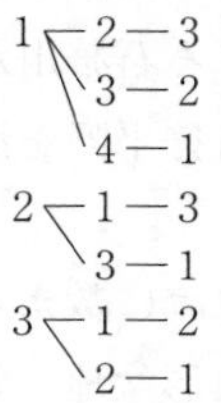

図ウ

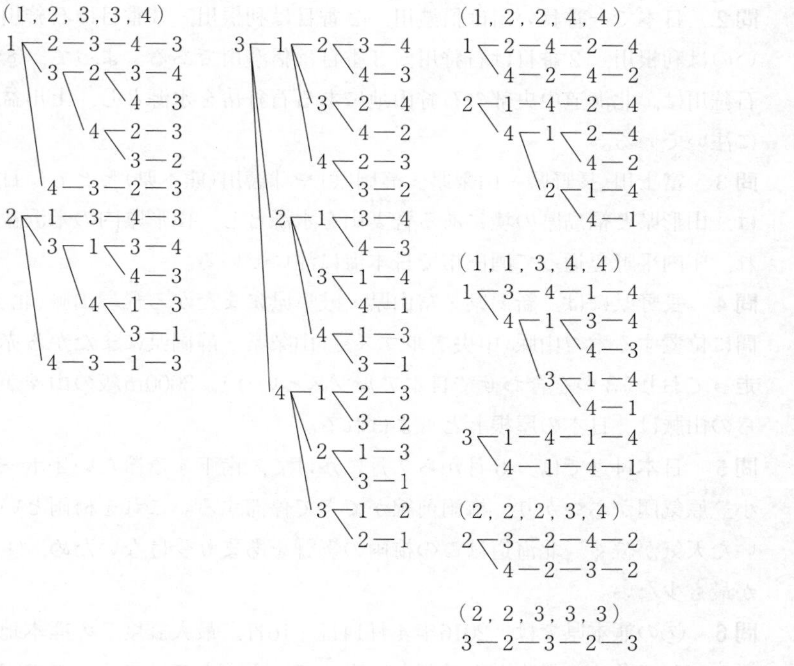

社会　(30分)　<満点：50点>

解答

1　**問1**　①，⑥　**問2**　石狩川，⑧　**問3**　庄内平野　**問4**　飛驒山脈　**問5**　⑧　**問6**　図⑦　ホ　図⑩　ロ　**問7**　イ　**問8**　ハ　**問9**　(例)　日本の会社が海外に建てた工場からの逆輸入が増えたから。／工業が発達した中国や東南アジアの国々からの輸入が増えたから。　**2**　**問1**　石油危機(オイルショック)　**問2**　社会保障制度　**問3**　イ　**問4**　ニ　**問5**　ロ(ハ)　**問6**　ロ　**問7**　立法権，行政権，司法権／(例)　権力のらん用を防ぎ，国民の人権を守ることができるから。　**問8**　イ　**3**　**問1**　(例)　うすくて

かたい点　**問2**　ニ→ハ→イ→ロ　**問3**　ロ　**問4**　ホ　**問5**　(例)　西アジアや南アジアのものがシルクロードを通って中国にもたらされていたから。　**問6**　イ，ニ　**問7**　(1)　雪舟　(2)　ホ　**問8**　オランダ　**問9**　(例)　欧米から技術者を招き，大型の機械を輸入した。　**問10**　ロ，ヘ　**問11**　イ　**問12**　平清盛　**問13**　イ　**問14**　ニ　**問15**　第一次世界大戦　**問16**　ロ　**問17**　ロ　**問18**　日米安全保障条約

解　説

1　各都道府県の地理についての問題

はじめにそれぞれの地図を判断すると，①は新潟県，②は山形県，③は東京都，④は青森県，⑤は長野県，⑥は愛知県，⑦は熊本県，⑧は北海道，⑨は千葉県，⑩は宮城県である。

問1　長野県は，時計まわりの順に，北から新潟県・群馬県・埼玉県・山梨県・静岡県・愛知県・岐阜県・富山県の８県と接している。よって，ここでは①と⑥があてはまる。

問2　日本で一番長い川は信濃《しなの》川，２番目は利根川，３番目は石狩川で，流域面積が日本で一番広いのは利根川，２番目は石狩川，３番目は信濃川である。よって，⑧を流れる石狩川があてはまる。石狩川は，北海道中央部の石狩山地にある石狩岳を水源とし，上川盆地や石狩平野を流れて日本海に注いでいる。

問3　富士川(長野県・山梨県・静岡県)や球磨《くま》川(熊本県)とともに日本三急流に数えられる最上川は，山形県と福島県の境にある吾妻《あづま》山を水源とし，山形県内の米沢盆地・山形盆地・新庄盆地を流れ，庄内平野を通って酒田市で日本海に注いでいる。

問4　長野県には，新潟県・富山県・岐阜県にまたがる飛驒《ひだ》山脈(北アルプス)，木曽谷と伊那《いな》谷の間に位置する木曽山脈(中央アルプス)，山梨県・静岡県にまたがる赤石山脈(南アルプス)が南北に走っており(３つを合わせて日本アルプスという)，3000m級の山々が南北に連なることから，これらの山脈は「日本の屋根」ともよばれる。

問5　日本付近では，６月から７月にかけて，南下する冷たいオホーツク海気団と北上する暖かい小笠原《おがさわら》気団がぶつかり，梅雨前線ができて停滞《ていたい》する。これを梅雨といい，各地で雨もようのぐずついた天気が続く。北海道はこの梅雨の影響をあまり受けないため，①～⑩の中では，６月の降水量が最も少ない。

問6　⑦の熊本県では，2016年４月14日・16日，最大震度７の熊本地震が発生し，土砂崩《くず》れが起こるなどして多くの建物が倒壊した。よって，ホがあてはまる。⑩の宮城県では，2011年３月11日，牡鹿《おしか》半島沖を震源とするマグニチュード9.0(最大震度７)の東北地方太平洋沖地震が発生した。この地震によって，東北地方の沿岸部に大津波がおし寄せ，死者・行方不明者約18500人を出す深刻な被害をうけた(東日本大震災)。よって，ロとなる。

問7　山形県をふくむ東北地方の稲作における10ａあたりの年間労働時間は，1965年が145.4時間であったのに対し，2015年は21.58時間となっている。農業機械の導入やさまざまな工夫により，果樹栽培などほかの農業でも年間耕作時間は大幅に短縮されている。したがって，イが正しい。なお，統計資料は農林水産省HP「農産物生産費統計」による。

問8　焼き物・セメント・ガラスなどをつくる工業をよう業といい，よう業の生産量は愛知県が全国第１位，福岡県が第２位，岐阜県が第３位となっている。したがって，ハが正しい。なお，統計

資料は『日本国勢図会』2017／18年版による(以下同じ)。

問9　かつて日本は，石油・繊維原料・鉄鉱石といった原材料を輸入し，それをもとに工業製品をつくって輸出する加工貿易がさかんであった。しかし，円高の影響などで土地代や人件費が安い中国や東南アジアに工場を移す企業が増えたことや，アジア諸国の工業が発達したことにより，現在は輸入品の約４分の１を機械類が占《し》めるようになった。

2　現代社会についての問題

問１　1973年に第四次中東戦争が起こったさい，アラブ産油国が原油の生産量削減《さくげん》と価格の大幅値上げを行ったことから，石油をおもなエネルギー資源とする先進工業国の経済が大きく混乱した。これを石油危機(オイルショック)といい，1950年代後半から続いた日本の高度経済成長に終わりを告げた。

問２　高齢者・障がい者・貧困に苦しむ人をはじめ，国民の生活を支えていくための，社会保険・社会福祉・公的扶助《ふじょ》・公衆衛生という４つの柱で成り立つ制度を社会保障制度といい，国の予算の中でその費用の占める割合は約３分の１となっている。

問３　文章・音楽・美術・コンピュータプログラムなどの作者に生じる権利を著作権といい，著作物を作者以外の人が利用する場合には，作者の許可をとらなければならない。したがって，イが正しくない。

問４　国連難民高等弁務官事務所(UNHCR)の報告書によれば，内戦などのために国外にのがれた難民や国内で住まいを失った避難民を合わせた数は，2016年末の時点で過去最多となる6560万人にのぼった。したがって，ニが正しい。

問５　裁判員制度は，殺人や強盗《ごうとう》など重大な刑事事件について審議する裁判の第一審に，事件ごとに一般国民(20歳以上の有権者)の中からくじで選ばれた６名が裁判員として参加するしくみで，裁判では３人の裁判官と話し合って有罪か無罪かを判断し，有罪の場合には刑の重さも決める。したがって，ロとハが正しくない。

問６　日本国憲法第21条では，「集会，結社及《およ》び言論，出版その他一切の表現の自由は，これを保障する」と定められているが，自分の書いた小説を出版するには国の機関に申請するのではなく，出版社などに相談する必要がある。したがって，ロが正しくない。

問７　日本では，立法権を国会，行政権を内閣，司法権を裁判所が担当する三権分立のしくみを採用している。これは，国会，内閣，裁判所の３つの独立した機関がたがいに監視し合って行き過ぎのないよう抑《おさ》え合うことで，権力のらん用を防ぎ，国民の人権を守ることを目的としている。

問８　内閣総理大臣は国会議員の中から国会の議決によって指名され，天皇が任命する。一方，国務大臣は内閣総理大臣が選んで任命する。その過半数は国会議員の中から選ばれるが，それ以外は国会議員でなくてもよい。したがって，イが正しくない。

3　各時代の歴史的なことがらについての問題

問１　弥生土器は，質のよい粘土を使って高温で焼き上げるため，縄文土器よりもうすくてかたく，赤褐色《せっかっしょく》をしている。表面にあまり文様がなく，すっきりした形のものが多い。1884年，現在の東京都文京区弥生で発見されたことから，弥生土器と名づけられた。

問２　ニ(クリやマメ，イモなどの栽培が始められたのは縄文時代)→ハ(稲作が大陸から伝えられ，収穫するときに石包丁《いしぼうちょう》を使っていたのは弥生時代)→イ(牛や馬を使った耕作が始められたのは鎌倉時代)→ロ(脱穀をするときに千歯こきが使われ始めたのは江戸時代)の順となる。

問3　3世紀後半から7世紀後半にかけて，大王や豪族がその権力の大きさを示すためにつくらせた墓を古墳という。古墳のまわりにははにわが並べられ，前期の古墳からは副葬品《ふくそうひん》として銅鏡や鉄製農工具など，中期の古墳からは鉄製の武器や武具などが出土しており，埋葬《まいそう》された人物が担《にな》っていた役割などが推測できる。したがって，ロが正しい。

問4　603年，聖徳太子はそれまでの官位の世襲《せしゅう》制をやめ，有能な人材を役人に登用するため，個人の能力や功績に応じて一代限りで位をあたえる冠位十二階の制を定めた。また，太子は604年に憲法十七条を定め，607年に中国の進んだ政治制度や文化を取り入れるため遣隋使を派遣するなどしたが，政治を大きく改革するところまではいかなかった。問題文にある「中国にならった政治のしくみをつくり始め，律令を定めて中央に権力を集中させ」るようになるのは，イの大化改新(645年)以後のことであるから，ホがあてはまらない。

問5　東大寺の正倉院は，聖武天皇の愛用品など約9000点の品物がおさめられた宝庫で，遣唐使や留学生が中国から持ち帰ったものも少なくない。その中には，シルクロードを通って中国に伝わったインドやペルシア(現在のイラン)などの珍しいものもある。

問6　15世紀に成立した琉球《りゅうきゅう》王国(沖縄県)は明(中国)や日本と交易するだけでなく，東南アジアのルソン島(フィリピン)や，シャム(タイ)のあったインドシナ半島にまで交易範囲を広げ，輸入した品物をほかの国へ輸出するという中継《ちゅうけい》貿易をさかんに行っていた。

問7　(1)　雪舟《せっしゅう》は京都の相国寺で水墨画《すいぼくが》を学んだ後，明にわたって絵の技術をみがき，帰国後，おもに山口に住んで日本独自の水墨画を大成した。現存する作品のうち，「秋冬山水図」「天橋立《あまのはしだて》図」など6点が国宝に指定されている。　(2)「平安時代にうまれた日本風の文化」とは国風文化のこと。菅原道真の進言により遣唐使が廃止されると中国の文化が入ってこなくなり，日本の風土にあった文化が育つようになった。これにあてはまるのはホ。イについて，床にたたみがしきつめられるようになるのは鎌倉時代のこと。ロについて，紫式部は一条天皇のきさき彰子《しょうし》に仕えた女官。ハについて，茶をのむ習慣が広がったのは鎌倉時代，茶の湯のための部屋(茶室)がつくられたのは室町時代のこと。ニについて，端午《たんご》の節句と七夕の始まりは奈良時代のこと。へについて，防《さき》人《もり》や貴族たちの和歌を集めたのは『万葉集』で，奈良時代の作品。

問8　江戸時代には鎖国政策がとられていたため，洋書の輸入は禁止されていた。しかし，第8代将軍徳川吉宗は実学を奨励《しょうれい》し，鎖国後も貿易を続けていたオランダからキリスト教とは関係のない洋書の輸入を認めたことにより，蘭学《らんがく》(オランダ語によって西洋の学術や文化，技術などを研究した学問)が広まった。

問9　明治時代初期に入ると，政府は近代化政策をおし進めるため，「おやとい外国人」といわれた欧米の技術者や教師などを高給で招いた。そして，欧米から大型機械や設備を輸入し，彼らの指導のもと各地に官営工場を設立して近代産業の育成をはかった。1872年に設立された群馬県の富岡製糸場を例にとると，フランス人技師ブリュナを招いてフランス式機械を導入し，最新設備を使った生糸の生産と女工の技術養成に努めた。

問10　はにわは，古墳の頂上や周りに並べられた素焼きの土製品で，円筒《えんとう》形のものや人物・動物・家などをかたどったものがつくられ，古墳のかざりやくずれ止めなどの役割をはたしたと考えられている。したがって，ロが正しくない。また，あぜ道は田の水が外に漏《も》れ出すのを防ぐほか，水田をまわるさいの道ともなったので，へも正しくない。

問11　源氏の将軍が３代で絶えると，北条政子（源頼朝の妻）の実家である北条氏が執権《しっけん》として政治の実権をにぎった。第３代執権北条泰時《やすとき》のときに，源頼朝以来の先例や武家社会の慣習，道徳をもとに，御家人の権利や義務，所領に関する裁判の基準となる御成敗式目《ごせいばいしきもく》が定められた。したがって，イが正しい。

問12　平清盛は1156年に起こった保元の乱で勝利し，その後に対立した源義朝《よしとも》を1159年の平治の乱で破ると，1167年に武士として初めて太政《だいじょう》大臣となり，政治の実権をにぎった（平氏政権）。

問13　後醍醐《ごだいご》天皇のよびかけに応じて足利尊氏《たかうじ》や新田義貞《にったよしさだ》などが鎌倉幕府を滅ぼしたのは1333年，豊臣秀吉が小田原攻めを行って北条氏を滅ぼし，日本を統一したのは1590年である。したがって，この間にあったことを年代の古い順に並べると，ホ（1336年）→へ（1467年）→ト（1560年）→イ（1573年）→チ（1582年）→ハ（1588年）となる。なお，ロは1185年，ニは1600年，リは1159年のこと。

問14　江戸時代初めに朱印船貿易がさかんになり，東南アジアの各地に日本町がつくられたが，幕府が鎖国政策の一つとして1635年に日本人の海外渡航と海外に在住する日本人の帰国を禁止したため，日本町はしだいに衰《おとろ》えていった。したがって，ニが正しい。

問15　1914年にボスニアの首都サラエボでオーストリア皇太子夫妻がセルビア人青年に暗殺されたことをきっかけに，ドイツ・オーストリアを中心とする同盟国と，イギリス・フランス・ロシアなどの連合国との間で第一次世界大戦が始まった。日本は日英同盟を理由に連合国側に立ってこれに参戦し，ドイツの東アジアにおける根拠地であった中国の青島《チンタオ》やドイツ領の南洋諸島を占領した。

問16　1931年，日本軍が中国東北部にある柳条湖《りゅうじょうこ》付近で南満州鉄道の線路を爆破し，これを中国側のしわざであるとして軍事行動を開始した。日本軍は半年余りの間に満州のほぼ全域を占領し，翌32年，満州国を独立させて，その支配権をにぎった。したがって，ロが正しい。なお，ハは1894年に起こった日清戦争の説明であるから，この時期のことではない。

問17　第二次世界大戦後，日本は連合国軍に占領され，連合国軍総司令部（GHQ）の指令のもとで，日本の民主化政策が進められた。この改革では，治安維持法が廃止されて政党が復活し，女性に選挙権があたえられた。経済を立て直すため，財閥《ざいばつ》解体と農地改革が行われた。また，労働三法が制定されて労働組合の結成が進み，教育面では教育基本法が制定されたことにより，男女共学，小・中学校の９年間が義務教育となった。したがって，ロが正しくない。

問18　1951年，アメリカのサンフランシスコで第二次世界大戦の講和会議が開かれ，吉田茂首相などが出席して連合国48か国との間でサンフランシスコ平和条約が結ばれた。これと同じ日に日米安全保障条約も結ばれ，引き続きアメリカ軍が日本にとどまることになった。

理　科　（30分）＜満点：50点＞

解　答

1　**問１**　1408Hz／高さ…低くなる　**問２**　80cm　**問３**　7040Hz　**問４**　（例）ストローを切り取って20cmの長さにし，ストローの片側を手でふさいで息をふきこむ。　**問５**　エ

2　**問１**　①　ア　②　イ　③　心臓　④　タ　⑤　セ　**問２**　（例）Ｖ字型のつく

りを多くすることで，水とふれあう表面積が大きくなり，効率よく酸素と二酸化炭素を交かんできる。　**問3**　①，③　**問4**　(酸素，二酸化炭素の順)　**吸う空気**…21%，0.04%　**はき出した息**…17%，4%　**問5**　オ，キ　**問6**　②　[3] **問1**　**ア**　青色　**イ**　緑色　**ウ**　黄色　**エ**　緑色　**オ**　紫色　**カ**　赤色　**問2**　4.0g　**問3**　エ　**問4**　C，D　**問5**　①　青色　②　青色　③　青色　[4] **問1**　②　**問2**　③　**問3**　④　**問4**　(例)　地層Aができてから地層Bができるまでに，海底が浅くなったり深くなったりした。また，気候は地層Bの時代のほうが地層Aの時代よりあたたかくなっていた。

解説

[1] ストローの長さと音の高さについての問題

問1　表1から，ストローの長さが，10÷5＝2(倍)，20÷5＝4(倍)になると，振動《しんどう》数は，3520÷7040＝$\frac{1}{2}$(倍)，1760÷7040＝$\frac{1}{4}$(倍)になる。よって，長さを5cmの，25÷5＝5(倍)にした25cmのストローが出す音の振動数は，7040÷5＝1408(Hz)《ヘルツ》である。また，図1より，振動数が少なくなると音は低くなるので，25cmのストローが出す音は，振動数1760Hzの音を出す20cmのストローの音よりも低くなる。

問2　表1より，440Hzの音は，5cmのストローと比べて振動数が，440÷7040＝$\frac{1}{16}$(倍)なので，この音を出すストローの長さは，5÷$\frac{1}{16}$＝80(cm)と求められる。ここでは，ストローに穴をあけたりふさいだりしないで，ストローに口をつけずにそっと息をふきこんだときとする。なお，ストローの片側をふさいで息をふきこんだ場合は，振動数がふさがないときの，1760÷3520＝$\frac{1}{2}$(倍)になることから，ストローの長さを，440÷$\frac{1}{2}$÷7040＝$\frac{1}{8}$より，5÷$\frac{1}{8}$＝40(cm)にして片側をふさいで息をふきこんでも440Hzの音を出せる。

問3　ストローの真ん中に穴をあけて音を出すと，振動数はもとの，3520÷1760＝2(倍)になる。したがって，10cmのストローの真ん中に穴をあけて息をふきこんで出てくる音の振動数は，3520×2＝7040(Hz)である。

問4　20cmのストローの片側をふさぐと，1760×$\frac{1}{2}$＝880(Hz)の音を出すことができるので，30cmのストローを切り取って20cmにする。

問5　問1で述べたことより，ストローの長さと振動数は反比例の関係になる。たとえば，図1より1オクターブ高い音は振動数が2倍になることから，高さの異なる3つの「ド」の音を比べ，そのような関係になっているかを確認する。すると，エが選べる。

[2] 魚のエラやヒトの肺，血液の流れについての問題

問1　①　図1で，イから酸素の少ない血液(二酸化炭素の多い血液)をエラに送り，エラで水中の酸素を取り入れて二酸化炭素を水中に放出し，アに酸素の多くなった血液がもどってくる。つまり，イには静脈血，アには動脈血が流れている。　②　魚の心臓には静脈血が流れていて，血液は心臓からエラに送られ，エラから全身をまわって心臓にもどってくる。　③　ヒトの心臓は，左右の肺の間あたりの，まん中よりやや左側の肺に寄ったところにある。左側の肺の下にあるくぼみにおさまるようなかっこうをしている。　④　小腸で養分を取りこんだ血液は，小腸と肝臓《かんぞう》をつなぐ門脈を通る。　⑤　血液中の二酸化炭素以外の不要物はじん臓でこし取られる。

問2　エラは，V字型のつくりが多数あることで，水にふれる表面積が増え，血液中の二酸化炭素

と水中の酸素を効率よく交かんすることができる。

問3　魚の体の表面では，塩分濃度《のうど》が低いほうから塩分濃度が高いほうへ水が移動する。淡水《たんすい》魚は，体内の塩分濃度が体外の水よりも高いため体の表面から水が体内に吸収されるが，そのままでは体内の塩分濃度がどんどん低くなってしまうので，体内の塩分濃度を一定に保つために，エラから塩分を取り入れたり，じん臓から余分な水を多く排出《はいしゅつ》したりして調節している。一方，海水魚は，体内のほうが体外よりも塩分濃度が低いため，体の表面から水が体外に出ていく。そこで，じん臓での水の排出量を少なくしたり，エラから体内の塩分を排出したりして，体内の塩分濃度を一定に保っている。

問4　吸う空気には大気と同じように，酸素が約21%，二酸化炭素が約0.04%含《ふく》まれている。そして，肺で吸った空気中の酸素の一部が血液中に取りこまれ，血液中の二酸化炭素が空気中に放出される。すると，はく息では，酸素が約17%，二酸化炭素が約４%となる。

問5　肺からもどってきた動脈血は，心臓の左心房《しんぼう》(オ)に入ったあと左心室(キ)に送られて，左心房から大動脈を通って全身に送り出される。なお，全身からもどってきた静脈血は，心臓の右心房(エ)に入り，右心室(カ)，肺動脈を通って肺に送られる。

問6　右心房が縮むと，右心房にたまっていた血液が右心室に送られる。このとき右心室はふくらむように動く。次に右心室が縮むと，右心室の中の血液は肺動脈を通って肺に送られる。このときに右心房はふくらんで，大動脈から血液が流れこむ。つまり，右心房と右心室は交互《こうご》に縮んでいる。血液が逆流しないのは，右心房から右心室に向かって開く弁と右心室から肺動脈に向かって開く弁のはたらきによる。

3　水溶液《すいようえき》の液性と指示薬についての問題

問1　BTB溶液は，アルカリ性の水溶液で青色，中性の水溶液で緑色，酸性の水溶液で黄色になる。一方，ムラサキキャベツ液は，強いアルカリ性で黄色，弱いアルカリ性で緑色，中性で紫《むらさき》色，酸性でピンク色や赤色(酸性が強いほど赤色がこくなる)を示す。食塩水は中性で，一般に用いられる石けん水は弱いアルカリ性，レモンジュースは酸性である。

問2　水溶液の濃度が3.85%のとき，とけている物質と水の割合は，0.0385：(１−0.0385)＝77：1923になる。とかす水酸化ナトリウムの重さを□ｇとし，水100mLを100ｇとすると，□：100＝77：1923より，□＝100×77÷1923＝4.00…より，4.0ｇと求められる。

問3　万能試験紙のほうが，リトマス紙やムラサキキャベツ液，BTB溶液よりも液性の段階を細かく調べられるので，その後使うpH試験紙をよりしぼりこむことができる。

問4　pH試験紙のＣとＤを使うことによって，pH4.0〜7.0までの範囲《はんい》で調べることができるため，雨水のpHの値が５より少し小さくても，または６より少し大きくても調べることができる。

問5　①　表３より，Ａ液とＢ液を混ぜ合わせるとき，Ａ液の体積がＢ液の体積の，60÷10＝６(倍)以上あれば混合液は酸性を示し，Ａ液の体積がＢ液の体積の，40÷20＝２(倍)以下であると混合液はアルカリ性を示すといえる。Ａ液とＢ液を同じ体積ずつ混ぜ合わせるとき，混合液はアルカリ性となり，青色になる。　②　Ａ液をＢ液の体積の，45÷30＝1.5(倍)混ぜ合わせると，混合液はアルカリ性となり青色を示す。　③　うすめるために加えた水は混合液が酸性になるかアルカリ性になるかには影響《えいきょう》しない。混ぜ合わせたＡ液はＢ液の体積の，20÷50＝0.4(倍)であるから，混合液はアルカリ性で青色になる。

4 地層についての問題

問1　地球の誕生から現在までの地質時代は，大きく4つに分けられる(古い順に先カンブリア時代，古生代，中生代，新生代)。これをさらに細かく分けたとき，まだ名称のない地質時代があり，その中の1つとして，約77万年前～約12万6000年前の地質時代(新生代に含まれる)がある。その時代を代表する地層として千葉県市原市にある地層を認定するよう，日本の研究チームが国際地質科学連合に申請《しんせい》した。この地層が代表として選ばれれば，その時代は「チバニアン」と命名される可能性がある(2018年2月現在)。

問2　示準化石は，特定の時代にできた地層から見つかるだけでなく，見つかる数が多く，いろいろな地域で見つかるものでなければならないと述べられている。図1で，③の化石はア～エのどの地域からも見つかり，どの地域の地層でもせまい範囲のあるきまった地層からのみ見つかっている。

問3　ホタテガイは冷たい海にすむので，ホタテガイの化石を含む地層は冷たい海でできたとわかる。

問4　海底に地層ができるとき，河口に近い浅い海底にはおもにれきが積もり，その先では砂が積もり，さらに河口からはなれた深い海底では泥《どろ》が積もる。図2を見ると，地層Aができてから地層Bができるまでの間に，海底が浅くなったり深くなったりをくり返したことがわかる。また，図3で，地層Bに含まれている貝化石の現在の分布が，地層Aに含まれている貝化石の現在の分布よりも緯度が低いところ，つまり南の地域であることから，★の場所は地層Aができたころよりも地層Bができたころのほうがあたたかかったといえる。

国　語　(50分)　＜満点：100点＞

解　答

一　**問1**　a　(生計を)立て(ている)　　b　(帰途に)つい(た)　　c　(直感が)はたらき(ました)　　d　(構想を)練り(ます)　　**問2**　いつも～すがら　　**問3**　(例)　昼も夜も農耕馬として厳しい労働にたえ，生活を支えてくれた馬がいてくれたからこそ，子どもたちの教育費もまかなえ，学校に通わせることができたということ。　　**問4**　1　カ　　2　エ　　**問5**　(例)　いつも作家のところに行くのに使う道の途中にある工藤さんの店を以前は見過ごしていたが，馬具職人になんとか会いたいと強く願うようになって初めて，その存在に気づいたということ。　　**問6**　エ　　**問7**　(例)　馬具職人の工藤さんの技を生かすには，厚く硬く丈夫な革を使った，表に縫い目のあるデザインのバッグを提案すべきだということ。　　**問8**　無(理)難(題)　　**問9**　(例)　(もう10年早く田中さんに会っていれば)馬具職人としての自分の技術を生かしたバッグ製作に，もっと長くかかわれたのに(なあ)　　**問10**　(例)　馬具職人としての技術を生かしたバッグ製作を通じ，自分が世の中に必要とされ，役に立っていると実感した工藤さんには，今やバッグ製作は心の支えとも生きがいともなっていると知り，バッグを企画してよかったと改めて思うとともに，工藤さんの人生を再び輝かせる手助けができたことを心からうれしく感じたから。　　**問11**　ウ　　**問12**　ア　　**問13**　(例)　かざらない言葉の中に，深い信頼と感謝の念からくる親愛の情がうかがわれる点。　　**問14**　イ，エ　　二　**問1**　ア　　**問2**

(例) (合格者が)全員出席した(最初の授業)　**問3** (例) 受講希望者が提出した作品の中には，特に出色の作品をふくめ，きわめていい出来のものが複数あったので，例年よりはるかに優れた学生が多く集まったことがうれしく，満足している気持ち。　**問4** エ　**問5** イ，ウ　**問6** ④ ウ　⑤ エ　**問7** (例) 「いい出来の作品」の中でも，「さらに抜きん出ているもの」と教授が言ったのは自分の絵のことだと確信したが，暗い場所で見ることを意図して描いた絵ではないのにもかかわらず，作品を見せるために教室を薄暗くさせた教授の考えがよく理解できず，とまどっている気持ち。　**問8** (例) 芸術方面で専門的な勉強を積んでいるのは自分しかいないと思われる中で，自分以外の者の作品が自分の絵より高い評価を得たことが信じられず，その事実を認めたくないという思い。　**問9** a イ　b ア　c オ　**問10** イ　**問11** (例) 「私」の絵は「私」の美意識にもとづき，対象物を実際より美しく描いていたが，「田辺くん」の映像は目に映ったままの姿で対象物を撮っており，演出を加えたか否かという点が最も大きく異なる。　**問12** 打ちのめす　三 **問1** 下記を参照のこと。　**問2** ⑴ 五分　⑵ 養生　⑶ 果報　⑷ 長物　⑸ 白羽

●漢字の書き取り

三 **問1** ⑴ 間近　⑵ 加減　⑶ 意表　⑷ 不覚　⑸ 光明

解　説

一 **出典は田中陽子《たなかようこ》の『ゆずりはの詩』による。**馬具職人である工藤《くどう》さんの技を生かしたバッグを提案した筆者は，バッグ製作に生きがいを見いだした工藤さんと深い絆《きずな》で結ばれる。

問1 a 「生計を立てる」は，くらしを営むこと。接続助詞「て」に連なるのは連用形なので，「立て(て)」となる。　b 「帰途《きと》につく」は，家路につくこと。帰宅すること。過去を表す助動詞「た」に連なるのは連用形なので，「つい(た)」とする。　c 「直感がはたらく」で，直感することを表す。丁寧《ていねい》の助動詞「ます」に連なるのは連用形なので，「はたらき(ました)」となる。　d 「構想を練る」で，計画の骨組みを思い描《えが》くことを言う。「ます」に連なるのは連用形なので，「練り(ます)」とするのがよい。

問2 ぼう線部①をふくむ文では，「意外にも身近なところ」に「馬具に携《たずさ》わる人」がいたと言っている。少し後の部分に，「いつも作家のところへ向かう道すがら」に，これまで気づかなかったが，馬具職人の店があったと書かれている。

問3 「あれ」とは，「農耕馬」として祖父が飼い，「苦楽をともにしてきた」馬を指していることが前後からわかる。ぼう線部②は，昼も夜も「農耕馬」として厳しい労働にたえ，生活を支えてくれた馬の働きがあったからこそ，五人の子どもの教育費がまかなえ，学校に通わせることもできたことを言っている。

問4 1 「(日が)暮れ」にかかる言葉が入る。すでに辺りは暗く，急いで家に帰る時間だったことがすぐ後から明らかなので，日がすっかり暮れるようすを表す「とっぷりと」がよい。
2 「暗がりの中」に小さな明かりが一つだけともっているようすを表す言葉がふさわしい。よって，一つだけ離《はな》れてあるようすの「ぽつんと」が合う。

問5 すぐ続けて，「願わなければ見えてこないものなのですね」と言っていることに注目する。作家を訪ねるのにいつも通る道の途中にあったのに，筆者はこれまで工藤さんの店を見過ごしてい

た。しかし，馬具職人にぜひ会いたいと強く願うようになって初めて，工藤さんの店の存在に気づいたというのである。

問6　続く二文から読み取る。筆者は，馬具職人としての工藤さんの技術を「現代の生活」の中で生かし，「使い込《こ》むほど」に「味わい」の出る製品を作ってほしかったのだから，エがあてはまる。

問7　なかなか工藤さんに納得《なっとく》してもらえるバッグのデザインが提案できずにいた筆者は，「目新しさ，やわらかさ，軽さ」ばかりにとらわれていたと思いあたる。馬具職人の工藤さんの技を生かすには，厚く硬《かた》く丈夫《じょうぶ》な革を使った，縫《ぬ》い目が表にあるデザインの提案が必要だと気づいたのである。

問8「無理難題」は，とうてい受け入れられない無理な要求。

問9　高齢《こうれい》になってから，再び自分の技術を生かした仕事ができるようになったことを工藤さんは喜んでいる。「田中さん」(筆者)にもっと早く会えていれば，バッグ作りの仕事にもっと長い間かかわれたのにと残念がる工藤さんに，娘《むすめ》さんはその分「長生き」して仕事をすればいいとはげましている。

問10　直前の言葉から，工藤さんはバッグ製作に新たなやりがいを見いだしたことがわかる。直後の段落にあるとおり，自分が世の中に必要とされ，役に立っていると実感できるバッグ製作は工藤さんの「大きな支え」，かつ生きがいなのだと感じた筆者は，バッグを企画《きかく》してよかったと改めて思うとともに，工藤さんの人生を再び輝《かがや》かせる手助けができたことを心からうれしく思ったのだと考えられる。

問11　この後の工藤さんの言葉に注目する。馬具職人にすぎなかった自分の技術を見込んだ筆者がバッグの製作を提案してくれたおかげで，県から表彰《ひょうしょう》されたりテレビに出演したりするほどに製品の評価が高まり，充実《じゅうじつ》した仕事ができていることに感謝しているのだから，ウが合う。

問12　県から表彰されたり，テレビに出たりするまでに仕事が評価されるようになったことを「ここまで来れただが」としみじみうれしく思う工藤さんが，自分を謙遜《けんそん》して言った言葉がぼう線部⑩である。よって，“つまらない一人”という意味の「一介《いっかい》の」が入る。

問13　筆者が企画したバッグの製作に新たな生きがいを見いだした工藤さんは，筆者が体調をくずすと心配して電話をよこすことからもわかるとおり，筆者に深い感謝の念を持ち，長年にわたる信《しん》頼《らい》関係を築いてもいる。形式的にも聞こえる「おめでとう」とは異なり，「誕生日《たんじょうび》でながったあ？」というかざらない言葉の中には，深い信頼と感謝の念からくる親愛の情がうかがわれる。

問14　ア　筆者の祖父は馬具職人ではなく，農耕馬を使って農業を営んでいた。　イ　幼いころから馬具の仕事を見て育った工藤さんだが，最近は馬具屋には「本来の仕事」はほとんどなくなっていると本文の前半にある。　ウ　筆者たちが住んでいた家の一角はかつて「うまや」だったことを，筆者は大人になってから気づいているので，幼いころ家に「うまや」があったわけではない。エ　ある日，筆者は通い慣れた道の途中で馬具職人がいそうな店を見つけ，約束もないのに店に直行して工藤さんと会ったのだから，正しい。　オ　工藤さんと筆者が完成させたバッグは，必ずしも若者だけを対象とした製品ではないので，合わない。　カ　筆者が工藤さんに作ってほしいと思い描いたのは「使い勝手のよいバッグ」というより，馬具職人としての技術を生かした，「使い込むほど」に「味わい」の出る品である。

二 **出典は辻村深月《つじむらみづき》の『光待つ場所へ』による。**大学の授業で作品を提出した「私」はその出来に自信を持っていたが，自分の絵より優《すぐ》れていると評価された映像を見て，圧倒《あっとう》的な敗北感を味わう。

問1 「どこの学部の学生でも履修《りしゅう》できる」科目なのだから，学部による「垣根《かきね》」がないことになる。「垣根」は，ほかとの間をへだてるものの比喩《ひゆ》として使う言葉。

問2 「出揃《そろ》う」は，その場に出る予定のものが残らず出ることを言うので，この場合は，「全員出席した」という意味で使われていると考えられる。

問3 続く教授の言葉から考える。受講者をしぼり込むために提出させた作品には，特に出色のものをふくめ，きわめて「いい出来」だったものが複数あった。例年よりもはるかにレベルの高い受講者が集まったことが非常にうれしく，満足した気持ちがその表情に表れたのだと推測できる。

問4 A 作品が「いい出来」であることを表す言葉としてふさわしいのは，“ひどく驚《おどろ》く”という意味の「目をまわす」，“驚いて目を見開く”という意味の「目をみはる」である。「目をうたがう」は，意外なことに驚く場合に使うので，この場合はやや不自然。 B 非常に優れた作品に対する反応としては，“すっかり見とれさせる”という意味の「目をうばう」，“人の注意を引く”という意味の「目をひく」がよい。なお，「目をむく」は，怒《いか》りで目を見開くときに使う表現である。

問5 「それ」は，すぐ前の内容を指す。ぼう線部アは，「目をみはるようないい出来の作品」がいくつかあったことを，ぼう線部イとウは，「いい出来」だった作品の中でも，さらに抜《ぬ》きん出ている作品を，ぼう線部エは，最も優れた作品の作者が自分であるという事実を指しているので，イとウが選べる。

問6 ④ 自らの作品を褒《ほ》められ，その素晴《すば》らしさが授業の題材としても取り上げられると，作者が自分であることを隠《かく》したくて少し俯《うつむ》くというのだから，何となく恥《は》ずかしいという「気はずかしさ」がうかがえる。 ⑤ 絶賛された作品の作者は自分だと「宣言したい」という気持ちなので，得意に思い，胸をはりたい気持ちを言う「ほこらしさ」があてはまる。

問7 直前の部分に注目する。教授が特に抜きん出た出来の作品と言ったのは自分の絵だという「確信」が「私」にはあったが，その作品を見せるために教授は教室のカーテンを閉めさせた。「暗い場所」で見ることを意図して描いたわけではなかった「私」はいぶかしく感じ，教授の考えていることがよく理解できず，とまどって「落ち着かなかった」ものと考えられる。

問8 直前の二段落に注意する。最も優れているとされたのは自分の絵ではないと知り，「私」は思わず「そんなバカな」と心の中でさけんでいる。芸術方面の「専門的な勉強」を積んだ者は自分しかいないと思われる中で，ほかの者が自分より高い評価を得たということが信じられず，そんなことがあるはずはないと，その事実を認めることに「抵抗《ていこう》」を感じたのである。

問9 **a** 「もの」と言いかえられ，体言に準じる働きをする「の」なので，イが選べる。

b 部分の主語を示し，「が」と言いかえられる「の」なので，アがあてはまる。 **c** その文節が連体修飾《しゅうしょく》語であることを示す「の」なので，オが同じ。 なお，ウは「ほんの」という連体詞の一部，エは疑問を表す終助詞。

問10 教授が褒めた映像を見ている途中で，「私」は驚いて「息を呑《の》ん」でいる。それは映し出された場所が，「私」が描いて『幸せの小道』というタイトルをつけたまさにその場所だったことに衝撃《しょうげき》を受けたからであり，ぼう線部⑧のように記されているのも，その衝撃を表すためである。

問11　本文の前半に「ただ写実的に描いたわけではなかった」とあるとおり，「私」の絵には実物以上に「美しく」見えるよう，作者の美意識を反映して創作した部分があった。一方，「田辺《たなべ》くん」の映像は効果を高める「音楽」もなく，目に映ったありのままの姿を撮《と》ったもので，両者は演出の有無という点で大きく異なっていたと言える。

問12　最も優れていたのは自分の作品に違《ちが》いないと「確信」していた「私」だったが，「田辺くん」の映像の美しさは衝撃的で，「私」は明らかな負けを認め，「圧倒的な敗北感」を味わった。最初の段落に，その美しさは「私」を「打ちのめす」には充分すぎるほどだったと書かれている。

三　漢字の書き取り，慣用表現の完成

問１　⑴　時間的にまもないようす。　⑵　体のぐあい。　⑶　思いがけないこと。「意表をつく」で，思いがけないことをして，相手にあっと言わせること。　⑷　思わずそうなってしまうこと。　⑸　希望。明るい見通し。

問２　⑴「一寸の虫にも五分の魂《たましい》」は，小さく弱い者でもそれなりの意地があるので，ばかにしてはならないといさめる言葉。　⑵「医者の不養生」は，正しいとわかっていても自分では実行しないこと。　⑶「果報は寝《ね》て待て」は，“幸運の訪《おとず》れは人間の力ではどうにもならないので，あせらずに好機がくるのを待つのがよい”という意味。　⑷「無用の長物」は，あっても役に立たずに，かえってじゃまになるもの。　⑸「白羽の矢が立つ」は，多くの中から選ばれること。

平成29年度　雙葉中学校

〔電　話〕（03）3261－０８２１
〔所在地〕〒102－8470　東京都千代田区六番町14－1
〔交　通〕JR中央線・東京メトロ丸ノ内線・南北線
　　　　　―「四ツ谷駅」より徒歩２分

【算　数】（50分）〈満点：100点〉

1　□にあてはまる数を書きましょう。（計算と答え）

(1)　$5\frac{13}{37}\div\left(4.6-1\frac{2}{3}\right)+33\div4\frac{2}{55}=$□

(2)　５万分の１の地図上に，右の図のような台形の土地があります。実際の面積は□km²です。

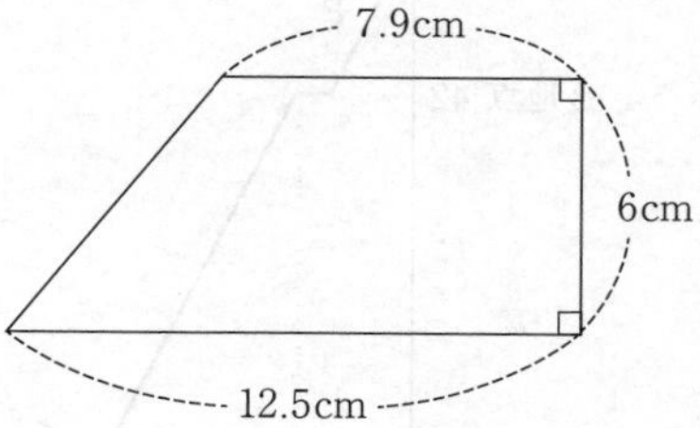

2　半径３cmの円板A，Bがあります。右の図のように，円板Aが円板Bの円周にそって，(あ)の位置から矢印の向きにすべらずに回転して，(い)の位置まで動きました。

(1)　右の図に，コンパスと定規を使って，円板Aが通った部分を斜線《しゃせん》で示しましょう。

(2)　(1)の斜線部分の面積は何cm²ですか。
円周率は3.14です。（式と計算と答え）

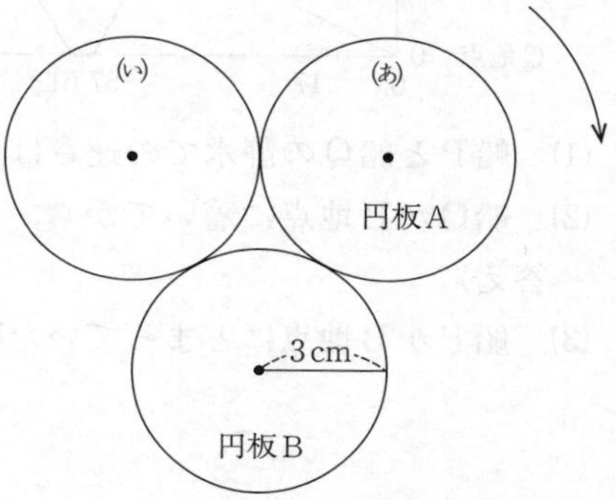

3　ある仕事を，AさんとBさんの２人ですると３時間かかり，BさんとCさんの２人ですると４時間かかります。AさんはCさんの３倍の速さで仕事をします。３人の仕事の速さは，それぞれ一定です。

(1)　Aさん，Bさん，Cさんの３人でこの仕事をすると，何時間何分かかりますか。（式と計算と答え）

(2)　午後１時50分からAさん，Bさん，Cさんの３人でこの仕事を始めました。途中《とちゅう》でAさんが帰り，BさんとCさんの２人で仕事を続けたところ，午後５時に終わりました。Aさんは午後何時何分に帰りましたか。（式と計算と答え）

4　1，10，11，12，13，14，15，16，17，18，19，21，31，……のように，数字の１を１個以上使う整数を小さい順に並べます。

(1)　1000は何番目の整数ですか。（式と計算と答え）

(2)　2017番目の整数を答えましょう。（式と計算と答え）

(3)　2017番目の整数までに，数字の１を何個使いますか。例えば，５番目の整数までには６個使います。（式と計算と答え）

5　川の上流にA地点，中流にB地点，下流にC地点があります。船PはA地点を，船QはC地点を同時に出発しました。下のグラフは，その後の様子を表したものです。船PはB地点，C地点でそれぞれ何分かずつ，とまりました。船QはB地点に着いたとき，エンジンが故障して止まり川に流されましたが，修理して元の速さでA地点に向かいました。川の流れの速さと，静水での船P，Qの速さはそれぞれ一定です。

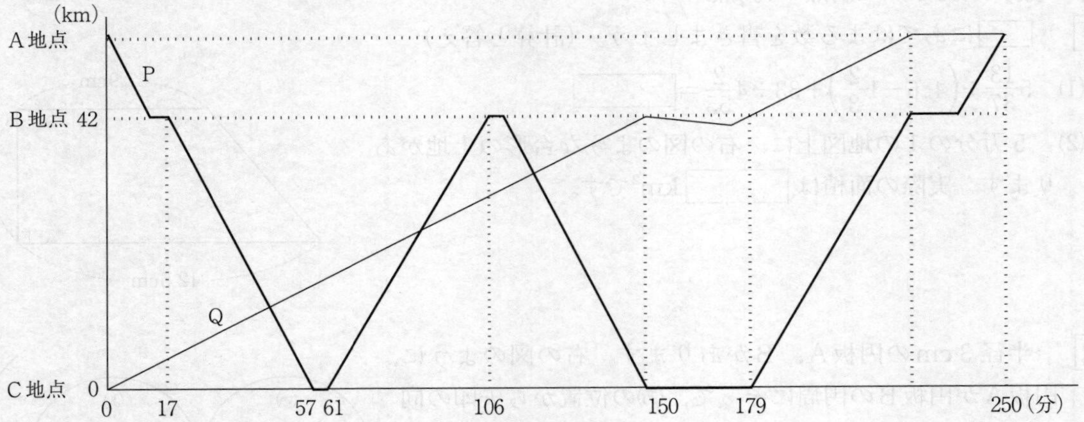

(1)　船Pと船Qの静水での速さはそれぞれ時速何kmですか。（式と計算と答え）

(2)　船QがB地点に着いてから，元の速さで動き出すまでに何分かかりましたか。（式と計算と答え）

(3)　船PがB地点にとまっていた時間の合計は何分何秒ですか。（式と計算と答え）

【社　会】（30分）〈満点：50点〉

1　面積や人口などを比べて都道府県の特色を見ました。各項目《こうもく》の上位と下位の都道府県を２つずつあげた次の表を見て，問に答えなさい。

	1位	2位	46位	47位
面積	①	②	③	香川県
人口	東京都	④	島根県	鳥取県
農業産出額	①	茨城県	③	東京都
耕地面積	①	新潟県	③	東京都
工業製造品出荷額	⑤	④	沖縄県	⑥
自動車の100世帯あたりの保有台数	福井県	⑦	③	東京都

（『データでみる県勢2016』より作成。農業産出額，工業製造品出荷額は2013年，それ以外は2014年の数値による。）

問１　表中の①について説明した文として正しいものを，次のイ～ニから一つ選び，記号で答えなさい。

イ　①は，大豆の生産量が日本一で，日本で消費している量のうち，約３割を生産している。

ロ　①は，耕地面積が最も広いが，水田の面積のみで比べると，新潟県よりも狭い。

ハ　①は，広葉樹林と針葉樹林がともに見られるが，近年は広葉樹の人工林が急増している。

ニ　①は，台風や梅雨の影響《えいきょう》を受けることはまれで，６・７月の降水量も他の地域に比べて少ない。

問２　表中の②に見られる，のこぎりの歯のような複雑な海岸線は，他にどこに見られますか。次のイ～ヘから二つ選び，記号で答えなさい。

イ　陸奥《むつ》湾　　ロ　若狭《わかさ》湾　　ハ　九十九里浜

ニ　志摩《しま》半島　　ホ　大隅《おおすみ》半島　　ヘ　諫早《いさはや》湾

問３　人口が100万人を超《こ》える都市が複数ある道府県を表中の①～⑦から一つ選び，その番号と道府県名を答えなさい。

問４　表中の④の人口を昼夜で比べると，夜間の人口の方が多くなっています。なぜこのような差が生じるのか，説明しなさい。

問５　次のグラフは表中の③④⑤のいずれかの工業製造品出荷額の割合を示したものです。④にあたるものをイ～ハから選び，記号で答えなさい。

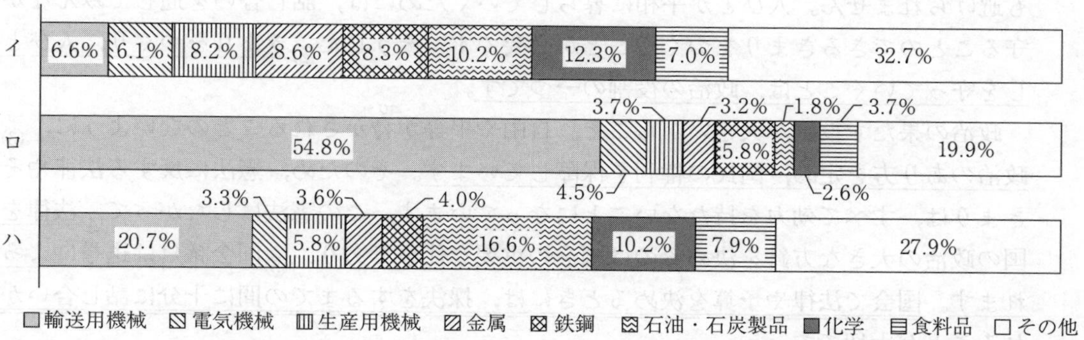

（『データでみる県勢2016』より作成。）

問6　下のA～Dの各文は，表中の①～⑦のいずれかの道府県について説明したものです。

(1)　文中の(あ)と(い)にあてはまる語句を，それぞれ答えなさい。

(2)　AとBの文にあてはまる道府県を，表中の①～⑦から選び，番号をそれぞれ答えなさい。

A　太平洋に面し，温暖な気候を生かして農業が行われ，なす，しょうがなどは全国有数の生産量である。また，漁業では，かつおの一本釣りも有名で，大ぶりの皿に刺身などを盛り合わせた郷土料理がある。

B　隣接《りんせつ》する県との間に流れる木曽川の下流域には，水害から家や田を守るために堤防《ていぼう》で土地を囲んだ(あ)集落が見られる。また，沿岸には，ラムサール条約に登録されている藤前干潟がある。

C　(い)川が流れる平野に位置し，瀬戸内海の東の端《はし》に面しているので，古くから交通の要所となり商工業が発達した。人口も増え，現在では全国で第2位の人口密度になっている。

D　東の県境には，北アルプスとよばれる飛驒《ひだ》山脈がある。西部には平野が広がり，散村《さんそん》という家屋が点在する集落が見られる。農業では，チューリップの球根の生産が有名である。

問7　自動車の100世帯あたりの保有台数について。表にある下位の都道府県に比べ，上位の道府県で多い理由として最もふさわしいものを次のイ～ニから選び，記号で答えなさい。

イ　大きな自動車工場があり，生産台数が多いため。

ロ　公共交通機関があまり発達していないため。

ハ　高齢《こうれい》者の割合が全人口の半分を超えているため。

ニ　子どもの人口が多く，通学距離《きょり》も長いため。

問8　東京と表中の①～⑦の道・府・県庁所在地をそれぞれ直線で結んだとき，東京から2番目に遠いのはどこか，番号を答えなさい。

2　次の文章を読み，下の問に答えなさい。

日本には，年齢や性別，①人種や国籍《こくせき》の異なるさまざまな人びとが生活しています。どのような人であっても個人として尊重され，その自由や平等は保障されていなければなりません。しかし，多様な人びとが同じ社会で暮らせば，それぞれの立場の違いから，対立が起こることも避《さ》けられません。人びとが平和に暮らしていくためには，話し合いを通じてみんなが納得《なっとく》し，守ることのできるきまりをつくることが必要です。そうした②きまりをつくり，人びとの暮らしを守っていくことは，政治の役割の一つです。

政治の果たす役割が大きいからこそ，自由や平等が脅《おびや》かされることのないように，③憲法は政治のあり方を定め，国民の権利を保障しています。そのため，憲法に反する法律やその他のきまりは，すべて効力を持たないことになっています。この憲法にしたがって④法律を定め，国の政治の大きな方針を決めるのは国会の重要な仕事であり，⑤国会議員は選挙によって選ばれます。国会で法律や予算を決めるときには，採決をするまでの間に十分に話し合いが尽《つ》くされることが大切です。

国と国との間でも，平和な関係を築いていくために政治の力がはたらいています。20世紀に起こった二度の世界大戦では，多くの戦死者が出て，人種差別や迫害《はくがい》，虐殺《ぎゃくさつ》などの深刻な

〔　　〕侵害が起こりました。この反省から，戦後は⑥国際連合が中心となって，国際的に権利を保障し，平和を実現する世界のあり方がめざされました。国際連合は1948年に世界〔　　〕宣言を採択《さいたく》し，各国が達成すべき共通の基準を示しました。その後もさまざまな条約を採択し，人びとが安全に暮らしていくことができる国際社会の実現に努めています。

問１　下線部①について。昨年，特定の民族や国籍の人びとに対する差別的な言動の解消をめざすための法律が成立しました。このような差別的な言動を，カタカナで何といいますか。

問２　下線部②について。国会で定められた法律にしたがって，実際に国の仕事を行うのは内閣です。内閣のもとにある省や庁のうち，選挙や消防・防災，情報通信など，行政に関する制度を整えている機関はどこですか。

問３　下線部③について。日本国憲法に定められていることとして正しいものを，次のイ～ニから一つ選び，記号で答えなさい。

イ　外国から攻《せ》め込《こ》まれた場合を除いて，決して武力を使ってはならない。

ロ　国民の権利は法律の範囲を超えない限り，十分に保障されなければならない。

ハ　緊急《きんきゅう》の場合，内閣には憲法の考え方を変更《へんこう》することが許されている。

ニ　天皇や，国務大臣その他の公務員は，憲法を守る義務をおっている。

問４　下線部④について。

⑴　法律案を，国会議員の他に国会に提出することができるのは，何という機関ですか。

⑵　法律の他に，地方公共団体が定めるきまりとして条例があります。その説明として正しいものを，次のイ～ニから一つ選び，記号で答えなさい。

イ　条例を定めることは，都道府県には認められているが，市区町村には認められていない。

ロ　法律に反する内容の条例であっても，地方公共団体の判断で定めることができる。

ハ　地方公共団体は議会での話し合いを通じて，その地域の事情に応じた条例を定める。

ニ　条例を定めるときは，必ず住民投票で地域の人びとの意思を確かめることになっている。

問５　下線部⑤について。選挙以外にも，政治や社会に対して多くの人びとが共通して持っている意見が，政治に影響を与えることがあります。このような意見を何といいますか。

問６　下線部⑥について。国際連合のもとで行われている活動として正しくないものを，次のイ～ニから一つ選び，記号で答えなさい。

イ　紛争《ふんそう》の拡大防止や，選挙の監視《かんし》，地雷《じらい》除去などを行い，平和を維持《いじ》している。

ロ　核兵器の使用禁止を各国に呼びかける世界大会を，戦後から毎年開いている。

ハ　文化財の修復や自然環境の保護など，文化の継承《けいしょう》と教育の発展をはかっている。

ニ　紛争などで自分の国に住めなくなった難民を保護し，生活を支えている。

問７　文章中の〔　〕に，上の文章にはない語句を，考えて入れなさい。二つの〔　〕には同じ語句が入ります。

問８　文章中の二重下線部について。十分な話し合いをせずに採決が行われることには，どのような問題がありますか。次にあげた日本国憲法第43条の条文と関係させて説明しなさい。

「両議院は，全国民を代表する選挙された議員でこれを組織する。」

3 次の文章を読み，下の問に答えなさい。

5世紀ごろに中国から漢字が伝わり，日本でも①文字による記録が残されるようになりました。私たちは，それらの記録から昔のことを知ることができます。②聖徳太子によって7世紀初めにつくられたという十七条の憲法には，政治を行う役人の心がまえなどが定められていました。

8世紀初めに③中国の唐を手本にして完成した，国を治めるための律令の内容も知ることができます。律令は，政治のしくみや，④人びとが納めなければならない税などについても定めています。この律令は，時代に合わせて修正され，新しい内容を追加しながら長く用いられました。

1232年に鎌倉幕府は，武士の裁判の基準となる〔　　　〕をつくりました。これは，武士が理解しやすい言葉で記されており，⑤その後の武士の社会に大きな影響を与えました。

室町時代には，⑥農業が発達して生産力が高まるにつれて力をのばした農民たちによって，村の団結が強まっていきました。山城国南部では，農民が地元の武士と協力してきまりをつくり，8年間にわたって政治を行ったそうです。このような農民の動きも記録に残っています。15世紀後半に室町幕府が衰《おとろ》えて戦国時代に入ると，⑦各地に戦国大名が現れました。戦国大名が，自分の領地を独自に支配するために出した法律も残されています。

17世紀初めに開かれた江戸幕府は，支配のために多くの法律を出しました。その中に，将軍がかわるたびに出された，大名が守らなければならない法律があります。3代将軍徳川家光の時代に出されたものには，⑧「大名は一年おきに参勤交代すること」「新しい城を築いてはいけない」「大名は，勝手に結婚してはいけない」⑨「大きな船をつくってはいけない」などの内容が入っていました。また，幕府や藩は，農民を支配するためにも法律を出しました。

江戸幕府が滅亡《めつぼう》して明治時代になると，⑩新政府は欧米《おうべい》諸国を目標に，さまざまな改革を進めました。⑪1889年に大日本帝国憲法が発布され，翌年に帝国議会が開かれました。大日本帝国憲法には，「天皇が陸海軍を統率する」などと，現在の憲法にない内容も定められていました。日本国憲法が公布されたのは，⑫戦後の民主化が進められていた1946年のことでした。

問1　下線部①について。

(1)　文字による記録が残っていない時代についての説明として，正しくないものを次のイ～ニから一つ選び，記号で答えなさい。

イ　縄文時代の集落の近くに，動物の骨などを捨てた貝塚が見られるようになる。

ロ　弥生時代の土器は，ろくろを使ってつくられ，高い温度で焼かれていた。

ハ　縄文時代には，クリやクルミを栽培していた集落があったことがわかる。

ニ　弥生時代に戦争が行われていたことを示す遺跡の一つに，吉野ヶ里遺跡がある。

(2)　日本における最も古い記録の一つに，埼玉県や熊本県の古墳から発見された，文字の刻まれた刀剣があります。これらは，何からつくられていましたか。

問2　下線部②について。聖徳太子によって建てられた，日本で最初の世界文化遺産になった寺院はどこですか。

問3　下線部③について。日本と唐の関わりについての説明として，正しくないものを次のイ～ニから一つ選び，記号で答えなさい。

イ　唐の都長安にならってつくられた平城京は，碁盤《ごばん》の目のような道路で区切られていた。

ロ　東大寺の正倉院には，遣唐使が持ち帰ったさまざまな宝物が納められている。

ハ　聖武天皇は，仏教の制度を整えるために唐から行基というすぐれた僧を招いた。

ニ　貴族の意見で遣唐使の派遣が中止された後，10世紀初めに唐は滅亡した。

問４　下線部④について。人びとは物で納める税の他にも，たとえば，兵士として特別な守りにつかなければならないという負担をおっていました。それは都とどの地域を守るものでしたか。

問５　下線部⑤について。鎌倉時代以後の武士の動きを次にあげました。時期の早い順に並べた時に，２番目と４番目になるものをイ～ホから選び，それぞれ記号で答えなさい。

イ　幕府の３代将軍が，中国の明と国交を開き，貿易を開始した。

ロ　幕府が朝廷と戦って勝利し，執権を中心とした政治のしくみが整えられた。

ハ　初代将軍は，朝廷の許可を得て設置した守護や地頭に御家人を任命した。

ニ　中国の元が使者を送ってきて従うように求めたが，執権はこの要求を退けた。

ホ　南朝と北朝に分かれた朝廷に，武士がそれぞれ味方して，約60年間争った。

問６　下線部⑥について。農業が発達するなかで，稲を刈《か》り取った後にもう一種類の作物を栽培する二毛作が広がっていきました。稲の後に栽培する作物を一つ答えなさい。

問７　下線部⑦について。戦国大名の中から，全国統一をめざす者も現れました。そのような戦国大名の説明として，正しいものを次のイ～ヘから二つ選び，記号で答えなさい。

イ　織田信長は長篠の戦いで，大量の鉄砲を用いて武田氏を倒した。

ロ　豊臣秀吉が最後の将軍を追放し，室町幕府を滅《ほろ》ぼした。

ハ　徳川家康が，一向宗の中心である大阪の石山本願寺を降伏《こうふく》させた。

ニ　織田信長は，家臣の明智光秀によって安土の本能寺で倒された。

ホ　豊臣秀吉は全国統一後，明を征服《せいふく》しようと朝鮮に兵を送った。

ヘ　徳川家康は関ヶ原の戦いで豊臣氏を滅ぼした後，江戸幕府を開いた。

問８　下線部⑧について。参勤交代は大名の力を弱めるために行われました。なぜ大名の力を弱めることになるのか，理由を説明しなさい。

問９　下線部⑨について。

⑴　この内容は，江戸時代の貿易に関する政策と関係があります。その説明として，正しくないものを次のイ～ホから一つ選び，記号で答えなさい。

イ　幕府は江戸時代の初め，貿易を保護したので，多くの貿易船がヨーロッパに向かった。

ロ　蝦夷地《えぞち》には松前藩が置かれ，アイヌの人びとと交易を行ったが，不正な取引に対して争いも起きた。

ハ　朝鮮との貿易が対馬藩を通じて行われ，将軍の代がわりに朝鮮通信使が江戸を訪れた。

ニ　薩摩藩が琉球王国を征服した後も，琉球王国は中国との貿易を続け，薩摩藩に年貢《ねんぐ》を納めた。

ホ　３代将軍家光の時代に，キリスト教の禁止を徹底《てってい》するために，ポルトガル船の来航を禁止した。

⑵　船による交通路は江戸時代にさらに発達しました。各地の特産品が流通するようになり，琉球では蝦夷地を代表する産物が，人びとの暮らしに定着していきました。その産物とは何か，次のイ～ホから一つ選び，記号で答えなさい。

イ　米　ロ　昆布《こんぶ》　ハ　てんさい　ニ　毛皮　ホ　綿織物

問10　下線部⑩について。新政府が行ったことの説明として，正しいものを次のイ～ホから二つ選び，記号で答えなさい。

イ　義務教育の制度を導入した直後から，全国に小学校をつくり，授業料を払《はら》わずに教育を受けられるようにした。

ロ　土地の広さを測って値段を決め，その３％を税として現金で納めさせることによって，農民の負担を軽くした。

ハ　国民による新しい軍隊を整え，20才になった男子に身体検査をして，３年間軍隊に入ることを義務づけた。

ニ　不平等条約を改正して欧米と対等の地位を築くために，領事裁判権（治外法権）は認め，関税自主権を回復した。

ホ　富岡製糸場などの西洋式の工場を各地に建て，欧米から技師を招いて新しい技術を導入しながら産業をさかんにした。

問11　下線部⑪について。次のＡ・Ｂは，大日本帝国憲法の発布以降の出来事です。下のイ～へのどの時期に起こったか，それぞれ記号で答えなさい。

Ａ　男子普通選挙制度を導入した

Ｂ　台湾を植民地にした

イ　大日本帝国憲法の発布と日清戦争の開始との間

ロ　日清戦争の開始と日露戦争の開始との間

ハ　日露戦争の開始と第一次世界大戦の開始との間

ニ　第一次世界大戦の開始と満州事変の開始との間

ホ　満州事変の開始と日中戦争の開始との間

へ　日中戦争の開始と第二次世界大戦の終結との間

問12　下線部⑫について。この年から，サンフランシスコ平和条約が結ばれた年までの，日本と世界の様子について説明した文として，正しいものを次のイ～ニから一つ選び，記号で答えなさい。

イ　アメリカ合衆国が占領《せんりょう》していた奄美群島や小笠原諸島が，日本へ返還された。

ロ　日本は高度経済成長の時代となり，一般《いっぱん》家庭にテレビなどの電気製品が普及した。

ハ　大韓民国と朝鮮民主主義人民共和国との間で，朝鮮戦争が開始された。

ニ　日本と中華人民共和国との国交が正常化し，日中平和友好条約が結ばれた。

問13　文章中の〔　〕にあてはまる語句を入れなさい。

【理　科】（30分）〈満点：50点〉

1　次の文章を読み，問いに答えなさい。

ものには重さがあり，その重さの中心の点を重心といいます。重心には，ものの重さがすべてかかると考えることができます。重さは重心からまっすぐ下向きにかかり，その延長線上の１点でものを支えることで，バランスをとることができます。このことを使って，a重心の位置を探すことができます。厚さと材質が，どこでも同じ円形の薄《うす》い板を考えてみましょう。この板を１点で支えるには，円の中心でバランスがとれることが想像できると思います(図１)。また，太さと材質がどこでも同じ棒では，棒を横にしたとき，長さの真ん中に重心があり，棒の真ん中を指で支えるとバランスをとることができます(図２)。しかし，真ん中からずれたところでは指で支えることができません。

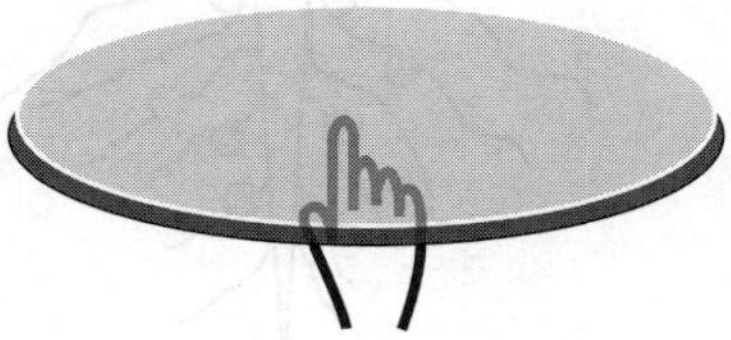

図１

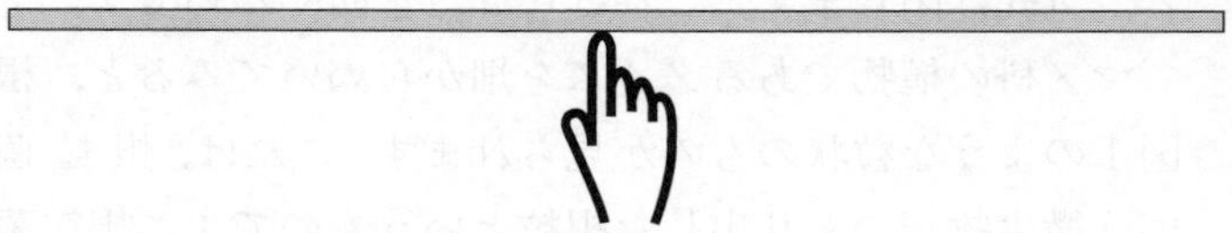

図２

次に，重心からまっすぐ下向きにのばした線上からずれた点で支えようとした場合，どうなるか考えてみましょう。図２の棒を中心から左にずれた点で支えようとすると，棒は(ｂ)まわりに回転し，バランスをくずします。これは，てこのように考えると，手で支えている点が支点となり，重心に棒全体の重さが力としてかかり，回転すると説明できます。

これを利用したおもちゃに，「おきあがりこぼし」があります。おきあがりこぼしは，机の上でまっすぐ立っているときには，重心の真下が机と触《ふ》れていて，その点で支えているので動きません。しかし，少しでも倒《たお》すと，机と触れている点がずれて回転し，おきあがります。

問１　下線部ａを参考に，図１の板を右図のような星形にくりぬいた板の重心は，どこになるか，作図をして求め，解答用紙の図に●で示しなさい。求めるために使った線などは消さないこと。板の厚みは考えなくてよい。

問２　文中の(ｂ)にあてはまる言葉として適切なものを選び，番号で答えなさい。

①　時計

②　反時計

問３　図２の棒が，１m，500ｇであるとき，中心から10cm左側を支え，重さを考えなくてよい軽いひものついた200ｇのおもりを使ってバランスをとるためには，どうしたらよいですか。文で説明しなさい。

問４　左右に最大に倒してもおきあがる次ページの断面図のようなおきあがりこぼしの重心は，どこにあればよいでしょうか。解答用紙の図の●のうち，あてはまるものすべてを○でかこみなさい。動かずに立っているときには点Ａが，左に倒したときには点Ｂが，右に倒したときには点Ｃが机と触れている点となっています。

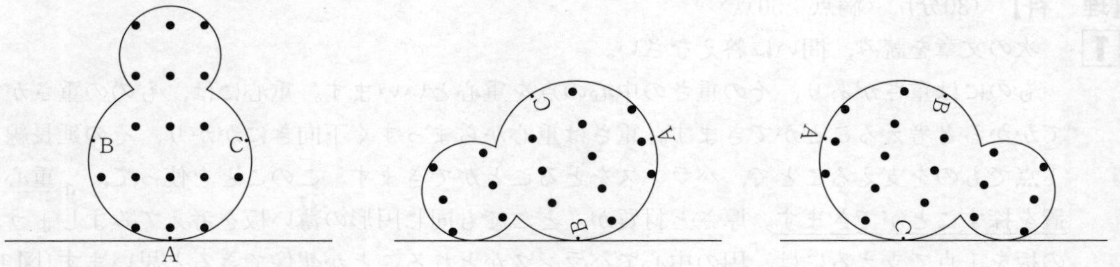

2 次の文章を読み，問いに答えなさい。

植物のからだは，花，葉，茎《くき》，根からできています。葉の裏には気孔《こう》が多く見られ，植物のからだの水が不足すると，気孔は閉じます。これは（ a ）を防ぐためです。

マメ科の植物であるダイズを畑からぬいてみると，根に図１のような粒状のものが見られます。これは，根粒菌《こんりゅうきん》という微《び》生物がつくり出した根粒というものです。根粒菌は，空気中に最も多く含《ふく》まれる（ b ）をもとにつくった物質を植物に与えます。一方，ダイズは空気中の（ c ）と水をもとに光合成を行い，その結果つくられた物質を根粒菌に与えます。根粒は，ダイズのようなマメ科の植物の根に見られます。

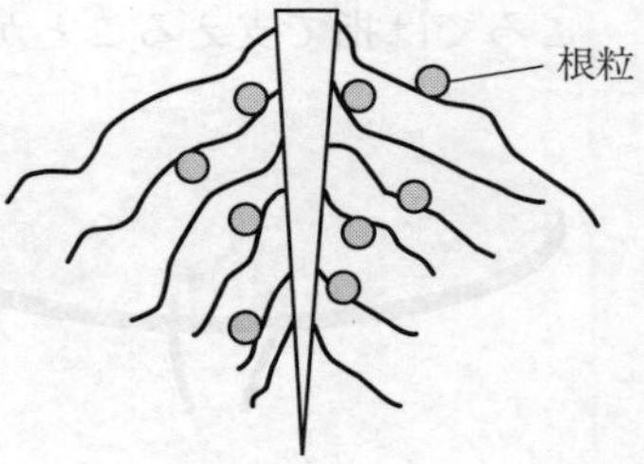

図１　ダイズの根

問１　文中の（a）～（c）に適する言葉を答えなさい。

問２　花の形成には，アブラナ科に属するシロイヌナズナとよばれる植物の研究から，３種類の遺伝子《いでんし》（A，B，C）が働いていることが明らかになっています。遺伝子とは，からだをつくる設計図のようなものです。将来，花になる部分において，Aのみが働くと「がく」，AとBが働くと「花びら」，BとCが働くと「おしべ」，Cのみが働くと「めしべ」ができます。正常な花では，図２の１から４の場所で，図３のように遺伝子が働くことで，外側からがく，花びら，おしべ，めしべがつくられます。また，AにはCの働きを，CにはAの働きをおさえる作用があり，どちらか一方の遺伝子が働かなくなった場合は，おさえられていた遺伝子が働くようになります。BはAとCの影響《えいきょう》を受けません。

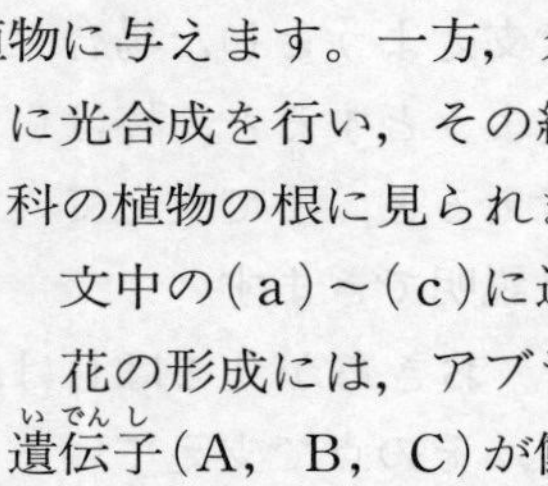

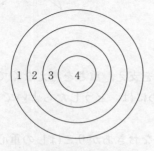

図２　上から見た花になる部分

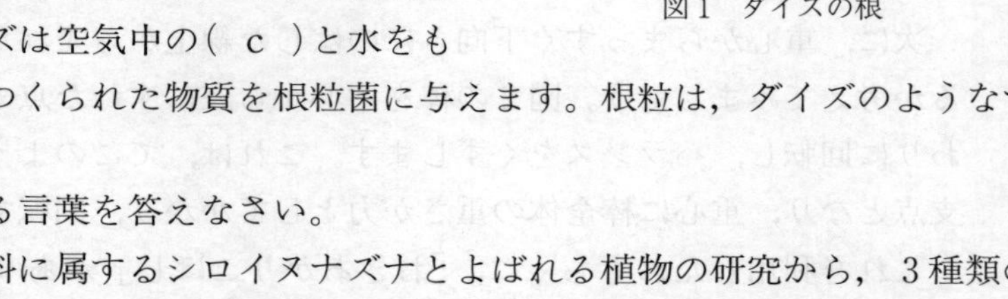

図３　（１～４は図２に対応しています）

(1)　Bを人工的に１～４すべてで働かせた場合，１～４はそれぞれ何になりますか。正しい組み合わせを，下のア～クより１つ選び，記号で答えなさい。

	1	2	3	4
ア	がく	めしべ	めしべ	がく
イ	花びら	めしべ	めしべ	花びら
ウ	おしべ	めしべ	めしべ	おしべ
エ	めしべ	おしべ	おしべ	めしべ
オ	めしべ	めしべ	がく	がく
カ	がく	がく	おしべ	おしべ
キ	花びら	花びら	おしべ	おしべ
ク	花びら	花びら	めしべ	めしべ

(2)　Aに異常が生じて働かなくなった場合，１～４はそれぞれ何になりますか。正しい組み合わせを，上のア～クより１つ選び，記号で答えなさい。

(3)　園芸植物の中には，花びらが増え何重にも重なって見える「八重咲《やえざ》き」になるものがあります。八重咲きの花は，Cに異常が生じ働かなくなったため現れると考えられています。この八重咲きの花は，自然界では子孫を残せません。この理由を答えなさい。

問３　最近はほとんど見られなくなりましたが，かつては春先の田んぼにレンゲソウ(ゲンゲ)とよばれるマメ科の植物の花が咲いていることがありました。これは，農家が前年に種をまいたものです。農家は田植えの前にレンゲソウを機械で土の中に混ぜこみます。この理由を答えなさい。

3　次の[Ｉ]，[II]の文は水溶液《すいようえき》を用いた実験について述べています。これらの文をよく読んで問いに答えなさい。

[Ｉ]　すべてのものは，それぞれ性質や大きさが決まった，直径が１億分の１cm～100万分の１cm位の小さな粒が集まってできています。砂糖を水に溶《と》かすと砂糖をつくっている粒がばらばらになって，水の粒の間に入り込んでいくため，砂糖は見えなくなってしまいます。セロハン膜《まく》には小さな穴がいくつもあいていて，水をつくる粒はこの穴より小さく，砂糖をつくる粒はこの穴より大きいことがわかっています。

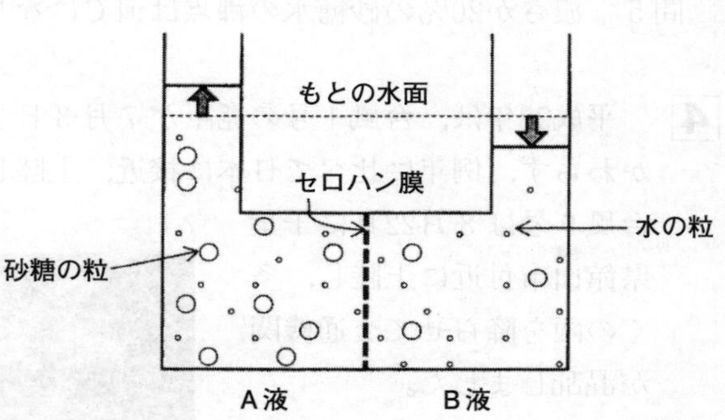

図のように，Ｕ字型のガラス管の真ん中をセロハン膜で仕切り，左右にそれぞれ同じ体積の砂糖水(**A液**)と**A液**を水で２～３倍にうすめた液(**B液**)を入れ，しばらくすると水面の高さに差が出ました。

この結果から，濃《こ》さの差が(　ア　)なるように(　イ　)水溶液から(　ウ　)水溶液に，(　エ　)が移動したことがわかります。このように，セロハンのような小さな穴のあいた膜で，濃さのちがういろいろな水溶液を仕切っておくと，この実験と同じようなことがおこります。

問１　上の文の(ア)～(エ)に適する言葉を下から選び，番号で答えなさい。

①　大きく　　②　小さく　　③　こい　　④　うすい

⑤　水　　　⑥　砂糖　　　⑦　砂糖と水

生物のからだをつくるさまざまな部分は，セロハンと同じようなはたらきのある膜でつつまれています。上の実験で確かめられたことは，私たちの日常生活のいろいろなところで見られます。

問２　水で洗ったキュウリを塩漬《しおづ》けにして時間がたつと，どのような変化がおこるか，20字以内で説明しなさい。

問３　卵を酢《す》につけると殻《から》だけが溶けて，中身がうすい膜でつつまれた状態になります。これを水の中に入れると(　　オ　　)ことがわかり，それを取り出して塩をかけると(　　カ　　)ことがわかります。

上の文の(オ)，(カ)について，次の中から正しいものを選び，番号で答えなさい。ただし，同じ番号をくり返し答えてもかまいません。

①　全体がしぼむ　　②　大きさは変わらない　　③　全体がふくらむ

[II]　水が沸騰《ふっとう》するときの温度を沸点といいます。水にいろいろなものを溶かすと，沸点が上がることが知られています。水100ｇに食塩を少量ずつ溶かしたときに沸点がどれくらい上がるか(沸点の上昇《じょうしょう》度)を100分の１℃まで計ることができる温度計を用いて調べてみると，表１のような結果になりました。

表１

水100ｇに溶かした食塩の量[ｇ]	1	2	3	4	5
沸点の上昇度[℃]	0.18	0.36	0.54	0.72	0.90

次に，食塩のかわりに砂糖を用いて同じ実験をしたところ，沸点の上昇度が小さすぎたため，食塩の量の10倍の砂糖を用いて同じように実験をすると，表２のような結果になりました。

表２

水100ｇに溶かした砂糖の量[ｇ]	10	20	30	40	50
沸点の上昇度[℃]	0.16	0.32	0.48	0.64	0.80

問４　濃さが同じ５％の食塩水と砂糖水の沸点を比べると，どうなりますか。次の中から正しいものを選び，番号で答えなさい。

①　食塩水のほうが高い。　②　砂糖水のほうが高い。　③　等しい値になる。

問５　濃さが20％の砂糖水の沸点は何℃になりますか。

4　平成28年は，台風１号の発生が７月３日で，1951年以降では２番目に発生が遅かったにもかかわらず，例年に比べて日本に接近，上陸した台風が多く，各地に多大な被《ひ》害が発生しました。台風９号は８月22日に千葉県館山《たてやま》市付近に上陸し，多くの雨を降らせて交通機関が混乱しました。

①

②

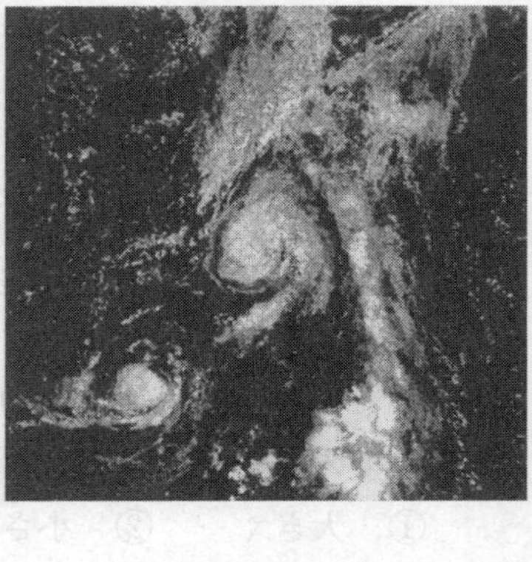

問１　右の図の①と②で，気象衛星が撮影《さつえい》した日本付近の台風９号の写真として正しいものはどちらですか。選んだ理由とともに答えなさい。また，こ

れを撮影した日本の気象衛星は何と呼ばれていますか。

問２　降った雨の量のことを降水量といいます。降水量は，降った雨がどこにも流れていかずに，たまったときの水の深さをmm単位で表します。台風９号では，東京都青梅《おうめ》市で１時間あたり107.5mmという記録的な豪《ごう》雨が発生しました。ところが，図１のように１時間ごとの雨量では100mmをこえていません。10分ごとの降水量のグラフ(図２)で，107.5mmとなったのは①～⑤のどれですか。番号で答えなさい。

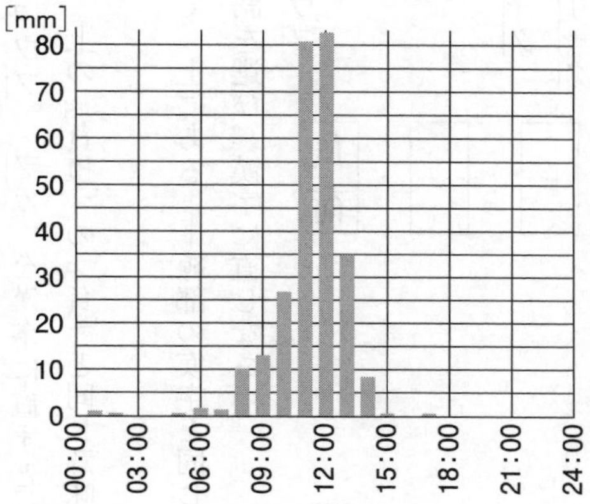

図１

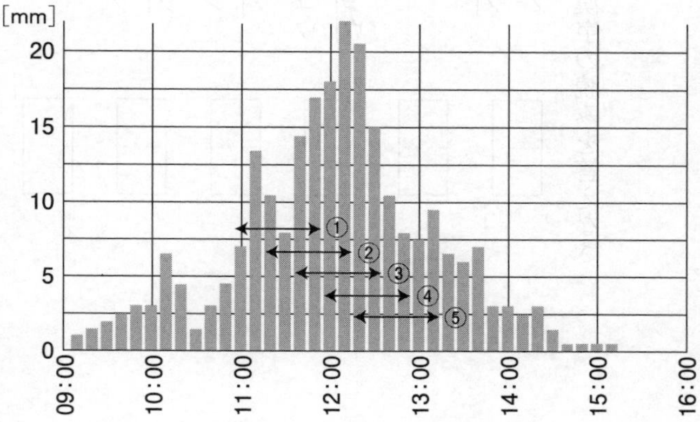

図２

降水量をはかる道具には雨量計があります。右の図は，ペットボトルを利用した雨量計の作り方の一部とその完成図，またそれで使う「特製目盛り」の一部です。

図のように，この雨量計では目盛りを0.5Lペットボトルの外側の，下から２～３cmのところにはりつけます。完成した雨量計は，平らな板に固定して使用します。

問３　雨量計を設置したあと，水を使って，あることをしてからはかり始めます。それはどのようなことですか。

問４　この雨量計に使われる目盛り(右図)を定規ではかってみると，10目盛りが約20mmありました。目盛りの10まで雨がたまると降水量は10mmと読みとります。このような特別な目盛りを使う理由を答えなさい。

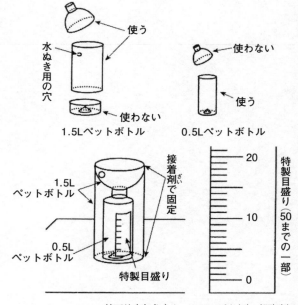

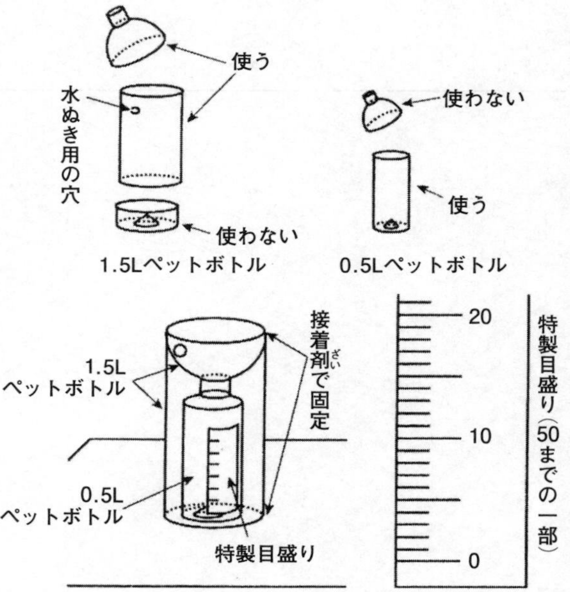

神戸地方気象台ホームページより(一部改変)

三

問一　漢字の多くは、複数の意味を持っています。

【例】にある「ショウブ」「フカ」を漢字に直すと「勝負」「負荷」となりますが、上の「負担」の「負」と同じ意味になるのは「負荷」の方です。

この例にならって、上にある――線部の漢字と同じ意味の字をふくむカタカナの語を選び、漢字に直しなさい。

【例】負担 ｛ショウブ／フカ｝　負荷

(1) 根治 ｛カンチ／チスイ｝

(2) 計略 ｛サクリャク／ショウリャク｝

(3) 過失 ｛タイカ／ケイカ｝

(4) 敬服 ｛ナイフク／シンプク｝

(5) 極北 ｛ホクゲン／ハイボク｝

(6) 対照 ｛ショウゴウ／ニッショウ｝

(7) 安住 ｛アンカ／アンチ｝

(8) 白状 ｛ドクハク／ハクネツ｝

問二　次の――線部の漢字の読みを答えなさい。

(1) 工面する。

(2) 座右の書。

(3) 重宝する。

(4) 戸外に出る。

しあいながら、自分がどうしても正しいと思う意見は軽々しく譲《ゆず》らないという態度が「和して同ぜず」なのです。少し勇気が必要かもしれませんが、こういう態度によってこそ、憲法第一九条に記された「思想・良心の自由」が活かされるでしょう。

＊為政者―政治を行う者。

問一 [a]～[c]に当てはまる語としてふさわしいものを次の**ア**～**オ**から選び、それぞれ記号で答えなさい。ただし、同じ記号は一回しか使えません。

ア たとえば　**イ** つまり　**ウ** また
エ ですから　**オ** しかし

問二 ――線部①「身内以外の他者は、まったくの「赤の他人」にすぎないと考えているのではないでしょうか」とありますが、筆者は「身内以外の他者」についてどう考えているか、説明しなさい。

問三 ――線部②「とらざるをえない」・③「生まれるべくもない」をわかりやすい表現に直しなさい。

問四 ――線部**A**「腹蔵なく」・**B**「鵜呑み」とはそれぞれどういうことか、後の**ア**～**エ**から選び、記号で答えなさい。

A「腹蔵なく」
ア 腹を割って　**イ** 腹を立てずに
ウ 腹を据《す》えて　**エ** 腹をくくって

B「鵜呑み」
ア 大ごとだと思い込《こ》むこと
イ ありもしない作り話をすること
ウ よく理解せずに受け入れること
エ 興味本位で飛びつくこと

問五 文中の三か所の[　　　　]に共通して当てはまる四字熟語を書きなさい。

問六 ――線部④「こうした消極的な役割」とはどのような役割か、説明しなさい。

問七 ――線部⑤「滅公奉私」は「滅私奉公」をもとにした筆者の造語ですが、どういう意味だと考えられますか。解答用紙の空らんにふさわしい内容を、十字以内で書きなさい。

問八 ――線部⑥「上から」の「上」に当てはまるものとして最もふさわしいものを、次の**ア**～**エ**から選び、記号で答えなさい。

ア 君子《くんし》　**イ** 為政者《いせいしゃ》　**ウ** 世間　**エ** 他人

問九 ――線部⑦「「活私開公」型の組織や社会を実現するためには、まず誰もが対等な関係を前提としてコミュニケーションをおこない、それに基づいて合意形成することが不可欠となります」について、

(1) 筆者の言う「活私開公」型の組織や社会を実現するために、かつての日本ではどのような動きがありましたか。その例を本文中から十五字でぬき出しなさい。

(2) 「合意形成」ができなかった場合、「活私開公」型の組織や社会を実現するためにはどのようにするのがよいと筆者は言っているか、その説明に当たる部分を本文中から探し、はじめと終わりの五字をぬき出しなさい。

問十 ――線部⑧「そのような考え方」を説明している一文を本文中から探し、はじめの五字をぬき出しなさい。

問十一 ――線部⑨「このような「和」の態度によってはじめて、政治は平穏で礼儀に背かず、民に争奪の心がなくなるというのです」について、

(1) 臣下が取るべき態度をわかりやすく説明しなさい。

(2) (1)で答えた、臣下の取るべき態度に対して、為政者が取るべき態度を説明しなさい。

や社会では、一方的に⑥上から命令が下る上意下達《じょういかたつ》でルールが決められます。しかしそのような決め方では、みんなが納得《なっとく》する公正なルールをつくるのは難しいですし、新しいアイデアを生み出しにくくなることは、みなさんの日常生活を想像してもわかることでしょう。

また、第二章でみたような「滅公奉私」型の社会では、コミュニケーションを通してのルールづくりについては、どうでもよいような無関心の雰囲気《ふんいき》が漂《ただよ》うでしょう。残念ながら、学校生活においても、勉強だけしていればいい、あるいは話し合いなど面倒《めんどう》だ、という雰囲気になってしまっているところがあるかもしれません。それに対して、この本が打ち出したい⑦「活私開公」型の組織や社会を実現するためには、まず誰《だれ》もが対等な関係を前提としてコミュニケーションをおこない、それに基《もと》づいて合意形成することが不可欠となります。

人によっては、このような合意形成は、西欧《せいおう》型社会に特有のもので、日本人は不得意だという異論があるかもしれません。つまり、日本では自分の意見を言わないことが美徳とされており、徹底《てってい》的に議論をたたかわすような文化は根づいていないという考え方です。しかし、私はそのような考えは間違っていると思います。なぜなら、第一章のはじめで述べたように、近代日本においてわき起こった自由民権運動や大正デモクラシーは、まさに、人びとが対等なかたちでコミュニケーションをとりながら合意形成をめざす運動であったと思うからです。そうした運動が弱まったり忘れられたりしたとき、一九三〇年代のような滅私奉公の時代となったことはすでに述べました。ですから、⑧そのような考え方によって、コミュニケーションを通しての合意形成の道を閉《と》ざすことがあってはならないのです。

さてここで、こうした近代日本の伝統とともに、公共的なコミュニケーションにとって重要な、東洋のある伝統的思想をみなさんにぜひ覚えてほしいと思います。それは、「和《わ》して同《どう》ぜず」という思想です。

これは孔子《こうし》の『論語』(子路《しろ》第一三)に出てくる格言で、みなさんもすでに知っている言葉かもしれませんが、活私開公型のコミュニケーションにとって重要なので、あらためて説明してみましょう。『論語』に出てくる正確な言辞《げんじ》は、「君子《くんし》は和して同ぜず、小人《しょうじん》は同じて和せず」です。これは、「意見が他の人とちがっている場合、人格が立派な人は、その人と敵対せず、またおもねって同調することもしない。しかし、徳のない人は、表向きは同調しながら、裏では敵対する」という意味です。

さらに同じ中国の古典『春秋左氏伝《しゅんじゅうさしでん》』(昭公二〇年)には、「和」は、いろいろな食材をうまく調和させてスープを作るようなもの、辛《しん》・酸《さん》・甘《かん》・鹹《かん》(塩辛《から》い)・苦《く》の五つの味を調《ととの》えるように、異なるものを混じえて調和させることであるのに対し、「同」は一つの味だけを集めることだと記されています。そして、＊為政者《いせいしゃ》と臣下の関係もそれと同じだといいます。すなわち、為政者がそうだといえば臣下もそうですねと同調し、為政者がだめだといえばそれに黙《だま》って従うイエスマン的な態度が「同」であるとみなされます。それに対して、もし為政者の考えが間違っていると思えば、臣下は進言して、正しいものに変えることが「和」だとされています。⑨このような「和」の態度によってはじめて、政治は平穏《へいおん》で礼儀《れいぎ》に背《そむ》かず、民《たみ》に争奪《そうだつ》の心がなくなるというのです。

私がこのような古い格言をここで引用するのは、どうしても同意できない意見の食い違いがあった場合、みなさんに「和して同ぜず」の態度をぜひとってほしいと思うからです。個性をもった一人ひとりの意見は多様なために、コミュニケーションしあっても、合意にいたらないことは多々あります。そのような時に、しばしば同調しながら意見のちがう人の陰口《かげぐち》をたたくというのは、「同じて和せず」の態度そのもので、潔《いさぎよ》くありません。そうではなく、互いに異なる意見を尊重

二　次の文章は、山脇直司《やまわきなおし》『社会とどうかかわるか』の第三章の一節です。これを読んで、後の問いに答えなさい。

人と人のつながりをもっとも身近に実感するのに重要なのは、コミュニケーションです。コミュニケーションを辞書でひくと、〈社会生活を営む人間の間に行われる知覚・感情・思考の伝達。言語・文字その他視覚・聴覚《ちょうかく》に訴《うった》える各種のものを媒介《ばいかい》とする〉と定義されています。このような意味でのコミュニケーションは、みなさんが幼少の時から、親子関係をはじめ、さまざまなかたちで経験していることでしょう。［a］ここで私がとくにとりあげたいのは、身内以外の他者と意思疎通《いしそつう》するためのコミュニケーションです。

みなさんは、「自分」と「身内以外の他者」の関係をどう考えているでしょうか。①身内以外の他者は、まったくの「赤の他人」にすぎないと考えているのではないでしょうか。けれども、和辻哲郎《わつじてつろう》(一八八九―一九六〇年)という日本を代表する思想家が強調したように、そもそも人間という言葉は、それが人と人との「間柄的《あいだがらてき》な存在」であることを示しています。赤の他人であっても、社会生活を送るうえでは他者との意思疎通をはかるために、公共的なコミュニケーションは不可欠です。

［b］、学校のクラスメートとは、友人以外であってもなんらかのコミュニケーションを②とらざるをえないでしょう。［c］、道を歩いているとき、自分の不注意で知らない人にぶつかったとしたら、その人に謝《あやま》るのが当然でしょう。とりわけ、人間には誤解がつきものです。誤解が誤解を生んで互《たが》いに敵対しあうということは、大人の世界でも頻繁《ひんぱん》にみられます。そういう場合に誤解を正すことは、コミュニケーションの重要な役割です。

誤解を正すためにA腹蔵《ふくぞう》なく話し合うコミュニケーションがうまくいかない場合、「［　　　］」に陥《おちい》ることもあります。それは、疑う心があると、暗闇《くらやみ》でいるはずのない鬼《おに》がみえてしまうように、一旦《いったん》ある人に不信感をいだいてしまうと、その人の何気ない言動でもいろいろに勘《かん》ぐってしまうような状態をいいます。実際に人間社会で、そうした疑念が高《こう》じて喧嘩《けんか》にまで、極端《きょくたん》な場合には殺傷事件にまで発展することがまれではありません。

けれども、あきらかに誤解が原因の［　　　］は、コミュニケーションによって解消するよう努めなければなりません。さもないと、一人ひとりを活《い》かすような社会など③生まれるべくもないでしょう。みなさんも、「何だあいつ(あのひと)は」で始まり、「あいつ(あのひと)はいつも自分のことを悪く思っている」というパターンに進むような［　　　］に陥ることがあるかもしれません。そのようなときは、自分の勝手な思い込《こ》みや間違《まちが》った噂《うわさ》のB鵜呑《うの》みなどがないか、もういちど考えてみてください。そして心を閉ざさず、つねに相手とのコミュニケーションの可能性を開いて、解決していくように心がけてほしいと思います。

しかし本来、他者との公共的コミュニケーションは、④こうした消極的な役割を超《こ》えて、積極的なものにまで進むものでなければなりません。なかでも、公共的なことがらに関して「合意」を形成することは、コミュニケーションの重要な役割のひとつです。たとえば、学校の生徒会でなにかを決める時や、クラスでなにかルールをつくる時を思い出してください。たいていの場合、先生が一方的に決めるのではなく、みんなが遠慮《えんりょ》なく意見を出しあって、合意にいたるケースが多いのではないでしょうか。

それと同じように、大人の世界でも、滅私《めっし》奉公《ぼうこう》でも⑤滅公奉私でもないかたちで組織を運営するためには、コミュニケーションを通しての合意形成が不可欠です。第一章でみたような「滅私奉公」型の組織

も、いまの自分には越えられぬ壁《かべ》はないと思えるほどだった。マンションの自動ドアがゆっくりと開く。

しかし、⑧そこに広がる光景を見て、ぼくは愕然《がくぜん》となった。道路という道路がコマ分割《ぶんかつ》されていたんだ。横にサイコロが置いてあるのが目に入り、⑨ぼくは呆然《ぼうぜん》とその場に立ちつくした。

問一　――線部①「急いで着替えて家を出る」とありますが、「ぼく」が急いでいることがわかる四字の動詞を二つ、本文中の（の中からぬき出しなさい。

問二　――線部②「□に□った」について、□内にふさわしい漢字を入れ、慣用表現を完成させなさい。

問三　――線部③「この異様な光景」とありますが、この「光景」の「異様」なところを、二つ挙げて説明しなさい。

問四　――線部④「これしきのことで身を引いていてはいけない」をわかりやすい表現に直しなさい。

問五　――線部⑤「誰かが乗り込んでくるのかと思いきや、そうでもなさそう。といって、誰かが降りることもなかった」とありますが、どうしてこのようになるのか、説明しなさい。

問六　――線部⑥「とうとう、六階まで戻ってきてしまった」とありますが、「とうとう」という表現は、ここではどのようなことを示しているのか、最もふさわしいものを、次の**ア**～**エ**から選び、記号で答えなさい。

ア　エレベーターがさまざまな階に止まるこの混乱した事態が、やっと一段落ついたことを示している。

イ　エレベーターがでたらめに動いた結果、「ぼく」にとってのスタート地点にかえって来たことを示している。

ウ　エレベーターのめちゃくちゃな動きの意味を、乗っている人々が結局は理解できなかったことを示している。

エ　エレベーターの不思議な動きが朝からずっと続いていて、最後まで変わらなかったことを示している。

問七　【1】～【5】に当てはまる語を、次の□内からそれぞれ選び、ふさわしい形に直して答えなさい。

つく　あえぐ　すがる　つのる
苦しむ　満たす　まっとうする

問八　――線部⑦「自分なりの考え」とありますが、その「考え」の内容を、人間に向かって戒める言い方で、箇条《かじょう》書きにしてすべて挙げなさい。

問九　――線部⑧「そこに広がる光景」とはつまり何だったのか、一語で答えなさい。

問十　――線部⑨「ぼくは呆然とその場に立ちつくした」について、

(1)　「ぼくは呆然とその場に立ちつくした」のはどうしてか、説明しなさい。

(2)　「ぼく」はこの後どうすると思いますか。「ぼく」の心情もふくめて書きなさい。

階に。その次は三階。⑥とうとう、六階まで戻《もど》ってきてしまった。

混乱はピークを迎《むか》え、ぼくは隣《となり》の人に話しかけた。

「いったい、何が起こっているんですか」

「私もちょっと理解に【 1 】でいるところです」

「朝から、ずっとこうなんですか」

「そうなんです。私が乗り込んでから、かれこれ一時間ですか。もっと前から乗っている人もいるようですよ、ほら」

その先には、サラリーマンの姿があった。かなり、いらいらが【 2 】ているようだった。

彼が天井《てんじょう》を見上げているので、ぼくもそれにつられて視線を天井へと移してみた。すると、不思議なことが起こっていた。

「あれは、いったい」

「どうやら、ルーレットになっているようなんですよ」

「はあ、なるほど。確かに階数表示が点滅《てんめつ》してますね。でも、どうして。あんなもの昨日まではなかったはずです。あっ、まさか」

「そのまさかです。どうやら、あのルーレットによって止まる階が決まるようなんです。見ていてください……」

次の瞬間《しゅんかん》、ルーレットの表示は十一を指し、やがてエレベーターは十一階で止まった。

「ずっとこの調子なんです。なかなか一階に止まってくれない。私なんて、完全に遅刻ですよ」

なるほど。改めて周りを見渡すと、ほとんどの人が天井を見つめている。みなそれぞれの思いを胸に、ルーレットを見つめているようだった。中には半ばあきらめている人もいるようで、下を向いて溜息《ためいき》ばかり【 3 】ている人もいた。完全にあきらめて、自分の部屋の階で降りていく人までいるようだった。

いろいろな人を眺《なが》めるうちに、ぼくはこのまま乗りつづけることを決心した。こうなったら、なにがなんでも目的地にたどり着いてやろうではないか。

この謎《なぞ》の現象に対して、ぼくは⑦自分なりの考えをもつようになっていた。

これはきっと、便利なものに依存《いぞん》しきって忍耐《にんたい》力を失ってしまった人間への戒《いまし》めに違いない。世に蔓延《まんえん》している怠惰《たいだ》の渦《うず》。それを一掃《いっそう》する、いい機会じゃないか。それに、今の人々は時間にとらわれて、いつもそのことばかり気にしている。それによって失ったものは、いったいどれほどあるというのか。

いまこそ、すべてを反省するときだ。これは、文明の利器に【 4 】てばかりいる人間に対しての天罰《てんばつ》なんだ。そしてこの試練は、避《さ》けては通れないものなのだ。

妥協《だきょう》は許されない。最後までがんばろう。使命を【 5 】てやるぞ。

ぼくの決意はものすごいものだった。

どれほどの時間が過ぎただろうか。ついに、そのときがやってきた。ルーレットは一のところで止まり、エレベーターは下降をはじめたのだ。ああ、やったぞ。ぼくは、試練を乗り越《こ》えたのだ。

トビラが開き、苦労をともにした仲間たちがいっせいに勢いよく飛び出した。

外の空気を吸うのは本当に久しぶりのような気がして、ぼくはなんだかとても新鮮《しんせん》な気持ちになった。たぶん、多くの人がそう感じたことだろう。

時計を見る。完全に遅刻だ。しかし、いまとなっては遅刻などたいしたことではないのだ。使命を【 5 】たことに対する爽快《そうかい》感が体を包む。

さて、学校に向かうか。ぼくは、達成感に満ちあふれていた。人として、一回り成長できたように思えた。この先どんなことが起こって

平成二十九年度 雙葉中学校

【国　語】（五〇分）〈満点：一〇〇点〉

一　次の文章は、田丸雅智《たまるまさとも》『試練』の全文です。これを読んで、後の問いに答えなさい。

朝起きると、すでに八時を回っていた。授業開始は八時半。登校に三十分。やばい。①急いで着替《が》えて家を出る。

ぼくの部屋はマンションの六階にある。普段《ふだん》、一階まではエレベーターを使って降りている。だけど、今朝のように急ぎのときは、いつも階段を使うことにしている。急いでいるときはエレベーターを待つ時間も惜《お》しいんだ。

ぼくは走って階段に滑《すべ》りこむ。と、何やらいつもと様子が違《ちが》うことに気がついた。階段の入り口に、ロープが張り巡《めぐ》らされている。そして、危険・使用禁止の表示。今朝に限って、なんて運が悪い。こうなったらエレベーターでいくしかない。

ぼくは急いで引き返し、下へ降りるボタンを連打する。そのときふと、妙《みょう》なことに気がついた。エレベーターの階数表示が、いろんな階をいったりきたりしてるんだ。こんなことってふつう起こるのか……。

いや、起こるはずがない。きっとこの階の表示だけが、誤作動でも起こしているのだろう。後で管理人に言っておかなくては。それにしてもずいぶん時間がかかるな。こんなのは初めてだ。やっぱり何かが故障してるのか。もしかしたら、エレベーター自体が使えなくなっているということも……。

エレベーターの到着《とうちゃく》を知らせる音で、ぼくは②□に□った。なんだ、ちゃんと動いているじゃないか。さあ、さっさと乗り込《こ》もう。思わぬロスが生じた。急がないと。

開いたトビラの向こうには、予想以上にたくさんの人が乗っていた。明らかにゴミ出し帰りのおばちゃんに、カバンを抱《かか》えたサラリーマンや学生。それらの人が、満員電車のごとくぎゅうぎゅう詰《づ》めで乗っていた。③この異様な光景にぼくは一瞬《いっしゅん》ひるんだ。しかし、遅刻《ちこく》の身分。④これしきのことで身を引いていてはいけない。隙間《すきま》に体をねじ込んで、なんとか入りきることができた。

トビラが閉まりエレベーターが動きだす。

「えっ」

とぼくは思わず声を上げていた。そして混乱に陥《おちい》ってしまった。この、床《ゆか》に押《お》し付けられるような感覚。そう、下に行くはずのエレベーターが、なんと上昇《じょうしょう》しはじめたんだ。

しばらく上がった後に、エレベーターは突然《とつぜん》止まった。

「降ります、降ります」

一人のおばさんが声高らかに、エレベーターから降りていった。

「やっと降りられたわ」

溜息《ためいき》まじりにつぶやくおばさんを前にトビラは閉まり、やっとのことでエレベーターは下降をはじめた。何が起こったのかは理解できなかったけど、ひとまず下に動きだしたのでひと安心だった。

二階まで降りてきたところで、再びトビラが開いた。⑤誰《だれ》かが乗り込んでくるのかと思いきや、そうでもなさそう。といって、誰かが降りることもなかった。すばやくトビラが閉まる。何のために、この階に止まったのだろう……。疑問は残るが、まあいいさ。さあ、一階へ。

ところが、そううまくはいかなかった。エレベーターは、どういうわけかまたもや上昇を開始した。七階で止まったかと思うと、次は五

平成29年度

雙葉中学校 ▶解説と解答

算数　(50分)　＜満点：100点＞

解答

[1] (1) 10　(2) 15.3　[2] (1) 解説の図を参照のこと。　(2) 216.66cm²　[3] (1) 2時間40分　(2) 午後3時30分　[4] (1) 272番目　(2) 4617　(3) 2430個
[5] (1) P…時速59.5km，Q…時速20.3km　(2) 24分　(3) 21分30秒

解説

[1] 四則計算，縮尺

(1) $5\frac{13}{37}\div\left(4.6-1\frac{2}{3}\right)+33\div4\frac{2}{55}=\frac{198}{37}\div\left(\frac{23}{5}-\frac{5}{3}\right)+33\div\frac{222}{55}=\frac{198}{37}\div\left(\frac{69}{15}-\frac{25}{15}\right)+33\times\frac{55}{222}=\frac{198}{37}\div\frac{44}{15}+8\frac{13}{74}=\frac{198}{37}\times\frac{15}{44}+8\frac{13}{74}=1\frac{61}{74}+8\frac{13}{74}=10$

(2) この土地の地図上での面積は，$(7.9+12.5)\times6\div2=61.2(\text{cm}^2)$である。この地図の縮尺が5万分の1で，$1\,\text{m}^2=10000\text{cm}^2$，$1\,\text{km}^2=1000000\text{m}^2$なので，この土地の実際の面積は，$61.2\times50000\times50000\div10000\div1000000=15.3(\text{km}^2)$となる。

[2] 平面図形─図形の移動，作図，面積

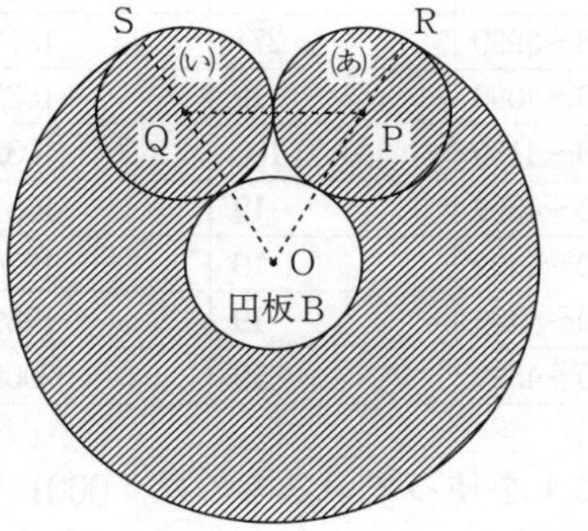

(1) 円板Aが(あ)から(い)まで移動した様子は，左の図のようになる。この図で，OP，OQ，PQの長さはいずれも6cmなので，三角形OPQは正三角形であり，角POQの大きさは60度とわかる。また，OR，OSの長さは9cmである。これを作図するには，Oを中心として，半径がOR，中心角が(360−60＝)300度のおうぎ形の弧《こ》をかいて，図のように斜線《しゃせん》で示せばよい。

(2) 図の斜線部分の図形は，半径9cm，中心角300度のおうぎ形から，半径3cm，中心角300度のおうぎ形を除き，半径3cmの半円2つを加えたものである。よって，その面積は，$9\times9\times3.14\times\frac{300}{360}-3\times3\times3.14\times\frac{300}{360}+3\times3\times3.14\times\frac{1}{2}\times2=(81-9)\times3.14\times\frac{5}{6}+9\times3.14=72\times3.14\times\frac{5}{6}+9\times3.14=60\times3.14+9\times3.14=(60+9)\times3.14=69\times3.14=216.66(\text{cm}^2)$である。

[3] 仕事算

(1) 仕事全体の量を1，Aさん，Bさん，Cさんが1時間にする仕事の量をA，B，Cとすると，$A+B=\frac{1}{3}$(…①)，$B+C=\frac{1}{4}$(…②)と表すことができる。また，$A=3\times C$だから，①は，$3\times C+B=\frac{1}{3}$(…③)となり，②と③の差を求めると，$2\times C=\frac{1}{3}-\frac{1}{4}=\frac{1}{12}$より，$C=\frac{1}{12}\div2=\frac{1}{24}$になる。よって，$A+B+C=\frac{1}{3}+\frac{1}{24}=\frac{3}{8}$なので，3人でこの仕事をすると，$1\div\frac{3}{8}=\frac{8}{3}=2\frac{2}{3}$(時間)，

$60\times\frac{2}{3}=40$(分)より，２時間40分かかる。

⑵　Ｂさんと C さんは，午後１時50分から午後５時までの３時間10分で，$\frac{1}{4}\times3\frac{10}{60}=\frac{1}{4}\times\frac{19}{6}=\frac{19}{24}$の仕事をした。よって，残りの，$1-\frac{19}{24}=\frac{5}{24}$の仕事をＡさんがしたことになるので，Ａさんは，$\frac{5}{24}\div\left(3\times\frac{1}{24}\right)=\frac{5}{24}\times\frac{8}{1}=\frac{5}{3}=1\frac{2}{3}$(時間)，つまり，１時間40分仕事をし，午後１時50分＋１時間40分＝午後３時30分に帰った。

4　調べ

⑴　１から999までの整数の中で，１を使わない数を考える。このような数を作るには，１を除いた，０，２，３，…，９の９種類の数字を使うことができる。どの位にも０を使ってよいものとして３けたの数字を作ると，百の位，十の位，一の位の数をそれぞれ９個の数から選ぶことができるので，９×９×９＝729(個)の数が作れる。この中には，005や037のような数もふくまれるが，これらは１けたの５，２けたの37と見なせば，１を使わない１けた，２けた，３けたの数が，合わせて，729－１＝728(個)作れるとわかる(000は０となるので数えない)。よって，１から999までの整数の中に，１を１個以上使う数は，999－728＝271(個)あるので，1000は，271＋１＝272(番目)の数となる。

⑵　⑴と同様に考えると，１から99までの整数の中に，１を１個以上使う数は，99－(９×９－１)＝19(個)ある。また，⑴より，１から999までの整数の中に，１を１個以上使う数は271個ある。これを利用して，１からある整数までの中に，１を１個以上使う数が何個あるかを調べると，右の表のようになる。この表より，１から4599までの整数の中に，１を１個以上使う数は2008個ある。したがって，2017番目の数は，4600以降に出てくる，１を１個以上使う数の(2017－2008＝)９番目，つまり，4601，4610，4611，4612，4613，4614，4615，4616，4617より，4617である。

数の範囲	１を１個以上使う数の個数(個)	１から数えた個数の合計(個)
１～999	271	271
1000～1999	1000	1271
2000～2999	271	1542
3000～3999	271	1813
4000～4099	19	1832
4100～4199	100	1932
4200～4299	19	1951
4300～4399	19	1970
4400～4499	19	1989
4500～4599	19	2008

⑶　１から4617までの，１を１個以上使う整数の中で，一の位に１を使っているものは，0001(＝１)，0011(＝11)，0021(＝21)，…，4611であるが，一の位の１を除くと，000，001，002，…，461となるので，このような整数の個数は，000から461までの，461＋１＝462(個)である。つまり，１から4617までの整数で，一の位に１は462個使われている。同様に，十の位に１を使っているものは，0010，0011，0012，…，4617で，十の位の１を除くと，000，001，002，…，467となるから，十の位に１は，467＋１＝468(個)使われている。百の位に１を使っているものは，0100，0101，0102，…，4199で，百の位に１は，499＋１＝500(個)，千の位に１を使っているものは，1000，1001，1002，…，1999で，千の位に１は，999＋１＝1000(個)使われている。よって，2017番目の整数までに，462＋468＋500＋1000＝2430(個)の１を使う。

5　グラフ―流水算

⑴　下の図１より，船Ｐは出発して17分から57分までの40分間に，Ｂ地点からＣ地点までの42km

図1

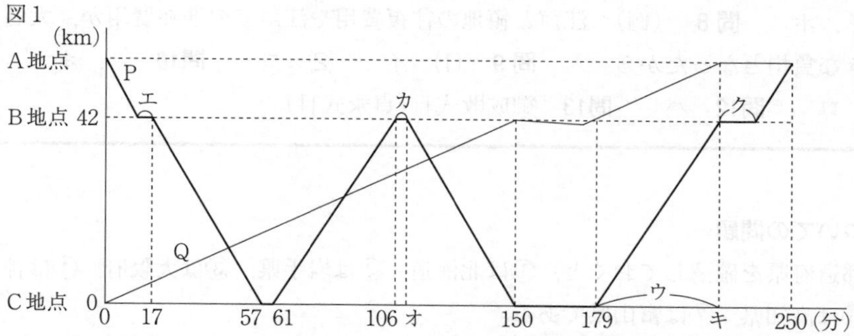

図2

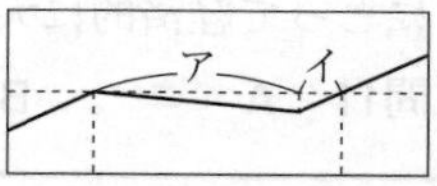

を下っているので，下りの速さは，時速，$42\div\frac{40}{60}=63$(km)である。同様に，61分から106分までの45分間に，C地点からB地点までの42kmを上っているので，上りの速さは，時速，$42\div\frac{45}{60}=56$(km)である。このことから，川の流れの速さは，時速，$(63-56)\div2=3.5$(km)，船Pの静水での速さは，時速，$63-3.5=$59.5(km)とわかる。また，船Qは出発して0分から150分までの150分間に，C地点からB地点までの42kmを上っているので，上りの速さは，時速，$42\div\frac{150}{60}=16.8$(km)，静水での速さは，時速，$16.8+3.5=$20.3(km)となる。

⑵ 上の図2は，図1の中の，船QがB地点に着いてから，元の速さで動き出して再びB地点に着くまでの動きを拡大したものである。船Qが川に流された距離《きょり》と，そのあと再びB地点に着くまでに進んだ距離は等しいので，図2のアとイの時間の比は，$\frac{1}{3.5}:\frac{1}{16.8}=24:5$となる。アとイの時間の合計は，$179-150=29$(分)なので，船QがB地点に着いてから，元の速さで動き出すまでの時間，つまり，アの長さは，$29\times\frac{24}{24+5}=24$(分)とわかる。

⑶ 図1のウの間に，船PがC地点からB地点まで上っているので，ウは45分である。それと同時に，船QはB地点からA地点まで上っているので，A地点とB地点の間の距離は，$16.8\times\frac{45}{60}=12.6$(km)となる。すると，船PはA地点からB地点まで下るのに，$12.6\div63\times60=12$(分)かかるので，エは，$17-12=$5(分)とわかる。同様に，オは，$150-40=110$だから，カは，$110-106=$4(分)である。また，キは，$179+45=224$(分)で，船PはB地点からA地点まで上るのに，$12.6\div56\times60=13.5$(分)かかるので，クは，$(250-224)-13.5=$12.5(分)となる。したがって，船PがB地点にとまっていた時間の合計は，$5+4+12.5=21.5$(分)，つまり，21分30秒と求められる。

社会 (30分)＜満点：50点＞

解答

1 **問1** ニ　**問2** ロ，ニ　**問3** ④，神奈川県　**問4** (例) 東京都に通勤・通学する人が多く住んでいるから。　**問5** ハ　**問6** ⑴ **あ** 輪中　**い** 淀　⑵ **A** ⑥　**B** ⑤　**問7** ロ　**問8** ⑥　2 **問1** ヘイトスピーチ　**問2** 総務省　**問3** ニ　**問4** ⑴ 内閣　⑵ ハ　**問5** 世論　**問6** ロ　**問7** 人権　**問8** (例) 国会議員は主権を持つ国民の代表者であるのに，さまざまな国民の意見を聞き，その意思を政治に反映させるという役割をはたさないことになるという問題。　3 **問1** ⑴ ロ　⑵ 鉄　**問2** 法隆寺　**問3** ハ　**問4** 北九州　**問5** 2番目…ロ，4番目…ホ　**問6**

(例) 麦　**問7**　イ，ホ　**問8**　(例) 江戸と領地の往復費用や江戸での滞在費用が，大名にとって経済的に大きな負担となったから。　**問9**　(1)　イ　(2)　ロ　**問10**　ハ，ホ
問11　**A**　ニ　**B**　ロ　**問12**　ハ　**問13**　御成敗式目(貞永式目)

解　説

1　都道府県の特色についての問題

はじめに①～⑦の都道府県を確認しておくと，①は北海道，②は岩手県，③は大阪府，④は神奈川県，⑤は愛知県，⑥は高知県，⑦は富山県である。

問1　北海道ははっきりとした梅雨がないため6・7月の降水量が少なく，8・9月に日本に近づいて大量の雨を降らせる台風の影響も少ないため，1年を通して降水量が少ない。したがって，ニが正しい。なお，日本で消費している大豆のほとんどは外国産(大豆の自給率は約7％)であるから，イは誤り。北海道の水田の面積は新潟県の水田の面積よりも広いので，ロも誤り。北海道の森林の約3分の2は天然林で，近年はカラマツ・トドマツなど針葉樹の人工造林がさかんになっているので，ハも誤り。

問2　山地が沈みこみ，谷であったところに海水が入りこんでできた出入りの複雑な海岸をリアス海岸といい，三陸海岸(岩手県・宮城県)のほか，若狭《わかさ》湾(福井県・京都府)，志摩《しま》半島(三重県)，宇和海(愛媛県)などでも見られる。

問3　東京23区を除いて人口が100万人を超《こ》える都市は人口の多い順に，横浜市(神奈川県)，大阪市(大阪府)，名古屋市(愛知県)，札幌市(北海道)，神戸市(兵庫県)，福岡市(福岡県)，川崎市(神奈川県)，京都市(京都府)，さいたま市(埼玉県)，広島市(広島県)，仙台市(宮城県)の11市ある(2015年)。

問4　東京都の周辺に位置する神奈川県，埼玉県，千葉県や，大阪府の周辺に位置する兵庫県，奈良県などに住む人は，東京都や大阪府の中心部に通勤・通学することが多く，昼間に人口が減るため，夜間の人口のほうが多くなっている。

問5　神奈川県の沿岸部には，石油化学コンビナート，製鉄所，火力発電所が立ち並び，川崎市では石油化学工業や鉄鋼業，横浜市では自動車工業がさかんである。したがって，ハがあてはまる。なお，イは大阪府，ロは愛知県のグラフ。

問6　(1)　**あ**　洪水から耕地や集落を守るために周囲を堤防《ていぼう》で囲んだ地域を輪中といい，輪中の中の家は周囲よりも高い場所に建てられ，それよりも一段高いところには，水屋とよばれる食料の貯蔵などをかねた倉庫が設けられている。　**い**　大阪平野を南西に流れ，大阪湾に注ぐのは淀《よど》川である。琵琶湖から流れ出すときは瀬田《せた》川，滋賀県から京都府に入るあたりで宇治川と名前を変え，大阪府に入る手前で木津川・桂《かつら》川と合流して淀川になる。　(2)　**A**　高知県の高知平野では温暖な気候を生かした農業がさかんで，なす，しょうが，ゆず，にらの生産量は全国有数である。大ぶりの皿に刺身《さしみ》・鮨《すし》・煮物《にもの》・焼き物などを盛り合わせた皿鉢《さわち》料理が有名。　**B**　愛知県と岐阜県にまたがって広がる濃尾平野南西部は低湿地が多く，木曽川，長良川，揖斐《いび》川が集中して流れるため洪水が起こりやすかったことから，輪中が発達した。伊勢湾《いせわん》の最奥に位置する藤前干潟は，シギ，チドリ類やカモ類など渡り鳥の飛来地として知られ，2002年にラムサール条約の登録地となった。なお，Cは大阪府，Dは富山県があてはまる。

問7　福井県や富山県では，東京都や大阪府のように鉄道(JR・私鉄・地下鉄)やバスなどの公共交通機関が発達していないため，自動車が生活の足となっている場合が多く，１家族で自動車を数台保有していることもある。

問8　東京と各道府県庁所在地を直線で結んだときの距離は次の通り。①の札幌市は約831km，⑥の高知市は約612km，②の盛岡市は約464km，③の大阪市は約396km，⑤の名古屋市は約259km，⑦の富山市は約249km，④の横浜市は約27kmである。

2 政治のはたす役割についての問題

問1　人種や出身国，宗教，性別，社会的立場，障害など，特定の少数者に対する憎《にく》しみや暴力，差別をあおったり，さげすんだりする表現をヘイトスピーチという。日本語では，「差別的憎悪《ぞうお》表現」「憎悪表現」などの訳があてられている。近年このような差別的な発言や言動が社会問題となっていたため，2016年５月，ヘイトスピーチ対策法が成立した。

問2　総務省は，2001年に行われた中央省庁再編によって，総務庁・自治省・郵政省が統合してできた省で，地方自治・選挙・消防・情報通信・郵政などについての仕事を担当している。

問3　日本国憲法第99条では，「天皇又《また》は摂政《せっしょう》及《およ》び国務大臣，国会議員，裁判官その他の公務員は，この憲法を尊重し擁護《ようご》する義務を負ふ《(う)》」と定められている。したがって，ニが正しい。なお，イについて，現在の日本政府は，外国から攻《せ》めこまれた場合だけでなく，自国と同盟関係にある国が攻撃を受けた場合にもその国と共同して反撃することができる(集団的自衛権)という立場をとっているが，日本国憲法第９条では，「武力の行使は，国際紛争を解決する手段としては，永久にこれを放棄《ほうき》する」と定められている。

問4　(1)　法律案を提出できるのは内閣と国会議員である。内閣が提出する法案は，与党に属している内閣総理大臣と国務大臣によって決定されたものであり，国会でこれに賛成する人が多く，高い確率で法律として成立している。　(2)　地方公共団体がその自治権にもとづき，地方議会での十分な話し合いを通じて憲法と法律の範囲内で定めるきまりを条例といい，その地方公共団体だけに適用される。したがって，ハが正しい。

問5　政治や社会に対して多くの人びとが共通して持っている意見を世論という。たとえば，国民の多くがある政策に反対していることが新聞やテレビで連日取り上げられると，政策に変更が加えられたり，不正なことをした議員に対する批判の声が強まると，その議員がみずから辞職したりするなど，世論は政治に大きな影響をあたえる。

問6　核兵器の使用禁止を各国によびかける世界大会を原水爆禁止世界大会という。1954年，アメリカが中部太平洋のビキニ環礁《かんしょう》で水爆実験を行ったさい，危険水域外で操業していた日本のマグロはえ縄漁船の第五福竜丸が「死の灰」をあび，静岡県の焼津港に帰港後，乗組員の１人が死亡したことをきっかけに原水爆禁止日本協議会(日本原水協)が結成され，毎年８月にこの大会を開いている。したがって，ロが正しくない。なお，イは国連平和維持活動，ハは国連教育科学文化機関(ユネスコ)による活動，ニは国連難民高等弁務官事務所による活動。

問7　第一次世界大戦や第二次世界大戦では人権が無視・侵害《しんがい》され，多くの人びとが犠牲《ぎせい》となった。この反省から，1948年の国際連合総会で世界人権宣言が採択され，人権を保障するために各国が達成するべき共通の基準が示された。

問8　国会議員は主権を持つ国民によって選ばれた国民の代表者であるから，話し合いが不十分なまま採決を行うことは一部の国民の意見を無視することになり，国民の意思にしたがって政治を進めていくという原則に反することになる。

3 各時代の歴史的なことがらについての問題

問1 (1) 弥生時代の土器は，高い温度で焼かれているので，うすくてかたく，赤褐色《せっかっしょく》のものが多い。製作方法は縄文時代のものと同じで，ひも状の粘土《ねんど》を積み上げて成形し，へらやはけ状の器具を使って形を整える。ろくろが朝鮮半島から伝わったのは古墳時代のこと。したがって，ロが正しくない。　(2) 埼玉県行田市の稲荷山《いなりやま》古墳から出土した鉄剣と熊本県和水《なごみ》町の江田船山《えたふなやま》古墳から出土した鉄刀には，ワカタケル(倭《わ》王武)の名をふくむ文字が刻まれていた。倭王武は5世紀後半に在位した雄略《ゆうりゃく》天皇のことと考えられているので，これにより，当時，大和《やまと》朝廷の支配が関東から九州にまでに及んでいたことが証明された。

問2 法隆寺は聖徳太子が7世紀初めに奈良の斑鳩《いかるが》(奈良県斑鳩町)に建てた寺で，現存する最古の木造建築物として知られ，1993年に日本で初めてユネスコの世界文化遺産に登録された。

問3 聖武天皇が仏教の制度を整えるために唐(中国)から招いたのは鑑真《がんじん》である。唐の高僧であった鑑真は，5度の渡航失敗と失明するという不運を乗りこえ，753年に6度目の航海で念願の来日をはたすと，僧の守るべきいましめである戒律《かいりつ》を伝え，奈良に唐招提寺《とうしょうだいじ》を建てるなど，日本の仏教の発展に力をつくした。したがって，ハが正しくない。

問4 奈良時代の農民は，収穫の約3％を稲で納める租《そ》，都に出て10日間働く代わりに布を納める庸《よう》，地方の特産物を納める調という税が課せられていた上に，1年間都の守りにつく衛士《えじ》や3年間北九州の守りにつく防人《さきもり》という兵役の義務も負っていた。

問5 時期の早い順に並べると，ハ(源頼朝が守護・地頭を設置したのは12世紀後半の1185年)→ロ(承久《じょうきゅう》の乱で鎌倉幕府軍が後鳥羽《ごとば》上皇の朝廷方に勝利したのは13世紀前半の1221年)→ニ(第8代執権北条時宗《ときむね》が元寇《げんこう》を乗り切ったのは13世紀後半)→ホ(南北朝の動乱は14世紀)→イ(足利義満が日明貿易を開始したのは15世紀初め)となる。

問6 稲を刈《か》り取った後の土地に麦などちがう種類の作物を裏作としてつくる二毛作は，鎌倉時代に近畿地方で行われるようになり，室町時代になると関東地方にも広まっていった。

問7 1575年，織田信長は長篠《ながしの》の戦い(愛知県東部)で新兵器の鉄砲を効果的に用いて，当時最強といわれた甲斐《かい》(山梨県)の武田勝頼《かつより》の騎馬隊を打ち破った。よって，イは正しい。豊臣秀吉は全国統一をなしとげた後，明(中国)の征服《せいふく》をくわだて，朝鮮に明への先導役をつとめるよう求めたが断られたため，文禄の役(1592年)と慶長の役(1597年)の2度にわたって朝鮮出兵を行った。よって，ホも正しい。なお，ロとハは信長が行ったこと。ニは「安土」ではなく「京都」が正しい。へについて，徳川家康が関ヶ原の戦いで豊臣方に勝って江戸幕府を開いたのは1603年，大阪夏の陣《じん》で豊臣氏を滅ぼしたのは1615年のこと。

問8 江戸幕府の第3代将軍徳川家光は武家諸法度《しょはっと》を改定し，参勤交代を制度化した。これにより，大名は1年おきに江戸と領国に住むことを義務づけられ，大名の妻子は人質として江戸におくことを命じられた。大名は江戸と領国の往復や江戸での生活に大きな財政的負担を強《し》いられ，幕府に反抗する力が弱められた。

問9 (1) 江戸時代の初め，幕府から朱印状とよばれる海外渡航許可書をあたえられた多くの貿易船(朱印船)が東南アジアに向かうようになり，日本人の居留地である日本町が各地に形成された。

したがって，イが正しくない。　(2)　江戸時代には，北前船によって蝦夷《えぞ》地(北海道)の昆布《こんぶ》やニシンが西廻《まわ》り航路(日本海沿岸各地や瀬戸内海を通って大阪まで行く海路)を経由して大阪に運ばれ，大阪の商人たちがそれを琉球《りゅうきゅう》(沖縄県)に運び，琉球を経由して清(中国)に輸出された。そのさい，品質の劣《おと》るものは琉球で消費されたため，沖縄料理と昆布は深いつながりを持つこととなった。

問10　明治政府が1873年に出した徴兵《ちょうへい》令の説明としてハは正しい。また，明治政府が進めた殖産《しょくさん》興業《こうぎょう》政策の説明としてホも正しい。なお，イ(学制)について，小学校の建設は地元住民の負担で，授業料も高かったことから，学制反対一揆も起こった。ロ(地租改正)について，地価の３％というのは江戸時代と変わらない負担だったので，各地で地租改正反対一揆も起こった。ニ(不平等条約の改正)について，外務大臣の陸奥宗光《むつむねみつ》は日英通商航海条約を結び，領事裁判権の撤廃《てっぱい》に成功した。

問11　**A**　1925年に普通選挙法が成立し，満25歳以上のすべての男子に選挙権があたえられた。

B　1895年，日清戦争の講和条約として下関条約が結ばれ，清が遼東《リャオトン》半島(直後の三国干渉《かんしょう》で清に返還)・台湾・澎湖《ポンフー》諸島を日本にゆずることが決められた。これにより，台湾は第二次世界大戦が終わる1945年まで日本の植民地とされた。　なお，大日本帝国憲法の発布は1889年２月11日，日清戦争の開始は1894年，日露戦争の開始は1904年，第一次世界大戦の開始は1914年，満州事変の開始は1931年，日中戦争の開始は1937年，第二次世界大戦の終結は1945年８月15日である。

問12　1950年，朝鮮民主主義人民共和国(北朝鮮)と大韓民国(韓国)との境界線(北緯38度線)で両軍が武力衝突《しょうとつ》し，朝鮮戦争が始まった。したがって，ハが1946年からサンフランシスコ平和条約が結ばれた1951年までのできごととして正しい。なお，イの奄美《あまみ》諸島(鹿児島県)返還は1953年，小笠《おがさ》原《わら》諸島(東京都)返還は1968年。ロの高度経済成長は1950年代半ばから1973年まで。ニの中華人民共和国(中国)との国交正常化は1972年，日中平和友好条約が結ばれたのは1978年。

問13　御成敗式目《ごせいばいしきもく》(貞永《じょうえい》式目)は，1232年に鎌倉幕府の第３代執権北条泰時《やすとき》が定めた日本初の武家法である。源頼朝以来の先例や武家社会の慣習・道徳などをもとに，教養の低い武士たちにも理解できるようわかりやすい表現で作成されており，その後の武家法の手本となった。

理　科　(30分)　＜満点：50点＞

解　答

1　**問1**　右の図1　**問2**　①　**問3**　(例)　支えているところから左側に25cmずれた位置におもりをつるす。　**問4**　右の図2

図1

図2

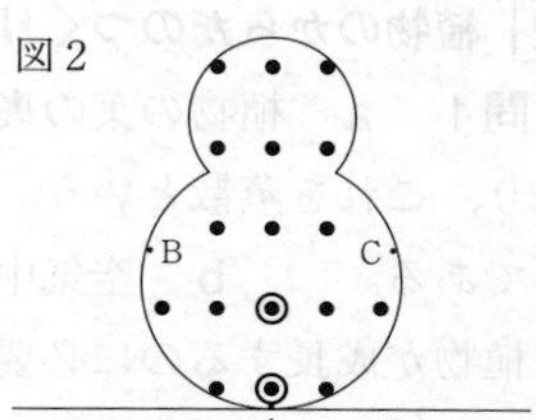

2　**問1**　**a**　蒸散　**b**　ちっ素　**c**　二酸化炭素　**問2**　(1)　キ　(2)　エ　(3)　(例)　おしべもめしべもつくられないから。

問3　(例)　根粒をもつレンゲソウを混ぜこむことで，土の中の肥料分を増やすため。

3　**問1**　ア　②　イ　④　ウ　③　エ　⑤　**問2**　(例)　キュウリの中の水分が外へしみ出してくる。　**問3**　オ　③　カ　①　**問4**　①　**問5**　100.40℃　**4**　**問1**　写真…②　理由…(例)　雲のかたまりが反時計まわりにうずを巻いているから。　**気象衛星**

…ひまわり　**問2**　③　**問3**　(例)　目盛りの0のところまで水を入れる。　**問4**　(例)　目盛りの間かくが大きくなるため，値が読みとりやすいから。

解　説

1　力のつりあいについての問題

問1　この星形は線対称な図形であり，重心は対称の軸《じく》(とがった部分の頂点から反対側のへこんだ部分の頂点まで引いた直線)の上にあるから，対称の軸を2本引くことで，それらの交点が重心とわかる。

問2　棒の中心より左にずれた点で支えると，その点(支点)から見て棒の重心は右側に位置している。よって，棒は右側が下がり，支点を中心にして時計まわりに回転する。

問3　棒の重心は支点から右側に10cmの位置にあるから，棒の重さによる棒を時計まわりに回転させようとする働きは，500×10＝5000である。よって，200gのおもりによる棒を反時計まわりに回転させようとする働きも5000となれば棒がつりあうから，200gのおもりは支点から左側に，5000÷200＝25(cm)ずれた位置につるせばよい。なお，支点は棒の左はしから，100÷2－10＝40(cm)のところにあるので，200gのおもりを棒の左はしから，40－25＝15(cm)はなれた位置につるすとしてもよい。

問4　おきあがりこぼしは，机《つくえ》の上でまっすぐ立っているときには，重心の真下が机と触《ふ》れていると述べられている。よって，右の図アで，点Aから真上にのばした直線上に重心があることになり，重心の候補として①～⑤の5点が考えられる。そして，右の図イで，おきあがりこぼしが時計まわりに回転しておきあがるには，おきあがりこぼしの重心が，机と触れている点Bから真上にのばした直線より右側になければならない。したがって，重心としてふさわしいのは④と⑤の2点である。なお，点Cが机と触れている場合について考えても，やはり同様に④と⑤の2点が重心としてふさわしいことがわかる。

図ア　図イ

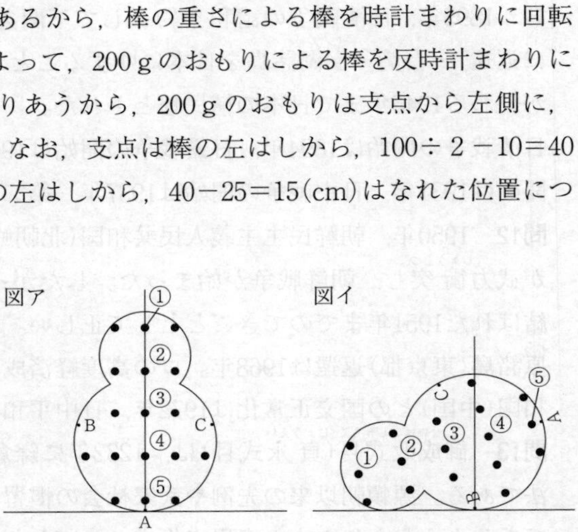

2　植物のからだのつくりと働きについての問題

問1　**a**　植物の葉の裏に多く見られる気孔《きこう》は，からだの水を水蒸気にして放出する働きをしており，これを蒸散という。からだの水が不足すると気孔を閉じるのは，蒸散が行われるのを防ぐためである。　**b**　空気中に最も多く含《ふく》まれているのはちっ素で，空気の約78%をしめる。ちっ素は，植物が成長するのに必要な物質を形づくる成分として不可欠なものであるが，植物はふつう空気中のちっ素をそのまま利用することはできない。　**c**　光合成では，二酸化炭素と水を材料にして，光のエネルギーを利用してでんぷんをつくり出している。

問2　(1)　1の場所はAとBが働くことになるので花びらになり，4の場所はBとCが働くことになるのでおしべになる。2と3の場所はもともとBが働いているので変わらない。　(2)　Aが働かなくなると，おさえられていたCが働くようになる。よって，1の場所はCのみが働くのでめしべとなる。また，2の場所はBとCが働くことになるのでおしべになる。3と4の場所は変わらない。　(3)　おしべもめしべもCが働かないとつくられないから，Cに異常が生じて働かなくなった場合には，おしべやめしべがない花しか咲《さ》かず，そのため子孫を残すことができない。

問３　農作物を栽培《さいばい》する前に，別の植物を育て，それを土に混ぜこむことで土の中の肥料分を増やすことを緑肥という。レンゲソウのようなマメ科の植物は，根粒菌《きん》の働きにより空気中のちっ素を土の中の肥料分とすることができるため，緑肥としての効果が高い。

３ 水溶液《すいようえき》を用いた実験についての問題

問１　こいほうのA液の水面が上がり，うすいほうのB液の水面は下がったこと，そして，セロハン膜《まく》にある小さな穴は，水をつくる粒《つぶ》は通すが，砂糖をつくる粒は通さないことから，うすいB液からこいA液に水が移動したといえる。また，その結果，こいA液はうすまるから，この働きはこさの差を小さくするためにおこったと考えられる。

問２　水で洗ったキュウリを塩漬《づ》けにすると，キュウリのまわりは非常にこい食塩水でつつまれたのと同様になる。すると，問１と同じ働きによって，キュウリの中の水分がキュウリの皮を通って外にしみ出してくる。

問３　**オ**　うすい膜でつつまれた卵の中身を水溶液と見なして考えるとよく，こさの差を小さくするため，まわりの水が膜を通って中に入ってくる。よって，全体がふくらむ。　**カ**　問２のキュウリと同様で，中の水が膜を通って外に出てくるため，全体がしぼむ。

問４　表１でも表２でも，沸点の上昇《じょうしょう》度は水100ｇに溶《と》かした物質の量に比例している。また，表１より，水100ｇに溶かした食塩の量１ｇあたりの沸点の上昇度は0.18℃，表２より，水100ｇに溶かした砂糖の量１ｇあたりの沸点の上昇度は，$0.16\times\frac{1}{10}=0.016$(℃)である。したがって，水溶液のこさが同じであれば，同じ量の水に溶けている食塩や砂糖の量は同じであるから，食塩水のほうが砂糖水より沸点が高くなる。

問５　水100ｇを含むこさが20％の砂糖水は，$100\div(1-0.2)=125$(ｇ)であるから，これには砂糖が，$125-100=25$(ｇ)溶けている。よって，沸点の上昇度は，$0.16\times\frac{25}{10}=0.40$(℃)と求められるから，沸点は，$100+0.40=100.40$(℃)になる。

４ 気象についての問題

問１　台風を上空から見ると，②の写真のように，雲のかたまりがまわりから中心に向かって反時計まわりにうずを巻くような形になっている。これは，地球の自転の影響《えいきょう》により，日本がある北半球では，運動する物体に進行方向に向かって右向きの力(コリオリの力という)が働き，その進路が時計まわりにずれるという現象がおこるからである。また，テレビや新聞などの気象情報で見られる上空からの雲の写真は，日本の気象衛星「ひまわり」が撮影《さつえい》したものである。

問２　図２で，値の高い棒グラフは12時前後の③のはんいに集中しており，このはんいの６本の棒グラフを読みとって数値をたすと，合計がおよそ107～108mmとなる。

問３　この雨量計をいきなり使うと，少量の雨水では目盛りの０まで水面が届かないことからもわかるように，この雨量計は，目盛りの０の高さまであらかじめ水を入れておいてから使うようにする。このさい，着色した水を入れておくと目盛りが読みやすくなる。このように目盛りの０の位置が底から少し高いところにあるのは，ペットボトルの底にへこみがあり，水面の上がり方が底のほうとそれより上の部分でちがってくるからである。

問４　柱状の立体で，体積は，(底面積)×(高さ)で表されるから，同じ体積の場合は底面積と高さが反比例する。よって，雨量計において，雨水を受ける円状のはんいの面積よりも，雨水をためる容器の底面積のほうが小さいほど，たまる雨水の高さが高くなるため，目盛りの間かくを大きくすることができる。雨量はmm単位で表すが，たまった雨水の高さを実際のmm単位の目盛りで読みとって測るのはむずかしいので，図のように雨量計に工夫をして，目盛りを読みとりやすくしている。

国　語　（50分）＜満点：100点＞

解　答

一　**問1**　滑りこむ／連打する　**問2**　我(に)返(った)　**問3**　(例)　下りであるはずのエレベーターに，上りで帰るはずのゴミ出しを終えたらしい人が乗っているところと，エレベーターが満員電車なみに混んでいるところ。　**問4**　(例)　たったこれくらいのことでしりごみしていてはいけない　**問5**　(例)　エレベーターが止まる階は天井のルーレットによって決まり，乗りたい人が待っている階や乗っている人が降りたい階に必ずしも止まるわけではないから。　**問6**　イ　**問7**　1　苦しん(で)　2　つのっ(て)　3　つい(て)　4　すがっ(て)　5　まっとうし(て)　**問8**　(例)　便利なものに依存しきって忍耐力を失ってはならない。／時間通りに動くことだけに必要以上にとらわれてはならない。／文明の利器にたよる生活を反省し，妥協してはならない。　**問9**　すごろく　**問10**　⑴　(例)　エレベーターでの試練を乗りこえた達成感を味わったのもつかの間，外の道路がコマ分割された光景を見て，サイコロをふって出た目の数だけ進む形で学校まで行かねばならないとさとり，新たな試練に気が遠くなるように感じたから。　⑵　(例)「これは人間への戒めだから，最後までがんばって試練を乗りこえるのが使命だ」とエレベーターの中で考えたことを思い出し，何とか気持ちを奮い立たせ，学校を目指してサイコロをふる。　二　**問1**　a　オ　b　ア　c　ウ　**問2**　(例)　そもそも人間は人と人との「間柄的な存在」なので，社会生活を送るうえでは身内以外の他者とも，意思疎通をはかるために公共的なコミュニケーションは不可欠だと考えている。　**問3**　②　(例)　とらないわけにはいかない　③　(例)　生まれるはずがない　**問4**　A　ア　B　ウ　**問5**　疑心暗鬼　**問6**　(例)　あきらかに誤解が原因の，相手に対する不信感や疑念を解消する役割。　**問7**　(例)　公共の利益を無視し(，自分の利益しか考えないこと。)　**問8**　イ　**問9**　⑴　自由民権運動や大正デモクラシー　⑵　(筆者は，)互いに異な～く譲らない(のがよいと言っている。)　**問10**　つまり，日　**問11**　⑴　(例)　為政者の考えが間違っていると思ったら進言し，正しい考えに変えようとする態度。　⑵　(例)　自分とは異なる臣下の意見を尊重して耳をかたむけ，合意形成を目指す態度。　三　**問1**　下記を参照のこと。　**問2**　⑴　くめん　⑵　ざゆう　⑶　ちょうほう　⑷　こがい

●漢字の書き取り

三　**問1**　⑴　完治　⑵　策略　⑶　大過　⑷　心服　⑸　北限　⑹　照合　⑺　安置　⑻　独白

解説

一　出典は田丸雅智《たまるまさとも》の『夢巻』所収の「試練」による。寝坊《ねぼう》した「ぼく」は，乗りこんだエレベーターが謎《なぞ》の動きをするのは「人間への戒《いまし》め」だと考えて耐《た》えるが，ようやく外に出ると新たな試練が待っていた。

問１　急いで走った結果，「ぼく」は勢いがついて階段に「滑《すべ》りこむ」形になっている。また，エレベーターの下へ降りるボタンを「連打する」とあるのは，一刻も早くエレベーターに来てほしいと気がせくあまりの行動である。

問２　「我に返る」は，興奮がさめて本心に返ること。

問３　ゴミ捨て場は通常一階にあるので，ゴミを出し終えた人は一階から上りのエレベーターに乗るはずである。しかし，このときは，下りであるはずのエレベーターになぜか「明らかにゴミ出し帰り」の人が乗っていた。「満員電車」のように人が「ぎゅうぎゅう詰《づ》め」になっていることも，普通《ふつう》ならありえないと言える。

問４　「これしき」は，“わずかにこれくらい”という意味。「身を引く」は，退くこと。やめること。異様に混み合ったエレベーターを見て「一瞬《いっしゅん》ひるんだ」が，ぼう線部④のように思い直して乗りこんだのだから，「たかがこれくらいのことでしりごみしていてはいけない」と思ったことになる。

問５　エレベーターの動きが何によって決まっているかを，「ぼく」が知る場面が後にある。エレベーターは天井《てんじょう》の「ルーレット」によって「止まる階が決ま」り，乗りたい人が待っている階や，乗っている人が降りたい階に止まるわけではないため，ぼう線部⑤のようなことが起こるのである。

問６　「六階」は，「ぼく」がエレベーターに乗りこんだ階にあたる。「とうとう」は，“ついに”という意味。学校に急ぐ「ぼく」はエレベーターに乗ったが，エレベーターがでたらめな動きをした結果，目的地の一階に着くどころか，とうとうスタート地点に戻《もど》ってしまったことを示している。

問７　**１**　「理解に苦しむ」は，理解できずに困ること。後に「で」が続くので，「苦しん(で)」とする。　**２**　「いらいらがつのる」は，いらついた気持ちがいっそうひどくなること。後に「て」が続くので，「つのっ(て)」が入る。　**３**　「溜息《ためいき》をつく」は，失望したときなどに思わず大きな息が出ること。後に「て」があるので，「つい(て)」が合う。　**４**　「文明の利器」は，文明が生んだ便利な道具。現代社会においては，人間は「文明の利器」にたよって生活しているので，“たよる”という意味の「すがる」を使う。「て」に続く形が入るので，「すがっ(て)」とする。
５　「使命」は，果たさなければならない重大な務めのことなので，“完全に果たす”という意味の「まっとうする」をつなげる。「て」「た」が後にあるので，「まっとうし(て・た)」となる。

問８　急いでいるさなかにでたらめに動くエレベーターに翻《ほん》ろうされる状況《じょうきょう》の下，これは便利なものに依存《いぞん》しきって「忍耐《にんたい》力」を失い，また，時間どおりに動くことばかり気にしている人間への「戒め」に違《ちが》いないので，「すべてを反省」し，「妥協《だきょう》」してはならないと「ぼく」は考えるにいたっている。

問９　マンションのドアの外に広がっていたのは，すべての道路が「コマ分割」され，横に「サイコロ」が置かれた光景だった。「サイコロ」をふり，出た目の数のコマだけ進めるという「すごろく」に，道路が変ぼうしていたのだと読み取れる。

問10　(1)　エレベーターのでたらめな動きに耐え，ようやく一階に到達《とうたつ》した「ぼく」だったが，

「試練」をくぐりぬけて「達成感」を味わったのもつかの間，道路が「すごろく」に変わるという新たな「試練」が待っていた。そのため，学校までの道のりが果てしなく思えて，気が遠くなるように感じたものと考えられる。　(2)　新たな「試練」を目の前に「呆然《ぼうぜん》と～立ちつくした」「ぼく」だが，しばらくして，これは人間への「戒め」だから，最後までがんばって「試練」を乗りこえるのが「使命」だとエレベーターの中で考えたことを思い出し，何とか気持ちを奮い立たせ，学校を目指して「サイコロ」をふるものと推測できる。

二　出典は山脇直司《やまわきなおし》の『社会とどうかかわるか―公共哲学《てつがく》からのヒント』による。公共的なことがらに関して「合意」を形成することはコミュニケーションの重要な役割であり，対等な関係を前提に「和して同ぜず」の態度を取ることで，「思想・良心の自由」が活《い》かされると述べている。

問1　**a**　前では，幼少の時から経験が豊富なものとして，「親子関係」などのコミュニケーションがあげられている。後では，前者とは異質なものとして，「身内以外の他者と意思疎通《そつう》するためのコミュニケーション」が取り上げられている。よって，前のことがらを受けて，それに反する内容を述べる時に用いる「しかし」が入る。　**b**　前では，社会生活を送るうえでは「公共的なコミュニケーション」は不可欠だと述べている。後にはその例として，友人以外のクラスメートともなんらかのコミュニケーションはとらざるをえないということをあげている。よって，具体的な例をあげる時に用いる「たとえば」がよい。　**c**　前には，社会生活を送るうえで「公共的なコミュニケーション」が不可欠な例として，友人以外のクラスメートとのコミュニケーションが必要なことをあげている。後では，不注意から道で知らない人にぶつかったら，謝《あやま》るのが当然だと別の例をあげている。よって，ことがらを並べ立てる時に用いる「また」が合う。

問2　筆者は「けれども」で始まる続く二文で，ぼう線部①に示された考え方に反論している。人間は人と人との「間柄《あいだがら》的な存在」だという和辻哲郎《わつじてつろう》の言葉に共感する筆者は，「身内以外の他者」でも，社会生活を送るうえで意思疎通をはかるために，「公共的なコミュニケーション」は不可欠だと考えている。

問3　②「～ざるをえない」は，“～しないわけにはいかない”という意味。　③「～べくもない」は，“～はずがない”という意味である。

問4　**A**「腹蔵ない」は，考えをつつみかくさないようす。よって，本心を打ち明けることを言う「腹を割る」がほぼ同じ意味になる。　**B**「鵜《う》呑《の》み」は，よく理解しないでそのまま受け入れること。

問5　最初の空らんの後で，空らんに入る言葉の意味を，「疑う心があると，暗闇《くらやみ》でいるはずのない鬼《おに》がみえてしまうように，一旦《いったん》ある人に不信感をいだいてしまうと，その人の何気ない言動でもいろいろに勘《かん》ぐってしまうような状態」と説明している。よって，「疑心暗鬼」が入る。

問6　「合意」を形成して互《たが》いの関係の発展につなげるコミュニケーションを「積極的な」役割としているのに対し，「誤解」を解いて本来の関係にもどすコミュニケーションを「消極的な」役割と表現している。直前で述べられた，あきらかに「誤解」が原因の，相手への不信感や疑念を解消する役割のことになる。

問7　「滅私奉公《めっしほうこう》」は，自分の利益を考えず，公《おおやけ》のためにつくすこと。「滅公奉私」では「私」と「公」とが入れかわっているので，“公共の利益を無視し，自分の利益だけを考える”という意味を持たせているものと考えられる。

問8　ぼう線部⑥をふくむ文に，「組織や社会では，一方的に上から命令が下る上意下達でルールが決められます」とあることに注意する。「組織や社会」での「上」にあたる人は，「為政者《いせいしゃ》」である。

問9　⑴　次の段落に注目する。「自由民権運動や大正デモクラシー」について，筆者は「人びとが対等なかたちでコミュニケーションをとりながら合意形成をめざす運動であったと思う」と述べており，「『活私開公』型の組織や社会」を実現するための動きだったことがわかる。　⑵「活私開公型のコミュニケーションにとって重要」だとして，筆者は「和して同ぜず」という思想を後で説明している。意見が食い違った場合には，「互いに異なる意見を尊重しあいながら，自分がどうしても正しいと思う意見は軽々しく譲《ゆず》らない」というその態度をとるべきだと言うのである。

問10　ぼう線部⑧は，「コミュニケーションを通しての合意形成の道を閉《と》ざす」として筆者が否定する考え方であることが，続く部分からあきらかである。よって，同じ段落の前半でも筆者が「間違っている」としている，「つまり，日」で始まる文で説明される考え方のことになる。

問11　⑴　直前の一文に説明されている。為政者の考えが間違っていると思えば進言し，正しい考えに変えようとする態度が「和」であり，臣下の取るべき態度である。　⑵　意見が食い違った場合，「互いに異なる意見を尊重しあいながら，自分がどうしても正しいと思う意見は軽々しく譲らない」という「和して同ぜず」の態度を取るべきだと筆者は説いている。よって，為政者も，自分とは異なる臣下の意見を尊重して耳をかたむけ，「合意形成」を目指す態度を取るべきだといえる。

三　漢字の意味と書き取り，漢字の読み

問1　⑴「根治」は，病気が根本的になおること。ここでの「治」は“病気がなおる”という意味で使われているので，「完治」があてはまる。なお，「治水」の「治」は，“おさめる”という意味。
⑵「計略」は，相手をだまそうとするはかりごと。ここでの「略」は“はかりごと”という意味で使われているので，「策略」がよい。なお，「省略」の「略」は，“はぶく”という意味。
⑶「過失」は，あやまち。“大きなあやまち”という意味の「大過」では，やはり“あやまち”という意味で「過」が使われている。なお，「経過」の「過」は，“通りすぎる”という意味。
⑷「敬服」は，尊敬の気持ちをいだいて従うこと。ここでの「服」は“つき従う”という意味で使われているので，「心服」がふさわしい。「内服」は薬を飲むことをいい，「服」は“体に受け入れる”という意味で使われている。　⑸「極北」は，北の果て。北の限界を表す「北限」と同様に，“方角の北”という意味で「北」が使われている。なお，「敗北」の「北」は，“逃《に》げる”という意味。
⑹「対照」は，照らし合わせて比べること。ここでの「照」は“照らし合わせる”という意味で使われているので，「照合」が選べる。なお，「日照」の「照」は，“照らす”という意味。　⑺「安住」は，心配することなく，落ち着いて住むこと。大切にすえ置くことをいう「安置」と同様に，“安らかに”という意味で「安」が使われている。なお，「安価」の「安」は，“値段が安い”という意味。　⑻「白状」は，自分の罪などを打ち明けること。ここでの「白」は“言う”という意味で使われているので，ひとりごとを表す「独白」が合う。なお，「白熱」は，高温になった物が白色の光を出すことを言い，「白」は“白色”という意味で使われている。

問2　⑴　やりくりして必要なものをそろえること。　⑵　身近な所。　⑶　便利なものとしてよく使うこと。　⑷　家の外。

Memo

Memo

Memo

平成28年度　雙葉中学校

〔電　話〕(03) 3261－０８２１
〔所在地〕〒102-8470　東京都千代田区六番町14－1
〔交　通〕JR中央線・東京メトロ丸ノ内線・南北線
—「四ツ谷駅」より徒歩２分

【算　数】（50分）〈満点：100点〉

1　次の□に当てはまる数を答えましょう。（式と計算と答え）

(1)　$\left(6.35-4\frac{3}{5}\right)\div□\times2\frac{1}{3}=1\frac{5}{6}$

(2)　□円の$\frac{1}{7}$を募金《ぼきん》し，残りの$\frac{4}{5}$で買い物をしたところ，2340円残りました。

(3)　A地点からB地点までは3.6kmです。花子さんは毎分240m，太郎さんは毎分400mの速さで進みます。花子さんはA地点を出発し，B地点に着くとすぐにA地点に引き返します。太郎さんは，花子さんが出発した12分後にA地点を出発し，B地点に向かいます。２人はA地点から□kmのところで初めて出会います。

(4)　6.8%の食塩水が95gあります。水を10g蒸発させると，□%の食塩水になります。

2　図のような直方体の水そうに，高さ25cmの長方形の仕切りがまっすぐに立っています。A室に毎分４Lずつ水を入れ始めました。途中《とちゅう》で，B室の底にある穴に栓《せん》をし忘れたことに気づき，栓をしたところ，水を入れ始めてから14分後にB室の水の高さが25cmになりました。栓をしたのは水を入れ始めてから何分何秒後ですか。穴からは毎分６dLの水が出ていきます。水そうと仕切りの間にすき間はなく，仕切りの厚さは考えません。（式と計算と答え）

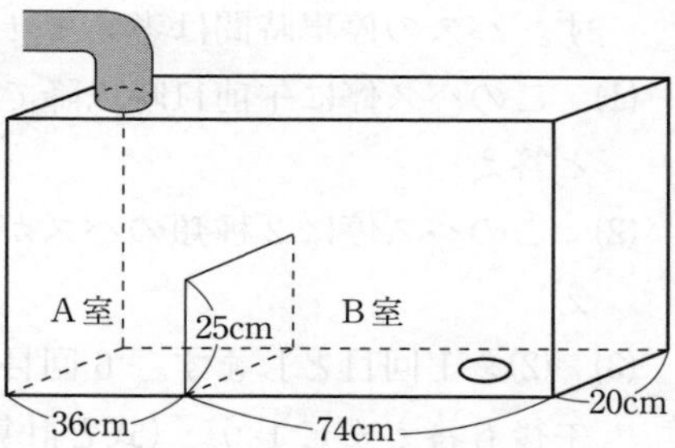

3　たくさんある黒と白の碁石《ごいし》を図のように並べていきます。

１回目は，黒の碁石を１個置きます。

２回目は白，３回目は黒，４回目は白，……と，正六角形の形になるように加えていきます。

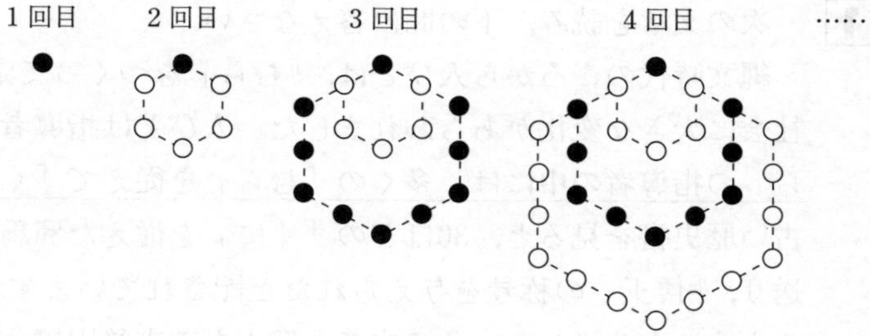

(1)　３回目までに並べた碁石は全部で15個です。32回目までに並べた碁石は全部で何個ですか。（式と計算と答え）

(2)　黒の碁石が白の碁石よりも93個多くなるのは，何回目まで並べたときですか。（式と計算と答え）

(3)　このように並べた碁石を，１段目に１個，２段目に２個，３段目に３個，……と，正三角形の形になるように並べかえます。例えば，２回目までに並べた碁石を並べかえると，右の図のようになります。100回目までに並べ

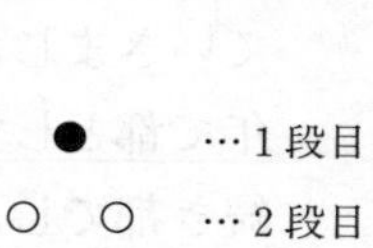

た碁石を並べかえると，何段の正三角形ができますか。（式と計算と答え）

4 下の図は，正方形と直角二等辺三角形と円を組み合わせたものです。かげをつけた部分の面積は何 cm^2 ですか。円周率は3.14です。（式と計算と答え）

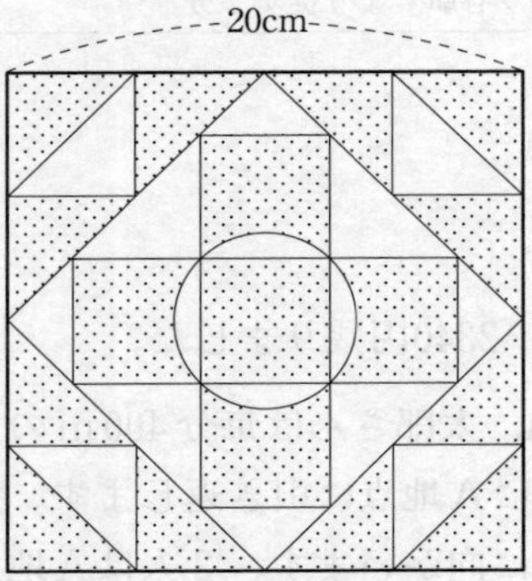

5 あるバス停には，A駅行きのバスとB駅行きのバスが来ます。A駅行きは午前７時11分から17分間隔《かんかく》で来ます。B駅行きは午前６時35分から４分，７分，４分，７分，……の間隔で来ます。バスの停車時間は考えません。

(1) このバス停に午前11時以降で最初に来るバスは，午前11時何分の何駅行きですか。（式と計算と答え）

(2) このバス停に２種類のバスが初めて同時に来るのは，午前何時何分ですか。（式と計算と答え）

(3) (2)を１回目とします。６回目にこのバス停に同時にバスが来るのは何時何分ですか。午前，午後も答えましょう。（式と計算と答え）

【社　会】（30分）〈満点：50点〉

1 次の文章を読み，下の問に答えなさい。

縄文時代のころから人びとは，「むら」をつくって定住を始めました。米づくりが始まると，社会に大きな変化があらわれました。人びとは指導者のもとに結びつきを強め，①有力な「むら」の指導者の中には，多くの「むら」を従えて「くに」を治める者が出てきました。中国の古い歴史書を見ると，30ほどの「くに」を従えた邪馬台国の女王が，②３世紀に中国に使いを送り，「倭王《わおう》」の称号を与えられたと記されています。しばらくすると，各地に古墳が築《きず》かれるようになりました。その中でも巨大な前方後円墳が数多く見られる大和や河内《かわち》の豪族《ごうぞく》が連合して大和朝廷を成立させ，③九州地方から関東地方にかけての豪族たちを従えていったと考えられています。

都は飛鳥地方に置かれ，６世紀の終わりごろから天皇に権力を集中させるしくみが整えられていきました。本格的な都もつくられ，天皇がいる都は固定されていきます。平城京は④約70年で都としての役割を終えましたが，⑤平安京は，⑥平安時代から江戸時代の終わりまでひき続き都でした。都での政治は天皇と貴族たちが担《にな》っていましたが，やがて源氏や平氏などの武士の力が強まりました。

平氏をたおした源頼朝は，鎌倉で政治のしくみを整えていきました。こうして武士の政治の拠点《きょてん》が鎌倉に置かれましたので，都ばかりが政治の中心とはいえなくなりました。その後，足利氏が⑦京都に幕府を開き，朝廷と幕府の二つの政府が京都に置かれました。しかし，幕府が全国を支配する力を失っていく中で，実力で領地を確保した戦国大名たちが，独自に統治を行うようになりました。これは，⑧全国各地に政治の拠点が出現したともいえるでしょう。戦国大名の戦いの中から織田信長が，勢力をのばして京都を押さえ，そこに近い⑨安土に本拠を置いて全国統一をめざしました。その後大阪を経て，江戸へと政治の中心は移り，平和な時代が長く続きました。しかし，ペリーの来航をきっかけに，⑩外国との新たな貿易が開始され，世の中が混乱する中で，⑪長州藩や薩摩藩などの勢力が，幕府をたおして天皇を中心とする政府をつくりました。

新政府が移った江戸は，東京と改称されて首都となりました。この政府のもと，⑫政治や社会のしくみも大きく変化していきます。また，富国強兵を進めた日本は，日清・日露戦争，第一次世界大戦などを通してアジアに進出していきました。その後，⑬日中戦争をおこし，第二次世界大戦にも加わった日本は，戦争中，特にアジアの人びとに大きな苦痛を与えました。⑭終戦をむかえた後，日本は連合国軍の占領《せんりょう》下に置かれましたが，独立回復後の高度経済成長の時代に，首都の東京は世界を代表する都市の一つへと発展していきました。

問1　下線部①について。「くに」はどのようにしてつくられていったのですか。「むら」が米づくりを行っていたことと関連させて説明しなさい。

問2　下線部②の時期の日本の説明として正しいものを次のイ～へから二つ選び，記号で答えなさい。

イ　多くの人びとは竪穴《たてあな》住居に住んでいた。

ロ　土偶《どぐう》をつかって儀式などを行っていた。

ハ　食料を手に入れるために狩りや漁を行っていた。

ニ　馬の背にくらをつけて乗っていた。

ホ　ナウマンゾウなどの大型動物を食料にしていた。

へ　山の斜面を利用したかまで土器を焼いていた。

問3　下線部③について。関東地方の豪族「ヲワケ」が，5世紀後半ごろに朝廷に仕えていたことを記したものが古墳から出土しました。埼玉県にある，その古墳名を答えなさい。

問4　下線部④の期間の出来事として正しいものを次のイ～へから二つ選び，記号で答えなさい。

イ　中国から来日した鑑真が，都に本願寺を開いた。

ロ　税や兵役など農民の負担は重く，土地をすてて逃げる者がいた。

ハ　中大兄皇子らが，大きな権力をにぎった蘇我氏を滅ぼした。

ニ　小野妹子を中国に派遣し，対等の外交を開こうとした。

ホ　貨幣《かへい》が発行され，税はすべて貨幣で納めるようになった。

へ　数年の間，都が平城京とは別のところに置かれた。

問5　下線部⑤の説明として正しいものを次のイ～ニから一つ選び，記号で答えなさい。

イ　中央をつらぬく大路の周辺に広がった都で，三方は山で囲まれ南は海に面していて攻めにくく守りやすかった。

ロ　道路が東西南北に直角に交わるようにつくられた都で，ほりに囲まれた寝殿造の貴族の屋しきが建ち並んでいた。

ハ　二つの川にはさまれた都で，北東の方向にある山には政治にも影響《えいきょう》を与えるようになる大寺院が建てられた。

ニ　中央をつらぬく大路を境に右京と左京に分けられた都で，左京の東には外京《げきょう》とよばれる張り出した部分があった。

問６　下線部⑥について。

(1)　この期間はおよそ何年ですか。次のイ～ヘから最もふさわしいものを選び，記号で答えなさい。

イ　270年　　ロ　400年

ハ　670年　　ニ　900年

ホ　1070年　　ヘ　1400年

(2)　この間におこった出来事イ～リを次にあげました。この中には，京都と京都近郊における出来事が６つ含まれています。その６つを選び，時期の早い順に並べた時に，２番目と４番目となる出来事をそれぞれ記号で答えなさい。

イ　足利義満が金閣を建てる。　　ロ　平治の乱がおこる。

ハ　元軍との戦いが行われる。　　ニ　大塩平八郎の乱がおこる。

ホ　明智光秀が本能寺を攻める。　　ヘ　最後の将軍が政権を朝廷に返す。

ト　応仁の乱がおこる。　　チ　平等院鳳凰《ほうおう》堂が建てられる。

リ　天草四郎を中心とする一揆《いっき》がおこる。

(3)　次のイ～ヘは，江戸時代の終わりまでに日本で生産するようになっていたものです。この中から，平安時代には生産できなかったものを二つ選び，記号で答えなさい。

イ　紙　　ロ　塩　　ハ　鉄砲

ニ　絹布　　ホ　麻布　　ヘ　磁器

問７　下線部⑦について。幕府が京都に置かれていた時代の幕府の役職の一つに守護がありました。守護の説明として正しいものを次のイ～ニから一つ選び，記号で答えなさい。

イ　守護が権力を増して大名のようになり，任命された国を自分の領地のように統治した。

ロ　全国同じ基準で検地が行われ，国に派遣された守護が責任をもって幕府に年貢を納めた。

ハ　守護は妻子を人質として京都に置き，国と京都の間を一年ごとに往復するきまりだった。

ニ　武家諸法度に違反する者をとりしまるために，国の軍事の仕事を担う守護を任命した。

問８　下線部⑧について。戦国大名の軍事・政治・経済の拠点となった都市を何といいますか。

問９　下線部⑨について。信長はなぜ，安土に本拠を置いたのでしょうか。安土の位置を考えて説明しなさい。

問10　下線部⑩について。外国との貿易が開始された港のうち，江戸に一番近いものを答えなさい。

問11　下線部⑪について。大名は徳川氏との関係から３つに分けられました。長州藩や薩摩藩の大名は，そのうち何とよばれますか。

問12　下線部⑫について。

(1)　政府は地方を統治するしくみを変え，地方に役人を派遣して支配を強化しました。この改革を何といいますか。

(2) 人びとは政治への参加を求める運動を始め，国会の開設や憲法の制定が進められました。それについての説明として正しいものを，次のイ～ニから一つ選び，記号で答えなさい。

イ　土佐藩出身の板垣退助は，政府の役人をやめた後に自由民権運動の中心となり，自由党を結成した。

ロ　大久保利通の指導のもと，25才以上のすべての男子による普通選挙が行われ，初めて国会が開かれた。

ハ　初代総理大臣となった伊藤博文を中心に，フランスの憲法を手本にして，大日本帝国憲法がつくられた。

ニ　政府に不満をもつ士族が西郷隆盛を中心におこした西南戦争をきっかけに，政府が国会開設を約束した。

(3) それまでの身分制度は廃止されましたが，その後も職業や結婚などできびしい差別を受け続けた人びとがいました。そのような人びとが，差別をなくす運動のために，1922年につくった組織は何ですか。

問13　下線部⑬の戦争中，日本は中国の重要な拠点を占領していきました。その時，多数の市民の命が奪《うば》われた，開戦当時の中国の首都はどこですか。

問14　下線部⑭について。戦後，世界では二つの大国が国際社会の中心となり，まわりの国ぐにを巻き込んで，対立するようになっていました。日本は，二つの大国のうちの一つと国交を回復した年に，国際連合に加盟しました。その国の名前を答えなさい。

2　現在日本の新幹線の起点・終点となっている駅をあげました。下の問に答えなさい。

東北新幹線	東京駅―新青森駅	秋田新幹線	盛岡駅―秋田駅
山形新幹線	福島駅―新庄駅	上越新幹線	大宮駅―新潟駅
北陸新幹線	高崎駅―金沢駅	東海道新幹線	東京駅―新大阪駅
山陽新幹線	新大阪駅―博多駅	九州新幹線	博多駅―鹿児島中央駅

問１　起点・終点の駅がある都市のうち，東京・A・Bの３都市の気温と降水量のグラフを示しました。AとBの都市を，下のイ～ホから選び，記号で答えなさい。折れ線グラフは気温を，棒グラフは降水量を表しています。

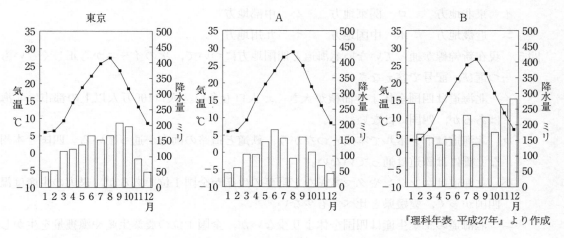

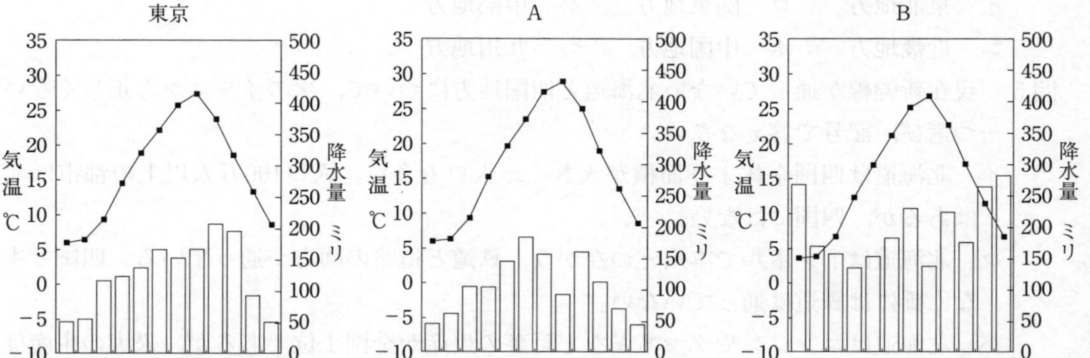

『理科年表 平成27年』より作成

イ　青森　　ロ　金沢　　ハ　大阪　　ニ　鹿児島　　ホ　福島

問2　次の各文は，起点・終点の駅がある3つの都府県の農業や水産業について説明したものです。文中の河川と海峡の名前を答えなさい。

(1)　県内の河川中流にある盆地では，米やリンゴ，東京に出荷するピーマンなどが生産され，盆地と東部の高地では乳牛や肉牛の飼育が盛《さか》んである。

(2)　南部を流れる河川の平野では，干拓した低い土地で米づくりが行われている。小麦，イチゴ，柿，キウイフルーツの生産は全国有数である。

(3)　南東部にこの地方最大の漁港があり，海峡に面した町はマグロの一本釣りで知られる。県庁所在地が面する湾ではホタテ貝の養殖《ようしょく》が盛んである。

問3　新幹線が通る東京都，大阪府，福岡県は工業が発達しています。それぞれの工業生産の割合をグラフで示しました。正しい組み合わせを，下のイ～へから選び，記号で答えなさい。

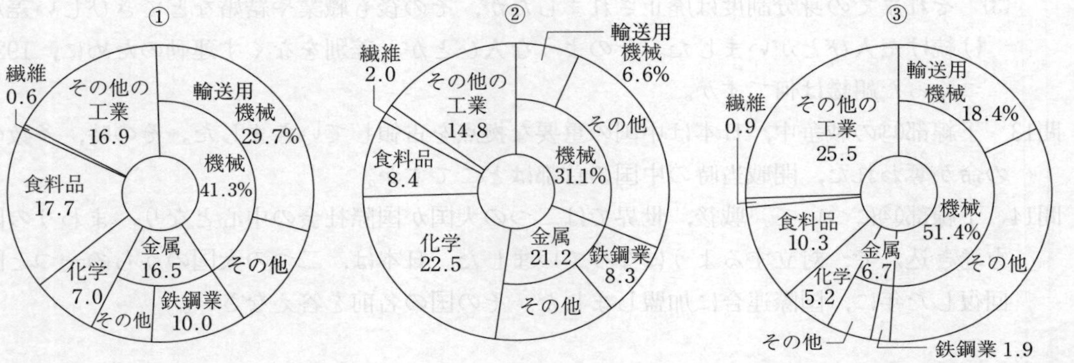

『日本国勢図会2015/16年版』より作成

	イ	ロ	ハ	ニ	ホ	へ
①	東京都	大阪府	福岡県	東京都	大阪府	福岡県
②	大阪府	福岡県	東京都	福岡県	東京都	大阪府
③	福岡県	東京都	大阪府	大阪府	福岡県	東京都

問4　次のイ～への地方のうち，まだ新幹線が通っていない都府県が一番多いのはどれですか。記号で答えなさい。

イ　東北地方　　ロ　関東地方　　ハ　中部地方

ニ　近畿地方　　ホ　中国地方　　へ　九州地方

問5　現在新幹線が通っていない北海道と四国地方について，次のイ～ニから正しくないものを一つ選び，記号で答えなさい。

イ　北海道は四国全体より面積が大きく，人口も多い。人口100万人以上の都市は北海道にはあるが，四国にはない。

ロ　北海道はトンネルで本州とつながり，鉄道と道路の両方が通っている。四国と本州をつなぐ橋には鉄道は通っていない。

ハ　北海道はニンジンやタマネギなど野菜の生産が全国1位であるが，果実の生産は温暖な四国が多く，愛媛県と比べても少ない。

ニ　北海道の工業生産は四国全体より少ないが，全国1位の農業生産や漁獲量を生かし，食料品工業は全国有数の生産をあげている。

問6　次にあげる都市と都市の間は新幹線の他に航空機でも移動できます。イ～ニの中で航空機による年間旅客数の一番多いものを，記号で答えなさい。

イ　東京―青森　　ロ　東京―大阪　　ハ　東京―福岡　　ニ　東京―鹿児島

3　次の文章を読み，〔　〕に最もふさわしい語句を入れ，下の問に答えなさい。〔　〕には同じ語句が入ります。

日本の政治は，選挙で選ばれた人びとによって進められています。国民が政治の主役であるということを，大切にするからです。①国民の意見を政治に反映させるしくみが選挙です。投票することによって，私たち国民は政治に参加することになります。選挙で投票する権利を選挙権，立候補する権利を被選挙権といいます。これらの参政権は，日本国憲法の原則の一つである〔　〕にもとづいています。A選挙だけでなく，国民投票や国民審査《しんさ》，裁判員制度も，これにもとづいた制度です。

さらに，〔　　〕という原則は，国の政治のしくみにさまざまな形で取り入れられています。B国会では，実際に政治を進める内閣総理大臣を，議員の中から選びます。内閣を信任しないことを決議したり，裁判官をやめさせるかどうかの弾劾《だんがい》裁判を行ったりもします。国会・内閣・裁判所，いずれの機関においても，〔　　〕という原則が守られなければならないということです。また日本国憲法では，②天皇については，国と国民のまとまりの象徴《しょうちょう》であると定められています。

私たちの暮らしを支えるために，より身近な③都道府県や市区町村などの地方自治体でも政治が行われています。そこでは，国の政治と同じように，④その地域の住民が政治の主役であるということが大切にされなければなりません。地方自治体は，さまざまな理由で働くことが難しい人を生活費用などの面で支援することや，⑤子どもたちの教育環境を整えることなどの仕事を通して，住民のだれもが安心して幸せに暮らせるまちづくりを進めています。そして，私たちが政治の主役であるためには，⑥一人一人が自覚をもって政治に参加することが必要です。

問1　下線部①について。

(1)　選挙についての説明文のうち，正しくないものを次のイ～ニから一つ選び，記号で答えなさい。

イ　立候補者は当選したら実行することを公約としてかかげ，有権者に支持を呼びかける。

ロ　国会議員である参議院議員と地方自治体の市町村長は，立候補できる年齢《ねんれい》が同じである。

ハ　昨年法律が改正され，約70年ぶりに選挙権年齢が引き下げられることになった。

ニ　最近の多くの選挙では，若い世代の投票率が他の世代より低い水準にとどまっている。

(2)　選挙では，定められた日に投票所に行くことができない人のための制度もあります。国会議員を選ぶ選挙で，現在行われていないものを，次のイ～ニから一つ選び，記号で答えなさい。

イ　投票日より前に指定された場所で投票できる。

ロ　仕事や留学などで海外に住んでいても投票できる。

ハ　入院先など住んでいる地域以外からも投票できる。

ニ　あらかじめ登録をしてインターネットで投票できる。

問2　下線部②について。憲法に定められている天皇の仕事ではないものを，次のイ～トから二つ選び，記号で答えなさい。

イ　衆議院を解散する。

ロ　外国の大使などをもてなす。

ハ　国会を召集《しょうしゅう》する。

ニ　最高裁判所の長官を指名する。

ホ　勲章《くんしょう》などを授与する。

ヘ　条約を承認する。

ト　総選挙を行うことを国民に知らせる。

問3　下線部③について。地方自治体が行う仕事としてふさわしくないものを，次のイ～ニから一つ選び，記号で答えなさい。

イ　ごみの処理や，感染症などの病気の予防を行う。

ロ　神社や寺など，多くの人びとが集まる施設《しせつ》を建てる。

ハ　警察や消防など，住民の安全を守る仕事を行う。

ニ　高齢者や障がい者のための，福祉《ふくし》施設を運営する。

問4　下線部④について。地方自治体が，原子力発電所の建設や市区町村の合併《がっぺい》など暮らしに深くかかわる問題を決めるにあたって，地域に住む人びとの意思を確かめるための制度を何といいますか。

問5　下線部⑤にあげられている地方自治体の仕事は，日本国憲法の定めるどのような国民の権利にもとづくものか，答えなさい。

問6　下線部⑥について。私たちには，どのように政治が進められているのかを知る権利があります。そのため，国や地方自治体は私たちの求めに対して，行政にかかわる資料などを提供しなければならないという制度があります。これを何といいますか。

問7　本文中の二重下線部AとBは，どちらも国民が政治の主役であるという原則にもとづく制度やしくみですが，違いもあります。解答欄《らん》に合わせて，AとBの違いを説明しなさい。

【理　科】（30分）〈満点：50点〉

1 地球上の生き物を見ると，自分ででんぷんなどの養分をつくっているもの(生産者，P)と，他の生き物から養分をとっているもの(消費者，C)に分けられます。CにはPを食べるもの(C_1)，C_1を食べるもの(C_2)…があります。生き物の食べる，食べられるというつながりは[ア]とよばれます。P，C_1，C_2の個体数は図1のようにPが最も多く，次いでC_1，C_2とピラミッド形になっており，この状態で安定しています。仮にどれかが増えたり減ったりしても，他の生き物の数も変動し，最終的には元の状態にもどります。[ア]は直線的なつながりではなく，実際には図2のようにあみ目状になっています。

問1　文章中の[ア]にあてはまる言葉を答えなさい。

問2　図1に関して，何らかの理由でC_1が増えると，その直後にはC_2とPはそれぞれどのようになりますか。次の中から選び，番号で答えなさい。

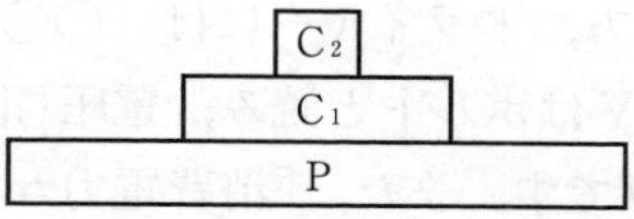

図1

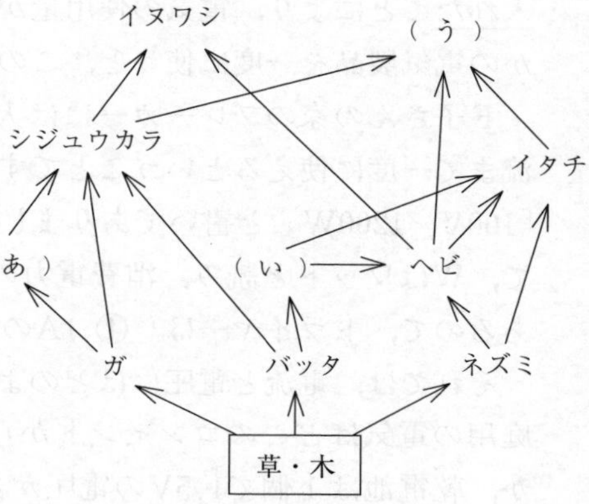

図2

①　増える　　②　変わらない　　③　減る

問3　図2の(あ)～(う)にあてはまる生き物を次の中からそれぞれ選び，番号で答えなさい。

①　ウサギ　　②　カエル　　③　クモ

④　クワガタ　　⑤　フクロウ

日本では今から約100年前，人間が[イ]を絶滅《ぜつめつ》させた結果，現在シカなどが増え過ぎて，森林が破壊《はかい》され，農作物に大きな被害《ひがい》が出ています。これまでも増えすぎたシカを人間が銃《じゅう》を用いて減らしていましたが，近年それを行う人が減少しています。科学者の中からは，[イ]をアジアから再導入することにより，図1のようなピラミッドを元にもどせるという考えが出されています。[イ]は基本的に人を襲《おそ》うことはないことが示されていますが，童話など事実と異なる話によって影響《えいきょう》を受けている人が少なくありません。

問4　文章中の[イ]にあてはまる生き物は何か，答えなさい。

問5　下線部に関して，シカ以外に増え過ぎて農作物に被害をもたらしている生き物を次の中から2つ選び，番号で答えなさい。

①　イノシシ　　②　アメリカザリガニ

③　ブラックバス　　④　サル

⑤　マングース

人間が作り出した物質で体内で分解されにくいものは，[ア]を通じて体内での濃度《のうど》が高くなることが知られています。図3は[ア]の一例です。

図3　動物および植物プランクトン ⟶ ハマグリ ⟶ ヒラメ ⟶ 鵜《う》(鳥の一種)

かつて殺虫剤《ざい》として使われていたDDTという物質の濃度を調べたところ，海水では0.00005ppmであるのに対し，ハマグリでは0.42 ppm，ヒラメでは1.28ppm，鵜では26.4ppmとなり，鵜では海水の ウ 倍に濃縮《のうしゅく》されていることがわかりました。100分の1を1％と表すように，100万分の1を1ppmと表します。

問6　文章中の ウ にあてはまる数値《すうち》を答えなさい。

2　F子さんが，髪《かみ》の毛をかわかそうとヘアドライヤーを使っていると，突然ドライヤーが止まり，家中の照明も消えてしまいました。これは，お母さんがある1つの電気製品のスイッチを入れたことにより，電気の使用量が上限を超《こ》えたため，ブレーカーが落ちたからです。いくつかの電気製品を一度に使うと，このように使用量が上限を超えることがあります。

F子さんの家のブレーカーには大きく「40A」と書いてありました。これは，合計40Aの電流まで一度に使えるということです。一方，ドライヤーには「○○A」の表示は見当たらず，「100V―1200W」と書いてありました。Vはボルトと読み，電圧(電気を流すはたらき)の単位で，Wはワットと読み，消費電力の単位です。また，「消費電力＝電圧×電流」という関係があるので，ドライヤーは(①)Aの電流を使うことがわかります。

それでは，電流と電圧にはどのような関係があるのでしょうか。家庭用の電気はどこのコンセントからも同じ100Vの電圧が得られますが，乾《かん》電池は1個で1.5Vの電圧があり，直列につないでいくと数に比例して電圧を大きくすることができます。図1のように，ドライヤーの中に入っているのと同様のニクロム線と電池，電流計，電圧計をつなぎ，電圧と電流の関係を調べると，表1のようになりました。図1は電池を2個つないだときの様子を表しています。

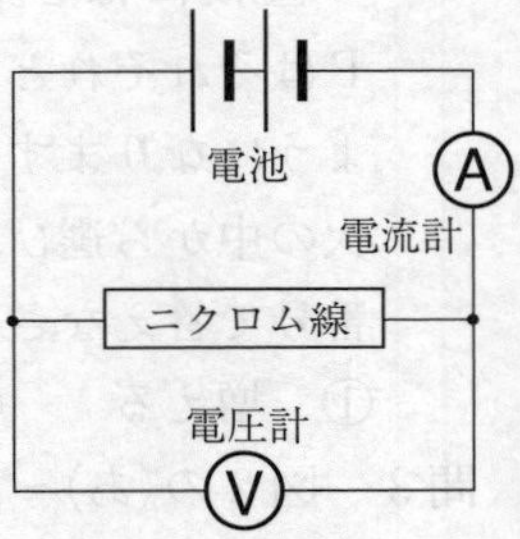

図1

表1

電圧[V]	0	1.5	3	4.5	6	7.5	9
電流[A]	0	0.1	0.2	0.3	0.4	0.5	0.6

次に，ニクロム線の代わりに電球をつないで同様の実験をすると，表2のようになりました。

表2

電圧[V]	0	1.5	3	4.5	6	7.5	9
電流[A]	0	0.2	0.35	②	0.45	0.5	0.52

このことから，ニクロム線では(　　③　　)という関係が，電球では(　　④　　)という関係があることがわかります。

問1　文章中の(①)に入る値《あたい》を答えなさい。

問2　ブレーカーが落ちる直前に，ドライヤー以外に家の中では照明や冷蔵庫，エアコンなどで，合計22A使用していました。このとき，文章中の下線部の電気製品は次のうちどれだと考えられますか。あてはまるものをすべて選び記号で答えなさい。

ア．電気ポット(800W)　　イ．テレビ(300W)

ウ．掃除《そうじ》機(500W)　　エ．電子レンジ(1000W)

問3　表2の②の値は電流計で測定すると，図2のようになりました。このとき，電流計の50mA，500mA，5Aの端子《たんし》のうち，どの端子を使っていましたか。また，流れている電流は何Aでしょうか。

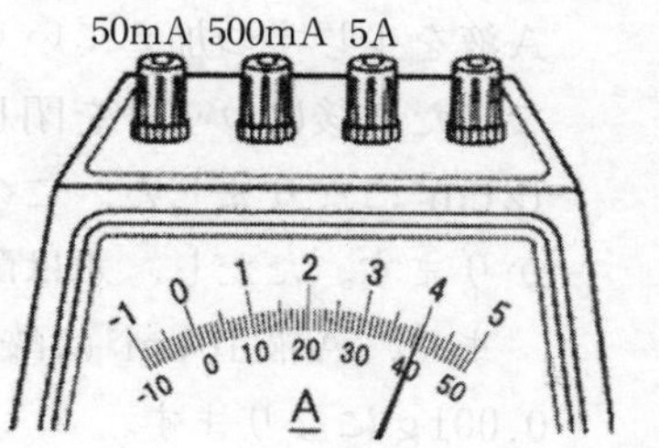

図2

問4　文章中の(③)，(④)にあてはまる文章をそれぞれ選びなさい。

ア. 電圧が大きくなると，電流も一定の割合で大きくなる
イ. 電圧が大きくなると，電流は大きくなりやすくなる
ウ. 電圧が大きくなると，電流は大きくなりにくくなる
エ. 電圧と電流には特別な関係はない

3　いろいろなものが酸素と結びつく変化を酸化といいます。多くの金属は長い間放置しておくと，空気中の酸素で酸化され，しだいにさびていきます。金属のさびのように酸素が結びついてできたものの中には，気体の酸素と同じく相手を酸化する能力をもっているものがあります。酸化について，次の[実験1]～[実験3]を行いました。

[実験1]　黒くさびた銅を図1のようなガラス管でできた器具に入れ，水素(鉄が塩酸にとけたときに発生する気体)を十分に通しながらガスバーナーで加熱すると，黒さびは赤茶色の銅にもどり，右のガラス管の内側に水滴《てき》が生じました。

図1

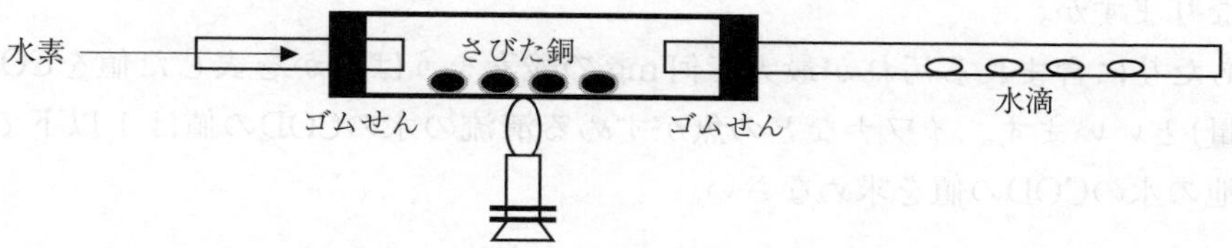

この結果，銅の黒さびは(　ア　)に(　イ　)をわたして銅に変化し，(　ア　)は酸化されて水に変化したことがわかります。

問1　上の文の(ア)，(イ)に適する言葉を入れなさい。

水の汚《よご》れは水中の酸素をうばうため，汚れがひどくなると魚などの生き物がすめなくなります。水の汚れが水中の酸素をどれくらいうばうかを調べるために，次の2つの水よう液(A液とB液)を用い，[実験2]，[実験3]を行いました。

A液：濃《こ》さが決まっている紫《むらさき》色の水よう液で，相手を酸化する能力が，気体の酸素より非常に高いものがとけています。これが酸素をすべて相手にわたすと，水よう液の色が紫色から無色に変化します。

B液：濃さが決まっている無色の水よう液で，約60℃に加熱すると相手から酸素をうばい，酸化されやすくなるものがとけています。

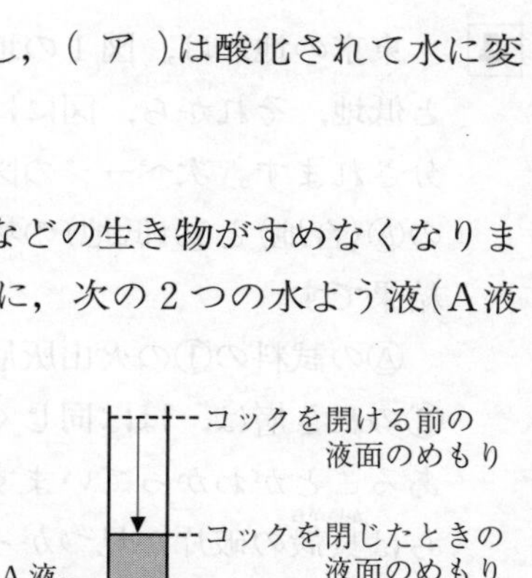

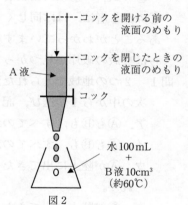

図2

[実験2]　蒸留《じょうりゅう》水(きれいな水)100cm³を三角フラスコにとり，B液10cm³を加え約60℃に加熱して，図2のような器具を用いて，コックを開けて三角フラスコをふり混ぜながら

A液を少しずつ加えていくと，A液の紫色は消えていきます。そして，A液の紫色が消えなくなった直後にコックを閉じました。コックを開ける前後のめもりの差から，加えたA液の量は12 cm^3になりました。このとき，B液はA液によってこれ以上，酸化されなくなったことがわかります。ただし，水は酸素のやり取りには全く関係しません。

また，A液10 cm^3は酸素 2 mgを相手にわたすことがわかっています。ただし， 1 mg＝0.001 gになります。

問２　この実験で，B液10 cm^3はA液から最大で何mgの酸素をうばうことがわかりますか。

［実験３］　次の手順で水がどれくらい汚れているかを調べてみました。

①　［実験２］の蒸留水のかわりに，ある池の水100 cm^3を三角フラスコにとりました。水の汚れは酸化されるのに長時間かかるので，まずA液を10 cm^3加え，これをふっとう水中で加熱しながら汚れを十分に酸化しました。このとき，紫色はまだ消えず，A液には相手を酸化する能力が残っていることがわかりました。

②　三角フラスコをふっとう水から取り出し，約60℃でB液を10 cm^3加えたところ，水よう液が無色に変化しました。

③　次に，図２の器具を用いて，この三角フラスコにA液を１滴加えたところ，紫色が消えたので，続けてよくふり混ぜながらA液を少しずつ加えていきました。その結果，紫色が消えなくなるまでに加えたA液の量は５ cm^3になりました。

問３　［実験３］に用いたすべてのA液のうち，池の水100 cm^3を酸化するのに使われたのは何 cm^3になりますか。

問４　水１Ｌあたりに含まれる汚れが最大で何mgの酸素をうばうかを表した値をCOD(化学的酸素要求量)といいます。イワナなどの魚がすめる清流の水のCODの値は１以下です。実験に用いた池の水のCODの値を求めなさい。

4　東京の地形は，図１の地図に示されているように，台地と低地，それから，図にはありませんが，西部の山地に区分されます。次ページの図２のⒶとⒷは，それぞれ図１中のⒶ(台地)とⒷ(低地)の場所でとられたボーリング調査の結果です。

Ⓐの試料の①の火山灰層(関東ローム層)と，Ⓑの試料の②のれき層は，ほぼ同じくらいの時期につくられた地層であることがわかっています。また，Ⓐ，Ⓑともに，砂層からは貝殻《かいがら》の破片が見つかっています。

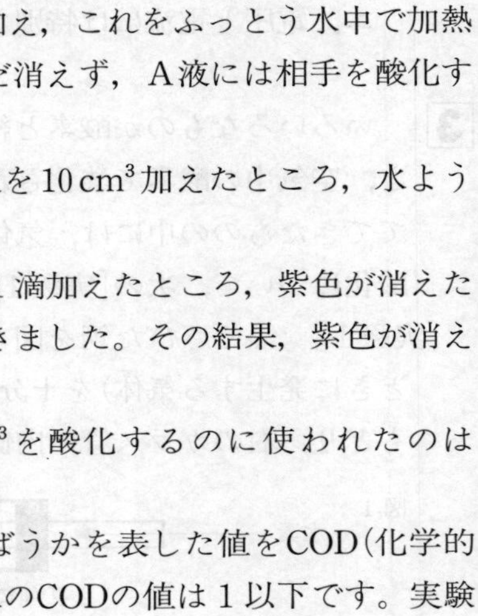

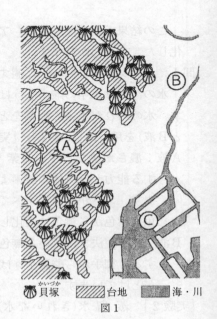

図１

問１　２つの地域でえられた試料を比較してわかることを，次の中から１つ選び，記号で答えなさい。

ア．ⒶもⒷも，すべての地層が陸上でつくられた。

イ．ⒶもⒷも，すべての地層が海底でつくられた。

ウ．Ⓐが陸上に出てきた後も，Ⓑは海底で地層がつくられた。

エ．Ⓑが陸上に出てきた後も，Ⓐは海底で地層がつくられた。

東京には今からおよそ３万5000年前には人類が存在し，活動していたことが石器の発見などから明らかにされています。その後も人類は進歩を続け，今から２万年くらい前には，住居を構えて集団で生活していたと考えられています。その証拠《しょうこ》の１つに「貝塚《かいづか》」があります。都内では，縄文《じょうもん》時代の貝塚が約90か所で見つかっています。その分布は図１のようになっていて，台地に多く見られます。図２のⒶの①の火山灰層がつくられたのは，貝塚がつくられたころより少し前であることがわかっています。

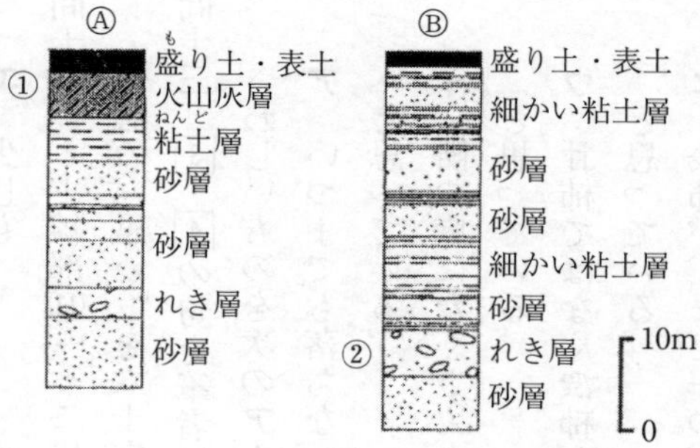

図２

問２　図１で，東京の貝塚が台地に集中している理由を，貝塚がつくられた当時の気候を考えて簡単に説明しなさい。

図３は1460年ごろの東京の地図です。点線は現在の海岸線を表しています。東京の地形は，江戸時代以降の開発によって大きく変化してきたことがわかります。

東京を襲《おそ》った災害として，「大正関東地震《じしん》」をあげることができます。1923年９月１日，相模湾《さがみわん》を震源とする巨大地震が発生し，東京では下町を中心に大きな被害《ひがい》が発生しました。

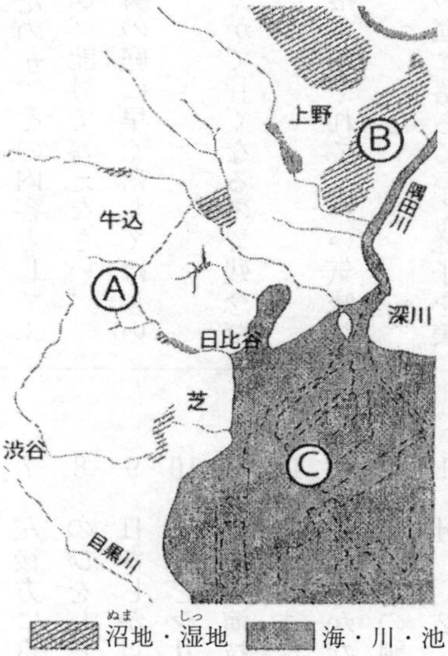

図３

問３　大正関東地震のときに，図１や図３の範囲《はんい》内で大きな被害が出た原因となったものを，次の中から１つ選び，記号で答えなさい。

ア．堤防《ていぼう》の決壊《けっかい》による洪《こう》水

イ．津波による建造物などの流失

ウ．山崩《くず》れなどの土砂災害

エ．地震後に発生した火災

問４　大正関東地震のときには，図中のⒷの周辺で多数の家屋の倒壊《とうかい》が起こりました。また平成23年東北地方太平洋沖地震のときには，図中のⒸなどで，液状化現象(地盤《じばん》が液体のようにふるまう現象)が起こり，道路や駐《ちゅう》車場などに多くの被害が発生しました。ⒷやⒸでこのような被害が発生した原因として，共通することはどのようなことですか。

問八　[⑧]に当てはまる語を次の**ア**〜**エ**から選び、記号で答えなさい。

ア　水　　**イ**　注意

ウ　マイク　　**エ**　ほこさき

問九　――線部⑨「冗漫な」の意味を次の**ア**〜**エ**から選び、記号で答えなさい。

ア　おもしろくてまとまりのない

イ　長たらしくてしまりのない

ウ　まわりくどくて味わいのない

エ　たどたどしくてとりとめのない

問十　――線部⑩「『や』『かな』『けり』などの切字は『諸刃の剣』だ」とはどういうことか、説明しなさい。

問十一　【A】・【B】に当てはまる語としてふさわしいものを、次の**ア**〜**オ**から選び、記号で答えなさい。

ア　かならずしも　　**イ**　たいして　　**ウ**　さすがに

エ　少しも　　**オ**　やはり

問十二　――線部⑪「そこに思いがある」とありますが、[2]の俳句の作者の「思い」を筆者はどう読み取ったのか、その内容を六十字以内(句読点を含む)で説明しなさい。

問十三　[3]・[4]の句を筆者はどう読み取ったのか、その内容としてふさわしいものを次の**ア**〜**オ**から一つ選び、記号で答えなさい。

ア　いつまでも落ちない渋柿を見て、隣の庭に早く落ちてほしいと思っている。

イ　隣の庭にたくさん落ちた渋柿も、やがて甘くなるので残念だと思っている。

ウ　甘柿ではなく渋柿だけが隣の庭に落ちてくれて、いい気味だと思っている。

エ　渋柿が、また一つ、また一つと隣の庭に落ちていく様子を美しいと思っている。

オ　我が家の渋柿が、隣の庭にほとんど落ちてしまったが、おしくないと思っている。

問十四　**Ⅰ**・**Ⅱ**の語について、

(1)　[Ⅰ]にふさわしい漢字二字を答えなさい。

(2)　[4]の俳句の中から二か所の[Ⅱ]にふさわしい語を抜き出して答えなさい。

三

問一　次の各文中の**カタカナ**にふさわしい漢字を答えなさい。

1　少しも**イ**に介さない。
　　法案に**イ**を唱える。

2　難しい作業に**ネ**をあげる。
　　ささいなことを**ネ**に持つ。

3　**ヒ**の打ちどころがない出来ばえ。
　　ヒを見るよりも明らかな結末。

4　機知に**ト**む。

5　全集を**ア**む。

6　豊かな心を**ハグク**む。

7　左後方に良いパスを**ホウ**る。

8　のびをしたねこの背中が**ソ**る。

9　日ざしが目を**イ**る。

10　一線を**シリゾ**く。

11　見事な演技に舌を**マ**く。

12　気が**ス**まない。

13　虫が**ス**かない。

問二　次の漢字の訓読みを答えなさい。ただし、名詞として読むこと。

1　社　　2　管　　3　頂　　4　筋

のお転婆でしたが、【A】柿の木に登ったことはありません。そんな、会話も思い出しながらつくってみました。しかし、つかいすぎに注意するよう習ったばかりの「切字」の「や」が入っています。私が、

「切字の〝や〟のつかい方が失敗ですね」

と、斎藤さんに申し上げると、

「いや、⑪そこに思いがあるのだから、失敗ということはありません。でも柿の印象を強く出したほうがいいかな」

と、つぎのように直してくださいました。

柿輝《て》りて病む母の目を悦ばす

なるほど、買ってきた柿ではなく、庭の自然な柿の赤さに目を輝かした母の姿がより印象的になりました。「や」をつかった「切れ」は強いけれども、平凡です。「輝りて」としたほうが具体的になったうえ、「切れ」が優しくなりました。斎藤さんは傍らにいると心が清らかになれるような方です。その斎藤さんに添削していただいて、句もとても優しい響きを持ったように思います。

3 渋柿《しぶがき》や隣《となり》の庭にほぼ落ちぬ　春風亭鹿の子

鹿の子さんがつくってきた句は、なんとなく俳諧味《はいかいみ》があっていいなあと私は感心しました。甘柿《あまがき》だったら悔《くや》しいけれど、渋柿だからいいやなんて見つめている作者の姿も浮かんで思わず吹《ふ》き出してしまいました。しかし、この句にも切字の「や」があります。

4 渋柿のあまた隣の庭に落つ　鹿の子

こちらも「Ⅰ」をつかわず、「Ⅱ」「Ⅲ」と重ね最後の「落つ」で切る添削です。

斎藤さんに添削していただいてすっきりいい気分。添削されるのはこんなに気持ちがよいものかと驚《おどろ》きました。たいせつなのは「切れ」であって、「切字」ではなかったのです。俳句にとって「切れ」はたいせつな支柱ですが、「切字」は【B】必要というわけではない。名詞で止めることもできるし、形容詞の終止形でも止まる。動詞の命令形も有効な切れを生み、余韻のある間につながります。

＊ホトトギスの方―俳句雑誌『ホトトギス』を活動の場とする人々。

（好本《よしもと》　惠《めぐみ》『俳句とめぐりあう幸せ』より）

問一　――線部①「季語、季題」について、

(1)　「季語」の説明が第三段落（「辞書などでは……」）に書かれています。第三段落中の□□に当てはまる言葉を答えなさい。

(2)　「季語、季題」を集めた書物を何というか、本文中から抜き出して答えなさい。

問二　――線部②「季語は感嘆詞を内蔵する言葉だ」とはどういうことか、説明しなさい。

問三　――線部③「暮らしの中の宝石箱」とはどのようなもののたとえか、ふさわしいものを次の**ア**～**オ**から選び、記号で答えなさい。

ア　暮らしの豊かさを自慢《じまん》するもの

イ　人生になくてはならない大切なもの

ウ　暮らしにいろどりや輝きを与えるもの

エ　人生の節目に贈る高価なもの

オ　暮らしをはでにかざり立てるもの

問四　――線部④「主たる季語と従の季語がはっきりしていればよいであろうという判断になります」とありますが、1の俳句から「主たる季語」を抜き出して答えなさい。

問五　――線部⑤「取るに足らない」の意味を答えなさい。

問六　――線部⑥「できれば『季重なり』は避け」と筆者が言う理由を説明しなさい。

問七　――線部⑦「切□□□切□□□関係」が「密接な関係」という意味になるように、空らんにふさわしいひらがなを答えなさい。

が、私たち初心者はそうも行きません。

入選句の中に「季重なり」の句が入っていることもまれにあって、そんなときはゲストの方も一緒《いっしょ》にみなで検討します。この場合、④主たる季語と従の季語がはっきりしていればよいであろうという判断になります。大事なのは核《かく》になる季語がしっかり詠まれているか、感動の焦点《しょうてん》がはっきり定まっているかどうかです。

名人にとっては⑤取るに足らない「季重なり」も、初心者にはむずかしいもの。⑥できれば「季重なり」は避け、ひとつの季語をしっかり見つめて詠むほうが、すっきり仕上がるようです。なにしろ、季語は感嘆詞を内蔵する言葉なのですから。

……(中略)……

俳句にとっての「切れ」や「切字《きれじ》」の重要さは多くの人がくり返し述べていますが、いつごろから俳句には「切れ」が重大要素として登場したのでしょう。そもそもなぜ、俳句には「切れ」が必要なのでしょうか。

俳句に「切字」が登場するのはとても早く、十四世紀の『菟玖波集《つくばしゅう》』の中の俳句には「かな」という切字がとてもよくつかわれているそうです。そして、『三冊子《さんぞうし》』に、芭蕉《ばしょう》が「切字なくては、ほ句のすがたにあらず、……又、切字なくても切る、句あり」と語ったと記されています。

さて、その俳句と⑦切□□□切□□□関係にある「切字」の効果ですが、まずは形を整えること。そして、その切字によって、詠嘆や感動が広がります。切字は楽器の共鳴箱の様なものだという比喩《ひゆ》をつかわれる方もありました。切るだけでなくそのあとの響《ひび》きで余韻《よいん》が生まれ、読者もその世界を共有できるわけですね。私は、音叉《おんさ》をコンと鳴らすと音がポーンと響くようなイメージを持っています。切字をつかって切れた直後に響きが残る感じです。

『草木花俳句塾《じゅく》』と題した特集番組で、斎藤《さいとう》夏風《かふう》さんにこの「切れ」と「切字」について、お話しいただきました。その日塾生になったのは、若手女性落語家の春風亭《しゅんぷうてい》鹿《か》の子《こ》さんと私。斎藤さんは、

「落語やアナウンスでも間はたいせつでしょう」

と、私たちに⑧□を向けます。鹿の子さんはよく師匠《ししょう》の春風亭柳昇《りゅうしょう》さんから「間を盗《ぬす》め」といわれたそうです。つねに先輩《せんぱい》や師の「間」を、傍《かたわ》らで聞いて会得《えとく》するようにしているとか。アナウンスメントにとっての「間」のたいせつさは言い出したらきりがありません。朗読などの「読み」にとっても、スピーチなどの「話し」にとっても「間」はもっともたいせつな要素です。斎藤夏風さんのお話では、俳句の場合も「切字」による「間」が俳句を豊かなものにしてくれるとのこと。一句に広がりを持たせ、⑨冗漫《じょうまん》な言葉を切って調べをよくするのが切字です。

しかし、⑩「や」「かな」「けり」などの切字は「諸刃《もろは》の剣」だともおっしゃいます。切字をつかうことでなんとなく形は整うけれど、内容の浅いものになってしまうことも多いとか。切字をつかわずに切るというのもたいせつなことのようです。

その日は「切字」についてのお話を聞いたあと、塾生の鹿の子さんと私の句を塾長に添削していただきました。じつは、収録の一週間まえ「柿《かき》」という兼題《けんだい》を与えられ、うんうんうなりながら俳句をつくって番組に臨《のぞ》んだのです。まず、私の句、

2　柿の実や病《や》む母の目を悦《よろこ》ばす　恵《めぐみ》

このところ母の具合があまりよくないのですが、いただいた柿の実の赤さを見て一瞬覚醒《いっしゅんかくせい》したように目を輝《かがや》かせました。大正九年生まれの母は相当なお転婆《てんば》だったらしく、柿の木に登って柿をとって食べた子どものころの話をしていたことがありました。柿の木は折れやすいから登るときは気をつけないといけないと言うのです。私もかなり

ある」について、

(1) 筆者は、友達がどのような気持ちからこの問いかけをしたと受け止めていますか。次の**ア**〜**オ**から選び、記号で答えなさい。

ア つまらなそうなお茶を、筆者がなぜ続けていられるのかと不思議に思う気持ち。

イ お茶の良さがわからないことをはずかしく思い、筆者のことを尊敬する気持ち。

ウ 自分には打ちこめるものがないため、お茶に熱中している筆者をねたむ気持ち。

エ 筆者が長く続けているお茶とはどんなにすばらしいものかとあこがれる気持ち。

オ 筆者が意味もわからないままにお茶の稽古を続けていることを批判する気持ち。

(2) 友達の「なんでそんなに長く続けているの？」という問いかけに対し、筆者はどのように答えると考えられるか、全体から読み取って六十字以内(句読点を含む)で書きなさい。

二 次の文章を読んで、後の問いに答えなさい。

①季語、季題は俳句にとってなくてはならないもの。平成九年に亡くなるまで多くの俳人を育てた上田五千石《うえだごせんごく》さんは、「②季語は感嘆詞《かんたんし》を内蔵する言葉だ」と書かれています。「あ、」花、「お、」雪、「あはれ」秋風、といった特別な言葉なのだというのです。季語に感嘆詞が含まれるというのはとても説得力のある説明ですね。番組の中でも、多くの俳人が季語について熱く語られました。寺井谷子さんは、「季語は③暮らしの中の宝石箱」「歳時記《さいじき》は言葉の森。結婚《けっこん》祝いに歳時記を贈《おく》ろう」とつねづねまわりの人にすすめていらっしゃるとか。今井千鶴子《ちづこ》さんは、「五感を澄《す》ませて季題と向き合う、季題は俳句の生命」とおっしゃっています。

しかし、この季語についてはいろいろな不思議があります。まず、「季語」と「季題」のちがいはなんでしょうか。ご存じのように＊ホトトギスの方は「季語」ではなく「季題」といいます。これは、虚子《きょし》の「俳句は季題を詠《よ》む文学だ」という言葉を受けています。

辞書などでは「季語」は「連歌《れんが》・連句・俳句で句の□を示すためによみこむように特に定められた語。季の詞《ことば》。季題にはその「季語」と同じ意味のほかに、「俳句をつくる詠題《えいだい》としての季語」と説明されています。「季題」はどちらかというと伝統的な和歌からの美意識を色濃《こ》く持っているものという印象があり、新興俳句以後の人は意識して「季語」というようです。厳密に言えばちがいもあり、印象もちがう「季語」と「季題」ですが、現在ではほぼ同じような意味合いでつかわれているといっていいでしょう。

季語をめぐる不思議、つぎは「季重《き》なり」です。季語が一句の中に二回も出てくるのは避《さ》けるべきとされています。添削《てんさく》コーナーでも、「季語がふたつありますね」と、言って当然のように選者《せんじゃ》の先生が直されます。ところが不思議なことに、有名な過去の名句には季重なりが意外に多いのです。

目には青葉山郭公《ほととぎす》はつ鰹《がつお》　山口素堂《やまぐちそどう》

青葉の季節になるとつい口に出したくなる、どなたでもご存じのこの句はなんと季語が三つも重なっています。もっとも素堂の時代は「青葉」は季語ではなかったとか。現代の感覚からすると、「目には」以外は全部季語で、いわば季語のてんこ盛り状態です。

1 啄木鳥《きつつき》や落葉をいそぐ牧の木々　水原秋櫻子《みずはらしゅうおうし》

この場合は、「啄木鳥」と「落葉」とふたつ季語があるうえ、ふたつの季語の季節がちがいます。こんなすばらしい句があるのだから、もう「季重なり」なんて気にしなくてもいいのではないかと思うのです

を実感させてくれるのが「お茶」だ。最初は自分が何をしているのかさっぱりわけがわからない。ある日を境に突然、視野が広がるところが、人生と重なるのだ。すぐにはわからない代わりに、小さなコップ、大きなコップ、特大のコップの水があふれ、世界が広がる瞬間の醍醐《だいご》味《み》を、何度も何度も味わわせてくれる。

（森下典子《もりしたのりこ》『日日是好日《にちにちこれこうじつ》』より）

問一　――線部①「見当も□□□□」の空らんにふさわしいひらがな四字を答えなさい。

問二　――線部②「随所」・③「迫真」の意味を後のア～エから選び、記号で答えなさい。

②「随所」
ア　目立たないところ
イ　あるところ
ウ　思いがけないところ
エ　いたるところ

③「迫真」
ア　緊張《きんちょう》感に満ちていること
イ　たましいがこもっていること
ウ　実物そのもののようであること
エ　純真さにあふれていること

問三　――線部④「フェリーニの『道』は、見るたびに『別もの』になった」とありますが、筆者の受け止め方はどのように変化したのか、解答らんの項目《こうもく》に従って説明しなさい。

問四　――線部⑤「鋳型にはめられる」の意味を答えなさい。

問五　――線部⑥「モヤモヤしながら体で繰り返した」とはどういうことか、解答らんの語句に続く形で、二十五字以内（句読点を含む）で答えなさい。

問六　――線部⑦「雨が生ぬるく匂い始めた」とありますが、「雨が生ぬるく匂う」とはどういうことか、説明しなさい。

問七　a ～ c にふさわしい花の名を次のア～カから選び、記号で答えなさい。

ア　菊　**イ**　藤《ふじ》　**ウ**　梅
エ　朝顔　**オ**　菖蒲《しょうぶ》　**カ**　コスモス

問八　――線部⑧「お茶に通う毎週毎回がちがう季節だった」とはどういうことか、次のア～エから選び、記号で答えなさい。

ア　お茶の世界には、その世界ならではの季節感があった。
イ　お茶の稽古では、春夏秋冬とはちがう独自の時間が流れていた。
ウ　お茶の世界を通じて、一層こまやかな季節のちがいが感じられた。
エ　お茶の稽古は、私に年齢《ねんれい》に応じた季節のとらえかたを教えてくれた。

問九　――線部⑨「部屋が消えた」と同じような意味のたとえを、これ以前の文中から抜き出して答えなさい。

問十　――線部⑩「一滴一滴、コップに水がたまっていたのだ」とはどういうことか、解答らんの語句に続く形で、二十五字以内（句読点を含む）で答えなさい。

問十一　⑪ にふさわしい語を次のア～エから選び、記号で答えなさい。

ア　たもつ　**イ**　やぶる
ウ　はずす　**エ**　くだく

問十二　――線部A『ねえ、お茶って、何がおもしろいの？　なんでそんなに長く続けているの？』こう、友達から聞かれることが

った。⑤鋳型《いがた》にはめられるようで、いい気持ちがしなかった。それに、やってもやっても、何をしているのかわからない。一つのことがなかなか覚えられないのに、その日その時の気候や天気に合わせて、道具の組み合わせや手順が変化する。季節が変われば、部屋全体の大胆《だいたん》な模様替《もようが》えが起こる。そういう茶室のサイクルを、何年も何年も、⑥モヤモヤしながら体で繰り返した

するとある日突然《とつぜん》、⑦雨が生ぬるく匂い始めた。「あ、夕立が来る」と、思った。

庭木を叩《たた》く雨粒《あまつぶ》が、今までとはちがう音に聞こえた。その直後、あたりにムウッと土の匂いがたちこめた。

それまでは、雨は「空から落ちてくる水」でしかなく、匂いなどなかった。土の匂いもしなかった。私は、ガラス瓶《びん》の中から外を眺《なが》めているようなものだった。そのガラスの覆《おお》いが取れて、季節が「匂い」や「音」という五感にうったえ始めた。自分は、生まれた水辺の匂いを嗅《か》ぎ分ける一匹《いっぴき》のカエルのような季節の生きものなのだということを思い出した。

毎年、四月の上旬《じょうじゅん》にはちゃんと桜が満開になり、六月半ばころから約束どおり雨が降り出す。そんな当たり前のことに、三十歳《さい》近くなって気づき愕然《がくぜん》とした。

前は、季節には、「暑い季節」と「寒い季節」の二種類しかなかった。それがどんどん細かくなっていった。春は、最初にぼけが咲《さ》き、[a]、桃、それから桜が咲いた。葉桜になったころ、[b]の房《ふさ》が香《かお》り、満開のつつじが終わると、空気がむっとし始め、梅雨《つゆ》のはしりの雨が降る。梅の実がふくらんで、水辺で[c]が咲き、紫陽花《あじさい》が咲いて、くちなしが甘《あま》く匂う。紫陽花が終わると、梅雨も上がって、「さくらんぼ」や「桃の実」が出回る。季節は折り重なるようにやってきて、空白というものがなかった。

「春夏秋冬」の四季は、古い暦《こよみ》では、二十四に分かれている。けれど、私にとってみれば実際は、⑧お茶に通う毎週毎回がちがう季節だった。

どしゃぶりの日だった。雨の音にひたすら聴《き》き入っていると、突然、⑨部屋が消えたような気がした。私はどしゃぶりの中にいた。雨を聴くうちに、やがて私が雨そのものになって、先生の家の庭木に降っていた。

(「生きてる」って、こういうことだったのか!)

ザワザワッと鳥肌《とりはだ》が立った。

お茶を続けているうち、そんな瞬間《しゅんかん》が、定額預金の満期のように時々やってきた。何か特別なことをしたわけではない。どこにでもある二十代の人生を生き、平凡に三十代を生き、四十代を暮らしてきた。

その間に、自分でも気づかないうちに、⑩一滴《いってき》一滴、コップに水がたまっていたのだ。コップがいっぱいになるまでは、なんの変化も起こらない。やがていっぱいになって、表面張力で盛り上がった水面に、ある日ある時、均衡《きんこう》を[⑪]一滴が落ちる。そのとたん、一気に水がコップの縁《ふち》を流れ落ちたのだ。

もちろん、お茶を習っていなくたって、私たちは、段階的に目覚めを経験していく。たとえば、父親になった男性が、

「おやじが昔、お前にもいつかわかる、と言ってたけど、自分が子どもを持ってみて、あぁ、こういうことだったのかとわかりました」

などと口にする。

「病気をきっかけに、身のまわりの何でもないありふれたことが、ものすごく愛《いと》おしく感じられるようになった」

という人もいる。

人は時間の流れの中で目を開き、自分の成長を折々に発見していくのだ。

だけど、余分なものを削《そ》ぎ落とし、「自分では見えない自分の成長」

平成二十八年度　雙葉中学校

【国語】（五〇分）〈満点：一〇〇点〉

一　次の文章を読んで、後の問いに答えなさい。

毎週土曜日の午後、私は歩いて十分ほどのところにある一軒《いっけん》の家に向かう。その家は古くて、入り口には大きなヤツデの鉢《はち》植えが置いてある。カラカラと戸を開けると、玄関《げんかん》のたたきには水が打ってあって、スーッと炭の匂《にお》いがする。庭の方からは、チョロチョロとかすかに水音が聞こえる。

私は、庭に面した静かな部屋に入り、畳《たたみ》に座って、お湯をわかし、お茶を点《た》て、それを飲む。ただそれだけを繰《く》り返す。

そんな週一回のお茶の稽古《けいこ》を、大学生のころから二十五年間続けてきた。

今でもしょっちゅう手順を間違《まちが》える。「なぜこんなことをするんだろう」と、わけのわからないことがいっぱいある。足がしびれる。作法はややこしい。いつまでやれば、すべてがすっきりわかるようになるのか、①見当も□□□。

A「ねえ、お茶って、何がおもしろいの？　なんでそんなに長く続けているの？」

こう、友達から聞かれることがある。

小学校五年生の時、親に連れられて、フェリーニ監督《かんとく》の『道』という映画を見た。貧しい旅芸人の話で、とにかく暗い。私はさっぱり意味がわからず、

「こんな映画のどこが名作なんだろう。ディズニーの方がよかったのに」

と、思った。ところが、十年後、大学生になって、再び映画を見て衝撃《しょうげき》を受けた。「ジェルソミーナのテーマ」には聞き覚えがあったが、内容は初めて見たも同然だった。

「『道』って、こういう映画だったのか！」

胸《むね》かきむしられて、映画館の暗闇《くらやみ》で、ボロボロ泣いた。

それから、私も恋《こい》をし、失恋《しつれん》の痛手を負った。仕事探《さが》しにつまずきながら、自分の居場所をさがし続けた。平凡《へいぼん》ながらも十数年が過ぎた。

三十代半ばになって、また『道』を見た。

「あれ？　こんなシーン、あったっけ？」

②随所《ずいしょ》に、見えていなかったシーンや、聞こえていなかったセリフがいっぱいあった。無邪気《むじゃき》なヒロイン、ジェルソミーナを演じるジュリエッタ・マシーナの③迫真《はくしん》の演技に、胸が張り裂《さ》けそうになった。自分が捨《す》てた女の死を知って、夜の浜辺《はまべ》で身を震《ふる》わせ慟哭《どうこく》する老いたザンパノは、もはやただの残酷《ざんこく》な男ではなかった。「人間て悲しい」と思った。ダラダラと涙《なみだ》が止まらなかった。

④フェリーニの『道』は、見るたびに「別もの」になった。見るたびに深くなっていった。

世の中には、「すぐわかるもの」と、「すぐにはわからないもの」の二種類がある。すぐわかるものは、一度通り過ぎればそれでいい。けれど、すぐにわからないものは、フェリーニの『道』のように、何度か行ったり来たりするうちに、後になって少しずつじわじわとわかりだし、「別もの」に変わっていく。そして、わかるたびに、自分が見ていたのは、全体の中のほんの断片《だんぺん》にすぎなかったことに気づく。

「お茶」って、そういうものなのだ。

二十歳《はたち》のとき、私は「お茶」をただの行儀《ぎょうぎ》作法としか思っていなか

平成28年度

雙葉中学校 ▶解説と解答

算数 (50分) ＜満点：100点＞

解答

1 (1) $2\frac{5}{22}$　(2) 13650　(3) 2.7　(4) 7.6　2 6分10秒後　3 (1) 2016個　(2) 47回目　(3) 199段　4 260.75cm^2　5 (1) 午前11時3分，B駅行き　(2) 午前7時45分　(3) 午後2時50分

解説

1 逆算，割合と比，旅人算，濃度《のうど》

(1) $\left(6.35-4\frac{3}{5}\right)\div\square\times2\frac{1}{3}=1\frac{5}{6}$より，$\left(6\frac{7}{20}-4\frac{12}{20}\right)\div\square\times2\frac{1}{3}=1\frac{5}{6}$，$1\frac{3}{4}\div\square\times2\frac{1}{3}=1\frac{5}{6}$，$1\frac{3}{4}\div\square=1\frac{5}{6}\div2\frac{1}{3}=\frac{11}{6}\div\frac{7}{3}=\frac{11}{6}\times\frac{3}{7}=\frac{11}{14}$　よって，$\square=1\frac{3}{4}\div\frac{11}{14}=\frac{7}{4}\div\frac{11}{14}=\frac{7}{4}\times\frac{14}{11}=\frac{49}{22}=2\frac{5}{22}$

(2) □円の$\frac{1}{7}$を使い，さらに残りの$\frac{4}{5}$を使うと，□円のうち，$\left(1-\frac{1}{7}\right)\times\left(1-\frac{4}{5}\right)=\frac{6}{35}$が残る。これが2340円にあたるので，$\square=2340\div\frac{6}{35}=13650$(円)と求められる。

(3) 2人の進んだ距離《きょり》の和が，3.6×2×1000＝7200(m)のとき，2人は初めて出会う。太郎さんが出発するまでの12分間で，花子さんは，240×12＝2880(m)進む。残りの，7200－2880＝4320(m)を2人で進むのに，4320÷(240＋400)＝6.75(分)かかる。つまり，太郎さんが出発して6.75分後に2人は初めて出会うから，2人はA地点から，400×6.75÷1000＝2.7(km)のところで初めて出会う。

(4) 食塩の重さは変わらないまま，食塩水の重さが95gから(95－10＝)85gになると，濃度は$\left(\frac{95}{85}=\right)\frac{19}{17}$倍になる。よって，$6.8\times\frac{19}{17}=7.6$(%)の食塩水になる。

2 水の深さと体積

A室とB室の水の高さが25cmになるまでの14分間に入れた水の体積は，4×14×1000＝56000(cm^3)である。A室とB室の深さ25cmまでの容積は合わせて，(36＋74)×20×25＝55000(cm^3)なので，入れた水のうち，56000－55000＝1000(cm^3)が穴から出ていったことがわかる。すると，穴から水が出ていた時間は，$1000\div600=1\frac{2}{3}$(分間)，つまり，$60\times\frac{2}{3}=40$より，1分40秒間となる。また，A室に25cmの深さまで水が入るのに，$36\times20\times25\div4000=4\frac{1}{2}$(分)，つまり，$60\times\frac{1}{2}=30$より，4分30秒かかる。よって，栓《せん》をしたのは水を入れ始めてから，4分30秒＋1分40秒＝6分10秒後のことである。

3 図形と規則

(1) 増えていく碁石の数を調べると，右の表1のように，先頭が1，差が4の等差数列になっていることがわかる。このことから，32回目には，1＋4×

表1

□回目	1	2	3	4	5	…
増える碁石の色	黒	白	黒	白	黒	…
増える碁石の個数	1	5	9	13	17	…

(32－1)＝125(個)の碁石が増えるので，32回目までに並べた碁石は全部で，(1＋125)×32÷2＝2016(個)となる。

⑵　白と黒の碁石の数を調べると，右の表2のようになり，黒の碁石が白の碁石より多くなるのは奇数《きすう》回目であることがわかる。また，奇数回目の黒と白の碁石の数の差に注目すると，先頭が1，差が4の等差数列になっている。よって，1＋4×(□－1)＝93，□＝(93－1)÷4＋1＝24より，黒の碁石が白の碁石より93個多くなるのは，24×2－1＝47(回目)まで並べたときである。

表2

□回目	1	2	3	4	5	…
黒い碁石の個数	1	1	10	10	27	…
白い碁石の個数	0	5	5	18	18	…
個数の差	1	4	5	8	9	…

⑶　表1より，碁石の数の合計は，1＋5＋9＋13＋…と表せるが，5＝2＋3，9＝4＋5，13＝6＋7，…より，1＋5＋9＋13＋…＝1＋(2＋3)＋(4＋5)＋(6＋7)＋…と，1から順に整数を足した和の式になる。つまり，これを正三角形の形に並べかえると，1回目に1段，2回目からは2段ずつ増やせることがわかる。したがって，100回目までに並べた碁石で，100×2－1＝199(段)の正三角形ができる。

4　平面図形―面積

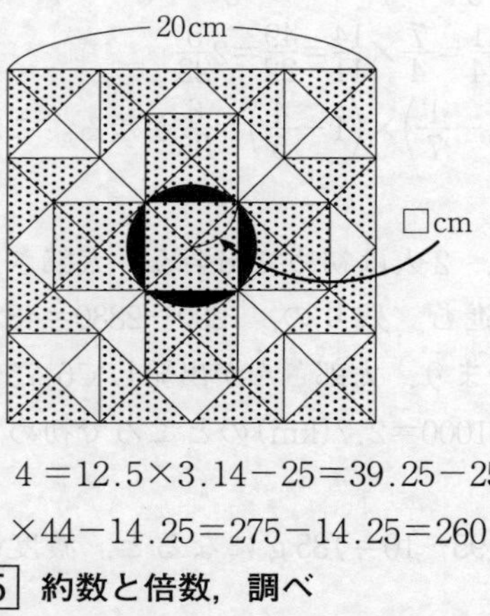

この図形は，左の図のように分けると，合同な64個の直角二等辺三角形に分けることができる。この直角二等辺三角形1個分の面積は，20×20÷64＝6.25(cm^2)である。かげをつけた部分の面積は，この直角二等辺三角形44個分から，黒くぬった部分を除いたものとなる。ここで，図の□cmを1辺とする正方形の面積は，6.25×2＝12.5(cm^2)なので，□×□＝12.5と表せる。黒くぬった部分は，半径□cmの円から直角二等辺三角形4個分を除いたものだから，面積は，□×□×3.14－6.25×4＝12.5×3.14－25＝39.25－25＝14.25(cm^2)となる。よって，かげをつけた部分の面積は，6.25×44－14.25＝275－14.25＝260.75(cm^2)である。

5　約数と倍数，調べ

⑴　午前7時11分から午前11時までは，11時－7時11分＝3時間49分，つまり，60×3＋49＝229(分間)ある。229÷17＝13余り8より，午前11時には，A駅行きのバスが来て8分たったところで，あと(17－8＝)9分たてば，次のA駅行きのバスが来る。同様に，午前6時35分から午前11時までは，11時－6時35分＝4時間25分，つまり，60×4＋25＝265(分間)ある。265÷(4＋7)＝24余り1より，午前11時には，B駅行きのバスが来て1分たったところで，あと(4－1＝)3分たてば，次のB駅行きのバスが来る。よって，午前11時以降で最初に来るバスは，午前11時3分のB駅行きのバスである。

⑵　このバス停に，A駅行きのバスが来る時刻と，B駅行きのバスが来る時刻を調べると，右の表1のようになる。表1より，2種類のバスが初めて同時に来るのは，午前7時45分とわかる。

表1

A駅行き		(7時) 11　28　45　…
B駅行き	(6時) 35　39　46　50　57	(7時) 01　08　12　19　23　30　34　41　45　…

(3) (2)の午前7時45分の次から数えて，5回目に同時にバスが来る時刻を考えればよい。(2)で，午前7時45分のB駅行きのバスは，その前のバスの4分後に来たものだから，午前7時45分から，B駅行きのバスは，7分，4分，7分，4分，…の間隔《かんかく》で来ることになる。A駅行きのバスは17分ごとに，B駅行きのバスは，7＋4＝11(分)ごとに来るので，17と11の最小公倍数である187分ごとに，同時にバスがやって来る。また，その187分の周期の中で，何分後にバスが来るかを調べると，上の表2のようになる。表2より，周期が始まって51分後にも，同時にバスがやって来ることがわかる。したがって，午前7時45分の，187×2＋51＝425(分後)，つまり，午前7時45分＋425分＝午前7時45分＋7時間5分＝午後2時50分が，求める時刻となる。

表2

A駅行き			17			34			51			68
B駅行き	7	11	18	22	29	33	40	44	51	55	62	66
A駅行き			85			102				119		136
B駅行き	73	77	84	88	95	99	106	110	117	121	128	132
A駅行き			153			170				187		
B駅行き	139	143	150	154	161	165	172	176	183	187		

社 会 (30分) ＜満点：50点＞

解 答

1 問1 (例) 米づくりを行うための土地や水，米などの食料をめぐる争いがおこるようになり，力の強い「むら」が周りの多くの「むら」を統合して「くに」がつくられていった。 問2 イ，ハ 問3 稲荷山古墳 問4 ロ，へ 問5 ハ 問6 (1) ホ (2) 2番目…ロ，4番目…ト (3) ハ，へ 問7 イ 問8 城下町 問9 (例) それまでの拠点であった岐阜に比べて京都により近い交通の要所で，琵琶湖の水運が利用できたから。 問10 横浜港 問11 外様大名 問12 (1) 廃藩置県 (2) イ (3) 全国水平社 問13 南京 問14 ソビエト社会主義共和国連邦(ソ連) 2 問1 A ハ B ロ 問2 (1) 北上(川) (2) 筑後(川) (3) 津軽(海峡) 問3 へ 問4 へ 問5 ロ 問6 ハ 3〔国民主権〕 問1 (1) ロ (2) ニ 問2 ニ，へ 問3 ロ 問4 住民投票 問5 教育を受ける権利 問6 情報公開制度 問7 (例) (Aは)主権者である国民が直接政治に参加する制度やしくみである(が，Bは)主権者である国民によって選ばれた代表者が行う制度やしくみである(という違い。)

解 説

1 各時代の歴史的なことがらについての問題

問1 米づくりが行われるようになると，土地のよしあしや収穫量の違《ちが》いから人びとの間に貧富の差や身分の差が生まれ，米づくりを指導する者があらわれて「むら」を支配するようになった。やがて「むら」の人口がふえ，米づくりを行うための土地や水，米などの食料をめぐる争いがおこるようになると，力の強い「むら」が周りの弱い「むら」を従えて大きな「むら」ができ，「くに」へと発展していった。

問2 3世紀は弥生時代の終わりごろにあたり，このころ，多くの人びとは縄文時代と同じ竪穴《たてあな》住居で暮らしていた。人びとの生活は狩りや漁を中心としたものから米づくり中心へと変化していたが，狩りや漁などもひき続き行われ，米のほか，クリやクルミなどの木の実，山菜類，海や川の魚・貝，イノシシ・シカ・カモなどの肉を食べたと考えられている。よって，イとハが正しい。

問3　埼玉県行田市にある稲荷山《いなりやま》古墳は，関東地方の豪族「ヲワケ」の墓と考えられているもので，古墳から出土した鉄剣には，「ヲワケ」が大和朝廷のワカタケル大王(雄略天皇とする説が有力)に仕えていたことが記されている。

問4　平城京が都であったのは710～784年の期間で，この時代は奈良時代とよばれている。奈良時代の農民は，収穫の約３％の稲を納める租《そ》，都で10日間働く代わりに都に布を納める庸《よう》，地方の特産物を都に納める調などの税のほか，１年間都の警備にあたる衛士《えじ》や３年間九州北部の守りにつく防人《さきもり》といった兵役も課せられていたため，土地をすてて逃げ出す者が多くいた。また，聖武天皇は社会不安などから740年に平城京をはなれ，５年にわたって恭仁《くに》京(京都府)・難波宮《なにわのみや》(大阪府)・紫《し》香楽宮《がらきのみや》(滋賀県)を転々とした後，745年に再び平城京へもどった。よって，ロとヘが正しい。

問5　平安京は現在の京都市につくられた都で，鴨《かも》川(東)と桂《かつら》川(西)にはさまれている。北東の方向にある比叡山《ひえいざん》に最澄《さいちょう》が建てた延暦《えんりゃく》寺(滋賀県大津市)は，平安時代の終わりごろには多くの荘園をもち，朝廷に強訴《ごうそ》して要求を通そうとすることもあった。

問6　(1)　平安京は，桓武《かんむ》天皇が794年に長岡京(京都府)より都を移してから，1869年に東京に都が移されるまでの，1869年－794年＝1075年間，日本の都として栄えた。　(2)　平安京が都であった期間に京都と京都近郊でおこった出来事を時期の早い順に並べると，チ(1053年)→ロ(1159年)→イ(1397年)→ト(1467年)→ホ(1582年)→ヘ(1867年)となる。なお，ハ(1274年と1281年)は福岡県，ニ(1837年)は大阪府，リ(1637年)は長崎県・熊本県での出来事。　(3)　鉄砲は1543年，ポルトガル人の乗った中国船が種子島《たねがしま》(鹿児島県)に流れ着いたことにより伝えられ，日本で生産されるようになった。磁器は豊臣秀吉が行った朝鮮出兵のさい，肥前《ひぜん》藩(佐賀県)が日本に連れてきた朝鮮人陶《とう》工《こう》の李参平《りさんぺい》によって始められ，有田焼として発展した。

問7　守護は1185年に源頼朝によって国ごとに設置された役職であるが，室町時代になると軍事・警察権や土地の管理についての権限をもって力を増し，任命された国を自分の領地のように統治して守護大名とよばれるようになった。

問8　城下町は，戦国大名が城郭《じょうかく》を中心に家臣や商工業者を集めて移り住まわせたことからおこったもので，戦国大名の軍事・政治・経済の拠点《きょてん》となった。

問9　1576年から３年をかけ，織田信長は琵琶湖の東岸に位置する安土山に平山城を築いた。信長が天下統一事業の本拠地として安土を選んだのは，それまでの拠点であった岐阜より京都に近いこと，琵琶湖の水運を利用できること，交通の要所であったことなどが理由といわれている。

問10　江戸幕府の大老井伊直弼《なおすけ》は，1858年に朝廷の許しを得ずにアメリカとの間で日米修好通商条約を結び，函館・新潟・神奈川(横浜)・兵庫(神戸)・長崎の５港を開いて貿易を始めることにした。このうち，神奈川は宿場町として人びとの行き来が多く，外国人とのもめごとが予想されたことから，条約を無視して寒村であった横浜を開港地とした。開港後，江戸に近いこともあり商館などが次々と建てられ，横浜は日本を代表する貿易港に発展した。

問11　江戸時代の大名は，徳川氏の一門である親藩《しんぱん》，関ヶ原の戦い以前からの家来が大名になった譜代《ふだい》大名，関ヶ原の戦い以後に徳川氏に従った外様《とざま》大名に分けられ，統制された。外様大名は江戸から遠い地域に配置され，幕府から敬遠されて重要な役職につけなかったが，加賀藩(石川県)や薩摩藩(鹿児島県)のように，広い領地をもつ大名もいた。

問12 (1) 廃藩置県は明治政府が中央集権化をはかるために行った政策で，1871年に藩を廃止して全国に新しく３府(東京・大阪・京都)302県を置き，政府の任命した役人を派遣して政府の命令が全国にいきわたるようにした。 (2) 土佐藩(高知県)出身の板垣退助は征韓《せいかん》論(武力を用いてでも朝鮮を開国させようという主張)に敗れて政府を去ると，1874年に国会を開いて国民を政治に参加させるべきだという「民選議院設立建白書」を政府に提出して自由民権運動の中心人物となり，政府が10年後の1890年に国会を開設することを約束すると，1881年に日本初の近代政党である自由党を結成した。なお，ロについて，25歳以上のすべての男子による普通選挙が行われたのは1928年(加藤高明内閣のもとで普通選挙法が制定されたのは1925年)，初めて国会が開かれたのは1890年のこと。ハは「フランス」ではなく「ドイツ(プロイセン)」が正しい。ニについて，西南戦争がおこったのは1877年のこと。 (3) 1922年に結成された全国水平社は，身分制度が廃止された後もきびしい差別を受け続けた被差別部落の人びとが，差別をなくし，奪《うば》われた人間性を取りもどす運動を進めるための組織で，その結成大会において，代表者の一人が「人の世に熱あれ，人間に光あれ」と結ぶ水平社宣言を発表した。

問13 1937年７月，北京《ペキン》郊外の盧溝橋《ろこうきょう》付近で日中両国軍が衝突《しょうとつ》したことをきっかけに日中戦争が始まると，日本軍は半年以内に当時の中国の首都であった南京《ナンキン》を占領した。このとき，日本軍は女性や子どもを含《ふく》む大勢の中国人の命を奪ったといわれている。

問14 1956年，鳩山《はとやま》一郎首相がモスクワを訪れて日ソ共同宣言に調印し，ソビエト社会主義共和国連邦(ソ連)との国交が回復したことを受けて，それまでソ連の反対で実現しなかった日本の国際連合加盟が認められた。なお，第二次世界大戦後，アメリカを中心とする西側諸国とソ連を中心とする東側諸国との間でおこった武力を用いないきびしい対立は，冷戦または冷たい戦争とよばれる。

2 新幹線が通っている都道府県の地理についての問題

問１ **A** 大阪市は瀬戸内の気候に属し，年間を通して降水量が少なく比較的温暖である。
B 金沢市は日本海側の気候に属し，冬は大陸から吹く北西の季節風の影響を受けて降水(積雪)量が多い。

問２ (1) この文は岩手県について説明したものである。岩手県は北上川中流にある北上盆地を中心にリンゴの栽培が盛んで，岩手県のリンゴの生産量は全国第４位となっている。また，東部にある北上高地では乳用牛や肉用牛の飼育が盛んで，岩手県の乳用牛の飼育頭数は全国第３位，肉用牛は全国第５位となっている。統計資料は『日本国勢図会』2015／16年版による(以下同じ)。
(2) この文は福岡県について説明したものである。南部を流れる筑後《ちくご》川流域に広がる筑紫《つくし》平野は九州一の米どころとして知られ，河口付近の有明海沿岸では干拓地が多く見られる。また，福岡県は小麦・イチゴ・キウイフルーツの生産量が全国第２位，柿は全国第３位となっている。 (3) この文は青森県について説明したものである。県南東部にある東北地方最大の漁港は八戸港，本州と北海道をへだてる津軽《つがる》海峡に面し，マグロの一本釣りで知られる本州最北端の町は下北半島の大間町，県庁所在地の青森市の北に面し，ホタテ貝の養殖が盛んな湾は陸奥《むつ》湾である。

問３ ①は輸送用機械の占《し》める割合が大きいことから福岡県である。福岡県には苅田《かんだ》町や宮若《みやわか》市などに自動車工場があることから，輸送用機械の出荷額が全国第６位となっている。②は化学と金属の占める割合が大きいことから大阪府である。大阪府は金属製品の出荷額が全国第１位で，化学工業の出荷額が全国第２位である。③はその他の工業とその他の機械の占める割合が大きいことから東京都である。東京都は印刷・同関連業と情報通信機械器具の出荷額が全国第１位である。

問４　九州地方で新幹線が通っているのは，福岡県，佐賀県，熊本県，鹿児島県で，通っていないのは，長崎県，大分県，宮崎県，沖縄県の４県である。東北地方はすべての県に新幹線が通っている。関東地方では千葉県(茨城県は通過するだけで駅はない)，中部地方では山梨県と福井県，近畿地方では三重県，奈良県，和歌山県，中国地方では鳥取県と島根県に新幹線が通っていない。

問５　北海道と本州をつなぐ青函トンネルには，JR津軽海峡線と北海道新幹線が通っているが，道路はない。また，四国の坂出市(香川県)と本州の倉敷市児島(岡山県)をつなぐ瀬戸大橋は，上を瀬戸中央自動車道，下をJR本四備讃線(瀬戸大橋線)が通る二重構造になっている。なお，2016年３月に新青森駅―新函館北斗駅間で北海道新幹線が開業し，北海道から鹿児島県までが新幹線で結ばれることとなった。

問６　日本で航空機による年間旅客数が一番多い路線は東京(羽田)―北海道(新千歳)間で，ハが二番目に多い路線。

３　日本の政治についての問題

国家の政治のあり方を最終的に決める権限を主権といい，国民主権(主権が国民にあること)は日本国憲法の三大原則の一つとなっている。

問１　(1)　参議院議員に立候補できる年齢は30歳，市町村長に立候補できる年齢は25歳である。なお，衆議院議員に立候補できる年齢は25歳，都道府県知事に立候補できる年齢は30歳。　(2)　2013年４月に公職選挙法の一部を改正する法律が成立し，インターネット選挙が解禁された。これにより，候補者や政党はウェブサイト・ブログ・電子メールなどを利用して投票をよびかけることが可能になったが，インターネットを用いて投票することはできない。

問２　日本国憲法では，天皇は国政に関する権限を一切もたず，内閣の助言と承認により，ごく限られた国事行為をすると定められている。憲法改正や法律を公布すること，国会を召集すること，衆議院を解散すること，総選挙の施行を公示すること，栄典(勲章《くんしょう》など)を授与すること，外国の大使および公使をもてなすことなどがその仕事とされている。なお，ニは内閣，へは国会の仕事。

問３　地域住民の安全や快適な暮らしを守るため，地方自治体はごみの収集・処理，道路や水道の整備・管理，小・中学校や福祉《ふくし》施設の建設・運営，消防や警察などの仕事を行うが，地方自治体の仕事に神社や寺を建てることは含まれない。

問４　住民投票は，その地域の重要な問題について住民の意思を問う制度で，地方議会が条例を制定して実施するものや，日本国憲法第95条の規定にもとづいて行われるものがある。ただし，この結果については法的な拘束《こうそく》力はなく，政治的な拘束力にとどまる。

問５　日本国憲法第26条では，「すべて国民は，法律の定めるところにより，その能力に応じて，ひとしく教育を受ける権利を有する」と定められており，国民の教育を受ける権利にもとづいて学校制度などが整えられている。

問６　情報公開制度は，国や地方自治体に対して行政に関する文書などの開示を請求できる制度で，請求があった場合には原則的に情報を公開することを義務づけた情報公開法が1999年に制定された。

問７　日本では，主権者である国民は，20歳(2016年６月からは18歳)以上になると，国民の代表者である国会議員を選挙によって決めることができ，国民によって選ばれた代表者が議会で話し合って政治を進める間接民主制が採用されている。しかし，憲法改正の国民投票，国民審査，地方特別法の住民投票においては直接民主制が採用されている。

理　科　(30分) ＜満点：50点＞

解　答

1 問1　食物連さ　問2　C_2　①　P　③　問3　あ　③　い　②　う　⑤　問4　オオカミ(ニホンオオカミ)　問5　①，④　問6　528000　2 問1　12(A)　問2　ア，エ　問3　端子　500mA　電流　0.4A　問4　③　ア　④　ウ　3 問1　ア　水素　イ　酸素　問2　2.4mg　問3　3 cm^3　問4　6　4 問1　ウ　問2　(例)　当時は今よりも温暖で，そのため海水面が高く，現在の台地が当時は海岸に近かったから。　問3　エ　問4　(例)　かつては湿地や海などで，そのため現在でも地下に水を多く含む弱い地盤であるから。

解　説

1 食物連さについての問題

問1　生き物どうしの間にある，食べる，食べられるというつながりを食物連さという。

問2　C_1が増えると，C_2にとってはえさが増えた状態になるので増えていく。しかし，C_1のえさにあたるPは，C_1が増えた分だけ多く食べられてしまうため，減っていく。

問3　「あ」～「う」はいずれも他の動物を食べるので，おもに草を食べるウサギと樹液をなめるクワガタはあてはまらない。「あ」には，ガを食べ，シジュウカラに食べられるので，クモがあてはまり，「い」には，バッタを食べ，ヘビやイタチに食べられるので，カエルがあてはまる。「う」は，シジュウカラやヘビ，イタチを食べることから，フクロウである。

問4　シカなどを捕《と》らえていた肉食性の動物で，今は日本にいないことから，オオカミが考えられる。本州などにはかつてニホンオオカミが生息していたが，今から100年くらい前に絶滅《ぜつめつ》したと考えられている。ニホンオオカミの絶滅によって，捕らえられることがなくなったシカやイノシシなどが増え過ぎ，森林が荒《あ》らされて破壊《はかい》されたり，人里にまで出てきて農作物に大きな被害をおよぼしたりするようになっている。

問5　現在，農作物を食い荒らす動物としてよくとり上げられるのは，シカやイノシシのほかに，サル，ハクビシン，アライグマなどである。なお，アメリカザリガニやブラックバスはともに外来種で，川や池，沼地などの生態系をこわしている。マングースは沖縄・奄美《あまみ》にハブなどを退治するために移入されたが，さまざまな動物を捕らえて生態系に大きな影響をおよぼしている。

問6　鵜《う》と海水に含《ふく》まれるDDTの濃度をくらべると，26.4÷0.00005＝528000(倍)になっている。

2 消費電力や電流と電圧の関係についての問題

問1　(消費電力)＝(電圧)×(電流)より，(電流)＝(消費電力)÷(電圧)であるから，このドライヤーには，1200÷100＝12(A)の電流が流れる。

問2　ブレーカーが落ちる直前に使用していた電流は，ドライヤーを含めると，22＋12＝34(A)である。よって，40－34＝6(A)より大きい電流が流れるもの，つまり消費電力が，100×6＝600

(W)より大きな電気製品を選ぶ。

問3　表2を見ると，②にあてはまる値は，その前後の数値から推測して，0.35〜0.45Aと考えられる。1A＝1000mAより，これは350〜450mAであるから，図2では500mAの端子《たんし》を使い，測定結果は400mA，つまり0.4Aであったといえる。

問4　③　表1で，電圧の数値が2倍，3倍になると，電流の数値も2倍，3倍になっていて，比例している。　④　表2で，電圧の数値が1.5Vずつ増えたときの電流の数値の増え方を調べると，はじめは0.2A増えているが，次は，0.35−0.2＝0.15(A)しか増えてなく，それ以降も増え方が小さくなっていく。このことから，電圧が大きくなると，電流の大きさも大きくなってはいくが，大きくなりにくくなっていることがわかる。

3 酸化についての問題

問1　加熱しながら銅の黒さび(銅と酸素が結びついたもの)に水素を通すと，黒さびがもとの赤茶色の銅にもどったのだから，このとき銅の黒さびから酸素が水素にうばわれ，その水素と酸素が結びついて水になったと考えられる。

問2　A液を加えていったとき，A液を12cm^{3}加えたときにA液の紫《むらさき》色が消えなく(B液が酸素をうばわなく)なり，A液10cm^{3}は酸素2mgを相手にわたすので，B液10cm^{3}がうばう酸素の量は，$2\times\frac{12}{10}=2.4$(mg)である。

問3　実験3で加えたA液は，10＋5＝15(cm^3)で，このうちA液12cm^{3}からわたされる酸素によってB液10cm^{3}は全部酸化されるから，池の水100cm^{3}が酸化するのに使われたA液は，15−12＝3(cm^3)となる。

問4　池の水100cm^{3}がうばう酸素は，$2\times\frac{3}{10}=0.6$(mg)なので，1L＝1000cm^{3}より，求める値は，$0.6\times\frac{1000}{100}=6$である。

4 東京の地形についての問題

問1　Ⓐの①の火山灰層の上には盛り土・表土しかないが，ほぼ同じくらいの時期につくられたⒷの②のれき層の上には砂層や細かい粘土《ねんど》層がたい積している。これより，Ⓐが陸上に出てきた後もⒷは海底にあって，地層が積み重なったと考えられる。

問2　縄文時代の気候は今よりも温暖で，大陸の氷雪《ひょうせつ》がとけ出すなどして，海水面が高かった。そのため，現在の台地が当時は海岸線に近く，そのあたりに住んでいた人々が貝塚をつくったので，東京の貝塚が台地に集中していると考えられる。

問3　1923年の大正関東地震《じしん》(関東大震災)では，地震の発生が昼食のころであったため各所で火災が発生して燃え広がり，東京の市街地の多くが焼けてしまった。

問4　図3を見ると，Ⓑの地域はもともと沼地や湿地《しっち》，Ⓒの地域はもともと海などであったことがわかる。これらの地域は埋《う》め立てなどによって人の住めるところとなったが，地下には水が多く含まれていて地盤《じばん》が弱い。そのため，大きな地震に見まわれると，ゆれが大きくなって建物が倒れたり，液状化現象が発生したりするおそれがある。

国　語　(50分)＜満点：100点＞

解　答

[一] 問1　つかない　　問2　②　エ　　③　ウ　　問3　**小学校五年生の時**…(例)　暗いばかりでさっぱり意味がわからず，なぜ名作とされているのか理解できなかった。／**大学生になって**…(例)　内容を理解して衝撃を受け，胸をかきむしられるように感じてボロボロ泣いた。／**三十代半ばになって**…(例)　見過ごしていた細部にも目が向くようになり，人間の悲しさを感じて涙が止まらなかった。　問4　(例)　個性のない，一定の型に作り上げられるという意味。　問5　(例)　意味もわからないまま，ただ型通りに体を動かし続けた(ということ。)　問6　(例)　夕立を前にして増した蒸し暑さを，匂いとして感じるということ。　問7　a　ウ　b　イ　c　オ　問8　ウ　問9　ガラスの覆いが取れて　問10　(例)　感性がみがかれ，目覚めに向けて少しずつ成長していた(ということ。)　問11　イ　問12　(1)　ア　(2)　(例)　お茶の奥深さはすぐにはわからない。でも，続けていると突然視野が広がる瞬間が何度もあって，その度自分の成長を実感できるの。　[二] 問1　(1)　季節　(2)　歳時記　問2　(例)　季語には，季節の風物の趣深さに対する感動が含まれているということ。　問3　ウ　問4　啄木鳥　問5　(例)　大したことではない。　問6　(例)　季語はその季節の風物の趣に感動したことを表す言葉なので，ひとつの季語だけをよみこんだほうが句の焦点がぼけず，すっきり仕上がるから。　問7　(切)っても(切)れない　問8　ア　問9　イ　問10　(例)　切字をつかうことで形が整い，「間」で詠嘆や感動が広がる効果があるが，その一方で，具体性を欠いたり平凡になったりと，内容の浅い句になる恐れがあるということ。　問11　A　ウ　B　ア　問12　(例)　病身の母の目を輝かせた柿の実の赤さをいつくしむと同時に，柿の木に登るほどお転婆だった母の子ども時代に思いをはせている。　問13　オ　問14　(1)　切字　(2)　の　[三] 問1　下記を参照のこと。　問2　1　やしろ　2　くだ　3　いただき　4　すじ

●漢字の書き取り

[三] 1　意，異　2　音，根　3　非，火　4　富(む。)　5　編(む。)　6　育(む。)　7　放(る。)　8　反(る。)　9　射(る。)　10　退(く。)　11　巻(く。)　12　済(まない。)　13　好(かない。)

解　説

[一] **出典は森下典子《もりしたのりこ》の『日日是好日《にちにちこれこうじつ》―「お茶」が教えてくれた15のしあわせ』による。**長年お茶の稽《けい》古《こ》を続けている筆者が，お茶の奥《おく》深さは続けていく中で少しずつわかりだし，自分の成長を実感できる瞬間が何度もくると語っている。

問1　「見当」は，おおよその予想。「見当がつく」で，だいたいの予想がつくこと。

問2　②　そこら中。いたるところ。　③　真にせまっていること。表現されたものが，実物にそっくり同じようであること。

問3　見るたびに味わい深く感じるようになったことが伝わるようにまとめる。小学校五年生の時は，「暗い」だけの映画でまったく「意味がわから」ないと感じ，なぜ「名作」とされているのか

理解できなかった。大学生になって，内容を理解して「衝撃《しょうげき》を受け」，「胸かきむしられて」「ボロボロ泣いた」。三十代半ばになって，見過ごしていた細部にも目が向き，人間の悲しさを思って「涙《なみだ》が止まらなかった」のである。

問4　「鋳型《いがた》にはめる」は，“個性のない，一定の型に作り上げる”という意味。

問5　「モヤモヤ」は，気持ちなどがすっきりしない様子。前にある通り，やっていることの意味もわからず納得のいかない気持ちのまま，ひたすら決まった作法通りに体を動かし続けたことを表している。

問6　後の部分に注意する。長年お茶の稽古を続けてきた筆者は，「ある日突然《とつぜん》」季節の変化を「五感」で感じ取れるようになった。夕立の前で湿度《しつど》が上がるという空気の変化を，筆者は肌《はだ》だけでなく鼻で，「匂《にお》い」としても感じたために，「夕立が来る」と思ったのである。

問7　**a**　ぼけの後，桃や桜の前に咲《さ》く春の花は，「梅」である。　**b**　葉桜のころに咲く，房《ふさ》になる花は「藤《ふじ》」である。　**c**　梅雨《つゆ》のころ，水辺に咲くのは「菖蒲《しょうぶ》」である。

問8　「古い暦《こよみ》」では，季節は「二十四に分かれている」と前にある。だが，お茶の稽古に通ううち，筆者は季節の移り変わりをいっそう細やかに感じられるようになったのだから，ウが当てはまる。

問9　部屋にいて「雨の音」を聴《き》いていた筆者は，自身と雨をへだてる「部屋が消えた」ように思うほど，五感のすべてでよりはっきりと雨を受け止める瞬間《しゅんかん》を突然迎《むか》えた。季節が五感に直接うったえ始めた時の様子を，四つ前の段落では自身を覆《おお》っていた「ガラスの覆いが取れて」と表現している。

問10　お茶を続けていると，ある日突然視野が広がる瞬間が時々やってくると前にあるが，ぼう線部⑩はそれまでの状態を表している。「コップ」は，成長の度合いを示す器と考えられる。知らず知らずのうちに感性がみがかれ，新たな気づきに向けて少しずつ成長していたのである。

問11　「均衡《きんこう》」は，つり合いがとれていること。「均衡をやぶる」で，“バランスがくずれる”という意味になる。

問12　⑴　長年稽古を続けてきた筆者でさえまだわからないことだらけで，お茶の世界のすべてがいつわかるのか見当もつかないと前で語っている。部外者ならなおさら，ひたすら型を繰り返すばかりに見えるお茶の魅力《みりょく》を理解しがたいはずなので，アが選べる。お茶の魅力をたずねていることから，友達は筆者が意味もわからず続けているとは思っていないと考えられるので，オは誤り。

⑵　筆者は「お茶」を「フェリーニ監督《かんとく》の『道』」にたとえ，時間はかかるが繰り返すうちに少しずつわかりだしてその世界の奥深さに気づかされるとし，五感が鋭《するど》くなり，こまやかな季節のちがいや自分の生の姿を感じられるようになったことなどで「自分では見えない自分の成長」を実感できたとつづっている。さらに，視野が広がるそういう瞬間は何度も味わえるとも語っているので，これらをまとめる。

二　**出典は好本 惠《よしもとめぐみ》の『俳句とめぐりあう幸せ—俳句に出会う人と出会う』による。**季語，季題，切れと切字といった俳句の重要な要素について，その意味や効果などを例をあげて説明している。

問1　⑴　「季語」とは，連歌・連句・俳句で句の「季節」を示すためによみこむ言葉といえる。

⑵　寺井谷子《てらいたにこ》さんが「言葉の森」と表現した「歳時記《さいじき》」は，季語を分類・整理した書物である。

問2　「感嘆詞《かんたんし》」は，「あゝ」花，「おゝ」雪というように感嘆した時につかう言葉なので，ぼう線部②は，“季語は単に季節を示すだけではなく，季節の風物の趣《おもむき》深さに対する感嘆の気持ちを含《ふく》む言葉だ”という意味と考えられる。

問3　ぼう線部③の表現をつかった寺井谷子さんは，季語を分類・整理した「歳時記」を結婚祝いに贈《おく》ることをすすめているのだから，季語は暮らしをいろどったり輝《かがや》きを与《あた》えたりする「宝石」のような存在だと考えていると推測できる。

問4　牧場の木々がさかんに葉を落とし，冬支度を急いでいる中，落葉をせかすかのように啄木鳥《きつつき》が幹をつつく音が聞こえるという内容の句である。切字は句の感動の中心を表すので，切字の「や」がついた「啄木鳥」が主たる季語になる。

問5　「取るに足らない」は，“大したことではない”という意味。

問6　前後の部分から読み取る。季語は「感嘆詞を内蔵する言葉」とされる通り，その風物の趣に感動したことを示す言葉なので，ひとつの季語だけをよみこんだほうが感動の「焦点《しょうてん》」がぼけず，「すっきり仕上がる」からである。

問7　「切っても切れない」で，切ろうとしても切れないほどに関係が深い様子。

問8　「水を向ける」は，相手の関心を引くようにさそいをかけること。

問9　「冗漫《じょうまん》」は，むだが多く，しまりのない様子。

問10　「諸刃《もろは》の剣《つるぎ》」は，利点もあるが危険もともなうことのたとえ。「切字」をつかうことで形を整え，「間」を取って「詠嘆《えいたん》や感動」を広げる効果があるという利点が前後に述べられているが，[2]の句の添削《てんさく》後の感想にあるように，具体性を欠いたり平凡《へいぼん》だったりと内容の浅い句になる恐れもあるというのである。

問11　**A**　前には「私もかなりのお転婆《てんば》」だったとあり，あとには「柿《かき》の木に登ったことは」ないと続くので，“そうはいうものの”という意味の「さすがに」が入る。　**B**　「切字」をつかわずに切る方法もあると前に述べられているので，あとに打ち消しの「ない」などをともなって“かならず～というわけではない”という意味になる「かならずしも」が合う。

問12　「そこ」とは，「切字」の「や」がついた「柿の実」を指す。[2]の句に続く段落から，この句にこめられた作者の思いをまとめる。病身の母の目を輝かせた「柿の実」の鮮《あざ》やかな「赤さ」をいとおしく思うと同時に，「柿の木に登」るほど「お転婆」だったという母の子ども時代に思いをはせているといえる。

問13　「渋柿《しぶがき》」が「隣《となり》の庭」にほとんど落ちたという内容の句だが，「甘柿だったら悔《くや》しいけれど，渋柿だからいいやなんて見つめている作者の姿」が浮《う》かぶと筆者は述べているので，オが選べる。

問14　⑴　[3]の句には「切字」の「や」があったが，添削後の[4]の句では「切字」をつかわずに切る実例が示されている。　⑵　「落つ」を除いた[4]の句で重なっている語は「の」で，その位置がちょうど初句・二句の終わりにもなっている。

三　漢字の書き取りと読み

問1　**1**　「意に介《かい》する」は，気にすること。「異を唱える」は，反対の意見を言うこと。　**2**　「音をあげる」は，もうたえられないと弱音をはくこと。「根に持つ」は，いつまでもうらみに思うこと。　**3**　「非の打ちどころがない」は，少しの欠点もないこと。「火を見るよりも明らか」は，とてもはっきりしていて，疑いをさしはさむ余地がない様子。　**4**　音読みは「フ」「フウ」で，「豊富」「富貴」などの熟語がある。訓読みにはほかに「とみ」がある。　**5**　音読みは「ヘン」

で,「編集」などの熟語がある。　**6**　音読みは「イク」で,「育成」などの熟語がある。訓読みにはほかに「そだ(つ)」がある。　**7**　音読みは「ホウ」で,「放課後」などの熟語がある。訓読みにはほかに「はな(す)」などがある。　**8**　音読みは「ハン」「ホン」「タン」で,「反射」「謀反《むほん》」「反物」などの熟語がある。　**9**　音読みは「シャ」で,「発射」などの熟語がある。　**10**　音読みは「タイ」で,「引退」などの熟語がある。　**11**　音読みは「カン」で,「巻末」などの熟語がある。訓読みにはほかに「まき」がある。「舌を巻く」は,感心する様子。　**12**　音読みは「サイ」で,「救済」などの熟語がある。　**13**　音読みは「コウ」で,「好物」などの熟語がある。訓読みにはほかに「この(む)」がある。「虫が好かない」は,何となく気にくわない様子。

問2　**1**　音読みは「シャ」で,「神社」などの熟語がある。　**2**　音読みは「カン」で,「気管」などの熟語がある。　**3**　音読みは「チョウ」で,「頂上」などの熟語がある。訓読みにはほかに「いただ(く)」がある。　**4**　音読みは「キン」で,「筋肉」などの熟語がある。

平成27年度　雙葉中学校

〔電　話〕(03) 3261－0821
〔所在地〕〒102-8470　東京都千代田区六番町14－1
〔交　通〕JR中央線・東京メトロ丸ノ内線・南北線
一「四ツ谷駅」より徒歩2分

【算　数】（50分）〈満点：100点〉

1　次の□に当てはまる数を答えましょう。(式と計算と答え)

(1)　$18.65+4.52\div\left(7\frac{2}{5}-1\frac{3}{4}\right)\times1\frac{7}{8}=$□

(2)　春子さんは，家から学校に行くのに，道のりの$\frac{3}{8}$はバスで，$\frac{7}{12}$は電車で移動し，残りの700mは歩きます。春子さんの家から学校までの道のりは□kmです。

(3)　ある川の橋Aと橋Bの間を船で往復します。上りにかかる時間は下りにかかる時間の1.6倍で，静水での船の速さは時速18.2kmです。この川の流れの速さは時速□kmです。

(4)　1個80円のりんごを□個仕入れました。そのうちの$\frac{1}{7}$は傷がついていたので，仕入れ値の1割5分引きで売り，残りは40%の利益をつけて売りました。仕入れたりんごはすべて売れて，17460円の利益を得ました。(消費税は考えません)

2　1辺が3cmの正三角形があります。その面積は3.89cm²です。円周率は3.14です。

[図1]

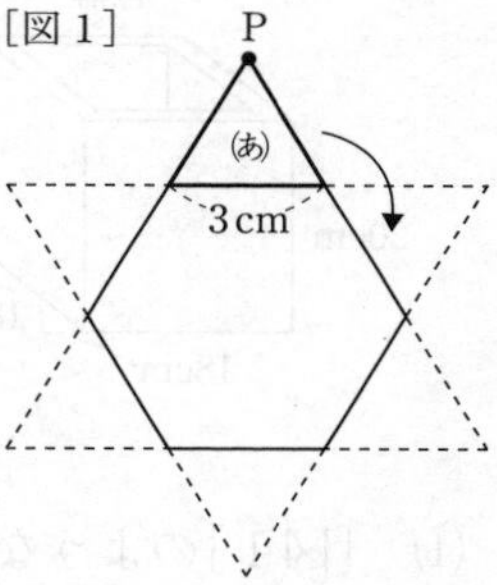

(1)　この正三角形が[図1]のように，1辺が3cmの正六角形の辺にそって，(あ)の位置から矢印の向きにすべらずに回転しながら1周し，元の位置にもどりました。頂点Pが動いた道のりは何cmですか。また，頂点Pのえがいた曲線で囲まれた図形の面積は何cm²ですか。(式と計算と答え)

(2)　この正三角形が[図2]のように，折れ線ABCDEFにそって，(い)の位置からすべらずに回転して(う)の位置まで動きました。

①　頂点Pが動いたあとを[図2]の中にコンパスでかきましょう。

[図2]

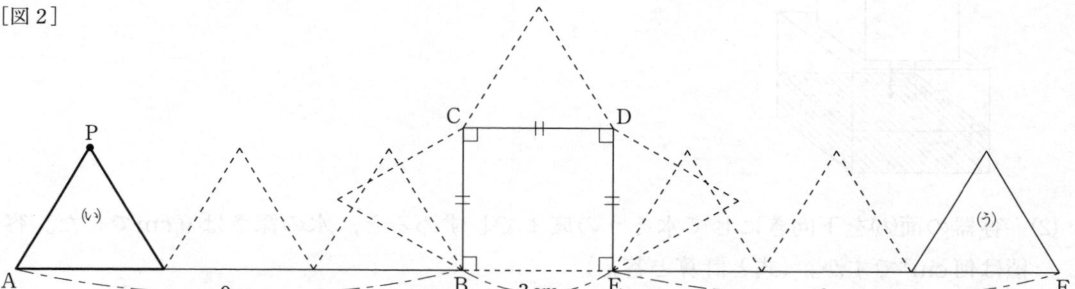

②　頂点Pが動いた道のりは何cmですか。(式と計算と答え)

3　兄と弟が同時にＡ地点を出発し，5.8 km先のＢ地点に向かいます。兄は時速４kmで休まずに歩きます。弟は，時速６kmで11分間走り７分間止まって休むことを，くり返します。

(1)　２人がＢ地点に着くのは，Ａ地点を出発してからそれぞれ何時間何分後ですか。（式と計算と答え）

(2)　兄が弟を最後に追いぬくのは，Ａ地点から何kmのところですか。（式と計算と答え）

4　今日は，西暦《せいれき》2015年２月１日で日曜日です。2000年は，うるう年でした。

(1)　2020年の２月１日は何曜日ですか。また，2015年の次に２月１日が日曜日になるのは西暦何年ですか。（考え方と答え）

(2)　1987年２月１日は日曜日でした。この翌日から2015年１月31日までの間で，２月１日が日曜日だったのは西暦何年ですか。すべて答えましょう。必要なら答えの線をのばして書きましょう。（考え方と答え）

(2)の答え

西暦	年
西暦	年
西暦	年

(3)　明日から数えて10回目に２月１日が日曜日になるのは西暦何年ですか。（考え方と答え）

5　下の図のようなふたのない容器と，水が入った直方体の水そうがあります。容器は厚みが一定で，底は正方形，側面はすべて長方形です。水そうの厚みは考えません。

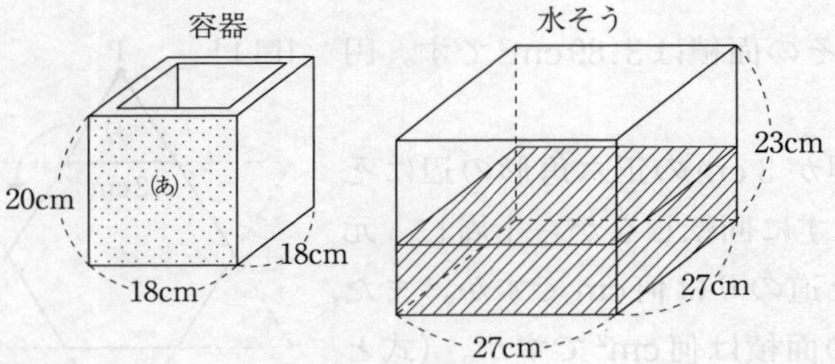

(1)　［図１］のような向きで容器を水そうの底までしずめると，水の深さは14.4cmでした。はじめの水の深さは何cmでしたか。（式と計算と答え）

［図１］

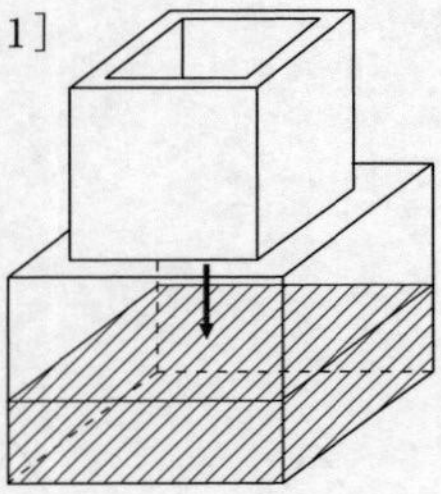

(2)　容器の面(あ)を下向きにして水そうの底までしずめると，水の深さは９cmでした。容器の容積は何cm³ですか。（式と計算と答え）

【社 会】（30分）〈満点：50点〉

1 雙葉中学校がある東京には，日本や世界のさまざまな地域の人や物が集まってきます。日本や世界の各地域との関わりについて，下の問に答えなさい。

問１　東京は，日本で一番広い平野である関東平野に位置しています。

⑴　関東平野には，富士山や浅間山などの火山の噴出物によってできた土が堆積《たいせき》しています。富士山の位置を次の地図中のイ～チから選び，記号で答えなさい。

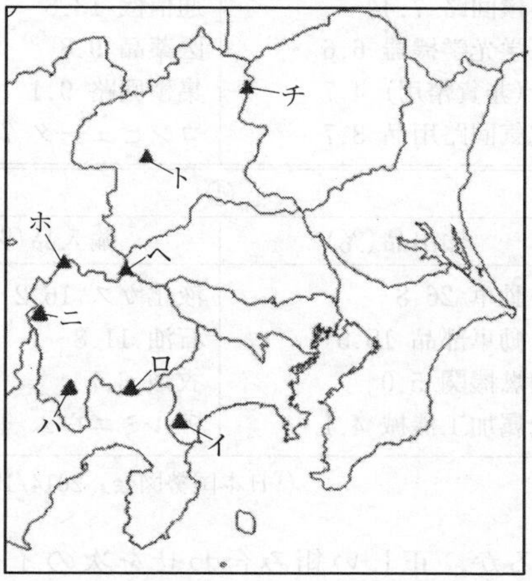

⑵　関東平野に流れている利根川の上流には，群馬県があります。その北に位置する米どころとして知られる県を答えなさい。

問２　東京都の人口は日本の人口のおよそ10％をしめています。一方で，人口が100万人未満の県もあり，人口は地域によってかたよりがあります。次のイ～ニから正しくないものを一つ選び，記号で答えなさい。

イ　人口の多い都市では，交通渋滞《じゅうたい》が日常化し，大気汚染などで環境が悪化する。

ロ　人口の多い都市は，緑の減少や排熱《はいねつ》の増加などのため，周辺の地域よりも気温が高い。

ハ　人口が減った地方ほど，一人ひとりに対し手厚い行政のサービスが行われる。

ニ　人口が減った地方の財政は，国からの補助金の割合が大きくなる。

問３　東京など大都市には外国籍《せき》の人も多く暮らしています。右の円グラフは，日本に暮らす主な外国人の国籍別の割合を示したものです。

⑴　円グラフ中の A B のうち， B に当てはまる国を次のイ～ニから選び，記号で答えなさい。

イ　アメリカ　　ロ　フィリピン

ハ　中国　　ニ　オーストラリア

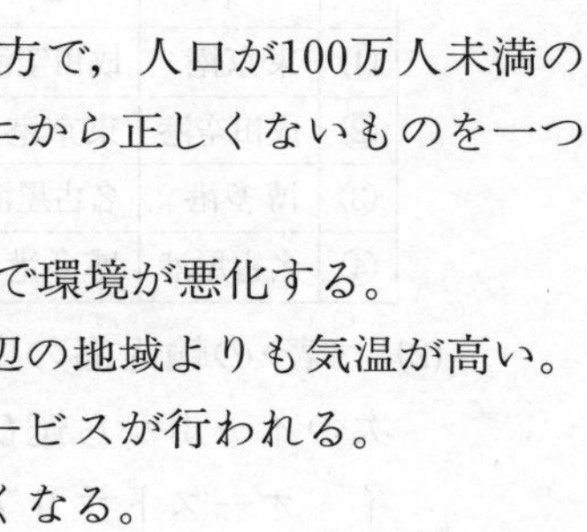

（『日本国勢図会』2014/15年版より）

⑵　円グラフ中にある「韓国・朝鮮」について，正しくないものを次のイ～ニから一つ選び，記号で答えなさい。

イ　朝鮮半島の人びとは，日本と同じく箸《はし》を使い，米を主食としている。

ロ　ピョンヤンは，青森よりも北に位置しており，冬の寒さが厳しい。

ハ　福岡と東京間の距離《きょり》よりも，福岡とソウル間の距離の方が短い。

ニ　韓国と日本は，音楽などの文化の交流が盛んに行われている。

問4　東京港では，さまざまな物が輸出入されています。次にあげた〈表〉の①～④は，東京港のほか，名古屋港，博多港，成田空港のいずれかにおける主な輸出品，輸入品を示したものです。

〈表〉

①		②	
輸出品(%)	輸入品(%)	輸出品(%)	輸入品(%)
集積回路 18.8 自動車 17.8 タイヤ・チューブ 9.9 映像記録・再生機器 5.9	魚介類 6.9 家具 4.6 コンピュータ 4.4 衣類 3.6	集積回路 7.4 科学光学機器 6.6 金(非貨幣用) 4.7 電気回路用品 3.7	通信機 13.8 医薬品 9.8 集積回路 9.1 コンピュータ 7.5
③		④	
輸出品(%)	輸入品(%)	輸出品(%)	輸入品(%)
コンピュータ部品 7.5 自動車部品 6.6 プラスチック 5.1 科学光学機器 4.5	衣類 8.1 コンピュータ 6.0 魚介類 5.0 肉類 4.3	自動車 26.8 自動車部品 15.5 内燃機関 5.0 金属加工機械 4.1	液化ガス 16.2 石油 11.8 衣類 6.7 アルミニウム 4.3

（『日本国勢図会』2014/15年版より）

(1)　〈表〉の①～④は，それぞれどこに当てはまるか，正しい組み合わせを次のイ～ヌから一つ選び，記号で答えなさい。

	イ	ロ	ハ	ニ	ホ	ヘ	ト	チ	リ	ヌ
①	東京港	成田空港	博多港	名古屋港	東京港	成田空港	博多港	名古屋港	成田空港	博多港
②	成田空港	東京港	成田空港	博多港	成田空港	博多港	名古屋港	東京港	名古屋港	東京港
③	博多港	名古屋港	東京港	成田空港	名古屋港	東京港	東京港	成田空港	博多港	成田空港
④	名古屋港	博多港	名古屋港	東京港	博多港	名古屋港	成田空港	博多港	東京港	名古屋港

(2)　〈表〉の輸入品の中にみられる「衣類」を，日本が最も多く輸入している国はどこですか。次のイ～ホから選び，記号で答えなさい。

イ　オーストラリア　　ロ　インド

ハ　タイ　　ニ　韓国

ホ　中国

問5　東京のような大都市では，特に多くのエネルギーが消費されています。

(1)　日本は，エネルギー資源のほとんどを輸入に頼っています。次の表中のイ～ニはそれぞれ，日本が輸入している資源の輸入先上位5カ国を示したものです。次のイ～ニから石炭に当てはまるものを一つ選び，記号で答えなさい。

	イ		ロ		ハ		ニ	
1位	オーストラリア	61.6%	サウジアラビア	31.8%	オーストラリア	20.5%	オーストラリア	63.6%
2位	ブラジル	28.7%	アラブ首長国連邦	22.7%	カタール	18.4%	インドネシア	19.1%
3位	南アフリカ共和国	4.3%	カタール	12.7%	マレーシア	17.1%	ロシア	6.4%
4位	インド	2.0%	クウェート	7.3%	ロシア	9.8%	カナダ	5.2%
5位	チリ	1.1%	ロシア	6.9%	インドネシア	7.2%	アメリカ	3.5%

（『日本国勢図会』2014/15年版より）

(2) 主なエネルギー資源である石炭や原油を燃やした時に出る二酸化炭素は，地球温暖化の原因の一つとされています。地球温暖化によって起こる問題としてふさわしくないものを次のイ～ニから一つ選び，記号で答えなさい。

イ　海面が高くなったために，水没しつつある島や低地がある。

ロ　干ばつや大雨による洪水などの自然災害が増える。

ハ　紫外線の量が増え，人びとの健康を害するおそれがある。

ニ　各地域の農作物や魚のとれ方に，変化があらわれる。

(3) 日本には，多くの原子力発電所があります。次のイ～ヌから原子力発電所が立地していない県を三つ選び，記号で答えなさい。

イ　福井県　　ロ　広島県　　ハ　静岡県　　ニ　福島県

ホ　鹿児島県　ヘ　茨城県　　ト　愛媛県　　チ　石川県

リ　長崎県　　ヌ　神奈川県

問6　外国との貿易では，船を使って原料や製品を運ぶことが多いために，工業地帯や工業地域の多くは，海沿いに広がっています。しかし，近年は関東内陸工業地域など，海から離れた地域にも工場が集まるようになりました。なぜ，海から離れたところに工業地域ができるようになったのか，その理由として最もふさわしいものを次のイ～ニから選び，記号で答えなさい。

イ　内陸部で新たに鉱山が開発され，工業に必要な原料を得やすくなったから。

ロ　内陸部の都市が発展して人口が増えたので，働き手を得やすくなったから。

ハ　高速道路が整備されて自動車交通が発達し，輸送が便利になったから。

ニ　外国向けの製品よりも，国内向けの製品が多く生産されるようになったから。

問7　東京のような大消費地から離れた地域には，高冷地の涼しさを利用して野菜を生産し，大都市へ向けて出荷している地域があります。このような農業が利益を得られるのはなぜか，「旬《しゅん》」という言葉を使って説明しなさい。

2　小学校6年生の雙葉さんとお父さんの次の会話を読み，問に答えなさい。

雙葉：お父さん，私，将来は外国と日本のかけ橋になるような仕事がしたいわ。

父　：それはいい考えだね。外国の政府と連絡をとって，互《たが》いの関係を良くする仕事があるよ。①外国との付き合いや，国どうしの話し合いで物事を進めていくことは，とても大切なことだね。

雙葉：国と国との関係を良くしていくって，とても素晴らしいお仕事だと思うわ。アメリカやヨーロッパの国と良い関係を築くことは，もちろん大切だけれど，何よりも近くの国との関係が大切だと思う。

父　：大事なことに気づいたね。たとえば中国とは，正式な国交を回復したのが，戦後30年近くたってからなんだよ。

雙葉：この先も，戦争は絶対にあってはならないわ。戦争が起こると，国と国との関係が悪くなるばかりか，再び良い関係を築くためには，長い時間がかかるもの。戦争が長引くと，人びとの暮らしが破壊《はかい》されてしまうわ。

父　：本当にその通りだね。自分の国を脅《おびや》かすものから国を守ること，そのための体制をつくっていくことを，合わせて「　　　」というよ。

雙葉：この前学校で，「　　　」という言葉が入る，日本とアメリカとの間で結ばれた条約について習ったわ。第二次世界大戦が終わり，②日本と戦争していた国との間で平和条約が結ばれたのも，同じ時期だったのよね。

父　：自分の国の平和を守るために，各国政府は関係の深い国と③条約を結ぶことがあるんだよ。ただし，どのような形で外国と協力するかについては，最善の策を考えなければならないね。同盟を結んだ国とは，いろいろな協力をするけれど，まずは，④日本政府や国民一人ひとりが，どのように平和を守っていくのか，しっかりと考えなければならないと思う。

雙葉：日本の平和は，一つの国だけで保たれているのではないのね。ますます，国際的な協力を進める仕事に興味がわいたわ。

父　：これから，いろいろなことに目を向ける必要があるね。貿易の問題，医療《いりょう》の問題，世界には山ほど課題がある。国連総会のように，たくさんの国が集まる会議もあれば，⑤一部の国の代表が集まって，特定のテーマについて話し合い，考えを共有する国際会議もあるよ。

雙葉：そうね。戦争がなければ平和かというと，そうではないものね。

父　：世界には，それぞれの国や地域ごとにさまざまな問題があるからね。1990年代に入ると，国際連合は国どうしの戦争を防ぐことだけでは，本当の意味で人間の命を守ることが不十分であるという考え方から「人間の　　　」を提唱するようになったんだよ。

雙葉：「人間の　　　」って，どんな意味の言葉なの。

父　：⑥世界には多くの国があるけれど，その中には，最低限の食料，住居が確保されないといった貧困に苦しんでいる人が大勢《おおぜい》いるよ。「人間の　　　」という言葉には，そのような「人間の尊厳に対する脅威《きょうい》」から人びとを守るということが含《ふく》まれているんだ。

雙葉：社会の授業で習った⑦日本国憲法には，「すべて国民は，個人として尊重される。」と基本的人権の尊重がうたわれているわ。これも，一人ひとりの人間の尊厳を大切にするという意味よね。根本にある，人間をかけがえのない存在として大切にする，ということは世界中のすべての苦しんでいる人びとにもいえることだわ。

問１　下線部①について。このことを何といいますか。

問２　下線部②について。この時に，日本から分離されてアメリカが統治することになった地域を次のイ～ホから三つ選び，日本に返還された時期が早い順に記号で答えなさい。

イ　沖縄　　ロ　小笠原諸島

ハ　千島列島　　ニ　樺太

ホ　奄美群島

問３　下線部③について。日本での条約を結ぶ手続きについて，正しく説明しているものを次のイ～ニから二つ選び，記号で答えなさい。

イ　外国と条約を結ぶのは，大臣たちによって組織される内閣である。

ロ　外国との条約は，国の政治の方針を決める機関である国会が結ぶ。

ハ　憲法の番人である最高裁判所は，外国と結んだ条約の承認を審査する。

ニ　外国と結んだ条約の承認を決議するのは，国民の意見を代表する国会である。

問４　下線部④について。平和を考え守る動きとして，これまでに行われたことではないものを，次のイ～ニから一つ選び記号で答えなさい。

イ　戦争に巻き込まれることを心配した人びとが，1960年に国会を取り囲むなど，大規模な抗議《こうぎ》運動を行った。

ロ　戦後日本は核兵器を持たず，「非核三原則」をかかげて核のない世界を目指す働きかけをしてきた。

ハ　米軍基地が集中する沖縄では，事故や事件をきっかけに，県民による基地反対運動が何度も起きた。

ニ　イラク戦争でアメリカが攻撃を開始した時，日本政府は平和主義にもとづいて，戦争反対の立場を表明した。

問5　下線部⑤について。日本，アメリカ，イギリス，フランス，ドイツ，イタリア，カナダ，ロシアの首脳などが参加して毎年開かれている主要国首脳会議を，何といいますか。

問6　下線部⑥について。

(1)　世界の国と国連の状況について，正しくないものを次のイ～ニから一つ選び，記号で答えなさい。

イ　世界には200近くの国があり，現在ではアフリカ大陸のほとんどの国が国連に加盟している。

ロ　世界には200近くの国があるが，国連加盟国の中には互いに国交を結んでいない国ぐにもある。

ハ　世界には200近くの国があるが，EUの誕生によってヨーロッパの国連加盟国の数は減ってきている。

ニ　世界には200近くの国があり，国連総会にはすべての国連加盟国が参加して一国一票の投票権をもつ。

(2)　世界の国ぐにには，統合の動きと分裂《ぶんれつ》の動きがあります。次の文のうち，正しくないものをイ～ニから一つ選び，記号で答えなさい。

イ　TPPが結ばれると，協定が結ばれた地域の中で貿易が自由化されて，国と国の分裂が進んでいく。

ロ　ヨーロッパの国ぐにが共通通貨ユーロを使えるようにしたのは，経済の統合を進めるためである。

ハ　複数の民族で国をつくっていたユーゴスラビアで，独立の動きが次つぎと起こり，いくつかの国に分かれた。

ニ　イギリスからの独立か，とどまるかを選択するスコットランドの住民投票は，世界の注目を集めた。

(3)　世界の国ぐにの中で，飢《う》えや教育，医療の不足などの問題を抱《かか》えている国を何といいますか。漢字5文字で答えなさい。

問7　下線部⑦について。日本国憲法は，国民の自由や権利を守るための方法として三権分立を定めています。この原則は，互いの仕事がきちんと実行できているかを調べ，どれか一つの力が大きくなり過ぎることを防ぐ役割があります。「内閣の不信任を決議する」しくみは，三権のうち，どの権力がどの権力に対して，その役割をはたしているといえますか。

問8　文章中の□に最もふさわしい語句を入れなさい。すべての□には，同じ語句が入ります。

3 日本は外の世界との関わりからさまざまな刺激を受け，変化しながら歩んできました。右に，日本の政治や社会が大きく変化することにつながった出来事をいくつかあげました。下の問に答えなさい。

西暦	出来事
	稲作が伝わる…A
5世紀	渡来人が多くなる…B
894年	【ア】への使節派遣を中止する…C
1274年	元軍に攻撃される…D
1404年	【イ】との貿易を行う…E
1549年	キリスト教が伝わる…F
1592年	朝鮮に出兵する…G
1853年	ペリーが来航する…H
	「文明開化」が進む…I
1894年	朝鮮をめぐって中国と戦う…J
1911年	条約改正を達成する…K
1945年	第二次世界大戦が終わる…L

問１　年表中の【ア】【イ】に入る，当時の中国の国名を答えなさい。

問２　Aについて。これ以前の日本のこととして正しいものを次のイ～ヘから二つ選び，記号で答えなさい。

イ　貨幣《かへい》が初めてつくられた。
ロ　むらを堀《ほり》で囲むようになった。
ハ　木の実を栽培するようになった。
ニ　仏教が伝わり各地に広まった。
ホ　土器をつくるようになった。
ヘ　小さな「くに」が各地にできた。

問３　Bについて。渡来人はさまざまな技術や文化を伝えました。そのうちで，日本が宗教や政治制度などに共通点をもつ地域の一員となるために，最も重要な役割をはたしたのはどのようなことですか。

問４　Cについて。このころ北九州には，九州を治め，国防の中心となる役所が置かれていました。何という役所ですか。

問５　Dについて。この出来事が起こったのは，鎌倉時代です。この時代についての説明として正しいものを次のイ～ヘから二つ選び，記号で答えなさい。

イ　敵の攻撃を防ぐため，鎌倉の海岸沿いに石で防塁《ぼうるい》を築いた。
ロ　幕府が置かれた鎌倉には，中国からも船が来て品物が運ばれた。
ハ　元寇の後，御家人たちは十分なほうびをもらい，さらに団結を強めた。
ニ　御家人は皆，鎌倉に領地を与えられ，館《やかた》を建てて住んでいた。
ホ　幕府を開いた源頼朝は，武士の裁判の基準となる法律をつくった。
ヘ　執権が中心となって政治を進めていたころ，幕府が朝廷と戦い勝利した。

問６　Eについて。この貿易が行われたのは，京都に幕府が置かれていた時代でした。この時代の説明として，正しいものを次のイ～ホから一つ選び，記号で答えなさい。

イ　幕府の最後の将軍が，京都で天皇に政権を返した。
ロ　貴族と結んだ源氏と平氏が京都で戦い，源氏が敗れた。
ハ　京都に新しい大仏をつくるといって，農民から刀を取り上げた。
ニ　長年戦場となったため，京都の市街の大部分が焼けた。
ホ　京都は，長崎や日光などとともに幕府によって直接支配された。

問７　Fについて。このころ始まった南蛮貿易などで大量に海外に輸出された，当時の日本が世界有数の産出量を誇《ほこ》ったものは何ですか。

問８　Gについて。この戦いをきっかけとして新しい技術が伝わり，つくられるようになったものがあります。代表的な生産地名がついたものをあげなさい。

問9　Hについて。

⑴　この翌年，日米和親条約が結ばれました。その条約によって開かれた港を次のイ～トから二つ選び，記号で答えなさい。

イ　下田　　ロ　浦賀　　ハ　神戸　　ニ　横浜

ホ　長崎　　ヘ　函館　　ト　堺

⑵　江戸時代の出来事を次にあげました。時期の早い順に並べた時に，3番目と6番目になるものをイ～トからそれぞれ選び，記号で答えなさい。

イ　島原や天草で，大規模な一揆が起こった。

ロ　坂本龍馬の仲介で，薩長同盟が結ばれた。

ハ　平戸のオランダ商館を，長崎の出島に移した。

ニ　大飢饉《だいききん》の時に，大塩平八郎が反乱を起こした。

ホ　欧米諸国と条約を結び，貿易を開始した。

ヘ　徳川家康が秀忠に，将軍の地位をゆずった。

ト　大阪城を本拠《ほんきょ》としていた，豊臣氏が滅《ほろ》ぼされた。

問10　Iについて。このころ欧米の技術や文化が取り入れられました。その説明として正しくないものを次のイ～ニから一つ選び，記号で答えなさい。

イ　太陽暦が使われ始め，1日を24時間，1週間を7日とした。

ロ　洋服を着る人が増え，パンや牛肉も食べるようになった。

ハ　人力車の営業が始まり，馬車が走るようになり，鉄道もしかれた。

ニ　レンガ造りの建物がつくられ，各地の街路には電灯がともった。

問11　Jについて。日本はその後，朝鮮半島に勢力をのばしてきた別の国とも戦いました。その戦争とは何ですか。

問12　Kについて。この時アメリカと交渉し，関税自主権の回復を実現した大臣の名前を答えなさい。

問13　Lについて。戦後日本は連合国軍に占領され，そのもとで民主的な改革が進められました。この改革の中で，団結する権利を認められた労働者が結成したものを何といいますか。

問14　「豊臣秀吉が全国を統一する」という出来事を年表に入れるとすれば，どこに入りますか。次のイ～ホから選び，記号で答えなさい。

イ　CとDの間　　ロ　DとEの間　　ハ　EとFの間

ニ　FとGの間　　ホ　GとHの間

【理　科】（30分）〈満点：50点〉

1　次のA～Cの文章を読み，問いに答えなさい。

A　ものをさわったときに温かい，冷たいと感じるのはどういうときでしょうか。自分よりも温度が高いものをさわったときには温かい，温度が低いものをさわったときには冷たいと感じるはずです。これは，温度の異なる2つのものが触《ふ》れ合ったとき，どちらも同じ温度になろうとする現象によるものです。このとき，温度が高いものから低いものへと熱が移動します。この熱の移動が，温かい，冷たいと感じる理由の1つです。

通常，部屋にあるものは室温と同じ温度になっています。室温は体温に比べて低いので，部屋にあるものをさわると冷たいと感じるはずです。しかし，ものによって冷たいと感じるものとあまり感じないものがあります。これもやはり熱の移動によるものです。ものの種類によって熱の伝わり方が異なることから，たとえば同じ15℃でも（ a ）に触れたときの方が（ b ）に触れたときよりも冷たく感じます。

注射をするときにアルコール消毒をすると，冷たいと感じるのは，アルコールの温度が体温より低いからだけではありません。これは，アルコールが蒸発するとき（ c ）ためです。このように，<u>ものの状態がかわる</u>ときには，熱の出入りがあります。

問１　手で温度の低いものをさわったときに，冷たいと感じるのはなぜですか。「熱」という言葉を用いて15字以内で答えなさい。

問２　文中の（a），（b）にあてはまる言葉の組み合わせとして正しいものをすべて選び，番号で答えなさい。

①　a　木　b　金属　　②　a　金属　b　木

③　a　空気　b　水　　④　a　水　b　空気

問３　文中の（c）にあてはまる文として適するものを次の中から選び，番号で答えなさい。

①　アルコールは熱を吸収し，皮ふは熱を放出する

②　アルコールは熱を放出し，皮ふは熱を吸収する

③　アルコールも皮ふも熱を吸収する

④　アルコールも皮ふも熱を放出する

問４　文中の下線部について，ものの状態がかわる様子は身のまわりのいろいろなところで見られます。

(1)　夏，氷を入れたコップのまわりに水滴《てき》がつきます。これは空気中の水蒸気が冷たいものに触れて液体の水になる現象です。この変化を何といいますか。

(2)　冬の冷え込みの激しい朝には，霜《しも》が降りたり，霜柱が見られます。霜と霜柱はどちらも水からできていますが，そのでき方が違います。どこにあった何が変化したものか，下の文の（　）に適する言葉を答えなさい。

霜は，（ ア ）の（ イ ）が氷に，霜柱は，（ ウ ）の（ エ ）が氷に変化したものです。

B　50℃の湯と10℃の水を使って，次のような実験をしました。

(I)　図１のように，水の入った水そうに，赤い絵の具で色をつけた湯の入ったペットボトルを口を下にして静かに入れて，ふたを取った。

(II)　図２のように，水の入った水そうに，赤い湯の入ったペットボトルを口を上にして静かに沈めて，ふたを取った。

(III)　今度は水のかわりに湯を入れた水そうと，青い絵の具で色をつけた水の入ったペットボトルを使って，(I)，(II)と同じように実験をした。

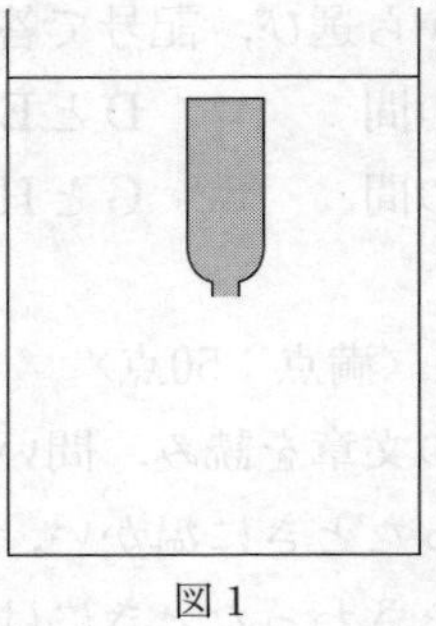
図１

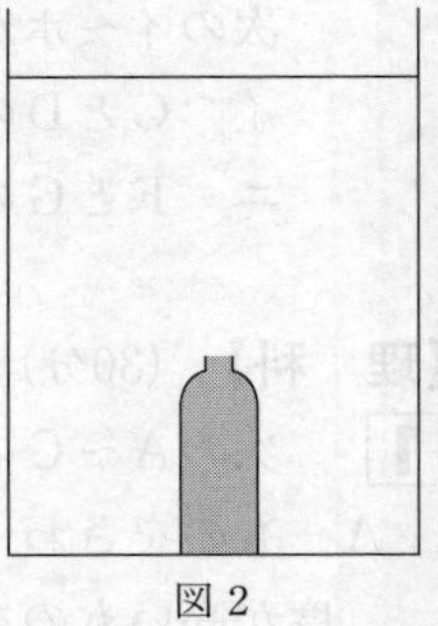
図２

問５　赤い湯は，ペットボトルの口を下にしたとき（図１）と，上にしたとき（図２）で，それぞれふたを取った直後，どのようになりますか。また，青い水のときはどうなりますか。次の中

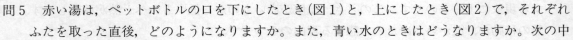

から選び，番号で答えなさい。

① ペットボトルの口から出て上がっていく。

② ペットボトルの口から出て下がっていく。

③ ペットボトルの口から出ていかない。

C 下の図のような器具を用いて，温度が15℃に保たれた室内で冷凍《れいとう》庫《こ》から－20℃のくだいた氷を取り出し，紙コップに半分位入れ，発泡スチロールのふたをして中央に温度計を差し込みました。そして，容器全体をふり動かしながら1分ごとに50分間温度をはかると，下のグラフが得られました。ただし，室内から紙コップには常に一定の熱があたえられ，その熱は氷や水にすべて吸収されるものとします。

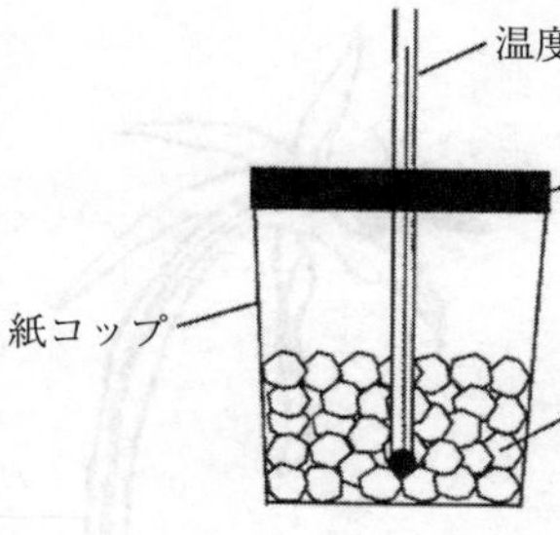

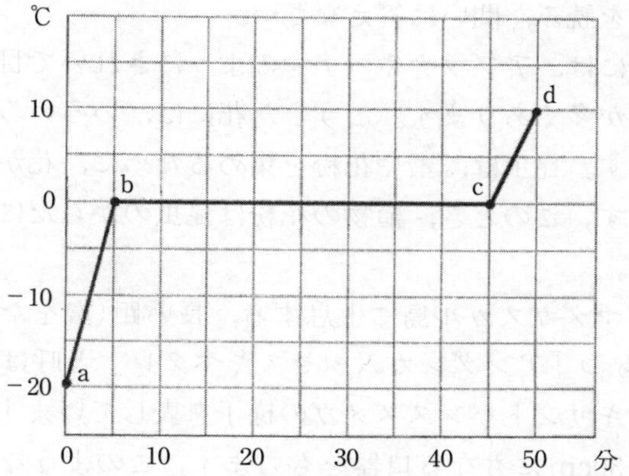

問6 グラフのａｂ間で，氷はどのような状態になっていますか。次の中から正しいものを１つ選び，番号で答えなさい。

① 氷はとけずに，すべて残っている。

② 氷はａでとけ始め，ｂですべてとけ終わって水になる。

③ 氷はａでとけ始め，ｂでは氷の10％がとけて水になっている。

④ 氷はａですべてとけて水になる。

問7 グラフのｂｃ間で，室内から紙コップに熱があたえられても温度が一定になるのはなぜですか。次の中から正しいものを１つ選び，番号で答えなさい。

① 熱が氷の温度を上げるのに使われるから。

② 熱が水の温度を上げるのに使われるから。

③ 熱が氷と水の温度を上げるのに使われるから。

④ 熱が氷をとかして水にするのに使われるから。

⑤ 熱が水を蒸発させるのに使われるから。

問8 ｃｄ間で，水は毎分何℃の割合で温度が上がっていますか。正しい値を次の中から選び，番号で答えなさい。

① 1.0 ② 2.0 ③ 2.5

④ 3.0 ⑤ 3.5

問9 グラフのｄ点からさらに10分たつと温度は何℃になりますか。正しい値を次の中から選び，番号で答えなさい。

① 10 ② 15 ③ 20 ④ 25 ⑤ 30

問10　熱の量をcal(カロリー)という単位で表すことがあります。1gの水の温度を1℃上げるのに必要な熱を1calと決めています。実験終了後，紙コップの中の水の重さは25gでした。

(1)　c d間で紙コップにあたえられた熱は毎分何calになりますか。正しい値を次の中から選び，番号で答えなさい。

①　0　②　20　③　25　④　45　⑤　50

(2)　氷がとけ始めてからとけ終わるまでに必要な熱は氷1gあたり何calになりますか。正しい値を次の中から選び，番号で答えなさい。

①　80　②　100　③　125　④　150　⑤　200

2　次の文章を読み，問いに答えなさい。

植物の中には，アブラナやヘチマのようにきれいで目立つ花をつけるものが多くあります。こうした花には，いろいろな昆《こん》虫がやってきます。昆虫は，蜜《みつ》や花粉を集めるために，花から花へ飛びまわります。このとき，植物の花粉は昆虫のからだについて，運ばれます。

図1は，マダガスカル島に生息する，長い距《きょ》(蜜をためる筒《つつ》状の構造)をもつ「アングレカム・セスキペダレ」と呼ばれるランの蜜を吸うキサントパンスズメガの様子を表しています。このスズメガは，30cmにもなる口器をもちます。このような長い口器は，他の昆虫には見られず，このガはこのランの蜜のみ吸います。また，このランの距は，このガが蜜を吸うと，ちょうどガのからだに花粉がつく長さになっています。この関係により，このガはこのランの蜜を他の昆虫と競争することなく得ることができ，また，このガによって花粉が確実に同じ種類のランに運ばれ，ランは受粉することができるのです。

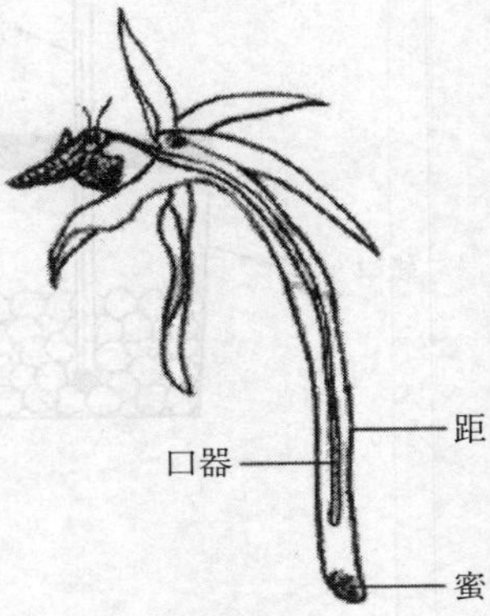

図1

一方，(　　)のように，花粉が風で運ばれる植物もあります。

問1　ヘチマの花を用いて，めしべの先におしべの花粉がつくと，めしべのもとが実になることを確かめるために，咲きそうなめばなのつぼみを2つ選んで，袋《ふくろ》をかけました。

(1)　花が咲く前に袋をかけた理由を説明しなさい。

(2)　このあと，どのような実験を行い，どのような結果が得られれば，めしべの先におしべの花粉がつき，めしべのもとに実がなることを確かめることができますか。<実験>と<結果>について，最も適当なものをそれぞれ下の中から選び，記号で答えなさい。

<実験>

ア．開花後，片方の袋をとり，ピンセットを用いてめしべを取り去り，そのまま放置する。

イ．開花後，片方の袋をとり，ピンセットを用いてめしべを取り去り，再び袋をかけて放置する。

ウ．開花後，片方の袋をとり，めしべにおしべの花粉をつけて，そのまま放置する。

エ．開花後，片方の袋をとり，めしべにおしべの花粉をつけて，再び袋をかけて放置する。

オ．開花後，両方の袋をとり，片方のめしべにおしべの花粉をつけて，そのまま放置する。

カ．開花後，両方の袋をとり，片方のめしべにおしべの花粉をつけて，再び両方に袋をかけて放置する。

＜結果＞

キ．操作を加えなかっためばなだけに実ができる。

ク．操作を加えためばなだけに実ができる。

ケ．両方のめばなとも実ができる。

コ．両方のめばなとも実ができない。

問2　文中の(　)に適する植物を次の中からすべて選び，番号で答えなさい。

①　アサガオ　　②　スギ

③　タンポポ　　④　ホウセンカ

⑤　トウモロコシ

問3　何らかの理由でキサントパンスズメガが絶滅《ぜつめつ》したとすると，文中のランにはどのようなことが起こると考えられますか。最も適当なものを次の中から選び，番号で答えなさい。

①　ランは蜜をとられなくてすむので，たくさんの花をつけることができ，種子をたくさんつくることができる。その結果，ランだけが生き残る。

②　ランは，すぐに別の昆虫により花粉が運ばれるようになるため，スズメガがいたときと同じように受粉ができ，種子をつくることができる。その結果，ランだけが生き残る。

③　ランは，花粉が運ばれなくなるため，スズメガがいたときと同じように受粉はできないが，ためた蜜で種子をつくることができるため，ランだけが生き残る。

④　ランは，花粉が運ばれなくなるため，スズメガがいたときと同じようには受粉ができず，種子をつくることができない。その結果，ランの数も減少し，最終的に絶滅する。

問4　ハチは花に集まる代表的な昆虫です。ハチについて，次の問いに答えなさい。

(1)　全国でミツバチが大量に盗《ぬす》まれる事件がここ数年多発しています。はちみつをとるためにミツバチを飼っている人たち以外に，ミツバチを使って農業をしている人たちも困りました。何をつくる人たちですか。具体的に１つ答えなさい。

図2

(2)　花のそばにハチがいると思いよく観察してみたら，ハチではなくスカシバと呼ばれるチョウの仲間でした(図2)。スカシバのように他のものに外見を似せることを擬態《ぎたい》といいます。スカシバと同じ種類の擬態を次の中から１つ選び，番号で答えなさい。

①　ナナフシは細長いからだで，枝や葉に似せている。

②　ハナカマキリは，からだを花に似せ，近づいてくる虫を獲物《えもの》としてつかまえる。

③　コノハチョウは危険を感じるとからだを前後にゆらゆら動かし，木の葉がゆれるように見せかける。

④　オスジロアゲハのメスのはねの模様は，毒をもつマダラチョウのものとよく似ている。

3 夜空の星座は，地球の運動によって動いているように見られます。次の問いに答えなさい。

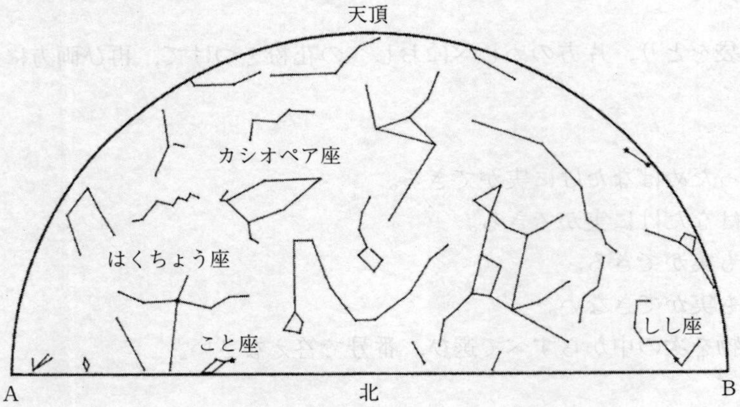

図１

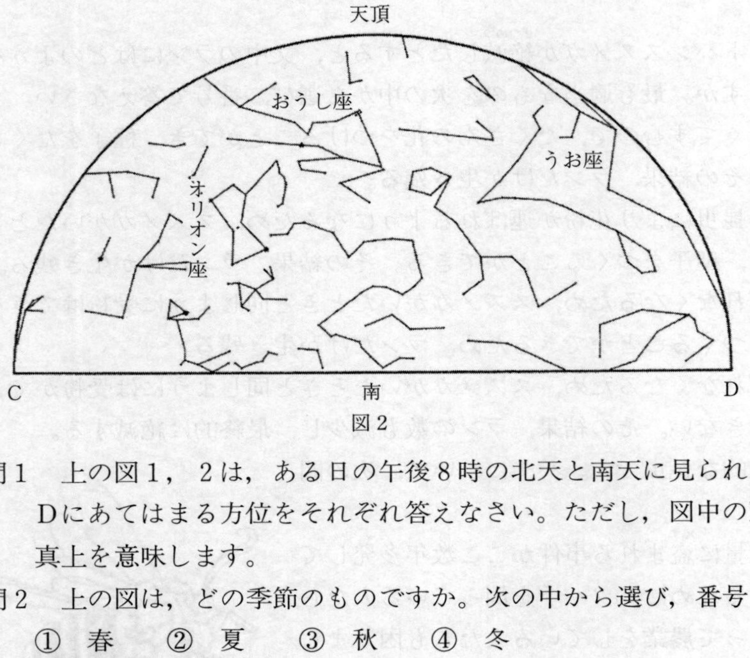

図２

問１　上の図１，２は，ある日の午後８時の北天と南天に見られる星座の様子です。図中のA～Dにあてはまる方位をそれぞれ答えなさい。ただし，図中の天頂とは観測している人の頭の真上を意味します。

問２　上の図は，どの季節のものですか。次の中から選び，番号で答えなさい。

①　春　　②　夏　　③　秋　　④　冬

問３　右の図３は問１と同じ日，同じ時刻のカシオペア座と北斗《ほくと》七星の位置を実線で表しています。翌日の午前３時のカシオペア座の位置として正しいものを，点線で表された図中のア～オから選び，記号で答えなさい。

問４　上の図と同じ時刻に，はくちょう座が天頂付近に見られるのは，いつごろだと考えられますか。次の中から選び，番号で答えなさい。

①　４か月前　　②　２か月前
③　２か月後　　④　４か月後
⑤　６か月後

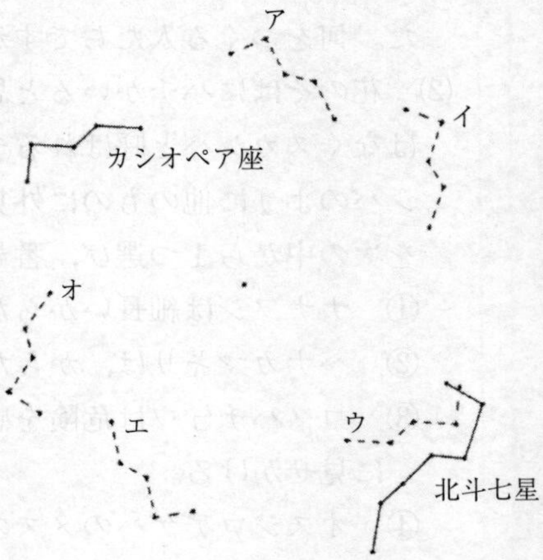

図３

る。だが、桜を花とばかり思うのは私の感傷であった。桑《くわ》の畑、茶の畑と同じことなのだ。

ここまできて、ようやく⑤これは産業であり、土地に恵《めぐ》みをもたらす有用植物として育てられていると納得《なっとく》した。気付けば、目の前にある茶筒《ちゃづつ》にしても、机、鏡台、高級フローリングにも桜が使われる。遂《つい》に、身はBチップとなってもハムを燻《いぶ》すに桜に勝《まさ》るものはない。

⑥桜は愛《いと》しい木であった。

（青木　玉『なんでもない話』）

問一 □①には、春・夏・秋・冬のどれかが入ります。文章を読み、ふさわしい季節を答えなさい。

問二 ――線部A「隧道《すいどう》」・B「チップ」の意味として最もふさわしいものを後のア～オから選び、記号で答えなさい。

A「隧道」
ア 水路　イ 地下道　ウ 陸橋
エ ハイウェイ　オ トンネル

B「チップ」
ア 謝礼金　イ 木材のかけら　ウ ゴミのかたまり
エ 香料　オ けむり

問三 【　】1～4に最もふさわしい言葉を次のア～オから選び、記号で答えなさい。

ア ずらりと　イ きっちりと　ウ すっくと
エ くっきりと　オ からっと

問四 ――線部②「裾《すそ》」の意味を答えなさい。

問五 ――線部③「人の身勝手」とありますが、桜に対するどのような行いを指して言っているのか、具体的に説明しなさい。

問六 ＝＝線部a「柔《やわ》らかな匂い」とは何のどのような匂いですか。また、b「気が遠くなる数」とは何がどのようだと言っているのですか。それぞれ答えなさい。

問七 ――線部④「これが？」から読み取れる筆者の気持ちを説明しなさい。

問八 ――線部⑤「これは産業であり、土地に恵《めぐ》みをもたらす有用植物として育てられている」とありますが、このことと結びつく四字の語句を、本文中から抜き出して答えなさい。

問九 ――線部⑥「桜は愛《いと》しい木であった。」には筆者のどのような気持ちが表れているか、説明しなさい。

三

次の(A)・(B)それぞれの□に、後の□内のカタカナの語群から最もふさわしい言葉を選び、漢字に直して答えなさい。

(A)
1 兄は□な態度を母にたしなめられた。
2 祖父は多くの苦難を乗りこえた□な船乗りだ。
3 伯父《おじ》は□な人柄《ひとがら》で社員からしたわれている。
4 姉は□な表情で考えこんでいた。

シンコク　ロウレン　ソンダイ　コウケツ

(B)
1 上空から国境地帯を□している。
2 現実を□しなければいけない。
3 最低限の生活を国に□してほしい。
4 ひよこのオスとメスを□した。
5 条文の改正案を□したい。
6 家の改修費用は兄弟で□しよう。

テイゲン　ササツ　シキベツ
ホショウ　セッパン　チョクシ

エ　一般の人の理解を得るため、クラシック音楽の要素を取り入れる姿勢。

問十　――線部⑦「自分のつくりたいものだけをつくるには、職業にしないほうがいい。」とありますが、なぜですか。「自分のつくりたいものだけをつくろうとすると」に続けて、筆者の考えを説明しなさい。

問十一　[F] にあてはまるように、「〝線〟」の意味を表す内容を書きなさい。

問十二　――線部⑧「だからといって彼らが二流を脱却《だっきゃく》して一流になれたわけではない。」とありますが、その理由を答えなさい。

[二]　次の文章を読んで、問いに答えなさい。

伊豆《いず》の海は早くも[①]になっていた。車は町中を抜《ぬ》け、それぞれに名前が付けられているA隧道《すいどう》をくぐり、海沿いに走る。沖合《おきあい》のコバルトブルーは陽《ひ》に映《は》えて、磯《いそ》も砂浜《はま》も明るく【 1 】際《きわ》立って見える。浜に干してある天草《てんぐさ》は【 2 】干し上がって、砂の熱さを感じさせる。天《あま》城《ぎ》の山は中央に高く、なだらかな上り下りの道がその②裾《すそ》を回って、伊豆はいつ来ても穏《おだ》やかな土地である。

この春、ふとしたことからさくら餅《もち》に使われている塩漬《づ》けの桜の葉は、ほとんどのものが伊豆の松崎《まつざき》から出荷《しゅっか》されていると聞いた。その桜は、花を咲かせることがない。木の丈《たけ》も人が葉を摘《つ》みよい高さに低くおさえられ、七、八年から十年ほどで廃棄《はいき》されるそうだ。

この話を聞いたとき、そんなひどいことがあるのかと私はひとりで慌《あわ》ててしまった。花はおろか、木の成長に欠かせない葉も次々と摘まれては、植物は生きていられないではないか。あの桜の葉は、美しい羽根、よい毛皮を持った生きものと同じで、よい匂《にお》いを持つ葉の悲しさか、なにか③人の身勝手がしきりに済《す》まないことのように思われる。

その桜はどんな所に、どんな姿をしているのだろう。伊豆に長く住んで樹木や産物に詳《くわ》しい人を頼《たよ》って、桜の葉を出荷している所を訪ねた。五メートルくらいの川が流れ、どこに巣があるのか、ツバメが川面《かわも》を飛んでは忙しく巣に出入りしている。川沿いの道に面して作業所がある。道に立つだけで、a柔《やわ》らかな匂いが静かに広がっていた。まず目につくのは桜の葉を漬《つ》ける見上げるばかりの大樽《おおだる》が二十あまり、【 3 】並んで壮《そう》観である。

大樽はどれも大正もしくは、その前後から使われてきたもので、ここは古くから桜の葉を加工し、品質は高く、松崎の風土気候がその条件に適しているのだ。

桜の葉は大中小と分けられ、同じ大きさの葉が五十枚、縦二つ折りに合わせた形で、細いヨシの茎《くき》で束ねてある。どれひとつ取っても【 4 】同じ括《くく》り方で見事に揃《そろ》っている。これが塩漬けされて大樽ひとつに三万五千束が詰《つ》められ、b気が遠くなる数が一年近く保存される。使われる桜の種類は大島桜で、葉が細長めで匂いがよく、葉裏に毛羽《けば》が少《すく》ないのが特長だ。

お昼になって作業の区切りがつき、畑に案内された。道に面した家々の後ろの小高い所に登る。

「この辺どこもみんな桜が植えてありますよ、これがそうです」

④これが？　足下に高さ二十センチくらいの切株が並んで、一斉《いっせい》にひこばえを芽ぶかせている。細いしなやかな今年の枝に、まだ若い赤みを含《ふく》んだ小さな芽が出始めていた。これは桜の木ではない。幹がなくて根株からいきなりすんと伸《の》びた細い枝は、真昼の光の中で無心に揺《ゆ》れる。一度目がなれると見回すどこもが、これから摘み取りの始まる葉桜の畑であった。

どこの桜、かしこの花、名木は弱れば根をつぎ、何百年と生き続ける桜がある。それを思うと目の前の若木はあまりにも切なく従順であある。

レストランでも寿司《すし》屋でもラーメン屋でも、つねに安定したいい味が提供できる店は本物だ。あるときは非常に美味《おい》しかったが、次に行ったらそうでもなかった、という店は、やがて消えていく。

一流とは、ハイレベルの力を毎回発揮できることだ。

（久石　譲『感動をつくれますか？』）

＊スタンス―立場
ビジネスライク―事務的
クリエイティブ―独創的
ジョン・ケージ―アメリカの音楽家
グロボカール―フランスの音楽家
オファー―（作曲の）申し込み
プライオリティー―優先順位
スキル―技能

問一　【　】1～4に最もふさわしい語を次のア～エから選び、記号で答えなさい。

ア　砕《くだ》く　イ　費《つい》やす
ウ　下す　エ　置く

問二　□A・□Bにあてはまる語の組み合わせとして最もふさわしいものを次のア～エから選び、記号で答えなさい。

ア〈A　意図的　B　危険視〉
イ〈A　一般的　B　問題視〉
ウ〈A　世間的　B　重要視〉
エ〈A　必然的　B　度外視〉

問三　□C～Eにふさわしい熟語を本文中の（　）の部分から抜き出して答えなさい。なお、C・Eは三字、Dは二字です。

問四　――線部①「どちらも、いいものをつくりたいという気持ちは同じだ。要は、何に価値と意義を感じて生きるかの違《ちが》いだと思う。」とありますが、「芸術家」は何に価値と意義を感じていますか。本文中の言葉を使って、二十五字以内で答えなさい。

問五　――線部②「前衛芸術」とはどういうものか、本文に書かれている例から読み取って答えなさい。

問六　――線部③「針が振《ふ》れるときは、極端なくらいに大きく振れる。このときもそうだった。」について、「このときも」とありますが、「このとき」より前に「（針が）大きく振れ」た体験を、四十五字以内で具体的に答えなさい。

問七　――線部④「〃街中の音楽家〃」の意味を説明した次の文中の□にあてはまる語句を、本文中から五字で抜き出して答えなさい。

〃街中の音楽家〃とは、芸術家としてではなく、□□□□□として音楽をつくる人のことです。

問八　――線部⑤「来たものはすべてやる」と同じ意味を表す慣用句を、次の□に適切なひらがなを入れて答えなさい。

（□□ものは□□□ず）

問九　――線部⑥「今日のようなスタイル」は筆者のどのような姿勢から生まれましたか。最もふさわしいものを次のア～エから選び、記号で答えなさい。

ア　ミニマル・ミュージックを通して、音楽の可能性を追求する姿勢。
イ　ミニマル・ミュージックの作品を書きながら、映画音楽も作る姿勢。
ウ　一般の人の理解を得ることができる、幅の広い音楽を目指す姿勢。

るくらい衝撃《しょうげき》を受け、僕は一気にのめり込んでいった。

だが、音楽大学を出て十年ほど続けているうちに閉塞《そく》感を覚え、自分が音楽をやる意味をあらためて考えるようになった。なぜなら、前衛芸術として自分の音楽的実験を正当化するためにどう音楽的に理論証明をするか、他の人の論理を言葉でどう言い負かすか、ということが日常になってしまったからだ。それは僕にとって、もう音楽とはいえなかった。

どうも僕は、器用に立ち回ってあれもこれもうまくやるということができる性質《たち》ではない。③針が振《ふ》れるときは、極端なくらいに大きく振れる。このときもそうだった。芸術として音楽をやる道を捨て、これからはできるだけ多くの人に聴いてもらう幅《はば》の広い音楽をやろう、④〝街中の音楽家〟になろう、と決意する。若くて今よりもっと一途《いちず》だったから、並《へい》行的にミニマルの作品も書けばいい、などとは考えられなかった。

そして、⑤来たものはすべてやる心意気で作曲活動をしていたところに、『風の谷のナウシカ』(宮崎駿監督《みやざきはやおかんとく》　一九八四年)の＊オファーが来た。

いったん、ミニマル・ミュージックを追求する芸術家としての方向性を閉《と》ざしたが、映画音楽のジャンルで自分のミニマル・ミュージックのセンスを形を変えて活かすことができた。あのまま芸術一筋で突っ走っていたら、⑥今日のようなスタイルではないだろう。

「作曲家として最も＊プライオリティを置いていることは何ですか？」と問われたら、僕は迷わず、「とにかく曲を書きつづけること」と答える。

今、僕のやっている音楽はエンターテイメントの世界だ。ジャンルでいえばポップスに属する。では、売れればいいのか、目的はヒットする曲を書くことか。それもまるっきりないとはいわない。が、売れることだけに価値を置いていたのでは、志としていささか哀《かな》しい。

僕の根本的な考えは、より完成度の高い〝良い音楽〟を書くことだ。結果、人に喜んでもらえれば、この上なく嬉《うれ》しい。

もし僕が、純粋《すい》に自分の書きたいものを書くことを目標に掲《かか》げるなら、職業として作曲をしないで、学校の音楽の先生をしながら、一年、二年かけてシンフォニー(交響《きょう》曲)を一曲書き上げる、といった暮らしをするだろう。⑦自分のつくりたいものだけをつくるには、職業にしないほうがいい。

ものをつくることを職業としていくには、一つや二ついいものができるだけではダメだ。生涯《がい》に一作であれば、誰でもいい曲がつくれる。小説だって書けるし、映画だって撮《と》れる。必要最低限の＊スキルを身につけて本気で取り組めば、どんな人でも立派な作品を生み出すことができる。だが、仕事は〝点〟ではなく〝線〟だ。集中して物事を考え、創作する作業を、　F　かどうか。それができるから、作曲家です、小説家です、映画監督ですと名乗って生きていける。

優《すぐ》れたプロとは、継《けい》続して自分の表現をしていける人のことである。さらにいえば、プロとして一流か二流かの差も、力量を維持《い》継続していけるか否《いな》かにかかっている。

例えば、二流といわれるオーケストラがあるとしよう。そこに非常に手腕《わん》ある指揮者がやってきて、全員の気持ちを掌握《しょうあく》して猛《もう》練習を積んだら、トップクラスのオーケストラにも勝てる。集団が結束して力を一点に向けると、予期せぬ大きな力が出る。大絶賛を浴びる素晴《すば》らしい演奏ができた。⑧だからといって彼らが二流を脱却《だっきゃく》して一流になれたわけではない。問題は、一年を通じていつでもそれだけの力が出せるかだ。指揮者が他の人に変わったらできない、つねに同じだけの集中力を保つことができない、となると、やはり二流止まりで

平成二十七年度 雙葉中学校

【国語】（五〇分）〈満点：一〇〇点〉

一 次の文章を読んで、問いに答えなさい。

ものをつくる姿勢には、二つの道があると思う。

一つは、自分の思いを主体にして、つくりたいものをつくる生き方。自分の価値観、自分の信念にしたがって、自分自身が満足のいくものを追い求める。人が理解できないものを生み出すこともあるし、一つの作品を仕上げるまでに、果てしなく長い時間を【 1 】こともある。［A］に、採算や生産性といったことは［B］することになる。芸術家とは、この道を往《ゆ》く人だ。

もう一つの在り方は、自分を社会の一員として位置付けてものづくりをしていく在り方。需《じゅ》要と供給を意識し、今自分は何を求められているかを見据《す》えた中に身を【 2 】。自《おの》ずと商業ベースで考えることになる。世の中の大多数の職業というものは、こちらだといっていいだろう。

僕の音楽家としての現在の＊スタンスは、後者である。だからといって作曲を＊ビジネスライクに考えているわけではない。もちろん創造性ということを一番大切にしている。

芸術家になるのは難しいことではない。内容を別にすれば、世間的には自分が決めればいいだけのことだ。誰《だれ》からも認めてもらえなくても、己《おのれ》さえ納得《なっとく》していればいいのだから話は早い。「私は芸術家です」と規定したら、その瞬《しゅん》間からその人は［C］である。極端《たん》な話、まだ何一つ作品をつくっていなくたっていい。

一方、商業ベースでものをつくっていくには、自分がどんなに「その道の専門家です」「プロとしての自信があります」といったところで、仕事を発注してもらい、力量を認めてもらえなければ成り立たない。「こいつ、面白いな。やらせてみよう」とか「なかなかできるぞ、よし、任せてみるか」と思ってもらい、実際に引き受けた仕事で成果を見せなければならない。それがいい仕事であるかどうかの評価を【 3 】のは決して自分自身ではなく、発注主であり、世の中の［D］である。多くの人の気持ちを引き寄せることを目指してつくるわけではないが、絶えずそれを意識していかなければならない。つねに［E］と需要の狭間《はざま》で揺《ゆ》れながら、どれだけ＊クリエイティブなものができるかに心を【 4 】。

①どちらも、いいものをつくりたいという気持ちは同じだ。要は、何に価値と意義を感じて生きるかの違《ちが》いだと思う。

僕《ぼく》自身、若いころに芸術として音楽をやっていた時期があった。大学時代から三十歳《さい》になるころまで、現代音楽に傾倒《けいとう》していた僕は、一般《いっぱん》の人の理解を得られにくい路線を突《つ》き進んでいた。

現代音楽というジャンルの中で最もこれが自分の道と思ったのは、②前衛芸術だった。例えば、＊ジョン・ケージの〈4分33秒〉と呼ばれている作品は、ステージに登場してピアノの前に座《すわ》り、何も弾《ひ》かずに帰ってくる、というもの。あるいは、＊グロボカールには、ステージで椅子《いす》を放り投げるというチャンスオペレーションの作品もあった。音楽の可能性を追求して、そういう実験的な試みがたくさん行われている世界だった。

僕がやっていたのは「ミニマル・ミュージック」といって、短いフレーズやリズムをわずかに変化させながら繰《く》り返していく音楽だ。そこにはクラシック音楽が失ってしまったリズムがあり、魅《み》力的な調性のあるハーモニーもあった。初めて聴《き》いたとき、身体の中を電流が走

平成27年度
雙 葉 中 学 校　▶解説と解答

算 数　(50分)＜満点：100点＞

解 答

1 (1) 20.15　(2) 16.8　(3) 4.2　(4) 679　**2** (1) 道のり…37.68cm，面積…87.64cm^2　(2) ① 解説の図Ⅱを参照のこと。② 26.69cm　**3** (1) 兄…1時間27分後，弟…1時間33分後　(2) 4.4km　**4** (1) 土曜日，西暦2026年　(2) 西暦1998年，西暦2004年，西暦2009年　(3) 西暦2088年　**5** (1) 8 cm　(2) 5022cm^3

解 説

1 **四則計算，相当算，流水算，売買損益。**

(1) $18.65+4.52\div\left(7\frac{2}{5}-1\frac{3}{4}\right)\times1\frac{7}{8}=18.65+4\frac{13}{25}\div\left(\frac{37}{5}-\frac{7}{4}\right)\times\frac{15}{8}=18.65+\frac{113}{25}\div\left(\frac{148}{20}-\frac{35}{20}\right)\times\frac{15}{8}=18.65+\frac{113}{25}\div\frac{113}{20}\times\frac{15}{8}=18.65+\frac{113}{25}\times\frac{20}{113}\times\frac{15}{8}=18.65+\frac{3}{2}=18.65+1.5=20.15$

(2) 家から学校までの道のりの$\frac{3}{8}$をバスで，$\frac{7}{12}$を電車で移動するので，歩くのは道のり全体の，$1-\frac{3}{8}-\frac{7}{12}=\frac{1}{24}$である。これが700m，つまり0.7kmにあたるので，家から学校までの道のりは，$0.7\div\frac{1}{24}=16.8$(km)とわかる。

(3) この川を船が上るのと下るのにかかる時間の比は，1.6：1＝8：5だから，上りと下りの速さの比は，$\frac{1}{8}:\frac{1}{5}$＝5：8となる。このとき，上りの速さを5，下りの速さを8とすると，(静水での船の速さ)－(川の流れの速さ)＝5，(静水での船の速さ)＋(川の流れの速さ)＝8より，川の流れの速さは，(8－5)÷2＝1.5，静水での船の速さは，5＋1.5＝6.5と表せる。つまり，川の流れの速さは，静水での船の速さの，$1.5\div6.5=\frac{3}{13}$である。よって，静水での船の速さは時速18.2kmなので，川の流れの速さは，時速，$18.2\times\frac{3}{13}=4.2$(km)とわかる。

(4) 40％の利益をつけて売ると，1個あたり，80×0.4＝32(円)の利益になり，1割5分引きで売ると，1個あたり，80×0.15＝12(円)の損になる。よって，傷のついていないりんごの個数をA個，傷のついていたりんごの個数をB個とすると，(32×A－12×B)円が17460円にあたるとわかる。$A:B=\left(1-\frac{1}{7}\right):\frac{1}{7}=6:1$より，(32×$A$)：(12×$B$)＝(32×6)：(12×1)＝16：1となり，この差が17460円だから，12×Bは，17460÷(16－1)＝1164(円)になる。よって，Bは，1164÷12＝97(個)となるので，仕入れた個数は，$97\div\frac{1}{7}=679$(個)と求められる。

2 **平面図形―図形の移動，長さ，面積。**

(1) 頂点Pのえがいた曲線は下の図Ⅰの太線部分になるので，その長さは，半径3cmの半円の弧《こ》4個分の長さとなる。よって，頂点Pが動いた道のりは，(3×2×3.14÷2)×4＝37.68(cm)と求められる。また，その曲線で囲まれた図形は，半径3cmの半円4個と，1辺3cmの正六角形1

個，１辺３cmの正三角形２個でできている。１辺３cmの正六角形は，対角線をひくと１辺３cmの正三角形６個に分けられるから，正六角形１個と正三角形２個の面積の和は，3.89×(６＋２)＝31.12(cm^2)である。よって，囲まれた図形の面積は，(３×３×3.14÷２)×４＋31.12＝56.52＋31.12＝87.64(cm^2)と求められる。

(2)　①　頂点Ｐは，正三角形の他の頂点を中心とする，半径３cmのおうぎ形の弧をえがいていく。それぞれの回転のあとの頂点Ｐの位置は下の図Ⅱのようになり，頂点Ｐが折れ線上に来た直後の回転では頂点Ｐは動かない。これらのことに注意しながら，頂点Ｐが動いたあとをかいていくと，図Ⅱの太線部分のようになる。　②　正三角形の１つの角は60度だから，図Ⅱで，○印の角度は，180－60＝120(度)，●印の角度は，90－60＝30(度)，□印の角度は，360－(90＋60)＝210(度)となる。よって，頂点Ｐが回転した角度は全部で，120＋30＋210＋30＋120＝510(度)なので，頂点Ｐが動いた道のりは，３×２×3.14×$\frac{510}{360}$＝26.69(cm)と求められる。

図Ⅰ

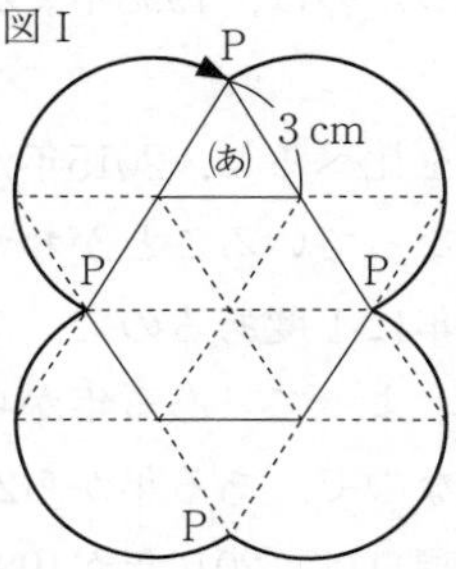

図Ⅱ

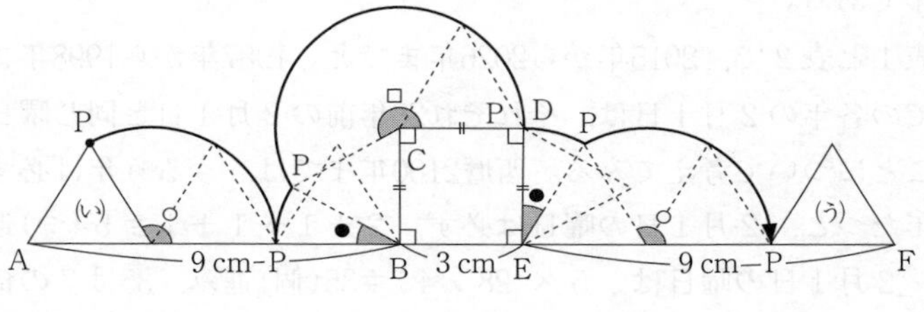

3 **速さ。**

(1)　兄がＢ地点に着くのは，Ａ地点を出発してから，5.8÷４×60＝87(分後)，つまり，１時間27分後である。また，弟はＢ地点に着くまでに，5.8÷６×60＝58(分)走るが，11分間走り７分間休むことをくり返すので，58÷11＝５余り３より，５回休むことになる。よって，弟がＢ地点に着くのは，Ａ地点を出発してから，58＋７×５＝93(分後)，つまり，１時間33分後である。

(2)　兄の歩く速さは弟の走る速さよりおそいので，兄が弟を追いぬくのは，弟が休んでいる間である。弟は11分間で，６×$\frac{11}{60}$＝1.1(km)進んだあと，７分休むことをくり返すから，弟が休んでいる時間と，休んでいる場所のＡ地点からの距離《きょり》をまとめると，右の表のようになる。まず，弟がＡ地点から5.5kmのところで休んでいるときを考えると，83分後に兄はＡ地点から，４×$\frac{83}{60}$＝$5\frac{8}{15}$(km)のところにおり，$5\frac{8}{15}$は5.5より大きいから，83分後に兄は弟よりも前にいる。よって，Ａ地点から5.5kmのところで兄が弟を追いぬくことはない。次に，弟がＡ地点から4.4kmのところで休んでいるときを考えると，65分後に兄はＡ地点から，４×$\frac{65}{60}$＝$4\frac{1}{3}$(km)のところにおり，$4\frac{1}{3}$は4.4より小さいので，65分後に兄は弟よりも後ろにいる。また，72分後に兄はＡ地点から，４×$\frac{72}{60}$＝4.8(km)のところにいるから，72分後に兄は弟よりも前にいる。よって，65分後から72分後の間に兄は弟を追いぬくことになるので，兄が弟を最後に追いぬくのは，Ａ地点から4.4kmのところとわかる。

弟が休んでいる時間	Ａ地点からの距離
11分後～18分後	1.1km
29分後～36分後	2.2km
47分後～54分後	3.3km
65分後～72分後	4.4km
83分後～90分後	5.5km

4 調べ，周期算。

(1) 西暦《せいれき》が４の倍数の年はうるう年(ただし，西暦2000年はうるう年だが，西暦1900年や西暦2100年などはうるう年ではない)，そうでない年は平年(１年が365日の年)である。2015年は平年なので，2016年２月１日は2015年２月１日の365日後である。よって，365÷７＝52余り１より，2016年２月１日は，日曜日から１つ進んだ月曜日となる。さらに，2016年はうるう年で，２月が29日まであるから，2017年２月１日は2016年２月１日の366日後である。よって，366÷７＝52余り２より，2017年２月１日は月曜日から２つ進んだ水曜日となる。このように，２月１日の曜日は，うるう年の翌年では前年から２つ進んだ曜日，平年の翌年では前年から１つ進んだ曜日となる。よって，2015年以降の２月１日の曜日をまとめると，下の表１のようになるから，2020年２月１日は土曜日で，2015年の次に２月１日が日曜日になるのは，2026年とわかる。

(2) 1987年から2015年までの２月１日の曜日を調べると，下の表２のようになる。よって，1987年２月１日の翌日から2015年１月31日までの間で，２月１日が日曜日だったのは，1998年，2004年，2009年である。

(3) 表１と表２で，2015年から2026年までと，1987年から1998年までを比べると，2015年から2026年までの各年の２月１日は，それぞれ28年前の２月１日と同じ曜日になっていることがわかるので，このことについて考えてみる。西暦2100年までは，うるう年は必ず４年に１度あるので，ある年から４年たつと，２月１日の曜日は必ず，２＋１＋１＋１＝５(つ)進む。よって，ある年から28年たつと，２月１日の曜日は，５×(28÷４)＝35(個)進み，35は７の倍数なので，ある年から28年後の２月１日の曜日は元の曜日と同じになる。このことから，２月１日の曜日は，2016年が1988年と同じ月曜日，2017年が1989年と同じ水曜日，…のようになるので，西暦2100年までは，1988年から2015年までの28個の年の２月１日の曜日が，2016年からもくり返されることがわかる。また，1988年から2015年までに２月１日が日曜日になる年は，1998年，2004年，2009年，2015年の４回あり，それぞれ1987年の11年後，17年後，22年後，28年後である。したがって，10÷４＝２余り２より，2015年２月１日の翌日から数えて10回目に２月１日が日曜日になるのは，2015年から，28×２＝56(年後)のさらに17年後なので，2015＋56＋17＝2088(年)である。

表１

西暦	2015	2016	2017	2018	2019	2020	2021	2022	2023	2024	2025	2026
平年／うるう年	平年	うるう年	平年	平年	平年	うるう年	平年	平年	平年	うるう年	平年	平年
２月１日の曜日	日	月	水	木	金	土	月	火	水	木	土	日

＋１　＋２　＋１　＋１　＋１　＋２　＋１　＋１　＋１　＋２　＋１

表２

西暦	1987	1988	1989	1990	1991	1992	1993	1994	1995	1996	1997	1998
平年／うるう年	平年	うるう年	平年	平年	平年	うるう年	平年	平年	平年	うるう年	平年	平年
２月１日の曜日	日	月	水	木	金	土	月	火	水	木	土	日
西暦	1999	2000	2001	2002	2003	2004	2005	2006	2007	2008	2009	2010
平年／うるう年	平年	うるう年	平年	平年	平年	うるう年	平年	平年	平年	うるう年	平年	平年
２月１日の曜日	月	火	木	金	土	日	火	水	木	金	日	月
西暦	2011	2012	2013	2014	2015							
平年／うるう年	平年	うるう年	平年	平年	平年							
２月１日の曜日	火	水	金	土	日							

5 水の深さと体積。

(1) 水の深さ(14.4cm)は容器の高さ(20cm)より低いので，水の入っている部分は底面積が，27×

$27-18\times18=405$(cm^2)である。よって，水の体積は，$405\times14.4=5832$(cm^3)だから，はじめの水の深さは，$5832\div(27\times27)=8$ (cm)と求められる。

(2) 面(あ)を下向きにしてしずめたようすは右の図のようになる。水そうの水のうち，容器に入りこんでいない水の体積は，$(27\times27-20\times18)\times9=3321$(cm^3)なので，容器に入りこんだ水の体積は，$5832-3321=2511$(cm^3)とわかる。このとき，容器の厚みを□cmとすると，容器の中で水の入っている部分の高さは(9－□)cm，水の入っていない部分の高さは，18－9－□＝9－□(cm)となり，どちらも同じだから，容器の中に入った水の体積は容器の容積のちょうど半分とわかる。よって，容器の容積は，$2511\times2=5022$(cm^3)である。

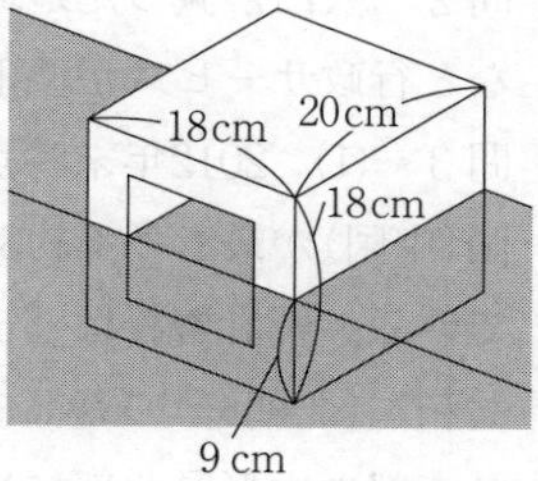

〔別解〕 水の深さが9cmなので，容器の水にしずんだ部分の体積と，水の体積の和は，$27\times27\times9=6561$(cm^3)であり，水の体積は5832cm^{3}だから，容器の水にしずんだ部分の体積は，$6561-5832=729$(cm^3)となる。また，容器の高さは18cmで，水の深さはその半分の9cmだから，容器のちょうど半分が水にしずんでいるとわかる。よって，容器の体積は，$729\times2=1458$(cm^3)である。縦18cm，横18cm，高さ20cmの直方体をくりぬいて作ったのがこの容器なので，容器の容積は，$18\times18\times20-1458=6480-1458=5022$(cm^3)と求められる。

社 会 (30分) <満点：50点>

解 答

1 問1 (1) ロ (2) 新潟県 問2 ハ 問3 (1) ロ (2) ロ 問4 (1) ハ (2) ホ 問5 (1) ニ (2) ハ (3) ロ，リ，ヌ 問6 ハ 問7 (例) 旬ではなく，市場に出回る数量が少ない時期に野菜を出荷することができるので，高い値段で買ってもらえるから。 2 問1 外交 問2 ホ→ロ→イ 問3 イ，ニ 問4 ニ 問5 サミット 問6 (1) ハ (2) イ (3) 発展途上国(開発途上国) 問7 立法(権が)行政(権に対して) 問8 安全保障 3 問1 ア 唐 イ 明 問2 ハ，ホ 問3 (例) 日本に漢字を伝えたこと。 問4 大宰府 問5 ロ，へ 問6 ニ 問7 銀 問8 (例) 有田焼 問9 (1) イ，へ (2) 3番目…イ，6番目…ホ 問10 ニ 問11 日露戦争 問12 小村寿太郎 問13 労働組合 問14 ニ

解 説

1 東京を題材とした地理の問題。

問1 (1) 富士山(地図中のロ)は静岡県北東部と山梨県南部にまたがってそびえる活火山で，標高3776mは日本一である。古来より日本と日本人のシンボルであり，信仰の対象として年月を重ねてきたこと，世界中の多くの芸術家に影響を与《あた》えてきたことなどが評価され，「富士山―信仰の対象と芸術の源泉」として2013年，ユネスコ(国連教育科学文化機関)の世界文化遺産に登録された。なお，地図中のイは箱根山(神山)，ハは身延《みのぶ》山，ニは北岳，ホは八ケ岳，へは三宝山，トは榛名《はるな》山，チは白根山の位置。 (2) 新潟県は，群馬県の北に位置し，北海道と並んで全国1位，2位を争

う米どころとなっている。この県の北部から中部にかけての信濃川と阿賀野川流域に広がる越後平野や魚沼地域などは，コシヒカリの産地として知られる。

問2　人口が減った地域では税収も減少するため，学校や病院の運営ができなくなって閉鎖《へいさ》されるなど行政サービスが低下し，住民の生活が不便になることが多い。

問3　(1)　2012年末時点で約203万人の外国人が日本に暮らしており，その内訳では中華人民共和国(中国)が最も多く約32%をしめている。ついで韓国・朝鮮(約26%)，フィリピン(約10%)となっている。統計資料は『日本国勢図会』2014／15年版による(以下同じ)。　(2)　朝鮮民主主義人民共和国(北朝鮮)の首都であるピョンヤンは，およそ北緯39度に位置している。これは日本では岩手県南部や山形県北部に当たり，青森県より南となる。暖流の影響が少なく気候は冷帯に属するため，冬の寒さは厳しい。

問4　(1)　②は輸出品，輸入品ともに集積回路や通信機，医薬品など高価で軽いものが中心なので，航空機輸送を行っている成田空港だと判断できる。④は自動車や自動車に関連する機械類が輸出品の多くをしめていることから，豊田市(愛知県)に近い名古屋港とわかる。③は衣類とともに魚介類や肉類といった食品の輸入が多く，大消費地をひかえた東京港が当てはまる。残る①が博多港となり，組み合わせはハが正しい。　(2)　衣類は現在，石油，機械類，液化ガスについで多い輸入品となっており，最大の輸入先は中国で輸入額の74.6%をしめている。以下，ベトナム(7.3%)，イタリア(2.9%)と続く。

問5　(1)　日本はオーストラリアから多くの鉄鉱石，石炭を輸入しているが，石炭についてはインドネシアに加え，ロシアやカナダ，アメリカといった北半球の国ぐにからの輸入が多くなっている。なお，イは鉄鉱石，ロは原油，ハは液化天然ガスの輸入先上位5カ国。　(2)　二酸化炭素をはじめとした温室効果ガスは，気温の上昇とそれにともなう気候変動，海面上昇などを引き起こし，生態系にも影響するといわれている。紫外線の量が増えることによる健康被害は，主にフロン(ガス)が上空のオゾン層を破壊することで起こるとされているので，ハがふさわしくない。　(3)　原子力発電所の建設には広大な敷地と，冷却水を得るための大量の水，そして安定した地盤が必要となる。こうした観点から，神奈川県のような，面積も小さく都市部の多い県は適さない。また，広島や長崎といった原爆の被害にあった地域では，住民が建設に賛成しないことが考えられる。よって，ロ，リ，ヌが選べる。なお，現在原子力発電所が立地しているのは，北海道・青森県・宮城県・福島県・茨城県・新潟県・静岡県・石川県・福井県・島根県・愛媛県・佐賀県・鹿児島県の13道県である。

問6　関東内陸工業地域は栃木県・群馬県・埼玉県にまたがる工業地域で，臨海地域の開発が進んでせまくなり地価も上昇したこと，自動車工業のような組み立て型の工業が発達したこと，東北自動車道や関越自動車道などの道路網《もう》が整備されて輸送が便利になったことなどを背景に発達した。

問7　「旬《しゅん》」は，野菜や魚介類などの食べ物がたくさん取れ，最もおいしく食べられる時期のこと。キャベツやはくさい，レタスなどは涼しい気候を好むため，都市近郊では夏にはつくられないが，長野県や群馬県などの高冷地では涼しい高原の気候を利用して，夏でも盛んに栽培されている。ほかの地域でつくらない時期につくって大都市に出荷するため，高い値段がつき，利益につながっている。

2 国際関係を題材にした問題。

問1　外国と付き合ったり，政治経済や世界的に重要な問題などについて話し合ったりすることを外交という。日本では内閣が外交関係の処理を行う(日本国憲法第73条2項)。

問2　1951年に結ばれたサンフランシスコ平和条約で日本は主権を回復したが，奄美《あまみ》群島・沖縄を含む南西諸島，小笠原諸島をアメリカの施政権下に置くことを認めた。その後の外交によって，奄美群島は1953年，小笠原諸島は1968年，沖縄は1972年に返還された。

問3　日本国憲法第73条3項で，条約を結ぶことは内閣の仕事であり，事前または事後に国会の承認を必要とすることが定められている。

問4　2003年3月，イラクのフセイン大統領が大量破壊兵器を密かに保持しているということを理由に，アメリカ・イギリス軍を中心とした軍がイラク攻撃にふみきった。ドイツやフランスはイラク攻撃に反対していたが，当時の小泉純一郎首相はアメリカの武力行使支持を表明した。

問5　サミット(主要国首脳会議)は，日本・アメリカ・イギリス・フランス・ドイツ・イタリア・カナダ・ロシアの首脳が年に一度集まり，主に経済と政治問題について協議する場である。参加8カ国を略称してG8ともよばれ，G8に新興の経済国を加えたG20での金融サミットも開催されている。

問6　(1)　国際連合は原加盟国51カ国で1945年に発足した。2015年2月現在，世界に200近くある国のうち，193カ国が加盟している。よって，ハが正しくない。　(2)　TPP(環太平洋パートナーシップ協定)は貿易での障壁を取り除いて各国の結びつきを強め，ともに経済発展していくことを目指す取り組みなので，イが正しくない。　(3)　発展途上国(開発途上国)は経済成長や開発が進んでいない国ぐにのことで，貧困や飢《う》え，教育の不足や衛生面での不安などさまざまな問題を抱《かか》えており，先進工業国との格差も問題となっている。

問7　日本では，立法権を国会が，行政権を内閣が，司法権を裁判所が受け持っている。「内閣の不信任を決議する」しくみは，国会を構成する衆議院が内閣に対して行うことなので，立法権が行政権に対して役割をはたしていることになる。これに対し内閣は，衆議院を解散することができる。

問8　1951年，日本はサンフランシスコ平和条約と同時に，アメリカとの間で日米安全保障条約を結んだ。軍を持たない日本は，国家や国民の安全についてアメリカの力を頼《たよ》ることになったのである。このように，従来は国家や政府が国民の安全を保障していた。しかし近年ではこの考え方に加え，個人の生存や生活，尊厳を守るために，一人ひとりの視点を大切にしようという「人間の安全保障」も提唱されるようになった。

3 外国との関《かか》わりを題材とした歴史の問題。

問1　ア　894年，遣唐大使に任命された菅原道真は，内乱が続くなどして唐(中国)の国力がおとろえてきていることや，航海上の危険が大きいことを理由に遣唐使の廃止を朝廷に進言し，受け入れられた。　イ　室町時代，明(中国)が倭寇《わこう》(日本の武装商人団・海賊)の取りしまりを幕府に求めてきたのをきっかけに，第3代将軍足利義満は明と国交を開いて貿易を始めることにした。日明貿易は1404年に始まり，倭寇との区別のために正式な貿易船に「勘合(符)」という合い札を持たせたことから，勘合貿易ともよばれる。

問2　稲作が伝わったのは紀元前4世紀ごろ(縄文時代の終わり～弥生時代の初め)と考えられている。それ以前の縄文時代，人びとは主に狩《か》りや漁，木の実の採取によって食べ物を得て，土器をつくってそれらを煮《に》たり保管したりしていた。また，縄文時代の遺跡である青森県の三内丸山遺跡からはクリの栽培跡が見つかり，この時代から木の実を栽培していたことも明らかになった。

問３　４～６世紀にかけて，渡来人は儒教《じゅきょう》や機織《はたお》り，須恵器《すえき》づくりなど多くのものを日本にもたらしたが，中でも百済《くだら》の王仁《わに》が『論語』と『千字文』によって伝えたとされる漢字の伝来は，日本の社会に大きな影響をおよぼし，進んだ大陸の文化や宗教を共有する助けとなったと考えられる。

問４　大宰府は，律令政治のもとで現在の福岡県に置かれた朝廷の出先機関である。外交や対外防備上の拠点《きょてん》として重要視されたことから「遠《とお》の朝廷《みかど》」とよばれ，外国の使節のもてなしや九州の支配・防衛などを行った。

問５　鎌倉は由比ヶ浜という浜に面しているが，遠浅で船をつけるには不便であった。そこで第３代執権北条泰時《やすとき》は和賀江《わかえ》島という人工島を築かせて港とし，宋(中国)との交易の拠点とした。また，鎌倉幕府の第３代将軍源実朝が暗殺されて源氏の将軍が３代で絶えたのをきっかけに，1221年，後鳥羽上皇は政権を朝廷の手に取りもどそうと，全国の武士に第２代執権北条義時《よしとき》を倒すよう命令を出した。しかし味方して集まる者は少なく，結束を固めた幕府の大軍の前にわずか１か月で敗れ，上皇は隠岐《おき》(島根県)に流された(承久の乱)。よって，ロ，へが正しい。

問６　室町時代の1467年，第８代将軍足利義政のあとつぎをめぐる争いに守護大名であった細川氏(東軍)と山名氏(西軍)の対立などが加わり，諸国の守護大名が東西両軍に分かれて争う応仁の乱が起こった。この乱は京都を主戦場として11年間続き，花の都とよばれた京都の市街は大半が焼け野原となった。

問７　戦国時代以降，各地で鉱山の開発が活発になり，ユネスコの世界文化遺産に登録されている石見《いわみ》銀山(島根県)をはじめ，生野《いくの》(兵庫県)，佐渡(新潟県)，院内(秋田県)などで盛んに銀が採掘され，南蛮貿易や江戸時代の長崎貿易における日本の主要な輸出品となっていた。日本は当時，南アメリカ地域と並んで世界有数の銀産出国であった。

問８　朝鮮出兵の際，九州地方の大名たちは朝鮮から捕虜《ほりょ》として多くの陶工《とうこう》を日本に連れて帰り，彼らによって有田焼(伊万里《いまり》焼)，唐津《からつ》焼，薩摩焼などのすぐれた焼き物が九州から各地に広まっていった。

問９　(1)　1854年，アメリカ東インド艦隊司令長官ペリーと江戸幕府の間で，日米和親条約が結ばれた。これにより，下田(静岡県)・函館(北海道)の２港を開くこと，アメリカ船に水・食料・燃料などを提供することが約束された。　(2)　イは1637年，ロは1866年，ハは1641年，ニは1837年，ホは1858年，へは1605年，トは1615年の出来事である。したがって，時期の早い順にへ→ト→イ→ハ→ニ→ホ→ロの順となる。

問10　明治時代になると，政府が積極的に近代化政策をおし進めたことから，教育や文化，国民生活などの全般にわたり，西洋の新しい文明が急速に入ってきた。これを文明開化といい，太陽暦が使われ始め，人びとは洋服を着るようになり，街にはレンガ造りの洋風の建物が増え，人力車や馬車が走り，ガス灯がともった。電灯は1879年，エジソンによって実用化されたのち，日本にも輸入された。

問11　1902年に日英同盟が結ばれると，日本とロシアとの間で満州(中国東北部)や朝鮮の支配をめぐる対立が深まり，1904年に日露戦争が起こった。この戦いで日本は勝利をおさめ，アメリカ大統領セオドア＝ルーズベルトの仲だちでポーツマス条約が結ばれた。

問12　1858年に結ばれた日米修好通商条約では関税自主権が日本に認められず，日本は不利な貿易を強いられていたが，1911年に外務大臣の小村寿太郎《じゅたろう》がアメリカと交渉し，関税自主権の回復に成功した。

問13　第二次世界大戦後，日本の占領政策を指揮するために，GHQ(連合国軍総司令部)が設置され，日本を民主化する改革が進められた。労働者の地位向上も大きな目標とされ，労働三法(労働組合法・労働関係調整法・労働基準法)の整備とともに労働組合の結成が支援された。

問14　豊臣秀吉は本能寺の変(1582年)で自害した主君の織田信長の後継者として名乗りを上げ，四国や九州を平定したのち，1590年に小田原攻めを行って北条氏を滅ぼし，天下統一をなしとげた。

理 科　(30分)＜満点：50点＞

解 答

1　問1　(例)　触れたものに手の熱が移るから。　問2　②，④　問3　①　問4　(1)　ぎょう縮(結露)　(2)　ア　空気中　イ　水蒸気　ウ　地中　エ　水　問5　赤い湯　図1…③，図2…①　青い水　図1…②，図2…③　問6　①　問7　④　問8　②　問9　②　問10　(1)　⑤　(2)　①　2　問1　(1)　(例)　実験の操作以外に，めしべに花粉がつかないようにするため。　(2)　実験…エ，結果…ク　問2　②，⑤　問3　④　問4　(1)　(例)　イチゴ　(2)　④　3　問1　A　西　B　東　C　東　D　西　問2　④　問3　エ　問4　①

解 説

1　熱についての問題。

問1　はじめの文章に，温度が高いものから低いものへと熱が移動することが，温かい，冷たいと感じる理由の1つであると述べられている。つまり，手で温度の低いものをさわると，手から温度の低いものに熱が移動するため，冷たいと感じるのである。

問2　金属は木よりも熱を伝えやすい物質なので，手が金属に触《ふ》れたときの方が，木に触れたときよりも手の熱がはやく移動する。したがって，金属と木が同じ温度(15℃)であっても，手でさわると金属の方が木よりも冷たく感じる。同様に，水は空気よりも熱を伝えやすい物質なので，水の方が空気よりも冷たく感じる。これらのことは体験的にも判断でき，たとえば冬に鉄製の手すりをにぎると冷たいが，木製の手すりをにぎったときはそれほど冷たくない。

問3　液体から気体へ変化するときには熱が必要で，まわりから熱をうばう。皮ふにアルコールをぬると，アルコールが蒸発するときに皮ふから熱を吸収する(皮ふは熱を放出することになる)ので，冷たいと感じる。

問4　(1)　水蒸気から水への変化は，気体から液体への変化であり，この変化をぎょう縮(または液化)という。なお，冷えたコップや窓ガラスなどに空気中の水蒸気がふれて冷やされ，水滴《てき》となってそれらのものにつく現象を結露《けつろ》という。　(2)　霜《しも》は，とても冷たいものにふれた空気中の水蒸気が冷やされ，氷となってついたものである。それに対し，霜柱は，地中の水が地表にしみ出しながらこおっていくことをくり返して，柱状の氷になったものである。

問5　4℃以上の水は，温度が高いほど単位体積あたりの重さが軽いので，まわりに比べて温かい部分は上昇《じょうしょう》し，逆にまわりに比べて冷たい部分は下降する。赤い湯を使った実験の場合，ペットボトル内の赤い湯はまわりの水より軽いので，口を下にした図1では赤い湯は出ていかないが，口を上にした図2では口から赤い湯が出て上がっていく。一方，青い水を使った実験の場合，ペットボトル内の青い水はまわりの湯より重いため，口を下にした図1では青い水が出て下がっていくが，口を上にした図2では青い水は出ていかない。

問6　氷は0℃にならないととけ始めないから，0℃以下のａｂ間では，氷はとけずにそのまま残っている。

問7　氷がしだいに温まって，0℃になるととけ始める(グラフのｂ)。このとき，氷は全部が一瞬《いっしゅん》にとけるのではなく，時間をかけて少しずつとけていく。この間，室内の空気から紙コップを経て氷へと移動する熱は，すべてが氷から水に変化するために使われるので，氷の温度は0℃のまま変化しない。やがて氷がすべてとけ終わる(グラフのｃ)と，温度は再び上昇していく。

問8　グラフを見ると，ｃｄ間は5分間で10℃上がっているから，水は毎分，10÷5＝2(℃)の割合で上がっていることがわかる。

問9　もしｃｄ間と同じ割合で水の温度が上昇し続ければ，さらに，2×10＝20(℃)上がって，10＋20＝30(℃)になると考えられる。しかし，室内の空気の温度が15℃なので，水の温度が15℃に達すると，室内の空気から紙コップを経て水へ熱が移動しなくなる。つまり，水の温度は15℃になると一定になる。

問10　(1)　ｃｄ間では水が毎分2℃の割合で上昇しているので，紙コップの中の水25ｇに移動する熱は，毎分，25×2＝50(cal)である。　(2)　氷がとけ始めてからとけ終わるまでのｂｃ間は，45－5＝40(分間)である。また，その間も，室内の空気から紙コップを経て氷へ毎分50calの熱の量が移動する。よって，氷がとけ始めてからとけ終わるまでに移動した熱の量は，50×40＝2000(cal)である。氷がとけて水になっても重さは変化しない，つまりとける前の氷の重さは25ｇであるから，氷がとけ始めてからとけ終わるまでに必要な熱の量は，氷1ｇあたり，2000÷25＝80(cal)と求められる。

2　植物の受粉と昆《こん》虫の関係についての問題。

問1　めしべの先におしべの花粉がつく(受粉する)と，めしべのもとが実になることを確かめるには，一方のめばなは受粉し，もう一方のめばなは受粉しない状況《じょうきょう》をつくる必要がある。そのため，外から花粉が運ばれてきて受粉することがないように，花が咲《さ》く前のつぼみのときから花が咲き終わるまでの間，両方のめばなに袋《ふくろ》をかけておく。袋をとるのは，一方のめばなのめしべに花粉をつける操作をするときだけである(操作後は再び袋をかける)。その結果，受粉の操作を加えためばなだけに実ができるので，受粉により実ができることがわかる。

問2　スギやトウモロコシは，花粉が風で運ばれて受粉する。このような花を風ばい花という。なお，アブラナやヘチマ，アサガオ，タンポポ，ホウセンカは，昆虫によって花粉が運ばれる虫ばい花である。

問3　キサントパンスズメガのような長い口器をもつ昆虫はほかに見られないのだから，このランにはこのスズメガ以外の昆虫はやってこないと考えられる。よって，このスズメガが絶滅《ぜつめつ》すると，このランは花粉が運ばれなくなり，受粉できずに種子をつくることができなくなるので，最終的に絶滅するといえる。

問４　(1)　イチゴ，メロン，キュウリ，ナス，ナシ，モモ，サクランボなどのように，受粉によってできる実などを食用とする作物を栽培《さいばい》するとき，できるだけ多くの花を受粉させた方が収穫《しゅうかく》量が上がるので，花から花へと飛び回るミツバチを放し飼いにして受粉をうながす方法をとっている場合がある。　(2)　図２のスカシバは，天敵(食べるためにおそってくる生物)がきらうハチに外見を似せることで，天敵からおそわれにくくしている。④も，天敵がきらう生物にすがたを似せている。

3　星座の動き方についての問題。

問１　北の方角を向いたときには，左側が西，右側が東となり，南の方角を向いたときには，左側が東，右側が西となる。

問２　図２で，南東の方角にオリオン座，南の方角におうし座が見られる。これらは冬の夜をいろどる星座である。

問３　北の空の星は，北極星を中心に１時間あたり，360÷24＝15(度)の割合で，反時計回りに回転するように動く。よって，午後８時から翌日の午前３時までは７時間あるので，カシオペア座は反時計回りに，15×７＝105(度)移動したエの位置に見える。

問４　北の空の星は，北極星を中心に１か月あたり，360÷12＝30(度)の割合で，反時計回りに回転するように動く。図１で，北極星を中心にすると，はくちょう座は天頂から反時計回りに約120度はなれているので，120÷30＝４より，４か月前にはくちょう座が天頂に見られたと考えられる。

国語　(50分)　＜満点：100点＞

解答

一　問１　１　イ　　２　エ　　３　ウ　　４　ア　　問２　エ　　問３　C　芸術家　　D　需要　　E　創造性　　問４　(例)　自分の価値観や信念にしたがい，作品をつくること。

問５　(例)　実験的な試みを通じて，新しい手法を用いた芸術の創造を目指すもの。　　問６　(例)　ミニマル・ミュージックに衝撃を受けて一気にのめり込み，前衛芸術を追求する決意をした体験。　　問７　社会の一員　　問８　くる(ものは)こばま(ず)　　問９　ウ　　問10　(例)　(自分のつくりたいものだけをつくろうとすると)必然的に採算や生産性を度外視することになるが，収入を得るための職業としてものづくりをすると，商業ベースで作品の良しあしが評価され，需要がないと判断されればつくりたいものがつくれない可能性もあるから。　　問11　(例)　継続して行っていける　　問12　(例)　一流とはハイレベルの力を毎回発揮できることをいい，指揮者が他の人に変わったり，つねに同じだけの集中力を保つことができなかったりして，素晴らしい演奏が続けてできないようなら，それは一流とはいえないから。　　**二**　問１　夏

問２　A　オ　　B　イ　　問３　１　エ　　２　オ　　３　ア　　４　イ　　問４　(例)　山のふもと　　問５　(例)　塩漬けにする葉を収穫するため，花を咲かせず，木の丈は人が葉を摘みやすい高さに低くおさえ，七，八年から十年ほどで木を廃棄するという人間本位の行い。

問６　a　(例)　大量に集められた桜の葉の，ふんわりとかぐわしい匂い。　　b　(例)　大樽

に詰められた塩漬けの桜の葉の枚数が，ぼう然とするほど多い。　問7　(例)　花見を楽しむ桜の木とは似ても似つかぬ葉桜の畑の若木の，葉を摘むために根株から直接細い枝が伸びる姿に変えられた切なくも従順なようすに，胸をつかれる気持ち。　問8　葉桜の畑　問9　(例)　花で人間の目を楽しませてくれるだけでなく，葉は塩漬けになって菓子などに使われ，木材としては茶筒や机などに使われ，小さなチップになってもハムを燻すのに最適であるなど，さまざまな形で私たちの生活に役立ってくれる桜をありがたく，愛おしく思う気持ち。　三　下記を参照のこと。

●漢字の書き取り

三　(A)　1　尊大　2　老練　3　高潔　4　深刻　(B)　1　査察　2　直視　3　保障　4　識別　5　提言　6　折半

解　説

一　**出典は久石譲《ひさいしじょう》の『感動をつくれますか？』による。**音楽家である筆者が自らの経歴を振《ふ》り返りながら，ものづくりには二つの道があること，一流とはどういうことかをのべている。

問1　1　時間などを使うことを表す「費やす」が合う。　2　「身を置く」は，ある立場に位置すること。ある環境《かんきょう》で生きること。　3　「評価を下す」は，評価を与《あた》えること。　4　「心を砕《くだ》く」は，いろいろ気をつかうこと。

問2　「人が理解できないもの」をつくったり，一つの作品に「果てしなく長い時間」をかけたりすることが何を意味するかをのべた文である。作品は売れずに採算がとれず，生産性が上がらないという結果が当然予測されるので，エが良い。「必然的」は，必ずそうなるようす。「度外視」は，無視すること。

問3　C　「芸術家」になるには，「自分が決めればいいだけのこと」だと筆者は前でのべている。この考え方にのっとれば，「私は芸術家です」といえば，その瞬間《しゅんかん》からその人は「芸術家」であるといえる。　D　商業ベースでものづくりをする場合，引き受けた仕事で成果を見せなければならないと前にある。「需要《じゅよう》」と「供給」を意識し，「何を求められているかを見据《す》え」て仕事をする必要があるのだから，仕事の評価を下すのは発注主や世の中の「需要」ということになる。
E　商業ベースでものづくりをする場合でも，筆者は「創造性」を一番大切にしているとのべている。その一方で，「需要」を無視することはできないので，つねに「創造性」と「需要」の狭間《はざま》で揺《ゆ》れることになる。

問4　「芸術家」がものをつくる姿勢については，第二段落にのべられている。自分の「価値観」や「信念」にしたがって作品をつくることに「価値と意義」を感じているとまとめられる。

問5　「前衛芸術」の例として，演奏をしない音楽や小物を使うパフォーマンスなど，従来の枠《わく》組みを破り，芸術の可能性を追求して「実験的な試み」が行われるものが後にあげられている。よって，「実験的な試み」を通じて，新しい手法を用いた芸術の創造を目指すものとまとめられる。

問6　「針が振れる」は，一方にかたよること。「このとき」とは，芸術としての音楽を捨て，一般《いっぱん》人の理解が得られる「幅《はば》の広い音楽」へと目指す方向を変えたときを指す。これより以前の大学時代にも，筆者は「ミニマル・ミュージック」に衝撃《しょうげき》を受けて「一気にのめり込《こ》」み，「前衛芸術」の方面に進もうと決意しており，これが針が「大きく振れ」た体験にあたる。

問７　本文の最初で，筆者は「ものをつくる姿勢には，二つの道がある」とのべている。一つは「芸術家」の往《ゆ》く道で，もう一つは「社会の一員」として商業ベースで考え，ものづくりをする道である。「“街中の音楽家”」は，「できるだけ多くの人に聴《き》いてもらう」ことを目指すのだから，後者の道を往くことになる。

問８　「くるものはこばまず」は，心を寄せて近付いてくる者はすべて受け入れるということ。

問９　芸術としての音楽ではなく，「多くの人に聴いてもらう幅の広い音楽」を目指すことを決意して，筆者は「今日のようなスタイル」にたどりついたことが前の部分からわかる。並行して「ミニマル・ミュージック」の作品も書こうとは考えられなかったのだから，ウが選べる。

問10　「自分のつくりたいものだけをつくる」のは「芸術家」の生き方だが，本文の最初にあるとおり，それでは必然的に「採算」や「生産性」を度外視することになる。「職業」としてものづくりをする場合は商業ベースで作品の良しあしが評価され，「需要」がなければつくりたいものがつくれない可能性もあるので，筆者はこのようにのべているのである。

問11　ものづくりを「職業」とするなら，一つや二ついいものができるだけではダメで，「優《すぐ》れたプロとは，継続《けいぞく》して自分の表現をしていける人のこと」だと筆者はのべている。つまり，「“点”」とは，一つや二つならいいものがつくれることを表しており，「“点”」が集まったものである「“線”」とは，優れたものづくりやそのための作業をとぎらせることなく継続できることを意味している。

問12　本文の最後で，「一流とは，ハイレベルの力を毎回発揮《はっき》できることだ」と筆者はのべている。ぼう線部⑧のすぐ後にあるように，指揮者が他の人に変わったり，つねに同じだけの集中力を保つことができなかったりして，いい演奏を継続できなければ，やはり一流ではないのである。

二　**出典は青木玉《あおきたま》の『なんでもない話』による。**桜の葉を出荷する作業所や葉桜の畑を訪ねた筆者は，桜は花見の対象というだけでなく，有用植物として産業を成立させているのだと納得する。

問１　「沖合のコバルトブルーは陽《ひ》に映《は》えて，磯《いそ》も砂浜も明るく」，「浜に干してある天草《てんぐさ》は～干し上がって，砂の熱さを感じさせる」という表現から，海にはもう陽光のまぶしい「夏」が来たことがわかる。また，続く部分から，今回筆者が伊豆《いず》を訪ねたのは，「この春」にある話を聞いたためであることも読み取れる。

問２　A　前後の部分から，「海沿い」の道を走る車がくぐる場所だとわかるので，「トンネル」が選べる。　　B　ハムを燻《いぶ》すのに桜の「身」（幹・枝）の「チップ」を使うことから，「木材のかけら」という意味だとわかる。

問３　1　“はっきりした違《ちが》いがあり，目立って”という意味の「際立って」にかかるので，はっきり目立つようすをいう「くっきりと」がよい。　　2　浜辺の砂が熱いのだから，「干してある天草」は「からっと」干し上がったはずである。「からっと」は，湿気が残らず，よく乾《かわ》いているようす。　　3　「二十あまり」の「大樽《おおだる》」が並ぶようすなので，多くのものが列をなして並ぶようすの「ずらりと」が合う。　　4　「桜の葉」の束の括《くく》り方が，すべて「同じ」で「見事に揃《そろ》っている」ようすを表す言葉が入るので，よく整って乱れが見られないようすをいう「きっちりと」が良い。

問４　「天城《あまぎ》の山」の「裾《すそ》」なので，“山のふもと”という意味になる。

問５　「身勝手」は，自分の都合だけを考えて行動するようす。直前の段落からの内容に注意する。

「塩漬《づ》け」にする葉を収穫するため，桜に花を咲《さ》かせず，木の丈《たけ》は葉を摘《つ》みやすい低さにおさえ，「七，八年から十年ほどで」木自体も廃棄《はいき》するという人間の利益第一の行いを指してこのようにいっている。

問6　a 「桜の葉」を出荷する作業所近くの道に広がる「匂《にお》い」なので，大量に集められた「桜の葉」の，ふんわりとかぐわしい匂いのことになる。　b 「気が遠くなる」とは，正気を失うこと。意識がうすれること。「桜の葉」を「五十枚」ずつ束にし，それを「塩漬け」して「二十あまり」の「大樽」一つあたりに「三万五千束」ずつ詰《つ》めるのだが，その「塩漬け」の「桜の葉」の数が「気が遠くなる」ほどに多いというのである。

問7　「葉桜の畑」に案内された筆者が「これは桜の木ではない」と思ってしまうほど，見慣れた桜の木とそこの「若木」との見た目の差は意外であり，おどろきであった。また，「高さ二十センチくらいの切株」には幹がなく，「根株」から直接「細い枝」が伸びていたのであり，葉を摘むという目的に特化されたその「切なく従順」な姿に，筆者は胸をつかれている。

問8　ぼう線部⑤の直前の「ここまできて」の「ここ」とは，直前の二文にあるように，「桜を花とばかり思う」のは誤りで，ここの桜は桑や茶と同じなのだと筆者が悟《さと》ったことを指す。その結果，「葉桜の畑」は産業に寄与《きよ》しており，ここの桜は利益を上げるために育てられていると納得したのである。

問9　桜は花で目を楽しませてくれるだけではなく，葉は「塩漬け」になって菓子《かし》などに，木材としては「茶筒《ちゃづつ》」や「机」，「鏡台」などに姿を変え，小さな「チップ」となってもハムを燻すときに最高の仕事をするなど，さまざまな形で人間の生活に役立っている。そのありがたみに気付き，筆者は，桜に対してたまらなく愛おしい気持ちになっているのだと推測できる。

三　漢字の書き取り。

(A)　1　たしなめられるときの態度なので，いばって他人を見下すような態度を取ることをいう「尊大」がふさわしい。　2 「多くの苦難を乗りこえた」とは，貴重な経験を積んできたことを意味する。よって，経験を積んで物事に慣れ，たくみにさばくことをいう「老練」が良い。

3　人からしたわれる人柄《ひとがら》を表す言葉は，心が気高く，けがれのないようすをいう「高潔」である。

4　考えこむときの表情なので，切実な問題に心が深くとらわれるようすの「深刻」が合う。

(B)　1 「国境地帯」は紛争《ふんそう》などが起きやすい場所なので，そこを上空から「査察」しているとするのが良い。「査察」は，状況《じょうきょう》を視察すること。　2　現実に対してすべきことは，物事をありのままにはっきりと見ることを表す「直視」である。　3　日本国憲法では，最低限度の生活が「保障」されている。「保障」は，ある状態が損なわれないように保護し，守ること。　4　ひよこのオスとメスとは見分けにくいので，種類や性質などを見分けることをいう「識別」が入る。

5　考えや意見を出すことを表す「提言」が合う。　6　お金などを半分ずつに分けることをいう「折半」があてはまる。

Memo

Memo

出題ベスト10シリーズ

①国語読解ベスト10

②漢字合格の2790題

③計算合格の820題

④図形問題ベスト10

■過去の入試問題から出題例の多い問題を選んで編集・構成。受験関係者の間でも好評です！

有名中学入試問題集

●男子校編

●女子校編

■中学入試の全容をさぐる!!

■首都圏の中学を中心に、全国有名中学の最新入試問題を収録!!

※表紙は昨年度のものです。

算数の過去問25年分

■筑波大学附属駒場

■麻布

■開成

○名門３校に絶対合格したいという気持ちに応えるため過去問実績No.1の声の教育社が出した答えです。

都立中高一貫校 適性検査問題集

■都立一貫校と同じ検査形式で学べる！

●自己採点のしにくい作文には「採点ガイド」を掲載。

●保護者向けのページも充実。

●私立中学の適性検査型・思考力試験対策にもおすすめ！

当社発行物の無断使用は固くお断りいたします。御使用の前はまずご相談ください。

当社発行物には500点余の首都圏中・高過去問をはじめ、６点の学校案内、そのほかいくつかの情報誌などがございます。その多くが年度版で、限られたスタッフが来るべき受験シーズン前に余裕を持って受験生へ届けられるよう、日夜作業にあたり出版を重ねております。

その中で、最近、多くの印刷物やネット上において当社発行物からの無断使用が見受けられ、一部で係争化しているところもございます。事例といたしましては、当社の新刊発行を待ち、それを流用して毎年ネット上に新改訂として掲載していたＡ社、当社過去問から三百箇所をはぎ合わせ「自社制作につき無断転載禁止」とし、集客材としてホームページに掲載していたＢ社、当社版誌面を無断スキャンし、記述式解答は一部殆ど丸取りして動画を制作していた家庭教師グループＣ社、当社発行物の表紙を差し替え、内容を複製し配布していた塾のＤ社などほか数社がございます。

当社発行物の全部もしくは一部を無断使用することは固くお断りいたします。

当社コンテンツの中にはリーズナブルな設定でご提供している事例もたくさんございますので、ご利用されたい方はまずは、お気軽にご相談くださいますようお願いします。同時に、当社発行物を無断で使用している媒体などにつきましての情報もお寄せいただければ幸いです（呈薄謝）。

株式会社 声の教育社

スーパー過去問の 解説執筆・解答作成スタッフ（在宅）募集！ ※募集要項の詳細は、10月に弊社ホームページ上に掲載します。

2025年度用

中学スーパー過去問

■編集人 声の教育社・編集部

■発行所 株式会社 声の教育社

〒162-0814 東京都新宿区新小川町8-15

☎03-5261-5061(代) FAX03-5261-5062

https://www.koenokyoikusha.co.jp

※本書の内容についての一切の責任は当社にあります。内容・解説・解答・その他は当社ホームページよりお問い合わせ下さい。

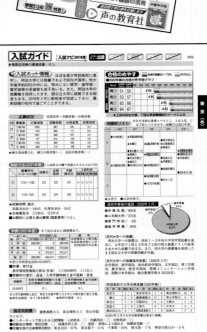

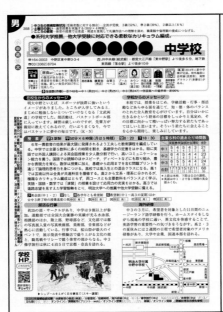

カコを追いかけ
ミライをつかめ

よくある解答用紙のご質問

01

実物のサイズにできない

拡大率にしたがってコピーすると，「解答欄」が実物大になります。配点などを含むため，用紙は実物よりも大きくなることがあります。

02

A3用紙に収まらない

拡大率164％以上の解答用紙は実物のサイズ（「出題傾向＆対策」をご覧ください）が大きいために，Ａ３に収まらない場合があります。

03

拡大率が書かれていない

複数ページにわたる解答用紙は，いずれかのページに拡大率を記載しています。どこにも表記がない場合は，正確な拡大率が不明です。

04

１ページに２つある

１ページに２つ解答用紙が掲載されている場合は，正確な拡大率が不明です。ほかの試験回の同じ教科をご参考になさってください。

雙葉中学校

【別冊】入試問題解答用紙編

解答用紙は本体からていねいに抜きとり、別冊としてご使用ください。

※　実際の解答欄の大きさで練習するには、指定の倍率で拡大コピーしてください。なお、ページの上下に小社作成の見出しや配点を記載しているため、コピー後の用紙サイズが実物の解答用紙と異なる場合があります。

●入試結果表

— は非公表

年度	項目	国語	算数	社会	理科	4科合計	合格者
2024（令和６）	配点(満点)	100	100	50	50	300	最高点
	合格者平均点	—	—	—	—	—	—
	受験者平均点	—	—	—	—	—	最低点
	キミの得点						181
2023（令和５）	配点(満点)	100	100	50	50	300	最高点
	合格者平均点	—	—	—	—	—	—
	受験者平均点	—	—	—	—	—	最低点
	キミの得点						223
2022（令和４）	配点(満点)	100	100	50	50	300	最高点
	合格者平均点	—	—	—	—	—	—
	受験者平均点	—	—	—	—	—	最低点
	キミの得点						194
2021（令和３）	配点(満点)	100	100	50	50	300	最高点
	合格者平均点	—	—	—	—	—	—
	受験者平均点	—	—	—	—	—	最低点
	キミの得点						214
2020（令和２）	配点(満点)	100	100	50	50	300	最高点
	合格者平均点	—	—	—	—	—	—
	受験者平均点	—	—	—	—	—	最低点
	キミの得点						188
2019（平成31）	配点(満点)	100	100	50	50	300	最高点
	合格者平均点	—	—	—	—	—	—
	受験者平均点	—	—	—	—	—	最低点
	キミの得点						187
2018（平成30）	配点(満点)	100	100	50	50	300	最高点
	合格者平均点	—	—	—	—	—	—
	受験者平均点	—	—	—	—	—	最低点
	キミの得点						178
平成29	配点(満点)	100	100	50	50	300	最高点
	合格者平均点	—	—	—	—	—	—
	受験者平均点	—	—	—	—	—	最低点
	キミの得点						200
平成28	配点(満点)	100	100	50	50	300	最高点
	合格者平均点	—	—	—	—	—	—
	受験者平均点	—	—	—	—	—	最低点
	キミの得点						195
平成27	配点(満点)	100	100	50	50	300	最高点
	合格者平均点	—	—	—	—	—	—
	受験者平均点	—	—	—	—	—	最低点
	キミの得点						203

※ 表中のデータはすべて学校公表のものです。

声の教育社

２０２４年度　　雙葉中学校

算数解答用紙　No.1

番号		氏名	

評点	／100

1　（式と計算と答え）

（1）　$21.6\times\frac{9}{25}-2.16\times$ ア $+0.216\times0.25=4.86$

答え　ア

（2）　$\frac{1}{30}+\frac{1}{42}+\frac{1}{56}+\frac{1}{72}+\frac{1}{90}+\frac{1}{110}$

答え　イ

（3）

答え　ウ

（4）

答え　エ

２０２４年度　　　雙葉中学校

算数解答用紙　No. ２

2　（式と計算と答え）

答え

たて　　mm	横　　mm	高さ　　mm	個

3　（式と計算と答え）

（1）

答え　　時間　　分後

（2）

答え　分速　　m

（3）

答え　　時間　　分　　秒後

２０２４年度　雙葉中学校

算数解答用紙　No.３

4　（式と計算と答え）

答え　| → → → → B | % |

5　（式と計算と答え）

（1）

答え　| 棚　　個 | 袋　　個 |

（2）

答え　| 時　　分 |

（注）この解答用紙は実物を縮小してあります。175％拡大コピーをすると、ほぼ実物大の解答欄になります。

〔算　数〕100点(推定配点)

1～3　各9点×8＜2は完答＞　4　手順…4点＜完答＞，濃度…5点　5　(1)　各5点×2　(2)　9点

２０２４年度　　雙葉中学校

社会解答用紙

番号		氏名		評点	／50

1

問1	県　　市	問2	
問3		問4	
問5	(1) イ　　ロ		
問5	(2) A　　B		
問5	(3) 先進国は、		
問6	(1)　　(2)		

2

問1	(1)　　(2)	問2		問3	(1)
問3	(2)　　(3)	問4		問5	
問6		問7		問8	問9
問10	(1)　　(2)				
問11					
問12	(1) 3番目　　5番目　　(2)	問13			

3

問1		問2	あ　　い　　う	問3	
問4	(1)	(2) 水源　　県　　河口　　県		問5	
問6					
問7					

（注）この解答用紙は実物を縮小してあります。Ｂ５→Ａ３（163%）に拡大コピーすると、ほぼ実物大の解答欄になります。

〔社　会〕50点(推定配点)

1　問1〜問4　各1点×5<問1は完答>　問5　(1)，(2)　各1点×4　(3)　3点　問6　各1点×2
2　問1〜問10　各1点×17　問11　3点　問12，問13　各1点×4　3　問1　1点　問2　2点<完答>　問3〜問6　各1点×6　問7　3点

２０２４年度　雙葉中学校

理科解答用紙

番号		氏名		評点	／50

1

問1　ア　イ　ウ

問2　X　Y　　問3　エ　オ

問4

問5

2

問1　　問2

問3　①→　　問4　Ⅰ　Ⅱ　Ⅲ

問5

3

問1

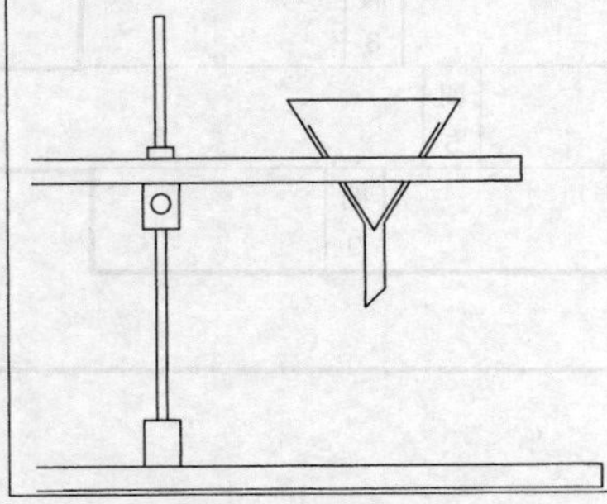

問2

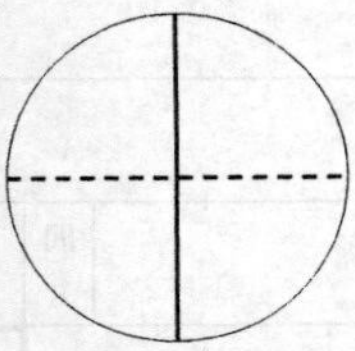

問3

問4　g　　問5　g

問6　℃　g

4

問1　　問2

問3　温度が高くなると

問4　　問5　図4　図5

問6

（注）この解答用紙は実物を縮小してあります。175％拡大コピーをすると、ほぼ実物大の解答欄になります。

〔理　科〕50点(推定配点)

1　問1　各1点×3　問2　2点＜完答＞　問3　各1点×2　問4，問5　各2点×2　2　問1～問3　各2点×3＜問3は完答＞　問4　各1点×3　問5　2点　3，4　各2点×14＜4の問2，問6は完答，問5は各々完答＞

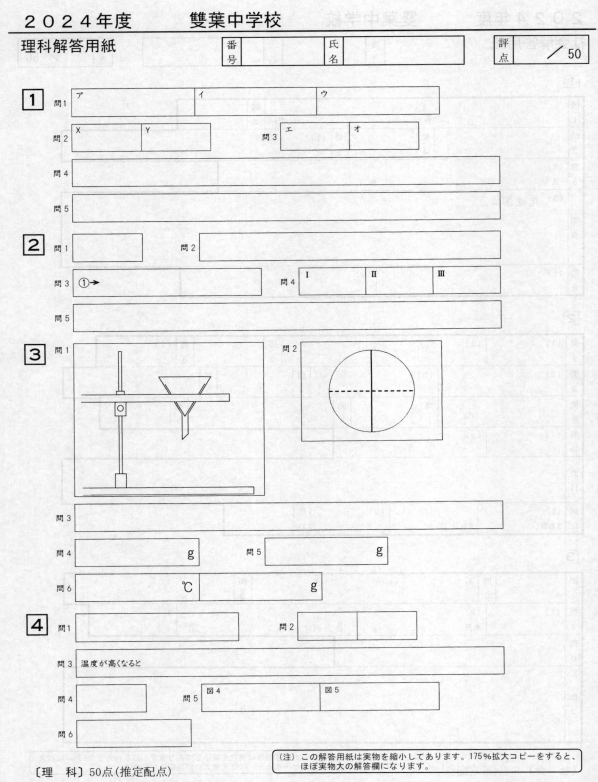

2024年度　雙葉中学校

国語解答用紙　No. 1

番号

氏名

評点　／100

一

問一

問二　a カイフカイ　b サイ用　c 花ベン　d カイ帰　e シ見

問三　と

問四

問五　1　2

問六

問七　(1)　(2)

問八

問九

問十

問十一

二

問一　a 躍る　降って　b いない　不思議な　c いる　たのです

問二

問三

問四　A　B　C

問五

問六

問七

問八

問九

問十

問十一

2024年度　雙葉中学校

国語解答用紙　No.2

三

(1)

(2)

(3)

(4)

(5)

(6)

(7)

(8)

(9)

(10)

（注）この解答用紙は実物を縮小してあります。Ｂ５→Ａ３（163％）に拡大コピーすると、ほぼ実物大の解答欄になります。

〔国　語〕100点（推定配点）

一　問１〜問３　各２点×７　問４　３点　問５，問６　各２点×３　問７　⑴　３点　⑵　２点　問８　３点　問９　４点　問10，問11　各２点×２　二　問１〜問４　各２点×８　問５　３点　問６　２点<完答>　問７，問８　３点×２　問９　５点　問10　２点　問11　７点　三　各２点×10

２０２３年度　雙葉中学校

算数解答用紙　No.１

番号		氏名		評点	／100

1（式と計算と答え）

（1）$3\frac{2}{5}\times\left(3\frac{11}{12}+\frac{1}{3}\right)\div$ ア $=20.23$

答え　ア

（2）

答え　イ

（3）

答え　ウ

2（式と計算と答え）

（1）

答え　分速　m

（2）

答え　台

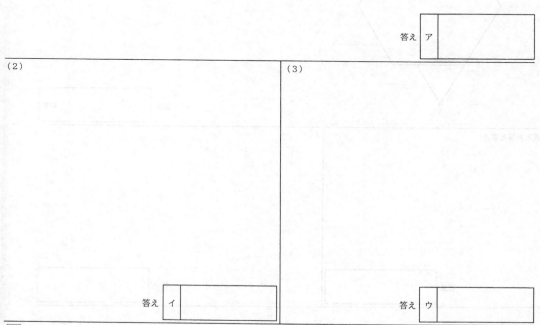

２０２３年度　　雙葉中学校

算数解答用紙　No. 2

3

（1）（答え）

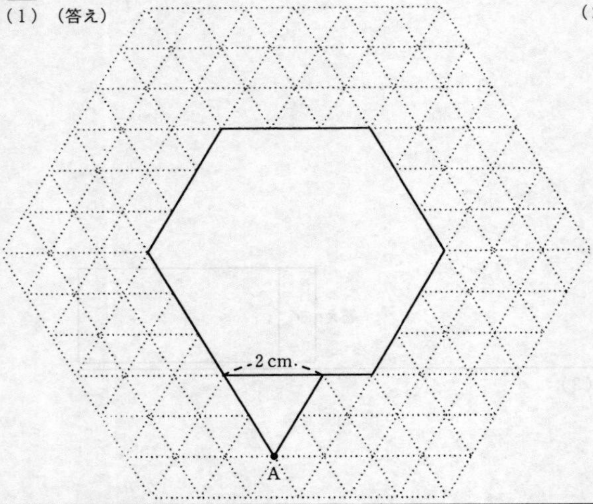

（2）（式と計算と答え）

答え　　cm

4（式と計算と答え）

（1）

答え

（2）

答え

（3）

答え　　分　　秒後

２０２３年度　　雙葉中学校

算数解答用紙　No.３

5 （式と計算と答え）

（1）

答え	仕入れ値	円	目標金額	円

（2）

答え	A	個	B	個	C	個

（注）この解答用紙は実物を縮小してあります。172％拡大コピーをすると、ほぼ実物大の解答欄になります。

〔算　数〕100点(推定配点)

1, 2　各８点×５　3　各９点×２　4　各８点×３　5　各９点×２＜各々完答＞

２０２３年度　雙葉中学校

社会解答用紙

番号		氏名		評点	／50

1

あ　い

問1 (1) (2)　問2　問3

問4

問5 (1) (2)　問6

問7 (1) (2)　問8　問9　問10

問11 (1) (2)　問12 (1) (2)

2

問1 大 小　問2 (1) A D (2) B C　問3

問4

問5 (1) (2)　問6　問7 (1)

問7 (2)

3

問1　問2　問3　問4

問5 (1) (2)　問6

問7 内閣が、

裁判所が、

問8　問9

（注）この解答用紙は実物を縮小してあります。Ｂ５→Ａ３（163%）に拡大コピーすると、ほぼ実物大の解答欄になります。

〔社　会〕50点（推定配点）

1 あ，い　各１点×２　問１～問３　各１点×４　問４　３点　問５～問12　各１点×12　＜問５の(1)は完答＞　**2**　問１～問３　各１点×７　問４　３点　問５，問６　各１点×3＜問５の(1)は完答＞　問７　(1)　１点　(2)　２点　**3**　問１～問６　各１点×７　問７　各２点×２　問８，問９　各１点×２

２０２３年度　雙葉中学校

理科解答用紙

番号		氏名		評点	／50

1

問1　あ　い

問2　①　②　③

問3

問4　行動　繁殖

問5　(1)　(2)　(3)

2

問1

問2　10%　30%

問3

問4

問5　(1)　(2)　(3)

3

問1　ア　イ

問2　あ　い

問3

問4

問5

問6

問7

問8

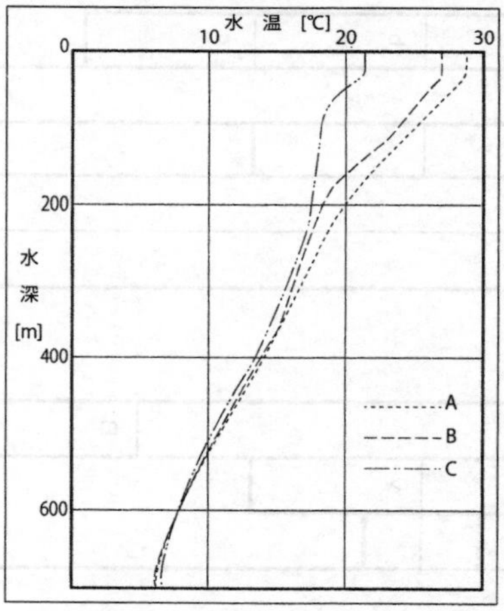

4

問1　秒

問2　あ　い

問3

問4

問5　a　b

問6　理由

（注）この解答用紙は実物を縮小してあります。169％拡大コピーをすると、ほぼ実物大の解答欄になります。

〔理　科〕50点(推定配点)

1　問1～問4　各2点×4＜各々完答＞　問5　(1)　1点　(2)　2点　(3)　1点　2～4　各2点×19＜2の問2，問3，問5，3の問1，問2，4の問2，問5，問6は完答＞

二〇二三年度 雙葉中学校

国語解答用紙 No. 1

番号　　氏名　　評点 /100

一

問一

問二

問三 A B C D

問四

問五

問六 何者かが　　はずだ

問七

問八

問九

二

問一 a b c

問二

問三

問四 1 2 3 4

問五

問六 A B C

問七 X Y

問八 (1) (2)

問九

問十

二〇二三年度　雙葉中学校

国語解答用紙　No. 2

三

問一

(1) メイ

(2) バン

(3) ノウ

(4) トウカク

(5) ウゴ

問二

(1) □界

(2) □解

(3) 消□

(4) □意

(5) □三

（注）この解答用紙は実物を縮小してあります。B５→A３(163%)に拡大コピーすると、ほぼ実物大の解答欄になります。

〔国　語〕100点(推定配点)

一　問1　3点　問2～問4　各2点×6　問5　4点　問6　3点　問7，問8　各2点×2　問9　4点　二　問1　各2点×3　問2　3点　問3，問4　各2点×6　問5　3点　問6，問7　各2点×5　問8　(1)　2点　(2)　4点　問9　3点　問10　7点　三　各2点×10

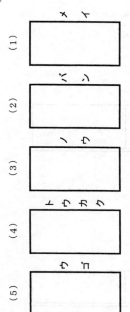

２０２２年度　雙葉中学校

算数解答用紙　No.１

番号		氏名		評点	／100

1 （式と計算と答え）

（１）$2-1.95\times\left(3-1\frac{37}{91}\right)\div2\frac{16}{21}$

答え　ア

（２）

答え　イ

（３）

答え　ウ

（４）

答え　エ

2022年度　　　雙葉中学校

算数解答用紙　No. 2

2　(答え)

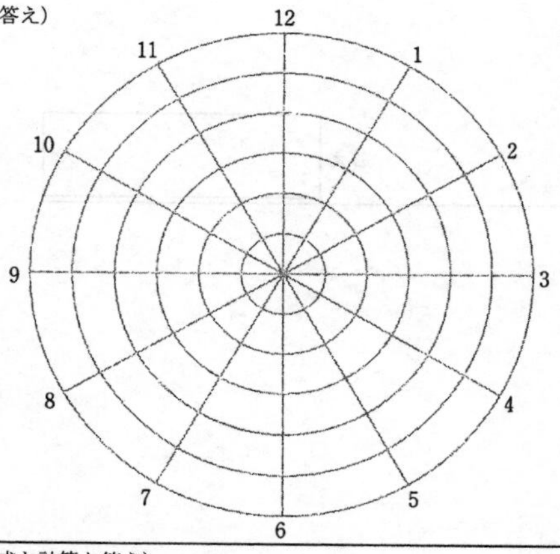

※円の半径は内側から

1cm、2cm、……、6cm です。

3　(式と計算と答え)

(1)

答え

(2)

答え

(3)

答え　　　　行　　　　列目

２０２２年度　　雙葉中学校

算数解答用紙　No.３

4　(式と計算と答え)

(1)

答え　　人

(2)

答え　　時　　分　大型バス　　人　中型バス　　人

5　(式と計算と答え)

(1)

答え　　分　　秒

(2)

答え　　m

(注) この解答用紙は実物を縮小してあります。172％拡大コピーをすると、ほぼ実物大の解答欄になります。

〔算　数〕100点(推定配点)

1～3　各８点×８　4, 5　各９点×４<4の(2)は完答>

２０２２年度　　雙葉中学校

社会解答用紙

番号		氏名	

評点	／50

1

問1　問2　問3

問4　問5　問6 (1)

問6 (2)

問7 (1) イ　ロ　(2)

問8 (1)　(2)

2

問1　問2　問3 (1)　(2)

問4

問5　問6　問7　問8　問9

3

問1　と　問2 (1)　(2)

問3 (1)　→　→　(2)

問3 (3)

問4

問5 (1)

問5 (2)　(3)　問6

問7　問8　問9　3番目　6番目

問10 (1)　(2)　問11

問12

（注）この解答用紙は実物を縮小してあります。Ｂ５→Ａ３(163%)に拡大コピーすると、ほぼ実物大の解答欄になります。

〔社　会〕50点(推定配点)

1　問1～問5　各1点×5　問6　(1)　1点＜完答＞　(2)　3点　問7　各1点×3＜(2)は完答＞　問8　各2点×2　2　問1～問3　各1点×4＜問3の(1)は完答＞　問4　3点　問5～問7　各1点×3　問8，問9　各2点×2　3　問1，問2　各1点×3　問3　(1)，(2)　各1点×2＜(1)は完答＞　(3)　3点　問4～問12　各1点×12＜問4，問9，問10の(1)，問12は完答＞

２０２２年度　雙葉中学校

理科解答用紙

番号		氏名		評点	／50

1

問1

問2

問3　問4

問5

問6

2

問1 (1)　(2)　(3)ア　イ　ウ

問2 (1)　→　→　→　→　窓の役割　(2)

問3　問4 ア　%　イ

3

問1 ア　イ

問2

問3 ウ　エ

問4

問5

問6 (1)　色　(2)

4

問1 ア　イ　ウ　エ　問2

問3　問4

問5 方法

理由

（注）この解答用紙は実物を縮小してあります。Ｂ５→Ａ３(163%)に拡大コピーすると、ほぼ実物大の解答欄になります。

〔理　科〕50点(推定配点)

1　各２点×６　2　各２点×７＜問１の(1)，(3)，問２の(1)，問４は完答＞　3　各２点×７＜問１，問２，問３は完答＞　4　各２点×５＜問１，問５は完答＞

二〇二二年度　雙葉中学校

国語解答用紙　No. 1

番号		氏名	

評点　／100

一

問一　A　B

問二

問三

問四

問五　1　2　3　4

問六　と思っていた。

問七

問八

問九　あげたくなってしまった、ということ。

問十

問十一

問十二

問十三　(1)　(2)

二

問一

問二

問三

問四

問五

問六

問七

問八

問九

問十

問十一

問十二

問十三

二〇二二年度　雙葉中学校

国語解答用紙　No. 2

三

問一

(1) カヒ

(2) アッカン

(3) ハッキ

(4) ウオウサオウ

(5) ジュヨウ

(6) イチリツ

(7) カンチョウ

(8) リンショウ

問二

(1) （　　） 定　石

(2) （　　） 画　策

（注）この解答用紙は実物を縮小してあります。Ｂ５→Ａ３（163%）に拡大コピーすると、ほぼ実物大の解答欄になります。

〔国　語〕100点（推定配点）

一　問1，問2　各2点×3　問3　4点　問4〜問12　各2点×12　問13　各4点×2　二　問1　2点　問2　5点　問3　2点　問4　3点　問5，問6　各2点×2　問7　3点　問8　2点　問9　5点　問10　2点　問11　5点　問12　3点　問13　2点　三　各2点×10

２０２１年度　　雙葉中学校

算数解答用紙　No.１

番号		氏名	

評点	／100

1　(1)（式と計算と答え）

答え　ア

(2)（式と計算と答え）

答え　イ

(3)（式と計算と答え）

答え　ウ

(4)（式と計算と答え）

答え　エ

2　（式と計算と答え）

答え　円

3　(1)（式と計算と答え）

答え　人

（注）実際の試験では、問題用紙の中に設けられた解答欄に書く形式です。
この解答用紙は使いやすいように小社で作成いたしました。

2021年度　　　雙葉中学校

算数解答用紙　No. 2

（2）（式と計算と答え）

答え　　人

（3）（式と計算と答え）

答え　　円

4　（展開図と答え）

展開図

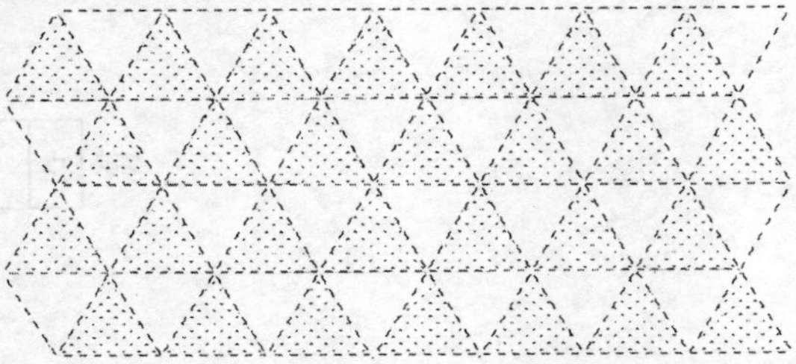

答え　　通り

5　（1）（式と計算と答え）

答え　　分

（2）①　（式と計算と答え）

答え　9時　　分　|　色

②　（式と計算と答え）

答え　9時　　分

〔算　数〕100点(推定配点)

1～3　各8点×8　4　展開図…4点＜完答＞，答え…5点　5　各9点×3＜(2)の①は完答＞

２０２１年度　雙葉中学校

社会解答用紙

番号		氏名		評点	／50

1

問1		問2		問3	(1)	(2)	問4
問5		問6		問7	(1)		
問7	(2)						

2

問1	あ	い	う	え	お	問2	
問3							
問4		問5		問6			
問7	(1)	(2)		問8			
問9		問10		問11		問12	

3

問1		問2		問3		問4	(1)
問4	(2) A	B					
問5							
問6	イ	ロ	ハ				

（注）この解答用紙は実物を縮小してあります。Ｂ５→Ａ３(163%)に拡大コピーすると、ほぼ実物大の解答欄になります。

〔社　会〕50点(推定配点)

1 問1，問2　各１点×2　問3　各２点×2　問4，問5　各１点×3　問6　２点　問7　(1)　１点　(2)　３点　2 問1，問2　各１点×6　問3　３点　問4～問12　各１点×11　3 問1　２点　問2，問3　各１点×2　問4　(1)　１点　(2)　各２点×2　問5　３点　問6　各１点×3

２０２１年度　雙葉中学校

理科解答用紙

番号		氏名		評点	／50

1

問1　問2　問3

問4　実験

結果

問5　ア　イ

問6

2

問1　問2　A　B　C　D　E　F　G

問3　イ　ウ

問4

3

問1　問2　問3　A　B　C

問4　問5　1　2　3

問6　式

答　秒

4

問1　式

答　g

問2　式

答　g

問3　式

答　％

問4　問5　式

答　％

（注）この解答用紙は実物を縮小してあります。175％拡大コピーをすると、ほぼ実物大の解答欄になります。

〔理　科〕50点（推定配点）

1　各２点×7＜問５は完答＞　2　問１　２点　問２　A～D　２点＜完答＞　E～G　２点＜完答＞　問3，問４　各２点×３　3　問１～問４　各２点×４＜問２，問３は完答＞　問５　場所　２点　1～3　２点＜完答＞　問６　２点　4　各２点×５

二〇二二年度　雙葉中学校

国語解答用紙　No. 1

番号　　氏名　　評点　／100

一

問一　1　2

問二

問三　A　B

問四　10

問五

問六

問七　80　100

問八

問九

問十　C（　　）た　D（　　）、

問十一

問十二

二

(1)　(2)　(3)

三

問一

問二　(1)　(2)

問三

問四

問五　1　2　3

問六

問七　わたしを（　　）た

問八　A　B

問九

二〇二二年度　雙葉中学校

国語解答用紙　No. 2

四

問一

(1) 茶道の リュウハ に関する本を ドクハ した。

(2) レキホウ する国々の食事の サホウ を学ぶ。

(3) タイボウ の新製品に タイマイ をはたく。

(4) ヘイカ は ヘイイ な言葉でお話しになる。

問二

(1) （　　　　） 雑 木 林

(2) （　　　　） 上 背

（注） この解答用紙は実物を縮小してあります。B5→A3（163%）に拡大コピーすると、ほぼ実物大の解答欄になります。

〔国　語〕100点（推定配点）

一 問1　各2点×2　問2　3点　問3, 問4　各2点×3　問5　4点　問6　2点　問7　8点　問8　4点　問9～問12　各2点×5　二 各2点×3　三 問1　3点　問2, 問3　各2点×3　問4　4点　問5　各2点×3　問6　4点　問7, 問8　各2点×3　問9　4点　四 各2点×10

２０２０年度　　雙葉中学校

算数解答用紙　No.１

番号		氏名		評点	／100

1　（１）（式と計算と答え）

答え　ア

（２）（式と計算と答え）

答え　イ

（３）（式と計算と答え）

答え　ウ　　エ

2　（式と計算と答え）

答え

3　（１）（式と計算と答え）

答え　　度

（２）（式と計算と答え）

答え　　cm^2

２０２０年度　雙葉中学校

算数解答用紙　No. ２

4　（１）（式と計算と答え）

答え　　個

（２）（式と計算と答え）

答え　　個

（３）（式と計算と答え）

答え　　回

5　（１）（式と計算と答え）

答え　　km

（２）（式と計算と答え）

答え　　本

（３）（式と計算と答え）

答え　午前　　時　　分　　秒

（注）実際の試験では、問題用紙の中に設けられた解答欄に書く形式です。
この解答用紙は使いやすいように小社で作成いたしました。

〔算　数〕100点(推定配点)

1　各８点×3＜(3)は完答＞　2　９点　3　(1)　８点　(2)　９点　4　(1), (2)　各８点×2　(3)　９点　5　(1), (2)　各８点×2　(3)　９点

２０２０年度　　雙葉中学校

社会解答用紙

番号		氏名		評点	／50

1

問1	番号	都県	問2		問3	
問4	②	③	問5		問6	
問7						
問8						

2

問1		問2			問3	(1) (2)
問4		問5		問6		
問7	(1)	(2)				
問8						

3

問1			問2		問3	(1)	(2) 3番目 5番目
問4			問5		問6		
問7							
問8		問9					
問10	(1)	(2)	(3)				
問11	【A】	【B】	問12		問13		
問14		問15					

(注)この解答用紙は実物を縮小してあります。Ａ３用紙に152％拡大コピーすると、ほぼ実物大で使用できます。(タイトルと配点表は含みません)

〔社　会〕50点(推定配点)

1　問１～問５　各１点×7＜問１は完答＞　問６　２点　問７　３点　問８　２点　2　問１～問７　各１点×10　問８　３点　3　問１～問６　各１点×9＜問３の(2)は完答＞　問７　３点　問８～問15　各１点×11＜問９は完答＞

２０２０年度　雙葉中学校

理科解答用紙

番号　　氏名　　評点　／50

1

問1

問2

問3

問4　ア　イ　ウ　エ

2

問1　ア　イ

問2

問3

問4

問5　記号　理由

問6

	グー	チョキ	パー
C			
D			

3

問1　(1)　(2)　式

答え　g/cm^3

(3)

問2

問3　種類

問4(1)　g　(2)　g

4

問1　式

答え　km

問2　記号　理由

問3

問4

問5

(注) この解答用紙は実物を縮小してあります。Ａ３用紙に154%拡大コピーすると、ほぼ実物大で使用できます。(タイトルと配点表は含みません)

〔理　科〕50点(推定配点)

1～4　各２点×25＜1の問２，問４，2の問２，問３，問６は完答＞

二〇二〇年度　雙葉中学校

国語解答用紙　No. 1

番号

氏名

評点　/100

一

問一

問二

問三

問四

問五

問六　⑤　⑥

問七

問八　C　D

問九　（　　）たり（　　）たり

問十

問十一　吹き　す

問十二

問十三

問十四

問十五

問十六

問十七　(1)　(2)

問十八

二

(1)　(2)　(3)　(4)　(5)

二〇二〇年度　雙葉中学校

国語解答用紙　No.2

三

問一

(1) マラソン大会のため、交通［キセイ］が行われた。

(2) 告別式は［キンシンシャ］で行った。

(3) チャイムが鳴る［スンゼン］に教室に飛びこんだ。

(4) ［ギソク］のランナーが聖火リレーに参加する。

(5) 花火は夏の［フウブツシ］だ。

(6) 学問を［ココロザ］す。

(7) 小犬のかわいい［シグサ］を見てほほえむ。

(8) 新薬の開発に［シンケツ］を注ぐ。

問二

(1) （　　ば）相半ば

(2) （　　）羊毛

（注）この解答用紙は実物を縮小してあります。185％拡大コピーすると、ほぼ実物大で使用できます。（タイトルと配点表は含みません）

〔国　語〕100点（推定配点）

一　問1　2点　問2　4点　問3～問6　各3点×5　問7　各2点×2　問8，問9　各3点×2＜各々完答＞　問10，問11　各2点×2　問12，問13　各5点×2　問14　2点　問15　3点　問16　4点　問17　(1)　3点　(2)　5点　問18　8点　二　各2点×5　三　各2点×10

２０１９年度　雙葉中学校

算数解答用紙　No.１

番号		氏名		評点	／100

1　(1)　(式と計算と答え)

答え | ア | |

(2)　(式と計算と答え)

答え | イ | | ウ | |

2　(1)　(式と計算と答え)

答え　cm²

(2)　(式と計算と答え)

答え　cm

3　(1)

筆算

(2)　(式と計算と答え)

答え | 小数第100位の数字 | 個 |

(3)　(式と計算と答え)

答え　小数第　位

２０１９年度　　雙葉中学校

算数解答用紙　No. 2

4　(1)　(式と計算と答え)

答え　　kg

(2)　(式と計算と答え)

答え　　トン

5　(1)　(式と計算と答え)

答え　　%

(2)　(式と計算と答え)

答え　　%

(3)　(式と計算と答え)

答え	A　　%	B　　%	C　　%

(注) 実際の試験では、問題用紙の中に設けられた解答欄に書く形式です。
この解答用紙は使いやすいように小社で作成いたしました。

〔算　数〕100点(推定配点)

1, 2　各８点×４＜1の(2)は完答＞　3　(1)　９点　(2)　各４点×２　(3)　８点　4　各８点×２　5　各９点×３＜(3)は完答＞

２０１９年度　　雙葉中学校

社会解答用紙

番号		氏名		評点	／50

1

問1		問2		問3	(1)	
問3	(2)					
問4		問5		問6		
問7		問8		問9		

2

あ		い		う				
問1								
問2		問3						
問4		問5		問6		問7		問8
問9		問10		問11	と　　の間			
問12		問13						
問14	(1)	(2)						

3

問1	(1)	(2)	問2	(1)	(2)	
問3		問4		問5	(1)	
問5	(2)					
	説明					

（注）この解答用紙は実物を縮小してあります。Ａ３用紙に152%拡大コピーすると、ほぼ実物大で使用できます。(タイトルと配点表は含みません)

〔社　会〕50点(推定配点)

1　問1，問2　各1点×2　問3　(1)　1点　(2)　2点　問4，問5　各1点×2　問6　2点　問7，問8　各1点×2　問9　2点　2　あ～う　各1点×3　問1　2点　問2～問9　各1点×9　問10～問13　各2点×4＜問11，問12，問13は完答＞　問14　(1)　2点＜完答＞　(2)　1点　3　問1　各1点×2　問2　(1)　1点　(2)　2点　問3，問4　各1点×2　問5　(1)　各1点×2　(2)　何というか…1点，説明…2点

２０１９年度　雙葉中学校

理科解答用紙

番号		氏名		評点	／50

1

問1　問2　問3　問4 ①　②　③

問5 アイ　ウエ

問6 a ― a'　b ― b'

問7

2

問1

問2 ア　イ　ウ　エ　オ　カ

問3

問4 式

答え　g

問5

問6 B　C　D

3

問1 (1)

(2)

問2

問3 ①　②　③　④

問4

問5

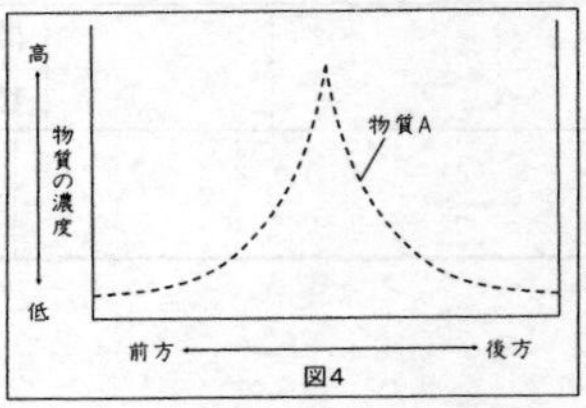

図4

4

問1 (1)　(2)

問2 式　答え　cm

問3 ①　②　③

問4

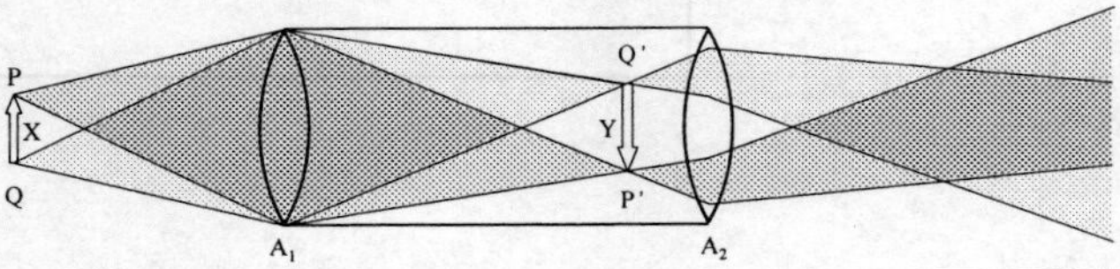

問5 式　答え　cm

（注）この解答用紙は実物を縮小してあります。Ａ３用紙に167％拡大コピーすると、ほぼ実物大で使用できます。（タイトルと配点表は含みません）

〔理　科〕50点（推定配点）

1 問1～問3　各1点×3　問4　2点＜完答＞　問5，問6　各1点×4　問7　2点　2 問1～問3　各2点×3＜問2，問3は完答＞　問4　3点　問5，問6　各2点×2＜問6は完答＞　3 問1～問4　各2点×5＜問1の(2)，問2，問3は完答＞　問5　3点　4 問1～問3　各2点×4＜問3は完答＞　問4　3点　問5　2点

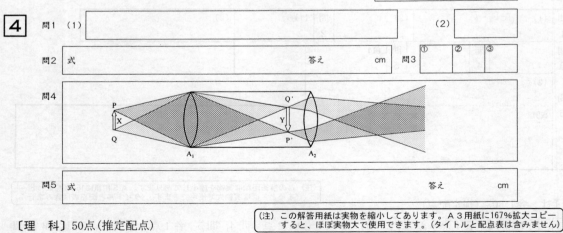

二〇一九年度　雙葉中学校

国語解答用紙　No. 1

番号

氏名

評点　/100

一

問一

問二

問三

問四　・　・

問五　1　2　3　4

問六

問七　20

問八　20

問九

問十

問十一

問十二

問十三

問十四

問十五

問十六

問十七

問十八

問十九

問二十　(1) a　b　(2) c

問二十一　私は自分を（頭のいい人　・　頭の悪い人）だと思う。　↑どちらかを◯で囲むこと。

120

二

二〇一九年度　雙葉中学校

国語解答用紙　No.2

三

(1) オンコウ な性格の人。

(2) 時代の スイイ を見守る。

(3) 食料を チョゾウ する。

(4) 豆やキビなどを ザッコク という。

(5) 日本に キカ したお相撲《すもう》さん。

(6) 朝刊の紙面を サッシン する。

(7) 事態を シュウシュウ する。

（注）この解答用紙は実物を縮小してあります。192％拡大コピーすると、ほぼ実物大で使用できます。（タイトルと配点表は含みません）

〔国　語〕100点（推定配点）

一　問1　4点　問2　各2点×2　問3　4点　問4　各3点×2　問5，問6　各2点×5　問7，問8　各3点×2　問9，問10　各2点×2　問11　4点　問12　各2点×2　問13　4点　問14～問17　各2点×4　問18　4点　問19　2点　問20　各3点×3　問21　7点　二，三　各2点×10

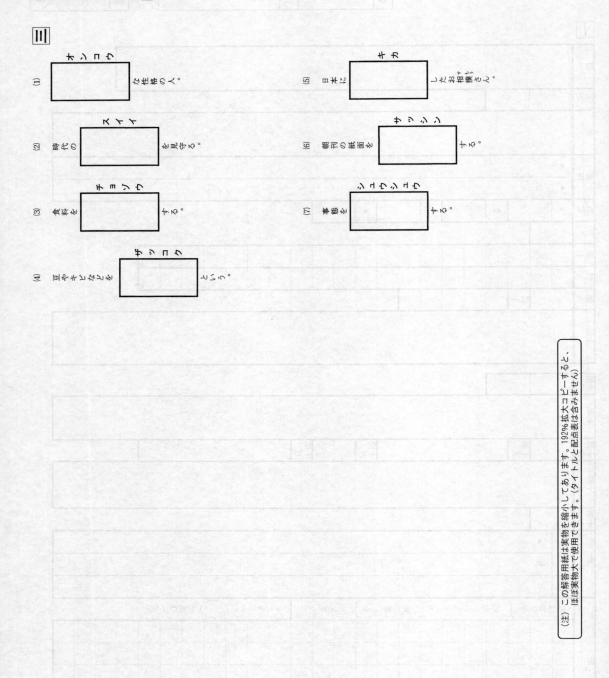

2018年度　　雙葉中学校

算数解答用紙　No.1

番号		氏名	

評点	／100

1　（1）（式と計算と答え）

答え

ア		イ		ウ		エ	

（2）（式と計算と答え）

答え

オ		カ	

（3）（式と計算と答え）

答え

キ	

2　（1）（考え方と式と答え）

答え

才	才	才	

（2）（考え方と式と答え）

答え

父	才	母	才

3　（式と計算と答え）

答え　　cm^2

4　（1）（式と計算と答え）

答え　　時　　分

（注）実際の試験では、問題用紙の中に設けられた解答欄に書く形式です。
この解答用紙は使いやすいように小社で作成いたしました。

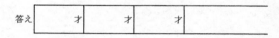

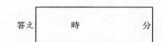

算数解答用紙　No. 2

（2）（式と計算と答え）

答え　　分　　分

（3）（式と計算と答え）

答え　　分

5（1）

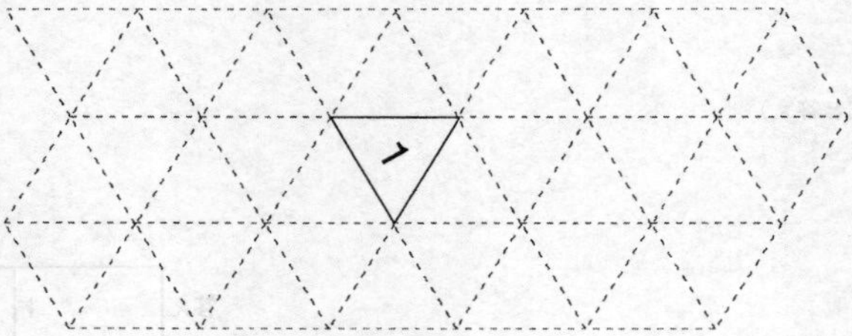

（2）①（考え方と答え）

答え

→ →	→ →	→ →
→ →	→ →	→ →
→ →	→ →	→ →

②（考え方と答え）

答え　　通り

〔算　数〕100点(推定配点)

1，2　各８点×５＜1の(1)，(2)は完答，2は各々完答＞　3　９点　4　各８点×３＜(2)は完答＞　5　各９点×３＜(2)の①は完答＞

２０１８年度　　雙葉中学校

社会解答用紙

番号		氏名		評点	／50

1

問1　　問2　番号　　問3

問4　　問5　　問6　図⑦　図⑩　　問7　　問8

問9

2

問1　　問2

問3　　問4　　問5　　問6

問7　　問8

3

問1　　問2　→　→　→

問3　　問4

問5

問6　　問7　(1)　(2)　　問8

問9

問10　　問11　　問12　　問13

問14　　問15　　問16　　問17

問18

（注）この解答用紙は実物を縮小してあります。Ａ３用紙に152%拡大コピーすると、ほぼ実物大で使用できます。(タイトルと配点表は含みません)

〔社　会〕50点(推定配点)

1　問1，問2　各2点×2＜各々完答＞　問3～問5　各1点×3　問6　2点＜完答＞　問7，問8　各1点×2　問9　3点　2　問1～問6　各1点×6　問7　各2点×2＜三権は完答＞　問8　1点　3　問1，問2　各2点×2＜問2は完答＞　問3，問4　各1点×2　問5，問6　各2点×2＜問6は完答＞　問7，問8　各1点×3　問9，問10　各2点×2＜問10は完答＞　問11～問18　各1点×8

２０１８年度　　雙葉中学校

理科解答用紙

番号		氏名		評点	／50

1

問1　式　　答　　Hz　高さ

問2　式　　答　　cm　問3　　Hz

問4

問5

2

問1　①　②　③　④　⑤

問2

問3

問4

	酸素	二酸化炭素
吸う空気	%	%
はき出した息	%	%

問5

問6

3

問1　ア　　色　イ　　色　ウ　　色　エ　　色　オ　　色　カ　　色

問2　式　　答　　g

問3　　問4　　問5　①　　色　②　　色　③　　色

4

問1　　問2　　問3

問4

(注)　この解答用紙は実物を縮小してあります。Ａ３用紙に159%拡大コピーすると、ほぼ実物大で使用できます。(タイトルと配点表は含みません)

〔理　科〕50点(推定配点)

1　各２点×５＜問１は完答＞　2　問１　各１点×５　問２　３点　問３　各１点×２　問４～問６　各２点×３＜問４，問５は完答＞　3　問１　各１点×６　問２～問４　各２点×３＜問４は完答＞　問５　各１点×３　4　問１～問３　各２点×３　問４　３点

二〇一八年度 雙葉中学校

国語解答用紙 No. 1

番号　　氏名　　評点 /100

一

問一 a 生計を（　）ている　b 帰途に（　）た　c 直感が（　）ました　d 構想を（　）ます

問二 〜

問三

問四 1　2

問五

問六

問七 80

問八 理　題

問九 もう10年早く田中さんに会っていれば（　）なあ

問十

問十一　問十二

問十三

問十四

二

問一　問二 合格者が（　）最初の授業

問三

問四　問五　問六 ④　⑤

問七

問八

問九 a　b　c　問十

問十一

問十二

二〇一八年度　雙葉中学校

国語解答用紙　No. 2

三

問一

(1) 本番が［マチカ］にせまる。

(2) お［カゲン］いかがですか。

(3) ［イヒョウ］をつく展開。

(4) ［フカク］にも涙《なみだ》した。

(5) 前《ぜん》途《と》に［コウミョウ］を見いだす。

問二

(1) 一寸の虫にも［　｜　］の魂《たましい》。

(2) 医者の不［　｜　］。

(3) ［　｜　］は寝《ね》て待て。

(4) 今や、そんなものは無用の［　｜　］だ。

(5) 彼女に［　｜　］の矢が立つ。

〔国　語〕100点（推定配点）

一　問1　各1点×4　問2　2点　問3　3点　問4　各2点×2　問5　3点　問6　2点　問7　4点　問8　2点　問9　3点　問10　4点　問11，問12　各2点×2　問13　3点　問14　2点＜完答＞　二　問1　2点　問2　3点　問3　4点　問4～問6　各2点×4＜問5は完答＞　問7，問8　各4点×2　問9，問10　各2点×4　問11　4点　問12　3点　三　各2点×10

平成29年度　　　雙葉中学校

算数解答用紙　No.1

番号		氏名		評点	／100

1　(1)(計算と答え)

答え

(2)(計算と答え)

答え

2　(1)

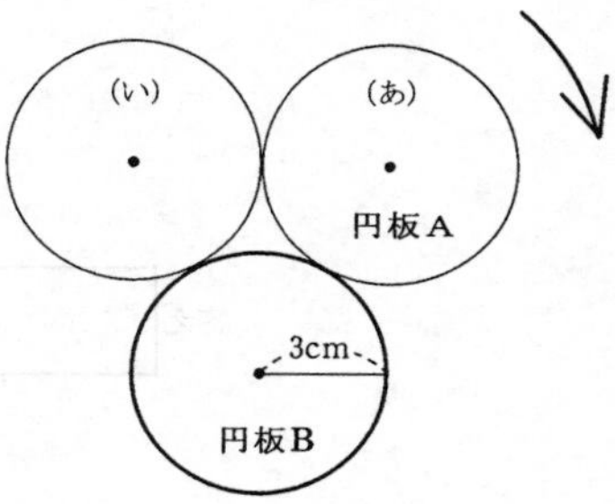

答え　cm²

(2)(式と計算と答え)

3　(1)(式と計算と答え)

答え　時間　分

(2)(式と計算と答え)

答え 午後　時　分

(注) 実際の試験では、問題用紙の中に設けられた解答欄に書く形式です。
この解答用紙は使いやすいように小社で作成いたしました。

算数解答用紙　No. 2

4　(1)（式と計算と答え）

答え　　　　番目

(2)（式と計算と答え）

答え

(3)（式と計算と答え）

答え　　　　個

5　(1)（式と計算と答え）

答え　P　時速　　　km　Q　時速　　　km

(2)（式と計算と答え）

答え　　　　分

(3)（式と計算と答え）

答え　　　分　　　秒

〔算　数〕100点(推定配点)

1～3　各8点×6　4　(1)　8点　(2)，(3)　各9点×2　5　(1)　各4点×2　(2)，(3)　各9点×2

平成29年度 雙葉中学校

社会解答用紙

番号 | 氏名 | 評点 /50

(注) この解答用紙は実物を縮小してあります。B４用紙に125%拡大コピーすると、ほぼ実物大で使用できます。(タイトルと配点表は含みません)

1

- 問1
- 問2
- 問3 番号 道府県名
- 問4
- 問5
- 問6 (1) あ い (2) A B
- 問7
- 問8

2

- 問1
- 問2
- 問3
- 問4 (1) (2)
- 問5
- 問6
- 問7
- 問8

3

- 問1 (1) (2)
- 問2
- 問3
- 問4
- 問5 2番目 4番目
- 問6
- 問7
- 問8
- 問9 (1) (2)
- 問10
- 問11 A B
- 問12
- 問13

〔社　会〕50点(推定配点)

1 問１　１点　問２～問４　各３点×3＜問２，問３は完答＞　問５～問８　各１点×7　2　問１～問７　各１点×8　問８　３点　3　問１～問７　各１点×10　問８　３点　問９～問12　各１点×7　問13　２点

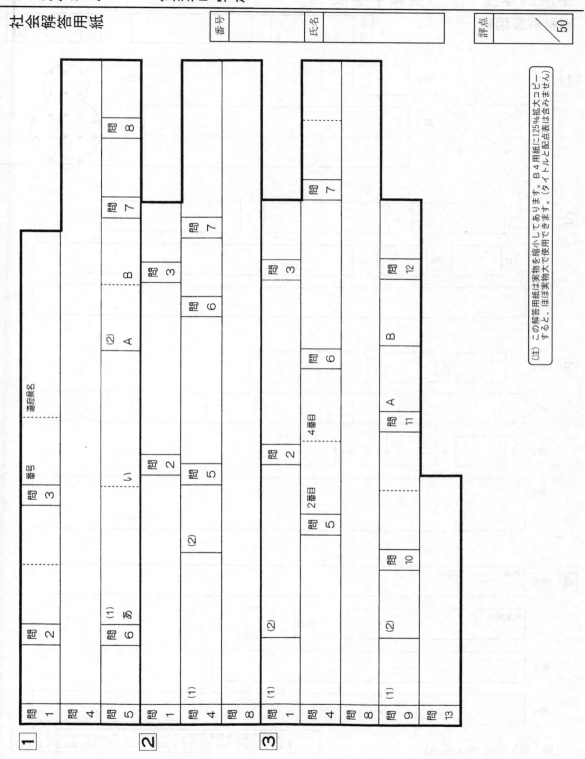

平成29年度　雙葉中学校

理科解答用紙

番号		氏名	

評点	／50

1

問1

問2

問3

問4

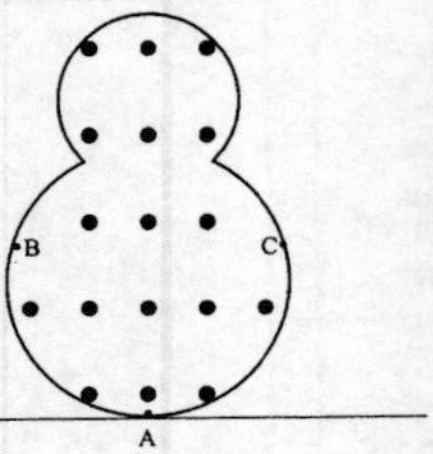

2

問1　a　b　c

問2　(1)　(2)　(3)

問3

3

問1　ア　イ　ウ　エ

問2

問3　オ　カ　問4

問5　式

答　℃

4

問1　写真　理由

気象衛星　問2

問3

問4

(注)　この解答用紙は実物を縮小してあります。Ａ３用紙に154%拡大コピーすると、ほぼ実物大で使用できます。(タイトルと配点表は含みません)

〔理　科〕50点(推定配点)

1　問1　3点　問2　2点　問3，問4　各3点×2　2　問1　各1点×3　問2　(1)，(2)　各1点×2　(3)　2点　問3　3点　3　問1　各1点×4　問2　3点　問3　各1点×2　問4　2点　問5　3点　4　問1　写真…2点，理由…3点，気象衛星…2点　問2　2点　問3，問4　各3点×2

平成二十九年度　国語解答用紙　No. 1

雙葉中学校

番号　　氏名　　評点 /100

一

問一　　　問二　　に　　った

問三

問四

問五

問六

問七　1（　　）で　2（　　）て　3（　　）て　4（　　）て　5（　　）て

問八

問九

問十　(1)　(2)

二

問一　a　b　c

問二

問三　②　③

問四　A　B　問五

問六

問七　　　　、自分の利益しか考えないこと。

問八

問九　(1)　(2) 筆者は、……のがよいと言っている。

問十

問十一　(1) 臣下　(2) 為政者

平成二十九年度　雙葉中学校

国語解答用紙　No.2

三

問一

【例】 負｜担 ｛フ｜カ　ショウフ｜｝ → 負荷

(1) 根治｜ ｛チ｜スイ　カンチ｜｝

(2) 計略｜ ｛ショウリャク｜　サクリャク｜｝

(3) 過｜失 ｛ケイカ｜　タイカ｜｝

(4) 敬服｜ ｛シンプク｜　ナイフク｜｝

(5) 極北｜ ｛ハイボク｜　ホク｜ゲン｝

(6) 対照｜ ｛ニッショウ｜　ショウ｜ゴウ｝

(7) 安｜住 ｛アン｜チ　アン｜カ｝

(8) 白｜状 ｛ハク｜ネツ　ドクハク｜｝

問二

(1) 〔　　〕 工面 する。

(3) 〔　　〕 重宝 する。

(2) 〔　　〕 座右 の書。

(4) 〔　　〕 戸外 に出る。

（注）この解答用紙は実物を縮小してあります。185％拡大コピーすると、ほぼ実物大で使用できます。（タイトルと配点表は含みません）

〔国　語〕100点（推定配点）

一　問1　3点＜完答＞　問2，問3　各2点×3＜問3は各2点×2＞　問4，問5　各4点×2　問6　2点　問7　各1点×5　問8　5点＜完答＞　問9　3点　問10　各4点×2　二　問1　各2点×3　問2　4点　問3～問5　各2点×5　問6　4点　問7～問10　各2点×5　問11　各3点×2　三　問1　各2点×8　問2　各1点×4

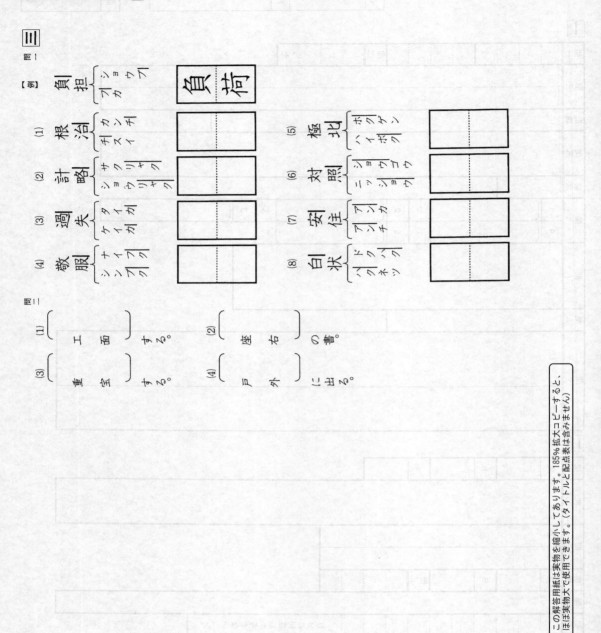

平成28年度　　雙葉中学校

算数解答用紙　No.1

番号		氏名		評点	／100

1　（1）（式と計算と答え）

答え

（2）（式と計算と答え）

答え

（3）（式と計算と答え）

答え

（4）（式と計算と答え）

答え

2　（式と計算と答え）

答え　　分　　秒後

3　（1）（式と計算と答え）

答え　　個

（注）実際の試験では、問題用紙の中に設けられた解答欄に書く形式です。
この解答用紙は使いやすいように小社で作成いたしました。

平成28年度　　雙葉中学校

算数解答用紙　No. 2

3 （2）（式と計算と答え）

答え　　回目

（3）（式と計算と答え）

答え　　段

4 （式と計算と答え）

答え　　cm^2

5 （1）（式と計算と答え）

答え　午前11時　　分　|　　駅行き

（2）（式と計算と答え）

答え　午前　　時　　分

（3）（式と計算と答え）

答え　　時　　分

〔算　数〕100点(推定配点)

1～3　各８点×８　4，5　各９点×４<5の(1)は完答>

平成28年度　雙葉中学校
社会解答用紙

番号　　氏名　　評点 ／50

1

問1

問2　問3　問4　問5　問6 (1)

(2) 2番目 4番目　(3)　問7　問8

問9

問10　問11　問12 (1)　(2)

(3)　問13　問14

2

問1 A　B　問2 (1)　川　(2)　川　(3)　海峡

問3　問4　問5　問6

3

〔　　〕　問1 (1)　(2)　問2　問3

問4　問5　問6

問7 Aは　　が、Bは　　という違い。

(注) この解答用紙は実物を縮小してあります。B４用紙に135%拡大コピーすると、ほぼ実物大で使用できます。(タイトルと配点表は含みません)

〔社　会〕50点(推定配点)

1 問1, 問2　各3点×2＜問2は完答＞　問3　1点　問4　3点＜完答＞　問5　1点　問6　(1)　1点　(2)　2点＜完答＞　(3)　3点＜完答＞　問7, 問8　各1点×2　問9　2点　問10〜問14　各1点×7　2　各1点×9　3　ふさわしい語句　1点　問1　各1点×2　問2　3点＜完答＞　問3〜問6　各1点×4　問7　3点

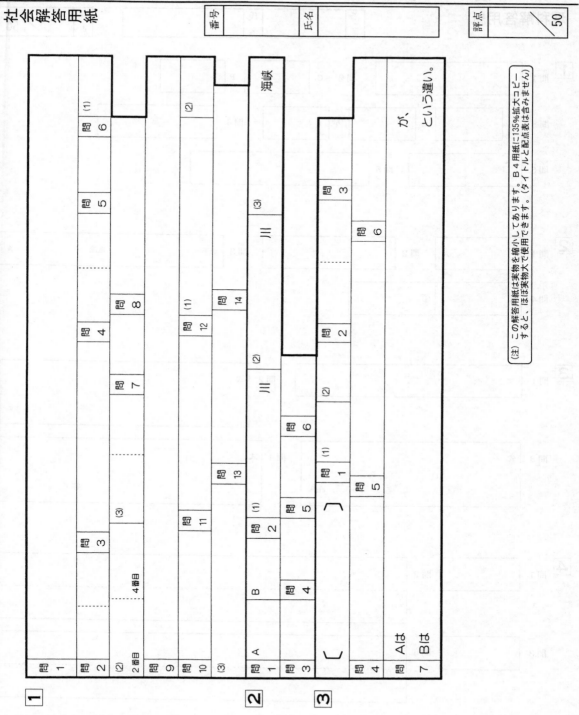

平成28年度　雙葉中学校

理科解答用紙

番号　　氏名　　評点　／50

1

問１

問２　C_2　P

問３　あ　い　う

問４

問５

問６

2

問１　A

問２

問３　端子　電流　A

問４　③　④

3

問１　ア　イ

問２　式　答　mg

問３　式　答　cm^3

問４　式　答

4

問１

問２

問３

問４

〔理　科〕50点(推定配点)

1～4　各２点×25＜2の問２は完答＞

(注)　この解答用紙は実物を縮小してあります。Ｂ４用紙に143％拡大コピーすると、ほぼ実物大で使用できます。(タイトルと配点表は含みません)

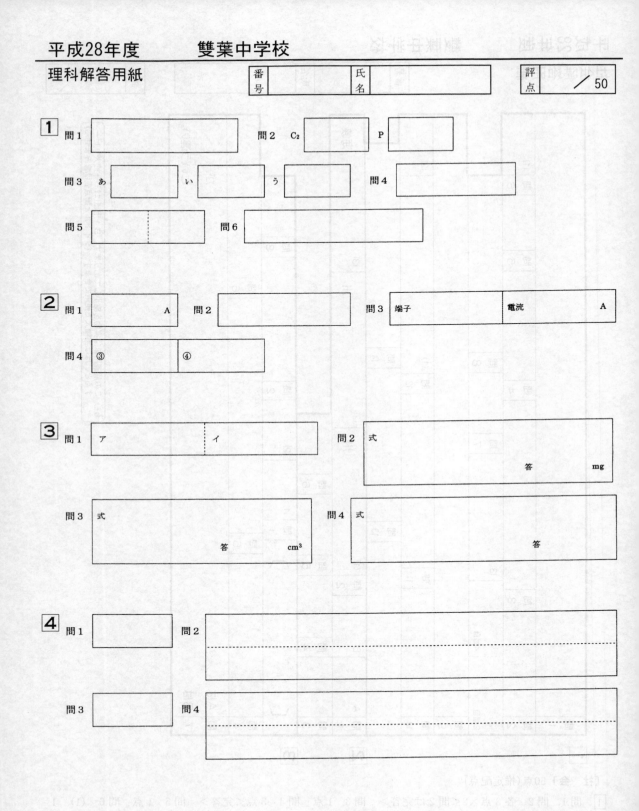

平成二十八年度　雙葉中学校

国語解答用紙　No. 1

番号

氏名

評点　/100

一

問一

問二　②　③

問三
〔小学校五年生の時〕
〔大学生になって〕
〔三十代半ばになって〕

問四

問五　ということ。

問六

問七　a　b　c

問八

問九

問十　ということ。

問十一

問十二　(1)　(2)

二

問一　(1)　(2)

問二

問三

問四

問五

問六

問七　切　切

問八

問九

問十

問十一　A　B

問十二

問十三

問十四　(1)　(2)

平成二十八年度　雙葉中学校

国語解答用紙　No. 2

三

問一

1　法案に□《イ》を唱える。　少しも□《イ》に介さない。

2　ささいなことを□《ネ》に持つ。　難しい作業に□《ネ》をあげる。

3　□《ヒ》を見るよりも明らかな結末。　□《ヒ》の打ちどころがない出来ばえ。

4　機知に□《ト》む。

5　全集を□《ア》む。

6　豊かな心を□《ハグク》む。

7　左後方に良いパスを□《ホウ》る。

8　のびをしたねこの背中が□《ソ》る。

9　日ざしが目を□《イ》る。

10　一線を□《シリゾ》く。

11　見事な演技に舌を□《マ》く。

12　気が□《ス》まない。

13　虫が□《ス》かない。

問二

1　社（　　）　2　管（　　）　3　頂（　　）　4　筋（　　）

（注）この解答用紙は実物を縮小してあります。182％拡大コピーすると、ほぼ実物大で使用できます。（タイトルと配点表は含みません）

〔国　語〕100点（推定配点）

一　問１～問４　各２点×７　問５，問６　各３点×２　問７～問９　各２点×５　問10　３点　問11　２点　問12　(1)　２点　(2)　４点　二　問１　各２点×２　問２　３点　問３～問５　各２点×３　問６　３点　問７～問９　各２点×３　問10　３点　問11　各２点×２　問12　４点　問13，問14　各２点×３　三　各１点×20

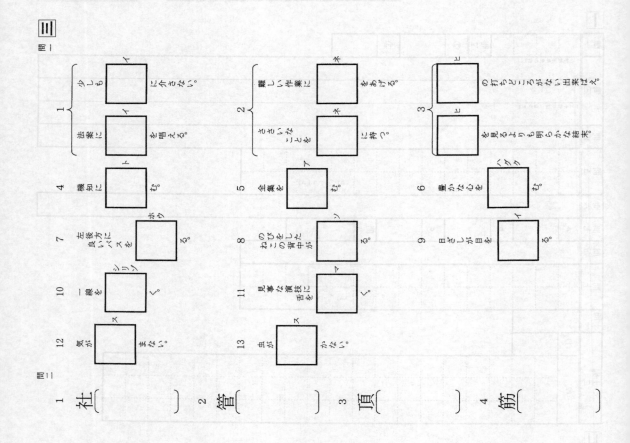

平成27年度　　雙葉中学校

算数解答用紙　No. 1

番号		氏名	

評点	／100

1　（1）（式と計算と答え）

答え

（2）（式と計算と答え）

答え

（3）（式と計算と答え）

答え

（4）（式と計算と答え）

答え

2　（1）（式と計算と答え）

答え	道のり　　　　cm	面積　　　　cm^2

（2）①

[図2]

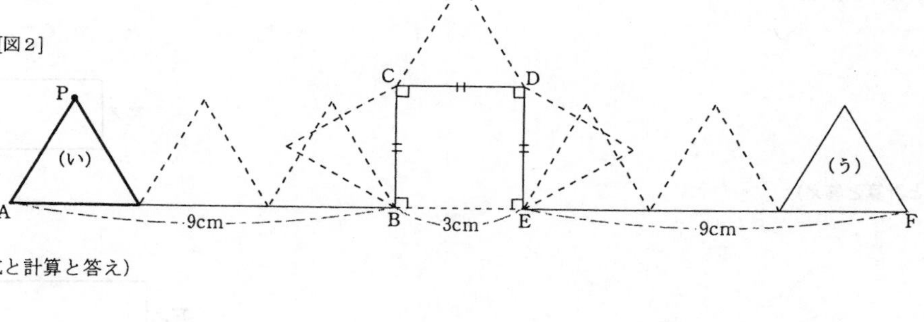

②（式と計算と答え）

答え　　　　cm

（注）実際の試験では、問題用紙の中に設けられた解答欄に書く形式です。
この解答用紙は使いやすいように小社で作成いたしました。

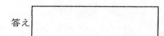

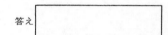

平成27年度　　雙葉中学校

算数解答用紙　No. 2

3（1）（式と計算と答え）

答え　兄　　時間　　分後

　　　弟　　時間　　分後

（2）（式と計算と答え）

答え　　km

4（1）（考え方と答え）

答え　　曜日　西暦　　年

（2）（考え方と答え）

答え　西暦　　年

　　　西暦　　年

　　　西暦　　年

（3）（考え方と答え）

答え　西暦　　年

5（1）（式と計算と答え）

答え　　cm

（2）（式と計算と答え）

答え　　cm^3

〔算　数〕100点(推定配点)

1　各６点×４　2　(1)　各５点×２　(2)　各６点×２　3　(1)　各５点×２　(2)　６点　4　(1)　各５点×２　(2)　８点<完答>　(3)　６点　5　各７点×２

平成27年度 雙葉中学校

社会解答用紙

番号　　氏名　　評点　／50

1

問1 (1) (2)
問2
問3 (1) (2)
問4 (1) (2)
問5 (1) (2) (3)
問6
問7

2

問1 → →
問2
問3
問4
問5 (1) (2) (3)
問6 (1) (2)
問7 権が　権に対して
問8

3

問1 ア イ
問2
問3
問4
問5
問6
問7
問8
問9 (1) (2)3番目 6番目
問10
問11
問12
問13
問14

(注) この解答用紙は実物を縮小してあります。Ｂ４用紙に130%拡大コピーすると、ほぼ実物大で使用できます。(タイトルと配点表は含みません)

〔社　会〕50点(推定配点)

1 問1～問4　各1点×7　問5　(1), (2)　各1点×2　(3)　2点＜完答＞　問6　1点　問7　4点 2 問1　1点　問2, 問3　各2点×2＜各々完答＞　問4～問8　各1点×7 3 問1　各1点×2　問2　2点＜完答＞　問3　3点　問4　1点　問5　2点＜完答＞　問6～問8　各1点×3　問9　各2点×2＜各々完答＞　問10～問14　各1点×5

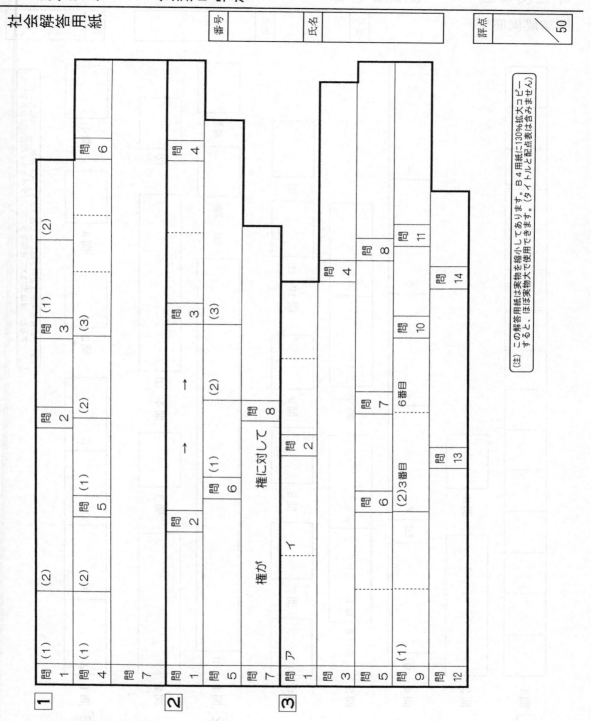

平成27年度 雙葉中学校

理科解答用紙

番号 | 氏名 | 評点 /50

1

問1

問2 問3

問4 (1) (2) ア イ ウ エ

問5 赤い湯 図1 図2 青い水 図1 図2

問6 問7 問8 問9 問10 (1) (2)

2

問1 (1) (2) 実験 結果

問2 問3 問4 (1) (2)

3

問1 A B C D

問2 問3 問4

（注）この解答用紙は実物を縮小してあります。Ａ４用紙に111％拡大コピーすると、ほぼ実物大で使用できます。（タイトルと配点表は含みません）

〔理　科〕50点（推定配点）

1 問1 3点 問2，問3 各2点×2＜問2は完答＞ 問4 (1) 2点 (2) 各1点×4 問5 各1点×4 問6～問10 各2点×6 2 問1，問2 各2点×4＜問2は完答＞ 問3 1点 問4 各2点×2 3 各2点×4＜問1は完答＞

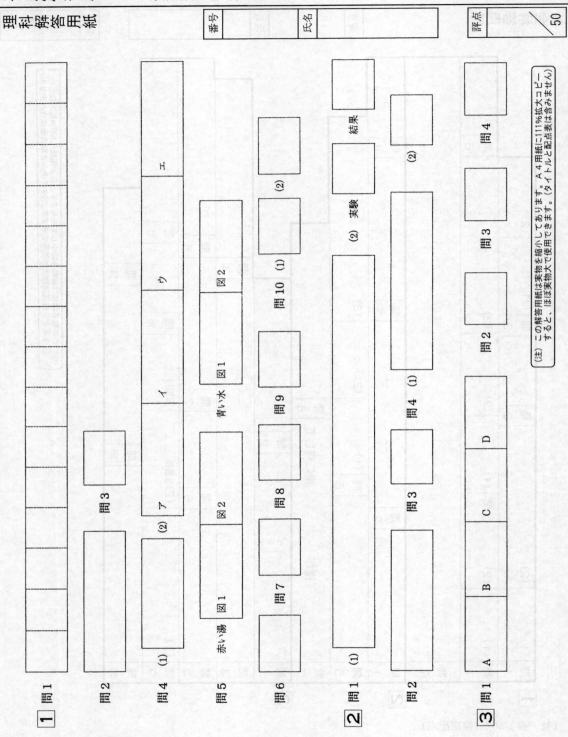

平成二十七年度　雙葉中学校

国語解答用紙　No. 1

番号

氏名

評点　/100

一

問一　1　2　3　4

問二

問三　C　D　E

問四　25

問五

問六　45

問七

問八　ものは　ず

問九

問十　自分のつくりたいものだけをつくろうとすると

問十一

問十二

二

問一

問二　A　B

問三　1　2　3　4

問四

問五

問六　a　b

問七

問八

問九

平成二十七年度　雙葉中学校

国語解答用紙　No.2

三

(A)　1　2　3　4

(B)　1　2　3　4　5　6

(注)　この解答用紙は実物を縮小してあります。182%拡大コピーするとほぼ実物大で使用できます。(タイトルと配点表は含みません)

〔国　語〕100点(推定配点)

一　問1　各1点×4　問2，問3　各2点×4　問4，問5　各3点×2　問6　4点　問7～問9　各2点×3　問10　5点　問11　3点　問12　6点　二　問1～問4　各2点×8　問5　4点　問6　各3点×2　問7　4点　問8　2点　問9　6点　三　各2点×10

中学スーパー過去問　抜群の解説・解答!!　声の教育社版

合格必需品

定価2,200円～2,970円（税込）

都立中高一貫校
適性検査問題集

定価1,320円（税込）

首都圏版
中学受験案内

定価2,310円（税込）

「今の説明、もう一回」を何度でも
web過去問
ストリーミング配信による入試問題の解説動画

もっと古いカコモンないの？
中学
カコ過去問
「さらにカコの」過去問をHPに掲載（DL）

①優秀な解説・解答スタッフが執筆!!　②くわしい出題傾向分析と対策　③解答用紙が別冊、自己採点ができる!!

●東京都
ア 23 青山学院中等部
2 麻布中学校
73 足立学園中学校
51 跡見学園中学校
54 郁文館中学校
65 穎明館中学校
113 江戸川女子中学校
8 桜蔭中学校
98 桜美林中学校
76 鷗友学園女子中学校
45 大妻中学校
122 大妻多摩中学校
131 大妻中野中学校
12 お茶の水女子大附属中学校
カ 19 海城中学校
3 開成中学校
150 開智日本橋学園中学校
94 かえつ有明中学校
38 学習院中等科
20 学習院女子中等科
61 吉祥女子中学校
149 共栄学園中学校
48 暁星中学校
44 共立女子中学校
130 共立女子第二中学校
5 慶應義塾中等部
55 京華中学校
56 京華女子中学校
77 恵泉女学園中学校
71 光塩女子学院中等科
136 工学院大附属中学校
34 攻玉社中学校
91 麴町学園女子中学校
69 佼成学園中学校
97 佼成学園女子中学校
31 香蘭女学校中等科
70 国学院大久我山中学校
118 国士舘中学校
121 駒込中学校
99 駒沢学園女子中学校
4 駒場東邦中学校
サ 135 桜丘中学校
126 サレジアン国際学園中学校
79 サレジアン国際学園世田谷中学校
139 実践学園中学校
24 実践女子学園中学校
35 品川女子学院中等部
27 芝中学校
87 芝浦工業大附属中学校
95 芝国際中学校
103 渋谷教育学園渋谷中学校
40 十文字中学校
86 淑徳中学校
93 淑徳巣鴨中学校
124 順天中学校
30 頌栄女子学院中学校
117 城西大附属城西中学校
85 城北中学校
25 昭和女子大附属昭和中学校
7 女子学院中学校
90 女子聖学院中学校
127 女子美術大付属中学校
49 白百合学園中学校
41 巣鴨中学校
89 聖学院中学校
60 成蹊中学校
21 成城中学校
75 成城学園中学校
132 青稜中学校
82 世田谷学園中学校
タ 105 高輪中学校
83 玉川学園（中）
106 玉川聖学院中等部
64 多摩大附属聖ケ丘中学校
134 多摩大目黒中学校
120 中央大附属中学校
108 千代田国際中学校
11 筑波大附属中学校
1 筑波大附属駒場中学校
88 帝京中学校
151 帝京大学中学校
78 田園調布学園中等部
14 東京学芸大世田谷中学校
13 東京学芸大竹早中学校
50 東京家政学院中学校
115 東京家政大附属女子中学校
26 東京女学館中学校
100 東京成徳大中学校
160 東京大学附属中等教育学校
112 東京電機大中学校
119 東京都市大等々力中学校
80 東京都市大付属中学校
145 東京農業大第一高校中等部
59 桐朋中学校
109 桐朋女子中学校
28 東洋英和女学院中学部
58 東洋大京北中学校
33 トキワ松学園中学校
110 豊島岡女子学園中学校
53 獨協中学校
153 ドルトン東京学園中等部
ナ 128 中村中学校
133 日本工業大駒場中学校
129 日本学園中学校
92 日本大第一中学校
68 日本大第二中学校
84 日本大第三中学校
52 日本大豊山中学校
116 日本大豊山女子中学校
ハ 147 八王子学園八王子中学校
144 広尾学園中学校
152 広尾学園小石川中学校
74 富士見中学校
63 藤村女子中学校
9 雙葉中学校
32 普連土学園中学校
146 文化学園大杉並中学校
57 文京学院大女子中学校
101 文教大付属中学校
62 法政大中学校
148 宝仙学園中学校理数インター
42 本郷中学校
マ 114 三田国際学園中学校
143 明星学園中学校
46 三輪田学園中学校
16 武蔵中学校
96 武蔵野大学中学校
104 明治学院中学校
72 明治大付属中野中学校
123 明治大付属八王子中学校
43 明治大付属明治中学校
66 明星中学校（府中）
125 目黒学院中学校
22 目白研心中学校
ヤ 140 八雲学園中学校
102 安田学園中学校
29 山脇学園中学校
ラ 37 立教池袋中学校
67 立教女学院中学校
36 立正大付属立正中学校
ワ 17 早稲田中学校
18 早稲田実業学校中等部
81 早稲田大高等学院中学部
47 和洋九段女子中学校
【東京都立・区立6年制中高一貫校】
161 九段中等教育学校
162 白鷗高校附属中学校
163 両国高校附属中学校
164 小石川中等教育学校
165 桜修館中等教育学校
166 武蔵高校附属中学校
167 立川国際中等教育学校
168 大泉高校附属中学校
169 三鷹中等教育学校
170 富士高校附属中学校
171 南多摩中等教育学校
●神奈川県
320 青山学院横浜英和中学校
304 浅野中学校
301 栄光学園中学校
332 神奈川学園中学校
343 県立相模原・平塚中等教育学校
316 神奈川大附属中学校
328 鎌倉学園中学校
322 鎌倉女学院中学校
331 カリタス女子中学校
344 市立川崎高校附属中学校
314 関東学院中学校
339 公文国際学園中等部
321 慶應義塾湘南藤沢中等部
6 慶應義塾普通部
311 サレジオ学院中学校
325 自修館中等教育学校
315 湘南学園中学校
336 湘南白百合学園中学校
327 逗子開成中学校
303 聖光学院中学校
323 聖セシリア女子中学校
337 清泉女学院中学校
310 洗足学園中学校
341 中央大附属横浜中学校
335 鶴見大附属中学校
302 桐蔭学園中等教育学校
318 東海大付属相模高校中等部
317 桐光学園中学校
330 藤嶺学園藤沢中学校
306 日本女子大附属中学校
309 日本大中学校（日吉）
340 日本大藤沢中学校
10 フェリス女学院中学校
308 法政大第二中学校
347 聖園女学院中学校
312 森村学園中等部
313 山手学院中学校
342 横須賀学院中学校
307 横浜共立学園中学校
305 横浜国立大横浜・鎌倉中学校
326 横浜女学院中学校
345 市立南中学校
346 市立横浜サイエンスフロンティア中学校
324 横浜翠陵中学校
333 横浜創英中学校
319 横浜富士見丘学園中学校
329 横浜雙葉中学校
●千葉県
352 市川中学校
361 光英VERITAS中学校
355 国府台女子学院中学部
360 芝浦工業大柏中学校
354 渋谷教育学園幕張中学校
369 秀明八千代中学校
365 昭和学院中学校
362 昭和学院秀英中学校
363 西武台千葉中学校
359 専修大松戸中学校
364 千葉県立千葉・東葛飾中学校
368 千葉市立稲毛国際中等教育学校
356 千葉日本大第一中学校
357 東海大付属浦安高校中等部
351 東邦大付属東邦中学校
358 麗澤中学校
353 和洋国府台女子中学校
●埼玉県
413 浦和明の星女子中学校
418 浦和実業学園中学校
415 大妻嵐山中学校
416 大宮開成中学校
406 開智中学校
425 開智未来中学校
414 春日部共栄中学校
428 川口市立高校附属中学校
424 埼玉県立伊奈学園中学校
412 埼玉栄中学校
419 さいたま市立浦和中学校
427 さいたま市立大宮国際中等教育学校
401 埼玉大附属中学校
407 埼玉平成中学校
404 栄東中学校（A・東大Ⅰ）
426 栄東中学校（B・東大Ⅱ）
417 淑徳与野中学校
402 城西川越中学校
422 昌平中学校
411 城北埼玉中学校
403 西武学園文理中学校
405 聖望学園中学校
421 東京農業大第三高校附属中学校
410 獨協埼玉中学校
409 星野学園中学校
420 本庄東高校附属中学校
408 立教新座中学校
●茨城県
452 茨城中学校
458 茨城キリスト教学園中学校
459 茨城県立中等教育学校・中学校
451 江戸川学園取手中学校
455 常総学院中学校
454 土浦日本大中等教育学校
456 水戸英宏中学校
453 茗溪学園中学校
●栃木県
503 国学院大栃木中学校
504 作新学院中等部
501 佐野日本大中等教育学校
502 白鷗大足利中学校
●兵庫・鹿児島県
601 灘中学校
602 ラ・サール中学校
●算数の過去問25年分
701 筑波大附属駒場中学校
702 麻布中学校
703 開成中学校

声の教育社　〒162-0814 東京都新宿区新小川町8-15
https://www.koenokyoikusha.co.jp
TEL 03（5261）5061㈹　FAX 03（5261）5062